Kombinate
Was aus ihnen geworden ist

Herausgeber Wochenzeitung **Die Wirtschaft**

Kombinate
Was aus ihnen geworden ist

Reportagen aus den neuen Ländern

Verlag Die Wirtschaft GmbH Berlin · München

Die Deutsche Bibliothek - CIP-Einheitsaufnahme
Kombinate : was aus ihnen geworden ist / hrsg. von
Wochenzeitung Die Wirtschaft. - Berlin ; München : Verl. Die
Wirtschaft, 1993

ISBN 3-349-01041-5

Herausgeber: Die Wirtschaft - Unabhängige Wochenzeitung für Wirtschaft, Handel und Finanzen
Am Friedrichshain 22, 10407 Berlin, Tel. 030/4287-308, Fax: 030/2515184

1. Auflage 1993
Redaktionsschluß: 1. August 1993
© Verlag Die Wirtschaft GmbH Berlin · München 1993
Gesamtleitung: Siegfried Hornich, Objektleiter der Zeitung Die Wirtschaft
Umschlaggestaltung: Marianne Hoffmann
Typographie und Grafik: Marianne Hoffmann/Grit Sperling/Cordula Held
Druck: Druckhaus Schöneweide GmbH, Schnellerstr. 139, 12439 Berlin
Printed in Germany

Der Herausgeber dankt der Treuhandanstalt für die Unterstützung dieses Projektes.

Inhaltsverzeichnis

7 Vorwort

9 Das gebrochene Rückgrat

15 Vom Plan zum Markt: Erfolge, die schmerzen

39 Kombinat Kabelwerk Oberspree (KWO) Berlin
Einst unter einem Dach - jetzt harte Konkurrenz

51 Kombinat Sportgeräte Schmalkalden
Vorwärts zu den Anfängen

61 Wohnungsbaukombinat Berlin
Ein "schwieriger Fall " ist gelöst

69 IFA-Kombinat PKW Karl-Marx-Stadt
Vom internationalen Markt abgekoppelt

83 Kombinat Kali Sondershausen
Wenn die Kanarienvögel nicht mehr singen

95 Kombinat Robotron Dresden
Die Erben: High-Tech- und Software-Unternehmen

105 Kombinat Schiffbau Rostock
An der Küste werden weiter Schiffe gebaut

119 Eisenhüttenkombinat Ost (EKO) Eisenhüttenstadt
Der endlose Weg zum Ministahlwerk

127 Reifenkombinat Fürstenwalde
Vom größten in der DDR zum kleinsten auf der Welt

137 Kombinat ZIM Berlin
Gelungene Aufspaltung in lebensfähige Kerne

149 Kombinat Öl und Margarine Magdeburg
Kost the Ost oder Hoffetod stirbt nicht

161 Kombinat Textima Karl-Marx-Stadt
Traditionszweig ringt nicht nur mit hausgemachtem Ärger

173 Kombinat Carl-Zeiss-Jena
Das erste High-Tech-Valley der Geschichte

183 Kombinat baukema Leipzig
Mit Illusionen in die Marktwirtschaft

195 Kombinat Oberbekleidung Berlin
Des Schneiders neue Kleider

Inhaltsverzeichnis

209 Pharmazeutisches Kombinat Germed Dresden
Bittere Pille geschluckt

219 Kombinat "Fortschritt" Landmaschinen Neustadt
Ein leicht rosa gefärbtes Jahr

231 Chemiekombinat Bitterfeld
Die Apotheke des Comecon

245 Werkzeugmaschinenkombinat "7. Oktober" Berlin
Die Mühen der Ebenen im Werkzeugmaschinenbau

259 Kombinat Schienenfahrzeugbau Berlin
Ostdeutscher Schienenfahrzeugbau will überleben

271 Schwermaschinenbau-Kombinat (SKET) Magdeburg
"Krupp und Krause" wird neu inszeniert

283 Kombinat Umformtechnik Erfurt
Fachwissen von Generation zu Generation weitergegeben

293 Kosmetik-Kombinat Berlin
Ungeschminkt in die Marktwirtschaft

301 Vereinigung Interhotel
Odyssee einer Hotelkette

317 Kombinat Mikroelektronik Erfurt
Jäher Aufstieg und Fall ins Bodenlose

331 Kombinat Polygraph Leipzig
Von der DDR nichts gewußt, aber Planeta gekannt

341 VEB Reisebüro
Der Rohwedder-Brief als Alarmsignal

355 Handelsorganisation (HO)
Der große Coup der Großen

365 Anhang   Kombinatsverordnung vom 8. 11. 1979
375   Kombinatsleitung über einen Stammbetrieb
377   Zentralgeleitete Kombinate per 30. 6. 1990
383   10 Punkte der ökonomischen Strategie der SED
385   Umwandlungsverordnung vom 1. 3. 1990
389   Treuhandgesetz vom 17. 6.1990
397   Stand der Privatisierung per 1. 7. 1993
400   **Autorenverzeichnis und Fotonachweis**

Vorwort

Was ist aus den Kombinaten der DDR nach der Wende geworden? Das Buch verfolgt ihren Weg in die Marktwirtschaft, geht den Spuren der einstigen Kombinatsbetriebe nach. Entstanden ist ein lebendiges Zeitdokument zur Geschichte der Privatisierung. Es ist nicht die Geschichte der Privatisierung. Ihre Aufarbeitung braucht mehr Zeit, muß umfassender sein.

Seit Februar 1990 geben wir die Wochenzeitung Die Wirtschaft wieder heraus. Unsere Redakteure und freien Mitarbeiter sind seitdem Woche für Woche vor Ort in den Unternehmen und berichten in der Zeitung über die Veränderungen. Sie haben dieses Buch nach aufwendigen Recherchen mit ihren detaillierten Kenntnissen geschrieben.

Kompetente Zeugen aus der Anfangszeit der Privatisierung zu finden, wird immer schwieriger. Zumeist bestimmen heute neue Führungskräfte den Kurs der alten Betriebe. Wir haben die früheren und jetzigen Entscheidungsträger in den Kombinaten und Betrieben über die Vergangenheit und über die Zukunft der Unternehmen befragt. Ihr Wissen über wesentliche Zusammenhänge, Fakten und Hintergründe droht bei der Schnellebigkeit der Ereignisse bereits in Vergessenheit zu geraten. Das Buch soll dieses Wissen bewahren.

Geschildert wird die Entwicklung von 28 Kombinaten und Vereinigungen. Die Auswahl ist repräsentativ für die jeweilige Branche und zeigt die Vielfalt der Privatisierungsaufgaben.

Der aufmerksame Leser wird auf bekannte Namen stoßen, mancher wird auch 'seinen' Betrieb finden. Nicht allen konnten wir gleichen Raum geben. Besonders bei den Noch-Treuhand-Unternehmen waren wir bemüht, den aktuellen Stand der Privatisierung darzustellen. Darunter sind eine ganze Reihe, die zu den sogenannten industriellen Kernen zählen.

Die Mehrheit der DDR-Bürger wollte die D-Mark und die Einheit. Damit führte an der Privatisierung des Volkseigentums kein Weg vorbei. Häufig kritisiert wird die Eile bei diesem Vorgehen, verbunden mit dem schmerzhaften Verlust so vieler Arbeitsplätze. In spektakulären Fällen ist vom Verschleudern des Volksvermögens, vom Ausverkauf, vom Plattmachen die Rede. Auch in unserem Buch gibt es Beispiele dafür, daß mit mehr Zeit einiges hätte besser gemacht werden können – aber nur selten prinzipiell anders. Tatsache bleibt, daß die frühzeitige Privatisierung vielen traditionsreichen Unternehmen den Fortbestand sicherte und den Boden für aussichtsreiche Existenzgründungen bereitete.

Die Privatisierung der volkseigenen Kombinate und Betriebe ist untrennbar mit dem Wirken der Treuhandanstalt verbunden. Wie immer man zu ihr steht: Es ist ihr in historisch kürzester Zeit gelungen, in den neuen Bundesländern für Tausende Betriebe neue unternehmerisch aktive Eigentümer zu finden, damit Hunderttausende von Arbeitsplätzen zu sichern und Investitionen in Milliardenhöhe für die Sanierung der Unternehmen vertraglich zu vereinbaren.

Wer mit ihr zu tun hat, weiß natürlich auch, daß sie zwischen den Regierenden und Regierten steht und damit den Unmut der Enttäuschten in Ost und West über die wirtschaftlichen und sozialen Folgen der deutschen Einheit auf sich zieht. Andererseits wurde auch sie von Mitarbeitern und Investoren getäuscht. Solche Fälle sind selten, das Buch klammert sie nicht aus.

Wir danken allen, die das Erscheinen dieser Zeitchronik eines wirtschaftlichen Systemwandels möglich machten.

Berlin, August 1993

Der Herausgeber

Das gebrochene Rückgrat

Von SIEGFRIED HORNICH

■ **Wiederholt sich die Geschichte?**

■ **Nach sowjetischem Vorbild**

■ **Der Gewinn wird wieder entdeckt**

■ **Ein letzter Versuch**

■ **Devisenhunger
brach Außenhandelsmonopol**

■ **Das Aus für die Kombinate**

"Das Rückgrat der sozialistischen Planwirtschaft der DDR sind die Kombinate mit ihren Betrieben". Wer in der DDR aufgewachsen ist, erinnert sich gewiß dieses Parteitag-Zitats aus dem Jahre 1986. Die volkseigenen Kombinate waren zur beherrschenden Form der Leitung in der Wirtschaft geworden. An den Schreibtischen von Partei und Regierung zusammengezimmert, ständig ihrer Willkür unterworfen und immer von deren voluntaristischen Zielen überfordert, konnten sie die ihnen zugedachte Schlagkraft im internationalen Wettbewerb nicht erlangen.

Das Werden und Vergehen der Kombinate gehört zur Nachkriegsgeschichte. Hinterlassen haben sie eine deformierte Wirtschaft, die das Zusammenwachsen so langwierig und verlustreich gestaltet.

Wiederholt sich die Geschichte?

Ähnlich wie heute, ging es in den ersten Nachkriegsjahren schon einmal um den Fortbestand der ostdeutschen Industrie. Allerdings anders als heute hatte damals die Regierung der UdSSR ihre Reparationsforderungen gegenüber Deutschland in Höhe von 10 Milliarden Dollar (Preisbasis von 1933) angemeldet. Sie behielt sich das Recht vor, diese Ansprüche im wesentlichen aus ihrem Besatzungsgebiet zu befriedigen. In einem im März 1946 vom Alliierten Kontrollrat fixierten Reparations- und Industrieplan verständigten sich die vier Besatzungsmächte über jene Produktionskapazitäten, die für eine mögliche Demontage vorgesehen waren. Der Plan sah insgesamt eine Reduzierung der Industriekapazitäten auf etwa 50 Prozent des Vorkriegsstandes im Jahre 1938 vor. Am stärksten davon betroffen waren die Eisen- und Stahlindustrie und der Werkzeugmaschinenbau. Die Demontagen in der sowjetischen Besatzungszone begannen im Sommer 1945. Sie hatten zum Teil verheerende Auswirkungen auf die Wiederaufnahme der Produktion in der weiterverarbeitenden Industrie. Beispielsweise wurde auch das in der sowjetischen Besatzungszone einzige Schwefelsäure herstellende Werk demontiert und damit fast die gesamte chemische Industrie lahmgelegt. Die Demontage des zweiten Gleises auf den Hauptstrecken der Deutschen Reichsbahn zog das Verkehrswesen stark in Mitleidenschaft. Kein Industriezweig blieb verschont. Die letzten Demontagen, sie betrafen die Ausrüstungen von sieben Braunkohle-Tagebauen, gab es im Frühjahr 1947. Zu dieser Zeit legten die USA für Westeuropa ihren Marshallplan auf.

In Ostdeutschland hingegen erreichte eine andere Form der Reparation - die sogenannten "Entnahmen aus der laufenden Produktion" - beträchtliche Höhen. Zu diesem Zweck verwandelte die Regierung der UdSSR kurzerhand 213 Groß- und Mittelbetriebe in sowjetisches Eigentum. Die Betriebe wurden als "sowjetische Aktiengesellschaften" (SAG) weitergeführt und erst in den Jahren 1952/53, zum Teil gegen Be-

Das gebrochene Rückgrat

zahlung, der DDR zurückgegeben. Gemessen am realen Sozialprodukt haben diese "Entnahmen" in den ersten Nachkriegsjahren schätzungsweise 15 Prozent betragen.

Die Teilung Deutschlands schnitt schließlich die sowjetische Besatzungszone wirtschaftlich fast vollständig von ihren traditionellen Beziehungen zum Westen ab. Der ohnehin schwach industrialisierten, durch Kriegsschäden zerstörten und durch Abwanderung von Fachkräften geschwächten Ostzone standen kaum noch die dringend benötigten Rohstoffe und Vorfabrikate zur Verfügung. Unter diesen Bedingungen konnte die wichtigste Aufgabe nur darin bestehen, die sich auftuenden Disproportionen zu mildern. Über der ostdeutschen Wirtschaft lag somit von Anbeginn der Makel des Mangels, den sie nie richtig abstreifen konnte.

Nach sowjetischem Vorbild

Die sowjetische Besatzungsmacht bescherte den Ostdeutschen zudem jenes Wirtschaftsmodell, das Ende der dreißiger Jahre in der Sowjetunion installiert und insbesondere durch die Kriegswirtschaft perfektioniert worden war: Eine Ordnung mit zwei Eigentumsformen (staatlich und genossenschaftlich), mit stark zentralisierter Planung, administrativen Kommandomethoden in der Leitung, eingeschränkter wirtschaftlicher Rechnungsführung und unzureichend entwickelten Ware-Geld-Beziehungen. Die ersten Lehrmeister waren sowjetische Wirtschaftsoffiziere aus den Stäben der Sowjetischen Militäradministration (SMAD), die mit militärischer Forsche zu Werke gingen.

Der erste Planungsversuch im volkswirtschaftlichen Maßstab wurde für das 2. Halbjahr 1948 unternommen. Ihm folgte 1949/50 ein Zweijahresplan. Der erste Fünfjahrplan, gültig von 1951 bis 1955, sah besonders den Ausbau der Energie- und Brennstoffindustrien sowie der Hütten-, Stahl- und Walzwerke vor.

Die Umstellung der Wirtschaft auf das sowjetische Planungsmodell setzte voraus, daß der Staat die Verfügungsgewalt an den wichtigsten Produktionsmitteln erlangte. Ein im Sommer 1946 von der SMAD in Sachsen initiierter Volksentscheid gab die Handhabe dafür, das staatskapitalistische Eigentum sowie das Eigentum von Kriegs- und Naziverbrechern in Volkseigentum umzuwandeln. Fortan wurde das Volkseigentum unantastbar und durfte an Privatpersonen oder Organisationen weder veräußert, noch übergeben werden. Die Betriebe setzten vor ihren eigentlichen Firmennamen das Kürzel "VEB".

Die für die Wirtschaft wichtigsten 1631 Betriebe mit 578 707 Arbeitern und Angestellten wurden den industriellen Hauptverwaltungen der Deutschen Wirtschaftskommission (DWK) direkt unterstellt. 3064 Betriebe von regionaler Bedeutung mit 223 362 Beschäftigten unterstanden den Landesregierungen. 2064 Betriebe wurden den Kommunalverwaltungen zugeordnet. Die DWK arbeitete daraufhin, Betriebe mit gleichartigem oder ähnlichem Produktionsprofil zu Vereinigungen Volkseigener Betriebe (VVB) zusammenzuführen. Bis Ende der fünfziger Jahre entstanden insgesamt 75 VVB. Sie waren rein administrative Leitungsbehörden zwischen den Betrieben und Ministerien. Sie sollten für die Ministerien die Planung vereinfachen und in ihrem Industriezweig die Richtung für die wissenschaftlich-technische Entwicklung vorgeben.

Anfang der sechziger Jahre wurden die Mängel des von der Sowjetunion übernommenen Planungssystems immer offenkundiger. Die vorrangige Planung mit Hilfe von Naturalkennziffern (Mengenplanung) gestattete lediglich eine quantitative Bewertung des Betriebsergebnisses und stellte die Ökonomie zuweilen völlig auf den Kopf.

Wer den Aufwand und die Kosten senkte, schadete sich selbst. Eine verschwenderische "Tonnenideologie" verdrängte kaufmännisches Denken. Überzentralisierte Entscheidungen lähmten die Initiative und Verantwortungsfreude in den Betrieben. Diese strebten nach "weichen Plänen", die sie dann übererfüllten und dafür hohe Prämienzuführungen erhielten. Die Preisstrukturen begünstigten die Rohstoffverschwendung und behinderten die Einführung technischer Neuerungen in die Produktion.

Der Gewinn wird wieder entdeckt

Die mit dem "Neuen Ökonomischen System der Planung und Leitung der Volkswirtschaft" (NÖS) Mitte der sechziger Jahre eingeleitete Wirtschaftsreform sollte diese Mängel überwinden. Die Einführung des NÖS war der großangelegte Versuch, die zentrale staatliche Planung mit einer indirekten Steuerung der Betriebe über ökonomische Hebel zu verbinden. Qualitative Maßstäbe zur Bewertung der Produktion wie Rentabilität und Gewinn erhielten eine zentrale Stellung. Die Betriebe sollten in gewissem Rahmen eigenverantwortlich über die Gewinnverwendung entscheiden. Das NÖS erforderte eine Neubewertung der Grundmittel. Ein ökonomisch begründetes Preissystem wurde mit der Industriepreisreform zwischen 1964 und 1967 geschaffen. Die vorgesehene Bildung verschiedener, meist gewinnabhängiger betrieblicher Fonds sollte den Unternehmen bei weniger Plankennziffern mehr Entscheidungsfreiheit verschaffen.

Das neue Konzept weckte in der DDR große Hoffnungen, stieß jedoch vor allem in der Sowjetunion auf heftigen Widerspruch. Hinzu kamen hausgemachte Fehlentscheidungen in der Strukturpolitik, die die Wirtschaft überforderten und damit den sozialen Konsens gefährdeten. Das alles bereitete dem Experiment ein schnelles En-

de. Auf der 14. Tagung des ZK der SED im Dezember 1970 trugen die reformunwilligen Kräfte das NÖS zu Grabe. Für sie stand nach den Ereignissen in der CSSR fest, daß sich Sozialismus und Eigennutz nicht vereinen ließen. Damit schlug auch für die letzten Privatbetriebe in der DDR die Stunde. 1972 wurden diese, zumeist schon halbstaatlichen Unternehmen, dem Volkseigentum einverleibt.

Die Gesetze sanktionierten die Parteibeschlüsse und setzten dem unternehmerischen Handeln in der Wirtschaftspraxis wieder klare Grenzen. Zu nennen sind hier besonders die Planungs- und Bilanzierungsordnungen sowie das Vertragsgesetz. Letzteres schrieb die Vertragsabschlußpflicht für alle Planvorhaben fest. Und da wieder alles geplant wurde, kehrten auch die unrealen Planvorgaben zurück. Sie blieben ein ständiger Reibungspunkt zwischen den wirtschaftsleitenden Apparaten und den Betrieben bis hinunter auf die kommunale Ebene.

Ein letzter Versuch

Nach dem Scheitern der Wirtschaftsreform traten die alten Systemschwächen schnell wieder zutage: Mangelnde Unternehmerinitiative und Unlust zu Innovationen. Die besonders von den Einrichtungen des Außenhandels immer dringlicher signalisierten Rückstände im internationalen Wettbewerb zwangen jedoch unausweichlich zum erneuten Handeln. Den Ausweg sollte eine noch höhere Konzentration der gesellschaftlichen Produktion schaffen. Die in Angriff genommene Bildung der Kombinate war ein weiterer - der letzte - Versuch, den Grundstein für eine höhere Leistungsfähigkeit der Wirtschaft zu legen. Diesmal sollten der Parteiführung bestimmte Entwicklungen nicht wieder aus den Händen gleiten. Alles wurde von vornherein unter "scharfe Parteikontrolle" gestellt.

Das gebrochene Rückgrat

Im Zusammenhang mit dem NÖS-Versuch war 1966 damit begonnen worden, erste Kombinate zu konstruieren. Das betraf zum Beispiel die Bildung des Kabelkombinates Berlin-Oberspree, des Uhrenkombinates Ruhla und des Wohnungsbaukombinates Rostock. Ihnen wurden Aufgaben der Vereinigungen Volkseigener Betriebe (VVB) übertragen. Als wirtschaftsleitende Organe hatten diese keine unmittelbare Bindung zur direkten Produktion. Genau das sollten nun die Kombinate ändern.

1970 bestanden bereits 48 Kombinate, die den jeweiligen Industrieministerien direkt unterstellt waren. Im Jahre 1980 wurde die Kombinatsbildung in der zentralgeleiteten Industrie abgeschlossen. Wenige Zeit später entdeckten die Architekten der Kombinats-Ungetüme auch die den Wirtschaftsräten der Bezirke unterstehenden Betriebe. So bildeten sich bis 1983 in den 15 Bezirken der DDR noch einmal 124 Kombinate der bezirksgeleiteten Industrie und des Bauwesens heraus. Ihr Anteil an der gesamten industriellen Warenproduktion betrug etwa 12 Prozent. Die Aufteilung der Wirtschaft auf die Kombinate war damit im wesentlichen abgeschlossen. 1986 erklärte der XI. Parteitag der SED die Kombinate zum Rückgrat der sozialistischen Planwirtschaft in der DDR.

Zur Durchsetzung des Primats der Politik kam den Kombinaten eine Schlüsselrolle zu. In der Kombinatsverordnung von 1979 (siehe Anhang) ist dies eindeutig dokumentiert: "Das Kombinat übt seine Tätigkeit in Verwirklichung der Beschlüsse der Partei der Arbeiterklasse und im Auftrag des sozialistischen Staates, auf der Grundlage der Gesetze und anderen Rechtsvorschriften aus". Die Bildung der Wirtschaftskommission des Zentralkomitees der SED fiel nicht von ungefähr zeitlich mit der Kombinatsbildung zusammen. In den Kombinaten wurden Parteiorganisatoren eingesetzt, die je nach Bedeutung des Kombinates dem Generaldirektor über- oder beigeordnet waren. Das si-

cherte den unmittelbaren politischen Einfluß auf die Kombinate. Bei alledem blieb der Staatsapparat das hauptsächliche wirtschaftleitende Instrument der SED. Daneben gab es eine Vielzahl von staatlichen Kontrollorganen, die als Inspektionen, Ämter und Behörden Erfüllungshilfe leisteten.

Die Kombinate sollten der zentralen staatlichen Planung den Rücken stärken. Nach den Vorstellungen ihrer Konstrukteure sollten sie in der Lage sein, die "volkswirtschaftliche Verantwortung für alle Phasen des Reproduktionsprozesses in ihrem Bereich wahrzunehmen, weil sie - im Unterschied zum einzelnen Betrieb - über einen weitestgehend geschlossenen Reproduktionsprozeß" verfügten. Damit war gemeint, daß ein Kombinat praktisch über alles verfügte, um ein für die Volkswirtschaft ins Gewicht fallendes Produktionsprogramm zu bewältigen.

Ein Kombinat besaß Institute und Kapazitäten für die Forschung und technische Entwicklung, Projektierungseinrichtungen, Betriebe oder Abteilungen für den eigenen Rationalisierungsmittelbau, eigene Bauabteilungen, Produktionsstätten für bestimmte Zulieferungen sowie Absatzunternehmen für das In- und Ausland. Die Kombinate bestanden aus Betrieben, die juristisch und wirtschaftlich selbständig waren, ihren eigenen Namen führten und nach vom Staat vorgegebenen Planauflagen arbeiteten.

Bis auf wenige Ausnahmen wurden die Kombinate über einen sogenannten Stammbetrieb geleitet (siehe Anhang). Darunter wurde ein leistungsfähiger Betrieb verstanden, der auf die Produktqualität und das technologische Niveau im Kombinat großen Einfluß hatte.

Die zentralgeleiteten Kombinate wiesen hinsichtlich der Zahl ihrer Arbeiter und Angestellten sowie ihrer Betriebe große Unterschiede auf (siehe Anhang). Die 51 Betriebe des Kombinates Trikotagen bestanden z. B. aus über 650 Produktionsstätten mit durchschnittlich 77 Beschäftigten. Entsprechend gestreut lagen ihre Standorte oft in mehreren Kreisen und Bezirken der DDR. Das Kombinat Haushaltgeräte hatte 217 Produktionsstätten, die sich über 118 Kreise erstreckten. Allein daran kann man ermessen, welche künstlichen Gebilde an den Schreibtischen der Politbürokratie entstanden waren.

Devisenhunger brach Außenhandelsmonopol

Die Kombinate sollten Aufgaben von volkswirtschaftlichen Dimensionen lösen. Dafür wurden ihnen umfangreiche Rechte übertragen, die sie sich häufig genug auch erstritten. Jahrzehntelang hatte das Ministerium für Außenwirtschaft mit Erfolg auf die "Wahrung des staatlichen Außenhandelsmonopols" gepocht. Doch der permanente Devisenhunger im Lande war stärker. Zu Beginn der 80er Jahre konnten die Kombinate eigene Außenhandelsfirmen bilden. Diese sollten effizienter auf sich verändernde Marktbedingungen reagieren und wieder für zunehmende Deviseneinnahmen sorgen.

Marktanteile waren aber nur zu halten oder auszuweiten, wenn die Produkte in Qualität, Ausstattung und Design denen der Konkurrenz standhielten. Der zunehmende Druck, die Kosten zu senken und die Produkte technisch zu verbessern, führte schließlich dazu, auch die noch außerhalb der Kombinate bestehenden technischen Einrichtungen in der Industrie zu vereinnahmen. So wurden ab 1986 die bis dahin noch selbständigen Forschungsinstitute den Kombinaten unterstellt.

Es ist sicher nicht abwegig, den ganzen Prozeß der Kombinatsbildung in der DDR auch als einen Versuch zu begreifen, die sich seit langem ständig vergrößernde technologische Lücke zwischen Ost und West endlich zu verkleinern. Beeindruckt vom atemberaubenden Tempo des technischen Fortschritts sollten die Kombinate die international neuen Technologien selbst entwickeln und schnellstmöglich wirtschaftlich verwerten (siehe Anhang). Darauf wurden alle Kräfte konzentriert und zum Teil auch international beachtete Erfolge erreicht.

Nachdem die Parteiideologen jedoch verkündet hatten, daß "die Erneuerung der Produktionssortimente Hauptform des Konkurrenzkampfes auf dem Weltmarkt" sei, waren auch die Kombinate mit ihrem Latein am Ende. Höhepunkt dieser breit angelegten Kampagne wurde die generelle Forderung an jeden Betrieb, egal ob Kaliproduzent oder Chiphersteller: "Jedes Jahr müssen 30 Prozent der Produktion und mehr erneuert werden".

Das Aus für die Kombinate

Trotz aller Anstrengungen gelang es nicht, den technischen Fortschritt im notwendigen Maß zu beschleunigen. Der Versuch, dem Rest der Welt auf dem Gebiet der Schlüsseltechnologien die Stirn zu zeigen, deformierte die Wirtschaft. Das gigantische Wohnungsneubau- und Sozialprogramm taten ein übriges. Der real-sozialistischen Planwirtschaft gingen zunehmend die Leistungsanreize für die arbeitende Bevölkerung und die Kraft für die intensiv erweiterte Reproduktion in volkswirtschaftlicher Breite aus. Die Einführung neuer Produkte, günstigerer Produktionstechniken und effizienterer Vermarktungsmethoden verlangsamte sich, weil fundamentale weltwirtschaftliche Erfahrungen nicht durch ideologisch verbrämte Kampagnen zu ersetzen sind.

Wie sehr Anspruch und Wirklichkeit auseinanderfielen, zeigte sich gerade in jenen Kombinatsbetrieben und Betriebsstätten immer augenscheinlicher, die nicht auf den Hauptlinien der Wirtschaftspolitik lagen. Zugunsten ausufernder Prestigeobjek-

Das gebrochene Rückgrat

te wurden andere zwingend notwendige Investitionen immer wieder zurückgestellt. Vor allem diese vernachlässigten Betriebe prägten nach der Wende das Bild von der maroden DDR-Wirtschaft. Der Forderung nach höherer Ausnutzung der Arbeitszeit stellte sich die verschlechternde Versorgungslage entgegen. Sozialleistungen im Vorgriff auf Produktivitätssteigerungen schmälerten die Akkumulationskraft. Staatsverschuldung auf der einen und Zwangskreditierung auf der anderen Seite waren ohnehin schon lange systemimmanent. Zudem wurden die westlichen Embargolisten immer dann länger, wenn die DDR mit wirklichen Spitzenleistungen auf wissenschaftlich-technischem Gebiet auf sich aufmerksam machte. Dadurch mußte zwangsläufig die Arbeitsteilung mit den anderen sozialistischen Ländern vertieft werden. Im Ergebnis entstand über Jahrzehnte

die heute so schmerzlich spürbare Abhängigkeit der ostdeutschen Wirtschaft von den Ostmärkten.

Die Entflechtung der Kombinate und die Umwandlung der volkseigenen Kombinatsbetriebe in Kapitalgesellschaften (siehe Anhang) in Vorbereitung auf die Wirtschafts- und Währungsunion wurde zum politischen Erfordernis, um der Einheitspartei die ökonomische Basis für ihr Machtmonopol zu entziehen. Mit der Umwandlung der Kombinate fiel auch der alte Staatsapparat in sich zusammen. Der Planwirtschaft war endgültig das Rückgrat gebrochen. Die Treuhandanstalt übernahm die Betriebe mit dem Auftrag zur Privatisierung (siehe Anhang). Von deren Ergebnissen wird es abhängen, wie es diesmal um den Fortbestand der Industrie im Osten Deutschlands bestellt ist (siehe Anhang).

Vom Plan zum Markt: Erfolge, die schmerzen

Von Dr. GERD VON GUSINSKI

■ Aus VEB wurden AG und GmbH

1. Umwandlung:
   ein Etikettenschwindel?
2. Massenhafter Austritt
   aus den Kombinaten
3. Kombinats-Konzerne:
   Rückzug auf Raten
4. In trügerischer Hoffnung

■ Mitte 1990 wurde es ernst

1. Jenseits ökonomischer
   Vernebelung
2. Globalbürgschaften
   und Liquiditätshilfen:
   Retter der ersten Stunde
3. Ostdeutschland:
   Marktwirtschaft ohne Markt
   - Der heimische Markt
   fiel an den Westen
   - Westmärkte:
   Neuanfang bei Minus-Null
   - Ostexporte: im Kriechgang
4. Wer bringt Märkte und Absatz?

■ Zukunftsperspektiven eröffnen

1. Perspektiven verlangen
   nach dem Unüblichen
2. Sanierung durch Teilen
   - Entflechtung der Kombinate
   - Die nicht wundersame
   Unternehmensvermehrung
   - Schmerzhafte innerbetriebliche
   Sanierung
   - Aktive Sanierungsbegleitung
3. Privatisierung aus der Stillegung
   heraus
4. Privatisierung:
   eine hoffnungsvolle Bilanz
   - Heimischer Mittelstand und
   ausländische Investoren im Kommen
   - Privatisierung legt den Grundstock,
   auf dem sich aufbauen läßt

Aus VEB wurden AG und GmbH

Nicht nur Menschen, auch Firmen und deren Produkte haben ihre Schicksale auf dem schwierigen Weg in die Soziale Marktwirtschaft. Denn die Umwandlung der ehemaligen volkseigenen Betriebe (VEB) und Kombinate in Kapitalgesellschaften ist alles andere als einfacher Rollentausch, auch wenn viele ihre Befreiung von der Knute der zentralistisch-dirigistischen Planwirtschaft und ihre Überleitung in privatwirtschaftliche Rechtsformen - Gesellschaften mit beschränkter Haftung (GmbH) und Aktiengesellschaften (AG) - nur als einen weitgehend formalen Akt einschätzten. Für manche war es nicht einmal das, sondern lediglich ein Etikettenschwindel.

1. Umwandlung:
ein Etikettenschwindel?

Eine solche Folgerung liegt nahe, da in der Anfangsphase auch versucht wurde, planwirtschaftliche Elemente zu retten. Sie wird dadurch bekräftigt, daß die Umwandlung per Modrow-Regierungsbeschluß zentral verordnet wurde und die Generaldirektoren der Kombinate und Betriebsdirektoren - also die alte Nomenklatura - mit der Umwandlung beauftragt wurden. Das alles geschah in einer Situation, in der nach dem Fall der Mauer am 9. November 1989 der Ruf nach Vereinigung immer drängender wurde und eigentlich schon klar war, daß es die Planwirtschaft nicht mehr geben würde; sie hatte sich selbst "außerplanmäßig" abgewirtschaftet.

Die Widersprüchlichkeit jener Zeit wird auch daraus ersichtlich, daß einerseits die Abschaffung der zentralistischen Wirtschaftsführung und des VEB-Status längst überfällig, andererseits aber noch im Januar/Februar 1990 die Kombinate und Betriebe gehalten waren, Planvorschläge auszuarbeiten. Und zwar nach althergebrachtem Muster auf der Grundlage staatlicher Vorgaben.

Vom Plan zum Markt

Ziemlich rasch setzte sich - quer durch die politischen Gruppierungen jener Zeit - die Auffassung durch, daß flexible, unternehmerisch handelnde Wirtschaftseinheiten eine unverzichtbare Bedingung für den wirtschaftlichen und sozialen Wandel sein werden. Überfällig war nicht nur die Auflösung der Kombinate zur Beseitigung der faktischen Produktionsmonopole, sondern auch die Zulassung privater Unternehmen und die Überwindung der halbherzigen Schritte ausländischer Kapitalbeteiligung. Von der Bürgerbewegung wurde zudem gefordert, die Bürger über "Anteilscheine oder andere Arten von Wertpapieren" am Volkseigentum zu beteiligen und dabei zu "marktwirtschaftlichen Eigentumsformen" überzugehen.

Der Beschluß "zur Umwandlung von volkseigenen Kombinaten, Betrieben und Einrichtungen in Kapitalgesellschaften" vom 1. März 1990 (siehe Anhang) kam wesentlich auf Druck des Runden Tisches zustande und geht auch inhaltlich auf ihn zurück. Die Übergangsregierung Modrow war dabei nicht viel mehr als die unter dem Zwang der Realitäten ausführende Instanz. Von ihr gehegte Vorstellungen einer Verbindung von planwirtschaftlichen Elementen mit Prinzipien der Marktwirtschaft unter Beibehaltung der Zweistaatlichkeit für einen längeren Zeitraum erwiesen sich damit endgültig als hinfällig.

Dennoch setzte die Umwandlung der Kombinate und Betriebe in Kapitalgesellschaften äußerst schleppend ein. Verzögerungstaktik und Unfähigkeit waren damals noch die mildesten Vorwürfe. Allerdings darf nicht übersehen werden, daß dabei auch sachliche Gründe verschiedener Art eine Rolle spielten.

Das war zum einen schlichte Unkenntnis über die "neue Ordnung". GmbH- und Aktiengesetz als rechtliche Grundlage der Umwandlung waren weithin unbekannt; sie galten jahrzehntelang als Begriffe von einem anderen Stern. Ausdruck dieser inhaltlichen Hilflosigkeit waren die damals oft gestellten Fragen, ob man sich z. B. in eine GmbH oder in eine AG umwandeln solle, was den Unterschied zwischen beiden ausmache und ob eine AG nicht mehr Gewicht und Wirkung verspreche? Offensichtlich hatte man dabei das Bild international renommierter Aktiengesellschaften vor Augen oder erinnerte sich der eigenen Konzern-Herkunft aus DDR-Vorzeiten.

Zum anderen sollte die Umwandlung rechtlichen Mindestanforderungen entsprechen. Dazu gehörten nicht zuletzt Gesellschaftsvertrag, Satzung, Abschluß- und Eröffnungsbilanz, Aufstellung der Forderungen und Verbindlichkeiten sowie Gründungsbericht der Kapitalgesellschaft.

Die Aufstellung der Schlußbilanz sollte vor allem der lückenlosen Erfassung der Vermögenswerte dienen. Dazu war die Bilanz zum Stichtag der Umwandlung aufzustellen und von unabhängigen Gutachtern - zunächst noch die damalige Staatliche Finanzrevision - zu prüfen. In einer Schlußbilanz waren alle Vermögensänderungen zu erfassen, die in den Unternehmen zwischen der bestätigten Jahresbilanz per 31.12.1989 und dem Tag der Umwandlung eingetreten waren. Damit sollten ungesetzliche Manipulationen und unkontrollierte Verkäufe von Vermögenswerten gestoppt und für die Zukunft unterbunden werden. Der dafür erforderliche Zeitaufwand - ganz abgesehen von den massiven Engpässen an Wirtschaftsprüfern und Notaren zur Beurkundung der Umwandlung - war einer der Gründe, warum der Umwandlungsprozeß nur langsam einsetzte. Des weiteren kam hinzu, daß der Gründungsbericht konkrete Vorstellungen zum Unternehmenskonzept enthalten sollte.

Im April 1990 gehörte zu den gutgemeinten Hinweisen der wieder aufgelegten ostdeutschen Wirtschaftswochenzeitung Die Wirtschaft (ihr Erscheinen war zu DDR-

Zeiten unter dem Vorwand der Papiereinsparung eingestellt worden), vor der Umwandlung bereits zu prüfen, ob ein Unternehmen mit seinem Produktionsprofil und mit seinen Leistungen wettbewerbsfähig sei. Da mit dem Dirigismus der Vergangenheit auch die Subventionen, Richtungskoeffizienten, die alten Preise und viele andere die Realität verzerrenden Eingriffe wegfallen würden, sollten tragfähige Lösungen aus einer treffsicheren Bestimmung des Erzeugnisprofils in Verbindung mit einem technisch-technologischen Quantensprung und einer drastischen Verringerung des Aufwands abgeleitet werden.

Ausdrücklich wurde in dem Artikel betont, daß ein erheblicher Teil der Betriebe an seinem Konzept für die ökonomische Umstellung noch arbeiten müsse. Sicher, in den Betrieben wurde analysiert, wurden Konzepte und Konzeptionen gemacht, fand teilweise ein intensiver Dialog zwischen Betriebsleitung und Belegschaft statt, aber mit Illusionen und großen Erwartungen, die mit dem Inkrafttreten der Währungs-, Wirtschafts- und Sozialunion wie ein Kartenhaus zusammenbrachen.

Die wichtige Frage, in welcher Form sich ein Betrieb organisiert, sei erst dann zu beantworten, wenn sich herausgestellt hat, daß der Betrieb unter Konkurrenzbedingungen wirklich existenzfähig ist, war ein fachlich korrekter Rat der Journalisten, aber zugleich war er wirklichkeitsfremd. Denn wer dachte damals schon ernsthaft daran, daß betriebliche Umstrukturierung auch Stillegung bedeuten könnte?

2. Massenhafter Austritt aus den Kombinaten

Die Umwandlungsverordnung sah zwar eine Entflechtung der Kombinate nicht ausdrücklich vor, jedoch eröffnete sie die Möglichkeit, daß sich die Betriebe mit der Konstituierung als Kapitalgesellschaften aus dem bisherigen Kombinatsverband lösen und den Weg als eigenständige Gesellschaft gehen konnten. Was verklausuliert lautete "die umgewandelte Gesellschaft kann auch eine neue Firma gemäß den Rechtsvorschriften annehmen", hieß im Klartext: ehemals eigenständige Betriebe, die irgendwann einmal zu Betriebsstätten in VEB degradiert wurden, oder lebensfähige Betriebsteile der VEB durften sich selbständig machen. Das war in der emotionsgeladenen Zeit gewissermaßen das Überdruckventil, um sich von der verordneten Kombinats-Zugehörigkeit und rigiden Kombinats-Bevormundung zu befreien sowie sich des politischen und administrativen Diktats der Auflagenerfüllung zu entledigen.

Die Umwandlung in Kapitalgesellschaften war deshalb nicht nur ein notwendiger formalrechtlicher und inhaltlicher Schritt, die volkseigenen Wirtschaftseinheiten in marktwirtschaftliche Organisationsformen zu überführen, sondern mit der Umwandlung entlud sich auch der ganze Kombinats-Frust. Die Umwandlung wurde so zum gesellschaftlichen Ausgangspunkt freien Unternehmertums.

Da die Umwandlungsverordnung den Betrieben freistellte, welche Rechtsform einer Kapitalgesellschaft gewählt wurde, kam es - von den Belegschaften nachdrücklich gefordert und vielfach erst auf ihren Druck hin - zu massenweisen Austritten aus den Kombinaten.

Das betraf vor allem Kombinatsgebilde, die im Grunde nichts anderes als zwangsverordnete Zusammenschlüsse waren. Diese Betriebe hatten untereinander kaum arbeitsteilig-kooperative Bindungen, sie produzierten mehr oder weniger parallel und im Kombinat wurde ein Sammelsurium unterschiedlicher Sortimente hergestellt. Einziger gemeinsamer Nenner war die einheitliche Kombinats-Leitung. Von der Sortiments-Zusammenballung her ähnelten manche bezirksgeleiteten Kombinate einer

Vom Plan zum Markt

Volkswirtschaft im Brennglas, wobei vieles hineingepreßt war, auch wenn es nicht zusammenpaßte. So reichte beispielsweise im ehemaligen Kombinat Maschinenbauerzeugnisse Dresden die Erzeugnispalette von Schwimmbaggern bis zu Bestecken.

Indem sich die Betriebe dieser zusammengewürfelten Konglomerate in selbständige GmbH umwandelten, kam es faktisch zur Selbstauflösung bezirksgeleiteter Kombinate. Aber auch eine Reihe von zentralgeleiteten Kombinaten, z. B. im Bereich der Leichtindustrie, zerfiel in Einzelteile. Neben den Kombinaten Wolle und Seide, Kombinat Baumwolle oder Technische Textilien war einer dieser Fälle das ehemalige Kombinat Trikotagen. Es löste sich im Juni 1990 selbst auf. Einer der größten Kombinatsbetriebe, das Thüringer Obertrikotagenwerk Apolda, bildete eine Aktiengesellschaft, die sich aus den in GmbH umgewandelten Betriebsteilen zusammenschloß. Nach dem Zusammenbrechen der heimischen Absatzmärkte und der osteuropäischen Exportmärkte mußte bereits im April 1991 die Liquidation dieser AG eingeleitet werden; nur Betriebsteile bekamen durch neue private Eigentümer eine marktwirtschaftliche Perspektive.

Der Austritt aus den Kombinaten erfolgte jedoch nicht allein oder überwiegend aufgrund der verbreiteten Anti-Kombinats-Haltung, der verständlichen Aversion gegen umtriebige Kombinatsleitungen, die sich in einer Reihe von Kombinaten geschlossen zur "Generaldirektion" umgebildet hatten, oder wegen der Ablehnung der "SED-Promis" in den Kombinats-Führungsetagen. Motiv der Belegschaften war vor allem die nicht unrealistische Annahme, sich als Einzelunternehmen eine überschaubare Perspektive zu erarbeiten und als selbständiger Betrieb mehr Spielraum für unternehmerische Entscheidungen und Initiative zu besitzen als unter dem Dach einer Kombinats-AG. Von ihr wurde selbst im günstigsten

Fall lediglich die Fortsetzung des üblichen Berichtsunwesens erwartet. Teilweise hielt man überdies intensiv Ausschau nach westdeutschen Unternehmen als Partner für Kooperationen oder Beteiligungen. Auch daher der Entschluß von Betrieben mit Profil, sich vom Kombinat möglichst schnell abzunabeln.

Nicht selten bedeutete der Entschluß zur Trennung eine scharfe Auseinandersetzung mit Kombinatsleitungen, die das Konzept einer Umwandlung in eine Kombinats-AG und damit die eigene Absicherung betrieben. Viel Kraft und Zeit kostete es auch, die Bürokratie-Hürde zu nehmen, da zur Umwandlung die Stellungnahme des übergeordneten Organs einzuholen war. Von den damals noch bestehenden Industrieministerien und Kombinatsleitungen wurde teilweise auf diesem Wege versucht, den Austritt von Betrieben aus dem Kombinat zu verhindern. Besonders dann, wenn es sich um solche handelte, die als leistungsstark eingeschätzt wurden. Dieser Hindernislauf führte bei der Umwandlung zweifellos zu Verzögerungen.

3. Kombinats-Konzerne: Rückzug auf Raten

Aber es gab auch jene Seite der Medaille; eine Reihe von Kombinatsleitungen und Kombinatsbetrieben ging jedenfalls davon aus: Um sich im Marktwettbewerb zu behaupten, könne eine Verbundlösung die bessere Basis sein, als wenn jeder Betrieb auf sich gestellt seine Zukunft in der Marktwirtschaft wage.

Solche Überlegungen gab es in den Kombinaten des Bergbaus und der Grundstoff-Industrie, beispielsweise im ehemaligen Kali-Kombinat mit seinen Kalibetrieben "Südharz", "Werra", "Saale" und dem Kaliwerk Zielitz. Mit seiner im Grunde gleichgelagerten Förderung und Aufbereitung von Stein- und Kalisalzen umfaßte das Kombinat zu DDR-Zeiten faktisch die gesamte

Salzwirtschaft. (Die einzelnen Kalibetriebe bestanden wiederum aus mehreren Gruben und Aufbereitungswerken, zum Beispiel der Kombinatsbetrieb "Südharz" aus den Kaliwerken Bleicherode, Bischofferode, Roßleben, Sollstedt, Sondershausen und Volkenroda.)

Die Betriebe wandelten sich in Aktiengesellschaften um: in die Kali Südharz AG, Kali Werra AG, Zielitz Kali AG und in sechs GmbH, die zusammen den Konzern "Mitteldeutsche Kali AG" bildeten. Die Vertreter der Belegschaften der Betriebe und Werke bezeichneten damals in ihrer Zustimmungserklärung diesen Weg der Umwandlung in Aktiengesellschaften und "daraus abgeleitet die Bildung einer Holding als Solidargemeinschaft für die komplexe Sicherung der Effektivitäts- und Rentabilitätsentwicklung bei sozialer Sicherstellung der Arbeitnehmer als unabdingbar". Ausdrücklich wurde zudem hervorgehoben, daß im Rahmen der Holding keine weitere Zersplitterung von Betriebseinheiten zugelassen werden dürfte, und Ausgliederungen als GmbH sollte grundsätzlich nur zugestimmt werden, "wenn diese Umwandlungen der Erhaltung von Arbeitsplätzen dienen und zur Verbesserung der Gewinnlage der Aktiengesellschaften beitragen."

Man wollte konzentriert im Verbund in den Marktwettbewerb gehen, da der Kalimarkt von Produzenten-Kartellen gestaltet wird, die ihre Absatz- und Preispolitik nicht voreinander geheimhalten. Der Mitteldeutschen Kali AG gelang es im Frühjahr 1991, sich in dieses Kartell einzukaufen. Dennoch begann mit der Anpassung an die marktwirtschaftlichen Strukturen die schwierigste Zeit in der über hundertjährigen Geschichte des ostdeutschen Kalibergbaus. Sechs von zehn Kaligruben mußten stillgelegt werden; ihre Vorkommen waren unter Marktbedingungen nicht mehr wirtschaftlich abzubauen. Und als Mitte 1993 die Fusion mit der westdeutschen Kali und Salz

AG eingegangen wurde, kam es zu weiteren Stillegungen in der ostdeutschen Kaliindustrie.

Die Umwandlung der Kombinatsbetriebe in AG und deren Zusammenschluß zu einem Konzern - Mitteldeutsche Kali AG - sowie deren Privatisierung auf dem Wege der Fusionierung war zwar ein Sonderfall. Der Weg einer Umwandlung der Kombinatsbetriebe in Kapitalgesellschaften und Verbindung unter dem Dach einer Holding wurde aber auch von anderen gegangen. Insbesondere in Kombinaten, in denen die innerkombinatliche vertikale Arbeitsteilung ausgeprägt war oder spezialisierte Finalproduzenten unterschiedliche Erzeugnissegmente fertigten, deren Zusammenführung erst ein marktfähiges Sortiment in der entsprechenden Angebotstiefe ergab. Das betraf Kombinate, die meist branchenrein und relativ organisch gewachsen waren, eine gemeinsame Absatz- und Vertriebsorganisation hatten und unter einheitlichem Warenzeichen auftraten. Als weiteres Beispiel für eine Umwandlung soll das Kombinat Elektromaschinenbau Dresden dienen.

Das ehemalige Kombinat Elektromaschinenbau Dresden war der zweitgrößte Exporteur des DDR-Maschinenbaus in westliche Länder und hatte in der Inlandsversorgung mit Elektromotoren eine weitgehende Monopolstellung. Anfang April 1990 schlossen sich die 15 in GmbH umgewandelten Betriebe zur VEM Antriebstechnik AG zusammen. Als eine wichtige Überlegung für den Zusammenschluß der Unternehmensgruppe in der Gesellschaftsform einer Holding AG wurde angesehen, daß der Absatz auf westlichen Märkten unter dem eingeführten Warenzeichen "VEM" im Verbund besser gesichert und ausgebaut werden könne. Man wollte daher auch weiterhin z. B. den Vertrieb oder die Erzeugnisentwicklung zentral organisieren.

Bei diesen Verbundlösungen hat aber auch eine Rolle gespielt, daß man durch die

Vom Plan zum Markt

bisherige Stellung eines Monopolherstellers verwöhnt war. Abnehmer waren vielfach auf Gedeih und Verderb einzig von seiner Gnade abhängig. Erinnert sei an die Vorteile bilanzierender Kombinate im permanenten Kampf um Bilanzanteile oder an die vielen Bittgänge zu Zuliefermonopolisten, wenn sich die sogenannten Bilanzzuweisungen als "Luftnummer" erwiesen. Typisch DDR waren auch die Tauschkreisläufe der Schattenwirtschaft, bei denen Beziehungen ausschlaggebend waren, wenn Engpaßmaterial organisiert werden mußte; auch hier saßen die Alleinanbieter am längeren Hebel.

Die vorteilhafte Monopolstellung unter den Bedingungen ständiger Defizite hat nicht unerheblich zur Überschätzung der künftigen Position unter tatsächlichen Wettbewerbsbedingungen beigetragen. Der Grad der Selbsttäuschung über die reale Marktfähigkeit war groß. Und nicht minder die Naivität, als kombinatsähnlicher Konzern mit markterfahrenen, durch jahrzehntelange Behauptung gegen schärfste Konkurrenz "gehärtete" Unternehmen mithalten zu können. Damit war oftmals bereits bei der Gründung der Keim des Mißerfolgs solcher Verbundlösungen gelegt; nicht wenige erwiesen sich als mißglückte Zwischenetappe, auf die eine weitere Umstrukturierung nach Kriterien der Marktökonomie folgen mußte.

Allerdings war die "geschlossene Verbundlösung", bei der sich die Betriebe des ehemaligen Kombinats ausnahmslos zusammenschlossen, die Ausnahme. Als Regelfall für gemeinsames Vorgehen bildete sich die "selektive Verbundlösung" heraus, bei der lediglich Kombinatsbetriebe der gleichen Produktlinie zusammen mit den Komponentenherstellern einen Verbund eingingen. Basis dieser Entscheidung war u. a., als Komplettanbieter technologischer Fertigungslösungen und durch entsprechende Synergieeffekte sowohl betriebswirtschaft-

lich als auch angebotsseitig Pluspunkte machen zu wollen. Hingegen sahen Finalproduzenten mit eigener Erzeugungstradition das größte Plus in der Eigenständigkeit. Das betraf aber auch Zuliefererbetriebe mit Tradition, für deren ehemalige Eingliederung der hohe Selbstversorgungsgrad der Kombinate bestimmend war, um damit das ständige Dilemma von Lieferengpässen zu umgehen.

Kennzeichnend für diese Tendenz der selektiven Verbundlösung - bei gleichzeitigem Austritt eines Teiles ehemaliger Kombinatsbetriebe aus dem Kombinatsverband - war die Umwandlung im Werkzeugmaschinenkombinat "7. Oktober" Berlin:
- Aus den 16 Kombinatsbetrieben entstanden im Rahmen der Umwandlung 22 GmbH, da sich z. B. aus dem Bereich Technologie und Projektierung drei GmbH gründeten;
- von den 22 GmbH schlossen sich 16 im Rahmen der Niles-Industrie GmbH zu einem Verbund zusammen und 6 GmbH entschieden sich für Eigenständigkeit.

Vorwiegend in der Grundstoffindustrie, im Schwermaschinen- und Anlagenbau sowie in der Werkzeugmaschinenindustrie - auch aufgrund von Empfehlungen westlicher Unternehmensberater - ging der Trend zunächst zur Bildung von Holdings. Dennoch setzte er sich in der Industrie insgesamt nicht durch. Tatsächlich begann mit der Umwandlung der Verfall der Kombinatsstrukturen.

4. In trügerischer Hoffnung

Bereits in dieser ersten, spontanen Phase der Umwandlung wurden über 200 Kombinate aufgelöst. In der Konsumgüterindustrie waren es immerhin rund vier Fünftel und in der Investitionsgüterindustrie fast zwei Drittel der ehemaligen Kombinatsbetriebe, die einen neuen Verbund in einer Holding ablehnten. Aus den insgesamt über 8000 ehemals volkseigenen Betrieben, die in rund 430 Kombinaten - davon 270 in Industrie und Bauwesen -, zusammengeschlossen waren, entstanden über 7000 selbständige, nicht verbundene Kapitalgesellschaften. Etwa 1100 Kapitalgesellschaften gingen Verbundlösungen ein.

Im Zuge der Umwandlung in Kapitalgesellschaften vollzog sich ein weiterer Umstrukturierungsschritt, der auch zu ersten Veränderungen der Betriebsgrößenstrukturen führte: die Teilung von Kombinatsbetrieben in mehrere selbständige Kapitalgesellschaften. Diese Aufsplittung war besonders in den Bereichen der Leicht- und Lebensmittelindustrie, der Metallwarenherstellung und im Bauwesen ausgeprägt. Aus einem Kombinatsbetrieb entstanden teilweise mehr als fünf Kapitalgesellschaften. So waren bis Ende Juni 1990 aus 100 volkseigenen Betrieben im Bereich der zentralgeleiteten Industrie zwar nur etwas mehr als 120 Kapitalgesellschaften hervorgegangen. Aber im Bereich der bezirksgeleiteten Industrie lag der "Teilungsquotient" im Durchschnitt immerhin bei 1 : 3.

Allerdings bedeutete die Umwandlung in Kapitalgesellschaften und die damit einhergehende Auflösung von Kombinaten nicht, daß damit bereits markt- und wettbewerbsfähige Unternehmensstrukturen entstanden. Denn: Die Austritte aus dem Kombinatsverband waren zunächst einmal Reaktion auf und Befreiung von Kombinatszwängen und dirigistischen Kommandomethoden. Den "Wasserkopf" Kombinat wollte man endgültig loswerden. Die Austritte waren Umbruch und Veränderung von unten, in scharfer Auseinandersetzung mit politisch belasteten und inkompetenten Leitungskräften. Aber die Umwandlung war noch nicht der systematische Entflechtungs- und Umstrukturierungsprozeß nach Wettbewerbserfordernissen. Dazu fehlte vor allen Dingen eigenes Management-Wissen. Und nicht wenige Betriebe haben bereits damals die Erfahrung machen müssen, daß auch westliche Unternehmensberater mit ihren Vorstellungen falsch lagen. Deren "Bilderbuchlösungen" erwiesen sich nicht selten als enorm teure Makulatur.

Selbst die Treuhandanstalt, die zeitgleich mit der Verordnung über die Umwandlung der volkseigenen Kombinate und Betriebe in Kapitalgesellschaften am 01.03.1990 gegründet worden war, ist in dieser ersten Phase spontaner Umwandlungsschritte nicht nur Hilfe gewesen. Diese Charakterisierung gilt, obwohl ihr Auftrag darin bestand, die Umwandlung der Unternehmen zu unterstützen, um anschließend die Gesellschaftsanteile der Kapitalgesellschaften zur "treuhänderischen Verwaltung des Volkseigentums" zu übernehmen.

In Abkehr von der Zentralplan-Praxis sollte die Treuhandanstalt - wie es in der Gründungsverordnung vom 01.03.1990 hieß - keine "wirtschaftsleitenden Funktionen" ausüben. Bereits der damalige Status einer öffentlich-rechtlichen Anstalt - entlehnt dem bundesdeutschen Recht - sollte dies wohl unterstreichen. Aber in der Zeit des Umbruchs übte alles, was nach Zentralismus roch, eine intensive, wenn und auch verständliche Reizwirkung aus. So riefen selbst empfehlende Muster-Verträge für GmbH oder AG, die lediglich als Hilfe in juristischen Fragen der Umwandlung gedacht waren, Mißtrauen hervor. Ob berechtigt oder nicht - alles, was von der Treuhandanstalt kam, hatte den penetranten Stallgeruch zentraler Planungsbürokratie unseligen Angedenkens an sich. Die Selbst-Umwandlung der Betriebe und Kombinate einerseits und die Bremsertätigkeit der Treuhandanstalt andererseits waren kurze Episode. Immerhin wandelten sich von Anfang April bis Ende Juni 3605 ehemalige Kombinate und Betriebe in Kapitalgesellschaften um.

Mit dem Treuhandgesetz - von der Volkskammer am 17.06.1990 beschlossen - wurden im Hinblick auf die Währungs-, Wirtschafts- und Sozialunion nicht nur die

Vom Plan zum Markt

restlichen Kombinate und Betriebe per De-
kret in Kapitalgesellschaft umgewandelt.
Außerdem hat das erste und letzte frei ge-
wählte DDR-Parlament den Treuhandauf-
trag neu bestimmt: die unternehmerische
Tätigkeit des Staates durch Privatisierung
so rasch und so weit wie möglich zurückzuführen und die Wettbewerbsfähigkeit möglichst vieler Unternehmen herzustellen.

Mitte 1990 wurde es ernst

Die Umwandlung der ehemaligen volkseigenen Betriebe und Kombinate und die
damit einhergehenden horizontalen und
vertikalen Entflechtungsschritte der "Kombi-
nats-Dinosaurier" waren erst das Vorspiel
des Umstrukturierungs- und Anpassungsprozesses an marktwirtschaftliche Bedingungen. Mit der Währungs- und Wirtschaftsunion wurden die Probleme schlagartig sichtbar.

1. Jenseits ökonomischer Vernebelung

Der "in sich geschlossene Reproduktionsprozeß" - von Forschung und Entwicklung, über Produktion, einschließlich der Ei-
genherstellung wichtiger Zulieferungen und
dem Bau von Rationalisierungsmitteln, bis
zum Absatz - hatte eine weitgehend autarke Kombinatswirtschaft zum Ergebnis.
Demgegenüber vollzogen sich international
entgegengesetzte Tendenzen hin zur
"schlanken Produktion", deren wichtigste
Ziele eine wesentliche Verringerung der
Produktionstiefe und deutliche Kostenredu-
zierung sind. Sie wird durch einen innovativen, spezialisierten Zuliefermarkt ermöglicht, auf dem mittelständische Betriebsstrukturen dominieren.

Was das gepriesene zweistufige "Leitungssystem Ministerium-Kombinat" anbe-
langt, hatte es letztlich vor allem dazu geführt, den direkten Kommandoweg von
oben nach unten zu perfektionieren. Natürlich fällt so eine weitgehende Schlußfolge-

rung heute leichter als damals.

Zwar gaben manche Kombinatsleitungen die Anweisungswut von oben nach unten gedämpft weiter. Dadurch wurden indes lediglich in Einzelfällen kleine Freiräume
abseits vom Plan geschaffen. Tatsache
bleibt: Die übermächtigen Staatskombinate
agierten in einem faktischen Produktions-
monopol. Hierdurch wurde - zusammen mit
den zentralen Auflagen für Produktion und
Absatz - jeglicher Wettbewerb mit seinen
angebotsbelebenden und effizienzfördern-
den Impulsen erstickt. Und zwar gewollt
und systembedingt.

Mit der zwangsweisen Enteignung der
Privatbetriebe sowie der Betriebe mit staatlicher Beteiligung und mit dem Argument
der besseren Leitbarkeit der Kombinate
wurde auch die ehemals ausgeprägte mittelständische Unternehmensstruktur zugrunde gerichtet.

Noch Mitte der 50er Jahre wurden in
der damaligen DDR über 40 % der Wirtschaftsleistung in mittelständischen Betrieben erzeugt, bis rigorose Verstaatlichungs-
politik und Kombinats-Gigantomanie die
kleinen und mittleren Unternehmen weitgehend beseitigte. Ende der 80er Jahre lag
der Anteil der Industriebetriebe mittelständischer Betriebsgröße - gemessen an der
industriellen Wirtschaftsleistung - lediglich
bei etwas über 10 %. Entsprechend arbeitete auch nur jeder achte Industriebeschäf-
tigte in Betrieben mittelständischer Größenordnung. Dagegen sind in mittelständischen Unternehmen der alten Bundesländer weit mehr als die Hälfte der Industrie-
Erwerbstätigen beschäftigt. In modernen
Volkswirtschaften sind die kleinen und mittleren Unternehmen die eigentlichen Giganten für Wirtschafts- und Wachstumsdyna-
mik. Demgegenüber war bekanntlich die
Großbetriebseinheit ein Leitbild der Plan-
wirtschafts-Ideologie. Die Betriebe der
Kombinate hatten im Durchschnitt rund 900
Beschäftigte; sie waren aber keine be-

triebswirtschaftlich integrierten Produktionsstandorte, sondern bestanden nicht selten aus regional weit auseinanderliegenden Betriebsteilen.

Der zentral verordneten und von den Kombinaten selbst angestrebten Eigenversorgungsideologie wurde alles untergeordnet; letztlich mit der Konsequenz: es wurde produziert, egal was es kostete. Der erklärte Sinn und Zweck von Ökonomie - effizientes Wirtschaften mit knappen Ressourcen - wurde damit auf den Kopf gestellt.

Heute gestehen selbst frühere Hof-Ökonomen der DDR ein: Im Vergleich zum "Zusammenwirken von innerem Profitmotiv und äußerem Konkurrenzdruck" als Antriebskraft wurde kein besseres Wirtschaftskraut gefunden.

Verschiedene Analysen und Rentabilitätsberechnungen des Wirtschafts- und des Finanzministeriums der DDR unmittelbar vor der Währungs-, Wirtschafts- und Sozialunion gingen zunächst davon aus, daß ca. 50 bis 70 % der Betriebe der ehemals zentralgeleiteten Industrie in die Verlustzone geraten und die Rentabilitätsschwelle nur nach einer intensiven Sanierungsphase erreichen würden. Über 30 % der in die Verlustzone geratenen Betriebe wurden als konkursgefährdet angesehen. Darunter befanden sich über 60 Großunternehmen mit jeweils mehr als 5000 Betriebsangehörigen, z. B. das Pkw-Kombinat Chemnitz mit rund 60 000 Beschäftigten. Das DDR-Wirtschaftsministerium ging davon aus, daß bis Ende 1991 annähernd 350 000 Beschäftigte freigesetzt würden.

Allerdings waren solche Rechnungen höchst unvollständig. Denn zu diesem Zeitpunkt (Mai/Juni 1990) lagen nur für eine geringe Anzahl von Unternehmen halbwegs aussagefähige Unternehmenskonzepte vor. Und die Einschätzung der Absatzentwicklung für die Zeit nach der Währungsumwandlung ging nicht selten von einer Fortschreibung der alten Absatzlage aus. Weiterhin wurden die Umsatzerlöse einfach von Mark auf D-Mark umgerechnet, ohne daß entsprechende Preislisten in D-Mark zugrundelagen. Es waren insgesamt mehr als vage Rechnungen, wobei oftmals der Wunsch Vater des Gedankens war.

So wurde angesichts der unmittelbar bevorstehenden Währungs-, Wirtschafts- und Sozialunion in der Treuhanddebatte der Volkskammer dringender Handlungsbedarf angemahnt, und man ging davon aus, daß für die Betriebe nach der schlagartigen Konfrontation der ostdeutschen Industrie mit der westdeutschen und internationalen Konkurrenz etwa 3 Milliarden DM Liquiditätshilfe im Monat Juli erforderlich sein würden. Die Wirklichkeit verlief wesentlich dramatischer.

2. Globalbürgschaften und Liquiditätshilfen: Retter der ersten Stunde

Unmittelbar nach der Währungsumstellung drohten über 7600 Unternehmen - das war fast der gesamte Bestand an Treuhandunternehmen - in den Sog akuter Zahlungsunfähigkeit zu geraten.

Mit dem Inkrafttreten des Vertrages über die Währungs-, Wirtschafts- und Sozialunion wurden die Betriebskonten im Verhältnis 2 : 1 umgestellt, damit halbierten sich die Kontenbestände für Umlaufmittel der Betriebe. Das Rechnungseinzugsverfahren, bei dem im Zahlungsverkehr zwischen den Betrieben die Rechnungszahlung gewissermaßen automatisch erfolgte, war eingestellt, und die Betriebe verfügten nur über relativ geringe Barbestände. So konnten Rechnungen nicht mehr bezahlt werden. Deshalb wurde nur noch gegen Vorkasse geliefert. Das hatte zur Folge, daß die Mehrzahl der Unternehmen ihre Rechnungen für Warenlieferungen und Leistungen nicht begleichen konnten. Da die Betriebe weder über DM-Eröffnungsbilanzen noch über die normalerweise üblichen Si-

Vom Plan zum Markt

cherheiten verfügten, auf deren Grundlage Banken Kredite gewähren, mußte Überbrückungshilfe von außen organisiert werden.

Die Treuhandanstalt übernahm gegenüber den Banken Globalbürgschaften, wofür ihr zunächst ein Bürgschaftsrahmen von 10 Milliarden DM eingeräumt wurde. Aber der von den Betrieben allein für den Monat Juli beantragte Liquiditätsbedarf betrug rund 24 Milliarden DM. Aus alter, planwirtschaftlicher Gewohnheit wurde mehr gefordert, als tatsächlich benötigt wurde. Und manches wurde mitbeantragt, wofür andere zuständig waren. Die Mittel z. B. für die Sonderregelung beim Kurzarbeitergeld mußte zwar die Bundesanstalt für Arbeit bereitstellen, dies hatte sich aber bis zu den Betrieben noch nicht herumgesprochen. Ein Abschlag erschien angebracht. Aber wie hoch sollte er sein?

Um das Schlimmste zu verhindern, wurden im Durchschnitt etwa 40% des beantragten Liquiditätsbedarfs bestätigt und damit innerhalb weniger Tage über 10 Milliarden DM Kredite durch die Treuhandanstalt verbürgt. An eine Prüfung der Anträge, wie man es bei diesen Größenordnungen erwarten sollte, war nicht ernsthaft zu denken. Selbst zweistellige Millionenbeträge wurden teilweise per Fernschreiber genehmigt. Und zwar Tag und Nacht und unter dramatischem Zeitdruck, damit die Betriebe die Lohnzahlung für den Monat Juli vornehmen konnten. Durch die Globalbürgschaft der Treuhandanstalt wurde nicht nur die Lohnzahlung im Juli gesichert - bekanntlich die erste in D-Mark. Es wurde weiterhin verhindert, daß die Produktionskreisläufe zusammenbrachen. Die Gefahr eines Massenzusammenbruchs von Unternehmen wurde mit den treuhandverbürgten Liquiditätskrediten gebannt.

Liquiditätsmäßig entspannte sich die Lage. So wurden - im Vergleich zum Juli 1990 - im September rund 2000 Liquiditätskredit-

Anträge weniger gestellt. Das war Ausdruck der Umstellung auf die veränderten Zahlungsmodalitäten, aber nicht Anzeichen einer verbesserten wirtschaftlichen Lage der Unternehmen. Im Gegenteil. Angesichts der scharfen Umsatzeinbrüche auf dem heimischen ostdeutschen Markt und nicht kostendeckender Erlöse schlugen Liquiditätsprobleme in Rentabilitätsprobleme um. Das heißt: Durch die Liquiditätskredite überlebten die Unternehmen "am Tropf", da viele Unternehmen Verluste "produzierten".

Alles in allem wurden von der Treuhandanstalt im Zeitraum Juli bis September 1990 Kredite in Höhe von 25,4 Milliarden DM verbürgt. Das waren: 25 400 Millionen DM. Bei 8000 Treuhandunternehmen ergaben sich pro Unternehmen über 3 Millionen DM. Gewiß, ein unechter Durchschnitt, aber der Schluß stimmte dennoch: Die ostdeutsche Wirtschaft war ein einziger Sanierungsfall. Sie war eine Subventionierungswirtschaft, die zum Glück einen Zahlmeister hatte: die Treuhandanstalt. War es Ironie des Schicksals, daß diese Einrichtung, gegründet zur "Wahrung des Volkseigentums" nun tatsächlich - wenn auch unter völlig anderen Vorzeichen - eine solche Rolle zu übernehmen hatte?

Die Treuhandanstalt hat sich dafür eingesetzt, die Bürgschaften für Liquiditätskredite über den ursprünglich nur kurz bemessenen Zeitraum von ein paar Monaten zu verlängern. Damit wurde Zeit gekauft für die Unternehmen; denn ohne die Liquiditätskredite hätte die Umstrukturierung und Sanierung vielfach überhaupt gar nicht erst beginnen können.

Natürlich bedeuteten diese Liquiditätshilfen noch keine Sanierung. Aber sie haben eine Brücke gebaut und den Unternehmen die Chance gegeben, nach dem Sprung ins kalte Wasser des internationalen Wettbewerbs nicht unterzugehen. Erst dadurch wurde ihnen die Chance eröffnet, sich im Kampf um die nackte Existenz "freizuschwimmen". Und sie konnten sich von einem markterfahrenen und kapitalkräftigen "Rettungsschwimmer" helfen lassen; leider hatten bei weitem nicht alle diese Qualifikation.

Unmittelbar nach und nicht zuletzt aufgrund der Folgewirkungen der Wirtschafts- und Währungsunion kam auf die Unternehmen ein Berg von Problemen zu. Er hatte einerseits branchenspezifische Zuspitzungen, andererseits gingen und gehen die Probleme quer durch die Branchen. Alles in allem waren für die übergroße Mehrheit der Unternehmen die Problem-Dimensionen existenzbedrohend.

3. Ostdeutschland: Marktwirtschaft ohne Markt

- Der heimische Markt fiel an den Westen

Mit der D-Mark kam über Nacht das westliche Waren- und Leistungsangebot. Mit der neugewonnenen Konsumentenfreiheit setzte verständlicherweise der Run auf "Westprodukte" ein. Dabei wurde nicht nur ausprobiert, was aus der Fernsehwerbung bekannt war. Wegen der tatsächlichen oder vermeintlichen Qualitätsüberlegenheit wurden die Westwaren in einem Umfang bevorzugt, der auf einen "de facto Boykott" der vertrauten, aber ungeliebten DDR-Fabrikate hinauslief.

Es war buchstäblich überwältigend: Nachdem man zu DDR-Zeiten 15 Jahre Wartezeit für ein Auto einplanen mußte und ein Pkw westlicher Marke für den DDR-Normalbürger ein unerfüllbarer Traum war, schossen nun Neu- und Gebrauchtwagenhändler wie Pilze aus dem Boden. Angesichts dieses Angebots waren "Trabant" und "Wartburg" so gut wie "out". Es fanden sich kaum noch Käufer. Ähnlich war die Situation bei anderen technischen Konsumgütern, beispielsweise der Unterhaltungselektronik. Ob Nahrungsmittel oder Bekleidung, ob Schuhe oder Spirituosen: DDR-

Produkte waren faktisch nicht mehr oder höchstens noch zu Schleuderpreisen absetzbar.

Damit war der Absturz vieler heimischer Produzenten vorprogrammiert. Denn Einfuhrzölle für Westwaren beispielsweise zum angeblichen Schutz einheimischer Hersteller hätten bei den Verbrauchern mit Sicherheit kein Verständnis gefunden. Aber ebensowenig hätte es Sinn gemacht, Ost-Erzeugnisse zu subventionieren. Beim "Wartburg" waren es, bevor die Produktion im Frühjahr 1991 auslief, über 6000 DM je Fahrzeug gewesen. Aber es fanden sich trotzdem nicht genügend Käufer. Da kaum jemand Trabant oder Wartburg kaufen wollte, mußte die Produktion eingestellt werden.

Der Siegeszug der Westwaren in die ostdeutschen Haushalte und die damit einhergehenden Umsatzeinbußen bei Ostprodukten führten Mitte 1990 zu einer steilen Talfahrt der Industrieproduktion in den jungen Bundesländern. Der stärkste Rückgang trat in den konsumnahen Bereichen ein. In der Textilindustrie war im Verlauf eines halben Jahres die Produktion um zwei Drittel durchgesackt. Die Verringerung der Bezüge an Vormaterialien und Zulieferteilen führte in weiteren Bereichen zu drastischen Produktionseinschränkungen. Zugleich wurden zwischen heimischen Unternehmen alte Lieferbeziehungen vielfach gekappt, da auch die ostdeutschen Hersteller die neuen Zugriffsmöglichkeiten in das westliche Leistungsangebot nutzten.

Im Januar 1991 war wegen fehlender Aufträge in der Industrie rund ein Drittel der Beschäftigten in Kurzarbeit. In besonders stark betroffenen Sektoren - z. B. in der Textil- und Bekleidungsindustrie - lag die Kurzarbeiterquote bei über 50 %. Damit begann sich abzuzeichnen, in welchen Größenordnungen Produktionskapazitäten und Arbeitsplätze bei anhaltender Anpassung der Unternehmen an den gesunkenen Ab-

Vom Plan zum Markt

satz bedroht sein würden. Mit dem Verlust der einstigen Monopolstellung auf dem "heimischen" Markt wurde es in den Unternehmen zur bitteren Gewißheit, daß man sich von den bisherigen Produktionsmaßstäben und Fertigungsgrößen rigoros verabschieden mußte. Im Grunde bedeutete das: Unter enormem Druck den Mehrfach-Salto zum Stand zu bringen - von der so nicht überlebensfähigen, aufgeblähten planwirtschaftlichen Großbetriebseinheit zum schlanken, in Sortiment und Kosten wettbewerbsfähigen Unternehmen. Und sich so in einem schmerzhaften Schrumpfungs- und Aufholprozeß für den heimischen Markt wettbewerbsfähig zu machen.

- Westmärkte: Neuanfang bei Minus-Null

Zu DDR-Zeiten war der Export in westliche Länder hoch subventioniert. Die Erzeugnisse hatten wegen ihres Images vielfach nur Chancen im Niedrigpreissegment, und sie wurden wegen der ständig leeren Devisenkassen auch um jeden Preis verkauft.

In der zweiten Hälfte der 80er Jahre betrug der sogenannte Devisenerlös-Koeffizient 0,23. Das heißt: Im Durchschnitt wurden aus 100 Mark DDR-Produktion lediglich 23 Valutamark "erwirtschaftet"; dabei wurde eine Valutamark etwa einer D-Mark gleichgesetzt. Das verdeutlicht ungefähr, um wieviel höher das Aufwandsniveau - verzerrt z. B. auch durch weit überhöhte inländische Materialpreise - im Verhältnis zu Weltmarktrelationen war. Durch die Umrechnung von Valutamark in DDR-Mark unter Anwendung eines sogenannten Richtungskoeffizienten, also der Ermittlung des "Valutagegenwerts" (ihn erhielten die Betriebe), und durch direkte Zuführungen aus dem Staatshaushalt war der Export ins westliche Ausland hochgradig subventioniert. Mit der Währungs- und Wirtschaftsunion fielen diese Subventionen weg. Die Betriebe konnten zwar erstmals über den Exporterlös selbst verfü-

gen. Aber auch nur über ihn. Da die bisherigen Exportpreise die Kosten bei weitem nicht deckten und höhere Preise wegen der schlechten Produktparameter nicht durchsetzbar waren, gingen für viele Betriebe selbst langjährige Exportverbindungen in die Brüche.

Die eklatanten kostenseitigen und sortimentsmäßigen Wettbewerbsrückstände wurden durch den mit dem Umtauschkurs verbundenen Aufwertungseffekt von mehreren hundert Prozent drastisch verstärkt. So gingen im Jahresverlauf 1990 die Exporte in das westliche Ausland um über 30 % und 1991 nochmals um 20 % zurück. Neben traditionellen Lieferanten von Konsumgüter-Billigangeboten, die ihren Umsatz bereits auf dem heimischen Markt weitgehend verloren hatten, traf es insbesondere Exporteure aus dem Bereich der Grundstoffindustrie, deren Erzeugnisse schon vor Öffnung der Grenzen nur durch Preisunterbietung auf westlichen Märkten absetzbar waren. Und für jene Investitionsgüter, die trotz des Aufwertungsschocks von Qualität und Standard her marktfähig waren oder marktfähig gemacht wurden, mußte der Marktzugang in einer Situation sich rezessiv verengender Märkte und weltweit zunehmender Überkapazitäten im harten Verdrängungswettbewerb erst einmal erkämpft werden. Viele ostdeutsche Unternehmen traten an, aber der Erfolg läßt auf sich warten.

- Ostexporte: im Kriechgang

Während vor allem im konsumnahen Bereich die Betriebe schlagartig einen großen Teil ihres einheimischen Absatzes verloren und die Westaufträge ausblieben, verzeichnete der Ostexport 1990 mit über 30 Milliarden DM noch einen Spitzenwert. Ursächlich hierfür war: Der Osthandel wurde auch 1990 auf Transferrubelbasis abgewickelt und hoch subventioniert. Dies hat osteuropäische Importeure dazu veranlaßt sich einzudecken, solange die Lieferungen noch nicht in "Hart-Währung" zu bezahlen waren.

Anfang 1991 kam dann mit der Auflösung des RGW und der Umstellung des Handels auf konvertible Währungen der scharfe Einbruch. Die ostdeutsche Industrie verlor im Verlaufe nur weniger Monate weitgehend ihre angestammte Hauptexportbasis: 1991 ging der Ostexport um 60 % zurück. Dieser Rückgang wäre allerdings ohne das Hermes-Sonderprogramm im Handel mit der ehemaligen Sowjetunion noch gravierender gewesen. So tendierten die Ausfuhren ohne Hermes-Sonderkonditionen z. B. nach Bulgarien oder Rumänien faktisch gegen Null.

Zu DDR-Zeiten betrug der Anteil der ehemaligen RGW-Länder am gesamten Außenhandel fast 70 %, davon ging mehr als die Hälfte in die ehemalige Sowjetunion. Die monopolartige Stellung der ehemaligen UdSSR bei der Rohstoffversorgung der DDR-Wirtschaft hatte Abhängigkeiten auch im Export geschaffen, die Kapazitäten und Sortimente ganzer Branchen und Kombinate prägten, z. B. im Schiffbau, Schienenfahrzeug- und Landmaschinenbau, Werkzeugmaschinenbau und in der Nachrichtentechnik. Die Beschäftigungseffekte des Osthandels der ehemaligen DDR betrafen - direkt und indirekt, d. h. einschließlich der Zulieferungen - etwa 1,5 Millionen Arbeitsplätze.

Nicht wenige Großbetriebe produzierten vorwiegend oder ausschließlich - jeweils mit mehreren tausend Beschäftigten - für sowjetische Abnehmer. Typisches Beispiel war und ist das Werk Ammendorf der Deutschen Waggonbau AG: Tausende von Mitarbeitern fertigten ausschließlich Personenweitstreckenwagen für die ehemalige sowjetische Staatsbahn. SKET Magdeburg, das Kombinat Fortschritt Landmaschinen Neustadt oder Umformtechnik Erfurt lieferten zu DDR-Zeiten zum Teil 70 bis 90 % ihrer Erzeugnisse in die ehemaligen RGW-Länder. Ähnliches traf auf den Schiffbau zu. Aber auch Bereiche wie die Textil-, Bekleidungs- oder Möbelindustrie verzeichneten hohe RGW-Exporte.

4. Wer bringt Märkte und Absatz?

Selbst für marktwirtschaftlich gehärtete Unternehmen wäre der Verlust der Hauptabsatzlinien innerhalb weniger Monate existenzbedrohend. Um wieviel mehr gilt das für Unternehmen, die die heimischen Märkte an "Fremde" abgeben mußten und als Neulinge auf westlichen Märkten mit "verschränkten Armen" empfangen werden und dabei hohe Markteintrittsbarrieren überwinden und bewußt errichtete Hürden wegräumen müssen.

Kernproblem und Hauptschwierigkeit der großen Mehrheit der Unternehmen war es - und dies gilt weitgehend auch heute noch: sowohl in preislicher wie qualitativer Hinsicht die Wettbewerbsfähigkeit ihrer Produkte herzustellen, Kunden und Aufträge zu gewinnen - und das, bevor das dazu notwendige Marketing aufgebaut war. Das alles war nicht mit spontanen operativen Maßnahmen und Sortimentsbegradigungen rasch zu erreichen, sondern setzte ein Gesamtkonzept voraus. In genauer Abwägung der Risiken und Chancen müssen dabei die einzelnen, aufeinander abgestimmten Aufgabenkomplexe und Schritte konzipiert, festgelegt und umgesetzt werden, um das Überleben gegen harte Konkurrenz zu ermöglichen - vielfach durch totale Umgestaltung der betrieblichen Strukturen.

Die Treuhandanstalt hatte dazu bereits Mitte Juli 1990 ihren Unternehmen einen "Leitfaden für die Ausgestaltung von Sanierungskonzepten" übergeben und sie aufgefordert, Unternehmenskonzeptionen zu erarbeiten. Insbesondere sollten die Fragen beantwortet werden, mit welchen Produkten sich die Unternehmen am Markt behaupten wollen, auf welche Marktsegmen-

Vom Plan zum Markt

te sie sich dabei konzentrieren, wie das Produktivitätsniveau schnell verbessert werden kann und welche Investitionen und finanziellen Mittel dafür erforderlich sind. Das Resultat war ernüchternd und enttäuschend zugleich. Niemand hatte erwartet, daß auf Anhieb der große Wurf gelingt. Aber Wunschzettel, wie sie zu Weihnachten geschrieben werden, durften es auch nicht sein, wenn man Boden unter die Füße bekommen wollte.

Daß die Unternehmen fast ausnahmslos sanierungsbedürftig waren - wenn auch in unterschiedlichem Maße - und sie für eine Übergangszeit der massiven Unterstützung bedurften, war allein schon am Umfang der Liquiditätskredite ablesbar. Und die Verringerung von Produktion und Absatz sowie die damit zunehmende Nichtauslastung der Produktionskapazitäten im weiteren Verlaufe des Jahres 1990 und im Jahr 1991 taten ein weiteres. Sie wurden zum Teufelskreislauf, weil sich aufgrund des hohen Fixkostensockels - die Masse der Kosten sinkt nicht gleichmäßig mit dem Produktionsrückgang - die Relation von Umsatz zu Verlust zusehends verschlechterte. Vielfach überstiegen die Kosten den Umsatz deutlich, die Betriebe fuhren riesige Verluste ein. So trat ein noch höherer Liquiditätsbedarf zur Aufrechterhaltung der Zahlungsfähigkeit ein. Klar sollte aber auch sein, daß eine flächendeckende Liquiditätshilfe nach dem "Gießkannenprinzip" die Talfahrt weder aufhalten noch eine Tendenzwende herbeiführen konnte.

Vor diesem Hintergrund war und ist die damals wie heute vieldiskutierte Alternative "Privatisierung oder Sanierung" eine Scheinalternative. Die tatsächliche Alternative hieß und heißt: Unternehmen für Unternehmen möglichst tragfähige Konzepte zu erarbeiten und ihnen zügig Know-how und Kapital zuzuführen, um die drastischen Produktivitäts- und Innovationsrückstände abzubau-

en und den Marktzugang zu "erzwingen". In dieser Herausforderung stand faktisch jedes Unternehmen. Die Konsequenz konnte nur lauten: Sanierung auf Risiko eines privaten Erwerbers - also rasche Privatisierung - oder Sanierung auf Rechnung und Kosten der Treuhandanstalt, bis für das Unternehmen ein neuer, unternehmerisch aktiver Eigentümer die Verantwortung übernehmen würde. Nur für Unternehmen, die auf Dauer keine Chance haben, Wettbewerbsfähigkeit zu erreichen, ist eine Stillegung unvermeidbar. Aber auch hier hat die Treuhandanstalt alles zu unternehmen, um Umstrukturierungen zu unterstützen und einen Teil der Arbeitsplätze zu retten.

Unabhängig davon, wie man als Außenstehender mit oder ohne Kenntnisse das Sanierungsengagement des Zwischeneigentümers Treuhandanstalt, der für seine Unternehmen in der Verantwortung der Rechte und Pflichten eines Gesellschafters steht, auch beurteilen mag, eines steht fest: Sanierungsbegleitung durch die Treuhandanstalt hat einen entscheidenden Nachteil. Im Unterschied zum privaten Investor, der zusammen mit seinem unternehmerischen Konzept, seinem Kapital und Management-Know-how regelmäßig seine Markterfahrungen und Vertriebswege und damit Markt und Absatz einbringt, kann die Treuhand dies nicht leisten. Die Treuhand kann Märkte und Absatz nicht kaufen.

In diesem Sinne war und ist ein unternehmerisch aktiver, verantwortungsbewußter privater Eigentümer der größte Gewinn auf dem schwierigen Weg aus der Verlustzone in die schwarzen Zahlen. Anhand seines eigenen Konzeptes und im wohlverstandenen Eigeninteresse macht er die Sanierung des Unternehmens zur eigenen Sache. In diesem Sinne war und ist Privatisierung auch ein Wettlauf gegen die Zeit - mit dem Ziel, ostdeutschen Unternehmen wieder eine Zukunft zu ermöglichen. Die Handlungsmaxime der Treuhandanstalt mußte darum lauten: zügig privatisieren, entschlossen sanieren und behutsam stillegen.

Zukunftsperspektiven eröffnen

Um an Unternehmenssubstanz zu stützen, zu retten und rüberzubringen, was letztlich im Wettbewerb bestehen kann, durfte Privatisierung nicht bedeuten, Vermögenswerte schlechthin zu verkaufen. Das marktübliche Verkaufsmuster nach dem Höchstpreisgebot nimmt keine Rücksicht auf Unternehmensfortführung und Arbeitsplätze. Deshalb mußte ein Verkauf mit Konditionen entwickelt werden, die die neuen Eigentümer binden, die Sanierung der von der Treuhand übernommenen Unternehmen auch durchzuführen, um so die Unternehmen in eine marktgerechte Position zu bringen und damit Arbeitsplätze zu sichern. Ein solcher Privatisierungsmodus mußte erst gefunden werden, hierfür gab es keine Rezepte. Denn die punktuelle Privatisierung von Staatsbeteiligungen und öffentlichem Eigentum, wie sie von westlichen Ländern her bekannt war, konnte hierfür nicht als Modell dienen.

1. Perspektiven verlangen nach dem Unüblichen

Generelles Ziel der Privatisierung sollte und mußte sein, im Interesse der Unternehmen
- unternehmerisches Management und Engagement, kaufmännisches und technologisches Know-how zu gewinnen,
- Investitions- und Innovationskapital ausfindig zu machen und
- Vertriebswege und - nach Möglichkeit - Absatzmärkte zu akquirieren.

Dazu mußten Pflöcke eingeschlagen, mußten Privatisierungskonditionen entwickelt werden, die ein solches Ergebnis im Interesse des gesamtwirtschaftlichen Um- und Neuaufbaus in Ostdeutschland möglichst absicherten, auch wenn es

100 %ige Sicherheit nicht geben kann. Die Eckpfeiler der Privatisierung wurden nicht von Anfang an gesetzt, und nicht in allen Fällen gelang die Sicherung optimal. Die Privatisierungskonditionen, die in dieser Art eine Leistung der Treuhandanstalt sind, orientieren sich schwerpunktmäßig an folgenden Zielen:

- Die Treuhand fordert von den Erwerbern ein tragfähiges Unternehmenskonzept, aus dem sich schlüssig ergeben soll, wie der neue Eigentümer das Unternehmen fortführen will.

- Der Umfang der Investitionen, die der Erwerber plant und durchführen will, sind fester Bestandteil der Kaufverträge. Diese Vertragszusagen sollen Sicherheit und Perspektive für die Zukunft des Unternehmens sein.

- Den Zusagen des Erwerbers über die Erhaltung und Schaffung von Arbeitsplätzen geht regelmäßig ein hartes Ringen um jeden Arbeitsplatz voraus. Denn mit seinem Unternehmenskonzept bringt der neue Eigentümer auch seine betriebswirtschaftliche Kalkulation zu Produktivität und Personalstärke ein.

- Zur Erhärtung der Investitions- und Arbeitsplatzzusagen werden Vertragsstrafen (Pönalien) festgelegt, um ein Ausbrechen des Erwerbers aus dem Vertrag zu erschweren. Solche Vertragsstrafen wurden notwendige Sonderkonditionen, die die Treuhandanstalt - zwar nicht gleich von Anfang an, aber durch Erfahrung geläutert - sehr bald zur festen Regel gemacht hat, um die Erwerber zur Einhaltung ihrer Zusagen in die Pflicht nehmen zu können.

Mit der Privatisierung geht die unternehmerische Verantwortung voll auf den neuen Eigentümer über. Die Treuhandanstalt ist keine "Ersatzkasse", um unternehmerischen Mißerfolg oder nicht eingetroffene Erwartungen finanziell zu glätten. Sie hat die Einhaltung der Zusagen mit allen ihr zu Gebote stehenden Mitteln durchzusetzen.

Vom Plan zum Markt

- Und nicht zuletzt geht es um einen angemessenen Kaufpreis. Auch das ist hartes Verhandeln; denn Unternehmer sind keine "barmherzigen Samariter", die aus reiner Nächstenliebe einen Treuhandbetrieb kaufen. Natürlich ist Vorteil im Spiel. Solange sich alles in korrekten Bahnen bewegt, ist dagegen nichts einzuwenden. Aber kriminellen Aktivitäten im Zusammenhang mit Privatisierung - das ist selbstverständlich - wird schonungslos nachgegangen. Nicht zuletzt, um negative Auswirkungen auf die Belegschaften abzufangen.

Nicht selten wird die "Redlichkeit" einer Privatisierung in der Öffentlichkeit angezweifelt, indem der Kaufpreis dem Immobilienvermögen gegenübergestellt und einerseits daraus geschlossen wird: Das Unternehmen wurde unter Wert verkauft. Bei einem reinen Immobilienverkauf wäre das möglicherweise richtig. Aber auch bei der Privatisierung von Liegenschaften für gewerbliche Zwecke werden Investitions- und Arbeitsplatzzusagen ausgehandelt und die Nichteinhaltung mit Pönalien belegt. Sind diese Vertragsbestandteile diesen Kritikern nichts wert? Andererseits wird bei Immobilienverkäufen häufig geklagt: Die Treuhand-Liegenschaftsgesellschaft, die als Tochter der Treuhandanstalt speziell für die Vermarktung des Immobilienvermögens geschaffen wurde, verlange zu hohe Preise. Sie orientiere sich zu strikt an den Verkehrswerten für Liegenschaften, die zuvor von unabhängigen Gutachtern erstellt wurden.

Grundsätzlich muß folgendes bedacht werden: Beim Unternehmensverkauf geht es weniger um die Aktiva, wie Grund und Boden, sondern vor allem um Passiva, nicht zuletzt um die laufenden Verluste, die der Käufer mit zu übernehmen hat. Es geht um investive Aufwendungen, die wegen der in der Vergangenheit unterlassenen Erhaltungsinvestitionen unverzichtbar sind. Und es geht um die Beseitigung ökologischer Altlasten oder die Realisierung von Sozial-

plänen. Je stärker sich der neue Eigentümer an der Beseitigung dieser Lasten beteiligt, desto größer wird der "Abschlag" beim Kaufpreis.

Zweifellos ist manches, was die Treuhand unternimmt, nicht marktüblich. Aber ohne ihre markt-unübliche Praxis wären die annähernd 180 Milliarden DM an Investitionen, die die neuen Eigentümer mittelfristig zugesagt haben, und die 1,5 Millionen Arbeitsplätze, die ebenfalls zugesichert wurden, nicht möglich gewesen (siehe Anhang).

2. Sanierung durch Teilen

Als Zwischeneigentümer auf Zeit begleitet die Treuhandanstalt aktiv den Prozeß der unternehmensinternen Umstrukturierung und Entwicklung zum wettbewerbsfähigen Unternehmen. Es handelt sich um die unternehmensbezogene Umstellung von planwirtschaftlichen auf marktwirtschaftliche Strukturen, dabei wird das übliche Maß einer Unternehmenssanierung bei weitem überschritten. Das gilt nicht zuletzt für die Entflechtung der Kombinats-AG, der sogenannten Treuhand-Konzerne, aber auch für die unternehmensinterne Ausgründung von Betriebsteilen.

- Entflechtung der Kombinate

Die nicht marktkonformen Strukturen und Größen der verbliebenen rund 230 Kombinats-AG erforderten eine systematische Entflechtung nach betriebswirtschaftlichen Effizienzmaßstäben. Diese weitgehende Entflechtung war ein wichtiger Schritt sowohl im Interesse der Sanierungswie Privatisierungsfähigkeit.

Wesentlicher Gesichtspunkt hierbei war die Schaffung leistungsfähiger Wirtschaftseinheiten, die in der Lage sind, auf Marktanforderungen flexibel zu reagieren. Insbesondere war zu prüfen, inwieweit die bestehenden Konzernverbindungen noch notwendig und günstig waren. Es ging dar-

Schwermaschinenbau-Kombinat TAKRAF - Leipzig

Standorte der
zugehörigen
Kombinatsbetriebe

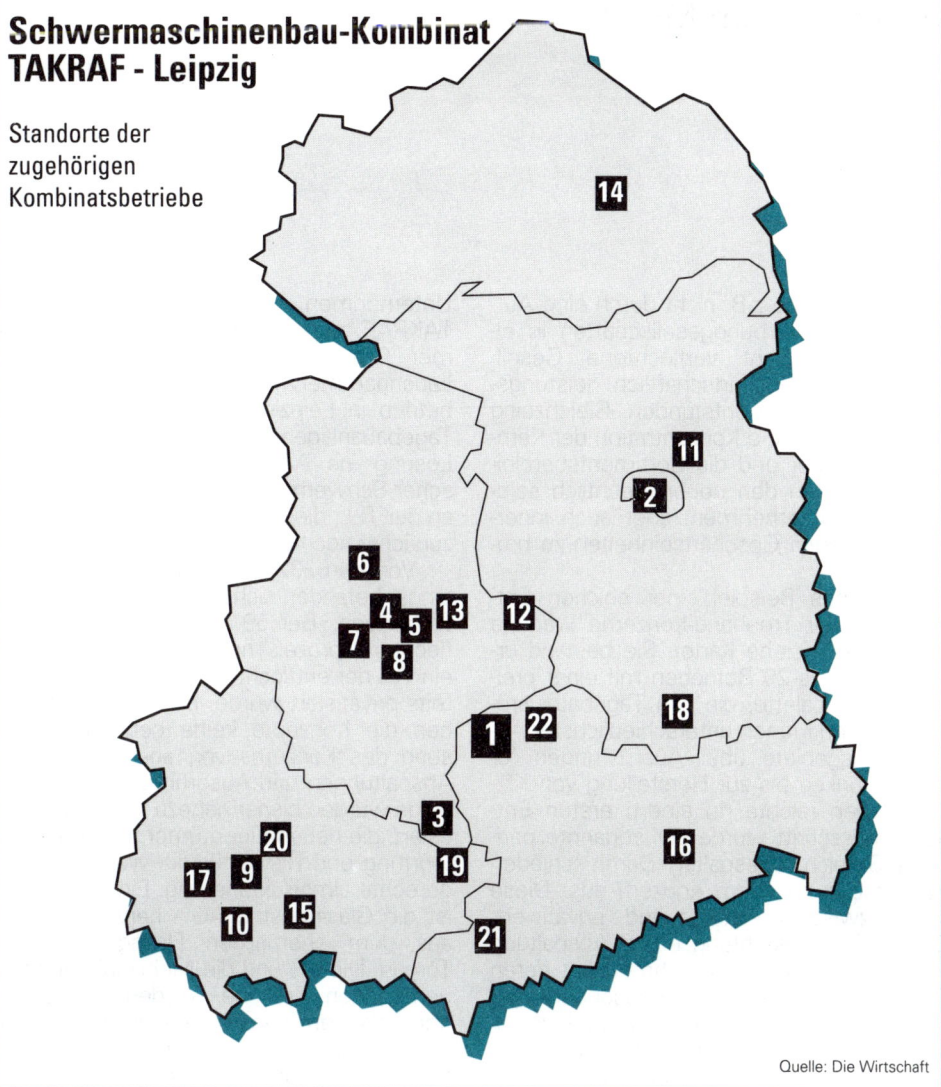

Quelle: Die Wirtschaft

1 Schwermaschinenbaukombinat TAKRAF ·Leipzig
Verlade- und Transportanlagen Leipzig
Schwermaschinenbau "S. M. Kirow" Leipzig
Montan Leipzig
2 TAKRAF Export-Import Außenhandel Berlin
Berliner Aufzug- und Fahrtreppenbau
3 Eisengießerei- und Maschinenfabrik Zemag Zeitz
4 Förderanlagen Calbe/Saale
5 Förderanlagen- und Kranbau Köthen
6 Förderanlagen "7. Oktober", Magdeburg
Schwermaschinenbau Magdeburg
7 Förderausrüstungen Aschersleben
8 Gießerei Frankleben Paulahof
9 Hebemaschinenwerk Luisenthal

10 Hebezeugwerk Suhl
11 Kranbau Eberswalde
12 Kranbau Wittenberg
13 Maschinen- und Apparatebau Landsberg
14 Reparaturwerk Neubrandenburg
15 Saalfelder Hebezeugbau
16 Sächsischer Brücken- und Stahlhochbau Dresden
17 Schmalkaldener Kranbau
18 Schwermaschinenbau Lauchhammerwerk
19 Stahlgießerei Silbitz
20 Thüringer Stahlbau Erfurt
21 Vogtländischer Aufzugs- und Maschinenbau
Mylau
22 Wutra-Werk Wurzen

Vom Plan zum Markt

um zu klären, ob z.B. nicht durch eine Aufspaltung der Verbundgesellschaften in eigenständige, nicht verflochtene Gesellschaften betriebswirtschaftlich leistungsfähigere Einheiten entstünden. Gleichzeitig war regelmäßig die Konzentration der Kerngeschäftsfelder und die Sortimentsbereinigung zwischen den neuen, rechtlich selbständigen Unternehmen, aber auch innerhalb der neuen Geschäftseinheiten zu prüfen.

Typisches Beispiel einer solchen Entflechtung der Treuhand-Konzerne war die TAKRAF AG (siehe Karte). Sie bestand ursprünglich aus 26 Betrieben mit einer breiten Produktpalette, die von Tagebauausrüstungen und Kränen unterschiedlichster Anwendungsgebiete über Ausrüstungen für Brikettfabriken bis zur Herstellung von Kfz-Ersatzteilen reichte. In einem ersten Entflechtungsschritt wurde der sogannte periphere Bereich abgespalten. Damit schieden 22 Betriebe aus dem Konzern aus. Diese sind inzwischen weitgehend privatisiert. Das heißt: Entflechtung durch Abspaltung von verbundenen Unternehmen hat deren Privatisierungschancen - insbesondere ihre Übernahme durch mittelständische Investoren - erheblich verbessert. Mit der Trennung vom peripheren Bereich und von Randaktivitäten sowie einer weiteren Sortimentsbereinigung erfolgte die Konzentration der TAKRAF AG auf sechs Unternehmen mit drei Kernbereichen - Tagebau-Gewinnungstechnik, Kranbau und Hafentechnik. Es wurde eine Privatisierung in diesem Verbund angestrebt, wobei die möglichen Synergieeffekte zwischen diesen Kerngeschäftsfeldern allerdings erheblich überschätzt wurden. Als diese Grenzen offensichtlich waren, gingen schließlich die Kranbau-Betriebe den Weg einer Einzelprivatisierung. Und die TAKRAF Schwermaschinenbau AG existiert gegenwärtig nur noch als Mantelgesellschaft; vieles wurde durch Teilen an Private übertragen. Das einzige Unternehmen, das noch den Namen TAKRAF trägt, ist die TAKRAF Lauchhammer GmbH (TLL), bestehend aus dem Lauchhammerwerk und einem Ingenieurbetrieb in Leipzig als Systemanbieter von Tagebauanlagen. Mitte 1993 ist folgende Lösung ins Auge gefaßt: Ein westdeutscher Schwermaschinenbauer beteiligt sich an der TLL; die Treuhandanstalt bleibt dabei zunächst noch Gesellschafter.

Von den 232 Treuhand-Konzernen (Holdings) befanden sich Ende März 1993 72 in Liquidation. Bei 59 Holdings ist der Entflechtungsprozeß noch im Gange, wobei ein Teil der entflochtenen Unternehmen bereits privatisiert wurde. Bei 57 Holdings sehen die Konzepte keine generelle Auflösung des Konzerns vor, aber es erfolgen Abspaltungen und Ausgründungen. 44 Holdings wurden bisher nahezu komplett privatisiert; die neuen Eigentümer tragen Verantwortung und Risiko für die weitere marktgerechte Umstrukturierung. Ein solcher Fall ist die Glasindustrie AG - hervorgegangen aus dem ehemaligen Flachglaskombinat Torgau. Die AG und die Mehrzahl der zu ihr gehörenden Betriebe wurden von einem französischen Investor übernommen. Sein Konzept sieht zusammen mit der Modernisierung der Flachglasproduktion vor allem die Ausweitung der Glasveredelung - u. a. ein marktgerechtes Angebot an Sicherheitsglas - und den Ausbau des Vertriebsnetzes in den jungen Bundesländern vor.

- Die nicht wundersame Unternehmensvermehrung

Ein weiterer wichtiger Schritt zur Sanierungs- und Privatisierungsfähigkeit war die unternehmensinterne Entflechtung durch Ausgründung von Betriebsteilen zur Konzentration auf Kerngeschäftsfelder und zur Verringerung der Kosten sowie die Ausgliederung von Produktionshilfsbereichen, von produktionsnahen Dienstleistungen und von Betreuungseinrichtungen.

Die Unternehmen waren in aller Regel zu groß, da sie von einem ganzen "Bauchladen" an Hilfs-, Neben- und Dienstleistungsbereichen umgeben waren.

Dieser Bauchladen war einerseits das Ergebnis von Mangelwirtschaft. So hatten die Unternehmen - nach betriebswirtschaftlichen Kriterien - überdimensionierte Instandhaltungs- und Reparatureinheiten, wozu vielfach eigene Bauabteilungen gehörten, einen eigenen Fuhrpark und die berühmt-berüchtigte Abteilung Konsumgüterfertigung, da auch Investitionsgüterherstellern Konsumgüterproduktion verordnet worden war.

Zu DDR-Zeiten mußten die Betriebe die Erlöse vollständig oder teilweise an den Staatshaushalt abführen, so veralteten die Produktionsanlagen und -ausrüstungen weitgehend. Aufgrund der substanzverzehrenden Abschreibungspraxis war Ende der 80er Jahre fast jeder fünfte Produktionsarbeiter hauptamtlich mit Reparatur- und Instandsetzungsarbeiten beschäftigt. Weiter kam hinzu, daß Autarkie-Ideologie und Selbstversorgungszwang zu betriebswirtschaftlich unsinnigen Fertigungstiefen mit enormen Kosten führte. So war die Fertigungstiefe, d. h. der Anteil der Teile, die im Unternehmen selbst hergestellt wurden, um ein Mehrfaches höher als international üblich.

Zum anderen ging der Bauchladen auf ein Verständnis zurück, nach dem der Betrieb nicht nur technisch-ökonomische, sondern auch soziale Einheit war. Das heißt: Den Produktionsbetrieben wurden soziale Aufgaben übertragen, die in einer marktwirtschaftlichen Ordnung zum Kreis der kommunalen Daseinsfürsorge oder der privaten Dienstleistungen gehören. Typische Beispiele hierfür sind nicht nur die Betriebskindergärten, Kulturhäuser und Sportanlagen, sondern auch die Betriebsferienheime und betrieblichen Kinderferienlager. Zur marktwirtschaftlichen Umstrukturierung der Unternehmen gehört, daß diese Einrichtungen auf andere Träger übergehen. So wurden bisher beispielsweise etwa 700 Betriebskindergärten und -krippen sowie 850 Sporteinrichtungen an Städte und Gemeinden übertragen und Hunderte von Betriebsferienheimen privatisiert oder an ihre früheren Eigentümer zurückgegeben.

Die Ausgliederung der Nebenbetriebe und Dienstleistungsbereiche und ihre Fortführung als eigenständige Gesellschaften, aber auch die Aufspaltung bestehender Unternehmen in mehrere neue Gesellschaften führte nicht nur zu Veränderungen der Betriebsgrößenstruktur bis hin zu mittelständischen Unternehmensgrößen, sondern auch zur nicht wundersamen Vermehrung des Treuhandbestandes: Durch Auf- und Abspaltung wurden aus den ursprünglich 8000 über 13 000 Unternehmen.

Ein nicht unerheblicher Teil der Ausgliederung selbständig fortführbarer Neben- und Hilfsbetriebe erfolgte in unmittelbarer Verantwortung der Geschäftsführungen, Vorstände und Aufsichtsräte; diese sind in der offiziellen Treuhand-Statistik nicht erfaßt. Auch sie sind ein wichtiges Element der Neugründungen, insbesondere im industriellen Bereich. Es gibt Orte, wo weit über die Hälfte der gewerblich-industriellen Neugründungen auf die Privatisierung von Neben- und Hilfsbetrieben zurückgehen. Dadurch wurden insgesamt Tausende von Arbeitsplätzen erhalten.

Eines der Beispiele, wie durch Entflechtung großer Unternehmen mittelständische Unternehmen aufgebaut und damit wettbewerbsfähige Arbeitsplätze geschaffen werden können, sind die Uhrenwerke Ruhla. Nach sorgfältiger Prüfung des Unternehmenskonzepts ergab sich, daß eine Sanierung in der bisherigen Struktur keine Erfolgsaussichten hatte. So ist der Betrieb in 39 kleine und mittelständische Unternehmen aufgespalten worden, die inzwischen weitgehend privatisiert sind, davon 13 auf

Vom Plan zum Markt

dem Wege eines Management-Buy-Out (MBO) an ostdeutsche Führungskräfte. Durch die neu entstandenen Unternehmen wurden insgesamt über 2500 Arbeitsplätze erhalten. Zudem sind von den neuen Eigentümern weit über 100 Millionen DM an Investitionen vorgesehen. Und: Die Tradition der Uhrenfertigung - unterstützt mit Landesbürgschaften - wird fortgesetzt, obwohl geplante Kooperationen nicht zustande kamen. Die Situation im hart umkämpften Markt ist äußerst schwierig und zwingt dazu, Standbeine auch auf benachbarten Gebieten - wie der Regelungstechnik - zu gewinnen.

Alles in allem hat die Entflechtung der Treuhand-Konzerne, die Auf- und Abspaltung einerseits sowie die produkt- und produktionsbezogene Konzentration - einschließlich der Standortkonzentration - andererseits bewirkt, die überlebensfähigen Unternehmenskerne herauszuschälen.

- Schmerzhafte innerbetriebliche Sanierung

Zu den schmerzhaftesten Sanierungsschritten gehören der Abbau der personellen Übersetzung und Entlassungen aufgrund der Anpassung des Personalbedarfs an Umsatzrückgang und Kapazitätsabbau.

Einerseits gehörten zur personellen Übersetzung jene Arbeitsplätze, die schon unter planwirtschaftlichen Bedingungen nicht für die Erfüllung der betriebswirtschaftlichen Produktionsziele erforderlich waren. (Partei- und Gewerkschaftsleitungen und Vertreter anderer Massenorganisationen waren Bestandteil der betrieblichen Strukturpläne.) Andererseits führten etwa die rückständige Betriebsorganisation und Mangelwirtschaft zur typischen Aufblähung des Leitungsapparates. Nach Einschätzung ost- und westdeutscher Wirtschaftsforschungsinstitute ergab sich allein daraus eine verdeckte Arbeitslosigkeit von ca. 15 % der Beschäftigten eines Betriebes. (Das al-

lein waren - auf die gesamte Wirtschaft bezogen - schon etwa 1,4 Millionen Beschäftigte). Wenn man die Abspeckung des Bauchladens der Neben-, Hilfs- und Betreuungsbereiche miteinbezieht, zeichnete sich der Trend ab, daß der betriebswirtschaftlich notwendige künftige Personalbedarf 30 bis 50 % unter der früher üblichen Belegschaftsstärke liegen würde. Infolge der Umsatzrückgänge waren die Auswirkungen noch gravierender.

In einer Situation, in der viele Menschen arbeitslos wurden und andere es noch immer werden, wird es als besonders unerträglich empfunden, wenn diejenigen über Arbeitsplätze entscheiden, die aus dem früheren Unrechtssystem belastet sind. Zur Reorganisation des Personalwesens gehört daher auch, sich von den aus der Vergangenheit belasteten Führungskräften zu trennen. Doch wer auch immer die Management-Verantwortung trägt, die Qualifikation des Managements darf kein Schwachpunkt sein. Das betrifft insbesondere den erheblichen Nachholbedarf in solchen Bereichen wie Marketing und Vertrieb oder Controlling und Finanzwesen. Das betrifft z. B. auch den anderen Charakter der Materialwirtschaft, wo es nicht zuletzt um das Aufspüren und Nutzen von (preislichen) Einkaufsvorteilen geht. Das sind andere Anforderungen als die frühere Findigkeit, Engpaßmaterial zu besorgen.

Da zu DDR-Zeiten jedes eigenständige Marktverhalten der Betriebe verlorengegangen war, gehört zur Sanierung neben der Straffung und Erneuerung des Erzeugnissortiments, der Durchsetzung marktüblicher Qualitätsstandards und der Aufholung des technologischen Rückstandes als ein weiterer Schwerpunkt der Neuaufbau der betrieblichen Vertriebsorganisation. Das bedeutet Ablösung der bisherigen Verteiler-Mentalität durch Aufbau eines Marketing zur Überwindung von Marktzugangsbarrieren.

Sanierung zur marktwirtschaftlichen Umstellung der ehemaligen volkseigenen Betriebe ist ohne gravierende Veränderungen im inneren Aufbau der Unternehmen nicht zu erreichen.

- Aktive Sanierungsbegleitung

Die Treuhand hat ein ganzes Instrumentarium der Sanierungsbegleitung entwickelt:

- Auf der Grundlage der DM-Eröffnungsbilanzen und Unternehmenskonzepte - beides arbeitsintensive und zeitaufwendige Aufgaben - wurde die Sanierungsfähigkeit der Unternehmen von unabhängigen Expertenteams sorgfältig geprüft, die sich aus Wirtschaftsprüfern, Unternehmensberatern und Branchenkennern zusammensetzten, und es wurde eine Einstufung nach Umfang und Schwerpunkt der erforderlichen Sanierungsmaßnahmen vorgenommen.

- Als sanierungsfähig werden dabei auch Betriebe angesehen, die zwar zur Zeit rote Zahlen schreiben, in einem überschaubaren Zeitraum aber wettbewerbsfähig werden und dann voll kostendeckend arbeiten können. Das heißt: Bei der Beurteilung der Sanierungsfähigkeit ist die derzeitige konjunkturelle Lage von geringerer Bedeutung, vielmehr sind die mittelfristigen strukturellen Aussichten der Unternehmen von Interesse.

- Sanierungsfähigen Unternehmen hilft die Treuhand in Richtung Wettbewerbsfähigkeit, indem sie soweit entschuldet werden, daß sie mit einem angemessenen Eigenkapital - vergleichbar mit westdeutschen Branchenwettbewerbern - ausgestattet sind.

- Hinzu kommt eine Reihe weiterer Instrumente der aktiven Sanierungsbegleitung - wie Gesellschafterdarlehen, Forderungsabkäufe, Zinszuschüsse oder Übernahme von Einzelbürgschaften. Bis Ende 1992 hat die Treuhand rund 120 Milliarden DM für die Gesundung des sanierungsfähi-

gen Unternehmensbestandes zur Verfügung gestellt.

- Neben bilanzieller Sanierung und "fresh money" leistet die Treuhand weitere Unterstützung: Sie hilft z. B. bei der Beseitigung ökologischer Altlasten oder der Sozialplanfinanzierung.

- Umstrukturierung und Sanierung werden ohne die notwendigen Investitionen nicht gelingen. So hat die Treuhand ihre Unternehmen aufgefordert, die Investitionstätigkeit, wo immer es Sinn macht, zu beschleunigen. Dieses und nächstes Jahr werden etwa 6 Milliarden DM investiert und damit wird sich die Investitionsquote in den Treuhandunternehmen gegenüber dem letzten Jahr etwa verdoppeln.

Trotz alledem: Sanierung ist eine Aufgabe, die letztlich vom "Management vor Ort" zu leisten ist und damit wesentlich von dessen Qualität abhängt.

Eine marktorientierte Sanierung der Treuhandunternehmen begünstigt oftmals ihre Privatisierungsaussichten, insbesondere auch die Übernahme durch mittelständische Investoren. Aktive Sanierungsbegleitung und Privatisierungsbemühungen stehen daher nicht im Gegensatz zueinander, sondern bilden ein sinnvolles Miteinander.

3. Privatisierung aus der Stillegung heraus

Die Alternative Stillegung, die für die Menschen in Ostdeutschland die schmerzhafteste Entscheidung ist, erfährt eine besonders sorgfältige Prüfung. Für Unternehmen, die auf Dauer keine Chance haben, Wettbewerbsfähigkeit zu erreichen, bleibt nur die Stillegung.

Fehlende Wettbewerbsfähigkeit bei gleichzeitigem Mangel an Sanierungsfähigkeit trifft auf Produkte und Produktionen zu, für die auf dem heimischen und internationalen Markt keine Nachfrage (mehr) besteht oder die mit überalterten, kostentreibenden Technologien gefertigt werden.

Vom Plan zum Markt

Hinzu kommt noch die Stillegung aus Gründen der Umweltbelastung und Gesundheitsgefährdung, wie bei bestimmten Anlagen und Betrieben in der chemischen Industrie. Werden diese Betriebe stillgelegt, entstehen teilweise nebenan auf der grünen Wiese saubere Produktionen.

Nur Unternehmen mit nachhaltigen Verlusten, bei denen nach sorgfältiger Prüfung alternativer Umstrukturierungs- und Sanierungshilfen keine Besserung zu erkennen ist, werden als nicht sanierungsfähig beurteilt. Erst dann wird die stille Stillegung eingeleitet. Zum "behutsamen" Vorgehen gehört dabei, die Abwicklung zeitlich zu strecken. So soll Zeit gewonnen werden, um jedes sich bietende Interesse für eine Weiterführung von Betriebsteilen auszuloten und die Nutzung vorhandener Substanz selbst für branchenfremde Neuansiedlungen auszuschöpfen.

Nicht das Gesamtvollstreckungsverfahren, bei dem ein vom Gericht eingesetzter Konkursverwalter die Aufgabe hat, das vorhandene Vermögen so zu verwerten, daß möglichst viele Einnahmen erzielt werden, wird von der Treuhandanstalt vorrangig angewendet, sondern die Liquidation. In den meisten Fällen erfordert dieser Weg sowohl einen höheren finanziellen Aufwand als auch ein größeres zeitliches Engagement.

Der Weg der Liquidation ist mit unkonventionellen Lösungen gepflastert, deshalb ist mit der Stillegung keineswegs das Ende eines Produktionsstandortes besiegelt; denn überlebensfähige Betriebsteile werden ausgegliedert und regelmäßig privatisiert. Gebäuden und Infrastruktureinrichtungen wird mit der Ausrichtung auf einen neuen Geschäftszweck eine Perspektive gegeben und Neuansiedlungen werden angestoßen.

Auf diese Weise erfolgten aus der Stillegung heraus weit über 500 Verkäufe von Betriebsteilen. Dabei haben die Käufer ein Investitionsvolumen von mehr als 2 Milliarden DM zugesagt. Es gibt Beispiele, wo es mit zig Teilprivatisierungen gelungen ist, Hunderte von neuen Arbeitsplätzen zu schaffen: von der Privatisierung der Betriebskantine mit 5 Mitarbeitern bis zu Nachfolgefirmen mit über 100 Mitarbeitern. Es gibt sogar einige Fälle, bei denen innerhalb von 12 Monaten mehr Arbeitsplätze geschaffen werden konnten, als im Unternehmen zu Liquidationsbeginn vorhanden waren.

Aus der Stillegung heraus wurden auch über 100 Projekte realisiert, bei denen Führungskräfte des Unternehmens Betriebsteile übernommen haben. Keines dieser Management-Buy-Out mit bis zu 300 Beschäftigten ist bisher gescheitert, weil auch hier auf der Grundlage tragfähiger Unternehmenskonzepte sorgfältig entschieden wird.

Leider gelingen aus der Stillegung heraus nur wenige Privatisierungen, die eine große Aufmerksamkeit in den Medien und damit in der Öffentlichkeit finden. Einer dieser Fälle war der Kühlschrankhersteller dkk Scharfenstein, der während der Liquidation eine neue Produktionslinie für den ersten FCKW- und FKW-freien Kühlschrank aufbaute und einen neuen Eigentümer fand, der auf diese Neuentwicklung setzt. Ein anderes Beispiel sind die Pneumant Reifenwerke Fürstenwalde - ehemals Stammbetrieb des Reifenkombinates. Sie sollen ebenfalls aus der Liquidation heraus privatisiert werden, obwohl Branchenkenner das für unmöglich hielten. Intensive Bemühungen haben dazu geführt, daß eine Gruppe in- und ausländischer Investoren das in Liquidation befindliche Unternehmen übernehmen und die Reifenproduktion fortführen wird. Geplant ist, die Privatisierung bis Ende 1993 abzuschließen, womit die Zeit der bangen Ungewißheit endlich vorbei sein wird.

Angesichts der vielfältigen Aktivitäten,

die ergriffen werden, um auch aus der Stillegung heraus noch Produktionsstätten und Arbeitsplätze zu erhalten, kann durchaus von erfolgreichen Sanierungen unter Extrembedingungen gesprochen werden. Zwar mußten bisher 2700 Unternehmen in die Liquidation gehen. Aber immerhin sollte es gelingen, von den rund 300 000 durch Betriebsstillegungen betroffenen Arbeitsplätzen etwa 80 000 zu retten. Das ist alles andere als das vielzitierte "Plattmachen".

4. Privatisierung: eine hoffnungsvolle Bilanz

- Heimischer Mittelstand und ausländische Investoren im Kommen

Über 40 Jahre wurde in der DDR der Mittelstand systematisch ausgeschaltet. Darum fördert die Treuhandanstalt im Rahmen ihrer Möglichkeiten unternehmerische Eigenständigkeit in den jungen Bundesländern. Sie leistet einen aktiven Beitrag zur Herausbildung eines einheimischen Mittelstandes durch den Verkauf von Betrieben an deren Führungskräfte, teilweise auch in Verbindung mit Mitarbeiterkapitalbeteiligung. Allein in über 2000 Fällen haben ostdeutsche Führungskräfte im Rahmen eines solchen Management-Buy-Out ihren Betrieb oder einen Betriebsteil erworben. Das sind etwa 17 % der gesamten Privatisierungen. Immerhin wurden durch MBO-Privatisierungen 120 000 Arbeitsplatz- und 4,5 Milliarden DM Investitionszusagen vertraglich ausgehandelt. Die Zusagen sollen relativ rasch realisiert werden, vom Umfang her sind sie aber moderat. Es fehlt ostdeutschen Interessenten in der Regel das notwendige Kapital. Darum werden im Rahmen von MBO-Privatisierungen ausnahmsweise Sonderkonditionen wie Kaufpreisstundung oder Pachtkauf eingeräumt, um ostdeutschen Interessenten den Erwerb zu ermöglichen. Aber Privatisierung birgt neben den Chancen auch Risiken, darum muß

die Treuhand auch bei MBO-Entscheidungen mit der notwendigen Sorgfalt vorgehen.

Über 40 Jahre wurde in der DDR die Autarkie-Unvernunft großgeschrieben. Nach einer "Zeit ohne Internationalität" sind ausländische Investoren von enormer Bedeutung, um ein Teil der Weltwirtschaft zu werden und auf den Weltmärkten ostdeutsche Beziehungen aufzubauen. Etwa 650 Unternehmen wurden bisher von ausländischen Interessenten erworben, die mit ihrem unternehmerischen Engagement einen zukunftsträchtigen Beitrag zum wirtschaftlichen Aufbau in den jungen Bundesländern leisten sollen.

- Privatisierung legt den Grundstock ...

Im Verlaufe von drei Jahren sind über 5800 Treuhandunternehmen vollständig oder mehrheitlich privatisiert worden: große, mittlere, kleine und kleinste Unternehmen - quer durch die Branchen. Gleichzeitig wurden über 6300 Unternehmensteile privatisiert, aus denen zum weit überwiegenden Teil neue gewerblich-industrielle Betriebe hervorgegangen sind.

Man mag es beurteilen und kritisieren wie man will - je nachdem, wie hoch man die Erwartungen ansetzt und was man unter den gegebenen Bedingungen für normal hält - nüchterne Tatsache bleibt: - Die Umstrukturierung der planwirtschaftlichen Staatsbetriebe durch ihre Privatisierung und Reprivatisierung ist tragende Säule der Fortführung und Erneuerung der gewerblich-industriellen Tradition aus DDR-Vorzeiten.

- Privatisierung ist zugleich Hauptelement der Regenerierung der industriellen Basis.

- Ohne umfassende Privatisierung ist die wirtschaftliche Lebensfähigkeit, die die Entfaltung endogener Wachstumskräfte voraussetzt, nicht zu erreichen.

Heute überwiegt in der Mehrzahl der Industriebranchen bereits eindeutig das Seg-

Vom Plan zum Markt

ment der privaten Unternehmen. Ihr Anteil - Neugründungen, privatisierte und reprivatisierte Betriebe zusammengenommen - an der industriellen Wertschöpfung insgesamt beträgt bereits weit über zwei Drittel. Damit hat sich das Verhältnis Treuhandunternehmen zu privaten Unternehmen im Verlaufe von drei Jahren mehr als umgekehrt.

Mit über 12 000 Privatisierungen - allein im gewerblichen Bereich - und mit mehr als 16 000 Liegenschaftsverkäufen - vor allem für gewerbliche Zwecke - wurde ein Grundstock gelegt, auf dem sich eine wettbewerbsfähige Wirtschaftsstruktur in den neuen Bundesländern entwickeln kann. Hinzu kommen etwa 20 000 Privatisierungen vor allem in den Bereichen Einzelhandel und Gastronomie sowie zahlreiche Pacht- und Kaufverträge in der Land- und Forstwirtschaft. Und nicht zuletzt wurden bisher 8000 Objekte an die Kommunen übergeben.

... auf dem sich aufbauen läßt

Für Ende der 90er Jahre zeichnen sich - trotz aller Schwierigkeiten, Fehler und Bremsspuren - für den Wirtschaftsstandort Ost-Deutschland positive Konturen ab.

Die Investitionstätigkeit bekommt voraussichtlich in den Jahren 1994 bis 1996 eine hohe Dynamik, wenn die Masse der vertraglich zugesicherten Investitionen umgesetzt ist und weitere Investitionen bei heimischen Lieferanten und Abnehmern erfolgt sind. Die ostdeutsche Wirtschaft wird hochmodern und wettbewerbsfähig. Investitionen bedeuten immer ein Stück Zukunft und Zukunftsfähigkeit. Aber Planung, Durchführung und Nutzung von Investitionen und damit ihre Auswirkungen auf die Erhaltung und Schaffung von Arbeitsplätzen brauchen ihre Zeit.

Es wird dann z. B. im Großraum Berlin annähernd soviele Arbeitsplätze geben wie 1990, als die Privatisierung begann - dann allerdings voll wettbewerbsfähig.

Und wenn z. B. in den ostdeutschen Automobil-Standorten die geplanten Endausbaustufen der neuen Werke erreicht werden, wird die Automobilproduktion doppelt so hoch sein wie zu DDR-Zeiten - und zwar auf der Basis modernster Fertigungstechnologien mit einer Produktivität höher als in Westdeutschland. Weiterhin wird im Umfeld moderner Großinvestitionen Industrie und Handwerk aufwachsen, z. B. im Umfeld der Chemieinvestitionen in Milliarden-Höhe in Bitterfeld oder Schwarzheide. Dort kommen zu den Investitions- und Arbeitsplatzzusagen im Zusammenhang mit der Privatisierung nochmals etwa ebenso viele Investitionen und Arbeitsplätze im Bereich der Zulieferer, Abnehmer und im Dienstleistungssektor hinzu.

Schon heute entwickeln sich die weitgehend privatisierte ostdeutsche Bauindustrie, das Bauhaupt- und Ausbaugewerbe ausgesprochen dynamisch. Dies ist nicht zuletzt auch Ergebnis der massiven Förderung der öffentlichen Infrastruktur - sei es im Bereich der Telekommunikation, bei der Modernisierung des Verkehrsnetzes oder der Energieversorgung.

Es gibt für den, der sehen will, deutliche Zeichen, daß die jungen Bundesländer zu einem attraktiven Standort werden. Der Weg vom Plan zum Markt ist zwar ein schmerzhafter, und er ist langwieriger als anfangs abzusehen war. Aber mit ersten Blickkontakten beginnt sich am Horizont der späten 90er Jahre ein Teil jener Zukunft abzuzeichnen, für die die Menschen in den Herbsttagen 1989 auf die Straßen gingen.

Kombinat Kabelwerk Oberspree

Einst unter einem Dach – jetzt harte Konkurrenz

Von MICHAEL BAUFELD

- ■ **Kabelwerk Oberspree:**
  Im Herzen immer AEG

- ■ **KWO-AG:**
  Hoffnung auf die Hochzeit

- ■ **"Abtrünnige":**
  Mit Siemens auf und davon

- ■ **Beelitzer "Klitsche":**
  Alter Eigentümer behauptet sich

- ■ **KWO-Gruppe:**
  BICC als Retter für den "Rest"

- ■ **Der Markt:**
  Konzentration und Wettbewerb

Am 1. Oktober 1897 eröffnete AEG-Gründer Emil Rathenau in Oberschöneweide - an der Spree und damals am Rande Berlins gelegen - eine Kabelfabrik, in der die Fertigung von isolierten Leitungen und von 6-kV- bis 10-kV-Bleimantelkabeln begann. Das Werk ist damit eines der ersten und traditionsreichsten Unternehmen der deutschen Elektroindustrie. Durch technische Pionierleistungen erwarb die Firma rasch weltweites Ansehen. 1904 beispielsweise lieferte die Berliner Fabrik - zum Erstaunen der britischen Konkurrenz - die 12-kV-Kabel für die Londoner Untergrundbahn. 1913 wurden durch Verstärker aus dem Kabelwerk Oberspree (KWO) erstmals Ferngespräche zwischen Berlin und London möglich. 1934 fertigte das KWO das Fernmeldekabel für den Probebetrieb

des ersten öffentlichen Fernsehsenders in Berlin. Bis Ende der zwanziger Jahre wuchs die Kabelfabrik auf ihre heutige Größe - an der Bausubstanz hat sich seitdem kaum etwas verändert.

Tradition hat auch die Kabelfertigung in Köpenick. Dort baute die Vogel AG in den Jahren 1916 bis 1920 ihr Hauptwerk zur Fertigung von Fernmeldekabeln. Über 70 Jahre Erfahrungen in der Kabel- und Leitungsfertigung hat das Kabelwerk Schönow, bei der brandenburgischen Stadt Bernau nordöstlich Berlins gelegen.

Im zweiten Weltkrieg wurde die AEG-Kabelfabrik in Oberschöneweide erheblich zerstört. 1945 übernahmen die Sowjets das Unternehmen zusammen mit dem Kabelwerk in Berlin-Köpenick als Sowjetische Aktiengesellschaft (SAG). Ursprünglich war geplant, die Betriebe als Reparation zu demontieren. Das Kupferwalzwerk in Oberspree - Baujahr 1927 und also damals hochmodern - wurde beispielsweise abgebaut und nach Rußland verbracht. Am Bestimmungsort kam es allerdings nicht komplett an. Zudem gab es dort keine Fachkräfte für den Aufbau und die Bedienung des Walzwerkes.

Daher änderten die Sowjets ihr Konzept. Sie schoben die Produktion in Oberschöneweide und Köpenick wieder an. Die Berliner Firmen lieferten Kabel als Reparationsleistungen in die Sowjetunion. In der kleinen Gründerzeit-Villa auf dem Werksgelände an der Spree in Oberschöneweide, in der einst zwei AEG-Direktoren wohnten, residierten die sowjetischen Chefs der SAG. Die Russen legten Wert auf maximale Produktion in hoher Qualität und auf ordentliche Buchhaltung - ansonsten mischten sie sich in die Geschäfte kaum ein. Die führte seit 1949 als Technischer Direktor Dr. Georg Pohler, dessen Karriere 1935 als Techniker bei der AEG begann, der vom Ende der sechziger Jahre bis 1982 das Kombinat KWO leitete, der heute noch, als Neunundsiebzigjähriger, im Aufsichtsrat der KWO GmbH sitzt.

Kombinat Kabelwerk Oberspree

Kabelwerk Oberspree: Im Herzen immer AEG

Im Januar 1951 begann Max Trömel nach dem Abitur seine kaufmännische Lehre bei Pohler. Dr.Trömel, heute Senior Advisor für das BICC-Management in Oberschöneweide: Durch die SAG war das KWO etwas von den Ideologen der neuen Zeit abgeschirmt. Die "Strukturitis" der sozialistischen Wirtschaft brach sich erst später Bahn. Noch in den sechziger Jahren war das KWO in den Strukturen der alte AEG-Betrieb. Die Mitarbeiter, viele Stammkräfte, die über Jahrzehnte im Unternehmen arbeiteten, waren im Herzen bis in die Gegenwart AEGler.

Trömel hat auf diversen Stühlen die KWO-Geschichte der vergangenen vier Jahrzehnte mitgeschrieben. 1952 übergaben die Russen die SAG-Kabelwerke an die DDR. Fortan waren sie volkseigene Betriebe und gehörten zur Vereinigung Volkseigener Betriebe (VVB) IKA - Installationen, Kabel, Apparate. Seitdem waren die ostdeutschen Kabelwerke stets unter einem Dach vereint. Allerdings wurden sie seit 1953 in rascher Folge kunterbunt durch die Planwirtschaft geschüttelt. Trömel wurde als KWO-Vertreter in eine Ministeriums-Hauptverwaltung delegiert, die in kurzer Folge Namen und Minister mehrfach wechselte.

Trömel: Wir saßen bereits auf gepackten Kisten, um im Haus der Ministerien wieder einmal umzuziehen. Da erhielten wir eine Mitteilung, daß die Strukturen erneut umgeworfen wurden. Wir sollten deshalb nicht in Zimmer x, sondern in Zimmer y unser Büro erhalten. Die deutsche und sozialistische Gründlichkeit verlangte allerdings, zunächst doch in das Zimmer x zu ziehen, auszupacken, mit der Arbeit wieder zu beginnen, dann einzupacken und nun tatsächlich in das Zimmer y zu ziehen.

1958 wurden die Kabelbetriebe mit dem Lokbau-Betrieb in Hennigsdorf bei Berlin sowie mit Trafo- und Schaltgeräteherstellern in der VVB Hochspannungsgeräte und Kabel vereint. 1966 dann hieß die Parole "Kombinatsbildung". Zum 1. Januar 1967 wurde aus zehn volkseigenen Kabelwerken - Oberspree, Schwerin, Köpenick, Schönow, Adlershof, Meißen, Vacha, Kranichfeld, Plauen und Niederoderwitz/Lausitz - das Kombinat Kabelwerk Oberspree gebildet. Eines der ersten Kombinate, geleitet von Pohler, einem parteilosen Generaldirektor.

In Schwerin baute KWO 1959 einen neuen Betrieb, das Kabelwerk Nord. Die Ostberliner Regierung beschloß damals, den Norden zu industrialisieren. Das Kabelwerk am westlichen Rande Schwerins, auf dem Industriegelände Sacktannen, sollte Kabel und Leitungen für die ostdeutschen Ostseewerften liefern. Berliner Kabelwerker wurden 1959 nach Schwerin geschickt, um die Produktion in einem ehemaligen Flugzeughangar aufzunehmen. Trömel: Als wir dorthin kamen, pickten gerade ein paar NAW-Arbeiter einen Graben für die Lichtleitung. Zwischen Weihnachten und Neujahr 1960 wurden zwei Drahtziehmaschinen aufgestellt. Obwohl man damit noch keine Kabel herstellen konnte, wurde nach Berlin die erfolgreiche Aufnahme der Kabelfertigung gemeldet und eine Kiste mit den 30 ersten Drahtspulen als Beweis des Aufbauwerkes bis in das SED-Politbüro hinaufgereicht. Bald hatte das Schweriner Werk 1000 Mitarbeiter bei einem Produktionsvolumen von 50 Millionen Ostmark. Der Betrieb bekam innerhalb des Kabel- Kombinats die Aufgabe, für den Export zu produzieren.

In den 70er und 80er Jahren gab es kaum Veränderungen im Kombinat. Nach der Verstaatlichung der letzten Privat-Betriebe 1972 wurden zwei Firmen in Beelitz bei Berlin und Schlettau im Erzgebirge dem Kombinat zugeordnet. Der Betrieb in Schlettau fertigte - zumeist in Heimarbeit -

Das Berliner Stammwerk an der Spree

Stecker und ähnliches, der Betrieb in Beelitz Anschluß- und Verlängerungsleitungen. Später kam, als "Rationalisierungsmittelbetrieb" des Kombinats, noch die Berliner Maschinenbaufirma Schnellflechter hinzu. Seit den 70er Jahren beschäftigten sich die KWO-Entwickler mit Lichtwellenleitern. Wie üblich zu Ehren eines SED-Parteitages wurde 1981 eine Versuchsstrecke mit im KWO gefertigten Glasfaserkabeln im Berliner Post-Telefonnetz übergeben, 1985 begann in den KWO-Labors in Oberschöneweide die Produktion von Lichtwellenleitern. Auf Maschinen, die eigentlich als Versuchs-Anlage gedacht waren. Mitarbeiter beklagten damals: Immer wenn neben dem Werksgelände ein Lastkahn an den Kai eines Baustofflagers donnerte, verursachten die Erschütterungen Qualitätseinbrüche bei der Glasfaser-Fertigung. 1987 wurde zögerlich mit dem Bau einer neuen Fabrik für Lichtwellenleiter in Berlin-Marzahn begonnen. Sie war 1989 noch nicht einmal rohbaufertig. Trotz der Widrigkeiten der sozialistischen Planwirtschaft konnten die KWO-Mitarbeiter dennoch rasch ein technologisches Niveau in der Lichtwellenleiter-Produktion erreichen, das selbst die gestrengen Beamten der Bundespost-Prüfstellen überzeugte.

In den achtziger Jahren hatte das Kombinat KWO 13 Betriebe und rund 16 000 Mitarbeiter, 5800 davon in Oberschöneweide und 2200 in Schwerin - den beiden größten Standorten. Das Produktionsvolumen lag 1989 bei etwa drei Milliarden Mark. Ein Drittel der Produktion lieferte das KWO-Kombinat ins Ausland, davon die Hälfte in fast 40 Länder - vor allem in West- und Nordeuropa und im arabischen Raum. Etwa 15 Prozent des Absatzes gingen in die Sowjetunion.

KWO-AG: Hoffnung auf die Hochzeit

Als die Berliner Mauer fiel, begannen vom Generaldirektor bis zum Abteilungsleiter viele, sich in der Branche umzutun. Für die Mitarbeiter in Oberschöneweide gab es - wegen der noch immer gegenwärtigen Tradition - keinen anderen Partner für eine Kooperation als die AEG, mit der bereits im Januar 1990 ein letter of intent unterzeichnet wurde.

Für die Mitarbeiter in Schwerin gab es jedoch keinen anderen Partner als Siemens. 1988 wurde zwischen dem Kombinat KWO und der Siemens AG ein Liefer- und Know-how-Vertrag für Installationsleitungen geschlossen. Siemens, unter dem Preisdruck der Konkurrenz, wollte billig einkaufen, das ostdeutsche Ministerium für Elektrotechnik/Elektronik war auf das Siemens-Know-how scharf. Dafür verteidigte das Ministerium auch den Vertrag gegen SED-Hardliner, die darin einen beginnenden

41

Kombinat Kabelwerk Oberspree

Ausverkauf der DDR sahen. Angesichts der seit 1988 engen Kontakte war es kaum überraschend, daß der Chef des Schweriner Kabelwerkes, Dietrich Stölmacker, auf der Leipziger Frühjahrsmesse 1990 den Austritt aus dem Kabelkombinat erklärte und mit der Siemens AG eine Joint-venture-Vereinbarung unterzeichnete.

Die KWO-Chefs waren sauer. Das "Hätschelkind" des Kombinats, der modernste Betrieb, ging an die Konkurrenz. Das Kabelwerk Meißen schloß sich den Schwerinern an. Der "Rest" wollte zunächst zusammenbleiben. Ziel: Kooperation, Joint venture oder Beteiligung der AEG Kabel AG Mönchengladbach. Der "Rest" waren am 1. Mai 1990 noch sieben KWO-Betriebe. Für die Werke in Schlettau und Beelitz hatten die ehemaligen Besitzer Reprivatisierungsanträge gestellt. Das Werk in Vacha bei Eisenach, 500 Meter entfernt von der hessisch-thüringischen Grenze, hatte bereits Kontakte geknüpft zur kabelmetal electro, Hannover, Tochter des Branchenführers Alcatel Cable, Frankreich. Der Kabelmaschinenbau der Firma Schnellflechter Berlin ging an den bayerischen Mittelständler Wilms, der aus dem Kläranlagenbau-Geschäft kam, vor einigen Jahren mit der Übernahme der Kabel Xaver Bechthold in Rottweil in das Kabelgeschäft einstieg und sich gegen die Großen der Branche schlug.

Die sieben im KWO-Verbund verbliebenen Firmen wurden zum 1. Mai 1990 zur KWO Kabel AG zusammengeschlossen. Die AEG wirkte bei dieser Entscheidung bereits kräftig mit. Die KWO-Geschäftsführung erarbeitete mit ihren Beratern von der AEG Kabel Konzepte für die Neustrukturierung des Kombinats, für die Arbeitsteilung zwischen den AEG- und KWO-Kabelwerken bei weitgehender Erhaltung der ostdeutschen Kapazitäten. Investitionen von rund 500 Millionen Mark wurden bereits gemeinsam geplant, um die Produktivität zu verdoppeln und damit auf AEG-Niveau zu bringen. Erstmals dunkle Wolken zogen auf, als der AEG-Vorsitz zum 1. Januar 1991 von Heinz Dürr auf Ernst Georg Stöckl überging. Stöckl begann scharf mit der Sanierung des zu Daimler-Benz gehörenden angeschlagenen Elektro- Konzerns. Kabel gehörte fortan nicht mehr zu den Kernbereichen der AEG.

Dennoch, die KWO-Geschäftsführung war guter Hoffnung. Der damalige Vorstandsvorsitzende der Kabel AG, Klaus Sander, zog im Januar 1991 eine optimistische Bilanz des Weges in die Marktwirtschaft. Während die Nachbarbetriebe des Kabelwerkes in Oberspree bereits ihre Belegschaften komplett in die Kurzarbeit schicken mußten, leisteten die 300 Mitarbeiter der KWO-Starkstromkabel-Fabrik zum Jahresende 1990 gar Überstunden, um die Kundenwünsche alle zu erfüllen. In anderen Bereichen des Kabelwerkes Oberspree sah es allerdings bereits schlechter aus: Von den Ende 1990 noch 4800 Mitarbeitern - Vorruhestand und Fluktuation hatten die Belegschaft bereits dezimiert - arbeiteten Anfang 1991 bereits 1200 kurz.

Nur eine Durststrecke, glaubte Sander. Er strebte ein jährliches Umsatzvolumen der AG von 900 bis 950 Millionen Mark an - 60 Prozent davon sollten aus dem Stammwerk in Oberspree (KWO GmbH) kommen. Die AG sollte weiter zu den Führenden in Deutschlands Kabelbranche gehören. Die Zahl der Mitarbeiter - Ende 1990 rund 9000 in der AG - sollte zwar "sozial verträglich" sinken, Zahlen standen für Sander jedoch noch nicht zur Debatte. Die Belegschaft allerdings war bereits verunsichert. Ein Bereichsleiter sagte Anfang 1991 einer Berliner Zeitung: In den Nachbarbetrieben wird bereits kräftig gekürzt und mir wird ganz mulmig bei dem Gedanken, vielleicht auch einmal meinen Kollegen damit gegenübertreten zu müssen.

Im zweiten Halbjahr 1990 hatte die

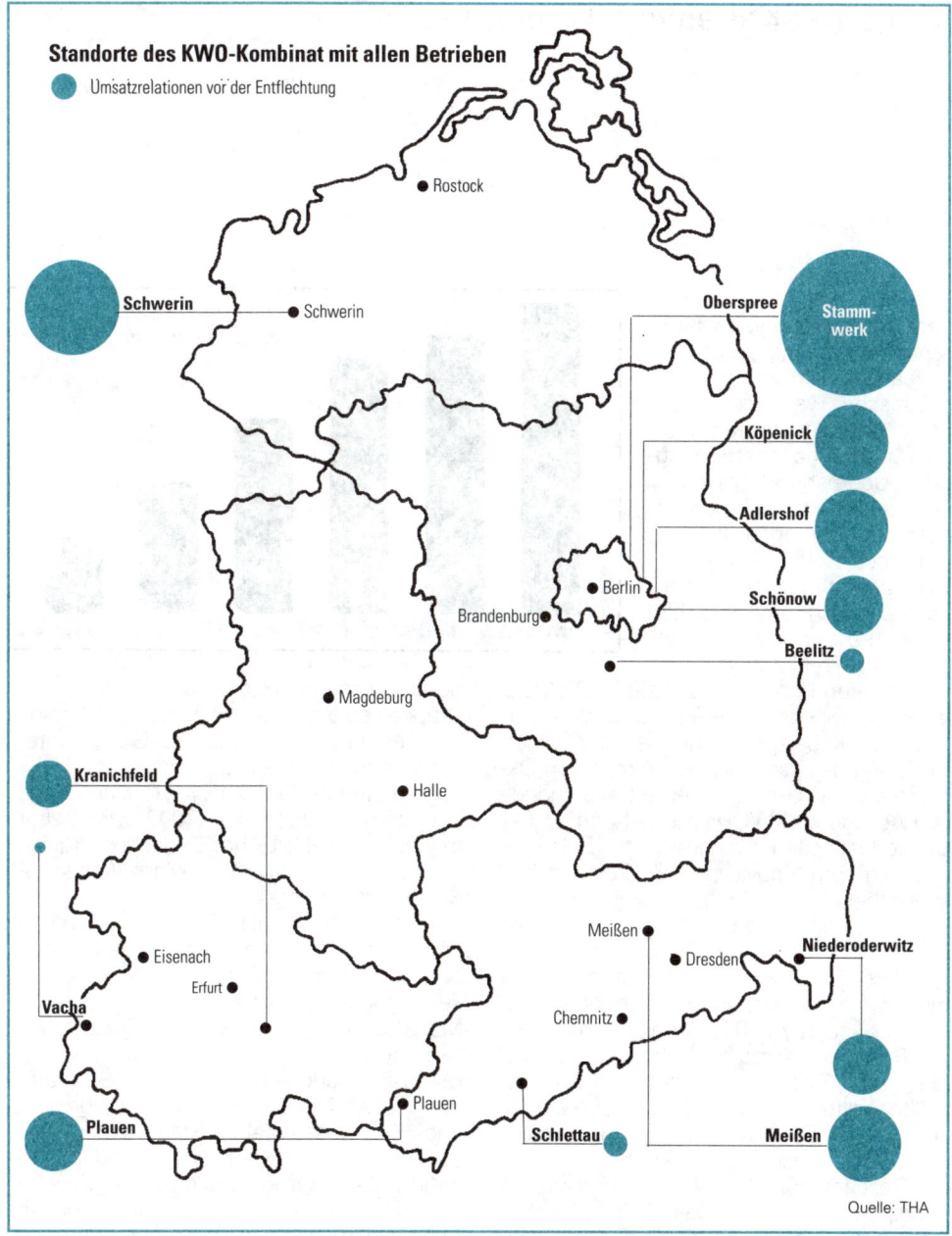

Standorte des KWO-Kombinat mit allen Betrieben

⬤ Umsatzrelationen vor der Entflechtung

Rostock

Schwerin — Schwerin

Oberspree   Stamm-werk

Köpenick

Adlershof

Berlin

Brandenburg   Schönow

Beelitz

Magdeburg

Kranichfeld   Halle

Meißen

Eisenach   Dresden   Niederoderwitz

Erfurt

Vacha   Chemnitz

Plauen — Plauen   Schlettau   Meißen

Quelle: THA

KWO GmbH noch einen Umsatz von über 200 Millionen D-Mark gemacht und verlustfrei gearbeitet. Die UdSSR war der größte Abnehmer, gefolgt von der Deutschen Post, die ostdeutschen Betrieben auf der Basis einer "Präferenz marktnaher Produktion" Aufträge bereits für 1991/92 erteilte. Mit dem Übergang vom Transferrubel-Geschäft auf freikonvertierbare Währung zum

Jahreswechsel 1990/91 fiel die KWO AG in ein tiefes Auftragsloch. Pressesprecher Klaus Richter klagte: Noch Ende 1990 hatten uns Bankfachleute geraten, unter keinen Umständen auf den Ostmarkt zu verzichten. Und dann sagten die Sowjets Anfang 1991 njet zu einem noch 1990 geschlossenen 20-Millionen-Vertrag für das Stammwerk in Oberspree. Auch der Absatz

Kombinat Kabelwerk Oberspree

in Ostdeutschland ging mit dem allgemeinen wirtschaftlichen Niedergang zurück.

Sander war dennoch optimistisch, weil bis Ende März 1991 der Vertrag über eine Mehrheitsbeteiligung oder Übernahme zwischen Treuhand und AEG perfekt gemacht werden sollte. Im Mai noch hoffte das KWO-Management auf eine Übernahme durch die AEG bis Ende 1991, wollte sich bis dahin mit Treuhand-verbürgten Krediten über Wasser halten. Die AEG jedoch verhandelte bereits über den Verkauf der Kabelsparte mit der englischen BICC und der französischen Alcatel. Im Oktober war das Geschäft perfekt, die endgültige Absage an KWO folgte auf dem Fuße. Da die Franzosen mit kabelmetal, Ehlerskabel, Hamburg, und Lacroix & Kress im holsteinschen Bramsche bereits gut bedient waren, hätte das Kartellamt der KWO-Übernahme ohnehin nicht mehr zugestimmt.

Mitte Juni 1991 wurde auf einer Betriebsversammlung in Oberschöneweide die Entlassung von 850 Arbeitnehmern, die in "0-Stunden-Kurzarbeit" beschäftigt waren, zum 1. Juli angekündigt. 200 Angestellte sollten im zweiten Halbjahr entlassen werden. Die Entwicklung im 1. Halbjahr 1991 verlief nicht nach den Erwartungen der Geschäftsführung, statt Gewinn wurde Verlust eingefahren. Das KWO-Management hoffte, 1994 wieder die Gewinnzone zu erreichen.

Als der AEG-Deal offensichtlich platzte, schickte die Treuhand die KWO Kabel AG zum 1. Juli 1991 in die Liquidation. Ein geschlossener Verkauf der AG schien nun nicht mehr möglich. Die Treuhand bildete aus den vier Berliner Kabel-GmbH - KWO, Kabelwerk Köpenick, Aslid Adlershof und Kabelwerk Schönow - einen Standort- und

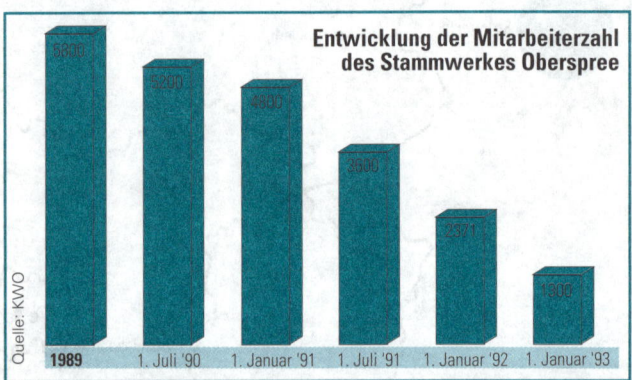

Sortimentsverbund, der nunmehr als KWO-Gruppe agierte. Die Bayerische Vereinsbank erhielt den Auftrag, die Gruppe international auszuschreiben.

Die Gruppe hatte nach Treuhand-Angaben zum 1. Juli noch 7000 Mitarbeiter, machte im 1. Halbjahr 124 Millionen Mark Umsatz und 46 Millionen Mark Verlust (37 Prozent vom Umsatz).

Die KWO GmbH, das Stammwerk in Oberschöneweide, erreichte - nach Angaben der Geschäftsführung in einer Berliner Zeitung - in der zweiten Hälfte 1991 die Monatsziele nur zu jeweils 80 Prozent, insgesamt 1991 einen Umsatz von rund 228 Millionen Mark. Am 1. Januar 1992 waren noch 2371 Mitarbeiter (1507 gewerbliche und 864 Angestellte) im Stammwerk Oberschöneweide an Bord. 1991 wurden über 2400 Mitarbeiter (davon 1550 im gewerblichen Bereich) entlassen. Dafür wurden in Abhängigkeit von Lebensalter und Betriebszugehörigkeit an 1774 Anspruchsberechtigte Abfindungen von insgesamt 11,2 Millionen Mark gezahlt - je entlassenen Mitarbeiter rund 4550 Mark, je Anspruchsberechtigten im Durchschnitt 6313 Mark.

Die Werke in Plauen, Kranichfeld und Niederoderwitz wurden 1991 einzeln privatisiert. Das Kabelwerk Lausitz in Niederoderwitz ging zunächst an die Niederlassung

Dresden. Das Werk Kranichfeld wurde liquidiert, Einzelteile an Wilms, der bereits die Berliner Firma Schnellflechter übernommen hatte, verkauft. Dabei behielten 15 der zum 1. Juli noch 470 Mitarbeiter ihren Arbeitsplatz. Die Vogtländischen Kabelwerke in Plauen - Hersteller von Telefonleitungen - gingen ebenfalls an Wilms, der 15 Millionen Mark Investitionen zusicherte und 350 der 520 Mitarbeiter übernahm.

"Abtrünnige":
Mit Siemens auf und davon

Für Siemens war es ein glücklicher Zufall, daß der Konzern seit 1988 in Schwerin bereits einen Fuß in der Tür hatte. Dieter Buschmann, Direktor im Geschäftsgebiet Starkstromkabel und -leitungen, Berlin: Wir wußten, in Schwerin steht ein relativ gutes Kabelwerk, das als Exportbetrieb des Kombinates etwa die Hälfte der Produktion im Ausland - wozu damals auch die Bundesrepublik gehörte - absetzte. Siemens hatte das Ziel, in Ostdeutschland den gleichen Marktanteil wie im Westen der Republik zu erreichen. Das dürften nach Experten-Schätzungen etwa 23 Prozent sein.

Zunächst hatten die Siemens-Strategen das Marktpotential allerdings erheblich überschätzt. Gründe waren die unzureichenden DDR-Statistiken und die unterschiedlichen Umrechnungskurse der Ostmark. Dennoch kam man im Konzern zur Schlußfolgerung, daß die Westkapazitäten nicht ausreichen würden. Zudem war zu erwarten - und die Post verfuhr auch so -, daß öffentliche Aufträge vorrangig an lokale Wertschöpfung gebunden werden.

Schwerin und Meißen erschienen als die besten Standorte des KWO-Kombinates. Mit Schwerin konnte wegen der bereits vorhandenen Kontakte rasch eine Absichtserklärung unterzeichnet werden, intensiv verhandelten die Kabel-Leute von Siemens mit Meißen, anfänglich auch mit

dem Nachrichtenkabel-Hersteller in Schlettau. Die Belegschaften, die 1990 noch großen Einfluß auf die Entscheidungen der Chefetage in den DDR-Betrieben hatten, sprachen sich in Schwerin und Meißen ebenfalls für ein rasches Zusammengehen mit Siemens aus.

Ende 1990 stieg Buschmann in konkrete Gespräche mit der Treuhand ein. Buschmann bescheinigt der Behörde, damals schnell und kompetent gearbeitet zu haben: "Tag und Nacht verhandelten wir hart in einem kleinen Zimmerchen in der Zentrale am Alexanderplatz." Im Februar 1991 waren sich beide Verhandlungspartner einig, Mitte Mai wurde der Kaufvertrag unterschrieben. Die Kabelwerke Schwerin und Meißen gingen als 100prozentige Töchter an Siemens.

Nach westlichen Maßstäben, so Buschmann, waren beide Werke nicht überlebensfähig. Siemens plante deshalb, bis Ende 1994 rund 200 Millionen Mark zu investieren - etwa 130 Millionen sind schon verbaut. Das Kabelwerk Meißen, das nicht nach der westdeutschen VDE-Norm produzieren konnte, wurde Ende 1990 zunächst komplett stillgelegt. Bis Ende 1993 baut Siemens den Betrieb total um, die Produktion ist inzwischen wieder angelaufen, 50 Millionen Mark Umsatz sollen bereits 1993 aus Meißen kommen.

In Schwerin, wo auch das Geschäftsgebiet Nachrichtenkabel Neustadt/Coburg investierte und mit 60 Mitarbeitern Nachrichtenkabel fertigt, wird die Produktion ergänzt durch Verlagerungen aus dem Berliner Siemens-Kabelwerk Rauchstraße, das im Frühjahr 1993 geschlossen wurde. Im Geschäftsjahr Oktober 1991/September 1992 erreichte Schwerin einen Umsatz von etwa 170 Millionen Mark, bis zum Geschäftsjahr 1993/94 soll der Umsatz auf rund 300 Millionen steigen. Bis 1994 will Buschmann in Schwerin und Meißen 100 Prozent Siemens-Produktivität erreichen. Dazu muß,

Kombinat Kabelwerk Oberspree

so Buschmann, nicht nur in die Technik investiert werden. Neue Produktionsorganisation, neue Denkweisen müssen her. Nicht nur im kaufmännischen Bereich, auch in der Fertigungsorganisation stellten die Siemens-Leute erhebliche Defizite fest. Daher kamen nicht nur Betriebswirtschaftler, sondern auch Fertigungsleiter aus dem Westen. Andererseits bescheinigt Buschmann den ostdeutschen Managern und Mitarbeitern, den Neuerungen sehr aufgeschlossen zu sein. Seit dem 1. Oktober 1992 sind die Firmen mit ihren Mitarbeitern in Schwerin und Meißen voll in den Siemens-Konzern integriert. Die Ausgliederung von Aktivitäten der einstigen VEB ist weitgehend abgeschlossen. Am 1. Juli 1990, dem Stichtag der D-Mark-Eröffnungsbilanz, waren in Schwerin 2230 und in Meißen 950 Mitarbeiter beschäftigt. Heute hat Schwerin etwa 1060 und Meißen etwa 370 Mitarbeiter, im Verlauf des Jahres 1993 sinkt die Beschäftigtenzahl in Schwerin auf 1000 und in Meißen auf 220 bis 250.

Der Arbeitsplatzabbau erfolgte durch Vorruhestand und Ausgliederungen. In Meißen, wo als "Konsumgüterproduktion" auch Wäschespinnen gefertigt wurden, wo Heizhaus, Kabeltrommelbau, Kinderkrippe zum Werk gehörten, wurden bereits 300 Arbeitsplätze durch Ausgründungen gesichert, etwa 200 weitere sollen noch hinzukommen. Die Elektrotechnik-Firma Krone AG, Berlin, übernahm 180 Mitarbeiter, das Heizhaus mit 30 Beschäftigten ging an die Kommune, etwa 20 Mitarbeiter wurden von Büros des Siemens-Vertriebs übernommen, 50 Beschäftigte übernahmen Dienstleister wie die Wach- und Schließgesellschaft. Weitere Arbeitsplätze sollen bei Spediteuren, in einem Handwerkerhof, einem Autohaus geschaffen werden. Tatsächlich arbeitslos wurden mithin nur sehr wenige.

Beim Kauf der Werke in Meißen und Schwerin hatte sich Siemens auch verpflichtet, jene Grundstücke, die nicht betriebsnotwendig sind, im Auftrag der Treuhand für Ausgründungen, Gewerbeansiedlungen zu vermarkten. Risiken durch Altlasten - sowohl bei Aufträgen und Verbindlichkeiten wie auch bei Grund und Boden - wurden durch Rückstellungen und Treuhand-Verpflichtungen weitgehend ausgeschlossen.

Wann die Produktionseinheiten in Schwerin und Meißen in die Gewinnzone marschieren, vermag Buschmann derzeit nicht zu sagen. Durch die günstigen Abschreibungsmöglichkeiten wie auch durch Unsicherheiten im Markt (zum Beispiel durch den Streit um die Stadtwerke) werden die schwarzen Zahlen sicher auf sich warten lassen.

Beelitzer "Klitsche": Alter Eigentümer behauptet sich

Jörg Berger, 35, ist einer jener Menschen, die die Dinge mutig anpacken; fest davon überzeugt, daß alles gelingen kann. Ein Unternehmer-Talent. Wurde es ihm bereits in die Wiege gelegt? Sein Vater, Walter Berger, floh vor den Bomben des zweiten Weltkriegs aus Berlin nach Thüringen. In Bad Berka eröffnete er eine mechanische Werkstatt. Als diese 1953 abbrannte, zog es ihn wieder nach Berlin. In Beelitz bei Potsdam machte er seine Firma in einer leerstehenden Munitionsfabrik der Hermann-Göhring-Werke wieder auf. Mit eigenem Geschick und guten Leuten fertigte er Teile für Telefonvermittlungen und Telefonapparate sowie konfektionierte Leitungen - Verlängerungsschnüre und Anschlußschnüre für Telefone, Toaster, Bügeleisen..

Die Firma war erfolgreich, exportierte in alle Welt, durfte statt der für Privatunternehmen erlaubten 80 gar 250 Mitarbeiter beschäftigen. Durch die restriktive Besteuerung und weil Berger den Grund und Boden seiner Firma nicht kaufen durfte, daher kein

Geld für Investitionen blieb, wuchs der Anteil des Kommanditisten Staat allmählich auf rund 90 Prozent. Im Frühjahr 1972 wurde der Betrieb schließlich zwangsweise komplett verstaatlicht. Am 30. April 1972 ging Walter Berger zum letzten Mal als Unternehmer ins Büro. Zwei Jahre war er noch Betriebsdirektor, verlor die Freude am Unternehmen, legte es schließlich auf einen Rausschmiß an.

Der Beelitzer Betrieb gehörte verschiedenen Elektro-Kombinaten an, wurde auf Anschlußleitungen für Elektrogeräte spezialisiert. Als Betrieb schließlich des Kombinat KWO hatte Beelitz 280 Mitarbeiter, davon 60 in der Produktion, aber beispielsweise allein zwölf im Heizhaus. Technologisch wurde das Unternehmen, wie alle Kleinbetriebe, stiefmütterlich behandelt, sagte Berger.

Jörg Berger, der 1972 eigentlich im väterlichen Betrieb lernen wollte, ging auf den Bau, dann zum Fernstudium, war schließlich vor der Wende einige Jahre Stadtbaudirektor in Beelitz. Im Februar 1990 begann er um die Rückgabe der Bergerschen Werkstatt zu kämpfen und gründete - als zweites Standbein gewissermaßen - ein Baugeschäft. Mit vier Beschäftigten ging es los, heute hat Berger bereits 80 Mitarbeiter, macht monatlich etwa 1,5 Millionen Mark Umsatz , saust von Bauherr zu Bauherr, um seine Firma bekannt zu machen, Aufträge zu bekommen. Nur als billiger Jakob auf Westberliner Baustellen oder als Subunternehmer westdeutscher Baukonzerne arbeitet er nicht. Aufträge erledigt er derzeit unter anderem für das Frauenhofer-Institut in Teltow-Seehof, für die Klinik in Beelitz-Heilstätten und für die brandenburgische Landesentwicklungsgesellschaft LEG in Groß Glienicke.

In der Potsdamer Bezirksbehörde bemühte er sich schon vor dem Modrow-Gesetz zur Reprivatisierung der 72er Unternehmen um die Rückgabe des Beelitzer Betriebes. "Relativ viel Kampf" mit der Potsdamer Bezirksbehörde, der KWO-Kombinatsspitze und der Treuhand kostete die Rückgabe zum 1. Juli 1990. Berger übernahm 74 Mitarbeiter. Streit gab es um das Vermögen des Betriebes. Die Treuhand wollte 900 000 Mark für die Staatlichen Anteile an der Alt-KG sowie 600 000 Mark für das Unternehmen - Summe: 1,5 Millionen. Berger stand bei der Reprivatisierung mit leeren Taschen da, die Produktionsausrüstungen jedoch mußten komplett erneuert werden. Er brauchte Geld für die Investitionen und klapperte die Banken ab. Die wollten Sicherheiten. Bergers Häuschen gab nicht viel her, der Grund und Boden des Betriebes gehörte ihm noch nicht. Einzig die Sparkasse vertraute ihm - der Erfolg des Baugeschäftes überzeugte den Geldberater. In einer Woche erhielt Berger Kredit.

Die Treuhand vergaß zunächst die noch ausstehende Einigung um den Rückkaufpreis. Im Oktober 1992 erst meldete sich die Potsdamer Niederlassung wieder. Beim großen Kehraus vor der Schließung kam der ungeklärte Vorgang in den Aktenschränken zum Vorschein. Nun stand die Treuhand unter Zeitdruck, die Forderung wurde zurückgezogen, einzig der Grund und Boden des Unternehmens - 26 000 Quadratmeter - an Berger verkauft.

Nach eineinhalb Jahren Durststrecke, so Berger, sei die Auftragslage seiner Elektrofirma BEMA jetzt befriedigend. Zunächst mußten neue Erzeugnisse - unter anderem spezielle Anschlußleitungen für Computer und Telefone - entwickelt, die Prüfzertifikate der einzelnen Länder eingeholt, modernste Technik beschafft und neue Kunden akquiriert werden. Inzwischen kommen die Aufträge zu 90 Prozent aus den alten Ländern, da die ostdeutsche Geräte-Industrie fast völlig zusammengebrochen ist. Bergers Ziel für 1993: Zehn Millionen Mark Umsatz mit 54 Mitarbeitern. Das bedeutet eine Produktion von acht Millionen Leitungen - in VEB-Zeit fertigten 260 Mitarbeiter

Kombinat Kabelwerk Oberspree

jährlich sechs Millionen Leitungen. Einen Markt in dieser Branche zu finden ist sehr schwer. Aber Berger ist überzeugt: Seine Firma wird sich behaupten.

KWO-Gruppe:
BICC als Retter für den Rest

Das Schicksal der vier in der KWO-Gruppe verbliebenen Berliner GmbH entschied sich um die Jahreswende 1991/1992. Nach der internationalen Ausschreibung der KWO-Gruppe meldeten sich, wie der KWO-Privatisierer in der Treuhand, Wolfram Schütze, berichtete, zunächst drei Interessenten. Einer davon hatte es jedoch ausschließlich auf die attraktiven Immobilien in Oberschöneweide, Köpenick und Adlershof abgesehen und mußte ausscheiden. Im Rennen blieben das belgisch-niederländische Konsortium Eupen/Draka und die englische BICC-Group.

Dr. Peter Jährisch, seit 1969 bei KWO - zunächst in Köpenick, seit 1983 bei Aslid in Adlershof, bekam im Dezember 1991 Besuch von zwei Herren der BICC, die ihm mitteilten, daß der Londoner Konzern nur drei Werke übernehmen werde. Aslid Adlershof sei nicht dabei. Da machte sich Järisch auf nach Chester in die Zentrale von BICC Cables, um die Übernahme auch des Adlershofer Betriebes durchzusetzen. Es gelang - wenn auch nicht ganz.

Aslid hatte schlechte Karten: Die Fertigung war auf verschiedene Standorte verteilt und nicht spezialisiert. Von Lackdrähten und Leitungen bis zu Ziehsteinen (Diamanten für das Ziehen feiner Drähte) wurde in Adlershof alles mögliche produziert. Aus eigener Kraft hatte Aslid die Verlagerung auf ein ehemaliges NVA-Grundstück bereits angeschoben, doch die Treuhand warf die Pläne über den Haufen. Sie hat sich nicht für die Konzepte der Adlershofer interessiert, mit Mühe erhielt Aslid die nötigen Liquiditätskredite, Geld für Investitionen gab es

keines. 110 von 1050 Mitarbeitern noch im Jahr 1989 werden von BICC aus der Aslid GmbH übernommen, ein Teil der Fertigung in Schönow bei Bernau fortgeführt.

Am 25. Februar 1992 verkaufte die Treuhand die Kabelwerke in Oberspree, Köpenick, Schönow und Adlershof an die BICC für 63 Millionen Mark. Mit einem weiteren Vertrag vom 28. Juli 1992 wurde vereinbart, daß BICC nicht die Kapitalanteile der GmbH, sondern nur die betriebsnotwendigen Teile (Assets) übernimmt. Die Treuhand übernahm auf diese Weise Schulden der KWO-Betriebe in "dreistelliger Millionenhöhe" (Schütze). Zudem verpflichtete sich die Anstalt, die Personalkosten und Abfindungen für alle Mitarbeiter oberhalb der von BICC garantierten Zahl 2200 zu übernehmen - das waren 1700 Mitarbeiter im März. BICC verpflichtete sich, etwa die Hälfte der Flächen der KWO-Gruppe zu räumen. In Oberschöneweide werden 125 000 der 230 000 Quadratmeter Flächen nach einem vereinbarten Zeitplan geräumt und an die Treuhand zurückgegeben. Die nicht notwendigen Flächen des Standortes Oberschöneweide werden für das Gewerbe-Ansiedlungsprojekt des Berliner Senats ("Spreeknie") zur Verfügung gestellt, weitere Flächen durch die Treuhand-Liegenschaftsgesellschaft vermarktet.

BICC-Chef Robin Biggam kommentierte den Kauf: "Wir haben jetzt eine einzigartige Gelegenheit, eine gute Produktionsbasis in Deutschland und damit eine starke Position auf dem größten Inlandsmarkt Europas zu etablieren". BICC hofft auf Markt-Impulse durch die Modernisierung der ostdeutschen Infrastruktur. Mit den bislang sechs Prozent Marktanteil für KWO auf dem deutschen Kabelmarkt will BICC sich nicht zufrieden geben.

Am 1. März übernahm BICC die Management-Verantwortung, zum 1. Juli sollten die Engländer volle Eigentumsrechte erhalten. Doch das Bundesfinanzministerium und

BICC wurden sich nicht handelseinig. Am 22. Januar 1993 war schließlich das Geschäft perfekt, zum 1. Februar wurde die KWO Kabel GmbH gegründet und endgültig durch die BICC Group übernommen. Für das Jahr 1992 hatte sich KWO vorgenommen, 240 Millionen Mark Umsatz - fünf Prozent mehr als 1991 - zu erreichen. Davon sollten 47,5 Millionen Mark aus Exporten erlöst werden. Neben den Schwierigkeiten auf den Märkten waren auch interne zu lösen. In Oberschöneweide wurden bis zur Privatisierung die noch aus der AEG-Zeit stammenden Strukturen kaum verändert, Defizite gab es zudem im Marketing-Bereich. BICC schob im Frühjahr die komplette und schnelle Neuorganisation des Werkes an. Im April wurde Jährisch in eine Arbeitsgruppe zum Strukturwandel geholt, sollte binnen vier Wochen Vorschläge dazu machen. Und nebenbei Englisch lernen. Inzwischen ist die Bildung der neuen Geschäftsbereiche als Profit-Center im wesentlichen abgeschlossen, Jährisch fand sich auf dem Posten des Direktors im Geschäftsbereich Material wieder.

Für die Modernisierung der Produktionsanlagen sollen in die neue KWO GmbH in drei Jahren rund 157 Millionen Mark aus Eigen- und Fördermitteln investiert werden. Bis zum 1. April 1993 reduzierte BICC die Belegschaft der Berliner Betriebe auf 2000 Beschäftigte. Weitere 200 wurden über Ausgründungen im Werkschutz, der Kantine und anderen Dienstleistungsbereichen untergebracht.

BICC versuchte 1992, trotz des noch nicht abgeschlossenen Personalabbaus, trotz Unsicherheit und vielfach fehlender Motivation der Mitarbeiter, Zeichen der Hoffnung zu setzen. Eines war sicherlich die beste KWO-Marketing-Veranstaltung des Jahres, der Besuch der britischen Königin am Nachmittag des 21. Oktober 1992. Mehr als acht Jahrzehnte lag der letzte Besuch eines gekrönten Hauptes - weiland die Gemahlin des deutschen Kaisers, Auguste

Victoria - zurück. Die Begeisterung der Belegschaft hielt sich angesichts der bei Staatsbesuchen gewohnten, strengen Verhaltensmaßregeln zwar in Grenzen, doch dachten die meisten Kabelwerker optimistisch: Die können nicht heute die Queen hierher führen, und im nächsten Jahr das Werk dicht machen.

Optimismus, den Peter Bibby, 1992 für zehn Monate aus London ausgeborgter Geschäftsführer, zum Jahreswechsel 92/93 bestätigte. BICC habe beachtliche Fortschritte bei KWO erreicht. Nahezu 80 Millionen Mark wurden bereits für Investitionen in Schönow, Köpenick und Oberschöneweide ausgegeben. In Köpenick beispielsweise wurde mit dem Aufbau der europaweit modernsten Produktionsstätte für Telekommunikationskabel begonnen. 1993 müsse KWO ein "gewaltiges Wachstum" erreichen, und zum ersten Mal seit der 2. Jahreshälfte 1990 wieder aus den roten Zahlen herauskommen. Obwohl die Auftragslage derzeit nicht zufriedenstellend ist. Bis 1996 will die BICC den Jahresumsatz auf 600 Millionen Mark und damit je Mitarbeiter auf das BICC-Niveau steigern. Mitte März 1993 übernahm Dr. Rainer B. Hemmann, vom Konkurrenten Siemens gewonnen, den Vorsitz der Geschäftsführung der KWO Kabel. Die Hannover Messe Industrie im April 1993 war erster erfolgreicher öffentlicher Auftritt des Kabelherstellers von der Spree unter neuem Namen und mit neuer Struktur.

Der Markt: Konzentration und Wettbewerb

Die Kartelle sind passé - auf dem einst gut aufgeteilten deutschen Kabelmarkt tummelt sich heute alles, was in der Welt Rang und Namen hat. Angespornt von den erhofften Zuwachsraten im vereinigten Deutschland, wo z. B. in der Energieversorgung und Verkehrs- und Telekommunika-

Kombinat Kabelwerk Oberspree

Starkes Quartett		
Europas führende Kabelproduzenten		
Unternehmen	Umsatz 1991 (Milliarden Mark)	Beschäftigte 1991
Alcatel Cable	**7,7** (7,1)*	**23 060** (19 675)
Pirelli	**5,3** (5,5)	**19 674** (20 978)
BICC	**4,9** (5,3)	**19 062** (21 260)
Siemens	**2,8** (–)	**7 700** (–)

* Vergleichszahlen 1990,
Quelle: FAST, Forschungsgemeinschaft für Außenwirtschaft, Struktur- und Technologiepolitik

tionsinfrastruktur Milliardeninvestitionen nötig sind. Allein die Telekom kaufte in den Jahren 1992/93 für eine runde Milliarde Mark Ortskabel und für eine halbe Milliarde Mark Glasfaserkabel. Da die Telekom bisher bei der Auftragsvergabe vor allem heimische Anbieter bevorzugte, stiegen die großen Anbieter schon frühzeitig bei ehemaligen Kombinatsbetrieben ein.

BICC Cable, ein Unternehmen der britischen BICC-Group, die mit weltweit 50 000 Mitarbeitern jährlich rund 12 Milliarden Mark Umsatz realisiert, hat mit dem Kauf der KWO-Gruppe eine neue strategische Position in Europa besetzt. Der Kabelhersteller ist die Nummer eins in Großbritannien und Spanien, liegt in Italien an zweiter Stelle, produziert auch in Portugal. Mehr als 50 Prozent des Umsatzes werden auf dem europäischen Festland realisiert. Mit der Akquisition der KWO-Gruppe wähnt sich BICC auf Platz drei unter den Kabelherstellern in Deutschland.

Siemens, mit einem Umsatz von 2,8 Milliarden Mark 1991 die Nummer Vier auf dem europäischen Markt, übernahm nicht nur die ostdeutschen Kabelwerke in Schwerin und Meißen, sondern vor wenigen Monaten auch die Sparte Telekommunikationskabel der Philips Kommunikations-Industrie in Nürnberg. Alcatel Cable schließlich, Branchenführer in Europa, übernahm 1991 nicht nur die kleine Kabelfabrik im thüringischen Vacha, sondern gleich die gesamte AEG Kabel AG Mönchengladbach, die nunmehr als Kabel Rheydt AG firmiert. Zudem kauften die Franzosen zwei norddeutsche Kabelfirmen.

Die Konzentration hat ihren Grund in der immer härter werdenden Konkurrenz. Der Markt in Europa entwickelt sich eher verhalten. Das Wachstum ist vor allem wegen der weggebrochenen Ostmärkte gebremst. Mit der Vollendung des EG-Binnenmarktes müssen Bahnen, Telekom, Energieversorger ihre Orders europaweit ausschreiben, die letzten hiesigen Schutzmauern werden fallen. Massiv drängen zudem osteuropäische Hersteller auf den Markt. Polen verkaufte 1991 für 131 Millionen Mark Kabel in Deutschland, 1990 erst für 95,3 Millionen Mark. Die Preise sinken, beobachtet der Fachverband Kabel. Kunststoffisolierte Kabel sind zwischen fünf und zehn Prozent, Glasfaserkabel gar ein Viertel billiger als 1991.

Die Antwort der Kabelhersteller: Das Tempo der Rationalisierung wird erhöht, Betriebsschließungen stehen an. Die Schrumpfkur trifft besonders Berlin. Auf die 15 Berliner Kabelwerke entfielen bisher ein Fünftel des Produktionswertes in Deutschland. Nach Ansicht der IG Metall stehen in Berlin 1993 - nicht zuletzt durch den Wegfall der Berlin-Förderung - etwa 2000 der rund 6300 Arbeitsplätze auf dem Spiel. Beispiele: Die Alcatel-Tochter kabelmetal electro hannover macht Ende März 1993 ihr Berliner Werk mit 232 Beschäftigten dicht, zur Disposition stehen die nun ebenfalls zu Alcatel gehörenden Berliner Werke von Ehlerskabel Hamburg und von der AEG-Tochter Betefa. Die Belegschaft im ehemaligen AEG- Kabelwerk Berlin schließlich wird von 600 auf 300 Mitarbeiter halbiert.

KOMBINAT SPORTGERÄTE SCHMALKALDEN

Vorwärts zu den Anfängen

Von HANS-WERNER OERTEL

- **Oberstes Ziel: Mehr Export, mehr Devisen**

- **Kombinat beließ alte Strukturen**

- **Kurs in Richtung Marktwirtschaft**

- **Kaum Schwierigkeiten mit den Kleinen**

- **Wohin mit dem "Wasserkopf"?**

- **Die Großen machen Probleme**

- **Skifabrik beim Finish dabei**

- **ZEKIWA mit guten Zukunftsaussichten privatisert**

Mit den internationalen Erfolgen besonders von Biathleten, Rodlern und Langläufern aus den Sporthochburgen in Oberhof, Oberwiesenthal und Zella-Mehlis wurde eines der wenigen Warenzeichen aus der ehemaligen DDR wirklich weltbekannt: GERMINA. Die inzwischen seit 25 Jahren für Sportartikel aus Ostdeutschland gebräuchliche Marke überlebte ebenso wie der Spitzensport in Thüringen oder Sachsen die Wende. Auf Brettern von GERMINA sollten denn auch 1991 bei der Olympiade in Albertville längst nicht die letzten Triumphe gefeiert werden. Darauf jedenfalls setzt der Mitbegründer der neuen GERMINA Sport-Equipment GmbH Fulda, Michael von Schweinichen. Er hält besonders "seine" Wettkampfski, die nach wie vor im thüringischen Floh hergestellt werden, für die "perfektesten und schnellsten" überhaupt.

Der westdeutsche Geschäftsmann hatte zum Jahreswechsel 1992/93 unter Zusicherung von Millioneninvestitionen eines der letzten Filetstücke aus dem Sportartikelkombinat Schmalkalden - Teile der Skifabrik Floh - von der Treuhand gekauft. Dabei spielte neben betriebswirtschaftlichen Erwägungen und langfristigen Absatzchancen auch die Weiterführung des Warennamens GERMINA eine nicht unwesentliche Rolle.

Hinter der auf das Produktionsland Deutschland hinweisenden ostdeutschen Qualitätsmarke (in offizieller Lesart: Ger, wie der Wurfspeer der Germanen) stand praktisch die gesamte DDR-Sportartikelindustrie. Für 60 Prozent des Branchenvolumens - 3.000 Produkte für Sportler aller Disziplinen, vom Angler bis zum Zehnkämpfer - war das Sportgerätekombinat die Wiege. Es war bis auf den Norden in nahezu allen Teilen der DDR präsent und erwirtschaftete zuletzt bei einem Umsatz von 800 Millionen Mark Jahr für Jahr zwischen 30 und 50 Millionen Mark Gewinn. Sportartikel des Firmenverbandes waren im In- und Ausland gleichermaßen begehrt; oft mußten sich jedoch die 400 Spezialgeschäfte in der DDR mit dem begnügen, was im Ausland nicht verkauft werden konnte.

Als bedeutendste Kombinatsfirmen sind neben dem Stammbetrieb mit seinem Forschungszentrum vor allem die Technischen Werkstätten Gotha, Campingmöbel Dessau, Lederwaren Pappenheim, Sportgerätewerk Karl-Marx-Stadt (komplette Turnhallenausstattungen), die Thüringer Kofferfabriken in Geraberg, die GERMINA-Werke in Fambach (Schlitt-, Roll- und Gleitschuhe) und Geschwenda (Plastrodel, Ski und Kunststofferzeugnisse), "Sonnholz" Großfurra und das Angelsportgerätewerk in Bestensee zu nennen. Aus Gründen der technologischen Fertigungsnähe zum Beispiel in der Metallverarbeitung wurden gegen Mitte der 80er Jahre Europas größter Kinderwagenhersteller, ZEKIWA Zeitz mit na-

Kombinat Sportgeräte Schmalkalden

hezu 2.000 Beschäftigten, und der VEB Kinderfahrzeuge Mühlhausen mit einer Belegschaftsstärke von 500 als eigentlich Branchenfremde in den Kombinatsverbund eingegliedert. Das Produktionssortiment des Sportartiklers glich dem eines Warenhauses: Angelruten, Gymnastikgeräte, Kinderwagen, Dreiräder, Luftroller, Koffer, Sprung-, Alpine- und Langlaufski, Rodelschlitten, Sprossenwände, Campingmöbel, Seile und Segeltuch, Ausrüstungen für den Hallen- und Rasensport, Gartenmöbel ...

Das Schmalkalder Kombinat war zugleich auch produktives und koordinierendes Zentrum für EXPOVITA - der seit 1969 so bezeichneten Freizeitbranche in der DDR - bekannt auch durch regelmäßig in Leipzig stattfindende Messen. Erklärtes Ziel war es dabei, die Vielzahl von Herstellern von Erzeugnissen für die Freizeitgestaltung zusammenzufassen und einheitlich als "Komplettausstatter von Kopf bis Fuß" zu vermarkten. Pate für diese Idee, die sich überall in der Welt durchzusetzen begann, war ADIDAS. Das Scheitern dieser Idee in der DDR führt der einstige Generaldirektor des Kombinates, Wolfgang Neupert (60), letztlich auf das sozialistische Wirtschaftssystem zurück: "Unter der Planwirtschaft war die Zusammenarbeit der Zweige auf Dauer durch die wachsenden Interessenunterschiede der Kombinate und Betriebe nicht zu machen." Man sei dennoch "ein ernstzunehmender Partner" auf dem Markt gewesen und habe durch EXPOVITA-Zusammenarbeit in Entwicklung und Produktion schließlich "mühevoll" die Inlandsversorgung verbessern und die internationale Marktposition ausbauen können.

Oberstes Ziel: Mehr Export, mehr Devisen

Im Vergleich zu den meisten anderen DDR-Kombinaten hatte Schmalkalden stabile und umfangreiche Exportbeziehungen.

So wurde denn die Hälfte der Kombinatsproduktion mit Dollar, Rubel, Schilling oder D-Mark bezahlt. 70 Prozent der Ausfuhren - für die meisten anderen zentralgeleiteten Kombinate ein ewiger Traum - wurden in das sogenannte nichtsozialistische Wirtschaftsgebiet geliefert. 1982 standen 26 Länder auf der Exportliste, vier Jahre später waren es 37. Was im Schmalkalder Industrieverbund wegen der wachsenden Sortimentsbreite an Sportbedarf nicht unterzubringen war (Sportbekleidung und diverse Sportgeräte wie Yachten, Tischtennisplatten oder Luftdruckwaffen), wurde einer Mitteilung des Regierungspressedienstes von 1987 zufolge in weiteren 26 zentral- und elf bezirksgeleiteten Kombinaten sowie in 36 kommunalen Betrieben zum Teil unter GERMINA-Signet hergestellt. In den letzten Monaten der DDR überschritt der gesamte Einzelhandelsumsatz bei Sportartikeln die Drei-Milliarden-Ostmark-Grenze. 1990, im Jahr zwischen Plan- und Marktwirtschaft, wurden von GERMINA für 125 Millionen Mark Sport- und Campingausrüstungen in westliche Länder verkauft.

"Planwirtschaft war in erster Linie Defizitwirtschaft", meint heute Ex-Generaldirektor Neupert, der von 1977 bis 1980 in Plauen das Kombinat Musikinstrumente/Kulturwaren und ab 1981 bis zu seiner Auflösung am 30. Juni 1990 das Sportgerätekombinat führte. Mit der vom SED-Politbüro angeordneten Bildung des volkseigenen Branchenriesen im Januar 1981 - in ihm waren bis zum Tag der Währungsunion vierzehn Betriebe mit fast 8.000 Beschäftigten in einhundert Produktionsstandorten zusammengeschlossen - konnte zunächst tatsächlich ein wesentlicher Schub in Sachen Produktivität, Qualität und Sortimentsbreite erreicht werden.

Wegen des "allgemeinen Desasters in der Konsumgüterproduktion" und der internationalen Bedeutung der DDR als Sportland mußte mit zentralistischer Kombinats-

Germina-Ski für Kenner

macht soviel wie möglich "power" gemacht werden, um das halbwegs aufzufangen, was bei der Enteignung der Kleinproduzenten an Wettbewerb und Eigeninitiative verlorengegangen war. Unter drei Hauptproduktionslinien ließ sich alles unterordnen und meist auch effektiver herstellen: Massenproduktion in Großbetrieben beispielsweise für Ski und Schlittschuhe, mittlere und kleinere Betriebseinheiten für die Bewältigung solcher Riesensortimente wie Campingmöbel oder sportliches Modezubehör und kleine Expertenteams für medaillenträchtige Spezialanfertigungen von Rennschlitten, Hochleistungsskiern oder Booten.

Dennoch gelang es GERMINA wegen der auf Autarkie ausgerichteten Sportindustrie nur punktuell und erst in zweiter Linie, die oft empfindlichen Versorgungsdefizite gegenüber der eigenen Bevölkerung zu vermindern. Vorrangig hatten dagegen neue Investitionen und höhere Stückzahlen dem Export und damit der Devisenerwirtschaftung zu dienen.

Ein Beispiel dafür gibt wiederum das GERMINA-Werk in Floh, bis Ende der siebziger Jahre eine schlichte Möbelwerkstätte. Nach der Umprofilierung, seiner Eingliederung in den Stammbetrieb Schmalkalden und der Inbetriebnahme einer damals supermodernen Injektionslinie avancierte der Standort mit zu Wendezeiten fast 2.000 Leuten (in Floh 800) und jährlich 800.000 Brettern rasch zu einem der weltgrößten Skihersteller. Gut 100 Jahre nach den ersten bescheidenen Versuchen von thüringer Handwerkern, selbst Schneeschuhe auf den Markt zu bringen, wurden die bei GERMINA hergestellten und bis in die USA und Kanada über den Außenhandelsbetrieb Spielwaren und Sportartikel vertriebenen Wintersportgeräte zum wichtigsten Devisenbringer der Region. Als der Betrieb 1988/89 seine Kapazität endlich so hoch gefahren hatte, um die seit Jahr und Tag geforderten 400.000 Paar Ski für den Binnenmarkt liefern zu können, "da wurden sie nicht mehr gebraucht", erinnert sich Neupert.

Mit ähnlichen Absatzeinbrüchen hatten die meisten Kombinatsbetriebe mit Einführung der Wirtschafts- und Währungsunion durch den plötzlichen Wegfall der Binnennachfrage und der Außenmärkte zu kämpfen. ZEKIWA hielt sich im wesentlichen durch Osteuropaexporte und seine Lieferungen in das frühere NSW-Gebiet über Wasser. Für die Fortführung seines traditionellen Rußlandgeschäftes mit vor der Wende bis zu 60 Prozent aller Exporte erhielt der Zeitzer Kinderwagenhersteller von der Bundesregierung als erster ostdeutscher Konsumgüterproduzent über-

Kombinat Sportgeräte Schmalkalden

haupt eine Hermesbürgschaft. Der damit mögliche Großauftrag in Höhe von 62 Millionen Mark sicherte dem Treuhand-Betrieb bis August 1992 Arbeit für noch 1.000 von einst 2.000 Mitarbeitern. Ab 1993 wird die von der Treuhand auf der Leipziger Unternehmensmesse im Dezember präsentierte Firma, deren Ostgeschäft sich jetzt nur noch auf Polen und die frühere CSFR beschränkt, mit 180 Arbeitskräften auskommen müssen.

Die meisten Betriebseinheiten des ehemaligen Sportkombinates haben die Wiedereingliederung in die Marktwirtschaft mit großen Opfern (sprich riesigen Personalreduzierungen, wegbrechenden Märkten und neuen Produktideen) geschafft. Nur für die wenigsten, so die Thüringer Kofferfabriken in Geraberg bedeuteten Marktverlust und kostenintensive Produktion zugleich das völlige Aus. Aus diesem Betrieb gingen dennoch zwei neue Unternehmen hervor. Am Standort Niederwiesa mußte die Produktion von Rennschlitten Ende 1991 eingestellt werden. Grund: Der nationale Rodelverband konnte keine Bedarfszahlen nennen.

Kombinat beließ alte Strukturen

1981, bei der Kombinatsbildung - zu Zeiten der sich erstmals abzeichnenden Zahlungsunfähigkeit der DDR und einer Welle aufkommender Unzufriedenheit in der Bevölkerung durch andauernde Versorgungsengpässe - hatten die Wirtschaftsführer in Berlin und in der zuständigen Bezirksstadt Suhl eine aus heutiger Treuhand-Sicht recht glückliche Hand. Sie schmiedeten damals zusammen, was sich an räumlicher und Produktnähe zusammenführen ließ und oft schon in lockerer Form durch Arbeit in Erzeugnisgruppen verbunden war: Viele der 1972 enteigneten Betriebe oder PGH (Handwerkliche Produktionsgenossenschaften) fanden sich als selbständige VEB oder

Betriebsteil eines volkseigenen Unternehmens unter dem Dach des Kombinats wieder.

So rekrutierte sich ein Großteil der 2 000 Beschäftigten im Schmalkalder Stammhaus mit seinen sieben Werken und Teilbetrieben in mehreren Dutzend Orten aus diesen vor allem unter dem Inselsberg historisch gewachsenen Einheiten. In Schmalkalden selbst waren vor dem Krieg Munitionskisten hergestellt worden, ab 1947 im VEB Holzindustrie von etwa 40 Arbeitern Möbelteile für Küchen. Erst später wurden die ersten Skier produziert. Es folgten Rodel und andere Holzsportgeräte. Die damaligen Strukturen, gibt der Generaldirektor a. D. zu Protokoll, seien durch das Kombinat "nicht groß verändert worden. Die Leute sind alle im Spiel geblieben, die 1972 enteignet wurden." Mehrere frühere Eigentümer und spätere VEB-Leiter seien jetzt wieder Chefs ihrer Firmen.

"Sonnholz" Großfurra ist dafür nur ein Beispiel. In diesem 1948 als Stellmacherei gegründeten Handwerksbetrieb (1972 enteignet, bis 1979 selbständiger VEB, 1980 Angliederung an Sponeta-Schlotheim, ab 1981 Betriebsteil im GERMINA-Stammbetrieb und schließlich ab 1984 eigenständiger Kombinatsbetrieb) hat heute allein die Besitzerfamilie das Sagen: Firmengründer und späterer VEB-Chef Erhard Paeckert (70) leitet seit 1. Juli 1990 als Hauptgeschäftsführer die Paeckert und Laube GmbH. Schwiegertochter Adelheid und deren Mann, Hans-Joachim, einst Fachdirektoren in dem 100-Mann-Betrieb von GERMINA, sind jetzt als Geschäftsführer bzw. Technikchef tätig.

Der Betrieb bei Sondershausen produziert seit dem Auslaufen von Holzskiern in den siebziger Jahren auf der Grundlage einer von GERMINA-Investitionen geschaffenen modernen technischen Basis nach wie vor Gartenmöbel, allerdings nur noch mit 42 Beschäftigten. Aufbauend auf den Exporterfahrungen nach Westeuropa war es den Alteigentümern nach der Wende relativ schnell gelungen, neue Absatzmärkte in den Altbundesländern sowie in Österreich und der Schweiz aufzubauen. Die Altkunden besonders in Westdeutschland, so Technikdirektor Laube, kündigten die Lieferbeziehungen auf, weil sie offensichtlich durch die niedrigen DDR-Exportpreise verwöhnt waren und deshalb nicht mehr Geld für die jetzt marktwirtschaftlich produzierten Kiefernmöbel zahlen wollten.

Kurs in Richtung Marktwirtschaft

Der wirtschaftliche Zusammenbruch des DDR-Systems hatte in der Schmalkalder Kombinatszentrale nur kurzzeitig Gedanken über ein Hinüberretten in einen marktwirtschaftlich geführten Sportkonzern in Form einer Holding aufkommen lassen. Erste Direktiven aus Berlin gingen aber offensichtlich in die Richtung. So meldete die Regionalpresse im April: "Die Umwandlung des VEB-Kombinats Sportgeräte Schmalkalden in eine Kapitalgesellschaft steht bevor. AG oder GmbH ist noch nicht entschieden." Gegenüber dem Reporter sprach Generaldirektor Neupert zugleich von der überlebensnotwendigen Entflechtung seines Kombinats durch "Straffung des Sortiments". Durch Kooperationen zum Beispiel bei Hallen- und Rasensportgeräten mit Unternehmen der BRD und aus Österreich solle ein Schlußstrich unter die Praxis gezogen werden, alles selbst herstellen zu wollen. Heute ist Neupert froh, das Holdingmodell nach gründlicher Analyse verworfen zu haben. Es hätte als eine Art Zwischenstufe die rasche Privatisierung nur verzögert und alte Strukturen künstlich aufrechterhalten.

Begleitet von einem ersten Warnstreik als Reaktion auf Gehaltszulagen in den Chefetagen, hatte die Kombinatsführung nach dem Abtritt der Modrow-Regierung solche und andere Überlegungen zur Zukunft der ostdeutschen Sportartikelindustrie angestellt. Von Anfang an wußte man, worüber man spricht, denn "unsere Erfahrungen in Sachen Marktwirtschaft waren durch unsere relativ hohe Exportpraxis nicht gerade klein", hebt Neupert hervor. Auch habe man damals schon mit relativem Weitblick Risiken und Chancen der einzelnen Kombinatsbetriebe benennen können.

Größtes Querschnittsproblem auch bei GERMINA: der Zusammenbruch der Absatzstrukturen in der Noch-DDR. Stichworte sind die fast generelle Ablehnung einheimischer Konsumgüter durch die Bevölkerung und der Ausverkauf der gesamten Sportartikelbestände zu Spottpreisen. Kurz vor der Währungsunion wurden auch die Sportartikelbestände in den Lagern geräumt, um Platz für Westwaren zu machen. Weil auch Exportstrukturen zum Westen wie zum Osten aufgeweicht waren, hatte das Kombinat kurz vor seiner Auflösung "fast keine Plattform mehr".

Förderlich für eine Reihe von Privatisierungen gleich mit dem ersten Tag der Währungsunion war der Drang vieler Betriebe, sich aus den Fesseln der zentralistischen Wirtschaft (manchmal auch ohne schlüssiges Konzept) befreien zu wollen und in einer raschen Selbständigkeit ihr Heil zu suchen. Neupert, heute selbst Geschäftsführer eines kleinen GERMINA-Nachfolgers: "Bis Mai 1990 hatten wir entscheidende Weichen für die Reprivatisierung von 17 Betrieben gestellt." In seinen letzten Tagen und Wochen habe das Kombinat vor allem jene Bestrebungen unterstützt, die der Herausbildung kleiner Betriebseinheiten und damit der Reprivatisierung historisch gewachsener Produktionsstrukturen dienlich waren. Letztmalig war das Kombinats-know-how dafür verwandt worden, zusammen mit den neuen Firmen marktgerechte Produktionsprogramme quasi als Starthilfe in die neue Zeit auszuarbeiten.

Kombinat Sportgeräte Schmalkalden

Kaum Schwierigkeiten mit den Kleinen

Mit diesem Herangehen gehörte GER-MINA nach Einschätzung des früheren Chefs zu den Kombinaten, die bereits mit ihrer Auflösung am letzten Tag der Ostmark große Strukturbestandteile mit etwa einem Viertel aller ursprünglich Beschäftigten in private Hände überführen konnten. "Im Nachhinein hat sich herausgestellt, daß es für die Treuhandpolitik relativ dienlich war, eine Vielzahl von kleinen Unternehmen zu schaffen."

Bilanz nach drei Jahren Marktwirtschaft: Die Berliner Treuhand hätte das Kapitel GERMINA eigentlich schon längst zu den Akten legen können. Doch gestaltete sich der Verkauf einiger ehemals großer Betriebe trotz Personalabbau, Entflechtung, Sortimentsbereinigung und zum Teil neuer Marktpräsenz schwieriger als angenommen. Die meisten kleinen Einheiten sind jedoch längst privatisiert.

Bei "Sonnholz" Großfurra, so Mitbesitzer Laube, hatte sich die Zusammenarbeit mit der Treuhand "relativ problemlos" gestaltet. Zum Glück für den Familienbetrieb waren Land und Boden in eigener Hand. Bei geringem Eigenkapital wurde so eine Kreditaufnahme überhaupt erst möglich. Die Mittel konnten vordringlich für den Rückkauf des modern ausgerüsteten Mittelstandsbetriebes verwendet werden.

Nach einer unvollständigen Übersicht hatte die Treuhand bereits am Jahreswechsel 1992/93 mehr als zwei Drittel der über 30 zu GERMINA gehörenden privatisierungsfähigen Einheiten verkauft, darunter das Sportgerätewerk im jetzigen Chemnitz und die Lederwarenfabrik in Pappenheim. An Altbesitzer gingen nachfolgende Firmen: Holzwaren Hachelstein (früher PGH), Holzwaren Floh (früher PGH), in Geschwenda die Holz- und Kunststoffverarbeitungs GmbH, zwei Lederwarenfirmen aus dem Bestand der Thüringer Kofferfabriken, die Skiwerkstätten von Klingenthal (früher PGH), Hundesportartikel Kaltensundheim, Sportartikel Kühnheide, Netzbau Bestensee (früher PGH), um nur einige zu nennen.

Wohin mit dem "Wasserkopf"?

Drei Viertel der Mitarbeiter aus dem ehemaligen "Wasserkopf" des Kombinates, 106 Führungskräfte, Verwaltungsfachleute und Entwicklungsingenieure, probten den Start in die Marktwirtschaft in der GER-MINA Vertriebs- und Dienstleistungs GmbH. Vorausgegangen war mit Wirkung vom 1. Januar 1990 die Herauslösung des Kombinatsdachs aus dem Bestand des Stammbetriebes. Damit wurde der Produktionskern von den sehr hohen Verwaltungskosten der Zentrale entlastet. Die von Neupert geführte Neufirma mußte nach eineinhalb Jahren ihren anvisierten Geschäftszweck einengen und Schritt für Schritt die Belegschaft auf 15 Personen reduzieren. Weil solche Dienstleistungen wie Material- und Ingenieurservice, Werbung, Investconsulting oder betriebswirtschaftliche Unternehmensberatung nicht so liefen, wie angedacht, stützt sich Neupert heute ausschließlich auf den Vertrieb von Sportartikeln und kompletten Bürosystemen west- und ostdeutscher Firmen. Gleichzeitig offeriert die Firma ein an die moderne Büroorganisation geknüpfte Weiterbildung und Umschulung in einem leistungsfähigen Weiterbildungszentrum. Zahlreiche Akademiker aus der früheren Kombinatsleitung arbeiten inzwischen als Selbständige in den Branchen Umweltschutz, Versicherung und Wirtschaftsberatung.

Nachdem ein potentieller Käufer aus Dortmund bereits im September 1991 die Firma mit 50 Beschäftigten kaufen wollte und dann im April 1992 überraschend zurückgetreten war, konnte das Unternehmen nur durch ein MBO vor der Liquidation bewahrt werden. Der Geschäftsführung waren für die Ausarbeitung eines neuen, tragfähigen Konzepts nur 14 Tage Zeit geblieben. Neupert, inzwischen einer von vier Gesellschaftern der Dienstleistungs GmbH: "Management by out als letzte Variante zur Rettung eines Unternehmens ist typisch für viele ähnlich gelagerte Treuhandfälle." In diesem Fall jedoch, schränkt er ein, trifft die Breuel-Behörde keine Schuld für die sich über viele Monate hinziehende Privatisierung.

Die Großen machen Probleme

Zu Jahresbeginn 1993 standen noch immer einige bedeutende GERMINA-Unternehmen zum Verkauf. ZEKIWA, neben dem Stammbetrieb einst größter Produzent im Kombinat, suchte damals noch - trotz voller Auftragsbücher und nur noch knapp 200 Mitarbeitern - einen Kapitalgeber. In ähnlicher Lage waren auch der Ex-VEB Kinderfahrzeuge Mühlhausen und die Technischen Werkstätten in Gotha, die von 400 bzw. 600 Mitarbeiter auf 100 bzw. 80 Beschäftigte "abgespeckt" haben. Weitere Firmen mit schätzungsweise noch einmal 200 Belegschaftsangehörigen standen Anfang 1993 ebenfalls noch auf der Verkaufsliste der Treuhand.

Skifabrik beim Finish dabei

Dagegen konnte die weltgrößte Holding zu diesem Zeitpunkt die Investorensuche für die GERMINA-Skifabrik Schmalkalden GmbH mit ihrem modernen Produktionskern in Floh einstellen - eine für die Restbelegschaft und die Öffentlichkeit überraschende Wende. Die neuen Käufer, erprobte Manager bei der Sanierung von Treuhandbetrieben aus dem Bereich technische Textilien, sehen in einem ausschließlich auf Langlaufski spezialisierten Betrieb gute Chancen auf dem Weltmarkt. Und das,

nachdem vor einem halben Jahr, im April/Mai 1992, das Lebenslicht für den ehemals größten Skihersteller der Welt schon fast zu erlöschen drohte.

An dieser damals fast ausweglosen Lage hatte ein Ski-Hersteller und potentieller Investor aus Rupolding großen Anteil, den die Treuhand nach über einjährigen Verhandlungen kurzfristig aus dem Rennen nahm. Kurz vor Vertragsschließung blieben seitens des Familienunternehmens gravierende Finanzierungsfragen offen. Von Investitionen in Höhe von sechs Millionen Mark und der Übernahme von 250 Arbeitnehmern war die Rede.

Die Frage, ob sich Sanierung des inzwischen auf 200 Mann reduzierten Betriebes in Floh angesichts eines Schuldenbergs von fünf Millionen Mark überhaupt noch lohnt, beantwortete der von der Treuhand eingesetzte neue Geschäftsführer und heutige Firmenchef Michael von Schweinichen mit einem deutlichen Ja. Vorbehaltlich einer starken finanziellen Sanierungsspritze aus Berlin und den an sich guten Marktchancen für Markenski, war wenige Wochen nach Eintreffen des neuen Managers keine Rede mehr von Konkurs oder Liquidation. Die Sanierungsbereitschaft der Treuhand wurde in der Region als ein wichtiges und ermutigendes Zeichen aufgenommen.

Gemeinsam mit zwei ebenfalls aus Westdeutschland stammenden Geschäftsleuten gründete der 53jährige zunächst die GERMINA Sport-Equipment GmbH Fulda. Die neue Firma erwarb sodann von der Treuhand Gelände, Gebäude und Maschinenpark des modernsten Teils der Schmalkalder Skifabrik am Standort Floh. Die restliche Fabrik ging in Liquidation. Die neuen Besitzer gaben eine Arbeitsplatzgarantie für 78 Beschäftigte ab und verpflichteten sich, in den nächsten Jahren 3,5 Millionen Mark in Maschinenpark und Fertigungsablauf zu investieren. Ein halbes Jahr später waren bereits über 2,5 Millionen Mark realisiert.

Kombinat Sportgeräte Schmalkalden

Ab 1993 wird ausschließlich am Standort Floh produziert: Langlaufski der mittleren und gehobenen Preisklasse. Für Renommee und Markt wesentlich sind die einigen Hundert Paar Wettkampfbretter, die in der Vergangenheit ebenso sorgfältig und fast so aufwendig wie "Formel-1-Rennwagen" hergestellt wurden, heute dagegen dank Rationalisierung und Modernisierung vom Zeitaufwand her mehr in Richtung "Mittelklassewagen" tendieren, betont von Schweinichen.

Der Stammbetrieb hatte zu DDR-Zeiten zuletzt auf den als äußerst modern geltenden Fertigungslinien in mehreren Werken 800.000 Paar Ski für Loipe, Alpine und Kinder produziert. Ab 1993 beträgt der jährliche Ausstoß in Floh 180.000 Paar Langlaufski. Dabei wird ein Umsatz zwischen 10 und 15 Millionen Mark angestrebt. Der Jahresumsatz 1992 hatte knapp zehn Millionen Mark betragen. Im Jahr davor waren wegen des Absatzeinbruchs nur 6,5 Millionen Mark erreicht worden.

Nach der Entlassung aller einstigen Führungskräfte, darunter auch Gerhard Jung, dem früheren Chef des Stammbetriebes und nachfolgenden Leiter der Skifabrik GmbH, will von Schweinichen künftig verstärkt mit ostdeutschem Leitungspersonal aus der "zweiten Reihe" zusammenarbeiten. Schon Jung hatte im Interesse der Erhaltung des Produktionsstandortes das Personal ständig an die sinkende Auftragslage anpassen müssen - unter seiner Verantwortung schrumpfte die Belegschaft von 740 auf 250 Beschäftigte. Unter der Regie der neuen Führungscrew war zum Jahreswechsel 1992/93 mit sozialer Flankierung ausschließlich durch die Treuhand die angestrebte Zahl von etwa 80 Mitarbeitern erreicht worden.

Gleich nach der politischen Wende in der DDR hatte Jung mit einigem Erfolg versucht, dem abzusehenden Markteinbruch mit Kooperationen, Billigverkäufen und Ne-

benproduktionen entgegenzusteuern. Einer der ersten Partner war die Firma Erbacher. Besitzer sind die Alpinen-Doppelolympiasiegerin von 1976, Rosi Mittermayer, und der einstige Slalom-Star, Christian Neureuther. Anstelle von GERMINA, zu jener Zeit aus wirtschaftlichen Gründen nicht in der Lage, Mitglied des Skipools und damit Wettkampfausstatter zu werden, übernahm Erbacher mit Skiern aus Floh diesen Part.

Die Tatsache, daß die Skiproduktion 1991 auf die Hälfte zurückgefahren wurde und der Export zu 75 Prozent im westlichen Ausland mit Schwerpunkt in Österreich, Schweden, USA, Kanada und Westdeutschland lag, hatte den freien Fall in die Marktwirtschaft etwas abgebremst. In den neuen Bundesländern wurden im Jahr eins nach der deutschen Einheit dagegen nur 10.000 Paar Ski verkauft. Für wenige Monate wurden in Betriebsstätten von Floh solche Nebenproduktionen wie Gartenbänke gefahren. Mit dieser letztendlich wenig effektiven und am Markt vorbeizielenden Methode sollten saisonale Schwankungen in der Auftragslage ausgeglichen werden.

Die GERMINA-Skifabrik wird derzeit völlig umprofiliert: Neue Kollektion, neue Märkte, erneuerter Maschinenpark und neue, zwischen 50 und 70 Prozent angehobene Preise lautet dafür die Kurzformel. Statt wie bisher in drei Schichten soll künftig nur in ein bis zwei Schichten gearbeitet werden. Von Schweinichen will in seiner Firma vor allem den Produktionsanteil von GERMINA-Skiern Schritt für Schritt erweitern; wird aber - wie bisher üblich - selbst mittelfristig nicht auf Auftragsproduktionen für die Konkurrenz verzichten können. Laut "FAZ" hatte der Anteil mit GERMINA-Kennzeichnung in der Skifabrik 1991 nur 20 bis 30 Prozent betragen. Vorwiegend seien Ski unter fremden Markennamen wie Trac, Blizzard oder Rossignol ausgeliefert worden.

Von Schweinichen sieht besonders für Langlaufbretter eine tragfähige Marktnische, weil sich Hersteller von Alpine-Ski nach und nach von diesem Sortiment trennen. Den jährlichen Weltbedarf (außer GUS und China) für Langlaufbretter beziffert er auf gut eine Million Paar. Mit 180.000 Paar Jahresausstoß ist GERMINA hinter Fischer, dem in Österreich ansässigen Markenhersteller (300.000 Paar), der führende Produzent.

Daß GERMINA, inzwischen Mitglied im Skipool, auch künftig in den Loipen dieser Welt beim Finish dabeisein wird, dessen ist sich von Schweinichen ganz sicher. Diese Einschätzung teilen übrigens Biathleten des Bundesleistungszentrums Oberhof ebenso wie Sportkameraden aus anderen Clubs. Nach unabhängigen Materialtests bekamen die Bretter aus dem Kreis Schmalkalden bislang regelmäßig gute und sehr gute Noten. GERMINA hat derzeit 19 Läufer unter Kontrakt. Sechs von ihnen, darunter Mark Kirchner und Antje Miserski, werden gesponsert.

Seine Erfahrungen bei der Zusammenarbeit mit der Treuhand faßt von Schweinichen in zwei Punkten zusammen. Man müsse mit der Treuhand wie mit einem Geschäftsmann umgehen und der Behörde ein transparentes, einfaches und klares Konzept auf den Tisch legen. Die Zusammenarbeit mit der Berliner Zentrale bezeichnet der neue Besitzer als "sehr gut". Gemessen an der Vielzahl von Problemen speziell im Bereich Textil/Bekleidung/Leder hätten sich die verantwortlichen Mitarbeiter bei der dann "zeitlich relativ schnell laufenden Privatisierung" große Mühe gegeben.

ZEKIWA mit guten Zukunftsaussichten privatisiert

Auch in Zeitz wird seit kurzem nicht mehr nach dem Prinzip Hoffnung gearbeitet. Schließlich ist die Zukunft des deutschen Marktführers in Sachen Kinder- und Puppenwagen mit einer künftigen Gesamtkapazität von etwa 150.000 Stück und einem für 1993 angestrebten Umsatz von 20 Millionen Mark nicht mehr offen. Aus Zeitz, vor dem 2. Weltkrieg weltgrößte Kinderwagenschmiede, soll künftig jeder 2. Puppen- und jeder 5. in Deutschland produzierte Kinderwagen kommen.

Der jetzt im Prinzip erfolgten Privatisierung im Rahmen eines MBO an den Nach-Wende-Geschäftsführer Bernd Einhorn und einer Investorengruppe aus den Altbundesländern waren zunächst Überlegungen der Treuhand vorausgegangen, das im Prinzip sanierte und auf ein Zehntel der früheren Belegschaft heruntergefahrene Unternehmen als Übergangslösung in eine Management-KG einzugliedern. Als sich die ostwestdeutsche Käufergruppe - alles Branchenkenner - zusammenfand und signalisierte, Produktion und Firmenprofil weiterzuführen, 172 Mitarbeiter zu übernehmen und in den nächsten zwei Jahren zwei Millionen Mark zu investieren, korrigierte die Breuel-Behörde ihr ursprüngliches Vorhaben. Auf dieser Grundlage konnte der Kaufvertrag im Juni 1993 vorbehaltlich der Zustimmung der Entscheidungsgremien in der Treuhandanstalt notariell beurkundet werden.

Einhorn (48) ist mit 26jähriger Betriebszugehörigkeit ein ZEKIWA-Insider und in Sachsen-Anhalt zugleich einer der wenigen VEB-Chefs, die nach der Wende Geschäftsführer blieben u n d später zu Besitzern ihrer Betriebe wurden. Die traditionsreiche ZEKIWA Kinderwagenfabrik Zeitz GmbH mußte für ihr Überleben nicht nur die Rechtsform ändern. Viel wesentlicher war der Aufbau einer neuer Struktur mit dem Ergebnis, "daß wir jetzt soweit sind, in jeder Hinsicht und ohne Rückendeckung durch die Treuhand als eigenständiges Unternehmen zu arbeiten", bilanziert der Geschäftsführer.

Kombinat Sportgeräte Schmalkalden

Statt wie früher fast überall im Stadtgebiet konzentriert sich die Produktion nun auf nur eine moderne Betriebsstätte. Einhorn hält die neuen produktionstechnischen Bedingungen in jeder Hinsicht für wettbewerbsfähig. Dafür und für andere Zwecke hatte die Treuhand zweistellige Millionenbeträge bereitgestellt, die sicherlich kein privater Investor ausgegeben hätte. Doch nicht erst seither werden mit "Produkten und Preisen, die stimmen" im operativen Geschäft schwarze Zahlen geschrieben. Schon in der Planwirtschaft sei im wesentlichen rentabel gearbeitet worden, erklärt Einhorn. Schließlich war man bereits zu DDR-Zeiten maschinell gut bestückt; noch drei Tage vor der Währungsunion seien aus dem Westen hochleistungsfähige Ausrüstungen geliefert worden.

ZEKIWA will auch nicht länger Billiganbieter sein. Der Betrieb hatte zeitweilig mit mehreren hunderttausend Wagen einen doppelt so großen Absatz wie alle 20 westdeutschen Hersteller zusammen. Das Haus mit einer in die Marktwirtschaft hinübergeretteten immer noch leistungsfähigen eigenen Entwicklungsabteilung setzt in Europa und in Übersee auf neue Sortimente: ausschließlich in gehobenen Preisklassen - mit in Mode und Design attraktiven Erzeugnissen. "Top products of a high manufactoring standard", wie es im Katalog offeriert wird. Um saisonale Spitzen auszugleichen und die Produktionsanlagen auszulasten, wurde außerdem die Erzeugnispalette um typische Baumarktproduktionen aus Stahlrohr erweitert.

Statt ehemals bestimmender Ausrichtung auf den RGW-Markt, hat die 1846 von Naether gegründete Fabrik nach dem Zusammenbruch des Sozialismus ihre Märkte in Richtung Westen Schritt für Schritt erweitern können. In den alten Bundesländern stehen die Zeitzer Wagen auf stabileren vier Rädern als bisher; in der Ex-DDR ist ZEKIWA nach absoluter Talsohle längst mit 60 Prozent wieder Marktführer. Die nun erfolgte Privatisierung, so die Auffassung von Einhorn, wird vollere Auftragsbücher bringen.

Zu den größten Problemen des Betriebes zählten auch die Altlasten: betriebseigene Ferieneinrichtungen, nicht mehr benötigte Flächen und Immobilien, eine umfangreiche Lehrausbildung, Altkredite ... 135 ABM-Kräfte, alles ehemalige ZEKIWA-Mitarbeiter, machen derzeit den früheren Besitz, darunter mehrere Werkhallen, für eine schnelle Verwertung durch die Treuhand-Liegenschaften besenrein. Die "neue" ZEKIWA führt für 34 Azubis, davon fünf eigene, die begonnene Lehrausbildung fort.

Bei der Bewertung des bisherigen Treuhand-Engagements betont Einhorn, als erfolgreicher Marktwirtschaftler inzwischen auch Vizepräsident der IHK Halle/Dessau: Ohne die finanzielle Begleitung der Treuhand hätte man frühzeitig in Konkurs gehen müssen. Viele ZEKIWA-Beschäftigte wären damit zwei Jahre eher in die Arbeitslosigkeit geschickt worden, auch die nunmehr vollzogene Privatisierung des Unternehmenskerns wäre dann auch nicht zustande gekommen.

Wohnungsbaukombinat Berlin

Ein "schwieriger Fall" ist gelöst

Von HANS ERDMANN

■ **Die Ausgangssituation**

■ **Als Holding in die Marktwirtschaft**

■ **Die Privatisierung**

Seit dem 1. Juni 1992 gehört die Berliner Intech Bau-Union GmbH zur imbau Industrielles Bauen GmbH Frankfurt, einer Tochter der Philipp Holzmann AG. Damit ging eine zweijährige Durststrecke für das aus dem ehemals größten Wohnungsbaukombinat der DDR hervorgegangene Berliner Bauunternehmen, Intech Bau-Union zu Ende. Mit der Privatisierung dieses Großunternehmens wurde nach Meinung der Treuhand einer der "schwierigsten Fälle" in der Privatisierung nach mancherlei Komplikationen doch noch erfolgreich zum Abschluß gebracht.

Die Bau-Union hat mit der imbau GmbH, dem Marktführer in Deutschland auf dem Gebiet des Fertigteilbaus, einen verläßlichen Partner gefunden, der voll auf die Leistungsfähigkeit der Belegschaft der Bau-Union GmbH setzt.

Die Ausgangssituation

Die Intech Bau-Union ging aus dem ehemaligen Berliner Wonungsbaukombinat (WBK) "Fritz Heckert" hervor und gehörte zu den 15 in den Bezirken bestehenden, aber zentral geleiteten Wohnungsbauunternehmen der DDR. In den 80er Jahren baute und verkaufte das WBK pro Jahr im Durchschnitt 10 000 Neubauwohnungen, circa zehn Schulen, zehn Turnhallen, 15 Kindergärten mit 270 Plätzen, eine Poliklinik sowie 5 000 Quadratmeter Verkaufsfläche.

Die Verantwortlichkeit des WBK reichte dabei von der Generalauftragnehmerschaft über die Plattenfertigung bis hin zum kompletten Ausbau. Mit diesem Leistungsumfang war es das größte Wohnungsbaukombinat der DDR und versorgte jährlich 30 000 bis 32 000 Einwohner im Osten Berlins mit Wohnraum.

1989, zu dem Zeitpunkt also, als noch die anderen Wohnungsbaukombinate der Bezirke in der Hauptstadt der DDR bauten, hat das WBK etwa 30 Prozent der Neubauproduktion von Plattenbauten in Ostberlin abgedeckt. Im Jahr der Wende belief sich der Außenumsatz ohne Fremdleistungen auf etwa 915 Millionen Mark der DDR. Beschäftigt wurden damals rund 10 000 Mitarbeiter. Diese sehr hohe Beschäftigungszahl resultierte aus der Tatsache, daß das WBK Berlin über viele Jahre komplette, funktionsfähige Wohngebiete wie Marzahn oder Hohenschönhausen planen, projektieren und letztlich auch realisieren mußte.

Diese Aufgabenstellung ließ sich nach Aussage von Geschäftsführer Dr. Stefan Schüttauf in der zweiten Hälfte der 80er Jahre allerdings immer schwerer verwirklichen. Die hauptsächlichen Gründe dafür waren:

- Die Grundmittel, Geräte und Werkzeuge waren über einen langen Zeitraum nicht erneuert worden. 70 bis 80 Prozent waren physisch verschlissen. Die Reparaturanfälligkeit der gesamten Technik konnte nur durch pausenloses Instandsetzen halbwegs aufgefangen werden. Circa seit zehn Jahren war selbst die einfache Reproduktion nicht gesichert gewesen.

- Die Standortvorbereitung von Wohnungsbaustellen verlief fast schon parallel zu den Bauprozessen. Es gab so gut wie

Wohnungsbaukombinat Berlin

keine neuen vorbereiteten Standorte für Wohngebiete, da die SED-Führung der Meinung war, daß bis 1990 in der DDR die Wohnungsfrage als soziales Problem gelöst wäre. Dem war jedoch nicht so. Zieht man den Wohnungsstandard hinzu, wird die Kluft zwischen Westberlin und seinem Umland noch deutlicher (siehe Grafik).

Als Holding in die Marktwirtschaft

Nach dem Erlaß des Treuhandgesetzes am 17. Juni 1990 durch die Modrow-Regierung wurde im WBK eine Arbeitsgruppe gebildet, die sich die Kapitalisierung des Unternehmens zum Ziel setzte. Als Partner dafür konnte unter anderem die Roland Berger & Partner GmbH gewonnen werden. Hauptziel der Erarbeitung einer neuen Unternehmensstrategie war es, die vorhandenen Kapazitäten und Potenzen möglichst weitgehend zu erhalten, zu bündeln und in einen marktwirtschaftlich geführten Konzern umzuwandeln.

Am 25. 6. 1990 wurde das Berliner Wohnungsbaukombinat in eine Kapitalgesellschaft umgewandelt. Das Unternehmen erhielt den Namen Intech Bau-Union. Die Holding bestand zum damaligen Zeitpunkt aus sechs Produktions-Tochtergesellschaften und acht kleineren Dienstleistungs-GmbH. Im Auftrag der Treuhandanstalt fungierte die Intech Bau Union GmbH Berlin zu 100 Prozent als Anteilseigner für die Tochter-GmbH und damit als alleiniger Gesellschafter.

Als Vorsitzender des aus 13 Mitgliedern bestehenden Aufsichtsrates wurde durch die Treuhandanstalt der Berliner Rechtsanwalt Jürgen J. Vollhardt gewonnen, der auch die Berliner Tiefbau GmbH erfolgreich privatisierte und im November 1992 zum Aufsichtsratsvorsitzenden der Berliner Ingenieurhochbau GmbH berufen wurde.

In der Bau-Union waren am 30. 8. 1990 noch 5800 Mitarbeiter beschäftigt. Ausge-

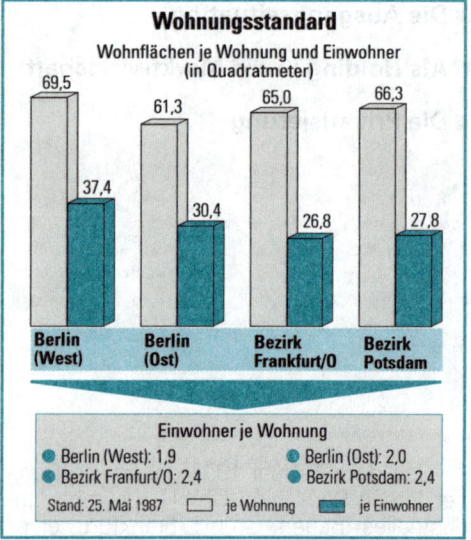

Wohnungsstandard
Wohnflächen je Wohnung und Einwohner
(in Quadratmeter)

	Berlin (West)	Berlin (Ost)	Bezirk Frankfurt/O	Bezirk Potsdam
je Wohnung	69,5	61,3	65,0	66,3
je Einwohner	37,4	30,4	26,8	27,8

Einwohner je Wohnung
- Berlin (West): 1,9
- Berlin (Ost): 2,0
- Bezirk Franfurt/O: 2,4
- Bezirk Potsdam: 2,4

Stand: 25. Mai 1987   ☐ je Wohnung   ▢ je Einwohner

Quelle: Intech Bau-Union

schieden waren zum damaligen Zeitpunkt bereits die WIGEBAU GmbH, der ehemalige Betrieb 1 - Wohnungs- und Gesellschaftsbau -, große Teile der Projektierung, eine Anzahl kleinerer Betriebe wie die Malerei Pankow und der ehemalige VEB Elektromontage. Die WIGEBAU mit 1 800 Mitarbeitern ist mittlerweile in Konkurs gegangen. Aus dem VEB Projektierung mit ehemals 750 Mitarbeitern ist im Zuge einer Management-buy-out-Lösung die Hopro Bauplanung GmbH mit heute 200 Mitarbeitern hervorgegangen. Die nach Empfehlungen von Roland Berger & Partner vorgenommene völlige Aufgabe der Projektierung erwies sich allerdings im nachhinein als eine Fehlentscheidung. Künftig wird wieder jede Niederlassung ein eigenes technisches Büro mit 20 bis 25 Mitarbeitern besitzen. Allerdings war es - so die Geschäftsführung - sehr schwer, wieder gutes Projektierungspersonal zu bekommen, da es auf diesem Gebiet in Berlin derzeit beträchtliche Engpässe gibt. Hier werden mit modernster

Technik alle Fertigteile selbst entwickelt. Von der imbau wurde darüber hinaus für jede Intech-Niederlassung ein Betreuer eingesetzt.

Auch der VEB Elektromontage besteht heute als MBO-Lösung mit circa 250 Mitarbeitern weiter. Trotz des Ausscheidens dieser Bereiche aus dem Kombinat infolge der Entflechtung blieb die ganze Fertigungstiefe erhalten. Die von der Intech Bau-Union mit der Erarbeitung eines Grobkonzepts für die Sanierung und Stabilisierung beauftragte Roland Berger & Partner GmbH kam zu der generellen Aussage, daß das Unternehmen grundsätzlich sanierbar ist.

Die diesem Konzept zugrunde liegende und seitdem auch verfolgte Strategie basiert auf folgenden Punkten:

1. Fertigung eigener Elemente für den Industrie-, Gewerbe- und den Wohnungsbau auch für Dritte.

2. Übergang von der nahezu reinen Plattenbauweise zur Mischbauweise.

3. Konzentration auf das Kerngeschäft (Bauhauptgewerbe) und damit eine Verkürzung der Fertigungstiefe.

4. Erhöhung der Produktivität sowie eine Reduzierung der Mitarbeiterzahl.

5. Rekonstruktion bzw. Sanierung von vorwiegend aus Betonfertigteilen hergestellten Gebäuden.

6. Suche eines Kooperationspartners zur Absicherung des Sanierungskonzeptes.

Breiten Raum bei der Erarbeitung eines Unternehmenskonzeptes 1991 nahmen die voraussehbaren Marktchancen der Fertigteilproduktion aus den Betonwerken in der Gehrenseestraße (Hohenschönhausen) und Grünauer Straße (Köpenick) ein. Mit einem Umsatz von 60 Millionen Mark strebte die Intech 1991 schon einen Marktanteil von etwa 17 Prozent bei Betonfertigteilen für den Hochbau in Berlin und Brandenburg an.

Zugleich wurde warnend darauf hingewiesen, daß in Berlin weitere Kapazitäten durch imbau und WTB aufgebaut werden

mit dem Ziel, anspruchsvolle Teile zu bauen. "Es ergibt sich die Gefahr", heißt es bei Roland Berger, "daß die BFW dann in die Zulieferrolle für die Westberliner bzw. westdeutschen Betonfertigteilhersteller abgedrängt" würde. Dies hat sich allerdings bisher nicht bestätigt.

Die Tatsache, daß nach übereinstimmender Auffassung von Geschäftsleitung, Aufsichtsrat, Konzernbetriebsrat und von Roland Berger & Partner die Beschäftigtenzahl in der Bau-Union in erheblichem Maße abgebaut werden mußte, führte schon im Juni 1990 zu einem Sozialpaket. Dessen wichtigste Festlegungen sind noch heute gültig:

- die Ausschreibungspflicht für jede freie Stelle,
- die Kopplung von Kurzarbeit und Umschulung,
- die Vereinbarung eines Kündigungsschutzes und Kündigungsfristen,
- die Ausschreibung von Qualifizierungsprogrammen für Kalkulation und technisches Controlling im Verwaltungsbereich,
- die Zahlung von Überbrückungsgeld und Abfindungen sowie
- Vereinbarungen zum Vorruhestand.

Unmittelbar nach der Ausarbeitung eines Sanierungskozeptes wurde damit begonnen, das Leistungsprofil des Unternehmens in Richtung Rekonstruktion, Modernisierung und Instandsetzung von Industrie-, Gewerbe- und Wohnbauten zu entwickeln. Durch Investitionen in Höhe von 32 Millionen Mark wurden die technischen Ausrüstungen vor allem in den Berliner Fertigteilwerken, einer Tochter der Intech-Holding, erneuert und effiziente Informationssysteme in den technischen und kaufmännischen Bereichen mit mehr als 100 Bildschirmarbeitsplätzen geschaffen. Die Mittel wurden durch den Verkauf unter anderem von Immobilien des ehemaligen Plattenwerkes Vogelsdorf vor den Toren Berlins erworben.

Wohnungsbaukombinat Berlin

Die von Roland Berger & Partner für die Jahre 1990 bis 1993 strukturierte Geschäftsplanung sah drei Unternehmensbereiche vor:

1. Die Intech Bau-Union mit dem Kerngeschäft (Berliner Fertigteilwerke, Woh- und Werk-Bau, Rehot, Infa) mit rund 75 Prozent des Gesamtumsatzes.

2. Die künftigen Tochtergesellschaften/Beteiligungen (Fatec, Matros, Ho-Mon und Kiez-Reisen) mit rund 20 Prozent des Gesamtumsatzes.

3. Die künftig von Intech zu privatisierenden Dienstleistungs-GmbH oder Betriebsteile mit annähernd 5 Prozent des Gesamtumsatzes.

Die Prognose sah vor, daß der geplante Umsatz (nicht konsolidiert) des Gesamtunternehmens von 451 Millionen Mark im Jahre 1991 um jährlich rund 10 Prozent auf 533 Millionen Mark bis 1993 steigen wird. Als Wettbewerber auf dem Berliner Markt - so Roland Berger - hat sich die Bau-Union im wesentlichen mit im Westteil Berlins ansässigen Niederlassungen der deutschen Bauindustrie und einer Vielzahl mittelständischer Unternehmen auseinanderzusetzen.

Wichtig war die Feststellung, daß die Fertigteilwerke der Bau-Union nach Größe und Standort der Konkurrenz überlegen sind. Der anzustrebende Marktanteil wurde mit circa 5 Prozent im Wohnungsbau und circa 2,5 Prozent im Industrie- und Gewerbebau beziffert.

Als bedeutsam für die Perspektive der Intech am Berliner Markt ist die Tatsache zu bewerten, daß der Senat die Plattenbauweise bei Integration architektonischer Gestaltungselemente schon 1990 nicht mehr ablehnte. Ein Beispiel dafür ist die Fortsetzung der Arbeiten am Wohngebiet Alt Glienicke. Eine gutachterliche Stellungnahme kam darüber hinaus 1990 zu dem Ergebnis, daß "die Stahlbeton-Fertigteilbauweise sowohl unter technischen wie auch unter wirtschaftlichen Gesichtspunkten die geeig-

netste Bauweise (ist), um den zukünftigen Anforderungen an Wohnraum zu entsprechen." 1991, also im Jahr Eins der Arbeit nach marktwirtschaftlichen Prinzipien, erreichte die Intech Bau-Union GmbH einen Umsatz von 664 Millionen Mark bei einer Eigenleistung von 265 Millionen Mark. Durch die Unternehmensgruppe wurden 2 300 Wohnungen fertiggestellt, die noch vom Magistrat Ostberlins in Auftrag gegeben worden waren.

Durch die Senatsverwaltung für Bauen und Wohnen wurde ein 30 Punkte umfassendes Programm zu qualitätsverbessernden Maßnahmen mit einem zusätzlichen Aufwand von circa 20 000 Mark pro Wohnung vereinbart und auch durchgeführt. Erschwerend für die Bau-Union wirkte sich dabei aus, daß es erhebliche Finanzierungsprobleme dieser Altaufträge durch den Senat gab. Der Forderungsbestand sank erstmals im Dezember 1991 unter 100 Millionen Mark, nachdem er zeitweilig über 200 Millionen Mark betragen hatte.

Neben Bauleistungen für Handel, Gewerbe und Industrie wurde 1991 auch ein Bauleistungsexport in die Staaten der GUS in Höhe von 38 Millionen Mark realisiert.

Trotz dieser größeren Vorhaben blieb aber die Auftragslage das gesamte Jahr über äußerst kritisch. Rückwirkend aus heutiger Sicht schätzt die Geschäftsleitung ein, daß der fast totale Zusammenbruch des Wohnungsbaumarktes in Ostberlin sowie eine gleichzeitig zu beobachtende Zurückhaltung von Investoren bei der Vergabe von Aufträgen an die der Treuhand unterstehende Bau-Union dafür wesentliche Ursachen waren. Die Bau-Union hat 1990/91 nach den Worten des Geschäftsführers auch negative Erfahrungen mit sogenannten Arbeitsgemeinschaften (Bau-Arge's) gemacht. Nicht wenige Fachleute wurden bei diesen Projekten von der Konkurrenz abgeworben, die - sie stammte fast ausschließlich aus dem Westteil Berlins -

Die "schönste Ecke Berlins" vor dem Hintergrund der Hochhäuser auf der Fischerinsel

Fertigteilbau und Mischbau zu entwickeln und die fertigungstechnischen Voraussetzungen dafür zu schaffen. Das Leistungsspektrum reicht heute von Wandplatten in variabler geometrischer Gestaltung für die Innen- und Außenwandbereiche, über Hohldeckenelemente, spezialisierte Deckenkonstruktionen für unterschiedliche Spannweiten und Deckenbelastungen über Stützen bis hin zu Dachbindern mit Spannweiten bis zu 30 Metern, erläutert Schüttauf.

Mitte Februar 1992 war die Sanierungsphase der Intech-Holding im wesentlichen abgeschlossen. Der Aufsichtsrat schätzte bereits damals die Zukunft der Intech Bau-Union optimistisch ein. Aufsichtsratsvorsitzender Jürgen J. Vollhardt sah in der Weiterführung der Intech als leistungsstarkes bauindustrielles Unternehmen nach der bevorstehenden Privatisierung eine günstige Perspektive für die Unternehmensgruppe auf dem Berlin-Brandenburgischen Baumarkt.

Die Privatisierung allerdings ließ länger als geplant auf sich warten. Die langwierigen Verhandlungen mit einer ganzen Reihe von Kaufinteressenten (unter anderem waren interessiert die imbau Industrielles Bauen GmbH, die Karina-Gruppe, die finnische Polar-Gruppe und die österreichische Maculan-Gruppe, die CCC Bau, die Walter Bau, die französische Firma Quillery) führten dazu, daß wichtige Sanierungsentscheidungen nicht getroffen werden konnten bzw. hinausgezögert wurden.

Interessenten, die mit der Treuhandanstalt intensiv verhandelten, sprangen aus unterschiedlichen Gründen wieder ab. En-

wesentlich höhere Löhne zahlen konnte. Erst Anfang 1992 zeichnete sich eine positive Entwicklung vor allem im Bereich der Rekonstruktion und Instandsetzung, aber auch im Neubau von Gewerbe-, Lager- und Industriebauten ab.

Auf der Grundlage eigener sowie Marktanalysen von Roland Berger & Partner veränderte die Bau-Union die Proportionen zwischen dem Wohnungsbau (1990 etwa 90 Prozent) und dem Industriebau (1989 circa 10 Prozent) auf etwa 60 Prozent für den Industriebau. Parallel dazu wurde die nahezu absolut dominierende Großplattenbauweise durch den Einsatz von Mischbauweisen/ Mischkonstruktionen (monolithische Betonkonstruktionen, Mauerwerksbau) und eine qualitativ verbesserte architektonische Gestaltung vornehmlich der Außenwände den Markterfordernissen angeglichen.

Als vorteilhaft für die Chancen auf dem Berliner Baumarkt erwies sich, daß es die Bau-Union in nur sehr kurzer Zeit schaffte, ein neues Bausystem für einen flexiblen

Wohnungsbaukombinat Berlin

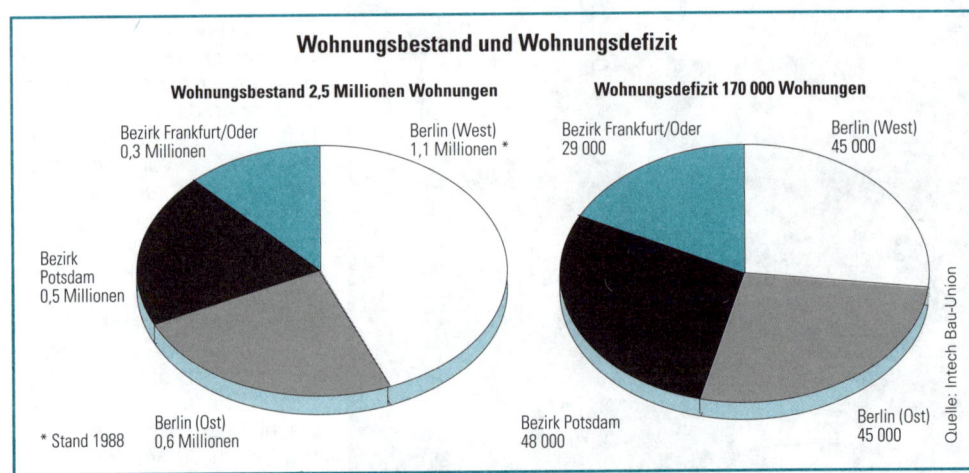

Wohnungsbestand und Wohnungsdefizit

Wohnungsbestand 2,5 Millionen Wohnungen

Bezirk Frankfurt/Oder
0,3 Millionen

Berlin (West)
1,1 Millionen *

Bezirk
Potsdam
0,5 Millionen

* Stand 1988

Berlin (Ost)
0,6 Millionen

Wohnungsdefizit 170 000 Wohnungen

Bezirk Frankfurt/Oder
29 000

Berlin (West)
45 000

Bezirk Potsdam
48 000

Berlin (Ost)
45 000

Quelle: Intech Bau-Union

de Mai 1991 zum Beispiel hatte die Polar-Gruppe Interesse an der Intech gezeigt. Und im November 1991 wurde ein Kauf- und Übernahmevertrag abgeschlossen. Im Dezember dann erklärte der Investor, daß er die Finanzierung derzeit nicht ermöglichen könne. Und erst Mitte März 1992 erklärte Polar, Intech nicht erwerben zu können.

Die Privatisierung

Am 4. September 1992 teilte die Treuhandanstalt auf einer Pressekonferenz mit, daß die Industrielles Bauen GmbH (Imbau), Frankfurt am Main, die Intech Bau-Union erworben hat. Der Investor, eine Tochter der Philipp Holzmann AG, verpflichtete sich, insgesamt 1 900 Mitarbeiter zu übernehmen und deren Beschäftigung bis zum Juli 1994 abzusichern. 1991 beschäftigte die Intech 2 506 Mitarbeiter, davon 112 Auszubildende. Mitte Dezember 1992 waren es noch rund 2 000 Beschäftigte. Imbau hat sich verpflichtet, Investitionen in Höhe von 140 Millionen Mark vorzunehmen. Diese Investitionen dienen vornehmlich der Modernisierung der Fertigteilwerke in der Grünau-

er Straße und in der Gehrenseestraße in Hohenschönhausen. Nach Darstellung des neuen Eigentümers wird mit der Privatisierung eine schnelle Behebung der Wohnungsengpässe in Berlin und ein "erhebliches" Marktsegment angestrebt (siehe Grafik). Prinzipiell wird eine "kulturvolle Fertigteilbauweise" angeboten, die mit den alten Plattenbauten der Wohnungsbauserie WBS 70 nichts mehr gemein haben wird, so Stefan Schüttauf.

Nach Erhebungen des Bundesbauministeriums sind für diesen Zweck erhebliche Kapazitäten der Fertigteilwerke notwendig. Die Holzmann-Tochter imbau hat 1991 mit 10 Niederlassungen und zwei Tochtergesellschaften bundesweit Bauleistungen von über 700 Millionen Mark erzielt. Der überwiegende Teil entfiel dabei auf die schlüsselfertige Herstellung von Büro- und Gewerbeobjekten, großen Hallen und Wohnungsbauten. Nach übereinstimmender Expertenmeinung ist die imbau mit ihren ausgereiften Technologien sowohl in der Fertigteilherstellung und -montage als auch in der Bauausführung für die Zukunft gut gerüstet.

"Dank der Management-Erfahrungen,

dem technisch-kaufmännischen Know-how und der Finanzkraft der imbau GmbH sind damit alle Voraussetzungen gegeben, auch die Intech in kurzer Zeit zu einem modernen, leistungsfähigen Betrieb mit guten Chancen am Mark zu entwickeln", urteilt Geschäftsführer Schüttauf.

Die Intech soll von der imbau GmbH nicht "geschluckt" werden. Vielmehr soll sie als selbständiges Tochterunternehmen mit ihren Niederlassungen Bauaufträge in Berlin, in den neuen Bundesländern sowie in Osteuropa akquirieren und ausführen. Intech setzte 1991 465,4 Millionen Mark um, mußte allerdings auch hohe Verluste hinnehmen. Ausgelastet waren infolge des weggebrochenen Wohnungsbaumarktes nur die Instandsetzungskapazitäten. Bei Fertigteilen war die Auftragslage alles andere als gut. Das soll durch die Übernahme der Erfahrungen der imbau rasch anders werden. Intech-Aufsichtsratsvorsitzender Vollhardt vertritt den Standpunkt, daß die Privatisierung an imbau eine "gesunde und zukunftsorientierte Lösung" darstellt. Die Treuhand hat zu diesem Zwecke auch einen erheblichen Teil der Altschulden in dreistelliger Millionenhöhe übernommen.

Übernommen wurden von der imbau
- die Intech-Zentrale,
- die Tochtergesellschaften REHOT Rekonstruktion, Hoch- und Tiefbau GmbH, VVW-Bau Wohn- und Werkbau GmbH, die BWF Berliner Fertigteilwerke GmbH sowie
- die FATEC Fahrzeuge und Baumaschinen Vermietung und Service GmbH.

Das Engagement von imbau in der Intech Bau-Union zeigt erste Erfolge. Ein erstes Investitionsobjekt wurde im Rahmen eines schon seit dem 15.Juli 1992 geltenden Betriebsführungsvertrages in Angriff genommen. Es umfaßt dringliche Neubauten und moderne Betriebseinrichtungen für die Fertigteilwerke und Baustellen. Eingesetzt wurden dafür bisher rund 95 Millionen Mark. Einen Höhepunkt stellte dabei im Ju-

ni 1993 die Übergabe eines neuen Fertigteilwerkes in der Hohenschönhausener Gehrenseestraße dar. Die imbau GmbH aus Frankfurt/Main investierte in das alte Plattenwerk des ehemaligen Wohnungsbaukombinates über 50 Millionen Mark, um die Produktion auf den neuesten technischen und technologischen Stand zu bringen. In rund einem halben Jahr wurden hier moderne Betriebsstätten für die Großtafelbauweise, für den Stahlbau und den Baumaschinenservice geschaffen. Zusammen mit Modernisierungsmaßnahmen in der Niederlassung in Berlin-Köpenick investierte das Unternehmen damit in die Intech Bau-Union Berlin insgesamt 140 Millionen Mark und sicherte so für 1900 Bauarbeiter die Arbeitsplätze.Das neue Intech-Fertigteilwerk ermöglicht den rationellen Bau von architektonisch vielgestaltigen Wohnhäusern aus Großtafeln, wie sie die imbau-Gruppe schon seit vielen Jahren in Westdeutschland errichtet. Parallel dazu begann der Transfer der imbau-Systeme und die Schulung der technischen und kaufmännischen Mitarbeiter. Viel Energie wird darauf verwendet, die Vorarbeiter und Poliere zu qualifizieren.

Nach Auffassung des Geschäftsführers der imbau und der Intech-Baugesellschaft, Dipl. Ing. Willy Deubner, werden die positiven Perspektiven der Intech durch die Verbindung mit der Philipp Holzmann AG und deren weitverzweigten Beteiligungen noch verbessert. Der Holzmann-Konzern wiederum sieht in dem Engagement bei der Intech eine erhebliche Verstärkung seiner Position in den neuen Bundesländern und vor allem in Berlin und Brandenburg.

Positiv auf das Klima wirkt sich aus, daß von den alten Führungskräften des Wohnungsbaukombinates nur noch rund 40 Prozent im Unternehmen beschäftigt sind, andererseits aber ein generelles Austauschen unterblieb.

Aufsichtsrat und Geschäftsleitung rech-

Wohnungsbaukombinat Berlin

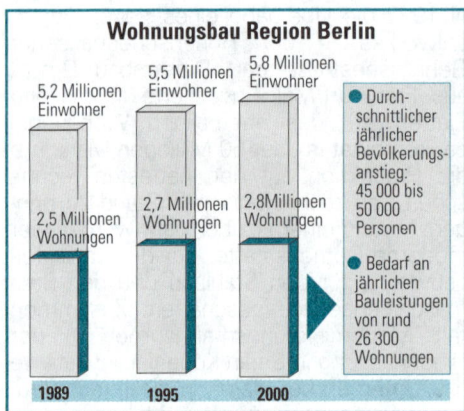

Wohnungsbau Region Berlin

5,2 Millionen Einwohner

5,5 Millionen Einwohner

5,8 Millionen Einwohner

2,5 Millionen Wohnungen

2,7 Millionen Wohnungen

2,8Millionen Wohnungen

● Durchschnittlicher jährlicher Bevölkerungsanstieg: 45 000 bis 50 000 Personen

● Bedarf an jährlichen Bauleistungen von rund 26 300 Wohnungen

1989   1995   2000

Quelle:Expertengruppe Wohnungswesen des AG 10

nen damit, daß in diesem Jahr insgesamt ein konsolidiertes Umsatzvolumen von 450 Millionen Mark erreicht wird. Seit dem 1. Juni 1992 konnte ein Auftragszuwachs von 95 Millionen Mark verbucht werden. Die Kapazitäten - bedingt auch durch eigene Investitionen - waren nach Auskunft der Geschäftsleitung im Dezember voll ausgelastet. Das Unternehmen geht davon aus, und alle Indikatoren sprechen dafür, daß 1993 auch der Wohnungsbau in Berlin nach dem Tief der drei Jahre 1990, 1991 und 1992 endlich wieder in Gang kommt (siehe Grafik). Darauf kaufmännisch, technisch, architektonisch und organisatorisch gut vorbereitet zu sein, ist momentanes Anliegen der Geschäftsführung.

IFA-Kombinat PKW Karl-Marx-Stadt

Vom internationalen Markt abgekoppelt

Von FRIEDRICH VON SCHLEINITZ

- **Der "sozialistische Monopolist"**
- **Der Schritt in die Marktwirtschaft**
- **Was wurde bisher privatisiert**
- **Barkas nach Sosnowy Bor**
- **Resümee**

Die Geschichte des Automobils ist in einem Zeitrahmen zu messen, der sich auf eine jahrhundertealte Entwicklung stützt. Dieses vierrädrige Vehikel, ohne das der moderne Mensch nicht mehr auszukommen meint, ist im Verlauf von wenig mehr als hundert Jahren eine Selbstverständlichkeit geworden, mit der wir leben, die wir brauchen und die nicht mehr aus unserem Tagesablauf wegzudenken ist. Ohne Auto sind wir nicht mehr mobil.

Was stand am Anfang seiner Ahnengalerie? Man könnte nun zurückgehen bis auf Leonardo da Vinci, der schon vor fünfhundert Jahren, um 1490 etwa, einen "selbstfahrenden Wagen" entwarf, ein Gefährt, das durch Handantrieb in Bewegung gesetzt wurde. Doch das Auto, wie wir es heute verstehen, entstand später, als die Technik die Möglichkeit dazu bot. Und da sind Namen wie Otto, wie Daimler, wie Maybach, wie Benz, wie Horch zu nennen.

Nikolaus Otto aus Köln konstruierte in den sechziger Jahren des vorigen Jahrhun-

derts einen Viertaktgasmotor, der auf der Pariser Weltausstellung 1867 preisgekrönt wurde. Dieser 'Otto'-Motor wurde zur Grundlage des Automobilbaus. Wilhelm Maybach und Gottlieb Daimler, beide Ingenieure in der Gasmotorenfabrik Deutz, vervollkommneten das Viertakt-Verfahren und bauten später in ihrer eigenen Cannstadter Werkstatt einen kleinen schnellaufenden Motor mit 280 ccm Zylinderinhalt.

Zur gleichen Zeit stellte der Ingenieur Carl Benz in Mannheim - ohne von den Cannstädter Konstrukteuren zu wissen - einen funktionstüchtigen Viertaktmotor mit Batteriezündung, Ventilen und Umlaufkühlung her. Den Motor baute er 1886 in ein vollgummibereiftes dreirädriges Fahrzeug ein. Damit war - fast 400 Jahre nach Leonardo da Vinci - der erste brauchbare "selbstfahrende Wagen" der Welt entstanden.

Gottlieb Daimlers 1890 gegründete Daimler-Motoren-Gesellschaft und die sieben Jahre zuvor in Mannheim entstandene Firma Benz & Cie., Rheinische Motorenfabrik sind wichtige Stationen für die Entwicklung der deutschen Automobilindustrie.

August Horch, den man zu Recht als einen der Väter der sächsischen Automobilindustrie bezeichnen kann, war zu dieser Zeit als Ingenieur bei Benz tätig. 1899 gründete er eine eigene Firma in Köln, doch dieser erste Versuch endete bereits nach zwei Jahren. Einen besseren Start hatte er im vogtländischen Reichenbach, wo er sich 1902 niederließ. Hier brachte Horch im darauffolgenden Jahr ein Fahrzeug mit einem Vierzylinder-Motor heraus, für dessen Getriebe erstmals Chrom-Nickel-Stahl verwendet wurde. Die Zuverlässigkeit und die Leistungsfähigkeit des Wagens wurden noch dadurch erhöht, daß er im Getriebe der Hinterachse ein Kugellager besaß. Auch das war eine Neuheit. Noch einmal zog Horch um: Am 10. Mai 1904 bezog er mit seiner Firma in Zwickau eine alte Spinnerei, die er

IFA-Kombinat PKW Karl-Marx-Stadt

nun zu einer Autofabrik ausbaute. Neben Horch hatten sich im sächsischen Dreieck Chemnitz-Zschopau-Zwickau noch andere wagemutige Ingenieure selbständig gemacht, um in der neuen Branche mitreden zu können.

- Die Wanderer AG Chemnitz

war 1885 gegründet worden und hatte ein breites Produktionsspektrum: Neben Autos - das erste wurde 1912 fertig - wurden Fahrräder, Motorräder und Maschinen produziert.

- Die Presto-Werke Chemnitz

ein Jahr später als Wanderer entstanden, waren ebenfalls auf diese Erzeugnispalette orientiert.

- Die DKW-Motorenwerke Zschopau

waren 1903 von Rasmussen in Chemnitz gegründet worden, 1907 wurden sie nach Zschopau verlegt. Mit den drei Buchstaben DKW ist die Entwicklung des legendären Kleinmotors verbunden, der unter dem Namen "Das kleine Wunder" weltweit bekannt wurde.

- Die Audi-Motorenwerke GmbH Zwickau

sind eine weitere Gründung von August Horch, der 1909 nach allerlei Querelen aus seiner eigenen Firma ausgebootet wurde. Die Firmenbezeichnung "audi" leitete er aus seinem latinisierten Namen ab.

Die Firmen Horch, Audi, Wanderer und DKW wurden 1934 zur Autounion zusammengefaßt, die mit ihrem unverwechselbaren Markenzeichen - den vier ineinander verschlungenen Ringen - ein zugkräftiges Logo hatten.

Diese traditionellen Zentren aus den Anfängen des Automobilbaus bildeten dann auch die Zentren der Pkw-Produktion im heutigen Ostdeutschland.

Der Vollständigkeit halber muß auch noch die Produktionsstätte in Eisenach erwähnt werden, wo bis 1945 ein Betrieb der Bayrischen Motorenwerke (BMW) bestand, der dann in Eisenacher Motorenwerke (EMW) umbenannt wurde. Später firmierte der Betrieb als Automobilwerke Eisenach.

1958 wurden aus den bis dahin selbständigen Horch- und Audi-Werken der VEB Sachsenring, der sich nunmehr voll auf die Produktion des Kleinwagens "Trabant" konzentrierte. Der "Wartburg" mit 900, später 1000 ccm Hubraum wurde ausschließlich in Eisenach gefertigt. Aus Hainichen, zwischen Dresden und Chemnitz gelegen, kam der Kleintransporter "Framo", der später in modifizierter Form als Barkas "B 1000" verkauft wurde. Ein zu DDR-Zeiten im Inland sehr erfolgreiches, weil konkurrenzloses Fahrzeug.

Der "sozialistische Monopolist"

Wie nahezu alle ehemaligen Kombinate der DDR hat sich auch das IFA-Kombinat Pkw in den Jahren seit 1945 und besonders nach dem Mauerbau 1961 zu einem Monopolisten in seinem Industriezweig entwickelt. Der Fahrzeugbau - hierbei sind einmal auch Nutzkraftwagen, Anhänger und Kleinkrafträder eingeschlossen - war mit rund 200 000 Beschäftigten hoch konzentriert. Die Leistungsfähigkeit und auch die Produktivität jedoch waren sehr unterschiedlich über den gesamten Zeitraum des Bestehens der DDR.

Seit 1978 wurde der Pkw-Bau in der damaligen DDR durch den VEB IFA-Kombinat Pkw geleitet und repräsentiert. Die Kombinatsbildung war das Ergebnis von Wirtschaftsreformen aus dem Jahr 1977 und entstand durch Teilung der damaligen Vereinigung Volkseigener Betriebe (VVB) Automobilbau in die Kombinate: PKW in Karl-Marx-Stadt (Chemnitz); Nkw in Ludwigsfelde; Zweiradfahrzeuge in Suhl; Spezialaufbauten/Anhänger in Werdau

Aus dem Straßenbild fast verschwunden – der "Trabant", made in Zwickau

Zum Schluß bestand das Pkw-Kombinat aus 26 Produktionsbetrieben, 2 Handelsbetrieben (Binnenhandel mit sieben Filialen und einem Import-Pkw-Betrieb) und einem Ingenieur-Projektierungsbetrieb:
- Sachsering Automobilwerke Zwickau
- Barkas-Werke Karl-Marx-Stadt
- Stoßdämpferwerk Hartha
- Renak Reichenbach
- Karosseriewerk Dresden
- Schmiede Roßwein
- Fahrzeugwerk "Ernst Grube" Werdau
- Karosseriewerk Meerane
- Eisenhammerwerk Dresden-Dölzschen
- Druckguß- und Kolbenwerke Harzgerode
- WZM-Fabrik Gotha
- WZM-Fabrik Johanngeorgenstadt
- Metallwarenfabrik Beierfeld
- Hazet Zwickau
- Fahrzeugzubehörwerke Ronneburg
- Automobilwerk Eisenach
- Döbelner Beschläge und Metallwaren
- Druckguß und Formenbau Berlin

- Berliner Vergaser- und Filterwerke
- Fahrzeugwerk Gotha
- Metallschlauchwerk Zwickau
- Gießerei und Modellbau Schönheiderhammer
- Sächsische Modellbaubetriebe Leipzig
- Rationalisierung und Projektierung Berlin
- Blechverformungswerk Leipzig
- Fahrzeugheizungen Kirchberg
- Imperhandel Berlin
- Betriebe des IFA-Vertriebs
- Transportausrüstungen Clinsdorf
- Fahrzeugwerk Olbernhau

In diesen 30 Kombinatsbetrieben waren insgesamt etwa 65 000 Arbeiter und Angestellte beschäftigt.

Die wichtigsten Betriebe dieses Kombinates waren ohne Zweifel die volkseigenen Betriebe
- Sachsenring Automobilwerke Zwickau, Produzent des Pkw Trabant (1989: 145 000 Fahrzeuge),11 700 Beschäftigte
- Automobilwerk Eisenach, Produzent des

IFA-Kombinat PKW Karl-Marx-Stadt

Pkw Wartburg (1989: 71 000 Fahrzeuge), 9300 Beschäftigte
- Barkas-Werke Karl-Marx-Stadt, Produzent des Kleintransporters B 1000 (1989: 9000 Fahrzeuge) und von Zulieferungen, darunter 4-Takt-Ottomotoren, 7500 Beschäftigte.

Das Erzeugnisprofil war geprägt durch

- Personenkraftwagen

einschließlich Aggregate und Baugruppenzulieferungen für die Modelle Trabant und Wartburg

- Baugruppen für Nutzkraftwagen

der Modelle W 50, L 60 und Robur. Dazu zählten Dieseleinspritzpumpen, Kupplungen, Lenkungen, Kühler, Fahrzeugheizungen, Scheibenräder.

- Transporterfertigung der Baureihe B 1000

- Wohnwagen und Wohnzeltanhänger

Das Gesamtvolumen der Fertigung erreichte 1989 eine Höhe von 10,8 Milliarden DDR-Mark.

Die Produktionslinie Pkw war besonders in den Jahren 1954 bis 1965, also vor der Kombinatsbildung, sehr erfolgreich. So wurden in Zwickau die Modelle P 50, P 70, P 60 und P 601 entwickelt und serienreif in die Produktion überführt. In Eisenach waren es die Modelle F 9, Wartburg 311, 312, 353. In diese Zeit fallen auch die guten Entwicklungsergebnisse des Transporterbaus, vom Modell Framo der Nachkriegszeit bis zum B 1000, der durch Wendigkeit und Universalität zu einem wichtigen Transportfahrzeug für viele Betriebe wurde. Insgesamt wurden bis 1989 mehr als 150 000 B 1000 gebaut.

Nach 1966 wurde zwar die Produktion ständig gesteigert, aber die Leistungsentwicklung erfolgte ohne Innovationseinführung. In dieser Zeit wurde der Entwicklung des Pkw-Baus zunehmend die Basis entzogen.

Geringe Investitionen, ungenügende technologische Innovation, stagnierende Erzeugnispolitik und die Abkopplung vom internationalen Markt sind Komponenten dieser ungenügenden Entwicklung. Alles typische Merkmale der Planwirtschaft.

Fortschrittliche technische Lösungen der 60er Jahre wie beispielsweise der Duroplasteinsatz bei Karosserien und die Einzelradaufhängung im Fahrwerk wurden nicht weiter entwickelt. So wuchs dann auch der konstruktive und technologische Rückstand der Erzeugnisse gegenüber dem Weltmarkt ständig an.

Mit der Bildung des Kombinates wurde zwar in mehreren Anläufen versucht, der Stagnation ein Ende zu setzen, doch ein durchschlagender Erfolg blieb aus. Obwohl im Zeitraum 1980-1989 Investitionen in Höhe von etwa 8,5 Milliarden DDR-Mark eingesetzt wurden, konnte eine dem DDR-Markt entsprechende Fahrzeugkapazität nicht aufgebaut werden. Die Investitionen wurden vorrangig für Zulieferungen im Nutzkraftwagenprogramm, für Baugruppen und für Aggregatkapazitäten verwendet, so daß keine konstruktiven und technologischen Erneuerungsprozesse im Pkw-Bau eingeleitet werden konnten.

Ein weiteres Problem lag in der großen Fertigungsbreite des Kombinates begründet. Es war die von der SED-Führung verordnete Wirtschaftsstrategie dieser Jahre, die Leistungskraft der Kombinate durch Zuordnung von Werken und Betrieben zu entwickeln. Dieses System galt bis in die 2. oder 3. Verarbeitungsstufe, so daß über Gießereien, Schmieden, ja, sogar Maschinen- und Werkzeugbaufirmen alle Fertigungsabschnitte im bisherigen Kombinatsverband enthalten waren. Die Fertigungstiefe von 80 Prozent Anteil am Gesamtvolumen (international üblich sind 30 bis 40 Prozent und weniger) mußte zwangsläufig eine Zersplitterung der Leistungspotenzen bewirken.

Nach welchen vorsintflutlichen Produktionsmethoden beispielsweise der Trabant gefertigt wurde, verdeutlicht die Zersplitterung der Produktion. Nicht nur die Transportwege der einzelnen Teile zu den verschiedenen Produktionsstätten in der Stadt waren ein Hemmnis für eine Weiterentwicklung. Auch die Betriebsteile selbst waren noch die gleichen, wie sie von August Horch Anfang dieses Jahrhunderts errichtet worden waren. Das heißt, für eine moderne Produktion völlig ungeeignet.

Ein ähnliches Bild bot auch die Fertigung des Transporters B 1000. Hier kommt hinzu, daß die einzelnen Betriebe zudem noch in einem halben Dutzend Orten um Karl-Marx-Stadt (Chemnitz) herum ihren Sitz hatten. Qualität, Wettbewerbsfähigkeit und Leistungsfähigkeit litten ständig darunter, daß selbst die wenigen Ansätze, sich an der internationalen Verflechtung zu beteiligen, unterbunden wurden. Mit dem Rückgang von technologischen Innovationsprozessen verschob sich schrittweise die Produktivitätsentwicklung im Pkw-Bau und nahm kritische, die Wirtschaftlichkeit der Produktion beeinträchtigende Formen an. So wurden mehr Arbeitskräfte gefordert, ohne daß eine ausreichende Steigerung der Fertigungstückzahlen erreicht wurde. Um der steigenden Nachfrage nach Fahrzeugen gerecht zu werden, hätten jährlich 400 000 bis 500 000 Autos gebaut werden müssen. Das wurde niemals auch nur annähernd erreicht, die Abdeckung dieser Bedarfsforderung lag bei etwa 50 Prozent.

Diese unbefriedigende Situation führte dazu, daß 1989 das Durchschnittsalter der Pkw in der ehemaligen DDR bei 13,6 Jahren lag. Hinzu kam, daß bei einem Bestand von mehr als 3,5 Millionen Fahrzeugen im Inland - die meisten aus eigener Produktion der Marken Trabant und Wartburg - eine ständig steigende Nachfrage nach Ersatzteilen entstand.

Seit 1984 wurden einige Konzepte entwickelt und zum Teil auch realisiert, die mit der Zielrichtung auf eine Erneuerung der Pkw-Finalstandorte in den nächsten Jahren zu einer schnelleren Entwicklung der Pkw-Industrie in der DDR führen sollten. Der Beginn wurde mit der Aufnahme der Produktion von Viertakt-Ottomotoren der Baureihen 1,05 l und 1,3 l EA 111 (VW-Lizenz) im Motorenwerk der Barkas-Werke Karl-Marx-Stadt (Chemnitz) gemacht. Gerade das Engagement der Volkswagen AG für die Kraftfahrzeugindustrie im Raum Sachsen hatte und hat neben strategischen Gründen auch eine aus der Historie resultierende Bewandtnis: Lag doch hier - wie bereits ausgeführt - die Wiege der Auto Union.

Auch sollte der Pkw-Standort Zwickau ausgebaut werden. Einschließlich Final- und Zulieferindustrie - also DDR-weit - wurden dabei Invest-Maßnahmen in einer Größenordnung von 8,5 Milliarden DDR-Mark realisiert. Sie umfaßten Neubau und Modernisierung von Produktionsstätten bis hin zu Vorhaben im sozialen Bereich. Neben der bereits genannten Motorenfertigung in Chemnitz war eine Zylinderkopffertigung in Eisenach sowie die Lackierung und Endmontage für den Trabant 1,1 in Zwickau/Mosel vorgesehen.

Seit der politischen Wende im Herbst 1989 werden diese Vorhaben unter marktwirtschaftlichen Bedingungen und im Zeichen eines verschärften Wettbewerbs weitergeführt. Wobei der Volkswagen AG die Priorität gebührt.

Der Schritt in die Marktwirtschaft

Mit der Wirtschafts-, Währungs- und Sozialunion erfolgte zum 1. Juli 1990 die Umwandlung des IFA-Kombinates Pkw und seiner Betriebe in Kapitalgesellschaften. Von den über 30 Kombinatsbetrieben mit fast 65 000 Beschäftigten erklärten anfangs 17 - mit insgesamt 31 500 Beschäftigten - ihren Beitritt zur IFA-Personenkraftwagen AG.

IFA-Kombinat PKW Karl-Marx-Stadt

Diese ehemaligen Kombinatsbetriebe wurden nun Tochtergesellschaften der IFA Pkw AG: Sachsenring Automobilwerke Zwickau, Barkaswerke Chemnitz, Stoßdämpferwerk Hartha, Renak Reichenbach, Karosseriewerke Dresden, Schmiede Roßwein, Fahrzeugwerk "Ernst Grube" Werdau, Karosseriewerke Meerane, Eisenhammerwerk Dresden-Dölzschen, Druckguß- und Kolbenwerke Harzgerode, WZM-Fabrik Gotha, WZN-Fabrik Johanngeorgenstadt, Metallwarenfabrik Beierfeld, Hazet Zwickau, Fahrzeugzubehörwerke Ronneburg.

Eigentlich sollte - so sah es ein Regierungsbeschluß der letzten DDR-Regierung unter de Maiziere vor - der Trabant vorerst bis 1993 weiter produziert werden. Zu diesem Zeitpunkt sollte dann über gezielte Auftragsakquirierung eine Stabilisierung der Produktion erreicht sein. Ein Vorhaben, das sich nicht verwirklichen ließ, da die technische Konzeption des Trabant nicht den gehobenen Ansprüchen der Automobilindustrie der Alt-Bundesrepublik entsprach.

Hinzu kam auch die Veränderung des Kaufverhaltens der ehemaligen DDR-Bürger, die den Absatz dieses Kleinwagens praktisch lahmlegte. Insgesamt zeigte sich, daß die Produkte aus Ostdeutschland dem Preisniveau des Marktes nicht standhielten. Ursache waren extrem hohe Materialkosten und zu hohe Einkaufskosten. Ein weiterer Minuspunkt war der Verlust der traditionellen Absatzmärkte, insbesondere in Osteuropa, die das Überdenken der Produktionsstrategie erforderlich machten, bis hin zur Einstellung der Produktion.

So wurden von der Leitung der IFA Pkw AG mehrere Phasen der Privatisierung vorbereitet.

Im Zeitraum
1. Juli 1990 bis 30. Juni 1991

waren zwei Etappen vorgesehen:
- Profilierung des sächsischen Automobilbaus am Standort Zwickau/ Mosel und Chemnitz
- Sanierung und Privatisierung der in der IFA Pkw AG zusammengefaßten Unternehmen.

Die Profilierung des sächischen Automobilbaus basiert auf der Grundsatzvereinbarung zwischen der Treuhandanstalt, der Volkswagen AG und der IFA Pkw AG vom 18. Oktober 1990 zum "Industrieprojekt Fahrzeugfabrik Mosel".

Danach wird bis 1994 an den Standorten Zwickau/Mosel und Chemnitz eine leistungsfähige, in die internationale Arbeitsteilung eingebundene Automobil- und Zulieferindustrie aufgebaut, die sowohl für die heimischen als auch für die weltweiten Automobilmärkte preislich und technologisch konkurrenzfähige Fahrzeuge produzieren soll. Mit diesem Projekt wurde und wird die erfolgreiche, bereits 1983 begonnene Zusammenarbeit mit der Volkswagen AG fortgeführt.

Das Engagement der Volkswagen AG im Freistaat Sachsen führte darüber hinaus zur Gründung
- des Automobilvertriebszentrums Chemnitz (AVZ) mit einem angeschlossenen Händlernetz
- des VW-Bildungsinstituts in Zwickau
- der IAV (einer VW-Tochtergesellschaft mit Forschungs- und Entwicklungspotentialen).

Diese Zusammenarbeit trug bereits erste Früchte. So konnten mit der VW AG Produkte dieses Konzerns in die Unternehmen der IFA Pkw AG überführt werden. Die Barkas GmbH in Frankenberg liefert Teile für den T 3, die Karosseriewerke Dresden GmbH arbeiten für die Typen Passat und Golf.

Der in den Unternehmen der IFA Pkw AG begonnene Privatisierungsprozeß beinhaltete zunächst die Sanierung der Tochtergesellschaften, um dann über das Stadium der Bildung von Beteiligungsgesell-

Opel hielt sein Wort

schaften (mit potentiellen Investoren) eine hundertprozentige Übereignung zu vollziehen. Diese Konzepte basierten auf dem bekannten Grundsatz: Sanierung vor Privatisierung.

Das alles waren Vorstellungen, die 1990 entwicklet wurden. Doch die Zeit ging über diese Pläne hinweg. Die Einstellung der Serienproduktion der Pkw Wartburg, Trabant und des Transporters B 1000 im ersten Quartal 1991 erforderte eine grundsätzliche Überarbeitung der Sanierungskonzepte in Richtung auf

- Die Anbahnung von Geschäftsbeziehungen auf Basis der herkömmlichen Produktpalette der Unternehmen der IFA Pkw AG mit Firmen aus den alten Bundesländern

- Die Auftragsakquirierung, um über eine "Füllproduktion" außerhalb der herkömmlichen Produktpalette Beschäftigung zu sichern

- Die zunehmende Unterstützung von Mitarbeitern der Unternehmen bei ihren Bestrebungen, Geschäftsanteile zu erwerben und unternehmerisch tätig zu werden (MBO/MBI-Projekte).

Sie wurden nunmehr als Hauptrichtungen der Geschäftstätigkeit, als Vorstufen bis hin zur endgültigen Privatisierung der Unternehmen verfolgt.

Erste Verträge zum Verkauf von Unternehmensteilen bzw. von Immobilien konnten zu diesem Zeitpunkt abgeschlossen werden. Dazu zählen der Verkauf des Betriebsteiles Wilsdruff der Karosseriewerke Dresden GmbH an die Firma Tappert Industrie AG in Frankfurt/Main sowie der Verkauf der Assets der Fahrzeugwerk Werdau GmbH an die Firma Kögel in Ulm sowie die Gründung einer KG. Für andere Unternehmen wurden gezielte Verhandlungen mit potentiellen Käufern bzw. Investoren aufgenommen.

Nach diesen guten Anfangserfolgen trat jedoch Ende 1991 eine Stagnation im Privatisierungsprozeß ein.Dadurch wurde kostbare, nicht wieder auszugleichende Zeit verloren. Hervorgerufen wurde die Stagnation durch eine abrupte Abwendung von bis dahin konsequent verfolgten Maximen in der Geschäftstätigkeit durch eine personelle Veränderung im Vorstand der IFA Pkw

IFA-Kombinat PKW Karl-Marx-Stadt

AG. So mußte zwangsläufig - in Abstimmung mit der Treuhandanstalt - der Aufsichtsrat eine Umstrukturierung im Vorstand der AG vornehmen, um noch größeres Unheil zu vermeiden.

Der Zeitraum
1. Juli 1991 bis 2. September 1992

war ganz darauf ausgerichtet, die Privatisierung der Tochterunternehmen der Aktiengesellschaft wieder aufzunehmen, bzw. konsequent fortzuführen. So wurde dann auch in einem Unternehmenskonzept vom 16. August 1991 festgelegt, daß die IFA-Pkw AG sich das Ziel stellt, den gesellschaftspolitischen Auftrag der Treuhandanstalt in allen Tochterunternehmen zu realisieren. Das hieß,
- Unterstützung der Treuhandanstalt und eigene Initiativen zur Privatisierung von Tochterunternehmen,
- schnelle Sanierung durch betriebswirtschaftliche Begleitung sowie Auftragsakquisition bis zur Privatisierung.

Statt der bis zu diesem Zeitpunkt ausgeprägten mehr oder weniger erfolgreichen Zusammenarbeit mit den unterschiedlichsten Beraterfirmen wurde nunmehr durch den Vorstand der AG der ständige Kontakt zur Treuhandanstalt, speziell zum Bereich Fahrzeugbau stärker intensiviert.

Es gab jetzt turnusmäßige Beratungen zum Stand der Privatisierung, koordinierte Vorbereitung und Führung von Verhandlungen sowie operative Abstimmungen. Darüber hinaus begünstigte eine ständige konstruktive Zusammenarbeit mit dem Aufsichtsrat der IFA Pkw AG den Privatisierungsprozeß in allen Unternehmen der Aktiengesellschaft.

Was wurde bisher privatisiert?

Privatisiert wurden bisher:
- Stoßdämpfer GmbH Hartha (100prozentig an die Firma ALKO AG)
- Hazet Zwickau (wesentliche Teile an Fa. Gillet-Abgasanlagen)
- Renak-Werke Reichenbach (wesentliche Teile an Valeo, Frankreich und TEVES)
- Metallwarenfabrik Beierfeld (wesentliche Teile an die Firma Droege)
- Räderwerk Ronneburg (Betriebsteil Ronneburg an Fa. Fischbacher, Betriebsteil Triptis an Fa. Sedlmayr, Betriebsteil Gera an Fa. Eisenhofer).

Von den Unternehmen Barkas Werke GmbH, Karosseriewerk Dresden GmbH, Fahrzeugwerk Werdau GmbH und Sachsenring Automobilwerke Zwickau GmbH wurden bisher 26 weitere Assets privatisiert.

Mit diesen Privatisierungen wurden für etwa 9000 Beschäftigte die Arbeitsplätze gesichert bzw. neue geschaffen.

Barkas GmbH

Abgeschlossen ist die Privatisierung des Motorenwerkes in Chemnitz. Bereits am 1. Juli 1991 wurde das Motorenwerk von Barkas an die Treuhandanstalt verkauft. Der Betrieb des Motorenwerkes Chemnitz wurde zum 1. Januar 1992 von VW übernommen. Für den Standort Hainichen konnten die Firma Lunke/Witten und die Firma Knauer gewonnen werden. Die Firma Lunke ist A-Lieferant von VW und wird am Standort Hainichen rund 150 Arbeitsplätze schaffen. Nach der Genehmigung des Vertrages mit der Fa. Lunke durch die Treuhandanstalt erfolgte am 23. April 1992 die notarielle Beurkundung.

Die Firma Knauer plant am Standort Hainichen die Errichtung von Neubauten und wird für etwa 25 Arbeitskräfte mit der Produktion von Betonsteinmaschinen Beschäftigung sichern. Der notarielle Kaufvertrag wurde am 19. Mai 1992 geschlossen. Für den Standort Frankenberg besteht jetzt Klarheit, daß in Abstimmung mit der Treuhandanstalt die Besitzansprüche mit der

Alteigentümerin, der Firma Hunger, geregelt sind. Damit ist der Weg für weitere Investoren frei.

Renak GmbH

Der Standort Reichenbach (Pappelweg) ist hundertprozentig vermarktet an die Unternehmen Valeo (Kupplungsproduzent), TEVES (Bremssysteme), Fissek (Stahlbau), Schüchen (Expedition).

Für den Standort Reichenbach (Dammsteinstraße) ist die Privatisierung noch im Gange. Ein vorgesehenes MBI/MBO-Projekt hat sich zerschlagen. Die Schmiede Unterheinsdorf wurde am 3. September 1992 an das Unternehmen Wackershauser in Karlsruhe verkauft. 30 Arbeitnehmer sollen übernommen werden.Der Werkzeugbau Unterheinsdorf wird als Immobilie vermarktet. Am Standort Wolfspütz ist die Fortsetzung der Produktion mit 60 bis 100 Mitarbeitern geplant. Es laufen Verhandlungen mit potentiellen Interessenten. Die Privatisierung des Standortes Carlsfeld ist noch im Gange. Als potentielle Käufer treten die Firmen Martin und Mang auf.

Karosseriewerke Dresden GmbH

Das Unternehmen ist saniert und verfügt über ein gutes Management. Es ist vorgesehen, das Auftragsvolumen durch verlängerte Werkbankaufträge weiter auszubauen. Das Unternehmen wurde am 18. Mai an die Treuhandanstalt verkauft. Von dort wird die Privatisierung über ein MBI/MBO-Projekt - als mögliche Variante - angestrebt.

Fahrzeugwerk Werdau GmbH

Das Unternehmen wurde am 18. Mai 1992 an die Treuhandanstalt verkauft. Für die zur Zeit noch anstehende Privatisierung des "Rest"-Unternehmens wurde der GmbH von der IFA Pkw AG das Produkt "Mahindra-Jeep" übergeben. Darüber hinaus sind die Verhandlungen mit der Firma

Droegmöller soweit fortgeschritten, daß diese nun ein Konzept der Treuhandanstalt vorlegen wird.

Gothaer Werkzeugmaschinen GmbH

Die Treuhandanstalt hat dieses Unternehmen als nicht sanierungsfähig eingeschätzt. Ein Kaufangebot der Firma BGU Ansbach wurde wegen des zu niedrigen Kaufpreises abgelehnt. Eine Rückübertragung an den Alteigentümer ist vorgesehen.

Räderwerk Ronneburg GmbH

Das Unternehmen wurde ebenfalls am 18. Mai 1992 an die Treuhandanstalt verkauft. Es befindet sich in Liquidation. Im Betriebsteil Ronneburg erfolgte per 1. Juli 1991 der Verkauf wesentlicher Assets an die Firma Mefro Fischbacher. Der Betriebsteil Gera wurde im August 1992 an die Firma Eisenhofer verkauft. Im BT Triptis wurde der Assetverkauf im August 1991 an die Firma Sedlmayr abgeschlossen. Den Standort Greiz hat die Firma Hellweg als Baumarkt übernommen.

IFA-Stoßdämpferwerk GmbH

Am 21. Januar 1992 wurde der Vertrag zur Übernahme der Gesellschaft mit der Firma AL-KO Kober AG, abgeschlossen.

Hazet Kraftfahrzeugwerk Zwickau GmbH

Per 1. Juli 1991 erfolgte der Assetverkauf an die Firma Gillet Abgasanlagen.

Metallwarenfabrik Beierfeld GmbH

Zum 1. Januar 1992 wurden Assets an die Firma Droege verkauft.

Roßweiner Schmiede- und Federnwerk GmbH

Das Unternehmen gehört zu den acht sanierungs- bzw. privatisierungsfähigen Betrieben, die am 18. Mai 1992 an die Treuhand verkauft wurden. Die Größe und das spezielle Geschäftsfeld dieses Unterneh-

IFA-Kombinat PKW Karl-Marx-Stadt

mens waren von Beginn an ein großes Problem bei der Privatisierung. Unter diesem Gesichtspunkt war es äußerst positiv, daß für ein vorgesehenes MBO/MBI-Projekt ein Manager gefunden werden konnte, der bereits im Rahmen seiner Tätigkeit als Unternehmens-Berater Kenntnisse über die Roßweiner Schmiede- und Federnwerk GmbH erhalten hat. Mit dieser UE-Unternehmensberatung wurde für die Tochtergesellschaften der IFA-Pkw AG ein Consultant gewonnen, der in den Unternehmen positive Ergebnisse erzielte. Das Unternehmen ist inzwischen verkauft.

Eisenhammerwerk Dresden GmbH

Hier handelt es sich ebenfalls um ein Unternehmen, das im Mai 1992 an die Treuhand verkauft wurde. Das Unternehmen ist auf Grund des Umfangs und der Spezifik der Produktionslinien im Leichtmetall- sowie im Graugruß und des völligen Zusammenbruchs der IFA-Fahrzeugproduktion von Beginn an mit großen Problemen bei der Sanierung und Privatisierung behaftet.

Hinzu kommt noch die anhaltende Rezession in der Gießereiproduktion in Deutschland insgesamt. Dennoch ist es gelungen, eine gewisse Umstrukturierung zu erreichen. Im Graguß-Bereich wurde die Entwicklung der Schachtabdeckung 1991 nach DIN zielstrebig vorangetrieben und abgeschlossen. 1992 konnte bei diesen Produkten ein Drittel des Marktes der neuen Bundesländer erkämpft werden.

Die Aluminium-Gießerei stellt als Kundengießerei anspruchsvolle Produkte für die Pkw-Produktion der Marken BMW, Audi, VW, Ford und anderen her. Darüber hinaus besteht eine Auftragsproduktion für die Aluminium-Gießerei Villingen. Im Rahmen der Ausschreibungen der Gießereien wurden mehrere Angebote einschließlich eines MBO-Angebots abgegeben. Noch ist aber alles offen, das Unternehmen noch nicht verkauft.

Metallwerke Harzgerode GmbH

Das Unternehmen wurde am 18. Mai 1992 an die Treuhandanstalt verkauft. Der Privatisierungsprozeß für dieses Unternehmen läuft. Als Käufer tritt Dr. Grzesik auf. Damit werden die Kolbenproduktion und die Druckgußproduktion als wesentliche Säulen der Firma fortgesetzt.

MATEC Maschinenbau und Automatisierungstechnik GmbH Johanngeorgenstadt

Auch dieses Unternehmen ist seit dem 18. Mai 1992 an die Treuhand verkauft. Die Treuhand hat dieses Unternehmen im April 1992 ausgeschrieben. Mehrere Firmen bekundeten Interesse an einer Beteiligung bzw. an dem Kauf des Unternehmens. In den folgenden Verhandlungen erhielt die Firma Stebi-Apparatebau Bielefeld, vertreten durch Herrn Steinmeyer, den Zuschlag. Es ist eine Übernahme von 75 Beschäftigten sowie ein Investitionsvorhaben in Höhe von 2,5 Millionen DM geplant.

Karosseriewerke Meerane GmbH

Diese Firma befindet sich seit dem 1. Juli 1991 in Liquidation.

Sachsenring Automobilwerke Zwickau GmbH

Das ursprünglich ebenfalls zur IFA Pkw AG gehörende Unternehmen nimmt eine Sonderrolle ein. Die Geschäftsanteile dieses Unternehmens wurden am 1. Oktober 1991 an die Treuhandanstalt verkauft.

Das Unternehmen, das im Juli 1990 noch einen Personalbestand von 10 730 Personen hatte und bis Ende August 1992 auf 1500 Beschäftigte "geschrumpft" war, könnte einen neuen Aufschwung nehmen. Grundlage dafür ist das Engagement der Volkswagen AG für eine neue Automobilfabrik in Mosel bei Zwickau. Bereits im Herbst 1990 hatten Bundeskanzler Helmut Kohl und VW-Chef Carl Horst Hahn den

Grundstein für diese neue Fertigungsstätte gelegt. Damals war vorgesehen, daß die neue Fabrik im Jahr 1994 schrittweise die Fertigung aufnehmen und in der Endphase eine Tageskapazität von bis zu 1200 Fahrzeugen des Typs "Golf" im Zwei- bzw. Dreischichtbetrieb erreichen sollte. Dies hätte einer Jahreskapazität von bis zu 250 000 Einheiten entsprochen (zum Vergleich: Im volkseigenen Sachsenring-Werk wurde nur eine Jahreskapazität von wenig mehr als 150 000 erreicht).

Das Investitionsvolumen für das Werk in Mosel, das mit einem Großpreßwerk, einem Karosserie-Rohbau, einer Lackiererei und der Endmontage alle Kernbereiche einer modernen Automobilfertigung umfassen sollte, lag bei rund drei Milliarden DM. Für eine parallel zu modernisierende und auszubauende Motorenproduktion mit einer Jahreskapazität von 420 000 Aggregaten ab 1993 sollen in Chemnitz zusätzlich rund 570 Millionen DM investiert werden.

Von diesen Investitionsvorhaben sollten hohe Beschäftigungseffekte ausgehen. So war geplant, daß das Werk Mosel bei voller Auslastung rund 6800 Arbeitnehmer beschäftigen sollte. Weitere 1200 sollten in der Chemnitzer Motorenproduktion eingesetzt werden. Die Vertriebsorganisation für Volkswagen, Audi und SEAT war mit rund 7000 Beschäftigten eingeplant. Mit weiteren 20 000 indirekt in der Zulieferindustrie Beschäftigten wurde 1990 das Volkswagen-Engagement mit mindestens 35 000 Arbeitsplätzen angegeben.

Doch vorerst scheint man beim VW-Konzern das Gas zurückgenommen zu haben. Europas größter Autoproduzent friert sein Engagement in Sachsen ein. Erstmals wurde im ersten Quartal 1993 im sächsischen Werk Mosel an zwölf Tagen kurzgearbeitet. Auch die geplante größte Motorenfabrik in Chemnitz wird nicht - wie ursprünglich vorgesehen - 1993 fertiggestellt. Der Grund für diesen Rückzug aus ostdeut-

schen Vorhaben wird mit der gegenwärtig schwachen Nachfrage angegeben.

Von diesem plötzlichen Stop-Kommando sind Tausende Arbeitsplätze in Sachsen betroffen. Statt der wie 1990 angegebenen 6800 Mitarbeiter, die später bis zu 1200 Fahrzeuge täglich fertigen sollten, sind es gegenwärtig 2600 Beschäftigte, die 400 Fahrzeuge am Tag produzieren. Dabei soll es vorerst bleiben.

Das alles hat zur Folge, daß wesentlich weniger Arbeitsplätze auch in der Nachfolgeindustrie entstehen werden als urspünglich erwartet wurde. Seinerzeit waren bekanntlich 35 000 genannt worden.

Auch in Chemnitz, wo 1993 ein hochmodernes Motorenwerk in Betrieb gehen sollte, ist vorerst keine Besserung zu erwarten. Es bleibt bei den jetzt schon dort beschäftigten 300 Arbeitnehmern. Von den bei der Grundsteinlegung verkündeten 1200 neuen Arbeitsplätzen ist VW schon vorher abgerückt und hatte als Endbeschäftigtenzahl 500 angegeben.

Neben dem VW-Konzern bemühen sich auch andere Unternehmen um die Zwickauer Firma. Ende November 1992 wurde zwischen PSA Peugeot Citroen, Compagnie Francaise des Ferrailles (CFF) und der Sachsenring Automobilwerke Zwickau GmbH ein Kooperationsvertrag zum Automobilrecycling unterzeichnet. Danach ist die sächsische Firma als ehemaliger Trabant-Hersteller und heutiger Fahrzeugzulieferer und Betriebsmittelproduzent die deutsche Firma, die mit dem Aufbau des Pkw-Recyclingzentrums beauftragt wurde.

PSA Peugeot Citroen und die CFF werden Sachsenring Know-how und Technologien im Bereich Automobilrecycling übertragen. Die französischen Firmen werden darüber hinaus den Zwickauern Ingenieurdienstleistungen zur Herstellung moderner Recycling-Werkzeuge übergeben. Umgekehrt stellt Sachsenring Zwickau PSA Peugeot Citroen und CFF alle neuen technolo-

IFA-Kombinat PKW Karl-Marx-Stadt

gischen Erkenntnisse aus der Zwickauer Recyclinganlage zur Verfügung.

Die Sachsenring Automobilwerke Zwickau GmbH wird die neue Automobil-Recyclinganlage nach dem französischen Konzept "100 Prozent Recycling" am Standort Zwickau bauen und betreiben. Diese Anlage wird für alle Fabrikate offenstehen.

Automobilwerke Eisenach

Die Werke waren schon 1990 aus dem IFA-Kombinat ausgeschert und hatten sich auch nicht der neuen Aktiengesellschaft angeschlossen. Nach langem Hin und Her kam es bereits im März 1990 zu einem Joint-venture mit der Adam Opel AG, das die Produktion von Automobilen und von Werkzeugen zum Ziel hatte. Anfangs wurde noch der Wartburg 1,3 weitergebaut, später wurde wegen mangelnden Absatzes die Produktion eingestellt.

Nachdem Opel das Eisenacher Werk vollständig erworben und einen gänzlich neuen Betrieb, die Opel Eisenach GmbH, errichtet hatte, der bei der Produktionsaufnahme im September 1992 als das modernste Autowerk Europas gefeiert wurde, soll nun an dem alten Thüringer Standort unter anderem der neue Opel Corsa gebaut werden. Alles unter dem Kennzeichen der "schlanken Produktion". Schon bei der Vectra-Montage ab 1990 bis April 1992 wurden wichtige Elemente der "lean production" trainiert.

Opel hält im Gegensatz zu VW Wort und will das Eisenacher Werk trotz der gegenwärtigen Flaute in der Automobilindustrie wie geplant ausbauen. Im Juni 1993 sollten die zweite und im Oktober des gleichen Jahres die dritte Schicht eingeführt werden. Bis dahin wird die Belegschaft von derzeit rund 800 auf etwa 2000 Mitarbeiter aufgestockt werden. Sie sollen im Endausbau jährlich 150 000 Fahrzeuge der Typen Astra und Corsa herstellen.

Im Bildungswerk Eisenach bereiten sich gegenwärtig 420 weitere Automobilbauer auf ihren künftigen Einsatz bei Opel vor. Außerdem sind schon heute im Umfeld des Werkes mehr als 1000 Arbeitsplätze bei Zulieferern, darunter dem Sitzehersteller Lear Nosag in Eisenach und Plastic Omnium in Großenlupnitz, sowie bei Servicefirmen entstanden.

Barkas nach Sosnowy Bor/St.Petersburg

Die Produktion des Leichttransporters Barkas B 1000 wurde im Frühjahr 1991 eingestellt, da eine kostendeckende Produktion nicht möglich war. Durch Abstimmung zwischen Landesregierung und Treuhandanstalt konnten die stillgelegten Anlagen vor der Verschrottung gerettet werden. Durch eine Initiative der ABS Fahrzeugbau werden die Anlagen von ehemaligen Barkas-Mitarbeitern gegenwärtig abgebaut und konserviert. Eine Verlagerung in die Maschinenfabrik Sosnowy Bor bei St. Petersburg ist vorgesehen. Die ehemaligen Barkas-Mitarbeiter sollen auch damit betraut werden und den Anlagenaufbau bis zum Wiederanlauf der Barkas-Produktion in Sosnowy Bor begleiten.

Bei der Produktionsaufnahme in Sosnowy Bor müssen eine Reihe von Komponenten vorübergehend noch von ehemaligen Barkas-Zulieferern aus Sachsen bezogen werden. Damit ist dieses Projekt geeignet, die Zusammenarbeit zwischen Sachsen und der Region St. Petersburg zu fördern.

Resümee

Potentielle Investoren für die neuen Bundesländer haben immer noch Bedenken hinsichtlich der
- Nichteinhaltung von Fertigstellungsterminen
- zu schnellen Tarifentwicklung bei nichtadäquater Produktivität

Personalentwicklung in der IFA Pkw AG

Unternehmen	Juli 1990	Beschäftigte August 1992	Dezember 1992
Barkas	6498	930	530
IFA-Stoßdämpfer	604	-	-
Renak	2447	300	200
Karosseriewerk Dresden	1506	441	verkauft
Roßweiner Schmiedewerke	1349	441	
Fahrzeugwerk Werdau	2251	627	"
Räderwerk Ronneburg			
- Ronneburg	985	) 21	"
- Triptis	344	)	"
- Greiz	151	18	"
Eisenhammerwerk Dresden	1028	257	"
Metallwerke Harzgerode	1188	348	"
Metallwaren Beierfeld	314	30	3
MATEC Johanngeorgenstadt	414	132	verkauft
Hazet	391	3	3
Gothaer Werkzeugmaschinen	142	87	-
AG-Leitung Chemnitz	18	450	
Sachsenring Zwickau	10 728	-	verkauft
Karosseriewerk Meerane	1130		liquidiert
IFA insgesamt	31 470	4085	754

Nimmt man das Zwischenergebnis vom August 1992 unter Beachtung der Sicherung von Beschäftigung durch

Privatisierung	2050
Auftragsakquirierung	1300
Weiterbeschäftigung	3850
SAQ	2800

kommt man insgesamt auf ca. 10 000 Beschäftigte.

Daraus kann geschlußfolgert werden, daß im Vergleich zum Freistaat Sachsen, wo im Durchschnitt nur noch 18 Prozent der Arbeitsplätze erhalten wurden, das erreichte Ergebnis der IFA Pkw AG mit einer Beschäftigungssicherung von rund 32 Prozent als recht gut angesehen werden kann.

Quelle:IFA PKW AG

- ökologischen Altlasten.

Bei einer Zusammenfassung der Arbeiten für die Privatisierung des ehemaligen IFA-Kombinates Pkw kommt man zu folgenden Feststellungen:

• Für einen Großteil der ursprünglich 17 zu der IFA Pkw AG gehörenden Unternehmen konnte der Privatisierungsprozeß erfolgreich abgeschlossen werden. Für die sogenannten "Restunternehmen" wird mit der Treuhandanstalt Berlin die Einleitung einer stillen Liquidation vorbereitet.

• Die Umstrukturierung der Tochterunternehmen erforderte keinen längeren Zeitraum. In dem Maße, wie neue Produktprogramme und Investitionen wirksam wurden, trat dort eine wesentliche Verlustreduzierung ein. Das heißt, die Privatisierung war nur dann erfolgreich, wenn es gelang, Investoren mit gleichzeitig neuen Produkten zu finden.

• Im Überbrückungszeitraum bis zum Abschluß der Privatisierung waren u.a. für das Überleben der Tochtergesellschaften mehrere Voraussetzungen notwendig - zum einen die gezielte Auftragsakquirierung und die damit verbundene Beschäftigtensicherung, zum anderen die Unterstützung

IFA-Kombinat PKW Karl-Marx-Stadt

der Holding durch Überbrückungskredite und damit der Abwendung frühzeitiger Liquidation.

• Die Privatisierung verlief umso erfolgreicher, wenn damit eine enge Zusammenarbeit mit kommunalen und territorialen Ämtern zur Regelung offener Vermögensfragen verbunden war. Dabei mußte oft zur Kenntnis genommen werden, daß über 50 Prozent der Flurstücke mit vermögens-rechtlichen Ansprüchen belastet sind.

Bis Ende 1993 - so rechnen die verbliebenen Mitarbeiter der Zentrale in Chemnitz - wird die Abwicklung des einstmals so repräsentativen IFA-Kombinats abgeschlossen sein. Die zu DDR-Zeit reichlich aufgeblähte Mitarbeiterzahl soll dann in den neu entstandenen bzw. privatisierten Firmen auf ein Maß reduziert sein, wie es in den alten Bundesländern üblich ist.

Kombinat Kali Sondershausen

Wenn die Kanarienvögel nicht mehr singen

Von HORST DIETZE

■ **Die erzwungene Vernunftehe**

■ **Das jüngste Kind überlebt**

■ **Tickt eine ökologische Zeitbombe?**

■ **Auf dem Weg der Genesung**

■ **Not macht erfinderisch**

Zwei Nachbarorte, das thüringische Vacha und das hessische Philippsthal, hatten jahrhundertelang etwas gemeinsam: Ihre Einwohner lebten überwiegend direkt oder indirekt vom Kali-Bergbau. Beide Orte liegen inmitten des hessisch-thüringischen Kalireviers.   Wenn sie überhaupt etwas trennte, dann war es nur die schmale Werra. Bis eine streng bewachte Grenze die Normalität des Lebens durchbrach. Stattdessen Todesstreifen, Leben im Sperrgebiet mit Passierscheinpflicht, Trennung - selbst von engsten Verwandten; einen Grenzübergang gab es nicht.

Im November 1989 dann brach ein Sturm der Euphorie los. Gemeinsam wird das Symbol der Trennung aus Beton abgerissen. Alle können wieder zueinander wie vor 40 Jahren.

Unterdessen sind drei Jahre ins Land gegangen. Längst ist der Jubel verhallt. Wie eine schleichende Krankheit greifen tiefes gegenseitiges Unbehagen, Mißtrauen und Frust um sich.

Dabei bauen die Kali-Bergleute diesseits und jenseits der Werra seit vielen Jahren gleiche Lagerstätten bei gleicher Tiefe und mit gleicher geologischer Struktur ab. Und sie verfügen auch über eine annähernd gleiche Vorratslage. Dennoch gibt es einen gewaltigen Unterschied. Bergwerksdirektor Burghardt vom Werk Hattorf in Philippsthal legt den Finger auf die Wunde. Das, was sich jetzt in der mitteldeutschen Kali-Industrie abspielt - allerdings wie in einem Zeitraffer - habe die westdeutsche Kali-Industrie in ähnlicher Weise in den 60er und 70er Jahren erlebt, erklärt Burghardt. Waren 1950 noch 16 000 Kali-Kumpel unter Tage beschäftigt, sind es heute nur noch 3000. Auch im letzten Jahr mußten im Hattorfer Werk 186 Bergleute entlassen und eine Woche kurzgearbeitet werden. Seit den 70er Jahren konnte der Hattorfer Betrieb etwa eine halbe Milliarde Mark aus eigenen Mitteln investieren. Er verfügt über fortschrittlichste technologische Verarbeitungsverfahren mittels elektrostatischer Aufbereitung des Kalisalzes. Die stetige Rationalisierung und der sozialverträgliche Abbau von Arbeitskräften sei gepaart gewesen mit dem Willen zum wirtschaftlichen Überleben, hebt der Bergwerksdirektor hervor. So können heute im Kreis Hersfeld rund 40 000 Leute gut leben, weil der Kali-Bergbau auch die Existenzgrundlagen für die heimischen klein- und mittelständischen Unternehmen lieferte.

Nun könnte der Wohlstand in Gefahr geraten. Als Pfarrerin von Philippsthal weiß Rita Stückrad-Frisch, was die Leute bewegt: "Uns ging es hier immer gut. Der Kali-Bergbau hat alle satt gemacht. Aber jetzt zittern alle. Seit der Vereinigung machen die Kaliwerke Minus, setzen auf Kurzarbeit.

Kombinat Kali Sondershausen

Einer der Gründe: Billigere Konkurrenz vom Ost-Werk. Unsicherheit macht aggressiv, schlägt in Ossi-Haß um. Hinter dem ganzen Frust auf die von drüben steckt Angst." Manch Nachdenkliches dringt an ihr Ohr: "Statt nach dem dicken Auto zu schreien, sollen die Vächer erstmal ihre Fenster streichen." Oder: "Die drüben jammern bloß, verlangen alles von uns, statt selbst ranzuklotzen."

Als die Grenze noch bestand, hat Ilse Radlik immer mit dem Fernglas sehnsüchtig auf ihr Geburtshaus drüben in Vacha geschaut. Heute läuft für sie mit denen aus Vacha so manches verquer; selbst in der Schwimmhalle. "Wissen Sie, woran ich die Ossis da erkenne? Die schwimmen immer quer zur Bahn, rammen einen."

Was ist tatsächlich geschehen? Im turbulenten 90er Jahr wurden plötzlich die Hätschelkinder des Arbeiter-und-Bauern-Staates, die Bergleute (jeder kannte das geflügelte Wort: Ich bin Bergmann - wer ist mehr!), in die Marktwirtschaft katapultiert und erfuhren ungewohnte Wahrheiten. Vorstandsmitglied der Kali-Werra AG, Erhard Kreutzmann, spricht sie aus: "Viele Jahre wurde in den ostdeutschen Kalischächten die Rationalisierung vernachlässigt, Maschinen und Anlagen auf Verschleiß gefahren." Das sah man den Werken in Merkers oder Dorndorf schon äußerlich an.

Gewissermaßen als Sinnbild des technischen Rückstands dominierte im Werratal jahrzehntelang eine Seilbahn zwischen Springen und Dorndorf unübersehbar das Landschaftsbild, die tagein und tagaus auf inzwischen völlig unwirtschaftliche Weise das Kalisalz zur Weiterverarbeitung beförderte. Und alle hatten sich daran gewöhnt.

Über Nacht wurde die Kali-Industrie der ehemaligen DDR total mit dem krisengeschüttelten Welt-Kalimarkt konfrontiert. Weltweite Überkapazitäten, dadurch verursachte niedrige Preise, sind zum Dauerthema geworden. Der Zusammenbruch der osteuropäischen Absatzmärkte, deren traditioneller Lieferant der mitteldeutsche Kali-Bergbau war, verschärfte die Situation dramatisch. Sowjetische Lieferungen zu Dumpingpreisen und der gefallene US-Dollar-Kurs machen die Situation nicht einfacher. Vorstandsmitglied Kreutzmann fügt hinzu: "Mit dem langsamen Niedergang der landwirtschaftlichen Genossenschaften in den neuen Bundesländern ist auch der Inlandmarkt fast völlig zusammengebrochen." Der jährliche Verbrauch von etwa 600 000 Tonnen Kalidünger auf den Feldern der LPG war eine relativ feste Absatzgröße, die es nun nicht mehr gibt.

Für viele der mitteldeutschen Kali-Kumpel rast der Förderkorb vorerst weiter in die Tiefe. Sie bekommen die Folgen der DDR-Planwirtschaft, die zur völligen Kommandowirtschaft verkam, hart zu spüren. Von den ehemals 32 000 Kali-Bergleuten wird nur noch jeder Fünfte den einst zweitwichtigsten DDR-Rohstoff schürfen.

Und das ganze Ausmaß der Schäden an der Natur, an der Umwelt und vor allem an den Menschen wird uns wahrscheinlich erst nach und nach bewußt.

Um so mehr sind jetzt Politik und Management des deutschen Kalibergbaus gefordert, gemeinsam eine Perspektive für den deutschen Kali-Bergbau zu entwickeln, um den Menschen weitere Unsicherheit und Ängste zu nehmen.

Die erzwungene Vernunftehe

Vor der Wende produzierten in der früheren DDR die Kali-Kumpel in den sechs Bergbau-Betrieben des VEB Kombinat Kali Sondershausen jährlich 3,5 Millionen Tonnen Kali. Weiterhin gehörten zum Kombinat der VEB Bergwerksmaschinen Dietlas, die Kali-Bergbau Handelsgesellschaft Berlin, das Kali-Rechenzentrum Nordhausen und die KIB Plan GmbH Erfurt. Die DDR besaß über 17 Prozent der Weltvorräte an Kaliroh-

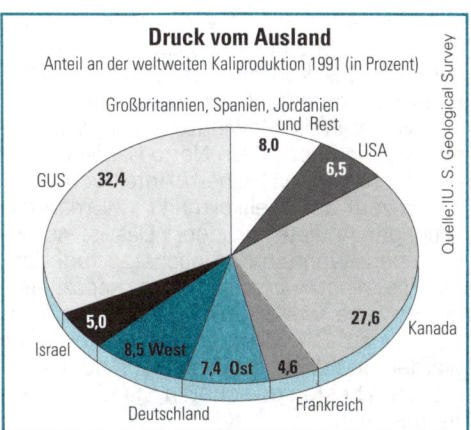

Druck vom Ausland

Anteil an der weltweiten Kaliproduktion 1991 (in Prozent)

Quelle:IU. S. Geological Survey

Großbritannien, Spanien, Jordanien und Rest **8,0**

USA **6,5**

GUS **32,4**

5,0 Israel

8,5 West

7,4 Ost

Deutschland

4,6 Frankreich

27,6 Kanada

salz und lag in der Weltproduktion hinter der damaligen UdSSR (ca. 33 Prozent) und Kanada (ca. 28 Prozent) mit über 12 Prozent an dritter Stelle. Die umfassende Nutzung einheimischer Rohstoffe hatte in der ökonomischen Strategie der SED, besonders als Devisenbringer, einen hohen Stellenwert. Etwa 80 Prozent der produzierten Kalidüngemittel wurden exportiert. Das ergab den zweiten Platz im Weltexport.

Diese Tatsachen erklären das lebhafte Interesse der Kali und Salz AG Kassel, an einer möglichen Zusammenarbeit mit den damaligen DDR-Kaliproduzenten bereits Anfang 1990. Es gab damals sehr intensive Gespräche. Mit dem Abrutschen der Kali und Salz AG in die Verlustzone, dem Anwachsen der Überkapazitäten auf dem Kali-Weltmarkt einerseits und der Talfahrt des notleidenden Kalibergbaus in der ehemaligen DDR nach der Währungsunion andererseits, ließ dieses Interesse sichtlich nach. Ein Jahr später kam bereits die offizielle Absage an eine Fusion aus Kassel.

Unterdessen hatte sich im August 1991 die Treuhandanstalt für die Sanierung der Mitteldeutschen Kali AG (MDK) entschieden. Bis 1993 sollen 341 Millionen Mark für Investitionen zur Verfügung stehen.

Das Sanierungskonzept sieht vor, die MDK gesellschaftsrechtlich neu zu strukturieren:

- Ein operativer Teil führt alle Aktivitäten des Bergbaus und des Vertriebs von Bergbauprodukten fort.

- Stillzulegende Betriebsteile werden dagegen in einer Holding zusammengeführt, langfristige Verwahrarbeiten organisiert und die bestehenden Immobilien und Anlagen einer neuen, Arbeitsplätze schaffenden Nutzung zugeführt. Hierzu gehört auch die Vorbereitung von Untertage-Deponien.

Die Kosten für die Beseitigung der Altlasten werden auf 1,2 Milliarden Mark geschätzt und sollen vom Bund übernommen werden.

Darüber hinaus wurde entschieden, die Kali Südharz AG, die Kali Werra AG und die Zielitzer Kali AG in die MDK-Holding einzubringen und als Werksdirektionen weiterzuführen. Hingegen wurden die Kali Bergbau Handelsgesellschaft mbH, die Kali Rechenzentrum GmbH und die KIB Plan GmbH aufgelöst und ihre Aufgaben von der Holding wahrgenommen.

Noch im Frühjahr 1992 lehnte Kali und Salz Vorstandschef Ralf Bethke eine Fusion mit dem Hinweis auf ein "nicht beherrschbares wirtschaftliches Risiko" weiter ab, selbst wenn es nur um die "Rosinen" der ostdeutschen Kalibetriebe gehen würde. Lediglich zur bisher schon bestehenden technischen Zusammenarbeit, die sich auf Know-how-Austausch und Zusammenarbeit in der Logistik erstreckte, wurde Bereitschaft gezeigt." Für weiterführende Modelle", so hieß es noch auf der Bilanzpressekonferenz im Frühjahr des Jahres 1992, sei Bedingung, daß die Zukunft von Kali und Salz nicht gefährdet werde. Die Aktiengesellschaft zahlt seit vielen Jahren keine Dividende mehr.

Angesichts der ablehnenden Haltung von Kali und Salz intensivierte die Treuhandanstalt mit Hilfe der Investmentbank Gold-

Kombinat Kali Sondershausen

man und Sachs im vergangenen Jahr die Privatisierungsverhandlungen mit über 40 potentiellen Interessenten im In- und Ausland. Aber angesichts der weltweit schwierigen Situation auf dem Kalimarkt beschränkte sich das Kaufinteresse in jedem Falle nur auf ganz bestimmte Objekte der Mitteldeutschen Kali AG.

Wirtschaftliche Vernunft führte schließlich im Dezember 1992 zu dem Entschluß, die Kali und Salz AG und die Mitteldeutsche Kali AG unter ein gemeinsames Dach zusammenzuführen. Auf einer gemeinsamen Pressekonferenz von Kali und Salz und Treuhandanstalt in Berlin wurde hervorgehoben, daß das geplante Gemeinschaftsunternehmen die beste Möglichkeit sei, die seit langem bestehenden wirtschaftlichen Schwierigkeiten in der deutschen Kali-Industrie zu überwinden und beiden Unternehmen günstigere Zukunftsaussichten zu eröffnen. In einem innerdeutschen Konkurrenzkampf auf den enger gewordenen Märkten könnten beide Unternehmen als Verlierer hervorgehen. Nur ein vereinter deutscher Kali-Bergbau könne gemeinsam Marktchancen nutzen, die jedes Unternehmen für sich allein und getrennt nicht wahrnehmen könne. Es bestehe die Gefahr, daß die Substanz des deutschen Kalibergbaus insgesamt stark geschädigt und eine dauerhafte wirtschaftliche Nutzung der vorhandenen Lagerstätten fraglich wird. Damit würde im rohstoffarmen Deutschland der Zugriff auf einen bedeutenden einheimischen Rohstoff verlorengehen.

An dem Gemeinschaftsunternehmen werden die Kali und Salz AG mit 51 Prozent und die Treuhandanstalt als Eigentümerin der Mitteldeutschen Kali AG mit 49 Prozent beteiligt sein. Aufnehmende Gesellschaft wird die MDK sein. Die operative Führung liegt bei Kali und Salz. Die BASF-Tocher wird als Sacheinlage sechs Kali- und zwei Steinsalzwerke einbringen, die Treuhandanstalt vier Kaliwerke und ein Steinsalzwerk

sowie eine Bareinlage von rund einer Milliarde Mark. Sitz der Gesellschaft wird Kassel sein. Das Konzept des Gemeinschaftsunternehmens sieht vor, binnen fünf Jahren wieder in die Gewinnzone zurückzukehren und einen positiven Netto-Cash-Flow zu erwirtschaften. Mit einem Anteil von etwa 13 Prozent am Weltkalimarkt will man ein wichtiger Anbieter bleiben. Das ist nur zu erreichen, wenn in den nächsten fünf Jahren die nicht wirtschaftlichen Kapazitäten schrittweise weiter um 1,2 Millionen Tonnen Kali auf 3,1 Millionen Tonnen reduziert werden und dabei die Produktion auf die jeweils am besten geeigneten Standorte konzentriert wird.

Die Nutzung von standortübergreifenden Umstrukturierungs- und Rationalisierungsmöglichkeiten sowie die Reduzierung der Verwaltungs- und Vertriebskosten sind weitere feste Größen im Unternehmenskonzept. Daraus ergibt sich für die Kali und Salz, daß der Grubenbetrieb des Werkes Bergmannssegen - Hugo sowie die Kali- und Steinsalzproduktion in Niedersachsen - Riedel stillgelegt werden müssen.

Für die Gruben im Osten ist der Einschnitt besonders schmerzlich. Nachdem sechs von zehn MDK-Standorten ohnehin schon geschlossen wurden, kommen jetzt zwei weitere Werke hinzu: Die Übertageverarbeitung des Kaliwerkes Merkers und das Werk Bischofferode unter Berücksichtigung der bestehenden Marktverhältnisse. Das Grubenfeld Merkers wird teilweise im Untertageverbund mit den übrigen Werra-Werken genutzt.

Die Rede ist auch von unausweichlichem "schmerzlichen Arbeitsplatzabbau". In den nächsten fünf Jahren soll in Gemeinschaftsunternehmen die Belegschaft von derzeit 11 100 auf 7500 reduziert werden; zu gleichen Anteilen in Ost und West. Und dennoch drohen einseitige Belastungen. Das Gutachten zur Kalifusion - geschrieben von den Londoner Investmentbankern

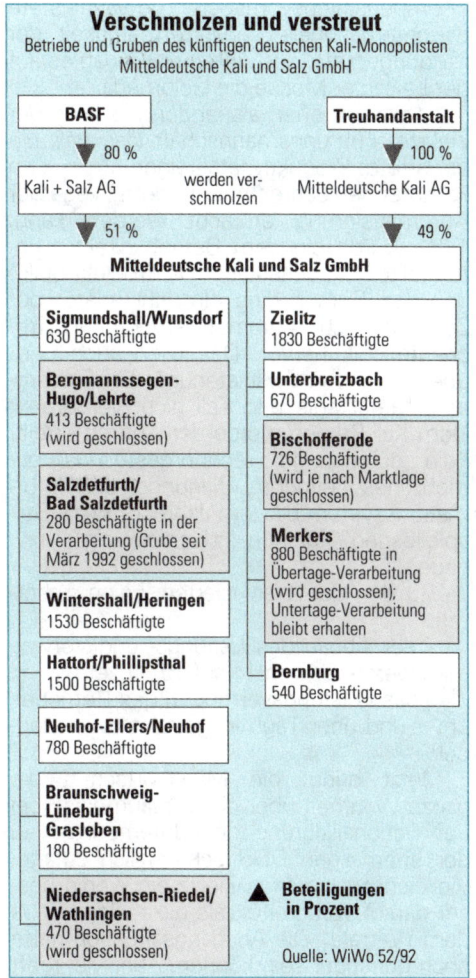

Verschmolzen und verstreut

Betriebe und Gruben des künftigen deutschen Kali-Monopolisten
Mitteldeutsche Kali und Salz GmbH

BASF	Treuhandanstalt
▼ 80 %	▼ 100 %
Kali + Salz AG	Mitteldeutsche Kali AG
werden verschmolzen	
▼ 51 %	▼ 49 %

Mitteldeutsche Kali und Salz GmbH

Sigmundshall/Wunsdorf
630 Beschäftigte

Bergmannssegen-Hugo/Lehrte
413 Beschäftigte
(wird geschlossen)

**Salzdetfurth/
Bad Salzdetfurth**
280 Beschäftigte in der
Verarbeitung (Grube seit
März 1992 geschlossen)

Wintershall/Heringen
1530 Beschäftigte

Hattorf/Phillipsthal
1500 Beschäftigte

Neuhof-Ellers/Neuhof
780 Beschäftigte

**Braunschweig-
Lüneburg
Grasleben**
180 Beschäftigte

**Niedersachsen-Riedel/
Wathlingen**
470 Beschäftigte
(wird geschlossen)

Zielitz
1830 Beschäftigte

Unterbreizbach
670 Beschäftigte

Bischofferode
726 Beschäftigte
(wird je nach Marktlage
geschlossen)

Merkers
880 Beschäftigte in
Übertage-Verarbeitung
(wird geschlossen);
Untertage-Verarbeitung
bleibt erhalten

Bernburg
540 Beschäftigte

▲ Beteiligungen
in Prozent

Quelle: WiWo 52/92

Goldman und Sachs - sieht vor, den Arbeitsplatzabbau in den Kalirevieren Thüringen und Sachsen-Anhalt bereits in den nächsten zwei Jahren zu vollziehen, während sich der Arbeitsplatzabbau bei der Kali und Salz AG, Kassel, auf fünf Jahre und acht Standorte verteilen soll. Neuen Zündstoff liefert der von der Schließung bedroh-

te Kali-Schacht Bischofferode in Nordthüringen. Diese Grube möchte inzwischen der westfälische Transportunternehmer Peine übernehmen. Nach einer Herauslösung des Bischofferoder Werkes aus dem Kali-Verbund hält Peine eine "glänzende Entwicklung" für möglich. Sein Privatisierungskonzept läßt die Treuhand gegenwärtig prüfen.

Für Investitionen und Nachholreparaturen sind im genannten Zeitraum 1,3 Milliarden Mark vorgesehen. Die Mittel sollen im Kalibereich vorrangig für den Ausbau des Werkes Zielitz sowie des Grubenverbundes Hattorf/Merkers/Unterbreizbach verwendet werden. Bei Steinsalz wird in die Werke in Braunschweig-Lüneburg und Bernburg investiert. In Zielitz soll eine sehr effiziente Siedesalzproduktion im Verbund mit der dortigen Kaliproduktion entstehen. Um einen Beschäftigungseffekt in den neuen Bundesländern zu erzielen, gehen Investitions- und Reparaturaufträge weitestgehend an ostdeutsche Unternehmen.

Das jüngste Kind überlebt

Um sicher zu sein, wieder lebendig aus dem Schacht auszufahren, nahmen die Bergleute früher Kanarienvögel als Überlebenshilfe mit unter Tage. Solange sie in ihren auf dem Boden abgestellten Käfigen sangen, waren keine todbringenden Gase im Stollen ausgebrochen.

Auch ohne Kanarienvögel wird das jüngste Kind des Kalibergbaus in der ehemaligen DDR, der anhaltinische Kali-Betrieb in Zielitz überleben. Hier wird erst seit 1973 produziert. Heute gilt Zielitz mit einer Jahresproduktion von 830 000 bis 850 000 Tonnen als Deutschlands größter Kaliproduzent. Nach einem Besuch des Werkes im vergangenen Jahr gab sich der Wirtschaftsminister von Sachsen-Anhalt, Dr. Horst Rehberger, recht optimistisch: "Zielitz ist ein ausgesprochen leistungsfähiger Betrieb. Er kann Schwerpunkt der deutschen

Kombinat Kali Sondershausen

Kali-Industrie werden." Beeindruckt zeigte sich der Minister vor allem von der bedeutend gestiegenen Arbeitsproduktivität. Noch vor drei Jahren wurden für die gleiche Produktionsleistung doppelt so viel Beschäftigte benötigt. Gegenwärtig werden etwa 1700 Arbeitnehmer im Werk beschäftigt.

425 Millionen Mark sollen in das jüngste Kaliwerk Deutschlands während der nächsten fünf Jahre investiert werden. Mit einem neuartigen, hochreinen Kalidünger will das Unternehmen in weitere Marktnischen vordringen. Doch derzeit gibt es weltweit eine Überschußproduktion von 13 Millionen Tonnen. Deshalb setzt man in Zielitz noch auf ein weiteres Geschäftsfeld: Das Deponieren von Sondermüll. Gegenwärtig prüfen Experten, ob jährlich bis zu 100 000 Tonnen Arzneimittel und andere Chemikalien unter Tage gelagert werden können.

Schon zu DDR-Zeiten war der Zielitzer Betrieb zum Vorzeigeobjekt des Industriezweiges aufgestiegen. Im "innerkombinatlichen Leistungsvergleich" wurden serienweise erste Plätze belegt. Das war nicht immer so. Es dauerte lange, ehe die vom ersten Tag der Produktionsaufnahme im Juni 1973 an vorgegebenen technisch-wirtschaftlichen Kennziffern erreicht wurden. So konnte die projektierte Grubenleistung von 20 000 Tonnen pro Tag erst im Jahre 1977 im Jahresdurchschnitt nachgewiesen werden. Der angestrebte K_2O-Gehalt des Fördergutes von 14,7 Prozent konnte nur in den Jahren 1975/76 erreicht werden. In den folgenden Jahren sank er wieder ab. Viel Ingenieurarbeit war nötig, um Stör- und Schwachstellen im Produktionsprozeß zu beseitigen. Dabei erwies sich die Zusammenarbeit mit der Bergakademie Freiberg als äußerst hilfreich.

Erst seit dem Jahre 1981 konnte der VEB Kali-Betrieb Zielitz seine jährlichen Planziele regelmäßig erreichen. Eine im April 1981 importierte Granulieranlage, ein "Kompensationsvorhaben", gewährleistete die internationale Konkurrenzfähigkeit der Kalidüngemittel aus Zielitz. Dafür gab es auf der Leipziger Messe die Goldmedaille.

Vielleicht eher als anderswo war der Zielitzer Führungsmannschaft klar, daß die erwartete Produktivitätssteigerung in den kommenden Jahren nur auf dem Wege der Automatisierung erbracht werden kann. 1981 wurde ein dem Betriebsdirektor unterstellter Arbeitsstab "Mikroelektronik" gebildet. Daraus ging ein Jahr später der Zentralbereich Automatisierung und Rechentechnik hervor. Das blieb auch dem übergeordneten Ministerium für Erzbergbau, Metallurgie und Kali nicht verborgen. Dem Kali-Betrieb wurde der Auftrag erteilt, "ein durchgängig rechnergestütztes betriebliches Leitungs-, Planungs- und Informationssystem bis zum Jahre 1990 als Beispiellösung" für den Industriezweig aufzubauen.

Zu den damit anvisierten Zielen gehörten:
- der Abbau des Leitungs- und Verwaltungspersonals von 14 auf 10 Prozent
- das Leistungsvermögen des Betriebes unter und über Tage insgesamt zu verdoppeln.

Jetzt bringt die Marktwirtschaft die ganze Wahrheit über die Versäumnisse bei der Rationalisierung der Unternehmen in der ehemaligen DDR schmerzlich zutage. Vielleicht war man in Zielitz ein wenig besser darauf vorbereitet, als die Kollegen aus dem Werratal. Die Ausgangssituation hätte noch günstiger sein können. Aber viel Kraft wurde darauf verschwendet, der Anweisung des SED-Politbüros zur Herstellung von Konsumgütern nachzukommen. Allein 120 Arbeitnehmer werkelten an der völlig unproduktiven Fertigung von Elektrospulen, Rädern für Mopedanhänger, Campingwagen oder Hochantennen. Wahrlich kein Zuckerlecken im Salzbergwerk.

Tickt eine ökologische Zeitbombe?

Anders als im anhaltinischen Zielitz ist die Situation der Kumpel im Werratal. Die Kali Werra AG ist darum bemüht, große Teile ihrer Liegenschaften investitionswilligen Unternehmen zur Pacht oder zum Kauf anzubieten. Das ist nicht einfach, denn die durch ihre Grenznähe bedingte ungünstige Verkehrsanbindung der Kali-Region hat schon viele Investoren abgeschreckt. Dabei räumt sie Partnern, die sich zugleich zur Übernahme von Arbeitskräften aus der Kali-Belegschaft verpflichten, sehr günstige Konditionen für das Nutzen einer Immobilie ein.

Derartige Vereinbarungen konnte das Bergwerksunternehmen mit Baubetrieben treffen; zum Beispiel mit der Firma Heitkamp aus Herne. Der Baukonzern aus dem Ruhrgebiet, der auch in Erfurt und Chemnitz präsent ist, übernahm im Frühjahr 1991 mit einem Standort in Merkers gleichzeitig 130 bislang in der Kali-Industrie beschäftigte Arbeitnehmer.

Der Geschäftsbereich Industriemontage der Baufirma Werner Vohlmann und Co. KG aus Kambachsmühle ist inzwischen vom nördlichen zum südlichen Ufer der Werra auf das Fabrikgelände der stillgelegten Kali-Fabrikanlage in Dorndorf umgezogen. Zum Mietvertrag gehört eine Option auf den Kauf. Nicht mehr als ein bescheidener Anfang.

Die Kalibergwerke von Thüringen sollen nach ihrer Stillegung als unterirdische Sondermülldeponien genutzt werden. Derartige Pläne werden derzeit geprüft. Umweltminister Töpfer will für die Sanierung der gewaltigen Altlasten in Ostdeutschland auch Untertagedeponien schaffen. Nur so lassen sich die in einigen Regionen vorgefundenen dramatischen Bodenbelastungen - unverantwortlich abgelagerte giftige Industrieabfälle und militärische Altlasten der Sowjetarmee, die einer riesigen ungeordneten Sondermülldeponie gleichkommen - beseitigen. Inzwischen haben auch mehr als 50 westdeutsche Firmen versucht, ostdeutsche Bergwerke für die Deponierung ihres Sondermülls zu nutzen.

Nach unveröffentlichten Bonner Studien würde in den Gruben der Kali-Industrie der ehemaligen DDR insgesamt ein Hohlraumvolumen von 70 Millionen Kubikmeter für die Einlagerung von hochgiftigem Sondermüll, verseuchtem Erdreich oder schwermetallhaltigen Abfällen zur Verfügung stehen. Davon seien mindestens 16 Millionen Kubikmeter kurzfristig nutzbar. Das entspricht immerhin dem Fassungsvermögen von 440 000 Eisenbahnwaggons.

Nun hoffen viele Bergleute, bei der Einrichtung von Mülldeponien in den ehemaligen Kalischächten und bei der Beseitigung von Umweltschäden in der Kaliregion um Merkers einen neuen Job zu finden.

Hartnäckig hält sich das Gerücht, daß seinerzeit die DDR-Oberen anordneten, in der thüringischen Kaligrube Bleicherode radioaktiven Müll einzulagern. Mit einem internen Rundschreiben, das nach Kenntnisnahme an die Grubendirektion zurückzugeben war, informierte im Oktober 1980 die damalige Geschäftsleitung des VEB Kali Südharz die "gesellschaftlichen Funktionäre" über die ungewöhnliche Einlagerung eines Stoffes mit der harmlosen Bezeichnung Unicol PB 5.

Tatsächlich wurden am 26. Oktober 1980 eiserne Fässer im alten Revier VIII in über 600 Meter Tiefe eingelagert. Danach wurde der Zugang gesprengt.

Unicol PB 5 wurde damals als giftiges, zähflüssiges Beizmittel zur Reinigung von Rohren beschrieben. Der Stoff stamme aus dem Ostberliner Kombinat Kraftwerksanlagenbau, der wegen hoher Giftigkeit an einem sicheren Ort endgelagert werden müsse.

Selbst Experten des Ludwigshafener Chemiekonzerns BASF ist das giftige Beiz-

Kombinat Kali Sondershausen

mittel unbekannt. Auch in der Datenbank des Berliner Umweltbundesamtes (UBA) war die Chemikalie nicht aufzufinden. In den Karteien des Chemieriesen ließ sich die Bezeichnung Unicol lediglich als Produktname für ein ungefährliches Harnstoffharz orten, dessen einziger Hersteller im norditalienischen Mogliano Veneto zu finden ist. Es muß befürchtet werden, daß es sich bei den als Unicol falsch deklarierten Fässern um eine äußerst gefährliche Fracht handelte.

In der Tat sind scharfe Beizmittel im Kraftwerksanlagenbau zur Ablösung von Verbackungen gebräuchlich. Das bestätigt Montageleiter Elmar Krönung von der Heidelberger Kraftanlagen AG. Da der Absender der Fässer, das Kombinat Kraftwerksanlagenbau, auch für den Bau und die Wartung des Atomkraftwerkes in Greifswald zuständig war, ist nicht auszuschließen, daß mit besagten Beizmitteln die hochwertigen Edelstahlleitungen in Nuklearanlagen behandelt wurden. Nach einer solchen Verwendung ist das Mittel allerdings hochgradig radioaktiv verseucht.

Auf dem Weg der Genesung

Die Werra, einst touristische Attraktion inmitten des grünen Herzens Deutschlands, fiel der Kali-Industrie völlig zum Opfer. Täglich wurden annähernd 20 000 Tonnen von bei der Düngemittelproduktion anfallenden gelösten Salzen in ihr Flußbett geleitet . Die Folgen für die Umwelt waren verheerend. Vor allem war es die Südthüringer Kali Werra AG, die mit ihren unbehandelten Abwässern die Süßwasserflora und -fauna des 300 Kilometer langen Gewässers weitgehend vernichtete. Der Salzgehalt der Werra hatte inzwischen Nordseewerte erreicht.

Das Salz setzte auch oft genug die am Mittellauf der Weser, dem Mündungsfluß der Werra, gelegenen Wasseraufbereitungsanlagen außer Betrieb. Dadurch wurde beispielsweise die Trinkwassseraufbereitung für die Stadt Bremen unangemessen kostspielig. Ein für politische Betonköpfe nicht unerwünschter Nebeneffekt zum Schaden des "Klassenfeindes" in Westdeutschland.

Mit der Stillegung des veralteten Kaliwerkes in Dorndorf - hier fuhren die Kumpel am 27. Juni 1991 ihre letzte Schicht - trat erstmals eine Reduzierung der Salzlast im Fluß ein. Seitdem befindet sich die Werra auf dem Weg der Genesung.

Seit Jahren werden aber auch von den Kalifabriken Ost und West Salzlaugen in den Untergrund gepumpt. Um die Werra vor der Salzlast zu schützen, installierten die Kalikumpel, bereits in den zwanziger Jahren auf beiden Seiten des Flusses die ersten Schluckbrunnen. Das sind etwa 400 Meter tiefe Bohrlöcher, durch die das Abwasser unter Druck ins Erdreich gepreßt wird.

Durch die angebliche schadlose Beseitigung der Kaliabwässer hat sich zwischen Bad Hersfeld und Eisenach in 400 Meter Tiefe mittlerweile ein gewaltiges Laugenlager mit einer Ausdehnung von etwa 300 Quadratkilometern herausgebildet.

Inzwischen sind es annähernd 900 Millionen Kubikmeter Salzlauge, die seit dieser Zeit nach unten gepreßt wurden. 200 Meter unter dem Meeresspiegel zirkuliert die Lauge in unterirdischen Gesteinsschichten, in denen sich auch natürliche Salzgewässer befinden. Eine dicke Tonschicht darüber verhindert im Prinzip ihr Vordringen an die Oberfläche. Aber bestimmte Risiken sind nicht auszuschließen.

Eine bereits in den siebziger Jahren vom hessischen Umweltministerium zusammengestellte interne Gefährdungsliste weist aus, daß für 424 Trinkwasserbrunnen Laugeneinbrüche aus dem Untertagespeicher nicht auszuschließen sind.

Wie groß die ökologischen Unwägbar-

Kali-Förderung in Merkers/Rhön

keiten sind, das haben bereits vor mehr als zwanzig Jahren thüringische Grenzgemeinden zu spüren bekommen. Ins Erdreich verpreßte Laugen quollen plötzlich aus den Feldern, versalzten vordem fruchtbares Weideland und gefährdeten sogar die Wasserversorgung von Eisenach.

Die Katastrophe war von einem Ausmaß, daß sich die Verantwortlichen genötigt sahen, die Schluckbrunnen 1968 in der DDR kurzerhand zu schließen.

Als Kernstück eines von Bund und Ländern beschlossenen Programmes zur Entsalzung der Werra soll im Osten die Versenktechnik abermals angewandt und alte Schluckbrunnen wieder rekonstruiert werden - ein zweifelhaftes Unterfangen.

Not macht erfinderisch

Die Bergleute im Thüringer Kalirevier an der Werra machen sich Sorgen über ihre Zukunft. Ihr Schicksal liegt nicht allein in ihrer Hand. Aber jeder ist herausgefordert. Not macht bekanntlich erfinderisch. In Merkers kamen die Kumpel auf die Idee, unter Tage ein Bergbaumuseum zu eröffnen und das zu ihrem Broterwerb zu machen.

Fünf Glockenschläge läuten die Seilfahrt in das Erlebnisbergwerk Merkers ein; dann rast der Förderkorb in über 500 Meter Tiefe. Seit dem 8. August 1991 kann jeder, der für ein paar Stunden ein bißchen Bergmann spielen möchte, die rasende Fahrt in den Schacht miterleben.

Kombinat Kali Sondershausen

Nach der Einkleidung in der Kaue geht es mit bergmännischem Geleucht und Selbstretter unter Tage. Im offenen Mannschaftswagen erlebt der Besucher eine atemberaubende Geisterfahrt im dunklen Stollenlabyrinth über eine Gesamtstrecke von 24 Kilometern. Den ersten Stopp gibt es am unterirdischen Bergbaumuseum, wo Sachzeugen des Bergbaus in Augenschein genommen werden. Und Bergbauingenieur Golle ist ein guter Geschichtenerzähler.

Unter der Talaue der Werra und im sich anschließenden Rhöngebirge liegen in mächtigen Salzlagern die hessisch-thüringischen Kalivorkommen. Die Salzlagerstätten der Region entstanden in der Zechsteinzeit, als das germanische Becken unter den Meeresspiegel absank und ein Meeresarm das Land überflutete. Durch starke Verdunstung des Wassers konnten sich verschiedene Salze ablagern. In dem Zechsteinmeer lagerten sich die Salze nach dem Grad ihrer Löslichkeit ab: Von dem schwerlöslichen Anhydrit ($CaSo_4$) über das Steinsalz ($NaCl$) bis zu den leichtlöslichen Kalisalzen (Sylvin KCl, Carnallit $KCl \cdot MgCl_2 \cdot 6H_2O$, Kainit $KCl \cdot MgSo_4 \cdot 3H_2O$) und Magnesiumsalzen (Kieserit $MgSo_4 \cdot H_2O$, Bischofit $MgCl_2 \cdot 6H_2O$) u.a.

Die ursprüngliche Lagerung ist fast nirgends mehr erhalten. Gebirgsbildende Kräfte haben die Schichten mehr oder weniger stark aufgerichtet und gefaltet. Weit war der Weg bis zur bergmännischen Gewinnung der Salze. Über Jahrhunderte wurde Salz aus siedendem salzhaltigem Wasser gewonnen. Salz war im Mittelalter nicht nur die am meisten gebrauchte Würze für Speisen, sondern auch das einzige Konservierungsmittel.

In den Salinen besorgten Pfännerschaften die Salzgewinnung. Das waren lockere Vereinigungen der Besitzer der Siedehütten und Pfannen, die sie als Lehen des Landesherren besaßen und dafür Abgaben in Form von Salz und Geld zu leisten hatten. Die Pfänner beschäftigten in den Siedehütten gegen einen Lohn Siedemeister und -knechte. Seit 1449 existierten festgeschriebene Pfännerstatuten, wonach sich die Pfänner als Innung mit verbindlichen Eintrittsbedingungen kennzeichnen. Außerdem wurden die organisatorischen und technischen Fragen des Salinenbetriebes geregelt. Als Wirtschaftsunternehmen erstarrten die Salinen zunehmend, da alle wichtigen Entscheidungen vom Mehrheitsbeschluß der gesamten Pfännerschaft abhängig waren. Das behinderte den technologischen Fortschritt und die Einführung neuer wettbewerbsfähiger Betriebsformen. Aus wirtschaftlichen Erwägungen begann man 1851 bei Erfurt mit dem Abteufen eines Steinsalzbergwerkes, des ersten in Deutschland. Die Kostenvorteile waren beträchtlich. Wenn bis dahin die Gewinnung von 100 kg Siedesalz 2,80 Mark kostete, dann verringerten sich die Kosten bei Steinsalz auf 45 Pfennige.

Die beim Abteufen damals unerwünschten Kalisalze kamen auf Abraumhalden. Für sie gab es zunächst keine Verwendung. Ihren Wert entdeckte man verhältnismäßig spät. Erst der große deutsche Chemiker Justus Liebig gab den Anstoß zur Nutzung der Kalisalze in der Landwirtschaft als hochwertige Düngemittel. Die Anwendung neuer chemischer Verfahren in der Industrie bewirkte ebenfalls eine stärkere Aufbereitung der zutage geförderten Salze. Die wachsende Nachfrage nach Kalisalz - einst nutzloses Nebenprodukt - führte folgerichtig zu den Anfängen des Kalibergbaus. Nach 1860 begann der gezielte Abbau der Kalisalze in Staßfurt.

Im Gebiet der Werra und der Rhön wurden erstmals 1881 bei Leimbach-Kaiseroda zwei Bohrungen niedergebracht. Sie erreichten eine Tiefe von 175 und 219 Metern, ohne allerdings bis dahin fündig zu werden. Die 1893 wieder aufgenommenen Bohrungen führten diesmal zum Erfolg. Im

hand enteignet und gelangten unter sowjetische Kontrolle. Als sogenannte SAG-Betriebe (SAG = Sowjetische Aktiengesellschaft) produzierten sie Erzeugnisse, die als Reparationsleistungen gegenüber der Siegermacht Sowjetunion angerechnet wurden und somit nicht im Lande blieben. Am 1. Juli 1952 änderten sich die Eigentumsverhältnisse der drei Betriebe an der Werra erneut, sie wurden "volkseigen". Im Dezember 1959 schlossen sie sich zum VEB Kalikombinat "Werra" zusammen. Schließlich ging an ihnen - obgleich bereits Kombinat - die vom SED-Politbüro verordnete Kombinatsgründerwut nicht spurlos vorüber. Im Verbund mit weiteren Betrieben wurden die Kaliwerke der DDR jetzt unter dem Namen VEB Kombinat Kali vereint.

März 1900 wurde das obere Kalilager in einer Tiefe von 318 Metern erreicht. Schon einen Monat später stieß man bei 378 Metern auf ein unteres Kalilager. Weitere Schächte wurden in den Jahren 1905 bis 1913 in Merkers, Springen und in Unterbreizbach/Sünna abgeteuft.

1925 ging das Kaliwerk Merkers in Betrieb, das bereits wenige Jahre später als leistungsstärkster Kalibetrieb der Welt galt.

Die Kalischächte im Werragebiet gehörten seit 1919 dem Kalikonzern Wintershall. Ende des zweiten Weltkrieges gab es im Werrarevier drei Produktionsstätten: Das Kaliwerk Heiligenroda in Dorndorf, das Kaliwerk Sachsen-Weimar in Unterbreizbach und das Kaliwerk Kaiseroda in Merkers. Diese Betriebe wurden nach 1945 kurzer-

Doch die wechselvolle Geschichte der deutschen Kali-Industrie hat weitere Facetten: Während des zweiten Weltkrieges mußten auch kriegsgefangene Engländer und Franzosen in die Kaligruben einfahren. Nicht alle von ihnen erblickten wieder das Tageslicht. In stillgelegten Schächten hat es auch unterirdische Konzentrationslager gegeben. Außerdem versuchten die Nazis kurz vor ihrem "Endsieg" unter Tage nicht nur wertvolle Gemälde aus Berliner Museen über die Zeitenwende zu retten, sondern auch Gold und Geld. 1945 war Merkers plötzlich in den Schlagzeilen: In der Grube Kaiseroda erbeuteten amerikanische

Kombinat Kali Sondershausen

Truppen den Goldschatz der Deutschen Reichsbank. Das waren 4500 Barren zu je 17,5 Kilogramm. Außerdem fanden sie drei Milliarden Reichsmark. Die Generäle Eisenhower, Brudley und Patton ließen es sich nicht nehmen, diesen Schatz im Schacht persönlich in Augenschein zu nehmen.

Heute kann jeder in den Schacht einfahren, der bereit ist, dafür 35,00 DM zu berappen. Das waren bislang mehr als 75 000 Besucher; darunter auch viele Franzosen und Amerikaner. Die weltweit größte Salzkristallgrotte und die mysteriöse Lagerstätte deutscher Goldreserven sind zur touristischen Attraktion geworden. Deren Zukunft ist allerdings völllig offen, wenn die Kaliförderung in diesem Jahr in Merkers ausläuft. Es ist mehr als fraglich, ob die aufwendige Förder- und Bewetterungstechnik unabhängig vom Bergbau betrieben werden kann.

Im übrigen hatte ein Diplomingenieur aus Dorndorf eine noch kühnere Idee. Er wollte von der Kommune ein Wehr kaufen, welches in der Nähe seines Hauses das Wasser der Werra staut. Er dachte über eine umweltfreundliche Gewinnung von Elektroenergie nach, um diese in der Region zu verkaufen. Aus dem Projekt wurde nichts. Die Gemeinde war damit hoffnungslos überfordert.

Kombinat Robotron Dresden

Die Erben: High-Tech-und Software-Unternehmen

Von Ingo Paszkowsky und Anne Hildebrandt

- **Low-Cost-Schreibmaschinen brachten die begehrten Devisen**

- **Schlechte Zusammenarbeit im RGW**

- **Kooperationen mit Branchenriesen**

- **Design-PC aus Dresden**

- **Weiter Schreibmaschinen aus Erfurt**

- **Eine starke Vertriebsflotte**

- **Telekommunikationsschmiede in Radeberg**

1987 war die DDR-Welt noch in Ordnung - jedenfalls für die DDR-Oberen. So versprach Felix Meier, Minister für Elektrotechnik und Elektronik, in einem Geleitwort für die neugegründete Zeitschrift "Mikroprozessortechnik" den Ausbau der Kombinate Carl Zeiss Jena und Mikroelektronik zu "Zentren der Hochtechnologie" und kündigte "auf dieser Grundlage" eine Erweiterung des Bauelementesortiments an. 16- und 32-bit-Mikroprozessor-Systeme und 1-Mbit-Speicherschaltkreise sollten die Technologiebetriebe verlassen. Für Robotron sollte das der Stoff sein, aus dem Computer gebaut werden. "Mindestens 170 000 Büro- und Personalcomputer, 1950 Kleindatenverarbeitungsanlagen und 670 elektronische Datenverarbeitungsanlagen" wiederholte der Minister die Forderung aus der Di-

rektive des XI. Parteitages der SED an die Robotron-Beschäftigten. Weitere Ziele bis 1990: "In den Betrieben und Kombinaten der Elektrotechnik und Elektronik werden bis 1990 etwa 5800 verallgemeinerungsfähige Beispiele für CAD/CAM-Lösungen geschaffen." Je nach Einsatzfall zwischen 3 und 20 Arbeitskräfte freizusetzen, und die Aufwendungen in 1,5 bis 2 Jahren zu amortisieren, waren die unerfüllbaren Wunschträume. Mit Realismus waren die Parteistrategen ohnehin nicht geschlagen. Da die Betriebe laut Weisung sogenannte CAD/CAM-Stationen einrichten mußten, wurden oft die unmöglichsten Lösungen als derartige Arbeitsplätze ausgegeben. Hauptsache das Zahlenspiel stimmte. Fehleinschätzungen und Gigantomanie bestimmten das Mikroelektronik-Programm der DDR. Selbst internationale Giganten der Branche suchen bei ihren Entwicklungsprojekten die Kooperation, um die hohen Investitionen zu teilen und die Risiken zu mindern.

Die Cocom-Bestimmungen hinderten die DDR an der Einfuhr von High-Tech-Gütern im größeren Stil. Hauptgrund war jedoch die chronische Devisenknappheit. Deswegen hatten alle Projekte Vorrang, die zu Exporten ins "nichtsozialistische Währungsgebiet" führten, damit sie die ersehnten Devisen brachten oder bisher importierte Waren ersetzten. Vor diesem Hintergrund leisteten die Entwicklungsingenieure teilweise Beachtliches. Das gestanden sogar die Manager des Mikroprozessor-Monopolisten Intel ein. Sie waren erstaunt, wie gut ostdeutsche Ingenieure die Produkte des amerikanischen Halbleiterherstellers nachempfunden hatten. Mit einem Riesenaufwand an Man-Power hatten die Forscher des Kombinats Mikroelektronik Prozessoren des Marktführers schichtweise abgeschliffen, um an die Geheimnisse der Herzen eines jeden Mikrocomputers zu kommen. Am 17. Juli 1989 konnte Staatschef Erich Honecker dann das erste Muster

Kombinat Robotron Dresden

des 32-Bit-Mikroprozessors U 80701 in Augenschein nehmen. Auch die Bezeichnung des Robotron-Rechners, der auf dem nacherfundenen Mikroprozessorsystem basieren sollte, stand bereits fest: K 1820. In den Jubel stimmte dann auch die staatliche Zentralverwaltung für Statistik ein, die dem Bereich Elektrotechnik und Elektronik einen "überdurchschnittlichen Leistungs- und Effektivitätszuwachs zur beschleunigten Entwicklung und Anwendung der Mikroelektronik in der Volkswirtschaft" bescheinigte. Robotron konnte danach traumhafte Arbeitsproduktivitätsgewinne von 23 Prozent, das Kombinat Mikroelektronik 14 Prozent, Elektronische Bauelemente Teltow 12 und Carl Zeiss Jena 11 Prozent verbuchen.

Low-Cost-Schreibmaschinen brachten die begehrten Devisen

Robotron mit seinen zu besten DDR-Zeiten annähernd 70 000 Mitarbeitern und über 20 Betrieben gehörte zu den größten Kombinaten in der DDR-Wirtschaft. Als Hätschelkind der Führungsriege stand das Großunternehmen jedoch häufig in der Kritik der Anwender. Gründe waren u. a. lange Bestellzeiten für die international stets um Längen überholte Computertechnik, kaum Service und ein unzureichendes Software-Angebot. Zudem ging ein Großteil der trotzdem begehrten Erzeugnisse in den Export, vornehmlich in die sozialistischen Bruderländer des Rates für Gegenseitige Wirtschaftshilfe (RGW), dem Wirtschaftszusammenschluß der sozialistischen Länder. 60 Prozent des Robotron-Umsatzes, der 1989 insgesamt rund 13 Milliarden DDR-Mark betrug, wurde mit Computer- und Bürotechnik erwirtschaftet. Darüber hinaus war das Kombinat ein regelrechter Gemischtwarenproduzent. Unterschiedlichste Haushaltgeräte, Erzeugnisse der Unterhaltungselektronik, Richtfunktechnik, elektronische Meßgeräte und die in der DDR so oft beschworenen Industrieroboter verließen die Fertigungshallen. Der heiß begehrte Export in das westliche Ausland gelang den Robotronern nur mit Billigstschreibmaschinen Marke "Erika", preiswerten Computerdruckern und tragbaren Fernsehgeräten. Rund 40 Millionen DM machten die Dresdner damit jährlich Umsatz. Dabei hatte die Erika historische Vorgänger. Sie leiteten die Epoche der Schreibmaschine in Deutschland ein. Vorgänger der Robotron-Erika wurden bereits 1910 in der Firma "Seidel & Naumann" gefertigt. 5,5 Millionen Erikas wurden seither in 35 Länder auf fünf Kontinenten exportiert. Sie war zum Schluß in sechs Schriftarten und über 100 Tastaturen sowie 30 Modellvarianten lieferbar. Rund 30 000 Drucker lieferte der volkseigne Außenhandelsbetrieb Robotron AHB jährlich nach Westeuropa - zu stark subventionierten Preisen. Einheimische Käufer des Produktes mußten dessen Exportpreis mitfinanzieren. Das hieß: Auf die meist ohnehin schon überteuerten Herstellungspreise gab es noch Zuschläge.

Schlechte Zusammenarbeit im RGW

Lieferverzögerungen bei der Hardware gingen nicht unbedingt nur zu Lasten der Robotron-Betriebe, sondern hatten häufig ihre Ursache in nicht termin- und qualitätsgerechten Zulieferungen. Papier ist geduldig. Viele Vereinbarungen im ESER (einheitliches System elektronischer Rechentechnik) des RGW standen letztlich nur auf dem Papier und wurden immer weniger Realität. Häufig konnten die Partner in den anderen sozialistischen Ländern nicht liefern, die Produkte erfüllten nicht den Qualitätsstandard oder waren schlicht zu teuer. Und eine echte Arbeitsteilung, wie vorgesehen, wollte sich einfach nicht einstellen. So lieferten die Bulgaren Magnetband-Geräte und -Platten, die CSSR und Ungarn Drucker, zusätzlich produzierte aber in der EC-Reihe jeder

Der Stammbetrieb des Robotron-Kombinates in Dresden

sein eigenes Großrechnersystem Aus den schlechten Erfahrungen zog die DDR die Konsequenz, noch mehr allein machen zu wollen. So wollte man damit beginnen, Festplattenlaufwerke für Mikrorechner selbst zu produzieren.

Überwiegend ging die von Robotron produzierte Technik ins sozialistische Ausland. Großrechner gegen Öl lautete u. a. die Devise im Geschäft mit der Sowjetunion.

Begehrt in den Ländern des Ostblocks waren vor allem die Personalcomputer aus der DDR. 150 000 PC liefen von 1985 bis 1991 vom Band, entweder für den inländischen Bedarf oder für den Export in den RGW. Die Geschichte des Personalcomputers in der DDR begann mit dem PC 1715, basierend auf dem Prozessor U880, ein Clone des Z80 von Sinclair. Betriebssystem war SCP, ein zum damaligen Standard-Be-

triebssystem CP/M für diesen Prozessortyp völlig kompatibles Betriebssystem. Da im internationalen Wettbewerb bald die Intel-Prozessoren und damit MS/DOS die Nase vorn hatten, mußten die ostdeutschen DV-Strategen den Kurs wechseln. Sie stiegen um auf MS/DOS, das in der Robotron-Terminologie DCP hieß. So liefen die Weiterentwicklung des Arbeitsplatzcomputers A 7100, der A 7150, neben SCP wie sein Vorgänger, auch unter DCP. Der Gedanke des ESER lebte in dem sogenannten ESER-PC EC 1834 weiter, der jedoch nichts anderes als ein zum IBM PC XT - kompatibler PC war. Als Betriebssystem verwendeten die Robotroner wieder die MS/DOS-Kopie DCP. Der sowjetische Prozessor K 1810 WM 86 - eine identische Kopie des Intel 8086 - fand Einsatz als Mikroprozessor. Erstmals auf der Leipziger Herbstmesse

Kombinat Robotron Dresden

1987 vorgestellt, wurde der EC 1843 mit dem üblichen Messegold ausgezeichnet.

Ein großes Sortiment an peripheren Geräten verließ neben den Computern die Robotron-Werke.

Mit der Währungsunion kam das Aus für den Computerriesen. Gerade die vermeintliche High-Tech-Orientierung erschwerte den Übergang in die Marktwirtschaft ganz erheblich, denn es stellten sich gewaltige Rückstände heraus. In einer Studie des Akademie-Zentralinstituts für Wirtschaftswissenschaften in Berlin, die Anfang 1990 erschien, kommen die Autoren zu dem Schluß, daß "sich die DDR auch künftig nur in internationale Trends einordnen kann, ohne sie zu beeinflusssen". Allein an der Schaltkreisproduktion pro Einwohner sei beispielsweise erkennbar, daß "die DDR derzeit einen unvertretbar großen Abstand zu führenden Industriestaaten hat, der bei Konzentration aller Kräfte auf einen vertretbaren Rückstand von fünf bis sechs Jahren reduzierbar sein sollte". Die Autoren sprachen erstmals öffentlich aus, was alle wußten bzw. ahnten: daß es um High-Tech "Made in GDR" überhaupt nicht gut bestellt war.

Bedeutend sei auch die Lücke im technologischen Niveau der Speicherschaltkreise und der Mikroprozessoren. Erste Prototypen neuer Speicherschaltkreise stünden in der DDR zur Verfügung, wenn bei führenden Produzenten die Serienproduktion mit zehn bis zwölf Millionen Stück im Monat beherrscht wird. Der technologische Rückstand der Bauelementeindustrie der DDR lag zwischen drei und acht Jahren. Das entspricht etwa drei Technologiegenerationen. Vorleistungen für integrierte Schaltkreise wurden in Japan 70mal besser verwertet als in der DDR. Prof. Dr. Wolfgang Marschall, der federführend an der Studie mitgearbeitet hatte, verwies auf eine für DDR-Verhältnisse typische Entwicklung. Nämlich die einseitige Konzentration "aller Kräfte" auf eine spezielle Aufgabe. So sei insbesondere der Entwicklung von DRAM-Speicherbausteinen "einseitig viel Aufmerksamkeit geschenkt worden". Etwa 50 Prozent aller Investitionen wären dort hingeflossen. Damit fehle aber das notwendige technologische Umfeld.

Kooperationen mit Branchenriesen

Weiterer typischer Fehler: Eigenbrödlereien. Mit zu wenig Konsequenz wurde in der DDR eine internationale Arbeitsteilung durchgesetzt. "Eine hohe Eigenversorgung galt als Tugend und anstrebenswertes Ziel." Importe aus nichtsozialistischen Ländern sollten nach Möglichkeit abgelöst werden. "Diese Orientierung bedeutete zugleich ein Abgehen von der internationalen Arbeitsteilung, die aber ein Produktivitätsfaktor ist".

Kein Wunder also, daß die Kombinatsbetriebe sich mit der Umstellung auf die freie Marktwirtschaft in den noch freieren Fall begaben. Der einheimische, ostdeutsche Markt war über Nacht verschwunden, und der osteuropäische Markt, Hoffnungsträger ostdeutscher Unternehmnen, brach wegen Zahlungsschwierigkeiten völlig zusammen. Das Hoffen auf kurzfristige Wiederbelebung des Absatzes nach Osteuropa, die den ostdeutschen Computerfirmen zugute kommen könnte, ist illusorisch. Bis sich dort die wirtschaftlichen Verhältnisse ändern und die Zahlungsfähigkeit sich langsam wieder eingestellt hat, sitzt die Konkurrenz, die mit preiswerten Lösungen ebenfalls auf den Ost-Markt drängt, in den Startlöchern.

Kooperationen mit Branchenriesen wie IBM und SNI sollten neue Absatzmärkte erschließen helfen. Teilweise entstanden gemeinsame Gesellschaften. Viele Robotron-Betriebe gingen in die Liquidation. Dennoch sprießen an vielen ehemaligen Standorten die Knospen des Neubeginns. Über diese

Anfänge ist der thüringische Standort Sömmerda längst hinweg. In dem 13 000 Beschäftigte umfassenden Unternehmen wurden früher neben vielen anderen Erzeugnissen zwischen 100 und 160 PCs pro Tag gefertigt. Heute schaffen die 230 Beschäftigten der Aquarius Robotron Systems GmbH in Sömmerda das Zehnfache. Damit produziert die Tochterfirma der Bad Homburger Aquarius Systems International GmbH (ASI) mehr PC als jeder andere Standort in Deutschland. Zu schaffen ist dies durch die drastisch reduzierte Fertigungstiefe. Während früher in Sömmerda fast alle Teile selbst produziert werden mußten, stecken die Beschäftigten jetzt die aus Fernost stammenden Bauteile zusammen. Freilich ging das ehemalige VEB Robotron Büromaschinenwerk Ernst Thälmann optimistisch in die Marktwirtschaft. Und Ende 1990 konnte der Vorstandschef des in eine Aktiengesellschaft umgewandelten Unternehmens, der Robotron Büromaschinenwerk AG, Helmut Auge, auf ein passables Ergebnis verweisen. Umsätze von 583 Millionen DM und keine einzige Mark Liquiditätskredit bei der Treuhand in Anspruch genommen, strahlte Auge. Zu diesem Zeitpunkt, Ende November 1990, ist Auge noch optimistisch. Der Vorteil des geringeren Lohnes könne zwei oder drei Jahre über die noch nicht optimale Technologie hinweghelfen. Große Hoffnungen setzt er auf den sowjetischen Markt und dessen intime Kenntnis durch ostdeutsche Unternehmen. Auge: "Unser Unternehmen existiert seit 173 Jahren, und es wird es auch in Zukunft geben." Damit hatte Auge sich allerdings gewaltig geirrt.

Seit 1817 konnte die Firma von Nicolaus Dreyse mit der Erfindung des Zündnadelgewehrs expandieren. Um 1900 ging die Fabrik an die rheinische Metallwaren- und Maschinenfabrik Düsseldorf-Derendorf. In der Weimarer Republik begann das Werk mit der Fabrikation von Schreib- und Rechen-

maschinen. Dabei waren die Thüringer besonders erfolgreich. Eine ihrer Fakturiermaschinen erhielt 1937 auf der Pariser Weltausstellung einen Grand Prix.

Im Januar 1991, also bereits zwei Monate später ist Auges Optimismus verflogen. Den geplanten Umsätzen von 600 Millionen DM stehen Auftragseingänge von 87 Millionen DM gegenüber. Der harte Wettbewerb hat zugeschlagen. Nachdem die Treuhandanstalt mit Millionenbeträgen den Betrieb stützen mußte, fiel im September 1991 die Entscheidung über das Ende des Büromaschinenwerkes. Knapp drei Monate später, am 5. Dezember lief dann der letzte PC vom Band.

Mit einer groß angelegten internationalen Ausschreibung will die thüringische Landesregierung nun Investoren suchen. Großbanken und Unternehmensberatungsgesellschaften sollen beim Aufbau einer mittelständischen Wirtschaft helfen. Längst siedeln sich aber Computerfirmen in Sömmerda an. Eine der leistungsfähigsten Europas soll in Sömmerda entstehen. Das hat die Aquarius Robotron Systems GmbH angekündigt. In das neue Werk, mit einer Kapazität von 4000 bis 5000 Computern pro Tag, will das Unternehmen 45 Millionen DM investieren. Auch die Europavertretung des taiwanesischen Computerherstellers ASI soll nach Sömmerda verlagert werden.

Design-PC aus Dresden

In Dresden entstanden einst die Robotron Eser-Computer und 16-bit-PC. Aus dem ehemaligen Stammbetrieb des Kombinats Robotron wurde die Computer-Elektronik GmbH mit 500 von ehemals 2500 Beschäftigten. Aufmerksamkeit zogen die Dresdner mit ihrem neuentwickelten Design-PC Comped auf sich. Im August 1992 begann die Serienfertigung und wenig später waren die ersten Exemplare des Design-PC verkauft. 1992 hatten 60 Geräte

Kombinat Robotron Dresden

das Werk in der Bodenbacher Straße verlassen. Die Strategie der Dresdner: Vom Design-PC werden nur 2000 Stück in limitierter Auflage verkauft. Jedes Gerät erhält eine exklusive Seriennummer mit entsprechender Urkunde. Vor allem in den Chefetagen großer Unternehmen sollte der eigenwillige PC Einzug halten. Da 500 Beschäftigte nicht von der Produktion ihrer 2000 Design-PCs leben können, bietet die Computer - Elektronik GmbH vorrangig Dienstleistungen im elektronischen Gerätebau an. Neue Geschäftsfelder: Elektronik Recycling; außerdem plant das Unternehmen den Einstieg ins Telekommunikationsgeschäft. Eine preiswerte ISDN-Nebenstellenanlage ist bereits im Angebot. Die Computer-Elektronik Dresden GmbH ist inzwischen privatisiert.

Anfang März 1992 schrieb die Treuhand das etwa 13 Hektar große Betriebsgelände des Erfurter Optima-Schreibmaschinenwerkes zum Verkauf aus. MBO-Konzepte (Management-Buy-Out) der Erfurter Optima Firma und ihrer Zulieferbetriebe blieben bis zu diesem Zeitpunkt unbeachtet, trotz voller Auftragsbücher. Immerhin verließen pro Tag 600 Schreibmaschinen ihre Kinderstube.

Das Unternehmen machte noch 1991 einen Umsatz von 46 Millionen Mark und die Manager der Optima wollten von den 6000 Arbeitsplätzen in Erfurt 800 erhalten. Andere Interessenten hatten sich nicht gemeldet. Am 1. Juli 1992 war es dann doch soweit, die "Optima Bürotechnik GmbH" in Erfurt übernahm mit der Schreibmaschinenproduktion den Kern der liquidierten "Robotron Optima GmbH". Mit ihren 273 Mitarbeitern ist sie nun eines der größten MBO in den neuen Bundesländern. Gesellschafter des letzten deutschen Schreibmaschinenherstellers sind fünf Mitarbeiter der ehemaligen "Robotron Optima GmbH" und ein Kölner Kaufmann als stiller Gesellschafter.

Der Kölner Kaufmann und seine fünf agilen Mitstreiter setzen mit der Produktion von Schreibmaschinen eine 66 Jahre alte Tradition fort. Solange schon baut man die trotz zunehmender Computerisierung immer noch unverzichtbaren Gefährten der schreibenden Zunft auf dem Gelände neben dem Erfurter Dom.

In den 80er Jahren des vorigen Jahrhunderts entstanden die ersten brauchbaren Schreibmaschinenvorläufer, sie verwandelten nahezu unleserliche Manuskripte in fast druckreife Schriften. Ende der 20er Jahre begann das Zeitalter der Typenhebel, mit denen die Griffeltastatur nicht mehr konkurrieren konnte. Der 1936 gegründeten Olympia AG blieb kaum die Chance, sich der schreibenden Zunft zu widmen. Das 1945 zerstörte Werk wurde wieder aufgebaut und vorübergehend Sowjetisch-Deutsche Aktiengesellschaft. 1950 ging es in Volkseigentum über. Der VEB Optima Büromaschinenwerk Erfurt nahm 1966 seine erste elektrisch angetriebene Schreibmaschine in die Produktion auf. 6900 Beschäftigte machten die Optima-Büroschreibmaschinen zu einem Markenartikel in etwa 60 Ländern auf fünf Kontinenten.

Der seit 1978 dem Kombinat Robotron angehörende Betrieb stellte zu dieser Zeit erstmals auf der CeBit in Hannover eine mikroprozessorgesteuerte Schreibmaschine vor, die S 6001. Elektronische Schreibtechnik blieb dominierendes Erzeugnis. Töchter der S 6001 wurden nahezu vollständig im eigenen Haus hergestellt. Dazu zählten die Betriebsteile Neudietendorf, Gotha und Herbsleben. Trotzdem fanden auch die mechanischen Schwestern nach wie vor ihre Käufer im In- und Ausland, was an ihrer Unverwüstlichkeit und den niedrigen Preisen lag. Die "Erika" zählte schließlich zu den Devisenbringern der DDR. Mit den Dumpingpreisen verdarb man durchaus die Preise manch westdeutscher Hersteller.

Weiter Schreibmaschinen aus Erfurt

1988 stellte man die Produktion elektromechanischer Schreibmaschinen ein, da sie sich gegen die neuen elektronischen nicht mehr behaupten konnten. Die Nachfolgerinnen entsprachen mit ihren Farbbandkassetten, Korrektureinrichtungen, der Schriftqualität, den V.24-Anschlüssen und Textspeichern schon höheren Ansprüchen. Spitzenmodelle verfügten über die Fähigkeit, komplizierte Schriften wie Hindu oder Urdu zu bilden. Andere waren zweisprachig umschaltbar.

Zwei Erfolgsprodukte von Robotron - der EC 1834 und die "Erika"

Heute ist die Produktion der "Optima Bürotechnik GmbH" weit in das Jahr 1993 hinein ausgelastet. Das Unternehmen rechnet mit einem Umsatz von mindestens 40 Millionen DM im Jahr 1993. In Osteuropa beansprucht die Optima-GmbH hohe Marktanteile. So liefert sie in die sich neu konstituierten Republiken der einstigen Sowjetunion, nach Taschkent und die baltischen Staaten. Denn Optima bietet kyrillische Schrifttypen und auch usbekische, lettische, estnische, ukrainische und tadschikische Versionen. Die Sprachenvielfalt, immerhin exportiert das Unternehmen in etwa 25 Länder, soll erhalten bleiben. Die Thüringer attackieren sogar die asiatischen Märkte: keine Schrift der osteuropäischen oder asiatischen Sprachen ist ihnen zu kompliziert.

Schlecht dagegen erging es dem Schwesterzweig VEB Robotron-Elektronik Zella-Mehlis. Jahrzehntelange Tradition bewahrte in diesem Fall nicht vor dem Untergang. Der zu DDR-Zeiten hochgelobte Produzent erster Mikrorechnersysteme befindet sich seit Februar 1992 in der Liquidation. Lediglich ein kleines Abwicklungsteam hält bislang noch die Stellung. Alle anderen Beschäftigten, 1989 waren es noch 4800, sind entlassen oder von völlig neu gegründeten Firmen teilweise übernommen worden. So von der Benzing Cellatron GmbH Zella-Mehlis, 1990 von einem Schweizer Konzern gegründet. Auf dem Gelände des ehemaligen VEB soll, nach Aussagen des Abwicklungsteams, ein Gewerbepark entstehen.

Der 1967 in Volkseigentum übergegangene Betrieb gehörte seit 1939 der amerikanischen Underwood Elliot Fisher Company. Vorher war es die Mercedes-Büromaschinen AG, in der 1908 die ersten Schreibmaschinen produziert wurden. 1969 schloß sich der VEB Rechenelektronik Meiningen/Zella-Mehlis dem Kombinat Zentronik an - traditionsgemäß fertigte das Unternehmen nach wie vor Schreib- und Rechentechnik. 1976 begann der Aufbau der mikroelektronischen Industrie, und VEB Rechenelektronik Meiningen/Zella-Mehlis gehörte ab 1977 zum Kombinat Robotron. So erblickte der erste Mikrorechner K 1510 das Licht der Welt. Bestimmten 1979 etwa

Kombinat Robotron Dresden

20 Prozent mikroelektronischer Erzeugnisse das Produktprofil, so waren es 1980 bereits 50 Prozent. Als Fortsetzung der traditionellen Schreibmaschinenproduktion vertrieb das Unternehmen 1984 Flachschreibmaschinen als sogenanntes Konsumgut. Im VEB Robotron-Elektronik Zella-Mehlis befand sich die zentrale Fertigung von Schlitztypen aller Schreibmaschinenproduzenten der DDR und Partnern des RGW. Mit Geräten der Mikroelektronik, Datenerfassungs- und Speichertechnik erhoffte man hohe Rationalisierungseffekte in der eigenen Volkswirtschaft und darüber hinaus. So schlossen Betriebe der UdSSR-Automobilindustrie und das Ministerium für Elektrotechnik und Elektronik der DDR Abkommen über die Zusammenarbeit auf den Gebieten Entwicklung, Produktion und Anwendung rechentechnischer Anlagen in der Automobilindustrie.

Eine starke Vertriebsflotte

Die CVU Computer-Vertriebs-Union GmbH, Berlin, ist die Nachfolgerin des Robotron-Vertriebs. Sie ist noch in Treuhandbesitz und schrumpfte von einst 4000 Mitarbeitern auf inzwischen rund 80. Etwa 1,6 Milliarden-Mark setzten die Mitarbeiter 1989 um. Als er die Geschäftsführung bei dem Treuhand-Unternehmen übernahm, herrschte Orientierungslosigkeit, berichtet Kurt Beckers. Beckers, ein Insider der Branche- lange Jahre war er als Marketing- und Vertriebsmanager der westdeutschen Böwe-Gruppe tätig -, stoppte die "Politik der Atomisierung" erneut. "Jede Abteilung hatte eine eigene Firma gegründet, ohne Konzept, ohne Know how, nur der Wille zum Überleben war vorhanden". Bei seinen Ausführungen greift Beckers gerne auf Metaphern zurück. So charakterisiert er das Unternehmen bei seinem Eintritt als eine Flotte von Ruderbooten.

Die Mutation zum Kreuzer schaffte auch er nicht. Unter seinem Nachfolger, Herrn Michael Schimkus, wurden, nachdem die Sanierungsfähigkeit für das Gesamtunternehmen durch die Treuhand verneint wurde, die verschiedenen Geschäftsstellen und ehemaligen Niederlassungen der CVU im Rahmen von MBO privatisiert. Wurde einst die Marktführerschaft in den neuen Bundesländern als Unternehmerziel deklariert, so hatten doch Beckers und sein Vorgänger außer acht gelassen, daß man einen Vollsortimenter mit den Produktbereichen Computertechnik, Kommunikationstechnik, Bürotechnik und Büroausstattung auch mit Treuhandkrediten nicht einfach aus dem Boden stampft. Etablierte Konkurrenten mit guter Nachfrage paßten von Anfang an auf, daß das Mauerblümchen CVU nicht zu schnell zu einer Heckenrose wachsen würde.

Die privatisierten MBO haben sich trotzdem alle entschieden, den Namen CVU in ihrer Firma weiterzuführen. Für die Abdeckung verschiedener Nischen sind sie durch abgespeckte Organisation und motivierte Außendienstmannschaften bestens gerüstet. Der übriggebliebene Mantel der CVU wird im Laufe des Jahres 1993 liquidiert.

Kaum ein ehemaliger Robotronbetrieb erhielt in jüngster Zeit soviel Medienbeachtung wie das Robotronprojekt Dresden. Der Grund: der Großneffe des 1967 verstorbenen ersten Bundeskanzlers, Konrad Adenauer, Peter Adenauer, wurde von der Treuhand als Geschäftsführer für das 70 Mann zählende Software-Unternehmen eingestellt. Adenauer, der in Houston in den USA eine Software-Beratungsfirma führt, interessierte sich für einen Brancheneinstieg im Osten. Das "Ende der Bürokratie" und den "Beginn eines amerikanischen Stils" hat er sich als erstes auf die Fahnen geschrieben.

Für die Mitarbeiter steht die Tür zu seinem Büro stets offen.

Der Markt für die Dresdener liege praktisch vor der Haustür. Hunderte von Re-

Einer der ersten Heimcomputer hatte großen Zuspruch bei der Jugend

chenzentren in den GUS-Staaten müßten völlig umgekrempelt und an die westliche Peripherie angepaßt werden, weiß der Manager. In der EG wird sich Robotron-Projekt vor allem auf die mittlere Datentechnik konzentrieren. Peter Adenauer hat im Frühjahr 1993 die Robotron-Projekt GmbH Dresden im Rahmen eines Asset Deals von der Treuhandanstalt erworben.

Telekommunikationsschmiede in Radeberg

Radeberg stand für manchen in der DDR als Synonym für Mangelware. Gerade Biertrinker litten schwer. Kamen sie doch kaum an das begehrte Radeberger Bier heran, das zum größten Teil in den (West-) Export ging. In Radeberg stand aber auch die Wiege der Robotron-Fernsehgeräte. Leider ging das Werk in Konkurs, weil die Fernseher in der Produktion erheblich teurer waren als sie in den Kaufhausketten angeboten wurden. Jedoch ist nicht das gesamte Werksgelände nunmehr stillgelegt. Die ANT Nachrichtentechnik Radeberg GmbH ist Rechtsnachfolgerin eines Teils des VEB Robotron-Radeberg und nutzt vor allem das Entwicklungs- und Produktionspotential der früheren Robotron-Richtfunktechnik. Bereits 1988 wurde zwischen Robotron-Elektronik und der ANT Nachrichtentechnik

Kombinat Robotron Dresden

über eine Zusammenarbeit diskutiert. Die Radeberger klemmten sich nach der Wende dahinter und erreichten schließlich, daß ANT die Betriebsteile Richtfunktechnik und Datentechnik erwarb und zum 1. Januar 1991 die ANT Nachrichtentechnik Radeberg GmbH gründete. Bis 1993 sollen insgesamt 60 Millionen Mark investiert werden. Damit, so ist die Planung, wird die erworbene 30 000 Quadratmeter Nutzfläche saniert und modern ausgerüstet. Von anfangs 600 Mitarbeitern stieg deren Zahl inzwischen auf 800. Solide Startbasis für das neue Unternehmen waren Aufträge der Deutschen Bundespost Telekom. Sie umfassen den Aufbau eines für das Gebiet der ehemaligen DDR digitalen Richtfunknetzes und die Installation eines kompletten Telefonnetzes - ein sogenanntes Key-turn-Projekt - im Land Brandenburg. Die Bosch-Gruppe, zu der das Radeberger Unternehmen über seine Mutter ANT gehört, hat in Radeberg die Fertigung aller Stromversorgungen für Relaisstationen konzentriert. Beim "Cityruf", einem Mehrwertdienst der Telekom, ist ANT Radeberg systemverantwortlich für Sender und Projektierung. Vom D2-Mobilfunknetz der Mannesmann-Tochter Mannesmann Mobilfunk haben die Radeberger den Auftrag zum Bau und der Planung aller Sender in Sachsen, Sachsen-Anhalt und Thüringen erhalten. Etwa 100 Ingenieure entwickeln in Radeberg Geräte und Systeme der Richtfunk-, Multiplex- und öffentlichen Vermittlungstechnik. Einen Achtungserfolg erreichte das Team, als es gelang, in nur vier Monaten ein von Brasilien gewünschtes Richtfunksystem zu entwickeln.

Kombinat Schiffbau Rostock

An der Küste werden weiter Schiffe gebaut

Von KARIN GEHRKE

- ■ **Auf dem Weg in die Marktwirtschaft**

- ■ **Treuhandanstalt gewährt Bürgschaft**

- ■ **Konzepte und Personalabbau**

- ■ **Treuhand fällt endlich Entscheidungen**

- ■ **Soziale Abfederung des Strukturwandels**

- ■ **Ausblick**

Mit 55 000 Beschäftigten und 21 Betrieben gehörte das Kombinat Schiffbau zu den größten Betrieben in der .ehemaligen DDR. In der Rangfolge der Kombinate der DDR rangierte es auf Platz 6. Die Mehrzahl der Betriebe entstand nach 1945, so die großen Werften an der Ostseeküste in Wismar, Warnemünde und Stralsund. Neu geschaffen wurde auch das Dieselmotorenwerk Rostock und der Schiffscommerz Rostock als Außenhandelsbetrieb des Kombinates. Andere Betriebe, wie die Gießerei Torgelow, die Schiffswerft Rechlin und die Neptunwerft Rostock existierten bereits Jahrzehnte vor der Kombinatsbildung im Jahre 1979 und spielten bereits in der Rüstungsindustrie des Dritten Reiches eine nicht unwesentliche Rolle. Im einzelnen gehörten zum Kombinat, das seinen Haupt-

sitz in Rostock hatte, folgende volkseigene Betriebe:

Der Kombinatsleitbetrieb Schiffbau, die Warnowwerft Warnemünde, die Mathias-Thesen-Werft Wismar, die Volkswerft Stralsund, die Schiffswerft Neptun Rostock, Peenewerft in Wolgast, die Elbe-Werft Boizenburg, die Elbe-Werft Roßlau, Klement-Gottwald-Werft Schwerin, Kühlautomat Berlin, Schiffswerft Rechlin, Schiffswerft Oderberg, Industrie-Kooperation Schiffbau Rostock, Schiffsanlagenbau Barth, Gießerei- und Maschinenbau Torgelow und der Außenhandelsbetrieb Schiffscommerz.

Durch die Zusammenfassung dieser Betriebe war die gesamte Schiffbauindustrie der DDR einschließlich der wichtigsten Zulieferbetriebe im Kombinat Schiffbau vereinigt. Alle Betriebe wurden von der Kombinatsleitung in Rostock geführt.

Das Kombinat Schiffbau war 1979 gegründet worden. Durch die Kombinatsbildung sollte die Übertragung größerer Eigenverantwortung und die Schaffung von weitgehend autarken, sektoralen Konzerneinheiten erreicht werden. Die Kombinatsleitung Schiffbau bestand aus einem Stammbetrieb, der den Betrieb für Forschung, Erzeugnisentwicklung und Rationalisierung, das Institut für Schiffbau und den VEB Ingenieurbüro für Schiffbau in sich vereinigte. Das ehemalige Ingenieurbüro wurde in das Direktorat Technik der Kombinatsleitung eingegliedert und Zentrum der Forschung und Entwicklung sowie des Baus von Rationalisierungsmitteln im Industriezweig.

Die vertikale Integration wuchs mit der Kombinatsbildung in einem beispiellosen Umfang, zugleich nahm die Fertigungstiefe der einzelnen Betriebe immer mehr zu.

Seit dem Jahre 1946 produzierten die ostdeutschen Schiffbauer über 5000 See- und Binnenschiffe in mehr als 200 Typenausführungen für Kunden in 45 Ländern. Vom Kutter bis zum Fabriktrawler, vom

Kombinat Schiffbau Rostock

konventionellen Küstenmotorschiff bis zum Vollcontainerschiff, von Binnenfahrgastschiffen bis zu Seefahrgastschiffen, von Ro-Ro, Lo-Ro bis zu Eisenbahngüterfähren und von Schleppern bis zu Eimerkettenbaggern reichte das Erzeugnisprofil des Kombinates, das insgesamt Schiffe mit einer Vermessungstonnage von neun Millionen GT (BRT). Lloyd`s Register of Shipping wies für den DDR-Schiffbau bei Fischereifahrzeugen den ersten und bei Stückgutfrachtschiffen den zweiten (1986) und den dritten Platz im Weltschiffbau aus. Rund 60 Neubauten mit insgesamt 400 000 GT Vermessungstonnage verließen Jahr für Jahr die Werften an der Ostseeküste und im Binnenland, die alljährlich ihr Produktionsprogramm teilweise bis zu 40 Prozent erneuerten. Mehr als 90 Prozent aller Schiffsneubauten waren für den Export bestimmt.

Hauptauftraggeber der DDR-Schiffbauindustrie, die international einen guten Ruf hatte, war über Jahrzehnte die Sowjetunion. Sie kaufte bis 1989 insgesamt 3500 Schiffe. Jedes dritte Schiff der sowjetischen Fischereiflotte wurde von der Volkswerft Stralsund produziert. Wie groß die Bedeutung des Exports in die Sowjetunion war, belegen Zahlen: Im Durchschnitt der Jahre 1984 bis 1989 wurden 60 Prozent der fertiggestellten Schiffe in die UdSSR geliefert und nur 13 Prozent für die eigene Flotte, die Deutsche Seereederei gebaut. Der Rest ging an westliche Reeder. Zu den Kunden des Schiffbau-Kombinates gehörten weitere 43 Länder, darunter die BRD, China, Griechenland und Norwegen.

Die starke Orientierung auf die Sowjetunion zeigte ein typisches Merkmal der DDR-Werften. Anders als westliche Schiffbaubetriebe konnten sie Schiffe in großen Serien herstellen, allerdings auch auf einem wesentlich niedrigeren technischen Niveau. Die stärkere Ausrichtung auf individuelle Kundenwünsche der Reeder und das höhere Modernisierungstempo zwangen westliche Werften zu weit größerer Flexibilität.

Insgesamt war das Kombinat in seinen Strukturen ein unter politischen Gesichtspunkten geschaffenes Gebilde, daß im wesentlichen drei Zwecken diente:

1. Dem Prestige-Bedürfnis der SED zu entsprechen, die Hammer- und Zirkel-Flagge in allen Häfen der Welt wehen zu lassen.

2. Harte Valuta aus Schiffslieferungen in den Westen zu erwirtschaften und dies unter bewußter Vernachlässigung von Rentabilitäts- und Effektivitätskriterien.

3. Der Planerfüllung im Rahmen des RGW.

Während die Werften in den alten Bundesländern in dem Zeitraum von 1975 bis 1990 ihre Kapazitäten halbierten und die Mitarbeiterzahl von 78 000 auf 50 000 sank, beschäftigte das Kombinat Schiffbau am 31. Mai 1990 noch immer über 50 000 Arbeiter. Im Gegensatz zu den Werften der Wettbewerbswirtschaft, die aus Konkurrenzgründen ständig ihre Fertiggungstiefe reduzieren mußten, ging der DDR-Schiffbau den umgekehrten Weg: Er erweiterte Fertigungstiefe und -breite. DDR-Schiffbau wurde in Folge von Autarkievorgaben und der bekannten Mangelwirtschaft, ganz bewußt vertikal integriert. Auch absolut schiffbaufremde Fertigung wurde in das Programm aufgenommen. Die Unternehmen des Schiffbaukombinates lieferten neben ihren Hauptprodukten zum Beispiel Fahrgestelle für Campingwagen, sie bauten Möbel, fertigten Kühlschränke. Sie betrieben soziale Einrichtungen - Polikliniken, Ferienheime - und unterhielten sogar gewerbliche Gärtnereien.

Auf dem Weg in die Marktwirtschaft

Am 1. Juni 1990 wurde das Kombinat Schiffbau formal aufgelöst. Die Deutsche Maschinen- und Schiffbau AG (DMS) wurde mit 24 Gesellschaften (alle Werften und

Auf der Neptun-Warnow-Werft

Zulieferbetriebe) mit beschränkter Haftung als Rechtsnachfolger des Kombinates und Branchenführer dieser ebenso traditionellen wie regionalpolitisch bedeutsamen Industrie zwischen Elbe und Oder gegründet. Noch immer ohne Bilanz-, ohne Gewinn- und Verlustrechnung, ohne verläßliche Zahlen über die Höhe der Verpflichtungen und über das weitere unternehmerische Ziel konstituierte sich in Hamburg rund sechs Monate später am 16. November 1990 der Aufsichtsrat der DMS unter Vorsitz von Dr. Eckart van Hooven, Vorstandsmitglied der Deutschen Bank. Dem Aufsichtsrat gehörten u. a. mit Dr. Tyll Necker, Präsident des Bundes der Deutschen Industrie, Peter Tamm, damaliger Vorstandsvorsitzender der Axel-Springer-Verlag AG, Dr. Norbert Henke, Vorstandsmitglied der Bremer Vulkan AG, namhafte Persönlichkeiten der Wirtschaft und der Politik an.

Wenn die DMS eine Chance haben soll, wird ein Optimum an finanzieller Hilfe vom Bund, Sachverstand und Erfahrung benötigt, schätzte van Hooven anläßlich der Gründung des Aufsichtsrates ein. Er ließ auch keinen Zweifel daran, daß bei einer Produktivität, die etwa nur halb so hoch wie bei vergleichbaren Betrieben in den Altbundesländern war, die Umsetzung eines Teiles der über 40 000 Beschäftigten der DMS in andere Betriebe notwendig wird.

Um so düsterer sah dann wenig später das wirkliche Bild vom damaligen DDR-Schiffbau aus: Der Auftragsbestand der DMS mit 1,5 Millionen nach Arbeitsaufwand bemessenen Bruttoregistertonnen (BRT) entfiel zu etwa 75 Prozent auf Aufträge aus der UdSSR. Diese Verträge waren auf der Basis von 4,67 Mark der DDR je Verrechnungsrubel abgeschlossenen worden. Für das zweite Halbjahr 1990 wurden die Zulieferungen zu einem Kurs von 2,35 DM pro Rubel abgerechet. Aus den UdSSR- und RGW-Verträgen ergaben sich damit Verluste von 2,6 Mrd. DM. Dazu kamen Auftragsverluste aus sonstigen Lieferungen von 1,7 Mrd. Mark und die bei der Währungsumstellung bestehenden Bankkredite in gleicher Höhe, so daß sich die Altlasten bei der DMS auf 6 Mrd. DM summierten.

Zum Verbund der DMS gehörten bei ihrer Gründung sieben Werften, zehn spezialisierte Maschinenbaubetriebe, ein Unter-

Kombinat Schiffbau Rostock

nehmen der Elektrotechnik/Elektronik, fünf Engineering- und Consulting-Firmen sowie das Handelshaus Schiffscommerz.

Im einzelnen vereinte die Deutsche Maschinen- und Schiffbau AG folgende Betriebe unter ihrem Dach:

Werften:

Warnowwerft GmbH, Volkswerft GmbH, Mathias-Thesen-Werft GmbH, Schiffswerft "Neptun" GmbH, Peene-Werft GmbH, Elbewerft Boizenburg GmbH, Roßlauer Schiffswerft GmbH.

Maschinenbau- und Ausrüstungsbetriebe:

Dieselmotorenwerk Rostock GmbH, Maschinenbau Halberstadt GmbH, Kühlautomat Berlin GmbH, Schiffselektronik Rostock GmbH, KGW Schweriner Maschinenbau GmbH, Gießerei und Maschinenbau Torgelow GmbH, Isolier- und Klimatechnik Schiffbau Rostock GmbH, Dampfkesselbau Dresden-Übigau GmbH, Schiffsanlagenbau Barth GmbH, Schiffswerft Rechlin GmbH, Schiffswerk Oderberg.

Engineering:

Ingenieurtechnik und Maschinenbau GmbH, Ingenieurzentrum Schiffbau GmbH, Informationssysteme und DV-Consulting GmbH, Schiffbauversuchsanstalt Potsdam GmbH, Institut für Schiffbautechnik und Umweltschutz GmbH, Schiffscommerz GmbH.

Das Auftragsvolumen der Gruppe umfaßte zur Zeit der DMS-Gründung 1990 insgesamt 124 Seeschiffe im Wert von mehr als 4 Mrd. Mark. Mehr als die Hälfte davon waren für die UdSSR bestimmt.

Treuhandanstalt gewährt Bürgschaft

Die DMS stand schon am Tag ihrer Gründung vor riesigen Problemen. Alle Unternehmen waren personell übersetzt,

ihre Bilanzen, soweit vorhanden, gaben keine Auskunft über den Marktwert, die Verkaufspreise orientierten sich nicht an Fertigungskosten und Gewinn, Umweltschäden, die durch die Produktion entstanden, blieben meist unberücksichtigt. Die Treuhandanstalt, die auch für den Übergang von der Planwirtschaft zur Marktwirtschaft im Schiffbau verantwortlich zeichnet, orientierte deshalb von Anbeginn auf die Privatisierung aller Schiffbauunternehmen, die sich verkaufen lassen, auf die Umstrukturierung der Unternehmen, die nicht schnell privatisierbar sind, und auf Betriebsstillegungen, wenn es unvermeidbar war.

Am 30. September 1990 wird das erste Sanierungskonzept der DMS der Treuhand vorgelegt. Die Treuarbeit Hamburg gibt dazu eine gutachterliche Stellungnahme ab. In einem Bericht der Kreditanstalt für Wiederaufbau (KfW) für den Bundeswirtschaftsminister wird dieses Konzept jedoch als insgesamt auf die Besitzstandswahrung ausgerichtet` kritisiert. Weitreichende Kapazitätsreduzierungen und Ausgliederungen seien notwendig, hieß es. Die Lebensfähigkeit der ostdeutschen Werften stand jedoch bei ernsthafter Sanierung nie in Frage.

Unter diesen Gesichtspunkten mußte Dr. Juergen Krackow ab Januar 1991 in Rostock als Vorstandssprecher der DMS an die Arbeit gehen. Krackow galt als erfahrener Sanierer von Unternehmen in den Altbundesländern (Saarstahl). Der DMS-Vorsitzende und letzte Generaldirektor im ehemaligen Kombinat Schiffbau, Jürgen Begemann, war am 31.12.1990 ausgeschieden. Krackow begann mit der Umstrukturierung. Gleichzeitig legte er der Treuhand am 22. Februar 1991 ein zweites Unternehmenskonzept vor, das Chancen eröffnete, wichtige Teile der DMS auf dem äußerst schwierigen Weltmarkt Schiffbau zu erhalten.

Konzepte und Personalabbau

Das Unternehmenskonzept sah u.a. die Reduzierung der Schiffbaukapazitäten von 450 000 CGT auf ein Volumen von 320 000 CGT vor, die Verbesserung der Effizienz durch Konzentration der Standorte (Verschmelzung der Neptunwerft in Rostock mit der Warnowwerft in Warnemünde), Senkung der Materialkosten, Verbesserung der Produktionsabläufe und Reduzierung der Fertigungstiefe.

Um die Zahlungsfähigkeit der DMS vorerst sicherzustellen, gewährte die Treuhand dem Unternehmen im März eine Bürgschaft in Höhe von 150 Millionen DM für einen Überbrückungskredit. Insgesamt wird die Liquidität der DMS durch Bürgschaften der Treuhand in Höhe von 990 Millionen DM bis zum 31. Juli 1991 gesichert. Danach gibt es weitere Zusagen in Höhe von 350 Millionen.

Im Juli 1991 wurde das Februarkonzept von Krackow durch den DMS-Aufsichtsrat erheblich verändert. Der Vorstand beschloß die Ausgliederung von sieben DMS-Tochterbetrieben mit zusammen 8810 Beschäftigten. Die Betriebe, die an die Treuhand zurückgegeben wurden, weil sie allein zurechtkommen, bzw. potentielle Käufer bereitstanden, waren im einzelnen: Kühlautomat Berlin GmbH, Schiffswerk Oderberg, Gießerei- und Maschinenbau GmbH Torgelow, Schiffbauversuchsanstalt Potsdam, Schiffselektronik Rostock, Dampfkesselbau Dresden-Übigau und das Institut für Schiffbautechnik und Umweltschutz in Rostock.

Durch die Ausgliederung der Betriebe

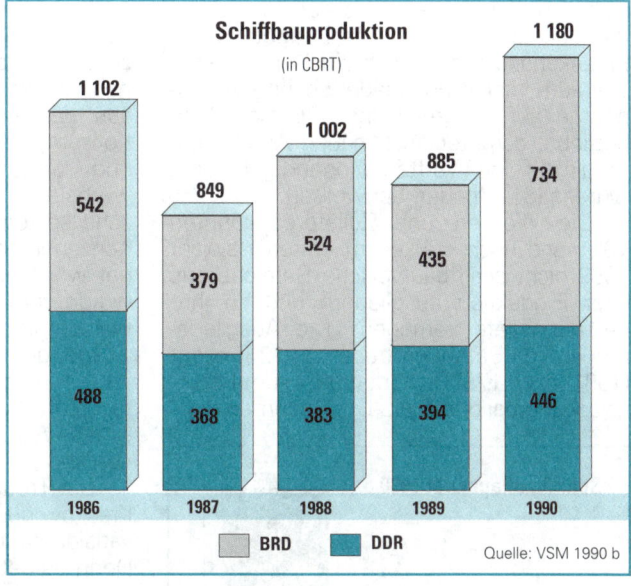

Schiffbauproduktion
(in CBRT)

Jahr	1986	1987	1988	1989	1990
Gesamt	1 102	849	1 002	885	1 180
BRD	542	379	524	435	734
DDR	488	368	383	394	446

Quelle: VSM 1990 b

und weitere Rationalisierungsmaßnahmen - auf der 141 Jahre alten Neptunwerft wurde der Schiffsneubau mit dem letzten Stapellauf am 29. Juli 1991 eingestellt - wurden in den Werften und in den Zulieferbetrieben bis Ende 1991 27 681 Arbeitsplätze abgebaut. Bemerkenswert ist, daß rund ein Drittel des Personalabgangs bereits im Jahr 1990 erfolgte. Rund die Hälfte schied im Verlauf des Jahres 1991 aus. In diesen beiden Jahren galt, durch Tarifvertrag und Konzern-Betriebsvereinbarung geregelt, ein absoluter Kündigungsschutz bzw. die Verpflichtung, allen ausscheidenden Arbeitnehmern ein Arbeitsverhältnis in einer Beschäftigungsgesellschaft anzubieten.

Fluktuation und Mobilität der Belegschaften waren in den ersten zwei Jahren des Einigungsprozesses sehr hoch, häufig freilich auch verbunden mit der Abwanderung aus der Region oder dem Fernpendeln in den Westen. So kündigten im Jahr 1990 rund 30 Prozent der Werftbelegschaften

Kombinat Schiffbau Rostock

selbst ihr Arbeitsverhältnis auf. Im Verlauf des Jahres 1991 sank die Bedeutung der Eigenkündigungen, doch auch in diesem Zeitraum verließ noch jeder sechste Arbeitnehmer auf eigenen Wunsch die Schiffbaubetriebe, darunter auch häufig Arbeitskräfte, die auf den Werften dringend gebraucht wurden (Schiffbauer, Schweißer).

Die Werften und Zulieferer konnten 1991 und noch stärker im ersten Halbjahr 1992 nicht schiffbautypische Bereiche aus ihrer Produktion ausgliedern und so ihre Fertigungstiefe verringern. Die Ausgliederungen von Betrieben trugen zu 12 Prozent (1991) bzw. 17,7 Prozent (1992) zum Personalabgang bei den DMS-Unternehmen bei.

Schiffbaukapazität 1990
(in CBRT)

DDR 600 000
BRD 700 000

Gesamt 1 300 000   Weltschiffbau 14 500 000

Quelle: VSM 1990 b

In der Frage der Privatisierung der einzelnen Werften kam es bei der DMS 1991 zu Uneinigkeiten. In seinem zweiten Unternehmenskonzept ging der Vorstand davon aus, das ehemalige Schiffbaukombinat als Konzern längerfristig zusammenzuhalten und als Gesamtunternehmen wettbewerbsfähig zu machen. Privatisierungswünsche sollten nachrangig bewertet und den Konzerninteressen als Ganzes untergeordnet werden. Das Konzept des Vorstandes wurde vom Aufsichtsrat nicht abgesegnet, weil damit ein Staatskoloß festgeschrieben würde, der mehr als ein Drittel des gesamten deutschen Schiffbaus ausgemacht hätte. Statt Kooperation mit den westdeutschen Werften zeichnete sich Konfrontation ab.

Die Treuhandanstalt stoppte DMS-Chef Krackow durch einen Beschluß über die Privatisierung der Werften (17. März 1992). Denn es hatte sich im Herbst 1991 bereits abgezeichnet, daß eine erfolgreiche Sanierung nur bei gleichzeitiger Privatisierung des Schiffbaus möglich sein würde. Es begann die sich bis heute hinziehende dritte Phase, die Privatisierungsphase. Einerseits vollzog sie sich in direkten Verhandlungen zwischen der Treuhand, andererseits waren Interessenlagen von Landes- und Bundespolitik zu berücksichtigen.

Nicht zuletzt schwebte der Genehmigungsvorbehalt durch den Ministerrat der EG über den auszuhandelnden Privatisierungskonzepten.

Treuhand fällt endlich Entscheidungen

Entscheidungen über die Privatisierung wurden denn auch mehrfach verschoben. Im März 1992 wird dann der Beschluß des Treuhand-Verwaltungsrates bekanntgegeben. Es war ein politischer Kompromiß. Die Entscheidung der Treuhand war eine klare Absage an die Industrieholding. Einen Präzedenzfall, eine Staatsbeteiligung an der Sanierung der Werften wollte die Treuhand nicht dulden. Die insbesondere von der DMS und den Gewerkschaften favorisierte Sanierung der DMS als Staatskonzern mit anschließender Privatisierung war eine Option, die nach den vorliegenden Unternehmenskonzepten nicht teurer geworden wäre, aber auch kaum mehr Arbeitsplätze gesichert hätte. Sie scheiterte schließlich am einhelligen Widerstand der politischen Instanzen und der westdeutschen Werften.

Nach dem Privatisierungsbeschluß übernahm der maritime Großkonzern Bremer Vulkan die Werft in Wismar und das Rostocker Dieselmotorenwerk als Paket. Bedingung der Treuhand war aber, daß der Vulkan sämtliche Anteile beider Betriebe übernahm. Ursprünglich hatte Vulkan nur eine Mehrheitsbeteiligung von 51 Prozent angestrebt.

Den Zuschlag für die Warnowwerft erhielt der norwegische Konzern Kvaerner. Die Verhandlungen mit Kvaerner zur Übernahme der Neptunwerft waren gescheitert. Die Treuhand mußte die Werft neu ausschreiben. Verlierer des Werftenpokers war MAN Augsburg. Das Maschinenbauunternehmen hatte sich um das Dieselmotorenwerk bemüht.

Nach der Entscheidung der Treuhand trat Krackow zurück. Sein Nachfolger wurde ab 1. April 1992 Dr. Rudolf Scheid, der ebenfalls Erfahrungen in der Sanierung westdeutscher Betriebe hatte und im Bon-

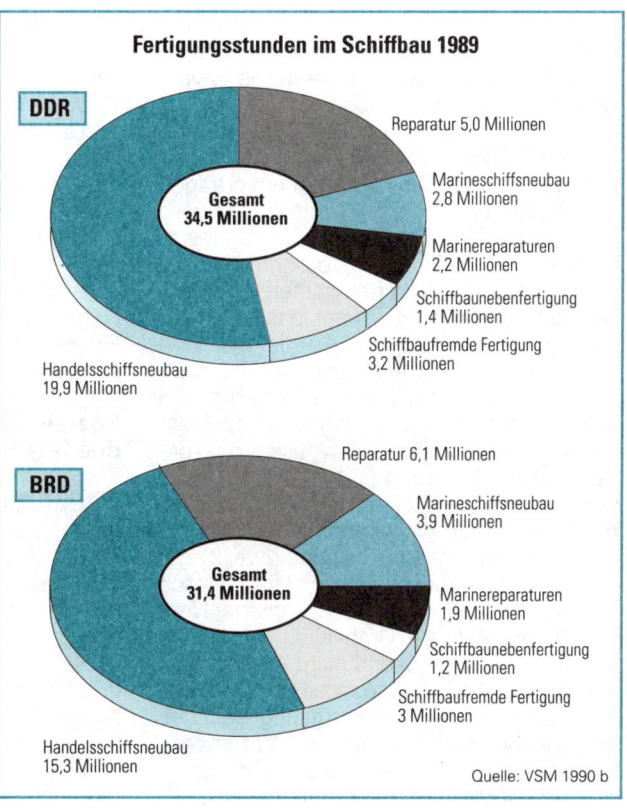

Fertigungsstunden im Schiffbau 1989

DDR
Gesamt 34,5 Millionen
Reparatur 5,0 Millionen
Marineschiffsneubau 2,8 Millionen
Marinereparaturen 2,2 Millionen
Schiffbaunebenfertigung 1,4 Millionen
Schiffbaufremde Fertigung 3,2 Millionen
Handelsschiffsneubau 19,9 Millionen

BRD
Gesamt 31,4 Millionen
Reparatur 6,1 Millionen
Marineschiffsneubau 3,9 Millionen
Marinereparaturen 1,9 Millionen
Schiffbaunebenfertigung 1,2 Millionen
Schiffbaufremde Fertigung 3 Millionen
Handelsschiffsneubau 15,3 Millionen

Quelle: VSM 1990 b

ner Wirtschaftsministerium für Privatisierungsaufgaben zuständig war.

Um die Privatisierung schneller voranzutreiben, hatte die Treuhand die DMS-AG im Mai 1992 in eine GmbH umgewandelt.

Diese Politik fiel auf fruchtbaren Boden, denn mit Detlef Hegemann, Bauunternehmer und Werftbesitzer aus Bremen, trat ein Käufer für die Peene-Werft in Wolgast, ehemals wichtigster Schiffbaubetrieb für die Volksmarine der DDR, auf. Seit dem 1. Juli 1992 gehört die Werft in Wolgast dem Bremer Unternehmer.

Im Juni 1992 wird durch die Geschäftsführer der DMS und der Neptunwerft ein

Kombinat Schiffbau Rostock

Angebot an die Treuhand eingereicht, die Neptunwerft im Rahmen eines Management-Buy-Outs zu übernehmen. Die Privatisierung der MTW, umbenannt in Schiffswerft MTW Wismar, und des Dieselmotorenwerkes Rostock wird im August mit der Unterzeichnung des Übernahmevertrages abgeschlossen.

Die einseitige Festlegung der Landesregierung von Mecklenburg-Vorpommern, vor allem ihres Wirtschaftsministers Conrad-Michael Lehment (FDP), auf das Übernahmeangebot von Kvaerner für die Warnowwerft hat die Privatisierung der ostdeutschen Werften von Anfang an erheblich erschwert, erklärte die Treuhand. So sei nicht nur das ursprüngliche Privatisierungskonzept geändert worden, in dem zunächst versucht werden sollte, die MTW in Wismar, das Dieselmotorenwerk in Rostock sowie die Neptun- und Warnowwerft geschlossen zu privatisieren. Ursprünglich sollten die Norweger die fusionierte Neptun-Warnow-Werft GmbH übernehmen. Das konnte die Treuhand nicht mehr durchsetzen. Die Verhandlungsposition von Kvaerner war dank der Unterstützung der Landesregierung so stark, daß die Neptunwerft nochmals ausgeschrieben werden mußte.

Ende 1992 waren von den in der DMS vorhandenen 24 Betrieben, die sie bei ihrer Gründung unter ihrem Dach vereinte, noch 10 Unternehmen übrig geblieben, für die sich noch keine Käufer gefunden haben. Es sind dies die Neptunwerft Rostock, die Volkswerft Stralsund, die Elbe-Werft Boizenburg, die Schiffswerft Barth, der Schiffsanlagenbau Barth, die Eisengießerei Barth (diese drei Betriebe bildeten ursprünglich den Schiffsanlagenbau Barth), die Ingenieurtechnik- und Maschinenbau GmbH Rostock und das Ingenieurzentrum Schiffbau in Rostock. Zur gleichen Zeit befanden sich die Schiffscommerz GmbH Rostock, die Informationssysteme und DV Consulting GmbH Rostock sowie die Isolier- und Klima-technik GmbH Rostock in Liquidation.

Die Gesamtzahl der Beschäftigten in der DMS betrug bis Mitte 1992 noch rund 17 000 Mitarbeiter.

Das Freisetzen von Arbeitskräften durch Umstrukturierung, Sanierung und Privatisierung sowie die Liquidation von Betrieben hatte im ehemaligen Ostsee-Bezirk der DDR, in dem einstmals 40 Prozent der Industriearbeiter im Schiffbau und in dessen Zulieferbetrieben beschäftigt waren, zur Folge, daß ab 1991 tausende Arbeitnehmer ausgegliedert wurden (s. Tabelle), 1992 stieg die Zahl weiter an.

Soziale Abfederung des Strukturwandels

Um Hilfe zu leisten, hatte die Treuhand gemeinsam mit dem Land Mecklenburg-Vorpommern, der Deutschen Maschinen- und Schiffbau GmbH und dem Arbeitnehmerverband Ende 1991 bereits 13 Beschäftigungs- und Qualifizierungsgesellschaften (BQG) für die Unternehmen der DMS gegründet. Das war nach langem Kampf und zähen Verhandlungen zwischen Arbeitnehmern, der IG Metall, dem DMS-Konzernbetriebsrat und der Treuhand ausgehandelt worden. Danach mußte jeder Arbeitnehmer, der eine Kündigung bekam, gleichzeitig ein Übernahmeangebot in die BQG erhalten.

Diese Beschäftigungsgesellschaften und der intensive Einsatz arbeitsmarktpolitischer Instrumente trugen dazu bei, daß die Zahl der Arbeitslosen in den ersten zwei Jahren nach der Wirtschafts- und Währungsunion nicht ins uferlose anstieg. Zeitgewinn zur Anpassung der Arbeitnehmer an den fundamentalen Strukturwandel war daher ein wesentliches Ergebnis der Tarifpolitik und der intensiven Nutzung sozial- wie arbeitsmarktpolitischer Instrumente.

Die Kosten für die BQG teilten sich die Treuhandanstalt mit den Arbeitsämtern. Die

Eigentümerin der Betriebe überließ dem Amt zum Beispiel Räume und Maschinen, das die ABM-Maßnahmen bezahlte oder Unterhaltsgeld bei Qualifizierung zur Verfügung stellte. Der Rest kam aus dem Bonner Topf "Aufschwung Ost".

Es wurde von Anfang an Wert darauf gelegt, keine Beschäftigungstherapie zu betreiben. Die ehemaligen Schiffbauer und Mitarbeiter aus den Zulieferbetrieben sanierten vielerorts ihr Betriebsgelände Sie beseitigten Schrott, Trümmer und Umweltschäden, beteiligten sich an der Sanierung von öffentlichen Gebäuden, schufen behindertengerechte Tourismuseinrichtungen (eingebunden in die Kommunalpolitik) und bauten nützliche Geräte für Kinderspielplätze. .

Auf der Werft in Rechlin kam es z.B. zu einer erfolgreichen Zusammenarbeit zwischen der Hamburger SLT-Lining Technology und der BQG-Trägergesellschaft Schiffbau. Die SLT übernahm von der Treuhandanstalt eine 5000 Quadratmeter große Halle auf dem Werftgelände, um dort hochdichte Polyäthylen-Folien herzustellen. Fast 200 Arbeitsplätze entstanden. Die BQG Rechlin sorgte für die Weiterbildung zu Kunststoffschweißern. Das Arbeitsamt Neustrelitz trug die Kosten. Durch das Zusammenführen von Investoren und BQG und das Verknüpfen von Fördermitteln für die Wirtschaft und Regionalpolitik sollen weitere Arbeitsplätze neu geschaffen werden. Möglichkeiten der Privatisierung von Teilen der BQG zeichnen sich u. a. in Wolgast (Metallprodukte) und in Rostock (Gebäudesanierung) ab.

Bei der MTW in Wismar entstand aus dem Bereich Faltbootbau eine selbständige GmbH. Hier wurde ein ganz neuer Faltboottyp ausgetüfftelt, für den sich ein Investor interessiert. Die Gewerkschaft hat Gespräche mit BMW, Ford und anderen Firmen aufgenommen, um in Mecklenburg-Vorpommern ein Autowertstoff-Recycling zu starten.

Durch Ausgründung aus den Beschäftigungsgesellschaften wurden auch in Mecklenburg-Vorpommern weitere mittelständische Betriebe geschaffen. Die Grundlage dazu schuf ein Beschluß der Treuhand vom September 1992. Danach wurden zur Förderung innovativer Projekte, die auf Existenzgründung ausgerichtet sind, den Trägergesellschaften Schiffbau (TGS) der BQG Ende Oktober 1991   25 Millionen DM zur Verfügung gestellt. Gemeinsam mit der IG Metall, DMS-Betriebsrat und Geschäftsführung sowie dem Land Mecklenburg-Vorpommern sollen damit weitere Umschulungs- und Fortbildungsprogramme realisiert und Arbeitsbeschaffungsmaßnahmen initiiert werden. Diese Projekte sind vorrangig auf die Bedürfnisse der Investoren und der regionalen Neustrukturierung ausgerichtet. Durch die gute Zusammenarbeit zwischen der Treuhand und der Trägergesellschaft Schiffbau der BQG haben seit 1991 über 1150 der insgesamt 8000 von der TGS betreuten Arbeitnehmer wieder eine neue Arbeit gefunden. Neben solchen Unternehmen wie der Autorecycling-Firma auf der Neptunwerft und einer Lackiererei auf der Stralsunder Volkswerft sind demnächst weitere 21 Existenzgründungen geplant. 4300 Beschäftigte der von der TGS betreuten Arbeitnehmer absolvieren heute eine Umschulung oder Fortbildung. Innerhalb der realisierten ABM fließen rund 50 Millionen DM als Investitionen in die jeweiligen Regionen. Insgesamt wurden durch die 13 Beschäftigungs- und Qualifizierungsgesellschaften die Folgen des Arbeitsplatzabbaus zeitlich gestreckt und regional wirtschaftlich entschärft. Gleichzeitig erwachsen Entwicklungsprojekte für die Regionen, wie bei der Übernahme der Erstausbildung in der Elbe-Werft Boizenburg oder beim Bau einer Pilotanlage für Entschlammungs- und Klärtechnik in Torgelow.

Ende 1992 gab es für fünf Werften der DMS, die Neptun-Werft, sie war am 1. Juli

Kombinat Schiffbau Rostock

1990 mit der Warnowwerft verschmolzen, die Volkswerft, die Elbe-Werften in Boizenburg und Roßlau und die Schiffswerft Barth, noch keine festen Käufer.

Neptunwerft:

Der norwegischer Konzern Kvaerner hat beim Kauf der Warnowwerft Warnemünde die 140 Jahre alte Rostocker Neptunwerft nicht mit übernommen. Die Zwangsehe war also nur von kurzer Dauer. Die noch verbliebenen 1480 Schiffbauer der ältesten Werft in Mecklenburg-Vorpommern (zur DMS Gründung 6280 Beschäftigte) hingen ob ihrer Zukunft lange in der Luft.

Dennoch tut sich auf der Neptunwerft in Rostock manches. Das gesamte Gelände wird umgestaltet. Viele alte Gebäude werden abgerissen. Die Helling ist bereits eingeebnet, sie wird als Bauplatz für verschiedene Zwecke genutzt. Kein Schiff kann hier mehr vom Stapel laufen.

Da die EG kontrollieren will, wie der verfügte Kapazitätsabbau in den Werften Mecklenburg-Vorpommerns eingehalten wird und dabei auch auf die Reparaturkapazität ein Auge hat, wird sie feststellen: Hier geht nichts mehr. Ein neues Gesicht hat bereits die alte Maschinenbauhalle. Maler, die einst zur Bauabteilung der Werft gehörten, sind inzwischen ausgegliedert und zu selbständigen Unternehmen geworden. Sie brachten die Schönheit alter Industriearchitektur an vielen Gebäuden wieder zum Vorschein. Jetzt wartet die Halle auf einen Käufer oder Nutzer. Insgesamt haben sich auf dem Werftgelände bereits 55 Firmen niedergelassen. Zehn erwarben Grund und Boden, so ein Hamburger Unternehmer, der das Werftdreieck kaufte. Mit weiteren Partnern will er hier ein Technologiezentrum, ein Hotel, eine Ladenkette errichten. Im Technologiezentrum sollen vor allem Beschäftigte aus dem Angestelltenbereich der Werft Arbeit finden. Die einstigen tristen grauen Hallen der Lagerwirtschaft in der

Neptunwerft strahlen heute im neuen Glanz. Hier werden Bäder in Neubauwohnungen nach Kundenwünschen ausgerüstet. Über 70 Neptunarbeiter fanden dort eine neue Arbeit. Den Vertrieb dieser Bad-Zellen hat ein Bremer Unternehmer übernommen.

Außerdem wurde hier im März 1993 eine der modernsten Oberflächenbearbeitungsanlagen in Betrieb genommen. Die Preussag-Tochter Metall Europe gehört mit Neptun zu den Investoren. Die Investitionen belaufen sich auf 10 Millionen DM.

Der sich vollziehende Wandel in der Erzeugnisstruktur, der durch das Aufgeben des Schiffsneubaus und einer verstärkten Hinwendung zur Reparatur, Modernisierung und zum Umbau von Schiffen aller Art sowie zum Stahl-, Maschinen- und Anlagenbau charakterisiert ist, wurde durch die am 1. März 1993 vollzogene Umfirmierung des Unternehmens zur Neptun Industrie Rostock GmbH (NIR) sichtbar gemacht.

Am 11. Mai 1993 wurde das lange Tauziehen um die Privatisierung des Unternehmens endlich beendet. NIR wurde durch die Treuhand an die zur Bremer Vulkan AG gehörende Hanse-Holding Rostock und das Neptun-Management verkauft. Der Vulkan übernimmt über die Hanse-Holding 80 Prozent der Anteile von Neptun, 20 Prozent übernehmen sechs Manager, darunter die beiden Geschäftsführer Rolf Paarmann und Steffen Rockmann. Die Erwerber garantieren 1200 Arbeitsplätze.

Ein Teil der Neptun Industrie Rostock geht an die MAST Bau Rostock GmbH und an die Radner Bau AG München, die 120 Arbeitsplätze gerantieren, in Wasserbau- und anderen Geschäftsfeldern. Auch Kooperationsbeziehungen zum Stahlbau von NIR sind geplant.

Zum Zeitpunkt des Erwerbs von NIR lag die Zahl der Beschäftigten noch bei 1450. Insgesamt sollen 360 Millionen DM investiert werden.

Volkswerft Stralsund:

Für die einstmals größte Werft des Fischereifahrzeugbaus, die Volkswerft Stralsund, gab es auch zum Jahresende 1992 noch keine endgültige Lösung. Die Treuhand hat die Werft jedoch von Anfang an als sanierungswürdig eingestuft. Nach dem Scheitern der Verhandlungen mit norwegischen Interessenten wurden zwischen der DMS, dem Bremer Vulkan-Verbund und der Treuhand noch kurz vor Jahresende 1992 Gespräche über eine Übernahme der Werft durch den Vulkan begonnen.

Am 22. Januar 1993 war es dann soweit. Die Volkswerft Stralsund wird von einer Bietergemeinschaft aus vier neuen Eigentümern erworben. Der Verwaltungsrat der Treuhand hatte der Privatisierung zugestimmt. Die Erwerbergemeinschaft setzt sich aus der in Rostock ansässigen Hanse-Holding (49 Prozent), der Bremer Hegemann-Gruppe (30 Prozent) der Fa. Lürssen Werft GmbH & Co. Bremen-Vegesack (10 Prozent), sowie der Stadt Stralsund (11 Prozent) zusammen.

Das Konsortium hat eine Beschäftigungsgarantie für 2175 der zum Zeitpunkt der Entscheidung noch 2975 Mitarbeiter, einschließlich 175 Auszubildender, abgegeben.

Das unternehmerische Konzept der Käufer geht von einer Schiffbaukapazität von 85 000 CGT aus, was den Vorgaben der EG-Kommission entspricht. Der Standort soll zu einer modernen Kompaktwerft für Fischerei-, Fahrgast-, technische Sonder- und Spezialtankschiffe umgebaut werden. Bis Dezember 1996 wollen die Erwerber 487 Millionen DM investieren, danach bis zum Jahr 2005 weitere 150 Millionen Mark. Die Treuhand beteiligt sich an den Investitionen bis 1996 mit 380 Millionen Mark.

Frischer Wind weht bereits auf den Werften in Warnemünde, Wismar und Wolgast. Die Warnowwerft und die MTW in Wismar waren zum 1. Oktober 1992 vom Kvaerner-Konzern bzw. vom Bremer Vulkan übernommen worden. Detlef Hegemann stieg schon am 1. Juni 1992 in Wolgast ein.

Kvaerner Warnow Werft:

Das Warnemünder Unternehmen gehört als neunte Werft dem norwegischen Konzern an. Kvaerner war schon vor der Übernahme der Werft an der Warnow das größte Schiffbauunternehmen Europas und eines der fünf größten der Welt. Ein neuer Industriegigant faßte damit auch in Deutschland Fuß. Mehr als 60 Betriebe gehören dem Privatunternehmen an, neben dem Schiffbau u.a. Reedereien, Öl-, Ingenieur- und Baugesellschaften. "Wir sind weltweit vertreten, aber nicht im Zentrum Europas. Wir brauchen ganz einfach eine strategisch wichtige Stellung in der Mitte des Kontinents, deshalb haben wir die Warnowwerft von der Treuhand gekauft", sagte der Vorsitzende der neuen Warnemünder Geschäftsführung, der Norweger Otto Söberg, nach der Übernahme des einstmals größten Werftenbetriebes der DDR. Er rechnet damit, daß sich Mitte der 90er Jahre der Schiffbaumarkt verändern wird. Neue Anforderungen erwachsen aus der Überalterung der Welthandelsflotte, aus Umweltschutz und Sicherheitstechnik. Der Bedarf an Spezialschiffen steigt. Bis dahin soll die neue Werft von Kvaerner rekonstruiert sein. Sie soll sich zu einer der modernsten Kompaktwerften Europas entwickeln. Bis Weihnachten 1992 wurde in Warnemünde zunächst viel gerechnet, alle Bereiche durchgecheckt. Nach 100 Tagen legte das neue Management ein Konzept vor. Neben produktiven Investitionen werden zwei Drittel aller Anstrengungen vor allem auf die Veränderung der Betriebsstrukturen gerichtet sein. Söberg: "Man kann nicht nur mit neuen Maschinen etwas verändern. Die Menschen hier haben Erfahrungen, mit denen man gute Resultate erreichen kann.

115

Kombinat Schiffbau Rostock

Wir unterschätzen aber keineswegs die Auswirkungen der vergangenen 40 Jahre." Deshalb wird auf der Werft zur Zeit die Organisationsstruktur verändert.

Die Nähe zwischen Management und Produktion ist ein entscheidender Gesichtspunkt. Die neue Leitung zieht direkt in das Zentrum der Werft um. Verkleinert werden die bisherigen Leitungsebenen. Der skandinavische Management-Stil soll eingebracht werden, das heißt mehr Teamgeist, enge Kooperation mit dem Betriebsrat und allen Beschäftigten.

Die wichtigste Investition, die im Januar 1993 begann, ist der Bau eines 320 Meter langen und 54 Meter breiten Trockendocks. Die Kabelkrananlage, jahrzehntelang war sie ein Wahrzeichen Warnemündes, wird modernen Produktionsstätten weichen. Rund 650 Mio. DM umfaßt das Investitionsprogramm. Davon zahlt 500 Mio. DM der deutsche Staat, so der Kaufvertrag mit der Treuhandanstalt.

Sechs Schiffe hat das Unternehmen gegenwärtig unter Vertrag und bis 1994 in Bau. Zur Zeit werden bereits mehrere Projekte geprüft. Die neue Werft will in allen Fragen ihre Autonomie behalten. Man werde Aufträge ordern, projektieren, konstruieren, produzieren. Doch auch Kooperation und projektbezogene Zusammenarbeit mit anderen Tochterunternehmen seien durchaus möglich. Möglich sei auch der Bau von Schiffen für die konzerneigene Flotte. Die Werft will auch einen kleinen Bereich Forschung und Entwicklung behalten, aber Söberg kann sich durchaus eine Verschmelzung gerade dieses Bereiches mit dem im Tochterunternehmen in Finnland vorstellen. Dieser sei einer der besten der Welt. Hier befasse man sich bereits mit den Hightech-Schiffen der Zukunft.

Im Vertrag mit der Treuhand garantiert Kvaerner bis 1995 über 1900 Arbeitsplätze und 250 Lehrlingsplätze. 3000 Arbeitnehmer sind gegenwärtig in Warnemünde beschäftigt. "Davon sind 1500 in der Produktion" , rechnet der Norweger. "Wenn man effektiv arbeiten will, muß das Verhältnis 1:5, sogar 1:6 sein."

Doch das Management wolle nicht mit Cowboy-Manieren hier einfach Leute entlassen. Wir müssen aber eine perfekte Organisation aufbauen, um die Zukunft der Werft zu sichern, unterstreicht Söberg nachdrücklich. Deshalb müsse man schrumpfen, aber das solle auf vernünftige Art und Weise geschehen. Zum Produktionsprogramm der Werft in Warnemünde sollen künfig Container- und Kühlschiffe sowie Massengutfrachter und Tanker gehören.

MTW Schiffswerft GmbH in Wismar:

Schiffbau soll es auch künftig in Wismar geben, versicherte der Chef der Bremer Vulkan Verbund AG, Dr. Friedrich Hennemann gegenüber den Schiffbauern der Wismarer-Werft MTW auf einer ersten Belegschaftsversammlung im Oktober 1992. Die MTW wird als gleichberechtigtes Mitglied des Vulkan Verbundes behandelt, so Hennemann. Zwei leitende Manager des Vulkan, Prof. Dr. Manfred Timmermann und Klaus Billerbeck, sind in die Geschäftsführung des Vulkan integriert.

Die MTW wird sich in den nächsten drei Jahren in eine große Baustelle verwandeln. Rund 560 Millionen DM sollen investiert werden, davon 58,5 Millionen in die Modernisierung der Fertigung. Für 294 Millionen werden zwei neue Hallen entstehen, ein neues Baudock und ein integriertes Ausrüstungszentrum. Eine enge Kooperation wird es zwischen der MTW und der Flender Werft in Lübeck geben. Die Werft soll zu einer Kompaktwerft umgebaut werden. Sie wird auf ein Viertel ihrer ursprünglichen Fläche reduziert. Gebaut werden supergroße Containerschiffe, Doppelhüllentanker, Kühlschiffe.

2350 Arbeitsplätze sollen in der MTW

erhalten bleiben. So sieht es der Vertrag mit der Treuhand vor. Rund 6000 Menschen haben einmal in der Werft gearbeitet.

Peene-Werft Wolgast:

Über 50 Prozent der unternehmerischen Aktivitäten der Bremer Hegemann-Gruppe liegen in den neuen Ländern. Der Bremer Werft- und Bauunternehmer, der kurz vor Jahresende auch den Zuschlag von der Treuhand über die vier Unternehmen der Elbo-Baugruppe in Mecklenburg-Vorpommern erhielt, ist nach der Übernahme der Peene-Werft in Wolgast im Juli 1992 der größte Arbeitgeber in Vorpommern. Hegemann will den Schiffsneubau der bislang vorwiegend auf Kriegsschiffbau ausgerichteten Werft weiterführen. Mit dem Baubeginn einer Serie von 14 Küstenmotorschiffen und sechs Schleppern, u. a. für Hapag Lloyd Transport & Service GmbH Bremerhaven oder die Bugsier-, Reederei - und Bergungsgesellschaft Hamburg mbH gelang der Werft der Wiedereinstieg in den zivilen Schiffbau. Das neue Konzept der Werft ist auch ausgerichtet auf Schiffsreparaturen für die Marine sowie für die Handelsschiffahrt.

Der neue Eigner will eine Kompaktwerft schaffen, die sich durch effektive Produktion und geringe Fertigungstiefe auszeichnet. 150 Millionen DM sind für Investitionen vorgesehen. Die Werft zählt noch 1000 Beschäftigte von einst 3700. Zum Jahresende 1992 wurden erneut 200 Arbeitnehmer entlassen.

Elbewerft Boizenburg:

Für die Elbewerft Boizenburg gab es mehrere potentielle Interessenten. Neben der dänischen Aarhus-Flydedock hatte auch die Bremer Hegemann-Gruppe ihr Interesse bekundet.

Am 22. Juni fällte die Treuhandanstalt die Entscheidung über den Verkauf der Elbewerft Boizenburg. Sie ging an die mittelständische Unternehmensgruppe PETRAM und Brand aus Brake (Niedersachsen).

Nach dem Konzept der neuen Erwerber sollen 490 Arbeitsplätze auf der Werft, darunter 330 Arbeitsplätze im Schiffbau, garantiert werden. Damit wird die Erhaltung des für die Region wichtigen Schiffbaustandortes gewährleistet. Die EG hatte für die Werft eine Kapazität von 22 000 CGT genehmigt.

Noch nicht privatisiert sind die DMS-Töchter Schiffswerft Roßlau, Schiffswerft Rechlin und die Elbewerft Boizenburg GmbH. Auch der Schiffsanlagenbau Barth, das Ingenieurzentrum Rostock der DMS und die Pommersche Gießerei in Torgelow sind noch nicht in privater Hand. Sie befinden sich, wie die DMS-Holding selbst, in Liquidation, was in diesem Falle Einstellung der werbenden Tätigkeit heißt. Doch wie aus der Geschäftsführung der DMS-Holding verlautete, soll auch für diese Firmen ein Käufer gefunden werden.

Der Schiffbau, einst ein Paradekind des SED-Regimes, ist durch die Marktwirtschaft kräftig gebeutelt worden. Bis Mitte 1992 sank die Zahl der Arbeitsplätze der DMS von einst 54 000 auf 17 000. Auf den Werften selbst sank die Zahl der Beschäftigten von 34 000 zu DDR-Zeiten auf nur noch 13 500 im Juli 1992. Die ostdeutschen Schiffbaubetriebe haben mithin in nur zwei Jahren - von 1990 bis 1992 einen vergleichbar hohen Personalabbau vollzogen wie die westdeutschen Werften in 15 Jahren - von 1974 bis 1989.

Ausblick

Die ostdeutschen Werften haben eine Zukunftsperspektive, die EG hat im Sommer 1992 insgesamt eine Quote von 320 000 CGT Baukapazität genehmigt. Es darf aber nicht übersehen werden, daß für viele Menschen der Verlust ihres Arbeitsplatzes

Kombinat Schiffbau Rostock

eine persönliche Katastrophe bedeutet. Ihre frühere herausragende Stellung für die regionalen Arbeitsmärkte an der ostdeutschen Küste haben die Werften eingebüßt. Eine Kompensation für den enormen Verlust maritimer Arbeitsplätze durch Neuaufbau von Produktionsstrukturen ist gegenwärtig nicht zu erkennen.

Eine Bewertung des Transformationsprozesses muß allerdings auch berücksichtigen, daß Mitte der 90er Jahre voraussichtlich mehr Arbeitskräfte im ostdeutschen Schiffbau arbeiten als etwa in Frankreich oder in den meisten anderen westeuropäischen Ländern.

Der Umstrukturierungsprozeß erfolgte zwar in wesentlich kürzerem Zeitraum als im Westen, der Kapazitätsabbau selbst jedoch war geringer als in den westeuropäischen Schiffbauländern.

Eisenhüttenkombinat Ost (EKO) Eisenhüttenstadt

Der endlose Weg zum Ministahlwerk

Von WOLFGANG SCHUENKE

- ◼ **Zwischen Hoffen und Bangen**

- ◼ **Schnelle Entflechtung des Kombinats**

- ◼ **Zukunftskonzept: Die Lücke schließen**

- ◼ **Bemerkenswertes Vertriebskonzept**

- ◼ **Sozialverträglicher Personalabbau**

- ◼ **Neue Arbeitsplätze von EKO abhängig**

- ◼ **Überlebensfaktor: Kosten**

Der bronzene Hochöfner steht ziemlich genau da, wo die Projektanten vor 42 Jahren einen willkürlichen Schnittpunkt zwischen Werk und Stadt in die Kiefernheide setzten. Hochöfen und Häuser gab es zu jener Zeit nur in der Vorstellung von Funktionären und Ingenieuren. Realität war allein der Stahlbedarf für den Aufbau einer gerade mal knapp einjährigen DDR. "Aus Stahl wird Brot" hieß die Devise. Und an beidem herrschte in Ostdeutschland Mangel.

Heute hat die erst kurz vor dem Ende der DDR entstandene Statue Eisenhüttenstadts einstige Leninstraße im Rücken. Frühsozialistische Zuckerbäckerarchitektur, kontrastiert von den überteuerten Döner- und Ramschbuden des 92er Weihnachtsmarktes. Auf dem Straßenschild steht nun Lindenstraße.

Die Hände untätig vor der langen Schmelzerschürze, blickt das Arbeiterstandbild ungerührt auf die Masten mit den blauweißen Fahnen der EKO Stahl AG, die statt des früheren Rot den Beginn der gegenüberliegenden Werkstraße säumen. Was der Bildhauer als Ausdruck in sich ruhender Kraft interpretierte, scheint jetzt eher ein Symbol vergangenen Ruhms.

Vermittelt das Bronzedenkmal vor dieser Kulisse den Eindruck gleichgültiger Passivität, so schlägt das Bild nur ein paar Dutzend Meter weiter in Aggressivität um. Drohend die lange Abstichstange im Arm, verkündet ein übermannsgroßer Erzschmelzer aus silberummanteltem Pappmaché: "Ich will hier arbeiten!"

Kaum etwas vermag besser als die Gegensätzlichkeit der beiden Symbolfiguren diesseits und jenseits der Straße die Situation der Stadt und des Werkes auszudrücken, die hier als sozialistisches Retortenbaby Anfang der 50er Jahre in den märkischen Sand gesetzt wurden. Die Nähe zu polnischer Steinkohle und ukrainischem Erz galten seinerzeit als Begründung für die Standortwahl im dünn besiedelten Grenzgebiet zu Polen, direkt am Oder-Spree-Kanal. Was als Vorteil gedacht war, erwies sich schon nach wenigen Jahren als logistischer Nachteil. Eisenhüttenstadt blieb eine Monostrukturregion, und die ständig steigenden Transportaufwendungen verursachten immer höhere Kosten. Sie machten eine EKO-Rentabilität unmöglich.

Zwischen Hoffen und Bangen

Heute leben in der Stadt 50 000 Menschen. Kaum einer, der nicht direkt oder indirekt vom Schicksal des EKO, des einstigen Eisenhüttenkombinats Ost, abhängig ist. Noch 1990 hatte der Metallurgieriese fast 20 000 Beschäftigte. Die Region schwankt seit dem Scheitern des Experiments DDR zwischen Hoffen und Bangen.

Eisenhüttenkombinat Ost (EKO) Eisenhüttenstadt

Überall hat die Losung "Eisenhüttenstadt muß leben - darum Stahl!" den Platz der früheren sozialistischen Sieghaftigkeitsparolen eingenommen. Doch die Entscheidung über das EKO-Schicksal verschiebt sich immer wieder.

Glaubte man zunächst, im Mai 1990, als AG in hundertprozentigem Staatsbesitz das Weiterbestehen sichern zu können, richteten sich ein Jahr später alle Hoffnungen darauf, mit der Stahl-Privatisierungsaktion der Treuhandanstalt und EG-Hilfen einen potenten Käufer für das in der DM-Eröffnungsbilanz mit 100 Millionen bewertete Unternehmen zu finden. Spätestens im Oktober 1992 zerstoben auch diese Erwartungen. Nachdem die Krupp-Stahl AG in neun Monaten intensiver gemeinsamer Arbeitsgruppentätigkeit die EKO-Bilanzen und -Konzepte bis zur letzten Kommastelle kennengelernt hatte, machte sie ihre Übernahmezusage rückgängig. Trotz des 80-Millionen-Kaufpreises und einer von Treuhand und Land noch kurzfristig offerierten 350-Millionen-Kredit-Mitgift.

Hauptgrund dürfte die mit dem Vertrag verbundene Verpflichtung gewesen sein, bei eindeutigem wirtschaftlichem Rezessionstrend und der Notwendigkeit, Stahlkapazitäten auch in der so lange von Bonn und Brüssel gehätschelten westdeutschen Montanlandschaft abzubauen, EKO nicht nur als Stahlstandort zu erhalten, sondern es mit einer 1,1-Milliarden-Investition überhaupt erst mal zu einem vollgültigen zu machen. Denn das Werk ist seit dem Anblasen des ersten Hochofens im September 1951 im Grunde stets ein technologischer und wirtschaftlicher Torso geblieben.

Nach wie vor fehlt als entscheidendes Glied im metallurgischen Zyklus ein Warmwalzwerk. Jene Verarbeitungsstufe, die es ermöglicht, nachdem das Roheisen aus den Hochöfen zu Stahl geschmolzen wurde, diesen noch rotglühend und damit energetisch effektiv in Blechtafeln und -bänder für eine Weiterverarbeitung und Veredlung im Kaltwalzwerk umzuformen. Zwar gab es schon seit 1952 immer wieder Ansätze, das Werk in der Oderregion als Wirtschaftseinheit zu komplettieren. Aber sie blieben, bisher letztmalig 1987, als schon die ersten Hallen standen, stets im chronischen Investitionsmangel der DDR stecken.

EKO hatte in Fachkreisen schon bald den Namen einer Metallurgiezentrale für Halbzeugtourismus. Wurden anfangs nur die Roheisenmasseln des Hochofenwerks in die brandenburgischen und sächsischen Stahlwerke transportiert, erhielt der Tourismus 1968 durch Inbetriebnahme eines leistungsstarken Kaltwalzwerkes auch grenzüberschreitenden Charakter. Da weder ein eigenes Stahlwerk, noch ein daran anschließendes Warmwalzwerk zur Verfügung stand, kam das warmgewalzte Vormaterial, sogenanntes Warmband, nun von russischen Produzenten. Im EKO-Kaltwalzwerk wurde es bis zu millimeterdünnen Blechen und Profilen ausgewalzt. Diese gingen, teils verzinkt, teils als EKOTAL plastebeschichtet, nicht nur an inländische Abnehmer, sondern in beträchtlichem Umfang auch zurück in das Ursprungsland, die ehemalige UdSSR.

Der Bau des Kaltwalzwerkes machte EKO 1969 zum Bandstahlkombinat.Und damit zu einem der drei großen metallurgischen Kombinate des Landes. Dies erfolgte im Rahmen der wirtschaftlichen Umstrukturierung, mit der die DDR ihre immer schwerfälliger reagierenden Vereinigungen volkseigener Betriebe in stärker auf branchenbedingte Verflechtungsbeziehungen konzentrierte Industriekombinate umwandelte.

Dem Eisenhüttenstädter Stammbetrieb mit Sitz der Generaldirektion wurden angegliedert: Walzwerk Finow, die Kaltwalzwerke Oranienburg, Bad Salzungen, Burg und Olbernhau sowie, als Betrieb für me-

Schweißmaschine im Kaltwalzwerk

tallurgische Zuschlagstoffe, das Magnesitwerk Aken.

Das mit größerer wirtschaftlicher Kapazität und Autorität ausgestattete Kombinat drängte immer wieder auf die Planung staatlicher Investitionen, um die kostenbelastende technologische Lücke zu schließen.

Nachdem ab Mitte der 70er Jahre mehrere Anlagenkäufe zur Erweiterung und Modernisierung des Kaltwalzwerkes bei österreichischen, französischen und westdeutschen Firmen erfolgen konnten, kam es 1981 zum Vertragsabschluß mit der Voest Alpine AG Linz über den Bau eines Konverterstahlwerkes. Das fünf Milliarden DDR-Mark umfassende Projekt wurde 1984 in Betrieb genommen. Es bedeutete auch insofern eine Aufwertung des Standortes Eisenhüttenstadt, als damit zugleich in anderen DDR-Stahlwerken begonnen wurde, die international längst veraltete Siemens-Martin-Schmelztechnik zurückzufahren.

Andererseits wurde nun das Fehlen eines Warmwalzwerkes noch gravierender. Denn jetzt wurden neben Roheisen und Kaltband auch noch die EKO-Stahlbrammen in das touristische Halbzeugprogramm aufgenommen. Die Transportkosten belaufen sich heute auf ca. 50 DM pro Tonne. Dieser auf Dauer wirtschaftlichen Unhaltbarkeit

konnte sich schließlich auch das SED-Politbüro als letzte Entscheidungsinstanz aller DDR-Planung nicht mehr entziehen.

Trotz chronischen Geldmangels, der durch immer größer werdenden volkswirtschaftlichen Produktionsaufwand bei gleichzeitiger Aufstockung ehrgeiziger wohnungs- und sozialpolitischer Programme zu wachsender Auslandsverschuldung führte, wurde der Bau eines Warmwalzwerkes als letztes Glied in der technologischen EKO-Kette 1986 in Angriff genommen - und bereits ein Jahr später wieder gestoppt. Damit gestand die DDR 1987 ihre weitgehende wirtschafts- und finanzpolitische Handlungsunfähigkeit ein. Bei EKO gelang bis zum Zusammenbruch 1989 lediglich noch der Neubau eines 1150-Kubikmeter-Hochofens als Ersatzinvestition für die völlig veraltete Erzschmelze aus den 50er Jahren.

Schnelle Entflechtung des Kombinats

Im Mai 1990 formierte sich das Bandstahlkombinat Eisenhüttenstadt zunächst mit allen seinen Betrieben zur EKO Stahl AG und ging mit einer Eröffnungsbilanz von 540 Millionen Mark der DDR in das Eigentum der zur Umwandlung des Volkseigentums gegründeten Treuhandanstalt über. Die Entflechtung vollzog sich danach ziem-

Eisenhüttenkombinat Ost (EKO) Eisenhüttenstadt

lich rasch. Hatten doch die Walzwerke in Oranienburg, Finow, Burg und Bad Salzungen schon zum Zeitpunkt der AG-Gründung eine Reihe von westdeutschen und westeuropäischen Wunschpartnern für künftige Eigenständigkeit als privatisierte Unternehmen offeriert.

Rückwirkend zum 1. Juli 1990 übernahm die Treuhandanstalt nach Inkrafttreten des deutschen Einigungsvertrages die Werke in Burg, Finow und Bad Salzungen von der EKO Stahl AG.

Eine abgeschlossene Privatisierung liegt seit demselben Zeitpunkt beim Kaltwalzwerk Oranienburg vor, das von der Krupp Stahl AG übernommen wurde. Das Aufatmen von Belegschaft, Kommune und Treuhand ging allerdings fast direkt in einen Todesseufzer über. Krupp verlagerte mit der Eskalation der Stahlkrise und dementsprechendem Druck auf seine Traditionsstandorte zunächst Oranienburger Aufträge dorthin, reduzierte dann den im Kaufvertrag zugesagten Personalbestand bis auf etwa die Hälfte und machte schließlich das Werk zum 1. Juli 1993 endgültig dicht. Das Magnesitwerk Aken wurde zum 1. Oktober 1992 an ein Schweizer Unternehmen verkauft und wird mit gleichem Sortiment weitergeführt. Liquidiert wurde 1991 das Walzwerk im erzgebirgischen Olbernhau sowie ein EKO-Betrieb im brandenburgischen Wittstock, der Teile für Industrieroboter herstellte.

Die EKO Stahl AG konzentriert sich seit Anfang 1991 mit aller Kraft darauf, Eisenhüttenstadt von einer Stahl-Krisenregion zu einem lebensfähigen Stahlstandort zu machen. Die Konzeption setzt auf eine durchaus attraktive und ausbaufähige Palette veredelter Kaltwalzwerkprodukte mit erster Weiterverarbeitung im Werk. Weitere Argumente sind die Bedürfnisse eines künftigen ostdeutschen Marktes und die kurze Entfernung zu den Ostmärkten. Als günstige Ausgangsbedingungen werden ebenfalls

die bereits zu DDR-Zeiten begründeten Geschäftsbeziehungen zu renommierten westdeutschen und westeuropäischen Branchenpartnern und der über Jahrzehnte entwickelte enge Kontakt vor allem in das heutige Rußland sowie in die Ukraine genannt. Wie für die einstige gesamte DDR-Metallurgie typisch, hat auch der größte Teil des EKO-Managements sein Ingenieur-Fachstudium an Hochschulen der früheren UdSSR absolviert und beherrscht die russische Sprache perfekt. Die beruflichen Kontakte werden vielfach noch durch deutsch-russische Ehepartnerschaften vertieft.

Zukunftskonzept:
Die Lücke schließen

Die Arbeit an einem eigenständigen Zukunftskonzept begann mit der konsequenten Straffung des planwirtschaftlich aufgeblähten Leitungsgeflechts. Statt eines Generaldirektors und 13 Fachdirektoren im Kombinat, hat die AG noch vier Vorstandsbereiche. Während die Ressorts Controlling/Finanzen, Marketing/Vertrieb/Einkauf und Personal eigenständig besetzt sind, nimmt der Vorstandsvorsitzende zugleich die Verantwortung für Technik und Produktion wahr.

Dem von Treuhand-Vorstandsmitglied Otto Gellert geleiteten Aufsichtsrat gehören auf Arbeitgeberseite in der Mehrheit Mitglieder aus den alten Bundesländern an. Auf der Arbeitnehmerseite ist das Ost-West-Verhältnis 7:3. Die westdeutschen Vertreter repräsentieren in dem montanmitbestimmten Unternehmen den Vorstand der IG Metall.

Tragende Idee des ersten im Juni 1991 der Treuhandanstalt vorgelegten und seitdem im wesentlichen nur zeitlich modifizierten Unternehmenskonzeptes ist das Schließen der technologischen Lücke durch eine hochmoderne Dünnbrammen-Gießwalzanlage. Sie zeichnet sich vor allem

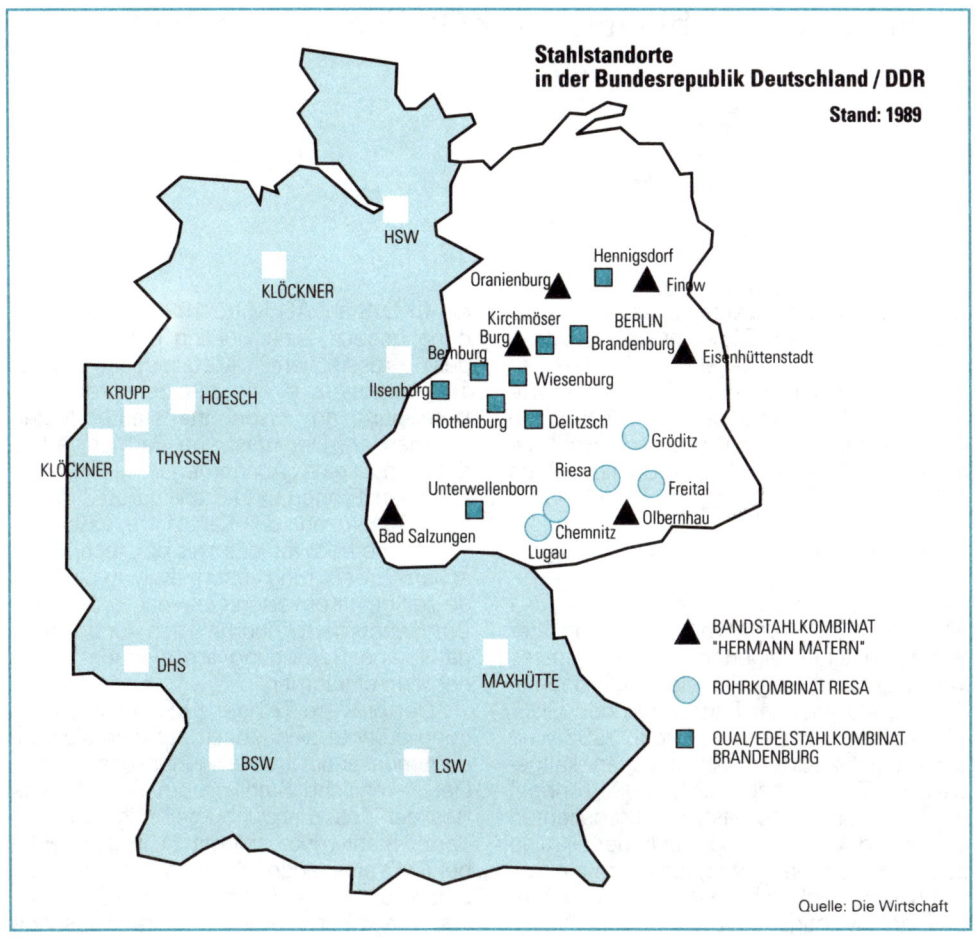

**Stahlstandorte
in der Bundesrepublik Deutschland / DDR**

Stand: 1989

HSW

KLÖCKNER

Oranienburg Hennigsdorf
Finow

KRUPP HOESCH

KLÖCKNER THYSSEN

Kirchmöser BERLIN
Burg
Bernburg Brandenburg Eisenhüttenstadt
Ilsenburg Wiesenburg
Rothenburg Delitzsch
Gröditz
Riesa
Unterwellenborn Freital
Bad Salzungen Olbernhau
Chemnitz
Lugau

DHS

MAXHÜTTE

BSW LSW

▲ BANDSTAHLKOMBINAT
"HERMANN MATERN"

◯ ROHRKOMBINAT RIESA

◼ QUAL/EDELSTAHLKOMBINAT
BRANDENBURG

Quelle: Die Wirtschaft

durch das Vergießen des Rohstahls zu endabmessungsnahen Brammen aus. Das Verfahren ist nach EKO-Analysen geeignet, den Standort mit dem geringstmöglichen Aufwand an Kapital- und Betriebskosten schnell wettbewerbsfähig zu machen.

Als zweite große Investition ist der gleichzeitige Bau eines Elektrostahlwerkes für vorwiegenden Schrotteinsatz vorgesehen. Damit würden Erzimporte und das aufwendige Hochofenwerk für die Roheisenproduktion überflüssig. Der Investitionsaufwand für die beiden Großvorhaben wird mit ca. 1,1 Milliarden Mark bis zur geplanten Fertigstellung 1996 beziffert. Im Fall der Konzeptbestätigung auch ohne eine realisierte Privatisierung wird EKO diese Summe als Sanierungskredit von der Treuhandanstalt benötigen und damit letztlich zum Modellfall einer staatlichen Beteiligung.

Die Treuhandanstalt hat gerade Ende

1992 einen Liquiditions- und Investitionskreditrahmen von 232 bzw. 55 Millionen Mark verbürgt. Bereits Anfang des Jahres erhielt EKO eine Kreditrahmenzusage über 240 Millionen Mark für Rekonstruktions- und Modernisierungsarbeiten im Kaltwalzwerk von der KfW. Sie ist jedoch bis Mitte 1993 von der Treuhandanstalt noch nicht verbürgt, also für das Unternehmen auch nicht verfügbar. Im Fall einer Auszahlung sollen 35 Millionen aus dem Eisen- und Stahlfonds der EG kommen. Für die Bundes- und Landesbeteiligung wird vom höchstmöglichen Fördersatz ausgegangen.

Gerade bei diesen Finanzierungskonstruktionen setzt allerdings auch der heftige Widerstand der anderen deutschen Stahlproduzenten an, nachdrücklich artikuliert von der Wirtschaftsvereinigung Stahl. Er wird nicht nur von konkurrierenden Interessen auf einem übersättigten internationalen

Eisenhüttenkombinat Ost (EKO) Eisenhüttenstadt

Markt für Warmwalzerzeugnisse getragen. Auch die Brüsseler EG-Kommission hat erhebliche Bedenken gegen mit Mitteln des Staates und der Gemeinschaft geförderte neue Produktionskapazitäten. Verlangt sie doch andererseits eine drastische Reduzierung der deutschen Stahlproduktion durch Stillegung von Werken.

Bemerkenswertes Vertriebskonzept

Das Vertriebskonzept der EKO Stahl AG ist bemerkenswert, weil es neben der Schaffung eines eigenen Marketingnetzes in Deutschland weiterhin stark auf kooperative Beziehungen zu Partnern in den GUS-Staaten setzt. Bisher mit Erfolg. 1992 wurden 36 Prozent des Absatzes an kaltgewalzten Erzeugnissen (380 000 Tonnen) von LKW- und Landmaschinenproduzenten in Rußland, Weißrußland und in der Ukraine abgenommen. Nach wie vor ist im Gegenzug das Hüttenkombinat Tscherepowez im Ural der wichtigste Lieferant von Warmband. Als neue Variante der Bartergeschäfte will EKO 1993 in Tscherepowez 100 000 Tonnen Eisenhüttenstädter Stahlbrammen warmwalzen lassen und dann im eigenen Kaltwalzwerk weiterverarbeiten. Das werde trotz des Transportaufwands letztlich billiger als bei deutschen Walzwerken.

Die Lieferungen von EKO-Kaltwalzprodukten in die alten Bundesländer erhöhten sich 1992 um 30 Prozent gegenüber dem Vorjahr. Intensive Qualitäts- und Kostenarbeit führte zu überwiegend positiver Bewertung von Probe- und Serienlieferungen an Opel, VW, BMW, Mercedes, Ford.

EKO hat heute in eigener Regie sowie im Gemeinschaftsunternehmen EKO Krupp Stahlhandel Berlin zehn Handels- und Vertriebsgesellschaften in Ost- und Westdeutschland. Dazu Verkaufsbüros und Geschäftsstellen in Moskau, St. Petersburg und Kiew. Ein eindeutiges Zeichen in Richtung traditioneller Marktbeziehungen hat

die EKO Stahl AG Mitte 1993 mit der Meldung gesetzt, eine Holding unter Führung des russischen Metallurgiekombinats Tscherepowez strebe die zehnprozentige Beteiligung am Eisenhüttenstädter Unternehmen an. Der russische Partner verbindet damit eine Abnahmegarantie für 1,5 Millionen Tonnen EKO-Stahl in fünf Jahren - rund 30 Prozent der Kapazität. Außerdem will Tscherepowez das mit der technologischen Erneuerung überflüssig werdende derzeitige Konverterstahlwerk von den Brandenburgern übernehmen und ihnen dafür eine Beteiligung am eigenen Unternehmen einräumen.

Der größere Teil der EKO-Zukunftshoffnung gründet sich jedoch auf eine sich andeutende andere Beteiligungskonstruktion. Der italienische Stahlkonzern Riva, bereits Besitzer des Brandenburger und Hennigsdorfer Stahlwerks, soll mit 51 Prozent auch bei EKO einsteigen. Verbunden mit der Garantie für eine auf mittlerweile 750 Millionen Mark heruntergeschraubte Investition sowie 2350 von derzeit 3400 Arbeitsplätzen. Riva hat Interesse bekundet, fordert aber von der Treuhandanstalt, die weiter mit 39 Prozent beteiligt bleiben soll, die Verdopplung des EKO-Stammkapitals auf 200 Millionen Mark - also einen zusätzlichen Investitionsbonus.

Sozialverträglicher Personalabbau

Trotz aller Vertriebsanstrengungen und einer Produktionskostensenkung von 83 Millionen Mark schloß das Geschäftsergebnis 1992 mit Verlust ab. Der 1993 angestrebte Umsatz bleibt mit knapp einer Milliarde Mark noch unter dem 92er Ergebnis. Auf einer Betriebsversammlung kurz vor Jahresende nannte der Vorstand als Hauptgründe für den zu erwartenden Rückgang neben dem weiter ausbleibenden Aufschwung Ost und der galoppierenden russischen Inflation in erster Linie den rezessionsbedingten Preisverfall auf dem Weltstahlmarkt. Er ist inzwischen drastischer als auf dem Höhepunkt der Stahlkrise 1975.

Damit gerät auch das ehrgeizige Konzept eines konsequent sozialverträglichen Personalabbaus in Gefahr. Zwar wurde die Belegschaft im Kerngeschäft von rund 11 500 Ende 1989 bis zum Oktober 1992 auf 5492 reduziert und soll Ende 1993 bei höchstens 3200 liegen. Doch gab es bisher nach Aussage des Personalvorstands noch keine betriebsbedingten Kündigungen.

Bereits im Dezember 1990 entstand das Qualifizierungszentrum der Wirtschaft als Träger für kaufmännische und gewerbliche Fortbildungs- und Umschulungsmaßnahmen. Es wird zu gleichen Teilen von EKO, Krupp, Peine-Salzgitter und der Managementakademie Essen betrieben und hat eine Kapazität von 700 Bildungsplätzen mit teilweise auf dem neuesten Stand befindlichen Lehrkabinetten, z.B. für Metallberufe. Etwa 500 dieser Ausbildungsstellen werden seitdem ständig von EKO beansprucht. Die Personalstrategie besteht darin, daß nicht zu reaktivierende Arbeitsverhältnisse aus dem für Kurzarbeit eigens geschaffenen Personaleinsatzbetrieb zuerst hierher überführt werden. Zur Jahreswende 1992/93 hatte EKO etwa 700 Beschäftigte in Kurzarbeit - bei steigender Tendenz.

Rechtzeitig vor dem Ausbruch des Streits zwischen Gewerkschaften und Treuhandanstalt über die Finanzierung ostdeutscher Arbeitsförderungsgesellschaften wurde von der EKO Stahl AG die GEM als gemeinnützige Gesellschaft für produktive Berufs- und Arbeitsförderung gebildet. Sie befindet sich im Mehrheitsbesitz des Werkes, mit Anteilen von Stadt und Landkreis Eisenhüttenstadt und ist in einer Vielzahl auch regionaler Projekte tätig. Die 1053 GEM-Beschäftigten haben alle von der Bundesanstalt für Arbeit entlohnte ABM-Stellen - überwiegend mit einer Laufzeit bis Mitte 1993.

Geschäftsführer Dr. Adalbert Bartok, zuvor erster Personalvorstand der EKO Stahl AG, geht davon aus, die zunächst bis April 1994 befristete GEM noch weit darüber hinaus als regionale Arbeitsförderungsgesellschaft, dann in ausschließlicher Landesträgerschaft, weiterführen zu müssen. Er rechnet dabei mit einem längerfristig notwendigen Personalbestand von 500 ABM-Beschäftigten. Die Aufgaben sieht er zum größten Teil in wirtschaftsfördernden Sanierungsmaßnahmen auf dem EKO-Gelände. Sie sollen dazu dienen, etwa die Hälfte der Flächen des 13 Quadratkilometer-EKO-Areals für Neuansiedlungen herzurichten. Dazu gehören auch die 34 000 Quadratmeter Hallenfläche, die seit 1987 als Investruinen vom vorläufig letzten Stopp eines Warmwalzwerkprojekts künden.

Neue Arbeitsplätze von EKO abhängig

Die Neuansiedlungspolitik auf dem gut erschlossenen Gelände gehört ebenso zur Wirtschaftlichkeits- wie zur Personalstrategie der EKO Stahl AG. Flächen- und Immobilienverkäufe sowie Verpachtungen sollen Einnahmen und neue Arbeitsplätze zugleich bringen. Auf diese Weise ging kürzlich auch eine Aufbereitungsanlage für Kunststoffabfälle mit 21 000 Tonnen Jahreskapazität in Betrieb. Die Berliner Entsorgungsfirma Alba will sie bis zu 50 000 Jahrestonnen erweitern und dabei auch die jetzt 80 Arbeitsplätze für ehemalige EKO-Beschäftigte weiter aufstocken. Im Zeitraum 1991/92 entstanden so knapp 1600 Arbeitsplätze außerhalb des EKO-Kernbereichs. Im wesentlichen gelang das allerdings durch die Ausgliederung von Gewerben und Versorgungsleistungen. Die neuen Eigentümer übernahmen die vorhandenen Einrichtungen samt Personal und führen sie mit einer derzeit noch 60prozentigen Auslastungsgarantie durch EKO weiter.

Eisenhüttenkombinat Ost (EKO) Eisenhüttenstadt

Jüngster und zugleich größter Ausgliederungsbereich ist mit 370 Arbeitskräften der vormalige Instandhaltungs- und Rationalisierungsmittelbaubetrieb. Er hatte über 2000 Beschäftigte. Die EKO Anlagenbau GmbH ist eine hundertprozentige Tochter der EKO Stahl AG und rechnet nach Aussage von Geschäftsführer Horst Maschik bereits Ende 1993 mit einem positiven Ergebnis. Das soll vor allem aus der spezialisierten und von westdeutschen Auftraggebern nachgefragten Stahlbaukapazität kommen.

Damit hat die im November 1992 ausgegründete GmbH bereits mehr als die Hälfte ihres 93er Umsatzziels von 37 Millionen Mark außerhalb von EKO gebunden. Diese Tendenz soll über innovative Leistungen in neuen Geschäftsfeldern, so z.B. wärmeisolierende Fassadenelemente, die eine Sanierung von Großplattenbauten in bewohntem Zustand ermöglichen, ansteigend fortgesetzt werden. Maschik rechnet 1995 mit einem Personalbestand von etwa 500. Die produktive Pro-Kopf-Leistung müsse dann deutlich über 120 000 Mark liegen.

Überlebensfaktor: Kosten

Bestand werden aber auch diese Prognosen nur haben, wenn die der EKO Stahl AG sich realisieren lassen und das Unternehmen als inzwischen einziger Großbetrieb auf der deutschen Seite der Oder-Neiße-Grenze erhalten werden kann.

Letztlich hängt vom Schicksal der EKO Stahl AG auch das des Projekts vor dem Werktor ab - direkt gegenüber vom Standort des bronzenen Hochöfners mit den untätigen Händen. Hier baut die Gemini Area Hennef auf 25 Hektar ehemaligem EKO-Gelände für die Asko-Gruppe als Generalmieter die neuen Eisenhüttenstädter Nordpassagen. Das Einkaufs- und Gewerbezentrum soll mehr als 1000 Arbeitsplätze schaffen - vor allem für freigesetzte EKO-Mitarbeiter.

In einem Vertrag zwischen dem Stahlunternehmen und Gemini wurde Ende 1992 eine Übernahmegarantie für 500 Arbeitskräfte, in erster Linie Frauen, vereinbart. EKO übernimmt die Qualifizierungskosten von fast 12,7 Millionen Mark und hofft, auf diese Weise auch sozialverträglich von dem noch immer 35prozentigen Angestelltenanteil am Personalbestand, einem weiteren Kostenfaktor, herunterzukommen.

Für den Überlebenskampf der EKO Stahl AG als inzwischen größtem ostdeutschem Stahlstandort hat der Vorstand die Devise ausgegeben: "Ergebnis ist Erlöse minus Kosten. Die Erlöse sind objektiv bedingt gering und damit von uns kaum beeinflußbar. Das gilt aber auch für die anderen Mitbewerber auf dem Markt. Wer überleben will, muß damit die von ihm beeinflußbare Größe so gering wie möglich halten."

Reifenkombinat Fürstenwalde

Vom größten in der DDR zum kleinsten auf der Welt

Von JÖRG STAUDE

- **Die schwerwiegende Entscheidung**

- **Weg wie warme Semmeln**

- **Das umstrittene Konzept**

- **Ernüchterung macht sich breit**

- **Wie es den anderen erging**

- **Die neue GmbH**

Die Zeit vom Sommer bis zum Herbst 1991 wird Gerd Schmidt sein Lebtag nicht vergessen. Im Juli des Jahres beschließt die Treuhandanstalt, die Pneumant Reifenwerke Fürstenwalde AG in die Liquidation zu überführen. Der Liquidationsbeschluß kam für alle, den Aufsichtsrat, den Vorstand und den Betriebsrat überraschend. Über diesen Punkt der Geschichte kommt Gerd Schmidt, Betriebsratsvorsitzender der Pneumant Reifenwerke AG und der heutigen Pneumant GmbH, nicht so leicht hinweg. Es sei nicht üblich, Entscheidungen des Treuhand-Verwaltungsrats zu begründen, wurde ihm und seinen Kollegen damals beschieden. "Was nun?", fragten sich diese. Ganz so wehrlos wollten sich Betriebsrat und Belegschaft denn doch nicht ergeben. Als erstes setzten sie sich dafür

ein, daß der sanierungserfahrene Rechtsanwalt Gordon Rapp zu Pneumant kam. Später kann der Betriebsratschef in dem Vorgang Positives erkennen. Die Bestellung von Rapp habe geholfen, daß Pneumant die Tore noch nicht geschlossen hat, der Weiterbestand des Kerngeschäfts gesichert werden kann.

Die Liquidation mußte ein Erfolg werden, weil sonst die völlige Abwicklung drohte. Pneumant, Liquidator und Treuhandanstalt einigten sich darauf, unter der "Liquidation" so etwas wie ,begleitende Sanierung wettbewerbsfähiger Kernbereiche' zu verstehen. Die leicht abgewandelte Definition stammt von Hans-Jürgen Drechsler, im Juli 1991 noch Direktor für Marketing und Vertrieb der Pneumant AG, die fortan mit dem Zusatz "i.L." leben mußte. Anderthalb Jahre später, Anfang 1993, avancierte Drechsler zum Sprecher der Geschäftsführung der neuen "Pneumant Gummi- und Reifenwerke GmbH".

Der Vorgänger der AG, der VEB Reifenkombinat Fürstenwalde, wurde am 1. Januar 1969 gegründet und sechs Jahre später, 1975, dem DDR-Ministerium für Chemie direkt unterstellt. Es gehörte damit zu den zentralgeleiteten Kombinaten der DDR-Volkswirtschaft. Das Markenzeichen "Pneumant" stammte aus dem Jahre 1959. Die Reifentradition in Brandenburg ist ähnlich alt wie die der Continental AG in Hannover. Die Wurzeln beider Unternehmen reichen bis an die Anfänge der Motorisierung zurück. Bereits 1890 produzierte die Deutsche Kabelwerke AG, der Pneumant-Vorläufer, den ersten Reifen.

Neben dem Stammbetrieb in Fürstenwalde gehörten die großen Reifenwerke in Dresden (neu 1962), Riesa (neu 1948), Heidenau, Neubrandenburg (neu 1974) und Berlin zum Kombinat. Das Berliner Reifenwerk mit seinerseits sieben Betriebsteilen in der ganzen DDR hatte die Runderneuerung für alle Reifentypen übernommen.

Reifenkombinat Fürstenwalde

Vom größten in der DDR
zum kleinsten auf der Welt

Riesa stellt die Mehrzahl aller PKW- und Leicht-LKW-Reifen her, Heidenau Reifen und Luftschläuche für Zweiräder sowie Luftschläuche für PKW, Neubrandenburg LKW-Diagonalreifen und PKW-Radialreifen, Dresden LKW-, Landwirtschafts- und Spezialreifen. Das Markenzeichen "Pneumant" umfaßte schließlich mehr als 200 Reifendimensionen in über 75 -profilen.

Wie in der DDR üblich, besaß das Kombinat eine erhebliche Fertigungstiefe, die im Laufe der Zeit noch ausgebaut wurde: Eigenproduktion von Stahlkord ab 1986, eigener Textilkord auf Viskose- und ab 1989 auf Polyamid-Basis. Das Reifenkombinat besaß in der DDR einerseits die typische Monopolstellung als Alleinanbieter, zugleich aber auch zwei Besonderheiten: Mit 20 bis 25 Prozent Umsatzanteil NSW-Export war es auf den westlichen Märkten ungewöhnlich stark vertreten. Die Ausfuhr beruhte auf dem üblichen Umrechnungskoeffizienten von etwa 1 zu 4 von Valuta(D-)Mark zur DDR-Mark, der den Erlös aus dem Westexport überhaupt erst in eine betriebswirtschaftlich verwertbare Größe umwandelte. Obgleich zu Dumpingpreisen exportiert wurde, war Pneumant zumindest auf dem Weltmarkt präsent und kannte dessen Anforderungen. Zu Beginn der 80er Jahre beispielsweise wurden LKW-Ganzstahlreifen entwickelt und gebaut, die auf dem Binnenmarkt gar nicht absetzbar waren, weil es an entsprechenden Fahrzeugen fehlte.

Der negative Aspekt jedoch: Pneumant war in Westeuropa und in Übersee aufgrund der Dumpingpreise als Billiganbieter bekannt. Dies wirkte sich jahrelang aus. Auch noch 1993 mußte sich die Marke an der "Oberkante" des unteren Preisbereichs bewegen bei international vergleichbarer guter Qualität. Beim Umsatz im Inland (75 Prozent des Gesamtumsatzes) hielten sich zu DDR-Zeiten Erstausstattung und Ersatzgeschäft in etwa die Waage.

Als zweite Besonderheit war das Kombinat mit nur fünf Prozent Ostexport relativ gering von diesem Markt direkt abhängig. Schwerer wog, wie sich später zeigen sollte, jedoch die indirekte Abhängigkeit von den RGW-Kunden. Viele Fahrzeughersteller der DDR, die vom Reifenkombinat als dem einzigen Erstausstatter beliefert wurden, waren eng mit dem Ostmarkt verbunden, beispielsweise die, die Landmaschinen oder LKW fertigten.

Das technisch-technologische Niveau des Kombinats ist aus heutiger Sicht als "durchwachsen" zu bezeichnen. Moderne und modernste Anlagen befanden sich neben total veralteten. Das Kombinat wurde in den 80er Jahren rationalisiert. Die Kordproduktion zählte dazu, ebenso wurde Ende der 80er Jahre der Fürstenwalder Mischbetrieb, der den Rohgummi für die späteren Reifen herstellt, durchgehend auf elektronische Steuerungen umgestellt, verbunden mit einer neuen Mischtechnologie. Der Mischbetrieb produziert als Vorfertigungsbereich noch 1993 . Drechsler rechnet sich für 1993 und die Folgejahre sogar zusätzlichen Lieferchancen aus. Zehn bis zwanzigtausend Tonnen Compounds sollen, neben der Produktion für den Eigenbedarf, weiterverkauft werden. Keine Frage, daß die ursprüngliche Kapazität von 112 000 Tonnen Mischungen von vor der Wende nicht mehr erreicht wurde. Jetzt sind es jährlich insgesamt bis zu 40 000 Tonnen Compounds.

Anfang der 70er Jahre beschäftigte das Reifenkombinat 8 000 Mitarbeiter, Ende der 80er Jahre war ihre Zahl bei mehr als 11 500 angelangt. Entsprechend ging es in den Jahren mit der Leistung bergauf: 1989 wurden eine Produktion von sieben Millionen Stück Reifen erreicht. Jedoch hatten nur drei Viertel der Belegschaft unmittelbar mit Reifen zu tun. Das "restliche" Viertel arbeitete im eigenen Maschinenbaubetrieb, der Bauabteilung, der Konsumgüterfertigung, im Kraftwerk oder in den großen Sozialbereichen einschließlich Kinderferienlager knapp 1000 Werkswohnungen.

Das Kombinat verfügte seit Anfang der 80er Jahre auch über eine sogenannte Konsumgüterproduktion, die sich anfänglich aus der Fertigung von Gummiteilen aus "Restmaterialien" entwickelte. Gängige Erzeugnisse waren Schlauchboote, Spielartikel und sogar ein hochwertiges Produkt wie der in der DDR begehrte Camping-Wohnwagen QEK-Junior, der zwecks besserer Bedarfsdeckung von einem der DDR-Stahlkombinate übernommen wurde. Verglichen mit der Gesamtleistung des Kombinats von über 3 Milliarden DDR- Mark Umsatz jährlich machten die Konsumgüter mit knapp 30 Millionen DDR-Mark aber kaum ein Prozent aus. Immerhin: Mit Tennisbällen aus der Konsumgüterproduktion in Heidenau wagte sich "Pneumant" zu DDR-Zeiten auf die Leipziger Messe.

Die schwerwiegende Entscheidung

Vor der Auflösung des Kombinats und der Bildung der Aktiengesellschaft am 15. Juni 1990 konnte sich die Belegschaft jedes Kombinatsbetriebes entscheiden, ob sie in die neue Struktur gehen oder selbständig den Weg in die Marktwirtschaft suchen wollte. Das Ergebnis dieser Ermessensentscheidung konnte verhängnisvoll sein, nicht wenige Kombinate ereilte so schon vor der Währungsunion ein schneller Tod. Ein anderes Verfahren war wegen der jahrelang von Kombinat und Staat betriebenen Bevormundung jedoch kaum möglich. Von den Pneumant-Betrieben gingen schließlich sieben in die AG: Fürstenwalde, Riesa, Dresden, Neubrandenburg, das Runderneuerungswerk Oranienburg, das Werk Egeln sowie das Gummiaufbereitungswerk Salzwedel. Eine Aufsplitterung wurde damit verhindert, die AG konnte wie ihre westlichen Großkonkurrenten mit einem breiten Sortiment an den Markt gehen.

Drei der Kombinatsbetriebe wählten die Selbständigkeit: Berlin, Heidenau sowie das Reifenwerk Plauen, das noch vor der AG-Bildung von der Geschäftsführung gekauft und in die Vogtländische Reifenwerke GmbH umbenannt wurde. Diese wurde später von der Continental AG, Hannover, erworben.

Die neue Pneumant AG verfügte nun über 8 600 Mitarbeiter. In der Folgezeit wurde die Entflechtung des Kombinats fortgesetzt. Als erstes wurden offensichtlich nicht dazugehörende Bereiche ausgegliedert: die Feuerwehr, der Transport, die Werkswohnungen, die Projektierung, der Wachschutz und zuletzt das Kraftwerk des Stammbetriebs an eine Betreibergesellschaft der Stadt Fürstenwalde. Dem letzten Generaldirektor Dr. Siegfried Kipp, der schon im Januar 1990 seinen Hut genommen hatte, folgte Norbert Nowakowski, vordem Hauptbuchhalter, als Chef des Unternehmens. Nowakowski wurde noch vom zuständigen Minister der Modrow-Regierung, Singhuber, ernannt. Er blieb dann bis zur Liquidation Vorstandsvorsitzender der hundertprozentigen Treuhand-AG.

Die bei der AG-Bildung noch sehr hohe Mitarbeiterzahl kollidierte sofort mit dem Umsatz, der nach der Währungsunion drastisch zurückging. Hatte dieser vorher bei 3,6 Milliarden DDR-Mark gelegen, wurden bereits 1990 nur noch 430 Millionen DM erzielt. Prozentual ist der Rückgang schwer zu veranschlagen, weil die DDR-Mark eine subventionierte Binnenwährung war und der Vergleich mit der DM nichts bringt. Grob kann der Umsatzrückgang bei Pneumant mit 30 bis 40 Prozent geschätzt werden.

Dafür gab es mehrere Gründe: Zum einen fiel der geschützte Binnenmarkt weg, zum anderen gingen die ostdeutschen Fahrzeughersteller ziemlich rasch einer nach dem anderen ein. Schließlich kamen neue Fahrzeuge ins Land, bei denen Pneumant nicht einmal das Ersatzgeschäft be-

Reifenkombinat Fürstenwalde

treiben konnte, weil diese Reifendimensionen zum Teil nicht hergestellt wurden.

Das darauffolgende Jahr - von der Währungsunion im Juli 1990 bis Mitte 1991 - wird heute bei Pneumant vielfach als verlorenes Jahr angesehen, vor allem wegen der letztlich gescheiterten Kooperationsverhandlungen mit dem viertgrößten Reifenhersteller der Welt, der Continental AG, Hannover. Von Anfang 1990 datierte eine entsprechende Absichtserklärung für eine Partnerschaft. Bis in den Spätsommer des Jahres hinein zogen sich die Kontakte zur Continental hin. Doch erst im September wurde die endgültige Absage aus Hannover bekannt: Keine Kooperation mit Pneumant. Continental-Vorstandschef Horst W. Urban hatte noch auf der Hauptversammlung am 27. Juni 1990 die Aussichten einer Zusammenarbeit mit Fürstenwalde als zuversichtlich eingeschätzt. Die zunehmenden Probleme bei Pneumant wie auch finanzielle Engpässe bei der Continental selbst und deren Kontakte zu Pirelli verhinderten am Ende eine Zusammenarbeit.

Das wirkte sich jedoch in mehrfacher Hinsicht negativ aus: Pneumant hatte den Conti-Vertretern damalige betriebswirtschaftliche Interna zugänglich machen müssen, auch Vertriebswege und Händlerkontakte. In der Zeit der Übernahmeverhandlungen ruhten, wie bei Treuhand-Betrieben üblich, viele Investitions- und Entwicklungsarbeiten. Zudem verließen führende Fachkräfte das Werk, gingen zur Konkurrenz, weil diese nicht kam. Für die AG hatte das drastische Folgen: Waren Anfang 1990 allein am Fürstenwalder Standort noch 4600 Beschäftigte tätig, blieben Ende des Jahres 2800 übrig.

Weg wie warme Semmeln

Das folgende Jahr 1991 begann mit einem Paukenschlag: Am 1. Januar übernahm die AG vom ehemals Staatlichen Außenhandelsunternehmen das für die AG zuständige Handelshaus in London, heute die "Pneumant International Ltd.", die Mitte 1993 noch immer zur AG i.L. gehört. Zu einer Übernahme der Londoner Dependance konnte sich die neue GmbH bis Mitte 1993 noch nicht entschließen.

In der Wendezeit und danach war Pneumant vom Handel schwer gebeutelt worden. Ein eigenes Niederlassungs- und Händlernetz war für die AG in der DDR nicht nötig gewesen, alles ging über das zuständige Chemiehandelskontor weg wie "warme Semmeln", weil der Bedarf nie voll gedeckt werden konnte. Das Kontor übernahm die Weiterverteilung an die Reifenhändler. Erst nach der Währungsunion begann Pneumant mit dem Aufbau eines eigenen Vertriebsnetzes: Inzwischen bestehen zu über 250 Händlern in den neuen Ländern und 500 in den alten feste Kontakte.

Trotz des aktiven Vertriebs sanken im Frühjahr 1991 Produktion und Umsatz auf einen Tiefpunkt. 49 Millionen Mark Verlust machte die AG in den ersten sechs Monaten. 180 Millionen Mark sollte dann der reale Jahresumsatz 1991 betragen, nicht allzuweit von den angestrebten 200 Millionen entfernt, aber weniger als die Hälfte von 1990 und viel zu wenig, um aus eigener Kraft aus der Krise herauskommen zu können.

Trotzdem begann sich Pneumant im Frühjahr und Sommer 1991 von dem Schock der Währungsunion und der Conti-Absage zu erholen. In der Öffentlichkeit machte die Reifen-AG mit neuen Konzepten und neuem Slogan von sich reden: "Reifen für Realisten" hieß jetzt das Verkaufsargument, das im Werk sogleich in "Reifen von Realisten" umgedeutet wurde.

AG-Chef Nowakowski schöpfte Hoffnung. 15 Prozent mehr Aufträge wurden im Juni und im August des Jahres 1991 hereingeholt, dieselbe Aussicht bestand auch für den September. Mehrere international renommierte Prüfzentren bescheinigten den Pneumant-Pneus gute Qualität und hervorragende Gebrauchseigenschaften. Die Sortimentspolitik trug zum wachsenden Markterfolg teil. Nun wurden Lücken aus der DDR-Zeit geschlossen, in der man zum Beispiel keine Hochgeschwindigkeitsreifen herstellen brauchte. Ende 1992 waren schon 50 Prozent des Sortiments erneuert, für 1993 wurden 80 Prozent angestrebt. Für die internationale Automobilausstellung im September in Frankfurt/Main kündigte Pneumant sogar die "Revolution unter der Lauffläche" an. Konkret ging es um einen völlig neuartigen Radialreifen, der Pneumant zusammen mit dem Düsseldorfer Tüftler Jonny Janus auf den Markt bringen wollte, den Janus-Reifen.

Das umstrittene Konzept

Pneumant ist sanierungsfähig - dies bescheinigte auch ein von der Beraterfirma Arthur D. Little im Frühjahr 1991 angefertigtes Sanierungs- und Privatisierungskonzept, das Unternehmen und Treuhand nach dem Scheitern der Conti-Verhandlungen in Auftrag gegeben hatten. Die Unternehmensberater gingen davon aus, daß insgesamt 1700 Mitarbeiter in der AG bleiben können. Das verhieß, Mitte der 90er Jahre aus der Verlustzone herauszukommen. Zu alledem hatte die Treuhand dem Vorstand schriftlich bestätigt, daß sie den ADL-Sanierungsplan bis 1995 unterstütze - allerdings ohne "open End", wie Treuhandpräsidentin Birgit Breuel am 9. Juli 1991 in Fürstenwalde bei einem ihrer, in diesen Jahren noch häufigen Betriebsbesuche betonte.

Mit dem präsidialen Besuch änderten sich die Töne gegenüber Pneumant. In der Treuhand war man schon Anfang Juli zu dem Entschluß gekommen, die Sanierung nach dem ADL-Konzept nicht weiter zu verfolgen. Am 22. Juli 1991 war dem Pneu-

mant-Betriebsrat bei einer Besprechung erstmals die Möglichkeit einer Liquidation angedeutet worden. Am 13. September 1991 schließlich fällte die Treuhandanstalt die nach außen hin so überraschende Entscheidung: "Nach eingehender Diskussion" sei der Verwaltungsrat zu der Auffassung gekommen, daß die Pneumant Fürstenwalde Reifenwerke AG in der bisherigen Form nicht weitergeführt werden kann." Die Entscheidung sei nicht das Ende von Pneumant. Ziel sei es vielmehr, "möglichst viele qualifizierte Arbeitsplätze an den Standorten des Unternehmens zu erhalten."

Am 17. September wurden Aufsichtsrat, Vorstand, Betriebsrat sowie Kommunalvertreter von der Entscheidung informiert. Am 26. September wurde am Vormittag der Liquidationsbeschluß förmlich gefaßt, am Nachmittag fand dazu die Betriebsversammlung statt, an die sich Betriebsratvorsitzender Gerd Schmidt wohl ewig erinnern wird. War die Liquidation notwendig, um wenigstens das Kerngeschäft zu retten?

"Bei der Bewertung aller Faktoren ist das sicher nicht richtig," antwortet Schmidt später darauf. Bei der langen Reifen-Tradition am Standort, dem Können der Mitarbeiter hätte Pneumant ein ernsthafter Konkurrent für die "Großen" der Branche werden können - vorausgesetzt, mit der Währungsunion wären Binnenmarkt und Umsatz nicht so schlagartig weggebrochen. Pneumant wurde damit faktisch zu einem "Newcomer". Eine schwierige Position, wenn der Weltmarkt stark aufgeteilt ist und zu 80 Prozent von sechs Unternehmen kontrolliert wird.

Schmidt will der Treuhandanstalt nicht einfach den Schwarzen Peter zuschieben. Eigentlich seien, sagt er, die Politiker gefordert gewesen, die Rahmenbedingungen in Ostdeutschland anders abzustecken, um ein Plattmachen und Ausschalten von Konkurrenz in den neuen Bundesländern zu verhindern. Der Kurswechsel der Regierung

Reifenkombinat Fürstenwalde

Kohl Ende 1992 zum Erhalt der ostdeutschen Industriekerne kommt nach seiner Meinung zwei Jahre zu spät. Auf Betreiben des Betriebsrates und der örtlichen IG Chemie-Glas-Keramik wurde in Fürstenwalde wenigstens eine Arbeits-, Bildungs- und Strukturentwicklungsgesellschaft gebildet, in der auch entlassene Pneumant-Leute unterkamen.

Schmidt und seine Kollegen rätseln noch heute, wer alles in der THA beim Entstehen des Liquidationsbeschlusses mitspielte.

Dem Aufsichtsrat von Pneumant ist jedenfalls seinerzeit die Einsichtnahme in die Studie, auf der der Liquidationsbeschluß beruhte, verweigert worden. Auch später lieferte die Treuhandanstalt keine schriftliche Begründung für die Liquidation nach. 1991 baute sich eine solche Entscheidung auf das Fehlen eines Käufers auf, der sich trotz aller positiven Entwicklung nicht auftreiben ließ: Der Pneumant-Vorstand sprach später selbst von einer Stabilisierung der Situation im Jahre 1991, es sei aber keine erfolgversprechende Privatisierung des Unternehmens in Sicht gewesen. Hans-Jürgen Drechsler hat auch zwei Jahre danach keine andere Sicht: Pneumant - sanierbar, aber ohne Käufer. "Das war der Ausgangspunkt für die Liquidation", meint er.

Die angewandte Lösung - Privatisierung aus der Liquidation heraus - wird unterschiedlich bewertet. Im Juli 1991 war die Pneumant AG mit etwa 500 Millionen Mark verschuldet, zu zwei Dritteln aufgrund sogenannter Altschulden, zu einem Drittel seit der Währungsunion aufgelaufener Neuschulden. Für die Treuhand des Jahres 1991 erschien eine derart verschuldete AG, zu deren Sanierung bis 1995 und dem Erhalt von 1700 Arbeitsplätzen weitere 180 Millionen DM nötig gewesen wären, unternehmerisch nicht weiterführbar. Der Aufwand pro Arbeitsplatz hätte bei rund 400 000 Mark gelegen, ohne die rechtlich umstrittenen DDR-Schulden nur bei 200 000. Ein Jahr später sollte der Treuhand bei der Privatisierung der ostdeutschen Werften und Mikroelektronik der Erhalt eines Arbeitsplatzes bis zu eine Million DM wert sein.

Den gesamten Pneumant-Liquidationsprozeß begleitete die Treuhandanstalt bislang mit etwa 100 Millionen DM. Bei derzeit 959 Arbeitsplätzen in der Pneumant-GmbH entspricht das einem Pro-Arbeitsplatz-Aufwand von etwas über 100 000 Mark. Die Liquidation der AG gibt der Treuhand zudem die Möglichkeit, für die Altschulden gegenüber den Banken in einen Vergleich zu treten. Damit können die diesbezüglich von der Treuhand zu bezahlenden Schulden auf etwa ein Drittel reduziert werden.

Nach dem Bekanntwerden des Liquidationsbeschlusses setzte sofort eine neue Absatzflaute und Vertrauenskrise bei den Händlern ein. Auch gelang es vorerst in nicht ausreichendem Maße, auf den Betriebsgeländen der AG neue Unternehmen anzusiedeln.

Ernüchterung macht sich breit

Hoffnungen setzte der dann eingesetzte Pneumant-Liquidator Gordon Rapp zum Beispiel in die Neuansiedlung der Horstmann Fahrradwerke in Fürstenwalde. Der Ankündigung, sofort 100 und später bis zu 200 Arbeitsplätze zu schaffen, folgte Ernüchterung: Statt Produktion vorerst nur Vertrieb mit rund einem Dutzend Arbeitskräfte - obwohl im Vertrag zwischen dem Fahrradhersteller und dem Pneumant-Liquidator ausdrücklich eine produktive Investition festgeschrieben worden war. Ähnlich entwickelte sich die Situation in anderen stillgelegten AG-Betrieben: Die verschiedentlich angestrebten Industriepark-Pläne verschoben sich um ein, zwei Jahre. Inzwischen sind zusammengenommen 3 000

"Ersatz"arbeitsplätze vertraglich gebunden, aber erst für Mitte der 90er Jahre in Sicht.

Auch die Umsatzentwicklung vollzog sich anders als angenommen. Rapp, der sich zuvor mit der Liquidation des Dresdner Kameraherstellers Pentacon einen Namen gemacht hatte, rechnete Anfang 1992 noch mit einem GUS-Autrag für Reifenkord von 100 Millionen Mark. Dieser zerschlug sich aufgrund der Zahlungsschwierigkeiten der GUS-Kunden, eine Tonne Reifenkord aus Fürstenwalde wurde aufgrund des Rubelverfalls unbezahlbar. In Fürstenwalde fielen nahezu 300 Arbeitsplätze weg, vor allem für Frauen. Textiler Reifencord wurde in der Folge mit 60 bis 80 Arbeitskräften nur noch für den Eigenbedarf der AG hergestellt. Auch dies erwies sich auf die Dauer als zu umfangreich. Zum 30. 6. 1993 stellte Pneumant die Textilkordfertigung bis auf einen "Mini"standort mit wenigen Arbeitskräften ein.

Zu groß für die ausgedünnte Produktion wurde auch der Stahlkordbereich des Fürstenwalder Stammbetriebes, der als eigenständige GmbH ausgegliedert, Anfang 1992 noch mit 300 Beschäftigten arbeitete. Im 1. Quartal 1992 endete ein GUS-Auftrag. Dann war für die meisten Schluß. Die Stahlkord-Kapazitäten waren für den geschrumpften Reifenausstoß nicht mehr rentabel aufrechtzuerhalten.

Früher ging der Stahlkord auch nach Neubrandenburg und Riesa, grob überschlagen reicht die Kapazität für gut 9 Millionen Reifen - fünfmal mehr, als 1993 hergestellt werden sollen. Ein Ausweichen auf andere Sortimente, beispielsweise Transportbänder, war ebenso nicht möglich.

Auf dem Gelände will sich nun der Fürstenwalder Industriepark ansiedeln. Der Geschäftsführer der Stahlkord-GmbH versucht zudem, mit der Herstellung spezieller Qualitäten ein Dutzend Arbeitsplätze zu halten.

Wie es den anderen erging

Der zweite Standort der AG, der bis Mitte 1993 überlebte, ist das PKW- und Leicht-LKW-Reifenwerk Riesa. Von den dort ehemals 2 000 Beschäftigten blieben über die Stationen 1 400 (Ende 1990), 1 000 (Anfang 1991) etwa 800 bis 700 im Jahre 1992. Der Hälfte der gesamten Belegschaft wurde betriebsbedingt gekündigt, d.h. sie wurde in die Arbeitslosigkeit entlassen. 100 weitere Mitarbeiter fanden neue Anstellungen, die anderen nutzten Vorruhestandsregelungen, ABM und Umschulung.

In Riesa sollen nach den Konzepten der neuen Pneumant GmbH 1993 nicht mehr als 450 Leute PKW- und LLKW-Reifen herstellen. Garant für den Erhalt des Standort ist - ähnlich wie im Fürstenwalder Mischbetrieb · eine noch zu DDR-Zeiten begonnene 750-Millionen-Mark-Investition zur Modernisierung, die in den Folgejahren von den Pneumant-Vorständen mit gewissem Mut zum Risiko teilweise fortgeführt wurde. Andererseits belasteten diese Investitionen auch die Unternehmensbilanz, trieben die "roten Zahlen" in die Höhe. In Riesa wurde auch eine überaus wichtige Forschungs- und Entwicklungsabteilung erhalten, die Anwendungsforschung betreibt.

Zeigt Riesa, daß modernste Anlagen eine Voraussetzung waren, um unter den harten Bedingungen des Übergangsschocks konkurrenzfähig sein zu können, so ist ein Mindestabsatzmarkt die zweite Voraussetzung. Der modernste aller Kombinats- und AG-Betriebe - erst Anfang der 70er Jahre aufgebaut - war das LKW-Reifenwerk in Neubrandenburg. Diesem wurde jedoch das veraltete, speziell auf den DDR- und Ostmarkt zugeschnittene Produkt zum Verhängnis. Für die Neubrandenburger LKW-Diagonalreifen war der Absatz nach Währungsunion und dem Aus für die ostdeutsche Nutzfahrzeugindustrie vollends verschwunden. Bereits Ende 1990 wurde in Neubrandenburg dicht gemacht, ein Industriepark entsteht.

Ein gleiches Schicksal erlitt das Reifenwerk Dresden, das ein Jahr später Ende 1991 geschlossen wurde. Die dort hergestellten Landwirtschafts-Reifen waren ebenfalls nicht mehr abzusetzen. Auch hier wurde das Gelände aufgeteilt und der Kommune für einen Industriepark übergeben. In den beiden genannten Industrieparks sollen jeweils etwa 500 bis 600 Arbeitsplätze entstehen.

Das Reifen-Runderneuerungswerk Oranienburg wurde zum 31. Dezember 1990 von der dänischen Firma Scanrub übernommen, die Teil der "Viborg"-Gruppe ist, einer der größten Runderneuerungs- und Reifenfirmen in Skandinavien. Scanrub hat zunächst einen Anteil von 51 Prozent, 49 Prozent sind weiter im Besitz der Pneumant AG i.L. Von den knapp 200 Arbeitsplätzen blieben rund 80 erhalten. Die kleineren zur AG gehörenden Standorte in Egeln (Runderneuerungswerk) und Salzwedel (Gummiaufbereitung) wurden ebenfalls privatisiert .

Von den Unternehmen, die den Weg in die Selbständigkeit wählten, bestehen noch das Berliner Reifenwerk und das Reifenwerk Heidenau. Auf dem Berliner Reifenwerk lagen von Anfang an Rückübertragungsansprüche. Zum 1. Mai 1993 wurde die Firma schließlich an den Westberliner Alteigentümer aus der Branche reprivatisiert. Das Reifenwerk Heidenau hatte sich eine ganze Zeitlang mit der Fertigung von Zweirad-Reifen behaupten können. Seit dem März 1993 führt auch dieses Werk den Zusatz "i.L" im Firmennamen. Die Ursache sind hier ebenfalls rapid gesunkene Umsätze.

Anders entwickelten sich die Dinge beim Reifenwerk Plauen, der späteren Vogtländischen Reifenwerke GmbH (VRW). Nach der endgültigen Übernahme des VRW durch ihre Tochterfirma Vergölst versprach die Continental AG mehrere Millionen Mark an Investitionen, wollte 150 Arbeitsplätze sichern und bis 1993 möglicherweise auf 230 erweitern. Doch auch dieses Versprechen wurde nicht eingehalten. Offensichtlich waren bei Vergölst bereits große Überkapazitäten bei der Runderneuerung vorhanden. Die VRW wurden stillgelegt, Anfang 1992 wurden die Anlagen - nach Expertenmeinung sehr moderne - demontiert und an eine norwegische Firma verkauft, deren Dachgesellschaft inzwischen von der Continental übernommen worden war. Von den 150 Arbeitsplätzen in Plauen blieb nur etwa ein Drittel, der VRW-Fachhandel, erhalten.

Die Liquidation der Pneumant AG dagegen gestaltete sich nach einigen Anlaufproblemen zunehmend erfolgreicher. Mitte 1993 waren durch Folgeprivatisierungen bzw. Industrieparkansiedlungen auf ehemaligen Standorten der AG etwa 3800 Arbeitsplätze vertraglich gesichert, einschließlich der 950 der ausgegründeten Pneumant GmbH. Mit einer ähnlichen Größenordnung von Arbeitskräften war die AG zwei Jahre zuvor in die Liquidation gezwungen worden.

Die vereinbarten Arbeitsplätze sollten ausreichen, um die zu Beginn der Liquidation gegebenen Zusagen erfüllen zu können. Liquidator Gordon Rapp war von künftig 2 500 Arbeitsplätzen an den AG-Standorten ausgegangen, der für Abwicklung zuständige Treuhanddirektor Ludwig Tränkner hatte versprochen, außerhalb des Kerngeschäfts insgesamt 2 000 Arbeitsplätze zu erhalten oder neu zu schaffen.

Die neue GmbH

Um doch noch die Privatisierung eines entschuldeten, möglichst handlungsfähigen Branchenunternehmens zu ermöglichen, wurde aus der AG i.L. eine GmbH herausgegründet, die am 8. Dezember 1992 ins

sammen ergibt einen Umsatz von 150 Millionen Mark. Mit dem Dreifachen dieser Summe war Pneumant 1990 in die Marktwirtschaft gestartet. Mit 150 Millionen Umsatz lassen sich die knapp tausend Arbeitsplätze sichern. Drechsler rechnet mit einem Pro-Kopf-Umsatz von rund 150 000 DM. Die Produktivität der Pneumant-GmbH bewegt sich damit im europäischen Mittelfeld. Ein Nachteil aus der Entwicklung der letzten drei Jahre - Pneumant verlor das Erstausstattungs- und mußte sich mit dem Ersatzgeschäft begnügen - gereicht der GmbH jetzt fast zum Vorteil: Im Ersatzgeschäft lassen sich die besseren Margen erzielen. Unternehmenssprecher und Vertriebschef Drechsler sieht die Pneumant GmbH weniger als "Nischenproduzent", denn als Qualitäts- und Spezialhersteller mit dem Image des wahrscheinlich kleinsten und flexibelsten Reifenherstellers auf der Welt. Kernbereich beim Absatz soll der deutsche Inlandsmarkt bleiben. Dazu sind die Voraussetzungen so schlecht nicht: 80 Prozent des Umsatzes erreichte Pneumant 1991 noch in der Ex-DDR, 20 Prozent in Westdeutschland. Den hohen Marktanteil in den neuen Ländern wertet Drechsler mit dem Blick für Realitäten: Zum einen gebe es noch genug Fahrzeuge aus DDR-Zeiten und genügend Kunden, die auch mit dem Motiv "Buy East" der Marke die Treue halten. In absehbarer Zeit soll sich das Absatzverhältnis schon ausgeglichen haben - die Hälfte Ost, die Hälfte West. Ein Fünftel der Jahresproduktion will zudem der Iran abnehmen.

Handelsregister eingetragen wurde und am 1. Januar 1993 ihre Geschäfte aufnahm. Die neue "Pneumant Reifen- und Gummiwerke GmbH" steht auf vier Säulen: Dem Werk Fürstenwalde mit Vorfertigung und LKW-Reifenfertigung, dem Werk Riesa mit PKW- und Leicht-LKW-Reifenfertigung, einer Abteilung Marketing/Vertrieb sowie einer Abteilung Finanzen/Controlling. Die vier Leiter der Werke bzw. Abteilungen bilden zusammen die Geschäftsführung. Der Schwerpunkt der Beschäftigung liegt in den produktiven Bereichen. Dort sind in Fürstenwalde und in Riesa jeweils 430 Mitarbeiter tätig, im schmalen "Overhead", wie es Hans-Jürgen Drechsler ausdrückt, gerade mal 80 Leute.

Die Konzeption der Pneumant-GmbH sieht vor, jährlich 1,5 Millionen PKW-Reifen, 250 000 LKW-Reifen sowie 10 Kilotonnen Gummimischung zu verkaufen. Alles zu-

Reifenkombinat Fürstenwalde

Mit dem islamischen Staat verbindet sich auch die Aussicht, die einstige DDR-Marke Pneumant doch noch in private Hände zu geben. Nach der insgesamt doch wenig gelungenen Privatisierung des Ex-Kombinats konnten Treuhand und Liquidator in dieser Hinsicht zumindest während der stillen Liquidation der AG einem Erfolg verbuchen. Zu 40 Prozent werde, so die Pressemitteilung vom 23. Juni 1992, der Iran die beiden Pneumant-Standorte Fürstenwalde und Riesa übernehmen. Als Gegenwert erwerbe das islamische Land stillgelegte Anlagen aus Neubrandenburg und Dresden. Hintergrund ist die Absicht der iranischen Regierung, sich künftig von Reifenimporten unabhängig zu machen. Das ursprüngliche Interesse des Iran an Ausrüstungen für die Reifenproduktion konnte dabei auf das Pneumant-Know-how erweitert werden.

Die Zeit der Unsicherheit war damit aber noch nicht überstanden. Auch für die restlichen 60 Prozent mußten Käufer gefunden werden - so die Bedingung des Iran, der keine unternehmerische Führung übernehmen wollte und will. Die Suche nach diesem "Unternehmer" gestaltete sich schwierig. Im Dezember 1992 kam erstmals ein italienisches Mittelstandsunternehmen aus der Branche ins Gespräch. Ein halbes Jahr später stand für die Treuhand intern fest: Mehr als 50 Prozent der Pneumant GmbH soll von den Italienern übernommen werden, 10 bis 20 Prozent sind unter Beteiligung der Dresdner Bank für ein Managment-Buy-Out (MBO) "reserviert", den restlichen, gegenüber dem Ursprungsansatz etwas reduzierten Anteil wird der Iran erhalten. Wegen der komplizierten Konstruktion wird der rechtsgültige Verkauf von Pneumant voraussichtlich nicht vor Ende 1993 erfolgen.

Kombinat ZIM Berlin

Gelungene Aufspaltung in lebensfähige Kerne

Von RALF LÜDEMANN

- ■ **Renommierte Vorgänger**

- ■ **Kleines Kombinat mit großem Anspruch**

- ■ **BAGUT – eine Holding auf Zeit**

- ■ **Vom Wasserkopf zur Beratungs-und Schulungsfirma**

- ■ **Ein kleines Institut findet seine Marktlücke**

- ■ **Berliner Präzisionsschmiede mit ehrgeizigen Plänen**

- ■ **Das magere Erbe der Roboter-Könige**

- ■ **Vom Ofenbau zur Spezialkeramik**

- ■ **Schwere Zeiten für Automatisierer**

"Zukunftsorientiert - Innovationsfreudig - Marktgerecht" - Mit diesem selbstbewußten, aus den eigenen Initialen abgeleiteten Slogan warb gegen Ende der achtziger Jahre das Kombinat Zentraler Industrieanlagenbau der Metallurgie (ZIM). Zum 1. Juli 1984 gegründet, war es eine der eigenwilligsten Kreationen, die das DDR-Wirtschaftssystem in der Schlußphase des Wettbewerbs mit dem Westen hervorbrachte.

Der strategische Ansatz für diese späte Neuschöpfung planwirtschaftlichen Denkens war sehr realer Natur: Die Erzeugnisse der Metallurgie schlugen in den Exportbilanzen der devisenhungrigen DDR-Wirtschaft überproportional zu Buche. Stabstahl und Grobbleche, auf westliche Märkte geworfen, brachten Computer in die Büros und Kaffee in die Kaufhallenregale. Der Preis

war hoch, denn bis auf wenige Renommierobjekte wurden die Produktionsanlagen der DDR-Metallurgie unwirtschaftlich betrieben und über viele Jahre auf Verschleiß gefahren. Rationalisierung, Automatisierung und technische Erneuerung taten not - Aufgaben, derer sich das Kombinat ZIM annehmen sollte.

Renommierte Vorgänger

Die Voraussetzungen für solide fachliche Arbeit waren in der Tat nicht die schlechtesten: "Urvater" des ZIM war das am Ende der 60er Jahre aus verschiedenen Einzelinstituten gegründete Zentralinstitut der Metallurgie. Neben einigen Stabsabteilungen, die aus "optischen Gründen" aus dem Metallurgie-Ministerium ausgegliedert waren, enthielt es vor allem bedeutende Kapazitäten der technologischen Entwicklung sowie der Rechentechnik und Automatisierung.

Unter Wahrung des Logos ZIM und durch Angliederung von Produktionskapazitäten schuf sich Metallurgie-Minister Dr. Kurt Singhuber 1979 aus diesem Institut den VEB Zentraler Ingenieurbetrieb der Metallurgie. Neben den dringenden Rationalisierungserfordernissen in den metallurgischen Betrieben spielte auch der Ehrgeiz des Ministers bei dieser Schöpfung eine nicht unwesentliche Rolle. Zum Ende der 70er Jahre setzte die politische Führung der DDR große Hoffnungen in den massenhaften Einsatz von Industrierobotertechnik, und angesichts des eher zögerlichen Vorgehens seiner Ministerkollegen aus dem Maschinenbau sah der technisch versierte Singhuber eine Chance, sich positiv in Szene zu setzen. Noch im Jahr der Gründung des neuen Betriebes nahm der erste ZIM-Roboter im Ringwalzwerk der Maxhütte Unterwellenborn seine Arbeit auf. Die anderen Tätigkeitsbereiche des ZIM, wie die Produktion von Schmiedeteilen, die Anlagen-

Kombinat ZIM Berlin

projektierung und die Herstellung moderner Feuerfesterzeugnisse lieferten zwar so gut wie keine Schlagzeilen, bildeten aber jahrelang die ökonomische Basis für das leidenschaftliche, doch vorerst uneffektive Engagement in der Robotertechnik.

Kleines Kombinat mit großem Anspruch

Mitte 1984 wurde das ZIM unter Hinzunahme einiger weiterer Produktionsbetriebe in den Rang eines Kombinates erhoben. Die Namensschöpfung "Zentraler Industrieanlagenbau der Metallurgie" sollte auch diesmal wieder die Kontinuität des Logos gewährleisten, die begrenzten Kapazitäten des ZIM konnten allerdings dem derart formulierten Anspruch in keiner Weise gerecht werden. Die Bemühungen, ein wirkliches Anlagenbau-Kombinat, noch dazu mit zentraler Bedeutung für den Industriezweig, zu schaffen, waren bis zum Ende volkseigenen Wirtschaftens im Frühjahr 1990 nicht von Erfolg gekrönt. Statt dessen prägten die wechselnden Knappheitslagen und technologischen Engpässe dem kleinen Verbund von Betrieben mit insgesamt etwa 3000 Beschäftigten ein Liefer- und Leistungssortiment von nahezu unglaublicher Breite auf (siehe Schema).

Ungeachtet dieser Vielfalt konnten mit dem im ZIM konzentrierten wissenschaftlich-technischen Potential auf einzelnen Gebieten durchaus bemerkenswerte Leistungen erzielt werden. So gelang es mit einer für DDR-Verhältnisse unkonventionellen Personalpolitik, zum Beginn der 80er Jahre leistungsfähige junge Teams zusammenzustellen, die mit ihren Entwicklungen flexibler Industrieroboter den etwas behäbigeren DDR-Maschinenbau aufhorchen ließen. Auch beim Aufbau von Rechnernetzen war das ZIM führend in der DDR-Wirtschaft und damit im gesamten RGW-Bereich.

Im Umsatz des kleinen Rationalisie-

rungs-Kombinates spiegelte sich die Orientierung auf moderne Technologien allerdings noch 1988 nur ungenügend wider (siehe Grafik). Große Teile des Betriebsergebnisses wurden von der Gesenkschmiede, der Fitting-Produktion und durch die Herstellung feuerfester Materialien erwirtschaftet. Auch die Produktion von Konsumgütern für den Bevölkerungsbedarf beanspruchte ständig wachsende Kapazitäten und sorgte für eine zusätzliche Zersplitterung der Kräfte.

Bemerkenswert, weil untypisch für vergleichbare Betriebe, war der hohe Anteil nichtindustrieller Leistungen des ZIM: Mit dem Verkauf wissenschaftlich-technischer Ergebnisse und der Übernahme von

Überladene Produktpalette

Automatisierungsbetrieb Berlin	- **Kombinatsleitung** - Wissenschaftlich-technische Leitfunktion - Entwicklung, Fertigung und Einsatz von Industrierobotern - Präzisionsschmiede - Kosumgüter
Metallurgieofenbau Meißen	- Entwicklung, Produktion und Montage von Industrieöfen - Feuerfesterzeugnisse für die Metallurgie - Konsumgüter
Metallurgieanlagen Wittstock	- Metallurgische und energetische Ausrüstungen - Entwicklung und Fertigung von Industrierobotern - Konsumgüter
Metallurgieelektronik Leipzig	- Automatisierungslösungen - Rechnernetze - kundenspezifische Schaltkreise - Konsumgüter
Metallformwerk Parchim	- Gußeisenerzeugnisse - Stahlfittings - Rohrverbindungselemente - Konsumgüter
Mantissa Dresden	- Meßsonden für die Metallurgie - Unterrichtsmittel

Quelle: Entwicklungskonzeption des Kombinates ZIM vom März 1989

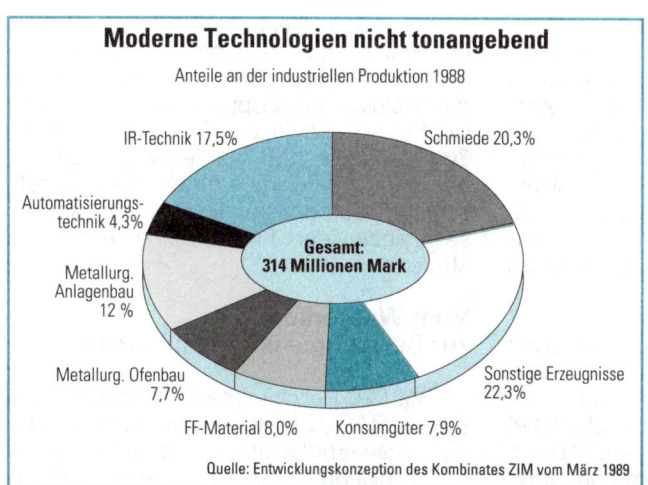

Moderne Technologien nicht tonangebend

Anteile an der industriellen Produktion 1988

IR-Technik 17,5%

Schmiede 20,3%

Automatisierungs-
technik 4,3%

Metallurg.
Anlagenbau
12 %

**Gesamt:
314 Millionen Mark**

Metallurg. Ofenbau
7,7%

Sonstige Erzeugnisse
22,3%

FF-Material 8,0%   Konsumgüter 7,9%

Quelle: Entwicklungskonzeption des Kombinates ZIM vom März 1989

Auftragnehmerfunktionen für den metallur-gischen Anlagenbau konnte 1989 immerhin mehr als ein Viertel des Gesamtumsatzes erzielt werden. Wissenschaftlich-techni-sche Leistungen machten auch einen be-deutenden Teil der Exporte des auf den Außenmärkten größtenteils unbekannten ZIM aus. Lizenzen und Engineering-Leistun-gen sowie die Inbetriebnahme einiger Ro-boter-Arbeitsplätze in verschiedenen RGW-Staaten erbrachten 1989 allerdings nur ei-nen Gewinn von 0,4 Millionen Mark.

Die letzten großen Vorhaben der DDR-Metallurgie, an denen das ZIM beteiligt sein sollte, erlitten recht unterschiedliche Schicksale: Während eine umfangreiche Rekonstruktion im Walzwerk Ilsenburg in den Jahren 1990 und 1991 zu Ende geführt werden konnte, ist über die Errichtung ei-ner Breitband-Gießwalzanlage in Eisenhüt-tenstadt bis heute nicht entschieden. Nur zeitweiligen Erfolg hatte die Umrüstung des Konverterstahlwerks in der Maxhütte Unterwellenborn auf ein im ZIM entwickel-tes neues Stahlerzeugungsverfahren, denn nach der Privatisierung wurde dort die Her-stellung von Rohstahl eingestellt.

Ein letzter Versuch, aus dem ZIM ein wirklich lei-stungsfähiges Anlagenbau-unternehmen zu machen, wurde im Jahre 1989 konzi-piert. Zwei Betriebe des ver-gleichsweise gigantischen Mansfeld Kombinates - der Schachtbau Nordhausen und der Generallieferant Metall-urgie - sollten dem Berliner Kombinat zugeordnet wer-den und dessen Kapazität somit schlagartig verdop-peln. Im unruhigen Herbst 1989 erstarkten zeitweise sogar Tendenzen zur Schaf-fung eines noch größeren Konzerns unter Hinzunahme einiger Betriebe des Schwermaschinen-baus, aber die nüchternen Denker im ZIM und die äußeren Umstände sorgten dafür, daß diese Pläne Makulatur blieben. Die Stunden der Kombinate waren gezählt.

BAGUT - eine Holding auf Zeit

Bereits im November/Dezember 1989 erarbeitete die Leitung des ZIM Konzepte für relativ selbständig agierende Geschäfts-bereiche, die dann mit jeweils einem oder zwei Geschäftsführern im Frühjahr 1990 in-stalliert wurden. War anfangs noch daran gedacht, diese Geschäftsbereiche unter einheitlicher Führung nach dem Profit-Cen-ter-Prinzip arbeiten zu lassen, zwangen doch die politischen und wirtschaftlichen Entwicklungen und die dadurch verstärkten Autarkiebestrebungen der einzelnen Berei-che zur Umorientierung auf das Modell ei-nes lockeren Verbundes.

Am 6. Juni 1990 endete das kurze Le-ben des ZIM und rückwirkend zum 1.Mai wurde die BAGUT Unternehmensverwal-tungs- und Service-Gesellschaft mbH ge-gründet. In dem Kürzel deutete sich das

Kombinat ZIM Berlin

fachliche Profil an: **B**erliner **A**nlagen-, **G**eräte- und **U**mform-**T**echnik. Der Auftrag der Treuhandanstalt an die BAGUT war klar: Sie sollte den Entflechtungsprozeß der Betriebe und Geschäftsbereiche des früheren Kombinates führen. Die drei bedeutendsten Betriebe außerhalb Berlins - Metallurgieanlagen Wittstock, Metallurgieelektronik Leipzig und Metallurgieofenbau Meißen - vertrauten sich der Berliner Holding allerdings nicht an und gingen bereits im ersten Halbjahr 1990 eigene Wege.

Beim Start der insgesamt neun unter dem Dach der BAGUT-Holding operierenden GmbH erwies es sich als vorteilhaft, daß die Bildung selbständiger Geschäftsbereiche die erste Phase der Kombinatsentflechtung bereits vorweggenommen hatte. Die Umwandlung zu GmbH konnte somit relativ geordnet erfolgen. Trotzdem war die Aufspaltung nicht unproblematisch, denn die vorherige enge wirtschaftliche Verflechtung erschwerte natürlich die Aufstellung der Eröffnungsbilanzen und die Zuordnung der aktiven und passiven Vermögenswerte. In dieser Phase waren die Anforderungen gerade an den in der BAGUT-Holding angesiedelten Buchhaltungs-Bereich enorm.

Vorteilhaft für die Tochtergesellschaften war es auch, daß ein großer Teil des, wie überall in der DDR auch hier vorhandenen, Personalüberhanges im Dach der Holding konzentriert wurde. Sicherlich spielten dabei auch die Illusionen der Anfangsphase eine Rolle, die neuen Strukturen mit der Holding-Konstruktion über längere Zeit beibehalten zu können. Das Denken in großen Einheiten wich aber bald der nüchternen Erkenntnis, daß möglichst kleine, überlebensfähige Teilunternehmen auf eine eigenständige Privatisierung vorbereitet werden mußten. Die daraus resultierenden Entscheidungen trugen zweifellos zum Überleben vieler "Spaltprodukte" bei. Während sich die Fliehkräfte in einigen Tochtergesellschaften von Monat zu Monat verstärkten,

hätten andere, kleinere Töchter den Prozeß der Loslösung lieber gebremst und nahmen auch noch längere Zeit die Unterstützung der Holding in Anspruch, so etwa beim Controlling und in der Personalwirtschaft. Zum 1. Januar 1991 wurde die BAGUT von der Treuhand-Funktion für die neun Gesellschaften entbunden, die von nun an voll selbständig der Privatisierung entgegensteuerten.

Vom Wasserkopf zur Beratungs- und Schulungsfirma

Mit 520 Beschäftigten im Holding-Dach war die BAGUT Mitte 1990 in die Phase der Kombinats-Entflechtung gestartet. Niemand glaubte, daß ein derartiger Querschnitts- und Dienstleistungskoloß nach der Loslösung der Töchter überlebens- und privatisierungsfähig sei, und es galt, Geschäftsfelder für eine in der Perspektive stark reduzierte Mannschaft zu finden.

Auf der Grundlage des vorhandenen Vermögens und in der Regel gut ausgebildeter Mitarbeiter ging man zunächst die umfassende Immobiliensanierung an. Mit der Bereitstellung von gewerblichen und Büroarbeitsplätzen konnte so die Bildung von Tochterunternehmen und die Ansiedlung von Fremdunternehmen in den BAGUT-eigenen Immobilien gefördert werden. Der Aufbau einer effizienten Hausverwaltung und deren Weiterentwicklung zur Vorbereitung und Durchführung von Neuinvestitionen wird auch künftig das Unternehmensprofil der BAGUT prägen.

Aber auch auf anderen Gebieten hat sich die BAGUT GmbH entwickelt. So begünstigte der in den neuen Bundesländern 1990 einsetzende Umschulungs-Boom die Gründung der A.F. Schulentwicklungsgesellschaft noch im gleichen Jahr. Dieser BAGUT-Ableger begrenzte seine Umschulungsaktivitäten vorerst auf Berlin. Ein weiteres mögliches Tätigkeitsfeld war die Unternehmensberatung. Aber auch damit ließen sich nicht Hunderte von Mitarbeitern beschäftigen, ein drastischer Personalabbau war unausweichlich.

Da unter dem BAGUT-Dach nicht nur der vielgeschmähte "Wasserkopf" sondern auch Dienstleistungsbereiche zusammengefaßt waren, konnten einige Ausgründungen unter Beteiligung der Holding und mit unternehmerischer Hilfe westlicher Partner erfolgreich über die Bühne gehen. Eine so entstandene Gebäudereinigungsfirma, zum Beispiel, hat gute Entwicklungschancen. Neben den Ausgründungen wurden natürlich alle Möglichkeiten der sozialen Abfederung genutzt, so daß die Schrumpfung auf heute 200 Beschäftigte im BAGUT-Verbund mit relativ geringen sozialen Konflikten verlief: Bis auf etwa 50 frühere Mitarbeiter haben alle wieder einen Arbeitsplatz oder befinden sich in einer der Formen sozialer Sicherung.

Im Juni 1991 konnte die wesentlich abgemagerte BAGUT privatisiert werden. Inhaber ist heute Gerhard Linz, der in Bochum eine größere Steuerberatungsfirma betreibt und seine Erfahrungen in das Sanierungskonzept einbrachte. Nach der Privatisierung wurde das Profil der Gesellschaft weiter ausgeprägt, heute befinden sich unter dem BAGUT-Dach zehn selbständige GmbH, die gesamte Gruppe erreichte 1992 einen Jahresumsatz von über 18 Millionen Mark.

Zum Beginn des Jahres 1992 entstand die B.T. Unternehmensberatungs GmbH, die unter anderem auch in der tschechischen Wirtschaft aktiv ist. 1992 stabilisierte sich trotz komplizierter werdender Bedingungen auf dem Umschulungsmarkt auch die Arbeit der A.F. Schulentwicklungsgesellschaft, die in zwei Niederlassungen in Erfurt und Jena den Umschulungsbetrieb aufnehmen konnte. Mit 50 Mitarbeitern erzielt diese Gesellschaft derzeit einen Jahresumsatz von über 10 Millionen Mark. Ein bedeutender Schritt in Richtung Konsolidierung war am 1. November 1992 die Mehrheitsbeteiligung der BAGUT bei der Privatisierung des Robotron-Bildungszentrums Leipzig. Dieses Unternehmen hat in Ostdeutschland traditionell eine Spitzenstellung bei der Aus- und Weiterbildung im EDV-Bereich und beschäftigt etwa 90 Mitarbeiter.

Für 1993 ist eine weitere Expansion der BAGUT nicht zu erwarten. Sie muß sich vor allem finanziell konsolidieren und die in der Holding verbliebenen Dienstleistungsbereiche zur Effizienz führen.

Ein kleines Institut findet seine Marktlücke

Eine gewisse Sonderstellung innerhalb der BAGUT nimmt die Betriebsforschungsinstitut Metallurgie GmbH (BFM) ein: Sie hat den gleichen Gesellschafter, steht neben der Holding und unterliegt in der fachlichen Arbeit nicht deren Einfluß. Das Interesse des BFM-Inhabers an einer solchen eher wissenschaftlich orientierten Tochter hat gewiß mehrere Komponenten, und eine nicht unwesentliche dürfte sein, daß das BFM den Anspruch auf eine Berliner Innenstadt-Immobilie in Top-Lage am Alexanderplatz geltend machen kann. Unabhängig davon konnte das BFM mit der BAGUT bisher recht gut leben, vor allem mit den positiven Auswirkungen auf die Kreditwürdigkeit.

Das BFM sieht sich in direkter Linie als Nachkomme des 1968 gebildeten Zentralinstituts der Metallurgie. Die fachliche Spezifik konnte über alle Strukturänderungen hinweg im wesentlichen beibehalten werden. Auch in den Kombinats-Jahren wurde im Bereich "Perspektiventwicklung und Investitionsvorbereitung" wissenschaftlich-technische und konzeptionelle Arbeit für die Metallurgie geleistet. Verfahrensentwicklung, ökologische Probleme der Metallurgie, Abproduktverwertung, arbeitswissenschaftliche Fragen und die Versorgung mit

Kombinat ZIM Berlin

Fachinformationen waren bis zum Ende des Kombinatsdaseins wesentliche Arbeitsfelder.

Zum Zeitpunkt der GmbH-Bildung im Frühjahr 1990 wurden 148 Mitarbeiter in die neue Rechtsform übernommen und es war klar, daß eine derart große Einheit nicht überleben konnte. So hatte sich die Arbeit auf dem Gebiet der Investitionsvorbereitung ja immer unter den Randbedingungen des sozialistischen Wirtschaftssystems vollzogen und war somit überflüssig geworden. Durch Ausgründungen (17 Mitarbeiter), Inanspruchnahme der Vorruhestandsregelung (10) und den Wechsel in andere Arbeitsverhältnisse (32) gelang es bis Ende 1990, das BFM auf die etwas handlichere Größe von 89 Beschäftigten zu bringen.

1990 war für das BFM auch das Jahr der Hoffnungen, sich dem renommierten Düsseldorfer BFI, dem Betriebsforschungsinstitut des Vereins Deutscher Eisenhüttenleute, anschließen zu können. Erste Kontakte hatten sich bereits vor der politischen Wende, im Frühjahr 1989 auf einer metallurgischen Fachmesse in Düsseldorf ergeben. Dort war der Gedanke entstanden, wissenschaftliche Ergebnisse beider Seiten auf gemeinsamen Kolloquien vorzustellen. Diese dann im Frühjahr 1990 veranstalteten Kolloquien nährten natürlich die Hoffnung der Berliner, das BFI möge an seiner Absicht festhalten, eine Außenstelle in Berlin zu etablieren. Wenngleich es in der Folgezeit bei den Düsseldorfern zu einem Gesinnungswandel in dieser Frage kam und eine Fusion nicht mehr zur Debatte stand, blieb es doch bei guten fachlichen Kontakten. Auch die Unterstützung bei der Beschaffung von Fördermitteln war in der schwierigen Startphase des BFM von unschätzbarem Wert.

Es galt also, mit einem eigenen Konzept zu überleben, und mit der Privatisierung im Juni 1991 war auch die Notwendigkeit weiteren Personalabbaus klar. Ende 1991 hatte das BFM noch 47 und ein Jahr später 30 Beschäftigte. Diese kleine Mannschaft hat sich inzwischen weitgehend von fachlichem Ballast getrennt und konzentriert ihre Tätigkeit auf wenige lohnende Gebiete.

Das ist zum einen die rechnergestützte Simulation von Verformungsprozessen wie Walzen, Schmieden oder Pressen, wofür im BFM ein beträchtliches Know-how vorliegt. Dieses Leistungsangebot ist besonders für Unternehmen des Anlagenbaus interessant, die derzeit ihre technologischen Kapazitäten abbauen und trotzdem schnell in der Lage sein müssen, Angebote für technologisch und wirtschaftlich optimierte Produktionsanlagen zu unterbreiten. Die theoretischen Grundlagen für diese Arbeiten, mit denen sich die Berliner als Marktführer in Deutschland sehen, stammen aus Moskau. Die langjährigen guten Kontakte mit dem dortigen Stahlinstitut sollen zum beiderseitigen Nutzen auch weiter gepflegt werden.

Ein zweites wichtiges Tätigkeitsfeld ist die rechnergestützte Bewertung von Lagerstätten. Dies können sowohl Vorkommen von Bodenschätzen sein als auch, sozusagen mit negativem Vorzeichen, größere Bodenkontaminationen. Schließlich untersucht das BFM auch Tonlagerstätten auf ihre Eignung zur Abdichtung von Deponien. Für 1993 ist die Errichtung einer Versuchsdeponie zum Testen verschiedener Tongemische im Gespräch.

Für die Auswahl dieser fachlichen Schwerpunkte, die nur noch entfernt an das einstige Profil erinnern, waren offenbar zwei Faktoren ausschlaggebend: Die jähe Talfahrt der ostdeutschen Metallurgie und die Notwendigkeit der Beschaffung von Fördermitteln im Interesse der finanziellen Konsolidierung. In der Tat wäre ohne Fördermittel an ein Weiterarbeiten des BFM nicht zu denken. Die Zeit, da man von den Aufträgen der DDR-Metallurgiebetriebe leben konnte, war Mitte 1990 abgelaufen.

Derzeit lasten die Zinsen der Treuhand-Kredite für die Liquidität und den Sozialplan auf dem BFM, an eine Tilgung ist noch nicht zu denken. Da stimmt es schon halbwegs optimistisch, daß 1992 genügend Aufträge vorlagen, um das Jahr - abgesehen von den erwähnten Verpflichtungen - ohne Verluste abzuschließen.

Die Geschichte des BFM ist allerdings unvollständig, wenn nicht die größtenteils überlebensfähigen Ausgründungen erwähnt werden. So hatte die noch im ersten Halbjahr 1990 entstandene STEB GmbH zum Ziel, das von den Gründern entwickelte EFK-Verfahren zu vermarkten. Die Patentsituation dieser Konverterstahl-Technologie mit erhöhtem Feststoffeinsatz ist nach einem erfolgreichen Rechtsstreit mit Klöckner nunmehr geklärt; eine nach dem EFK-Verfahren umgerüstete Anlage läuft in den mährischen Stahlwerken Vitkovice mit Erfolg.

Die A&O Unternehmensberatungs GmbH widmet sich der Arbeitsorganisation und der arbeitswissenschaftlichen Bewertung von Produktionsabläufen. Sie ist damit eine Erbin des einst im ZIM angesiedelten Arbeitswissenschaftlichen Zentrums. Große Teile des Bereiches Rechentechnik wurden von einer westdeutschen EDV-Vertriebsfirma übernommen und aus dem einstigen Video-Studio des ZIM entstand das florierende Berliner Unternehmen Industriefilm Design. Auch wenn in diesen und anderen Ausgründungen zumeist weniger als zehn Mitarbeiter beschäftigt werden, zeugt ihre Überlebensfähigkeit doch von dem bemerkenswerten wissenschaftlich-technischen Potential, das einst im ZIM konzentriert war.

Berliner Präzisionsschmiede mit ehrgeizigen Plänen

Als erste der einstigen BAGUT-Töchter wurde die Präzisionsschmiede Berlin GmbH am 29. Januar 1991 privatisiert. Geschäftsführer Dr. Rolf Holinski hatte seit dem Frühjahr 1990 entschlossen die Privatisierung angesteuert. Vor allem war er der Überzeugung: Die Schmiede ist überlebensfähig, wenn auch nicht mit allen 280 Beschäftigten, die im Mai 1990 mit in die GmbH genommen worden waren.

Zunächst liebäugelte Holinski mit der Möglichkeit eines Management-Buy-Out. Nachdem ihm eine Bank von dieser Variante ernsthaft abgeraten hatte, ging er selbst auf die Suche nach einem Investor. Über den Schmiede-Fachverband kam man bald in Kontakt zum Warmpreßwerk F.W.Galladé GmbH & Co. im westfälischen Witten. Firmenchef Ulrich Galladé zeigte an einer Übernahme Interesse, die Initiative behielten aber die Berliner. Das hatte, wie sich Holinski erinnert, den großen Vorteil, das Privatisierungskonzept im eigenen Hause entwickeln zu können und bei den Verhandlungen mit der Treuhandanstalt im wesentlichen freie Hand zu haben. Auch der Kauf der Schmiede ging letztlich nicht ohne Ost-Beteiligung über die Bühne: 20 Prozent der Gesellschaftsanteile an der Galladé Präzisionsschmiede GmbH erwarb Geschäftsführer Holinski.

Im ersten Jahr der neuen Firma gestaltete sich die Geschäftstätigkeit schwierig. Die Auftragslage war schlecht; das Stammhaus in Witten mußte aushelfen, vor allem durch die Verlagerung von Aufträgen nach Berlin. 1992 wurden erste Verbesserungen sichtbar. Das Auftragsvolumen bisheriger Kunden verringerte sich zwar um 27 Prozent, dafür konnten aber, bezogen auf das Vorjahr, 37 Prozent neu aus dem Markt geholt werden. Noch zur Jahreswende hatte man in der Schmiede die Hoffnung, daß sich diese Entwicklung 1993 fortsetzen werde, denn einem Auftragsverlust von 15 Prozent standen zu diesem Zeitpunkt Neuakquisitionen von nunmehr 75 Prozent gegenüber.

Kombinat ZIM Berlin

Die gesamte hinter diesen Zahlen stehende Akquisitionstätigkeit leisteten die Berliner ohne Inanspruchnahme der westfälischen Firmenzentrale. Eine ursprünglich vorgesehene Zusammenlegung der Marketing-Bereiche wurde aufgegeben, das Vorhaben scheiterte, wie Holinski vorsichtig formuliert, an persönlichen Querelen. Einen Grund zur Resignation sah er darin zu keinem Zeitpunkt. Quelle des wachsenden Selbstbewußtseins der Ost-Berliner Schmiede war vor allem eine völlig neue Generation von Schmiedeteilen, von der man sich reale Aussichten auf Marktanteile verspricht. Das Schmieden von Edelstahl-Präzisionsteilen und Verzahnungen ist eben auch im Westen nicht jedermanns Sache. Den ehrgeizigen Ambitionen der Berliner konnte das Stammhaus in Witten allerdings nur bis zum Frühjahr 1993 folgen: Als das Konzept der verlängerten Werkbank endgültig zu scheitern drohte, stieg die Firma Galladé aus. Neuer Gesellschafter wird die Rheinisch-westfälische Transportgesellschaft, nach der Neueintragung wird das Unternehmen unter Präzisions- und Edelstahlschmiede Berlin GmbH firmieren.

Geschäftsführer Holinski ist sich klar, daß er vorerst nur in Nischen seine Chance hat. In Deutschland sind die Claims abgesteckt, in die Zulieferketten der Automobilindustrie konnten sich Neulinge, zumal aus dem Osten, bisher kaum hineindrängen. Gute Absatzchancen zeichnen sich dagegen im Ausland ab, besonders in den kleinen west- und nordeuropäischen Nachbarländern. Eine grundlegende Erneuerung der Schmiedeausrüstungen hält Holinski bisher nicht für erforderlich. Lebensnotwendig und bereits in vollem Gange ist allerdings die Nachrüstung mit modernster Steuerungstechnik sowie mit hochgenauen Werkzeugen und Halterungssystemen. Die Arbeiten werden im wesentlichen von zwei kleinen Firmen ausgeführt, die, wie auch weitere ausgegründete Kleinunternehmen,

rund um den eigentlichen Schmiedebereich angeordnet sind. In diesen Ausgründungen konnte ein gewisser Teil des unvermeidlichen Personalabganges aufgefangen werden. Von einst 280 Mitarbeitern hatten Ende 1992 noch 126 eine Beschäftigung in der Schmiede, davon 26 als Kurzarbeiter. Mitte 1993 war die Belegschaft auf 53 Beschäftigte geschrumpft.

Eine solche Schlankheitskur hinterläßt ihre Spuren natürlich auch an der Unternehmensspitze und "Lean Management" ist in der Berliner Schmiede längst kein Schlagwort mehr. Zum Management zählen hier vier Personen: Neben dem Geschäftsführer ein Prokurist, ein Arbeitsvorbereiter und ein Betriebsleiter, dem ohne weitere Zwischenebenen die Meister unterstehen. Holinski will hier auch künftig keine Auswucherungen zulassen. Er selbst ist die Hälfte seiner Arbeitszeit zur Auftragsakquisition unterwegs. Das ist zur Sicherung der künftigen Geschäftsbasis wohl auch nötig, denn noch bewegt sich die Schmiede im Verlustbereich. Die Entwicklung neuer Technologien war recht aufwendig und auch der Sozialplan beansprucht allein in der ersten Stufe 1,7 Millionen Mark - für ein kleines Unternehmen eine stattliche Summe. Ungeachtet dieser Belastungen verliert Holinski den Mut nicht; er hofft, seine Schmiede 1993 aus der Verlustzone herausführen zu können. Und er denkt sogar an die Übernahme eines weiteren Unternehmens: Ein kleines Ringwalzwerk in Wildau bei Berlin würde sein Produktionsprofil günstig ergänzen...

Das magere Erbe der Roboter-Könige

Einbußen an innovativem Potential und kreativen Fachleuten mußten in den letzten Jahren viele ostdeutsche Unternehmen hinnehmen. Unter den Nachfolgefirmen des ZIM hat es allerdings die Aurotech Automatisierungstechnik GmbH besonders hart getroffen. Sie übernahm im Frühjahr 1990 das

Industrieroboter im Walzwerk Finow

Erbe der nahezu legendären Teams, die sich seit 1979 unter den schwierigen Bedingungen der DDR-Wirtschaft für die Robotertechnik engagiert hatten. Gut 500 Arbeitskräfte waren in Berlin, Wittstock und Leipzig mit Entwicklung, Produktion, Vertrieb und Einsatz flexibler Industrieroboter beschäftigt, seit 1986 dem ZIM die alleinige Verantwortung für dieses anspruchsvolle Gebiet übertragen wurde. Bis Ende 1989 konnten immerhin über 800 ZIM-Roboter verkauft werden.

Mit der GmbH-Bildung wurden 1990 knapp 250 Mitarbeiter des Berliner Stammbetriebes in die Aurotech übernommen. Eine Überlebenschance bestand allerdings nur, wenn mit der Unterstützung starker West-Partner zu rechnen war. Dazu hieß es, sich von den unter DDR-Bedingungen entstandenen Produkten zu verabschieden. Bereits die 1989 mit vielen Kompromissen abgeschlossene Entwicklung des ersten Typs einer neuen Robotergeneration hatte die Aussichtslosigkeit demonstriert, derart komplexe Automatisierungstechnik aus eigener Kraft und wirtschaftlich effektiv bereitzustellen.

Wunschpartner der Berliner waren zum

Beginn des Jahres 1990 die Robotertechniker des international agierenden Unternehmensverbundes ABB. Diese Wahl war gewiß nicht nur vom Zufall diktiert, denn Ende der 70er Jahre dienten Roboter der Firma ASEA, einer der beiden Säulen des späteren ABB-Konzerns, als Vorbild für die ersten ZIM-Manipulatoren, was an einigen konstruktiven Details unschwer zu erkennen war.

Kurz nach der Leipziger Frühjahrsmesse 1990 wurde eine Absichtserklärung über eine künftige Zusammenarbeit unterzeichnet. Sie erzeugte zwar für einige Zeit einen gewissen Hoffnungsschimmer, die festgeschriebene Abstinenz von jeglichen weiteren Kooperationsbemühungen wirkte allerdings, wie es Geschäftsführer Wolrad Leeder rückblickend einschätzt, tödlich auf alle anderen möglichen Kontakte.

Natürlich war die Aurotech wesentlich zu groß, um bei einem potentiellen Investor ernsthaftes Interesse zu erwecken, aber die unklare Perspektive während des Wartens auf die Entscheidung von ABB begünstigte die Abwanderung gerade der fähigsten und aktivsten Kräfte. Als schließlich die ABB-Robotertechniker von ihrer Kooperationsabsicht zurücktraten, war dies für viele das letzte Signal. Die Konstrukteure, Steuerungsspezialisten und Sondermaschinenbauer, die einstigen Roboterkönige der DDR, kamen bei anderen Wettbewerbern oder in mehreren Ausgründungen unter. Auch ABB hatte nach gründlicher Sichtung des Bestandes die Möglichkeit, einige der besten Fachleute ins hessische Friedberg und in die Ost-Berliner Vertriebsniederlassung zu holen.

Nach 57 Kündigungen durch die Firma war der Personalbestand der Aurotech zum Jahresende 1991 schließlich auf 60 Mitarbeiter geschrumpft, die Privatisierung blieb aber in weiter Ferne. Dabei wurden seit dem Herbst 1990 Übernahmeverhandlungen mit der Hörmann GmbH geführt, die allerdings immer wieder an anderen Schwierigkeiten scheiterten, von der großen Zahl der Mitarbeiter bis zu Unklarheiten mit der Immobilie. Ein Ende fand dieser quälende Prozeß schließlich am 8. Dezember 1992 mit der Privatisierung der Aurotech. Das Münchener Unternehmen, das in den neuen Bundesländern mittlerweile 13 kleinere Firmen und Werkstätten für Rationalisierung und Instandhaltung gekauft hatte, erwarb allerdings nur die Hälfte der Anteile. Zweiter Gesellschafter ist die Hamburger Firma Technoport, mit der die Berliner seit Mitte 1991 kooperierten.

Mit den heute 33 Mitarbeitern will die Aurotech überleben, indem sie sich durch Diversifikation ihres Programms gegen die Tücken des Marktes absichert. Ein Standbein sind die Uhren des Gesellschafters Technoport, als Werbeträger im Stadtbild kaum zu übersehen. Weitere, durch die derzeitige Rezession allerdings eingeschränkte, Geschäftsmöglichkeiten bieten Automatisierungsvorhaben und periphere Technik für Roboter-Schweißanlagen. Das zwar ungewisse aber relativ geschützte Dasein als Treuhandbetrieb wurde, wie Geschäftsführer Leeder andeutet, gezielt für

den Aufbau von Referenzen genutzt. Und schließlich beschreitet die Aurotech mit der Entwicklung und Produktion von Rehabilitationstechnik den Weg in ein völlig anderes Marktsegment. Für die damit zur Zeit beschäftigten 16 ABM-Kräfte gibt es begründete Hoffnung auf eine Wiedereinstellung.

So bedrückend das Schicksal der Berliner Robotertechniker auch anmuten mag - es blieben hier immerhin einige Kerne erhalten, die bei günstigerer wirtschaftlicher Großwetterlage wieder die Fähigkeit zum Wachstum haben sollten. Für zwei frühere Kombinatsbetriebe des ZIM dagegen blieb nur die Liquidation. Das Metallformwerk im mecklenburgischen Parchim war auch nach der Kombinatsentflechtung unter dem Dach der BAGUT-Holding verblieben. Der Metallurgieanlagenbau Wittstock dagegen hatte bereits Anfang 1990 sein Glück mit einem Anschluß an das EKO Eisenhüttenstadt gesucht - vergeblich. Beide Betriebe litten unter ihrer kaum zu korrigierenden Orientierung auf niedergehende Branchen der ostdeutschen Industrie und waren zudem in ausgesprochen strukturschwachen Regionen angesiedelt, was die Überlebenschancen zusätzlich schmälerte. Die Liquidation bedeutete allerdings in beiden Fällen nicht das Erlöschen jeglicher unternehmerischer Tätigkeit. So haben sich auf dem Wittstocker Betriebsgelände mehrere kleinere Dienstleistungs- und Fertigungsfirmen etabliert, die allerdings nur einen Teil der einst mehrere hundert Beschäftigte zählenden Belegschaft aufnehmen konnten.

Vom Ofenbau zur Spezialkeramik

Zu den bedeutenden außerhalb Berlins angesiedelten Betrieben des einstigen ZIM zählte zweifellos der Metallurgieofenbau Meißen (MBM). Einst Leitbetrieb für die Feuerfest-Industrie der DDR, wurde er nach einer Erweiterung seines Profils um den Ofenbau dem Berliner Kombinat zugeordnet. Mit reichlich 500 Beschäftigten erwirtschaftete MBM 1989 einen Umsatz von 35 Millionen Mark bei 13 Millionen Mark Nettogewinn.

Am 1. April 1990 lösten sich die Meißener aus dem Verband des ZIM und erarbeiteten unter Einschaltung einer Münchener Beraterfirma ein Sanierungskonzept. Konsequenzen noch im gleichen Jahr waren unter anderem die Reduzierung des überdimensionalen Handwerkerbereiches, die Schließung der Projektierungsabteilung und die Einengung der FuE-Tätigkeit auf die Belange des eigenen Betriebes. Bis zur Privatisierung war MBM aus eigener Kraft liquid und konnte dabei im zweiten Halbjahr 1990 sogar noch rund drei Millionen Mark für Investitionen aufbringen. Als am 1. April 1991 das österreichische Unternehmen Aug. RATH jun. AG den Meißener Betrieb erwarb, war allerdings das Personal bereits auf 280 Arbeitskräfte reduziert. Fortan firmierte man unter RATH Spezialkeramik GmbH.

Der neue Firmenname weist bereits auf das nunmehr eingeengte Produktionsprofil hin. Eine unrentable Betriebsstätte für feuerfeste Leichtsteine in Dommitzsch mußte zum Jahresende 1991 ebenso geschlossen werden wie die Produktion feuerfester Fasern, die den Preisverfall am Markt nicht überstand. Auch der im Betrieb angesiedelte Anlagenbau wurde zu diesem Zeitpunkt eingestellt; der Bereich war, entgegen früherer Annahmen, angesichts der Marktsituation im metallverarbeitenden Gewerbe nicht sanierungsfähig.

Somit konzentrierte sich die RATH-Tochter in Meißen 1992 auf Sonderkeramik für die Schieberverschlüsse metallurgischer Pfannen sowie auf die Produktion von feuerfesten Faserformteilen. Vor allem die erstere Produktgruppe läßt eine zunehmende Tragfähigkeit erwarten, aber auch in die Formteilproduktion wurden nach der Privatisierung bereits zwei Millionen Mark investiert. Bemerkenswert ist, daß in Meißen die Forschung für die gesamte Gesellschaft ausgebaut wird - ein Beispiel, das unter den Investoren in den neuen Bundesländern bisher Seltenheitswert hat. Das mittlerweile auf 110 Beschäftigte geschrumpfte Unternehmen wird von einem Geschäftsführer in Wien geführt, der die Leiter der Meißener Geschäftsfelder direkt anleitet.

Angesichts der Marktchancen mit dem nunmehr stark eingeengten Produktspektrum könnte diese Konstruktion wohl recht erfolgreich arbeiten - wenn nicht das Problem der sogenannten Altkredite aus DDR-Zeiten wäre. Die zum Ende 1992 dafür zu zahlenden Zinsen liegen in der Größenordnung des Jahresumsatzes von gegenwärtig sieben bis acht Millionen Mark. Damit kann kein Unternehmen leben. Sollten die derzeit vom Stammhaus mit der Treuhand geführten Verhandlungen über eine Teilentschuldung keine Lösung bringen, wird der Konkurs einer gerade gesundenden Firma nicht aufzuhalten sein.

Schwere Zeiten für Automatisierer

Auch der zweite ZIM-Betrieb im Sächsischen, der einstige VEB Metallurgieelektronik Leipzig (MEL), hatte seit 1990 eine extreme Schlankheitskur erlitten und mußte sich von mehreren Produktlinien trennen. Rund 330 Mitarbeiter bearbeiteten hier einst Automatisierungsprobleme in einer riesigen Breite, und damit natürlich sehr uneffektiv. Mit der Öffnung der Märkte hatten viele auf die DDR-Bedingungen zugeschnittene Aufgaben keine wirtschaftliche Perspektive mehr. So war die gerade 1989 angelaufene Entwicklung und Herstellung kundenspezifischer Schaltkreise für den Einsatz in Automatisierungsgeräten nicht weiterzuführen. Auch das in dem Leipziger Betrieb angesiedelte zentrale Rechenzentrum des Industriezweiges Erzbergbau, Metallurgie und Kali verlor mit dem Ende der

Kombinat ZIM Berlin

zentral geleiteten Wirtschaft seinen Sinn.

Dagegen boten zwei andere Geschäftsfelder nach wie vor Aussichten auf unternehmerischen Erfolg. Bei dem Entwurf und der Errichtung von Rechnernetzen waren die MEL-Fachleute seit 1987 quasi die Marktführer in der DDR und auch als Automatisierer vorwiegend metallurgischer Betriebe hatten die Leipziger seit den 80er Jahren einen Namen.

Die Leitung des MEL hatte sich bei der Kombinatsentflechtung für die Umwandlung in eine eigenständige GmbH entschieden und ging schon zu Beginn des Jahres 1990 auf die Suche nach einem potentiellen Käufer. Nach ersten hoffnungsvollen Kontakten konnte im Frühjahr eine Rahmenvereinbarung mit MBB unterzeichnet werden, die eine mögliche Übernahme in Aussicht stellte. Doch daraus sollte nichts werden und die Geschäftsführung sieht rückblickend vor allem zwei Gründe dafür. Zum einen sind die Entscheidungswege in den westdeutschen Mammutkonzernen offenbar so lang, daß sie einen Vergleich mit Kombinatsstrukturen der DDR-Zeiten nicht zu scheuen brauchen. So sollte ein im Mai 1990 erstelltes MEL-Konzept erst sechs Monate später bei MBB zur Beratung kommen - in der damaligen schnellebigen Zeit ein Unding. Zum anderen zeichnete sich für den Leipziger Betrieb das Schicksal einer verlängerten Werkbank ab, womit die selbstbewußten Automatisierer allerdings nicht zufrieden waren.

Anfang 1991 wurden diese Privatisierungspläne also aufgegeben. Am 31. Mai des gleichen Jahres war dann aber die Übernahme durch andere Gesellschafter perfekt, unter anderem durch eine Leipziger Baufirma und einen Unternehmer aus Hannover. Die MEL Industrieautomation GmbH agierte vor allem als Systemhaus für Rechnernetze und war autorisierter Fachhändler des Weltmarktführers. Weitere wichtige Tätigkeitsfelder waren die Betriebsdatenerfassung und die Automatisierung.

Die drastische Personalreduzierung auf 25 Mitarbeiter zum Ende 1992 vollzog sich auch bei MEL auf die unterschiedlichste Weise. Rund 50 Personen kamen in einigen Ausgründungen unter, davon allein 11 Mitarbeiter in der neugegründeten Firma eines seit Jahren renommierten Spezialisten für die Automatisierung metallurgischer Öfen. Auch die frühere Konsumgüterfertigung des Betriebes wurde ausgegliedert und produziert heute Personalcomputer, viele ehemalige Mitarbeiter konnten mit oder ohne Umschulung bei anderen Arbeitgebern neu beginnen.

Bis 1992 waren bei MEL Verluste geplant, und noch zum Jahresbeginn 1993 schien es möglich, auf schwarze Zahlen hinzuarbeiten. Doch dann machten ernste Liquiditätsprobleme viele Pläne der MEL zunichte: Hohe Außenstände - pikanterweise bei zwei Gesellschaftern - erzwangen die Einleitung eines Gesamtvollstreckungsverfahrens. Das Logo MEL verschwindet damit aber nicht aus der Unternehmenslandschaft, denn die Leipziger Firma war auch Gesellschafter in der MEL Anlagenautomatisierung Gröditz GmbH. Dorthin wechselt nun ein Teil der Erfahrungsträger.

So wie sich bei den Leipziger Automatisierern auch nach schweren Rückschlägen immer wieder der Ansatz für einen Neuanfang fand, haben erstaunlich viele Teams aus dem früheren ZIM ihre Zähigkeit bewiesen. Mit innovativem Potential, Flexibilität und Lernfähigkeit in unternehmerischen Belangen haben hier erneuerungsfähige Kerne überlebt, die ihre Chancen suchen und nutzen werden.

Kombinat Öl und Margarine Magdeburg

Kost the Ost oder Hoffetod stirbt nicht

Von HARRY GREGG SHEFFIELD

- **Betrieb her oder es knallt!**

- **Meine Hand für mein Produkt**

- **Privatisierung oder Liquidation**

- **Dealen erlaubt**

- **Investoren stehen Schlange**

- **Von einem, der auszog, das Gruseln zu lernen**

- **Was gilt der Prophet im eigenen Land?**

- **Zwischen Kaufrausch und Ernüchterung**

Daß nach ausgiebigem Test the West Sprüche wie Kost the Ost die Rückbesinnung auf einheimische Nahrungsmittel begleiteten, war nicht nur eine Geschmacksfrage. Mehr oder weniger bewußt mag eine verschüttete Erkenntnis sich wieder Bahn gebrochen haben: Der Kauf von Territorialprodukten sichert von Fall zu Fall auch den eigenen Arbeitsplatz. Die ostdeutsche Speiseöl- und Margarineindustrie hat - mit vergleichsweise geringen Verlusten - überlebt.

Die unzulängliche Versorgung der französischen Armee mit Butter veranlaßte Napoleon III. 1869 einen Preis für die Erfindung einer Kunstbutter auszuschreiben. Die Lösung des Problems gelang dem französischen Chemiker Hippolyte Mège Mouriés. Nach seinem Verfahren wird Rindstalg ge-

waschen, in Maschinen zerkleinert und in einem mit Rührwerk versehenen geschlossenen Kessel in Wasser bis auf 45 Grad erhitzt; das sich an der Oberfläche ansammelnde Fett wird abgezogen und in flachen Gefäßen bis 25 Grad abgekühlt; dabei erstarren die schwerer schmelzbaren Teile des Fettes (Stearin und Palmitin), Margarin genannt und die flüssig bleibenden Teile, Oleomargarin, nachdem sie durch Pressen von den festen Teilen getrennt sind, werden mit dem vierten Teil ihres Gewichts frischer Milch in einer Buttermaschine gebuttert, dann wie Naturbutter weiterbehandelt und nach Zusatz von Butterfärbemittel und aromatischen Stoffen als Margarine in den Handel gebracht...

Diese historischen Fakten hatte Siegfried Rudischer, Leiter des Magdeburger Instituts für die Öl- und Margarineindustrie, in dem 1959 publizierten ersten deutschsprachigen "Fachbuch der Margarineindustrie" dargestellt. Zu dieser Zeit lief die nach der Teilung Deutschlands im östlichen Teil neu aufgebaute Margarineindustrie schon auf vollen Touren. Der Stammsitz ist Magdeburg.

Öl und Margarine erhalten von Anfang an auch die Aufmerksamkeit der ostdeutschen Kammer der Technik (KDT), dem, wie sie sich selbst sieht, "Technischen Gewissen" des Ingenieurs. Ab 1953 arbeiten die KDT-Unterausschüsse "Ölsaatenverarbeitung" und "Margarine". 1956 gründet die KDT einen Fachverband Lebensmittelindustrie, dessen Vorsitz der Minister für Lebensmittelindustrie, Kurt Westphal, übernimmt. Er publiziert auch in der seit Januar 1956 erscheinenden Fachzeitschrift "Die Lebensmittelindustrie". Der Leitartikel der ersten Ausgabe betrachtet die Margarineindustrie Ost versus West. Während für die westdeutschen Werke des britisch-niederländischen Unilever-Konzerns eine von der Lagerung der Rohöle bis zu den Hochleistungspackmaschinen fast völlige Automa-

Kombinat Öl und Margarine Magdeburg

Gewichtskontrolle am Packautomaten in den Gothaer Öl- und Fettwerken 1973

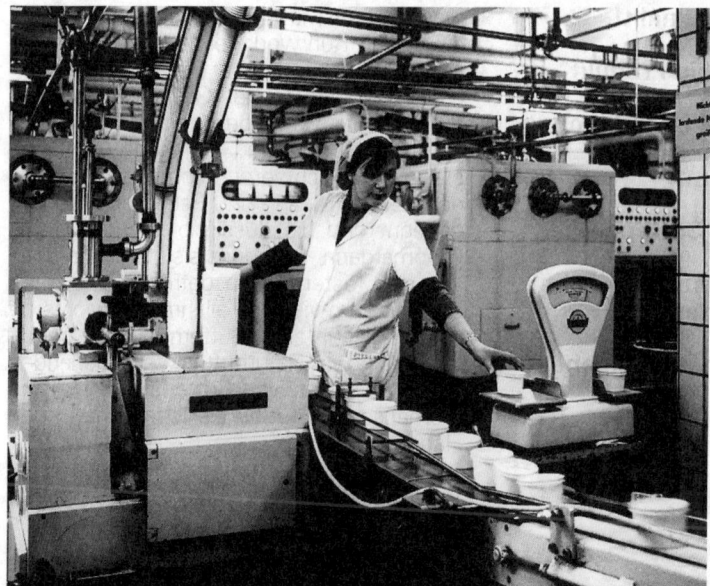

werden es 28 Betriebe sein, vereint unter dem Dach des zentralgeleiteten Kombinats. In den einzelnen Produktionsstätten, fünf in der Ölindustrie, sieben in der Margarineindustrie, von den vier Hefe- und zwei Suppenbetrieben, werden jährlich 400 000 Tonnen Ölsaaten verarbeitet, 300 000 Tonnen Ölraffinat, 18 000 Tonnen Margarine, 25 000 Tonnen Speiseöl in Flaschen, 24 000 Tonnen Backhefe, 15 000 Tonnen Suppen und Saucen sowie im Zusammenhang mit der Hefeproduktion 50 000 Hektoliter Rohsprit und 30 000 Hektoliter Spirituosen produziert.

tisierung konstatiert werden muß, wird im Margarine-VEB Hans Schellheimer in Magdeburg eben und erstmalig ein betrieblicher Plan für den technischen Fortschritt aufgestellt.

Betrieb her oder es knallt!

Das spätere Kombinat Öl und Margarine rekrutiert seine Betriebe aus ehemaligen Privatunternehmen, die zum Teil seit der Jahrhundertwende bestehen. Ölmühle Hubbe & Fahrenholz, Magdeburg, enteignet 1945; Ölwerke Einhorn & Co, Riesa, enteignet 1945; Margarinefirma Niescher, Chemnitz, enteignet 1946; Margarinefirma Julius Hilsberg KG, Dresden,enteignet nach 1950; Margarine-Union Pratau, ein Unilever-Unternehmen, 1949 bis 1969 in Verwaltung. Die Spiritus- und Hefefabrik in Bernburg entstand aus der Firma Rudloff & Martz; der große Hefebetrieb in Dresden hat seinen Vorläufer im alten Dresdner Unternehmen Bramsch. 1990

Meine Hand für mein Produkt

In den fünfziger Jahren werden in unregelmäßigen Abständen die Ölsaatenverluste, 10 000 Tonnen 1957, kritisiert. Die Turmfahrerin Keil vom VEB Fettwerke "Hans Schellheimer" ruft zu sparsamem Umgang auf. Die Verlustquellen: Der Transport zum Werk, unsachgemäße Lagerung im Silo, Streuverluste vom Silo zur Anlage und in der Anlage. 1969 soll ein aktiver Industriezweigverband Öl- und Margarineindustrie für einen höheren Automatisierungsgrad und höhere Ausbeute sorgen. Über eine neuentwickelte Backmargarine sowie die kalorienreduzierte Margarine Cama, entwickelt nach dem VIII.Parteitag der SED, freut sich die Fachzeitschrift "Lebensmittelindustrie" 1972.

Kennzeichnend auch für dieses Kombinat der Lebensmittelindustrie ist einerseits das verordnete Autarkiestreben wie die Integration von Metallverarbeitungsbetrieben in die Kombinatsstruktur - das betrifft die Versorgung der übrigen Kombinatsbetriebe mit Behältern, Wärmetauschern, Containern, Kühlern und Gitterrosten - und andererseits die Einbettung in das System der Planwirtschaft der DDR, das beispielsweise den Bezug von Ausgangsstoffen zur Be- und Verarbeitung, den Absatz, die Preise, die Investitionen und die Arbeitskräfte reglementiert.

Die bekannten Nachteile dieser Wirtschaftsmethode: Der Innovation wird der Boden entzogen,unverzichtbares, auch in der DDR vorhandenes Know-how wird nicht in die Praxis eingeführt, Produktionskapazitäten werden extensiv, durch erhöhte Maschinenlaufzeiten, erweitert.

Mit dem Beginn der Wirtschafts- und Währungsunion stehen die mittlerweile gegründete Holding und die Gesellschaften vor folgenden Hauptproblemen: Umsatzrückgang, Verdrängung vom Markt durch Wettbewerber aus den alten Bundesländern, das ehemalige Verteilungssystem bricht zusammen, Defizite in Marketing und Vertrieb,mehr Personal als vergleichbare Westbetriebe, ineffiziente Fertigung, veralteter Maschinenpark, fehlende Investitionsmittel, ungeklärte Eigentumsverhältnisse.

Privatisierung oder Liquidation

Ziel der Holding war die Privatisierung der mit ihr verbundenen Unternehmen und Beteiligungen. Unter Umständen mußte auch eine Liquidation in Betracht gezogen werden.Das Sanierungskonzept enthielt Vorschläge
zur Neuprofilierung der AG
zur Privatisierung von branchentypischen Einzelgesellschaften
zur Privatisierung von Gesellschaften einer

Produktgruppe als sogenannte Paketlösung an einen Investor
zur Privatisierung branchenfremder Gesellschaften
zur Rückgabe von Gesellschaften an ehemalige Besitzer
zur Stillegung unrentabler Produktionsstätten
zum Personalabbau und
zum Aufbau eines eigenen Vertriebssytems.

Dealen erlaubt

Den ausgewiesenen Privatisierungsstand (s. Tabelle S. 153) hatte der Vorstand der Holding bis zur Einleitung des Abwicklungsverfahrens für die AG im August 1992 für die Tochterunternehmen erreicht.

Investoren stehen Schlange

Schon 1990 hatte die Holding gemeinsam mit der Treuhandanstalt begonnen, national und international Kontakte mit möglichen Investoren zu knüpfen. Diese waren darauf gerichtet, über die Ausreichung von neuen Firmenprofilen Lohnproduktionsverträge abzuschließen und über Handelsketten den Einstieg in die Marktwirtschaft zu vollziehen. Das Engagement von Vorstand, Geschäftsführung und Arbeitnehmern soll, so eine Treuhandaussage, bei potentiellen Käufern zunehmendes Interesse geweckt haben. Firmengruppen wie die "Union Deutsche Lebensmittelwerke GmbH", "Meistermarken-Werke GmbH Bremen", "Safinco Nederlande B.V." und "Deutsches Hefewerk GmbH" haben als Marktführer und Brancheninsider den größten Teil der Gesellschaften der Vereinigte Pflanzenöl- und Lebensmittelwerke AG gekauft, in kurzer Zeit die Produktion modernisiert und die Produkte in das eigene Vertriebskonzept einbezogen. Im Rahmen der Privatisierungen erwarben Unilever-Töchter die Unter-

Kombinat Öl und Margarine Magdeburg

Fliegender Wechsel

Aus den Kombinatsbetrieben gingen die folgenden Gesellschaften entsprechend der Umwandlungsverordnung rückwirkend zum 1. Mai 1990 hervor:

VEB Kombinat Öl und Margarine Magdeburg	Vereinigte Pflanzenöl- und Lebensmittelwerke AG Ölmühle Magdeburg
VEB Märkische Ölwerke Wittenberge	Märkische Ölmühle GmbH
VEB Riesaer Ölwerke	Riesaer Ölwerke GmbH
VEB Kroppenstedter Ölmühle	Kroppenstedter Ölmühle GmbH
VEB Öl und Margarine	Erfurter Ölmühle W. Fischer GmbH
VEB Thüringer Öl- und Margarinewerke	Thüringer Öl- und Margarinewerk GmbH
VEB Pflanzenfettwerke Elbe Pratau	Pratauer Margarine GmbH
VEB Öl- und Margarinewerk Velten	Pflanzenfett Velten GmbH
VEB Margarinewerk Rostock	Maro Feinkost GmbH
VEB Margarinewerk Karl-Marx-Stadt	Chemnitzer Margarinewerk GmbH
VEB Dresdner Margarinewerk	Dresdner Margarinewerk GmbH
VEB Bramsch Dresden	Bramsch Spirituosen GmbH
VEB Backhefe Leipzig	Unionhefe GmbH
VEB Spiritus- und Hefefabrik Bernburg	Spiritus und Hefefabrik Bernburg GmbH
VEB Hefefabrik Cottbus	Lausitzer Hefe GmbH
VEB Chemieausrüstungen Magdeburg	Magdeburger Apparatebau GmbH
VEB Rationalisierung der Öl-, Margarine- und Hefeindustrie	Sondermaschinenbau Magdeburg GmbH
VEB Stahlbau Staßfurt	Stahlbau Staßfurt GmbH
VEB Elektroanlagenbau Staßfurt	eab Elektroanlagenbau Staßfurt GmbH
Institut für Öl- und Margarine-industrie	ÖHMI Forschung und Ingenieur-technik GmbH
VEB ALO-Werk Erfurt	Erfurter Nahrungsmittel GmbH
VEB Exzellent Dresden	Exzellent Dresden GmbH
VEB Bleicherdewerk Staßfurt	Ton-Chemie GmbH Staßfurt

Für diesen ein Deal - für andere weniger

■ Ölsaatenverabeitung

Ölmühle Magdeburg	Geschäftstätigkeit eingestellt, in Liqidation
Märkische Ölmühle Wittenberge	Geschäftstätigkeit eingestellt, in Liquidation
Riesaer Ölwerke	share-deal (Verkauf sämtl. Geschäftsanteile)
Kroppenstedter Ölmühle	Reprivatisierung
Erfurter Ölmühle W.Fischer	Reprivatisierung

■ Margarineherstellung

Dommitzscher Pflanzenfett	share-deal
Dresdner Margarine	share-deal
Maro-Feinkost	share-deal
Thüringer Öl und Margarine	asset-deal (Grundstücksverkauf)
Pflanzenfett Velten	share-deal
Chemnitzer Margarinewerk	asset-deal
Pratauer Margarine	asset-deal

■ Spiritus- und Hefeproduktion

Bramsch-Spirituosen	asset-deal
Union-Hefe	share-deal
Spiritus- und Hefefabrik	
Bernburg	nicht privatisiert,Rückübertragungsanspruch
Lausitzer Hefe	Reprivatisierung

■ Metallverarbeitung

Magdeburger Apparatebau	share-deal
Sondermaschinenbau Magdeburg	asset-deal
Stahlbau Staßfurt	zur Zeit nicht privatisiert,Kaufinteresse
eab Elektroanlagenbau Staßfurt	asset-deal und share-deal

■ Sonstige

ÖHMI Forschung und Ingenieurtechnik	Management- Buy-Out
Erfurter Nahrungsmittel	share-deal
Exzellent Dresden	Reprivatisierung

nehmen Chemnitzer Margarine, Pratauer Margarine, Thüringer Öl- und Margarine Gotha; die Deutsche Hefewerke Hamburg erstand die Union-Hefe Leipzig, die Walter Rau Lebensmittelwerke im westfälischen Hölter erhielt den Zuschlag für das Unternehmen Pflanzenfett Velten, die Firma Leinemann, Braunschweig, übernahm 80 Prozent der Anteile am Magdeburger Apparatebau und das in Rotterdam ansässige Unternehmen Vandemoortele erhandelte die Margarinewerke in Riesa, in Dommitzsch und in Dresden sowie die Maro-Feinkost in Rostock. Dadurch ist die in den fünf neuen Bundesländern vorhandene Produktionskapazität dieser Branche fast vollständig erhalten geblieben.

Jene Spezialunternehmen, deren Produktion vorrangig auf die Versorgung des Kombinats ausgerichtet war, sind von spezialisierten mittelständischen Unternehmen der alten Bundesländer erworben worden. Das Interesse am Standort, am Können der Ingenieure und Facharbeiter gab den Ausschlag für abgeschlossene Kaufverträge.

Bereits am 3. Oktober 1990, dem er-

Kombinat Öl und Margarine Magdeburg

sten Tag der deutschen Einheit, war nach einem Joint-Venture-Vertrag zwischen der Chemnitzer Margarine GmbH und der zur Unilever-Gruppe gehörenden Hamburger Union Deutsche Lebensmittelwerke (UDL) GmbH die Rama-Produktion aufgenommen worden. Nach dem Kauf des gesamten Sach- und Anlagevermögens der Chemnitzer Margarinewerke im Frühjahr 1991 war im September 1992 das in Pratau bei Wittenberg gelegene Margarinewerk als zweites UDL-Unternehmen in Betrieb gegangen. 30 Millionen Mark sollen mittlerweile in beiden Produktionsstätten investiert worden sein. 120 Mitarbeiter stellen in Chemnitz 25 000 Tonnen Margarine her und 200 Beschäftigte in Pratau 40 000 Tonnen Margarine der Marken "Rama","Sanella", "Flora-Soft" sowie die östlichen Margarinemarken "Marella", "Marina" und "Sonja". In einer aus Anlaß der nunmehr abgeschlossenen Privatisierung des ehemaligen Margarinekombinats veranstalteten Pressekonferenz im Mai 1993, hatte Martin Willich, Aufsichtsratschef der Vereinigten Pflanzenöl- und Lebensmittelwerke Magdeburg AG, mitgeteilt, daß die neuen Eigentümer von den vormals 2500 Arbeitskräften 1000 weiterbeschäftigt und 300 Stellen neu geschaffen hätten. Mit dem durch den Verkauf erzielten Erlös von 50 Millionen Mark konnten die Kombinatsaltschulden von rund 55 Millionen Mark ausgeglichen werden. Die von den Erwerbern zugesicherten 100 Millionen Investitionen waren zu diesem Zeitpunkt bereits verdoppelt worden. Zurück zur kurzen Historie:

Die meisten Unternehmen der östlichen Lebensmittelbranche hätten doppelt so viele Mitarbeiter beschäftigt, so Dr.Manfred Stach, UDL-Geschäftsführer, wie vergleichbare Fabriken im Westen. Zudem wäre der technische Fortschritt auf dem Stand der frühen fünfziger Jahre festgeschrieben gewesen.

In bezug auf das Öl- und Margarinekombinat war das schlicht falsch. 1980 war beispielsweise beschlossen worden, in der DDR eine neue Hefefabrik zu bauen, weil die damalige Jahreskapazität von 20 000 Tonnen Backhefe immer um die Weihnachtszeit noch mit 4000 Tonnen Importen gestützt werden mußte. 1984 wurde in Leipzig die modernste Backhefeproduktionsanlage Europas angefahren. Die Kosten 120 Millionen Mark. Ihre Kapazität: 10 500 Tonnen abgepackte Hefe und 1400 Tonnen Instanttrockenhefe. Durch weltweiten Export, speziell an arabische, afrikanische und asiatische Kunden war das Vorhaben refinanziert worden.

Die Backhefeproduktionsanlagen in Dresden, Görlitz, Bernburg und Pritzwalk wurden 1990 stillgelegt. Die Gesellschaften in Leipzig und Cottbus kooperierten mit der Deutsche Hefewerke GmbH (DHW). Für Leipzig wurde 1990 ein Sanierungskonzept entwickelt, welches fünf Jahre Investitionen in Höhe von elf Millionen Mark vorsieht. Im Mai 1991 wurde die UNION-Hefe GmbH privatisiert.

An weiteren Standorten des Kombinats Öl und Margarine wurden in den achtziger Jahren die folgenden Investitionen getätigt: Riesa: Neubau einer Ölsaatenverarbeitungsanlage. Kosten: 85 Millionen Mark (in Betrieb); Rostock: eine Soßenanlage mit Prozeßsteuerung für Produktzugabe und Produktabrechnung. Kosten: etwa 14 Millionen Mark; Magdeburger Apparatebau: eine neue Produktionshalle für den Behälterbau. Kosten: 8 Millionen Mark (in Nutzung); Sondermaschinenbau Magdeburg : Ausbau des alten Hefegeländes und Neubau einer Produktionshalle (in Betrieb); Margarinewerke Gotha und Pratau: Becherfüllmaschinen, 3-bahnig (Benz & Hilgers), 210 Becher/ Min. mit automatischen Sammelpackern (in Betrieb); Cottbus: Mayonaisen-Herstellungs- und Abfüllanlage. Kosten: 1 Million Mark; Gotha und Pratau: Ölabfüllanlage für Plastflaschen,ungenutzt stillgelegt.

Extraktion- und Siloanlage in den Riesaer Ölwerken

Kosten etwa 4 Millionen Mark; Ölwerk Wittenberge: Sojabohnen-Verarbeitungsanlage. Kosten etwa 10 Millionen Mark; Magdeburg: Neue Raffinationslinie mit Separatoren, nicht mehr in Betrieb gegangen. Kosten: 2,5 Millionen Mark; Rostock : Fertigwarenlager für Margarine. Kosten : etwa 1 Million Mark ; Magdeburg: Forschungsgebäude (in Betrieb). Kosten: 2,5 Millionen Mark.

Von einem, der auszog, das Gruseln zu lernen

Dr. Peter Transfeld, Mitarbeiter des Direktionsbereichs Forschung im Magdeburger Öl- und Margarinekombinat seit 1975, vormals Margarineinstitut, ist heute Geschäftsführer in der ÖHMI - Forschung und Ingenieurtechnik GmbH, Lebensmittel- und Umweltanalytik. Wozu brauchte ein Kombinat ein eigenes Forschungsinstitut? Die Teilung Deutschlands, die dem Westen einen Überhang der auf das ganze Land ausgerichteten Produktionskapazität bescherte, forderte von den Ländern der Ostzone andererseits, eine eigene Versorgung bei

Speiseöl und Margarine aufzubauen. Dazu wurde neben der Produktion auch ein Zentrallabor für die neue Öl- und Margarineindustrie benötigt. Seine vorrangige Aufgabe bestand zunächst in der Analyse der chemisch-physikalischen Zusammensetzung und der Begleitstoffe der Fette. 1965 wurden diese Aufgaben um den Auftrag erweitert, neue Margarinesorten mit besseren Eigenschaften zu entwickeln. 1990 wird aus der Forschungsabteilung eine GmbH. Die 100 Prozent Treuhandanteile hatte die Vereinigte Pflanzenöl- und Lebensmittelwerke AG, Nachfolgerin des Kombinats, gehalten. Transfeld und Partner kaufen mittels Management - Buy - Out,ihre Produktionsstätte, und sind jetzt privates Unternehmen. Mit Stolz in der Stimme verweist Transfeld auf die eigenen 40 Prozent Anteile. Dabei hatten sie anfangs beinahe das Gruseln gelernt. Um den ersten Auftrag zu akquirieren, waren die ÖHMI-Leute ausgeschwärmt, hatten 150 Unternehmen in den neuen Bundesländern aufgesucht und ebenso oft ein "Nein" gehört.

Was hatten sie vorher getan? Margarine entwickelt. In Bechern, in Würfeln, zum

Kombinat Öl und Margarine Magdeburg

Braten, zum Backen; Sorten mit hohem und mit niedrigem Fettanteil - ins Gedächtnis gerufen sei die kalorienreduzierte Cama. Die 40 Prozent Fettanteile hießen nichts anderes, als daß die restlichen 60 Prozent aus Wasser bestanden. Sie hätten auch Margarine mit 27 oder mit nur noch 23 Prozent Fettanteilen herstellen können. Ein aktuelles Forschungsthema der Gegenwart. Die Back- und Bratfette für Großküchen und Großbäckereien brauchten wieder andere Eigenschaften. Bekannt waren auch die Flaschenöle für Tafel und Salat, Erzeugnisse wie Extraktionsschrot, Lezitin, Fettsäuren für den technischen Bereich, wie die Herstellung von Lacken und Farben. Entwickelt werden mußten auch die Emulgatoren,die erst die Verbindung zwischen Wasser und Fett, wie im Margarinefall, herstellen. Auch die Backwarenindustrie setzt derartige Emulgatoren ein, die beispielsweise manche Brötchen zu knusprigen Luftballons aufblasen. Weitere große Einsatzgebiete der Forschung waren Backhefe, Rohsprit und Spirituosen. So war vom damaligen Kombinat die gesamte Backhefe des Landes produziert worden, auch Fette in Pulverform, die fertigen Backmischungen beigegeben werden, kamen aus der Margarineforschung. Würz- und Salatsoßen für Gegrilltes, bekannt noch von den Delikat-Ladenregalen, entwickelte der Forschungsbetrieb ebenfalls. Auch Aromen für die Margarine, Würzmischungen für die Fleisch- und Wurstindustrie. Der fachspezifische Hintergrund: Natürliche Gewürze, wie der schwarze Pfeffer, sind eine mikrobiologische Kontaminationsquelle für das Endprodukt Wurst. 1988 berichteten Mitarbeiter der Forschungsstelle in der Fachzeitschrift "Lebensmittelindustrie", daß das Margarinekombinat jetzt ebenfalls, wie international üblich,einen Würzextrakt "Kömasal" herstelle, keimfrei und mit standardisierter Würzstärke und Qualität.

Handlungsbedarf für Forschungsarbeit bestand auch darin, mit dem einheimischen Raps gleiche Qualitäten zu erreichen, wie sie andere Produzenten mit Palmöl erreichten. Was hat Raps, das die anderen nicht haben? Die Erucasäure, Herz und Kreislauf nicht eben förderlich; hier nimmt die Forschung auf die Züchtung Einfluß. Auch die lebensnotwendigen Fettsäuren in der Margarine, die vom menschlichen Organismus nicht aufgebaut, aber gebraucht werden, haben Forschungsbedarf erfordert. Zum Nutzen der Großbäckereien war in jüngster Zeit ein pumpfähiges Fett entwickelt worden.

Gibt es ungelöste Speiseöl- und Margarinefragen? Wäre es nicht so, hätte der Margarineriese Unilever keine so große Forschungsabteilung. Weiterhin aktuell sind die Forderungen, mit weniger Ausgangsrohstoffen und weniger Energieeinsatz zu produzieren, weniger Abprodukte zu erzeugen und Technologien zu verbessern. Der Einsatz von Biotechnologien erlaubt es, Katalysatoren durch Enzyme zu ersetzen, womit nicht nur eine größere Ausbeute erzielt wird, sondern auch "Fette nach Maß" hergestellt werden können. Anstelle der teuren Kakaobutter kann auch aus einheimischen Fetten und Ölen ein recht ähnliches Produkt hergestellt werden.

Ein Öl- und Margarineproblem hat Transfeld selbst gelöst: Die kontinuierliche Gegenstrombleichung pflanzlicher Öle und Fette. Zu diesem Problem hatte er an der TU "Otto von Guericke" in Magdeburg promoviert. Wozu Öle bleichen? Weil Europäer kein dunkles Öl verzehren wollen. Helles Öl wird auch nicht so schnell ranzig. Bleicherde, um 1900 in englischen und amerikanischen Tonlagerstätten entdeckt, entzieht den Ölen die dunklen Begleitstoffe, gibt danach nicht alles Öl wieder frei und muß später noch deponiert werden. Das ist teuer. Nach der Transfeldschen Methode werden 40 bis 45 Prozent der bisher eingesetzten Bleicherde eingespart. Was zu DDR-

Zeiten ohne Pilotanlage nur Theorie blieb, soll ab 1993 weltweit vermarktet werden. In der EG, in den USA und in Kanada ist das Patent angemeldet und soll ein Pfeiler des neuen Unternehmens sein, dem mit der Privatisierung der Produktionsbetriebe alle Kunden ausgefallen waren. Mit der Projektierung und schlüsselfertigen Realisierung von Raffinationsanlagen will sich Transfeld auf dem Markt durchsetzen. Zunächst aber hat sich das aus der Margarine-Forschungsabteilung hervorgegangene Unternehmen ÖHMI Tätigkeiten auf dem Gebiet der Umwelttechnik gesucht: Altlastenerkundungen, Gefährdungsabschätzungen und Sanierungskonzepte kontaminierter Standorte, Verfahrensentwicklungen, die in der Ernährungswirtschaft Abfallstoffe vermeiden, verringern beziehungsweise verwerten sollen, oder die Entwicklung von Erzeugnissen und Verfahren zur Verwertung nachwachsender Rohstoffe wie Kraftstoff aus Raps. In der Forschungsabteilung wird an der Verwertung von Ölen und Fetten für technische Zwecke gearbeitet. Ein Beispiel ist der Einsatz von Rapsöl in einem vom Motorenwerk Schönebeck entwickelten Vielstoffmotor. Eingebaut in einen Feldhäcksler, wird dieser Motor mit biologisch abbaubaren Schmierstoffen gegenwärtig in einer Agrargenossenschaft in Calbe an der Saale getestet.

Nicht mehr aus der Magdeburger Ölmühle kommt das dazu benötigte Rohöl; sie ist, nachdem der Zusammenschluß mit der Ölmühle Hamburg gescheitert war, in die Liquidation gegangen. Im Hafengelände Magdeburgs wird die Ölmühle Hamburg AG, allerdings für 80 Millionen Mark, eine neue Anlage errichten.

Ein anderes Forschungsprojekt ist die Verbrennung von Abfallfetten, wie sie in Frittenbuden anfallen. Zunächst gereinigt, können sie dann in einem bestimmten Mischungsverhältnis in einer Heizölanlage verbrannt werden. Mit der Pilotanlage im eigenen Haus sollen Erfahrungen für eine Vermarktung gesammelt werden. Ein hierzu vorliegendes Forschungsprojekt wird vom Bundesministerium für Ernährung, Landwirtschaft und Forsten gefördert.

Um den ersten Auftrag zu akquirieren, hatten die ÖHMI-Leute 150 Unternehmen in den neuen Bundesländern aufgesucht und ihre Leistungen angeboten. Inzwischen sind sie bekannt, mancher Auftrag kommt schon von allein ins Haus.

Wie kauft man einen Betrieb? Dem Vorschlag, Transfeld den Betrieb für 250 000 Mark zu überlassen , wird nicht entsprochen. Erst, nachdem das Unternehmen am Markt plaziert ist, erste Aufträge die Kompetenz belegen, verkauft die Treuhand für 3,8 Millionen Mark. Unternehmer Transfeld macht aber hier noch nicht halt. Neben dem einstigen Margarine-Institut gab es in Magdeburg noch ein Institut für die Kühl- und Gefrierwirtschaft, ein Institut für Obst und Gemüse und ein Institut für Fleischwirtschaft. Während jene 1991, weil kaum noch Aufträge vorlagen, geschlossen worden waren, mußte Dr. Transfeld schon Aufträge zurückgeben. Er schlug dem Land Sachsen-Anhalt vor, aus den Instituten interessante Gebiete und besonders kreative Mitarbeiter zu übernehmen. Gemeinsam mit dem "OK" gab es dafür eine Anschubfinanzierung. Nach der Übernahme wird es bei ÖHMI künftig neben der Umweltforschung auch noch die Ernährungsforschung geben, also Forschung für Obst, Gemüse, Margarine und Fleisch. Unter dem Motto: Dienstleistungen für die mittelständische Industrie in Umwelt, Energie und Ernährung .

Die Idee für den Einstieg in die Umwelttechnik war Dr. Transfeld gekommen, als er an die größtenteils verschlissene Produktionstechnik im Margarinekombinat gedacht hatte. Dampferzeuger emittierten Schadstoffe in die Luft, Schlämme rannen mangels Reinigungsanlagen ins Abwasser, Abprodukte wurden auf unsicheren Halden

Kombinat Öl und Margarine Magdeburg

deponiert. Laut Einigungsvertrag war aber klar, daß die neue Gesetzgebung nicht lange auf sich warten lassen würde. Damit war für den agilen Diplomingenieur das künftige Arbeitsfeld abgesteckt: Der wachsende Markt Umwelttechnik. Drei Bereiche hat das völlig umstrukturierte Unternehmen heute: Das Umweltlabor, in dem alle Chemiker und Laboranten arbeiten, die zum Beispiel die Abwässer von anderen Unternehmen klären; die Ingenieure, die auch vorher schon Industrieanlagen projektierten und bauten, sind in einem Ingenieurbüro zusammengefaßt, bauen beispielsweise Dampferzeugungs- und Raffinationsanlagen, Blockheizkraftwerke; zudem gibt es noch einen Forschungsbereich, in dem kreative Leute auf Zuruf Probleme lösen, etwa eine neue Abwasseraufbereitungsanlage für einen neuen Anwendungsfall entwickeln. Dafür gibt es dann ja auch Forschungsförderungsgelder von den verschiedenen Ministerien. Zwölf Dampferzeugungsanlagen hat ÖHMI 1992 errichtet, darunter auch für einheimische Brauereien . Auch für die Margarine-Marktführer wie Unilever und Walter Rau arbeitet ÖHMI mittlerweile in den neuen Bundesländern: Für die erworbenen und zu rekonstruierenden Betriebsteile leistet das Mageburger Unternehmen die technische Planung.

Die Walter Rau Lebensmittelwerke & Co KG hatte im April 1991 die Pflanzenfett Velten, am Nordrand Berlins, erworben. 220 Arbeitskräfte waren mit der Stillegung von Raffinerie und Hydrierung entlassen worden. 100 Margarineproduzenten konnten weiterarbeiten. Ihre Arbeitsplätze sollen durch ein auf zwei Jahre ausgelegtes Investitionsprogramm mit einem Volumen von 30 Millionen Mark gesichert sein. In Velten will die niedersächsische Firma bis 1993 eine neue Margarinefabrik mit einer Kapazität von 50 000 Tonnen im Jahr sowie ein Verpackungswerk und einen Lagerkomplex für andere Produkte der Unternehmensgruppe errichten.

Die Walter Rau Lebensmittelwerke (Butella-Werke in Hilter) ist in den alten Bundesländern mit einem Marktanteil von rund 20 Prozent neben Unilever (70 Prozent) zweitgrößter Margarineproduzent. Das Unternehmen hatte schon im Frühjahr 1990 Kontakte zu dem Veltener Betrieb geknüpft und im Spätsommer die Produktion auf bereits gelieferten Maschinen und Anlagen begonnen. Hubertus Rau, Sohn des Geschäftsführers Ulrich Rau, hatte seinerzeit während einer Pressekonferenz in Velten laut darüber nachgedacht, die alten Ost-Margarinemarken wie die in Velten produzierten "Sahna", "Sonja" und "Marina" zu pushen, also verstärkt zu werben, und von den anderen Margarineproduzenten die Markennamenrechte zu übernehmen.

Weniger Glück hatten die zwei zum Kombinat gehörenden Ölmühlen in Magdeburg und Wittenberge. Trotz intensiver Bemühungen fand die Treuhandanstalt keine Investoren oder kaufinteressierte Unternehmen in den alten Bundesländern. Veraltete Technik hätte bedeutende Investitionen erfordert. Hohe Verluste und weniger als zehn Prozent der Kapazität vergleichbarer moderner Mühlen schreckten wohl potentielle Käufer ab. Jetzt bleibt nur der Verkauf der Immobilien und die Hoffnung auf neue Unternehmen und ihren Arbeitskräftebedarf.

Was gilt der Prophet im eigenen Land?

Ebenfalls in Magdeburg angesiedelt ist der seit 1979 kombinatseigene Apparatebaubetrieb - 1890 als Möller & Schulze AG Maschinenfabrik gegründet -, der den Großbetrieb mit Behältern, Apparaten und Wärmetauschern versorgt hatte.

Geschäftsführer und – durch MBO – 20-Prozent-Anteilseigner Diplomingenieur Klaus Haase gibt Auskunft: Auch diesem Spezialbetrieb brechen nach der Privatisierung der Produktionsbetriebe des Kombinats sämtliche Kunden weg. Was vorher notwendig war, weil die Kombinate möglichst den "gesamten Reproduktionsprozeß" zu beherrschen hatten, erweist sich jetzt als gewaltiges Handicap. Der Spezialbetrieb, vor der Kombinatszugehörigkeit ein Chemieausrüstungsbetrieb, hatte ab Mitte der siebziger Jahre fast nur noch Öl-, Margarine- und Hefe-relevante Technik herstellen dürfen und damit die Chemieconnection verloren. Die hätte heute, da die DDR-Chemie ebenfalls zusamengebrochen ist, freilich auch nichts mehr genutzt. Eine andere Verpflichtung, sich ergebend aus der "territorialen Rationalisierung", hatte den Spezialbetrieb zur Lieferung von Wärmetauschern an das Dieselmotorenwerk Schönebeck verpflichtet. Das hätte man jetzt gerne weitergemacht. Aber die GUS hat die Importe eingestellt. Ein Blick zurück ohne Zorn auf die seltsamen Wege solcher verordneten Kombinatsautarkie: Das ebenfalls zentralgeleitete Kombinat Spirituosen, Weine, Sekt hatte eine eigene Rohrleitungsfirma. Das Margarinekombinat nicht. Die Generaldirektoren handeln: Also, Du lieferst mir zehn Behälter und ich Dir dafür 1000 Meter isolierte Rohrleitung. Die nunmehr privatisierten Unternehmen der gesamten Lebensmittelbranche im Territorium brauchen solche Kompensationsgeschäfte nicht länger: Mit den neuen Eignern sind die hausbekannten Ausrüster, die eigenen Apparatebauer, mitgezogen worden. Zudem: Die Unternehmer aus den alten Bundesländern trauen den einheimischen Maschinenbaubetrieben nicht zu, in der erforderlichen Qualität oder zu einem wenigstens 15 Prozent niedrigeren Preis zu liefern. Derlei Vorbehalte sind kurzsichtig, bemängelt Haase.

Unzufrieden mit dem gegenwärtigen Zustand des Außen-Vorbleibens territorialer Kapazitäten, appelliert Haase an die Adresse der Landesregierung: Östliche Vorhaben werden durch Investitionszulagen und Zuschüsse unterstützt. Die Zuschüsse können gewährt werden. Die Höhe der Zuschüsse, die bis zu 23 Prozent betragen, sollten daran gekoppelt werden, daß ein bestimmter Prozentsatz der benötigten Ausrüstungen im Osten bestellt werden müßte. Könnte hier kein geeignetes Zulieferunternehmen gefunden werden, ließe sich das leicht belegen.

Die Kompetenz seiner Mannschaft ist beträchtlich: Behälter, Apparate und Wärmetauscher in beliebigen Bauformen und Druckstufen für die chemische und die Mineralölindustrie, für die Lebensmittel- und die Getränkeindustrie, Wasser- und Ölkühler für Dieselmotorenhersteller, Feinstaubfilter und Schlauchfilter für die Umwelt- und Entstaubungstechnik, Behälter für verschiedene Einsatzgebiete wie Druckluftspeicher, Elektroerhitzer, Transportbehälter, Kleincontainer auch für Gefahrgut, Flüssigkeitsverschlüsse für die Befüllung von Behältern mit brennbaren Flüssigkeiten, Mischkondensatoren und Doppelmantelbehälter mit und ohne Rührwerk...

Mit ihrer Firmenphilosophie, jedem Kunden genau den Behälter zu liefern, den er braucht, haben sie nun doch erste Erfolge in den alten Bundesländern. Das hat freilich auch seine Ursache in den Verbindungen des mit 80 Prozent Mehrheitsgesellschafters Braunschweiger Flammenfilter Leinemann & Co KG. Das renommierte Unternehmen hat den Magdeburger Apparatebauern Zutritt zu großen Chemieunternehmen wie BASF, Bayer und Höchst verschafft. Gleich nach dem 9. November 1990 waren die Apparatebauer zu bekannten Branchenunternehmen in Hildesheim und Paderborn gereist mit der Bitte, sich umsehen zu dürfen. Das hat ihnen weitergeholfen. Jetzt, nach einem Jahr Selbständigkeit, konnte die **mab**, die Magdeburger Apparatebau GmbH, auch vor der eigenen Haustür unter 18 Bewerbern den ersten großen Auftrag einholen: Die Behälter für eine eben in Barby bei Magdeburg entstehende Weizenstärkefabrik des Unterneh-

Kombinat Öl und Margarine Magdeburg

mens Cerestar. Der nicht zu übersehende Vorteil für den Hauptauftragnehmer: Der kurze Behälter-Transportweg des Unternehmens mit dem Standortvorteil Magdeburg. Das betrifft später auch die Betreuung der gelieferten Ausrüstung.

Zwischen Kaufrausch und Ernüchterung

Die Reifeprüfung als Verbraucher bestanden zu haben, bestätigte den Ostdeutschen eine im Auftrag der Treuhandanstalt durchgeführte repräsentative Befragung der GfK Marktforschung Nürnberg. Sparsames, zunehmend kritisches und vernünftiges Kaufverhalten präge die Einstellung der Konsumenten.

Dabei hatte es zunächst ganz anders ausgesehen: Kurz nach der Währungsunion war der Inlandsmarkt für Lebensmittel aus den neuen Bundesländern fast vollständig zusammengebrochen, die Regale der Kaufhallen waren fast ausnahmslos mit Waren aus den alten Bundesländern bestückt. Fachleute hatten die Unternehmen der Lebensmittel produzierenden Betriebe vor dem Untergang gesehen.

Zwei Jahre später war die Nahrungsgüterindustrie neben der Bauwirtschaft eine der erfolgreichsten Branchen in den neuen Bundesländern. Lobte die Treuhandanstalt: Diese Entwicklung wurde entscheidend beeinflußt durch die bereits im Herbst 1990 einsetzende Rückbesinnung der Ostdeutschen auf ihre angestammten Produkte und Marken, wie auch durch die rasche Privatisierung des Einzelhandels und die schnelle Veräußerung der Unternehmen der ersten Verarbeitungsstufe wie Schlachthöfe, Getreidemühlen, Zucker und Öl/Margarine produzierende Unternehmen.

Die Sentenz, daß Totgesagte länger leben, hat sich auch an der ostdeutschen Nahrungsgüterindustrie als richtig erwiesen. Guten Appetit! Aber bitte mit Sahne, pardon, Margarine.

Epilog: In der ersten Ausgabe der Fachzeitschrift "Die Lebensmittelindustrie", 1954, hatte der zuständige Minister Kurt Westphal in seinem Geleitwort die Mitarbeiter der Lebensmittelindustrie Westdeutschlands aufgefordert, "... zu uns zu kommen, unsere Betriebe zu besuchen und sich mit den Aktivisten und Arbeitern offen auszusprechen. Denn uns alle bewegt ein Ziel: Die Schaffung der Einheit Deutschlands und die Erhaltung des Friedens."

Herr Minister, es ist erreicht!

Kombinat TEXTIMA Karl-Marx-Stadt

Traditionszweig ringt nicht nur mit hausgemachtem Ärger

Von KLAUS MORGENSTERN

- **Sechs Einzelgänger mieden die Gemeinschaft**

- **Spinnereimaschinenbau ging aus Unzufriedenheit eigene Wege**

- **Kerne des Textilmaschinenbaus bleiben erhalten**

- **Auch Privatisierung mit Pannen, Pech und Pleiten**

- **Intensive Verkaufsgespräche und Sanierung in Treuhandregie**

Das Kombinat Textima besaß bei seinem Start in die Marktwirtschaft 1990 gegenüber allen vergleichbaren Unternehmen in der Welt eine in ihrem Wert allerdings umstrittene Eigenheit. Das Ende 1989 rund 32 000 Mitarbeiter umfassende wirtschaftliche Gebilde produzierte Maschinen und Ausrüstungen für sämtliche Stufen des textiltechnologischen Prozesses. Das Erzeugnissortiment reichte von Wollkämm- und Ringspinnmaschinen bis zu Textilveredlungsanlagen. Zum Kombinat selbst gehörten reine Zulieferbetriebe wie die Spindelfabrik Hartha und die Textima Teilefertigung in Niederwürschnitz. Geboren aus der Abschottung der DDR-Wirtschaft trieb der arbeitsteilige Prozeß aber auch kuriose und zum späteren Niedergang verurteilte Blüten. So wurde auf etwa 40 000 Quadratme-

tern bester innenstädtischer Lage ein Elektronikzentrum für 151 Millionen DDR-Mark gebaut, das nie zum Abschluß kam. Vor allem die mangelhafte Qualität der elektronischen Steuerungen ließ die Textima-Maschinen gegenüber ihren Konkurrenten schlechter abschneiden. Nachdem der Zugang zum internationalen Markt nach den politischen und wirtschaftlichen Umbrüchen im Osten Deutschlands frei geworden war, verlor das Elektronik-Zentrum jeglichen Sinn.

Nichtsdestotrotz lag am wirtschaftlichen Wendepunkt in der Jahresmitte 1990 die Versuchung nahe, einen Konzern des Textilmaschinenbaus zu schaffen, der bei erfolgreicher Verwirklichung des Projektes seinesgleichen in der Welt gesucht hätte. Mit dem Etikett "Sächsischer Textilmaschinenbau" sollte eine in drei Unternehmensbereiche gegliederte Holding für Spinnereivorbereitungsmaschinen, Wirk- und Strickmaschinen, sowie für die Teilefertigung und Veredlung entstehen.

Es wäre zu einfach, die Motive für diese Pläne ausschließlich im Beharrungsvermögen ehemaliger Führungskräfte des Kombinates zu suchen. Zwar ging es sehr wohl um die Sanierung tief in langjährigen Traditionen verwurzelter Fertigungsstrukturen, aber Anliegen dabei war vor allem der Umbau des ehemaligen planwirtschaftlichen Kombinates in einen marktwirtschaftlich effizienten Konzern. Selbst Dr. Semmler von Daimler-Benz, der zeitweise als Aufsichtsratsvorsitzender der Textima Holding agierte, favorisierte diesen Weg und leitete gemeinsam mit dem Vorstand der Textima AG erste betriebswirtschaftliche Schritte dazu ein, wie zum Beispiel eine Gesamtfinanzierung aller der Aktiengesellschaft zugehörigen Unternehmen.

Der Plan eines großen Konzerns stieß aber sowohl bei der Treuhand als auch bei einigen Unternehmen der AG selbst auf Widerstand. Angesichts widersprechender in-

Kombinat TEXTIMA Karl-Marx-Stadt

ternationaler Erfahrungen und getragen vom Wunsch nach schnellen Teilerfolgen bei der Privatisierung verfolgte die Treuhandanstalt schon frühzeitig zielstrebig die Entflechtung. Das Management der Textima AG erhielt kaum eine Gelegenheit, den Gegenbeweis zu erbringen. So bleiben die Chancen eines solch großen Textilmaschinenbau-Konzerns auf dem Weltmarkt reine Hypothese. Der zeitweilige Aufsichtsratsvorsitzende Semmler indes sah in der gegensätzlichen Meinung der Treuhandanstalt den Anlaß, seinen Posten zur Verfügung zu stellen.

Die ursprünglichen Chemnitzer Pläne von einem umfassenden Textilmaschinenkonzern tauchten einige Zeit später in einer stark abgespeckten Variante noch einmal auf. Vorübergehend trug sich auch die Berliner Treuhandanstalt mit dem Gedanken, in einem neuen Unternehmen, das den Namen Sächsischer Spinnereimaschinenbau führen sollte, mehrere, technologisch zusammengehörige Teile des ehemaligen Kombinates unter einem Dach zusammenzufügen. Aber auch von dieser Variante gingen Treuhand und Unternehmensvorstände später wieder ab.

Sechs Einzelgänger mieden die Gemeinschaft

Die Textima Aktiengesellschaft startete zum 1. Juli 1990 mit 31 Unternehmen. Damit umfaßte die Holding bereits von der Gründung an nicht sämtliche Betriebe des Ex-Kombinates. Vier Firmen zogen sofort den per Gesetz eingeräumten eigenständigen Weg vor. Das Industrienähmaschinenwerk Altenburg, Textima-Projekt, der Wäschereimaschinenbau Forst und das Spezialnähmaschinenwerk Mühlhausen schlossen sich nicht der Holding an. Das Nähmaschinenwerk Altenburg ging in den Bestand der Treuhandniederlassung Gera über. Textima-Projekt, anschließend unter dem Namen Texproengineering im Firmenregister eingetragen, ging später in Liquidation.

Noch bis zum Jahreswechsel 1990 lösten sich zwei weitere Gesellschaften, die Chemnitzer Spinnereimaschinenbau GmbH und die heutige Elite-Diamant Strickmaschinen GmbH & CoKG aus dem Verbund der Holding. Elite Diamant gehörte zwischenzeitlich zum Bestand der Treuhandniederlassung Chemnitz und wurde zum 1. Juni 1992 privatisiert. Das traditionsreiche Maschinenbauunternehmen wurde von dem Handelshaus Erich Sievert GmbH in Zusammenarbeit mit der Firma Ant. Ankersmit & Co, beide Bremen, übernommen. Das Haus Sievert exportierte bereits zu DDR-Zeiten im Auftrage von Textima Elite-Diamant-Maschinen an Käufer in aller Welt. Nach Einschätzung der Unternehmensleitung von Elite Diamant bietet die Verknüpfung des in Chemnitz beheimateten technischen Potentials mit der genauen Marktkenntnis des Handelshauses Sievert eine ideale Grundlage für den künftigen Markterfolg. Allerdings übernahmen die neuen Anteilseigner nur das operative Geschäft (Maschinen und Personal). Die Immobilie blieb vorerst in Treuhandverwaltung. Zu dieser Entscheidung kamen die Erwerber, weil sie den Neubau eines Strickmaschinenwerkes in Hartmannsdorf planen. 10 Millionen Mark sind dafür vorgesehen. Im Herbst 1992 beschäftigte das Unternehmen 137 Mitarbeiter. Hinzu kamen noch rund 40 Arbeitskräfte mit befristeten Verträgen.

Spinnereimaschinenbau ging aus Unzufriedenheit eigene Wege

Management und Belegschaft der Chemnitzer Spinnereimaschinenbau GmbH (CSM) sahen schon frühzeitig keine Perspektive mehr in der Familie des ehemaligen DDR-Textilmaschinenbaus. Nur kleine und bewegliche Unternehmenseinheiten,

Nachdem das Nähmaschinenwerk Wittenberge fast schon gerettet schien, kam dennoch die Liquidation

so die Meinung der Geschäftsführung, besitzen überhaupt eine Chance, sich im gnadenlosen Wettbewerb der Textilmaschinen-Branche zu behaupten. Ressentiments gegenüber zentralistisch aufgebauten Strukturen und die Präsenz der noch aus DDR-Zeiten bekannten Führungskräfte an der Spitze der Textima-Holding taten ein Übriges. Von der Aktiengesellschaft seien vor allem Berichte und Vorschriften zu erwarten gewesen und nur wenig wirkungsvolle Unterstützung. Vor allem die Marktarbeit des zu diesem Zeitpunkt für alle Textima-Betriebe gemeinsamen Außenhandelsbetriebes Textima-Trading erregte Unmut im Chemnitzer Spinnereimaschinenbau. 1990 gelang es der gemeinsamen Vertriebstochter nicht,

auch nur einen einzigen bedeutsamen Auftrag für CSM an Land zu ziehen. So erschien der Gang zum Notar im Dezember 1990 hinreichend begründet, um den Austritt aus der Aktiengesellschaft aktenkundig zu regeln. Der ehemalige Stammbetrieb des Kombinates Textima und oft genug auch Vorzeigeobjekt der alten Kombinatsführung versuchte den unternehmerischen Neubeginn ganz auf eigenen Füßen.

Bereits seit Anfang 1990 hatte sich im Unternehmen ein gründlicher Wandel in den Leitungsetagen vollzogen. Die Führungsriege wurde komplett ausgewechselt, jede leitende Tätigkeit neu ausgeschrieben. Das zwischen Belegschaft und Unternehmensführung erheblich gestörte

Kombinat TEXTIMA Karl-Marx-Stadt

Vertrauensverhältnis mußte neu aufgebaut werden. Personalkürzungen begannen an der Spitze, erst danach folgte der Arbeitsplatzabbau in den produzierenden Bereichen. Im Bereich Fertigung zum Beispiel blieben von 83 Führungskräften nach dem Umbau 35 übrig.

Über 3000 Beschäftigte zählte der einstige Kombinatsstammbetrieb, verstreut auf sieben Betriebsteile, bei seinem Start zur marktwirtschaftlichen Restrukturierung. Zu Beginn des Jahres 1993 arbeiteten im Chemnitzer Spinnereimaschinenbau noch 700 Textilmaschinenwerker. Ein Vergleich mit internationalen Produktivitätswerten machte die personelle Schwerlastigkeit des alten Betriebes deutlich. Die mehr als 3000 Mitarbeiter kamen auf einen Umsatz von etwa 220 Millionen DM. Je Beschäftigter stand damit ein Umsatz von ungefähr 66 000 DM zu Buche. Damit erreichte der Chemnitzer Spinnereimaschinenbau knapp ein Drittel dessen, was in vergleichbaren Westunternehmen zur Norm gehört.

Uneffektive Kostenstrukturen, eine viel zu große Fertigungstiefe und eine Zersplitterung auf mehrere Produktionsstätten trug das Unternehmen als Erblast aus planwirtschaftlichen Zeiten. So hatte sich die Firma ursprünglich auf einer Fläche von insgesamt 180 000 Quadratmetern ausgebreitet. Durch Ausgründungen, Reprivatisierungen und den Verkauf von Betriebsteilen zog sich die Gesellschaft auf den hauptsächlichen Standort in der Altchemnitzer Straße zurück (nunmehr nur noch 60 000 Quadratmeter) und begann mit einer gründlichen Umgestaltung der Produktionsorganisation.

In dem alten Textima-Betrieb waren etwa drei Viertel des Personals mit der Fertigung von Werkteilen und Baugruppen befaßt und nur ein Viertel mit der Maschinenmontage. Bei der westdeutschen und ausländischen Konkurrenz liegen die Verhältnisse in der Regel genau umgekehrt. Baugruppen werden zumeist billiger zugekauft. Le-

diglich die Kernstücke der Maschinen entstehen unmittelbar beim Finalisten. Auf solcherart schlanke Produktion nahm auch der Chemnitzer Spinnereimaschinenbau Kurs. In Chemnitz soll nach den Worten von Geschäftsführer Georg Schisch künftig nur noch konstruiert und entwickelt, montiert und das Endprodukt verkauft werden. Im November 1992 hingen einer Einschätzung des CSM-Managements zufolge etwa 1200 Beschäftigte durch Zulieferaufträge vom Wohl und Wehe des Chemnitzer Spinnereimaschinenbaus ab.

Eine zusätzliche schwere Bürde lastete auf dem traditionsreichen Unternehmen durch die übernommene einseitige Orientierung auf den Markt der ehemaligen Sowjetunion. Die GUS-Abhängigkeit drohte CSM zum Fallstrick zu werden, noch bevor der Weg in die Marktwirtschaft richtig beginnen konnte. Durch das Ausbleiben von erwarteten GUS-Aufträgen war die Belegschaft zur Kurzarbeit gezwungen.

Nur wenn das Unternehmen Fuß auf anderen Absatzmärkten faßt, wird es sich auf Dauer behaupten können. Doch angesichts des harten und teuren Verdrängungswettbewerbes auf den Westmärkten sieht die Geschäftsleitung die Chancen des Betriebes vorerst noch auf den "Risikomärkten" in der GUS oder in anderen osteuropäischen Staaten. Wenngleich schon heute Anstrengungen unternommen werden, sich aus der Fessel der Abhängigkeit vom östlichen Markt zu lösen. Zum Jahreswechsel 1992/93 erzielte der Betrieb aber noch mehr als zwei Drittel seines Umsatzes auf diesem Markt.

Durch einjährige intensive Marktarbeit nach dem Ausstieg aus den alten Außenhandelsverträgen der Textima-Aktiengesellschaft gelang es CSM, Verträge zur Lieferung von Spinnereimaschinen und -anlagen an Betriebe der russischen Leichtindustrie an Land zu ziehen und durch eine Garantieerklärung der Russischen Staatsbank zu sichern. Die Treuhandanstalt unterstützte ihr Unternehmen, indem sie ihren gesamtschuldnerischen Haftungsbeitritt zu den finanziellen Verpflichtungen, die aus diesem Geschäft erwachsen, erklärte. Der Rußlandauftrag mit einem Gesamtwert von 360 Millionen Mark rettete das Unternehmen. Ohne ihn wäre es nach Meinung der Treuhandanstalt gefährdet gewesen. Von den 360 Millionen Mark entfallen 215 Millionen direkt auf den Chemnitzer Spinnereimaschinenbau als Hauptauftragnehmer. Zugleich konnten sich drei Partner aus der Textima AG ein Stück vom Auftragskuchen abschneiden. Der Spinnereimaschinenbau Leisnig produziert Erzeugnisse für diesen Auftrag im Umfang von 55 Millionen Mark, die Großenhainer Textilmaschinenbau GmbH steuert Ausrüstungen für 32 Millionen Mark und die Chemnitzer Wirkbau-Textilmaschinen GmbH in Höhe von 24 Millionen Mark bei.

CSM besitzt durch diesen Großauftrag bis zum November 1993 gefüllte Auftragsbücher. Der Umsatz der Gesellschaft macht dadurch einen bemerkenswerten Sprung: 1991 standen in den Bilanzen des Chemnitzer Spinnereimaschinenbaus 44 Millionen Mark, 1992 waren es 57 Millionen Mark und 1993 klettert der Umsatz auf 357 Millionen Mark. Selbst wenn man die Zukäufe aus der Umsatzgröße des Finalisten herausrechnet, bleiben immer noch 230 Millionen Mark eigener Umsatz in diesem Jahr. Mit der Umsatzsteigerung soll zugleich die Gewinnzone erreicht werden. 1991 und 1992 überstiegen die Kosten noch die Umsätze in beträchtlicher Größenordnung. 1993, so rechnet die Geschäftsleitung, wird der Break Even endlich erreicht.

Wegen des Rußlandauftrages entschied sich das Unternehmen 1993 nach den erheblichen Personalreduzierungen der zurückliegenden Jahre zur Neueinstellung von 70 gewerblich Tätigen, allerdings mit befristeten Arbeitsverträgen. 285 000 Mark

Umsatz soll jeder Beschäftigte im laufenden Jahr bringen. Gelingt dies, so erreicht das Werk Spitzenwerte der internationalen Textilmaschinenbranche.

Während in vielen Gesellschaften, die noch der Obhut der Treuhand unterliegen, nicht selten wenig schmeichelhafte Worte über den Eigner zu hören waren, zeigte sich das CSM-Management mit der Treuhandanstalt zufrieden. Der Chemnitzer Betrieb erhielt nicht nur finanzielle Unterstützung für seinen Rußlandauftrag, sondern die Treuhandanstalt griff ihm auch bei der Bewältigung der Altschulden unter die Arme und stattete ihn mit dem erforderlichen branchenüblichen Eigenkapital aus.

Bei aller Zufriedenheit über den Großauftrag aus Rußland besteht in Chemnitz aber keinerlei Grund, sich gelassen im Stuhl zurückzulehnen. Wie es nach 1993 weitergeht, das vermag heute noch niemand genau zu sagen. Zwar waren die Marketing-Spezialisten von CSM Ende 1992 über Vertragsangebote in Höhe von rund 3 Milliarden Mark in aller Welt mit potentiellen Kunden im Gespräch, aber der Druck in der Branche ist enorm. Von diesen Vertragsangeboten lassen sich, glaubt man den branchenüblichen Durchschnittswerten, allenfalls drei bis fünf Prozent tatsächlich in unterschriftsreife Abkommen ummünzen. Ob das Chemnitzer Unternehmen dies schafft, muß erst noch bewiesen werden. In der Erzeugnisentwicklung - das trifft auch auf andere Unternehmen des ehemaligen Textima-Kombinates zu - steht es zwar den Konkurrenten in nichts mehr nach, aber ökonomisch sind die Schlachten noch nicht geschlagen. Viele Wettbewerber haben längst Quartier im asiatischen Raum gemacht, um auf diesem Umwege billiger zu produzieren. Kenner der Szene denken schon darüber nach, ob es auf Dauer überhaupt ökonomisch sinnvoll ist, Ringspinnmaschinen in Westeuropa zu produzieren.

Kombinat TEXTIMA Karl-Marx-Stadt

Kerne des Textilmaschinenbaus bleiben erhalten

Während der Chemnitzer Spinnereimaschinenbau die Sanierung allein und unter den Fittichen der Treuhandanstalt anging, war letztere beim Gros der Textima-Betriebe um eine zügige Entflechtung und die Gewinnung von Kaufinteressenten bemüht. Erschwerend wirkte sich dabei allerdings aus, daß seit zwei Jahren im Textilmaschinenbau auf den westlichen Märkten eine Rezession im Gange ist und die Neigung zu Investitionen und Erweiterungen sich dadurch in Grenzen hält. Bis zum Dezember 1992 privatisierte die Treuhandanstalt trotz der schwierigen Branchensituation 15 Unternehmen des ehemaligen Kombinates Textima. Mit diesen Verkäufen erreichte sie Zusagen für 1854 Arbeitsplätze. Die Erwerber sicherten Investitionen in Höhe von 78,2 Millionen Mark zu. Der Verkauf der Unternehmen brachte der Treuhandanstalt 26 Millionen Mark.

Zum gleichen Zeitpunkt gehörten neben den Beschäftigten in den privatisierten Betrieben noch 4200 Arbeitsplätze im Textilmaschinenbau unter die treuhänderische Obhut: 2800 in der Textima AG und 1400 zusammen im Chemnitzer Spinnereimaschinenbau und im Chemnitzer Webmaschinenbau, die als einzelne Treuhandunternehmen außerhalb der Holding geführt wurden. Rechnet man die Arbeitskräfte in Treuhand-Gesellschaften und die Arbeitsplatzzusagen in den privatisierten Unternehmen zusammen, dann bleiben im ostdeutschen Textilmaschinenbau vorerst etwa rund 6000 Beschäftigte von einst rund 32 000. Da bereits weitere Personalreduzierungen in Aussicht sind und für die Mehrzahl der noch im Treuhandbestand verbliebenen Unternehmen erfolgversprechende Verkaufsverhandlungen liefen, dürfte sich die Zahl der Arbeitsplätze in Treuhandbetrieben 1993 sehr schnell weiter reduzieren. Aber auch der Personalabbau insgesamt im ostdeutschen Textilmaschinenbau ist, sieht man einmal von einigen vorübergehenden Einstellungen zum Beispiel im Chemnitzer Spinnereimaschinenbau ab, noch nicht abgeschlossen.

Insgesamt geht die Treuhandanstalt aber davon aus, zumindest die Kerne des Textilmaschinenbaus in Sachsen erhalten zu können. Aufgrund der außerordentlichen technischen Kompetenz rechnet sie ihnen trotz aller Widrigkeiten zukunftsträchtige Perspektiven aus. Vor allem die jahrzehntelangen Erfahrungen und die technische Leistungsfähigkeit der ehemaligen Textima-Betriebe seien entscheidende Gründe für Investoren, im Textilmaschinenbau der neuen Bundesländer unternehmerische Verantwortung zu übernehmen. So suchte zum Beispiel ein amerikanischer Unternehmer lange Zeit vergeblich nach einem Produzenten, der Spindeln für Baumwollerntemaschinen in der von ihm geforderten Qualität übernehmen kann. In der Spindelfabrik Hartha GmbH fand sich ein solches Werk. Sie wurde inzwischen von einer deutsch-amerikanischen Investorengruppe gekauft. Neben hochwertigen Spindeln und Streckwerken für den Spinnereimaschinenbau sollen in Hartha künftig auch die besagten Spindeln für die Baumwollernte gefertigt werden. Nach Aussagen der Investoren beherrschen nur wenige Unternehmen die technisch anspruchsvolle Produktion dieser Spindeln. Das Können und Qualitätsbewußtsein der Arbeiter und Ingenieure der Spindelfabrik Hartha aber überzeugte nach eigenem Bekunden die Investoren.

Am 10. Dezember 1992 wurde ein Privatisierungsvertrag über ein weiteres Textima-Unternehmen unterzeichnet, dessen Erzeugnisse gleichsam symbolisch für ostdeutsches Ingenieurwesen stehen. Die Malimo Textilmaschinenbau GmbH Chemnitz erhielt als neuen Eigentümer die Karl Mayer Textilmaschinenfabrik GmbH,

Obertshausen. Bei diesem Unternehmen handelt es sich um den weltweit führenden Hersteller von Wirkmaschinen, der mit seinem starken Vertriebsnetz gute Möglichkeiten für die notwendige Intensivierung des Vertriebs der weltweit patentrechtlich geschützten Malimo-Maschinen bietet.

Aber auch Privatisierung mit Pannen, Pech und Pleiten

Bei anderen Unternehmen verliefen die Privatisierungs- und Sanierungsversuche der Treuhandanstalt weit weniger glücklich. Das Nähmaschinenwerk in Wittenberge, das aus dem Zwang zur Konsumgüterproduktion im Kombinat Textima entstanden war, schien ursprünglich einigermaßen aussichtsreiche Chancen auf dem Weg in die Marktwirtschaft zu besitzen. Zu DDR-Zeiten montierten die einst 3000 Beschäftigten jährlich 400 000 Nähmaschinen. Zwar glichen die Probleme in Wittenberge denen der anderen Textima-Firmen - zu hohe Kosten und künftig Absatzschwierigkeiten - trotzdem zählte das Werk zu den ersten Privatisierungen in der Textima-Holding und konnte Aufträge noch bis Anfang 1993 vorweisen.

Bereits Mitte 1991 interessierte sich die westdeutsche Pfaff-Gruppe aus Kaiserslautern für das Werk in Wittenberge bei Schwerin. Die hauptsächliche Ursache der mehr oder minder ernsthaften Kaufabsichten war wohl, der Konkurrenz aus Fernost keine Chance zu lassen. Pfaff zog aber trotzdem den Kürzeren. Die Treuhand schloß Ende Juli 1991 mit der indonesischen Firma Saytya Negara Utana, vertreten von einem Herrn namens Saly, einen Kaufvertrag. Was sich zu Anfang wie eine zukunftssichernde Privatisierung anließ, entpuppte sich wenig später als ein existenzvernichtender Betrug. 60 bis 80 Millionen Mark gab der Indonesier vor, in das Nähmaschinenwerk zu investieren. Aber

weder davon noch von den 60 Millionen Mark Kaufsumme sahen Treuhand und Betrieb auch nur einen Pfennig.

Nachdem das Geld nicht wie vereinbart überwiesen wurde, trat die Treuhandanstalt von dem Vertrag zurück. Im September erstattete sie Strafanzeige gegen den vermeintlichen Investor. Der setzte dem ganzen die Krone auf und machte nach der Annullierung des Kaufvertrages seinerseits deftige Forderungen geltend. 3,4 Millionen Mark sollte die Treuhand ihm zahlen, die er für "Messe- und Präsenzkosten" im Sinne des Nähmaschinenwerkes ausgegeben haben wollte. Saly war mit dem Unternehmen übereingekommen, für die Wittenberger Firma eine Industriemesse in Jakarta mit 40 000 Nähmaschinen auszustatten. Die Wittenberger hielten sich an die Abmachung und schickten die bestellten Maschinen per Schiff auf die Reise. Womit sie erst einmal von der Bildfläche verschwunden waren. Erst nach längerem Hin und Her konnte der Verbleib der Nähmaschinen wieder aufgeklärt werden.

Die Geschehnisse gäben den Stoff für einen guten Krimi ab, wären damit die Konsequenzen für das Unternehmen nicht so bitter. Denn nachdem das angeblich aussichtsreiche Geschäft mit dem Indonesier gescheitert war, reichte die Treuhandanstalt das Nähmaschinenwerk zur Abwicklung weiter. Wäre ein Investor gefunden worden, hätte das Treuhandunternehmen wohl noch Aussichten auf eine Sanierung gehabt. Aber da weit und breit kein Käufer zu finden war, auch Pfaff hatte mittlerweile kein Interesse mehr, waren die Messen gesungen.

Eine Sanierung unter eigener Regie lehnte die Treuhand ab. Die mit Firmen der ehemaligen Sowjetunion geschlossenen Verträge über die Lieferung von 300 000 Nähmaschinen boten auf den ersten Blick zwar einen Strohhalm, an den sich das Unternehmen hätte klammern können, aber

Kombinat TEXTIMA Karl-Marx-Stadt

zuviele Probleme blieben vorerst ungelöst. Zum einen war wie bei so vielen anderen Aufträgen von osteuropäischen Partnern die Finanzierung nicht gesichert. Zum anderen hätte der Betrieb erst umstrukturiert werden müssen, um die bestellten Nähmaschinen mit vertretbaren Kosten produzieren zu können. 1991 leistete die Treuhandanstalt für den Export in die ehemalige UdSSR einen Zuschuß von 7,2 Millionen Mark und verbürgte Liquiditätskredite in Höhe von 37,3 Millionen Mark. Dennoch schloß das Nähmaschinenwerk das Jahr mit einem Verlust von rund 17 Millionen Mark ab.

Wie bei den anderen Gesellschaften, die aus dem Kombinat Textima hervorgingen, verhinderte auch im Nähmaschinenwerk eine viel zu große Fertigungstiefe den Eintritt in die Gewinnzone. Nach den Schätzungen der Treuhand hätten die zu diesem Zeitpunkt noch vorhandenen 1000 Beschäftigten auf 220 reduziert werden müssen. Vor diesem Schnitt scheute die Treuhand dann dennoch zurück und entschied sich lieber für die vollständige Liquidation des Unternehmens.

Mehrere Ernüchterungen innerhalb der Jahre 1991 und 1992 erlebten die Beschäftigten der Chemnitzer Webmaschinenbau GmbH. Der Betrieb, dessen Traditionen rund 400 Jahre zurückreichen und in dem seit 140 Jahren Webmaschinen gebaut werden, wechselte am 20. Dezember 1991 den Besitzer. Zu DDR-Zeiten erwirtschafteten die etwa 1600 Mitarbeiter mit ihren Webmaschinen einen jährlichen Umsatz von rund 100 Millionen Ostmark. Auch davon ging der überwiegende Teil in die ehemalige UdSSR. 35 Prozent der Produktion traten auf direktem Wege ihre Reise in Richtung Osten an, indirekt waren es gar 50 Prozent. Das einst aus der Firma Schönherr, die Chemnitz mit zum "Manchester des Kontinents" gemacht hatte und bis zum zweiten Weltkrieg als Nummer 1 unter den Webmaschinenbauern der Welt galt, hervorgegangene Unternehmen spezialisierte sich im Kombinat Textima auf Teppichwebmaschinen. Nach der Privatisierung durch die Treuhand hielt der aus der Schweiz stammende neue Geschäftsführer Jakob Langenauer neben anderen Gesellschaftern die Mehrheit des Chemnitzer Webmaschinenbaus. Doch ein Stau von Problemen ließen ihn als Eigner scheitern. Der Zusammenbruch der Ostmärkte, der zugleich einherging mit einer der größten Krisen in der Teppichbranche seit dem zweiten Weltkrieg, brachte sein Unternehmen in eine Zwangslage. 1992 gingen Verträge mit den GUS-Staaten in Höhe von 48 Millionen DM verloren. Auch der Iran, einer der Hauptabnehmer des Chemnitzer Betriebes, annullierte Aufträge.

Diese Situation bewog das Bankenkonsortium, das die Finanzierung des Unternehmenskaufes mit einer Summe von 24,5 Millionen Mark übernehmen wollte, zum Rückzug. Die Kaufverträge mit der Treuhand enthielten eine Klausel, nach der bei Nichtgewährung der Kredite der Chemnitzer Webmaschinenbau wieder an die Treuhandanstalt zurückgeht. Dies geschah dann mit Wirkung vom 20. August 1992. Jakob Langenauer blieb allerdings weiterhin Geschäftsführer des Unternehmens. Doch damit waren die Turbulenzen um das Werk bei weitem noch nicht beendet.

Die Treuhandanstalt schätzte den Betrieb als sanierungsfähig ein und prüfte Konzepte der Geschäftsführung zum Erhalt des Webmaschinenbaus. Die rund 750 Beschäftigten sollten bis zum Jahreswechsel 1992/93 weiter auf rund 540 reduziert werden. Doch kurz vor dem Jahresende kam es zu einer Vertrauenskrise zwischen der Treuhandanstalt und dem von ihr eingesetzten Geschäftsführer Jakob Langenauer. Mit Wirkung vom 1. Dezember sollte er seinen Posten verlassen. Die Entscheidung der Treuhandanstalt verursachte im Chemnitzer

Werk einen Sturm der Entrüstung, der in einer Betriebsbesetzung gipfelte. Ziel der Besetzung: Langenauer, dessen Sanierungskonzept die Belegschaft vertraute, sollte bleiben. Die Treuhandanstalt, die das Werk mit 17 Millionen Mark Liquiditätskrediten unterstützte, ließ sich auf einen Kompromiß ein und gab dem bisherigen Geschäftsführer eine Chance. Das im Dezember vorgelegte Unternehmenskonzept wurde von ihr positiv eingeschätzt, wenn auch weitere Überarbeitungen verlangt wurden. Außerhalb der Textima AG wurde dann die Sanierung des Chemnitzer Webmaschinenbaus versucht. Dazu sind erhebliche Investitionen noch erforderlich, damit der Traditionsbetrieb künftig sowohl in Kosten als auch Qualität konkurrenzfähig mit Produkten zum Beispiel des EG-Marktführers Belgien ist.

In die Kette der unglücklichen Privatisierungen gehörte auch die Apoldaer Presatex GmbH. Die 69 Mitarbeiter des Textilmaschinenherstellers gerieten im November/Dezember 1992 wegen weiterer geplanter Entlassungen in einen existenzbedrohenden Strudel. Arbeitgeber auf der einen und Belegschaft sowie IG Metall auf der anderen Seite waren nur noch schwer an einen Tisch zu bringen. Da sich die Haltungen bei beiden Parteien derart verhärteten, war nach Meinung der Treuhandanstalt sogar eine Liquidation des bereits privatisierten Unternehmens nicht ausgeschlossen. Die Arbeitnehmer hielten den Betrieb besetzt, um den Abbau von 40 Stellen zu verhindern. Kompromiß- und Gesprächsangebote wurden durch gegenseitige Vorwürfe wegen unverantwortlichen Handelns und Rechtswidrigkeit blockiert. Die Treuhand, für die der Vorgang Presatex mit der Privatisierung eigentlich schon abgeschlossen war, versuchte zwischen den Streithähnen zu vermitteln.

Intensive Verkaufsgespräche und Sanierung in Treuhandregie

Ende 1992 gehörten zur Textima AG noch 10 Unternehmen:
Spinnereimaschinenbau Leisnig GmbH,
Spindelfabrik Neudorf GmbH,
Großenhainer Textilmaschinenbau GmbH,
Wirkbau-Textilmaschinen GmbH Chemnitz,
Wirk- und Spezialnähmaschinenbau Limbach-Oberfrohna,
Strickmaschinenbau GmbH Chemnitz,
Sächsische Nadel- und Platinenfabrik GmbH Chemnitz,
Textilmaschinenbau GmbH Gera,
Textilmaschinenbau GmbH Aue,
Chemnitzer Textilmaschinenentwicklung GmbH.

Nachdem die Idee, den Textilmaschinenbau im Paket zu erhalten, als nicht realisierbar abgelehnt worden war, verlor auch die Holding ihre Berechtigung. Im Oktober 1992 übertrug die Treuhand schließlich die Finanzierung, die bislang über die Holding organisiert wurde, an die Einzelunternehmen und entschied sich zur Liquidation der Holding. Im Januar traf sich der Aufsichtsrat zu seiner letzten Sitzung. Danach befaßte sich der Treuhand-Bereich Abwicklung mit der Textima AG, in der zum Jahreswechsel noch 40 Personen angestellt waren.

Für die Einzelunternehmen waren entweder die Privatisierungsgespräche schon ziemlich weit gediehen beziehungsweise existierten Pläne zur Sanierung unter Treuhand-Obhut. So startete offiziell am 1. Januar 1993 die Kändler Maschinenbau GmbH, deren Gründung in den letzten Dezembertagen 1992 von der Treuhandanstalt bekanntgegeben wurde. In der Kändler Maschinenbau GmbH werden wesentliche Teile der Wirkbau-Textilmaschinen GmbH Chemnitz und der Wirk- und Spezialnähmaschinenbau GmbH Limbach-Oberfrohna zusammengefaßt. Diese beiden Gesellschaften hatte die Treuhandanstalt in ihrem bisherigen Zustand

Kombinat TEXTIMA Karl-Marx-Stadt

als nicht sanierungsfähig eingeschätzt. Vor allem ihre veraltete Betriebssubstanz galt als ein ernstzunehmendes Hindernis. Bei laufender Produktion in den beiden alten Betrieben erfolgt nun der Aufbau des Unternehmens an einem neuen Standort in Kändler, ungefähr in der geographischen Mitte zwischen Chemnitz und Limbach-Oberfrohna. Der Kändler Maschinenbau verbleibt als der Rest von der ursprünglichen Idee, den traditionellen sächsischen Textilmaschinenbau zusammenzufassen und auf diese Weise zu erhalten.

Die bisherige, zum Teil sehr stark dezentralisierte Produktion der Vorgängergesellschaften in Chemnitz und Limbach-Oberfrohna wird auf ein, zwei Standorte konzentriert. Die Hallen in Kändler, die durch Umbauten und Erweiterungen noch ergänzt werden, sollten zu DDR-Zeiten Ausrüstungen für die Fertigung von Nadeln und Platinen beherbergen. Dieses Projekt, das unter dem Stichwort Unabhängigkeit vom Westmarkt betrieben wurde, fand nie seinen Abschluß. Die Ausrüstungen standen noch 1992 in Kisten verpackt in den Hallen. Aus dem Verkauf nichtbetriebsnotwendiger Grundstücke der beiden Unternehmen sollen finanzielle Mittel für die Sanierung gewonnen werden. Außerdem steuert die Treuhandanstalt eine Anschubfinanzierung von 18 Millionen Mark bei.

Die Unternehmen in Limbach-Oberfrohna und Chemnitz haben in den letzten beiden Jahren ihre Erzeugnisse modernisiert, so daß sie damit auf dem internationalen Markt wettbewerbsfähig sind. Das Produktionsprogramm wurde gestrafft und umfaßt künftig Deckelkarden, Liropolmaschinen, Flachkulierwirkmaschinen sowie den gesamten Bereich der Kettenwirkmaschinen aus Limbach-Oberfrohna. Der Aufbruch des neuen Unternehmens wird zudem durch den bereits erwähnten Großauftrag des Chemnitzer Spinnereimaschinenbaus begünstigt. So liefert der Kändler Maschinen-

bau innerhalb dieses Auftrages 111 Deckelkarden an Rußland.

Allein der Spezialnähmaschinenbau zieht nicht nach Kändler mit um, sondern bleibt in Limbach-Oberfrohna. 1993 zählt die Kändler Maschinenbau GmbH voraussichtlich 450 Arbeitskräfte, beide alten Unternehmen verfügten bisher zusammengenommen noch über 714 Beschäftigte. Aber auch im neuen Werk in Kändler ist mit 450 noch nicht die endgültige Mitarbeiterzahl erreicht. Bis 1995 soll sie auf rund 300 sinken. Das entspräche bei einem geplanten Umsatz von 50 bis 60 Millionen Mark im Jahr rund 200 000 Mark Umsatz je Mitarbeiter. Damit nähert sich der Kändler Maschinenbau stark den Durchschnittswerten in der internationalen Textilmaschinen-Branche an.

Die in Limbach-Oberfrohna verbleibende Nähmaschinenfertigung soll später an einen Investor verkauft oder auf dem Wege von Management-Buy-Out privatisiert werden. Eine Privatisierung des Kändler Maschinenbau ist ebenfalls bereits in Sicht. Sollte die Privatisierung fehlschlagen, so wird die Treuhandanstalt den Kändler Maschinenbau weiter begleiten.

Die Spindelfabrik Neudorf, die über 220 Mitarbeiter verfügt, wurde im März 1993 auf dem Wege von Management-Buy-Out/Buy-In privatisiert. Auch für die Sächsische Nadel- und Platinenfabrik in Chemnitz (Naplafa) führte die Treuhand zum Jahreswechsel 1992/93 Verkaufsgespräche, die inzwischen abgeschlossen sind. Zugleich mußte sowohl durch die Textima AG als auch durch die Treuhandanstalt eingeräumt werden, daß die Naplafa noch zu groß war, um sich am Markt behaupten zu können. Die Treuhandeinschätzungen gingen sogar von einer Gefährdung des Unternehmens aus, falls die Privatisierung nicht zu einem glücklichen Ende geführt werden könne. Da die Privatisierung im Juli 1993 unmittelbar bevorstand, dürfte die ärgste Gefahr für das Unternehmen gebannt sein.

Der Malimo Textilmaschinenbau fand als Käufer die Karl Mayer Textilmaschinenfabrik Obertshaus

Für die Textilmaschinenbau Aue GmbH und Textilmaschinenbau Gera GmbH verliefen die Privatisierungsgespräche ebenfalls erfolgreich. Das Auer Unternehmen ging zum Beispiel an den ehemaligen Textima-Generalvertreter in den USA. Seine Familie besaß früher den Betrieb im Erzgebirgischen. 20 Jahre lang vertrieb er unter anderem auch Maschinen aus dem ehemals elterlichen Betrieb in den Vereinigten Staaten.

Für die Strickmaschinenbau GmbH in Chemnitz standen gleichfalls die Zeichen für die Privatisierung günstig. Das Unternehmen kooperiert mit Terrot Strickmaschinenbau in Stuttgart. Für die Großenhainer Textilmaschinenbau GmbH und die Spinnereimaschinenbau GmbH Leisnig dagegen

sind unmittelbar keine Käufer in Sicht. Durch den vom Chemnitzer Spinnereimaschinenbau akquirierten Großauftrag aus der Russischen Föderation hat sich allerdings die wirtschaftliche Lage der beiden Unternehmen erst einmal stabilisiert. Sie sind für die nächsten 12 bis 18 Monate weitgehend ausgelastet. Der Großauftrag schaffte damit eine Atempause für die Überarbeitung der Unternehmenskonzepte, die in Abstimmung mit dem Chemnitzer Spinnereimaschinenbau 1993 vorgelegt werden.

Diese drei Unternehmen sollten - so sah es das eine Zeit lang verfolgte Projekt vor - zum Sächsischen Spinnereimaschinenbau zusammengefaßt werden. Da diese Bündelung mehrerer Unternehmen des Kombina-

Kombinat TEXTIMA Karl-Marx-Stadt

tes Textima aber später wieder verworfen wurde, werden technologische Verflechtungen nun vor allem auf dem Wege von Lieferbeziehungen und Kooperationen realisiert. Wenn separate Sanierungskonzepte für Leisnig und Großenhain vorliegen, dann will die Treuhand Entscheidungen über eine Privatisierung treffen.

Auch für die Chemnitzer Textilmaschinenentwicklung GmbH, die aus dem ehemaligen Institut für Textilmaschinen hervorging, deutete sich im Januar 1993 eine Lösung an. Nach dem aktuellen Verhandlungsstand wird dieses Unternehmen aufgeteilt in eine Forschungs GmbH und in eine Engineering-Firma, die auf dem Wege eines Management-Buy-Outs privatisiert wird.

Eine Zwitterstellung nahm eine Zeit lang das kleine Unternehmen THB Textima-Hölsken Handelsgesellschaft ein. An ihr hielt die Treuhandanstalt vorübergehend nur noch eine Minderheitsbeteiligung von 49 Prozent.

Inzwischen übernahm der Mehrheitseigner aber auch die restlichen Treuhandanteile. Die Handelsgesellschaft ging hervor aus dem recht umfangreichen Bereich Materialwirtschaft im ehemaligen Kombinat Textima. Da mit dem Einzug der Marktwirtschaft der eigentliche Zweck dieses Kombinatsteiles, der vor allem in der Verteilung und im Kampf um Bilanzanteile bestand, entfiel, standen die ehemaligen Materialwirtschaftler ohne Aufgabe da. Die Firma Hölsken, ein westdeutsches Handelshaus, unterbreitete deshalb das Angebot, ein Handelsunternehmen ins Leben zu rufen. Als Dienstleister übernahm Textima-Hölsken zum einen den Einkauf für Gesellschaften der Holding und zum anderen die Sondierung und Verwertung der nicht gerade unerheblichen Bestände des Ex-Kombinates.

Kombinat Carl Zeiss Jena

Das erste High-Tech-Valley der Geschichte

Von WOLFGANG BOHN

- ▨ **Im Strudel des Kalten Krieges**

- ▨ **Die Dominanz des Politischen**

- ▨ **Die schwierige Rechtslage**

- ▨ **Eine neue Integrationsfigur taucht auf**

- ▨ **Über den eigenen Tellerrand hinaus**

- ▨ **Vorsicht Stolpersteine!**

Auf Schritt und Tritt wird man in Jena mit den Spuren des früheren großen Unternehmens Optische Werke Carl Zeiss Jena konfrontiert. Nicht nur das große Gebäudegeviert im Zentrum, sondern auch vieles andere im Weichbild der Stadt weisen darauf hin. Auch der dominierende und den Namen der Universität tragende "Turm" ist der Idee eines der Direktoren dieses Unternehmens zu VEB-Zeit entsprungen. Etwas weiter nordöstlich befindet sich die markante Kuppel des Planetariums. Einige der Institute der Friedrich-Schiller-Universität sind von der Zeiss-Stiftung finanziert worden, so das Abbeanum, das das Mathematische Institut beherbergt. Westlich des Hauptwerkes liegt das berühmte Jenaer Volkshaus. Im Südwerk sind die moderneren und auch größeren Werkhallen zu fin-

den. Auch manche Wohnsiedlung hat ihren Ursprung in der Firmenstiftung.

Die Ursachen für diese seltene Dominanz eines Unternehmens in einer Region sind vielfältig. Vielleicht entstand hier das erste High-Tech-Valley in der Geschichte überhaupt. Von vornherein war die weitgehend auf Optik und Feinmechanik ausgerichtete Produktion wissenschaftsintensiv. Der Eintritt des Universitätsprofessors Ernst Abbe in das Zeiss-Unternehmen 1866 demonstrierte das augenfällig. Hier war nicht ein bloßes Industriekonglomerat entstanden.

Das schnelle Wachstum des Konzerns verstärkte die regionale Dominanz. Die Anforderungen der Naturwissenschaften an wissenschaftliche Geräte - man denke nur an Astronomie und Mikroskopie - erhöhten sich gegen Ende des vorigen Jahrhunderts sprunghaft. Stets neue und präzisere Geräte mußten geschaffen werden. Aber auch Massenanwendungen von Produkten wie Brille, Feldstecher oder geodätische Geräte nahmen zu. Ein besonders stimulierender Faktor waren die um die Jahrhundertwende auftretenden militärischen Anforderungen.

Ein weiterer, das Wachstum der Firma und die Entwicklung des Standortes begünstigender Umstand, war die glückliche Verknüpfung mit der Universität. Eine Plastik von Ernst Abbe an der Wand der Aula würdigt diese frühe Symbiose. Diese Verbindung sicherte ein schnelles Tempo der Verwissenschaftlichung der Produktion und brachte damit einen Konkurrenzvorsprung ein.

Die Suche nach immer perfekteren optischen Gläsern hatte zur Errichtung des Jenaer Glaswerkes Schott & Gen., zu einer Kooperation zwischen beiden Unternehmen und schließlich zur Fusionierung geführt.

Abgesehen von der schnellen Eroberung der Marktführerschaft auf dem speziellen feinmechanisch-optischen Pro-

Kombinat Carl Zeiss Jena

duktionssektor kam noch etwas Besonderes hinzu, was das Unternehmen in ganz Deutschland heraushob. Es war der sozialreformerische Gedanke von Abbe. Das mündete schließlich 1889, nachdem Abbe das Unternehmen allein übernommen hatte, in die Carl-Zeiss-Stiftung, die sich neben der Führung der Stiftungsbetriebe sozialen, kulturellen und wissenschaftlichen Zwecken widmete. Das florierende Unternehmen konnte sich dieses sozial vorbildliche Verhalten auch leisten.

Im Strudel des Kalten Krieges

Am schwersten gebeutelt wurden die Zeiss-Werke durch den zweiten Weltkrieg und seine Folgen. Zwei verschiedene Besatzungsmächte lösten einander ab. Für die Überwindung der unmittelbaren Kriegszerstörungen durch Bomben und Artilleriebeschuß blieb kaum Zeit, denn 1946 folgte der Demontagebeschluß des Obersten Alliierten Kontrollrates. Manche befürchteten schon das Ende des Werkes überhaupt. Aber es war durch das Wirken seiner Väter Abbe, Zeiss und Schott in der Region auch sozial so stark verwurzelt, daß der Wiederaufbau in einer großen Kraftanstrengung gelang. Zunächst einmal konnte in der Geräteproduktion sehr schnell an bereits vorhandene Typen angeknüpft werden, neue Versionen und schließlich auch völlig neue Geräte wurden entwickelt.

Inzwischen war der Konzern in den Strudel des Kalten Krieges geraten. Viele der technisch und kaufmännisch führenden "Zeissianer" waren inzwischen in Südwestdeutschland tätig. Nachdem 1948 die Carl-Zeiss-Stiftung auf sowjetischen Befehl enteignet worden war, wurde im Januar 1951 am Amtsgericht Heidenheim die Firma Carl Zeiss ins Handelsregister eingetragen. In dem anderen Schützengraben des Kalten Krieges saß der Standort Jena des traditionsreichen Unternehmens mit dem größ-

ten Teil der Facharbeiterschaft, mit angestammten Produktionseinrichtungen und Beziehungen zum engeren Territorium. Kein Wunder, daß dieses immer noch beachtliche Unternehmen in Jena von der DDR als wichtiges Instrument seiner eigenen politischen und wirtschaftlichen Stabilisierung betrachtet wurde. So konnte man Mitte der 50er Jahre einen Export des Jenaer Zeiss-Unternehmens - nunmehr unter dem Namen VEB Carl Zeiss Jena - in 88 Länder verzeichnen.

Das historisch Besondere des Jenaer Unternehmens wirkte auch in die Planwirtschaft hinein. Allerdings wurde es durch deren Eigenheiten entstellt. Trotzdem blieb der Großbetrieb "VEB Carl Zeiss Jena" - ab 1971 Kombinat - das Musterunternehmen par excellence.

Die tiefsten Entstellungen gingen von der Aufhebung des Preiswettbewerbs auf dem Markt aus. Als davon auch der Außenhandel ergriffen wurde und bloße Devisenbeschaffung zum Dominierenden wurde, beseitigte das jeden Maßstab für betriebswirtschaftlich effektives Verhalten. Überlagert wurde das noch durch die unübersehbare Vielfalt von Subventionierungen auf dem Rohstoffsektor genauso wie im Konsumgüterbereich. So sagen uns selbst die veröffentlichten spärlichen Zahlenangaben relativ wenig. Man rechnete mit Gemeinkostenzuschlägen, die so gewaltig waren, daß sie die den einzelnen Produkten zurechenbaren direkten Kosten um ein Vielfaches überstiegen. Etwa 60 Prozent des Gewinnes wurden in der Endphase der Kombinatszeit an den Staatshaushalt abgeführt. Die Stiftung in Jena erhielt aus den drei Jenaer Betrieben, also dem VEB Carl Zeiss Jena, dem VEB Jenaer Glaswerk und dem VEB Jenapharm jährlich 40-50 Millionen Mark.

In einer Zeit, in der selbst die größten Konzerne in der Welt ihre starre Struktur aufgaben, um eine höhere Anpassungsfähigkeit an den Markt zu erreichen, führte die Staatswirtschaft in der DDR zu einem Gigantismus der großen Kombinate. Anstatt zu einer "schlanken Produktion" überzugehen, wurde die Arbeitsteilung innerhalb des Konzerns vertieft. Die Ursachen lagen in der permanenten Mangelwirtschaft. Das führte dazu, daß alle möglichen Teilunternehmen, die irgendwie zur Vervollständigung der Produktion dienten, vom Kombinat selbst betrieben wurden. Ein eigenes Kraftwerk genauso wie eine eigene Kistenfabrik gehörten dazu. Mit der Bildung des Kombinats VEB Carl Zeiss Jena Anfang der 70er Jahre wurden 25 Betriebe, die fast über die ganze DDR verstreut lagen, mit ca. 69 000 Beschäftigten und einem großen Wissenschaftspotential in ihm konzentriert. Mehr als 1000 Haupterzeugnisse unterschiedlichster Anwendungsgebiete wurden in diesem riesigen Unternehmen produziert.

Die Dominanz des Politischen

Ein weiterer Zug der Staatswirtschaft in der DDR war ihre Politisierung. Dabei war das Politische immer das Dominierende. Das wirkte sich auch auf die Entwicklung des Kombinates aus, das sich nicht organisch wachsend, sondern per Politbürobeschluß formierte. Der keineswegs abwegige Gedanke, die Mikroelektronik mit dem optischen Präzisionsgerätebau zu verbinden, führte 1986 kurzerhand zu dem Beschluß, diejenigen Betriebe des Kombinates Mikroelektronik in Dresden nunmehr dem Zeiss-Kombinat zuzuordnen, die für dessen Produktion von Bedeutung sein konnten.

Diese Dominanz des Politischen gegenüber dem Wirtschaftlichen hatte auch zur Folge, daß in die Hände von "Generaldirektoren" eine unheimliche Machtfülle gelegt wurde. Besonders bei dem Paradebeispiel des Kombinates Carl Zeiss Jena nahm

das erschreckende Ausmaße an. Ernst Gallerach, Kombinatsdirektor in den 60er Jahren, benutzte seine Machtfülle unter anderem dazu, das 23stöckige "Universitäts"-Hochhaus bauen zu lassen. Für sich selbst hatte er im 23. Obergeschoß ein 253 m^2 großes Arbeitszimmer vorgesehen. Später wurde dieses Hochhaus der Universität zugewiesen. Wolfgang Biermann, der bis zum Ende der Kombinatszeit der "General" war, legte einen autoritären Leitungsstil an den Tag. Das äußerte sich u. a. darin, daß er sich auch die Regionalhoheit anmaßte und z. B. über das Tun und Lassen der Universität bestimmen wollte, was mit deren damaligem Rektor zu ernsten Konflikten führte.

Dennoch sind in der Kombinats-Zeit hervorragende wissenschaftlich-technische Leistungen vollbracht worden. Mit gewaltigem quantitativem Aufwand wurde versucht, "Spitzenleistungen" hervorzubringen. Die Multispektralkamera war ein solches Beispiel. Es ließen sich in manch anderen Bereichen, etwa der Photogrammetrie, ähnliche nennen.

Am 1. Juli 1990 wurde das bisherige Kombinat VEB Carl Zeiss Jena durch die Treuhandanstalt Berlin übernommen. Es erfolgte eine Aufspaltung des riesigen Unternehmens. Aus ihm gingen 12 eigenständige Firmen wie die Rathenauer Optischen Werke, Pentacon in Dresden, zwei kleinere Unternehmen in Dresden, das Jenaer Glaswerk und eine Reihe anderer Betriebe als selbständige Kapitalgesellschaften hervor. Aus dem ehemaligen Stammbetrieb des Kombinates in Jena wurde die Jenoptik Carl Zeiss JENA GmbH gebildet, die aus 13 Betrieben mit über 30 000 Beschäftigten bestand. Sie wurde am 10. Juli 1990 in das Handelsregister eingetragen. Die Geschäftsleitung bestand aus Dr. Klaus Gattnar, Prof. Dr. Klaus Mütze, Dr. Edgar Riedel, Rainer Hedrich und Bernhard Kammerer.

Die Treuhandanstalt beauftragte die Ge-

Kombinat Carl Zeiss Jena

schäftsführung mit der Erarbeitung eines Sanierungskonzeptes. Diese Aufgabe wurde in Zusammenarbeit mit dem vertraglich verpflichteten Beratungsunternehmen Boston Consulting Group (BCG) und der Wirtschaftprüfgesellschaft KPMG aus München in Angriff genommen. Bereits Ende Oktober 1990 lag ein erstes Sanierungskonzept vor, mit dem der Anpassungsprozeß an die Marktwirtschaft schnell durchgesetzt werden sollte und das sich auf den Zeitraum 1991 konzentrierte.

Es wurden die wichtigsten Probleme analytisch richtig erfaßt, nämlich
1. die nicht vorhandene Wettbewerbsfähigkeit
2. die rapide Verschlechterung der Marktbedingungen in den Ländern Osteuropas
3. die sehr differenzierte Bewertung der Marktfähigkeit von Erzeugnissen aus dem Kernbereich der Produktion
4. die schlagartige Beendigung der gewinnträchtigen Militärproduktion
5. die rapide Verschlechterung der Kosten-Erlös-Situation und die schnell schwindende Liquidität, woraus erhebliche Verluste zu errechnen waren.

Aber die volle Tiefe der notwendigen Umstrukturierungsprozesse wurde damals noch nicht erkannt.

Zwar hatte man die Bedeutung eines gezielten Ausbaues des Marketing richtig in den Vordergrund gestellt, es wurde richtigerweise auf die Forcierung der Kerngeschäfte orientiert, auch die innere Struktur bei Untergliederung in 12 Geschäftsbereiche wurde vereinfacht. Aber die Tiefe des zu erwartenden Einbruches wurde verkannt.

Die schwierige Rechtslage

20 Prozent der Anteile der Jenoptik Carl Zeiss JENA GmbH waren seit September 1990 wieder im Besitz der Jenaer Carl-Zeiss-Stiftung. Im Frühjahr 1991 begannen die Debatten im Thüringer Landtag um die Rückübertragung der Stiftungsunternehmen an die Stiftung in Jena. Die Regierung war der Ansicht, daß das zu 100 Prozent erfolgen sollte, die IG Metall hatte nur 51 Prozent gefordert.

Am 16. Juni 1991 kam es bei der Treuhandanstalt in Berlin zu einer entscheidenden Besprechung, die für die spätere Aufteilung des Jenaer Unternehmens, seine Entflechtung und Sanierung richtunggebend werden sollte. Eine Revitalisierung der Carl-Zeiss-Stiftung Jena wurde angesichts der Existenz der Stiftung gleichen Namens in Heidenheim nicht für möglich angesehen. Es wurde von der Fortexistenz einer einzigen aus der Heidenheimer Stiftung hervorgehenden mit Sitz sowohl in Heidenheim als auch in Jena ausgegangen. Die Einzelheiten über die Stiftung wurden durch einen Staatsvertrag zwischen Baden-Württemberg und Thüringen im Januar 1992 geregelt. Für Jena wurde am 3. Juni 1992 die Stiftungsurkunde der gemeinnützigen Ernst-Abbe-Stiftung durch das Land Thüringen unterzeichnet.

Damit wurde der rechtliche Rahmen geschaffen, nach dem vorher schon provisorisch verfahren worden war. Er beruhte auf einer Grundsatzvereinbarung vom 25. Juni 1991 zwischen den beiden beteiligten Ländern, der Treuhandanstalt, der Jenoptik Carl Zeiss JENA GmbH, der Firma Carl Zeiss Oberkochen, dem Jenaer Glaswerk GmbH und der Fa. Schott Glaswerke. Mit dem Staatsvertrag und der neuen Stiftung wurde folgendes möglich:

a) Die bisherige Carl-Zeiss-Stiftung Jena bringt ihre Warenzeichenrechte und Lizenzen in die Carl-Zeiss-Stiftung Heidenheim ein, die damit an beiden Sitzen unternehmerisch aktiv werden kann.

b) Nicht zum unternehmerischen Vermögen der Carl-Zeiss-Stiftung gehörende Einrichtungen, wie das Planetarium, das Optische Museum, die Fachschule für Augenoptik und das Kindersanatorium in Bad Sulza und Immobilien, auch die Verwaltung der Miethäuser der Siedlungs-GmbH können damit durch die neue Ernst-Abbe-Stiftung fortgeführt werden. Eine Anschubfinanzierung des Landes Thüringen in Höhe von drei Millionen Mark wurde zur Verfügung gestellt.

Die Entscheidungen vom 16. Juni 1991 bei der Treuhandanstalt waren für die unternehmerische Aufspaltung des ehemaligen Zeiss-Unternehmens in Jena wichtig. Der "Nucleus", der Kernbereich der Produktion, wurde von der Jenoptik Carl Zeiss JENA GmbH an die Carl Zeiss Jena GmbH übertragen. Deren Gesellschaftskapital wurde mit 110 Millionen DM beziffert, 477 Millionen weitere Eigenmittel wurden als Vorsorge für künftige Verluste vorgesehen. 51 Prozent der Kapitalanteile sollten bei Oberkochen, 49 Prozent bei der zu gründenden Jenoptik GmbH Jena (mit einer Option für die spätere Übernahme durch Oberkochen) liegen.

Mit dem Verzicht der Jenoptik GmbH auf Warenzeichen und auf den Namen Carl Zeiss änderte sich der Firmenname in nunmehr: JENOPTIK GmbH Jena.

Die neugegründete Tochtergesellschaft der Carl Zeiss Oberkochen-Heidenheim, die Carl Zeiss Jena GmbH, sollte nach dem Protokoll der Treuhandanstalt vom 16. Juni 1991 2800 Beschäftigte (inzwischen wird ihre Zahl mit 3000 angegeben) mit Ansprüchen an die Stiftung übernehmen. Carl Zeiss Jena GmbH erwirbt von der JENOPTIK GmbH das Südwerk einschließlich des Anlage- und Sachvermögens mit einem Verkehrswert von 140 Millionen DM.

So wurde zum eigentlichen Nachfolge- und Sanierungsunternehmen des früheren Kombinats Carl Zeiss Jena die Jenoptik GmbH. In dem Protokoll der Treuhandanstalt vom 16. Juni 1991 wurde sie "als Keimzelle für die künftige Ansiedlung von innovativen High-Tech-Betrieben" bezeich-net. Sie sollte die "übrigen Betriebsteile", d. h. die nicht zum Kernbereich der Carl-Zeiss-Produktion gehörenden und an die Carl Zeiss Jena GmbH übergehenden Betriebsteile fortführen, "insbesondere die Optoelektronik ... Jenoptik wird des weiteren die Bereiche Ferngläser, Lithographie und Numerik umfassen."

Ein Kerngedanke der Vereinbarung vom 16. Juni 1991 war die Entflechtung des VEB Carl Zeiss Jena. Sie sollte so betrieben werden, daß von den damals noch 26 000 Arbeitsplätzen in Jena etwa 10 000 bis 12 000 erhalten werden können.

Am 25. Juni 1991 kam bei der Treuhandanstalt in Berlin die schon erwähnte Grundsatzvereinbarung zur Sanierung und Privatisierung der Jenaer Unternehmen zustande. Das bedeutete, daß die Glaswerke Schott (Mainz) mit 51 Prozent des Gesellschaftskapitals ab 1992 die unternehmerische Führung im Jenaer Glaswerk übernahmen, den Rest der Kapitalanteile wird 1994 noch das Land Thüringen halten.

Eine neue Integrationsfigur taucht auf

Mit Wirkung vom 1. Juli 1991 hat Dr. Lothar Späth als neuer Vorstandsvorsitzender der JENOPTIK GmbH die Sanierungsaufgabe für das ehemalige Zeiss-Werk in Jena übernommen. Vorausgegangen war dem seine Berufung zum Berater von Ministerpräsidenten Duchac. Damit war eine Integrationfigur zwischen den bis dahin rivalisierenden Unternehmen in Oberkochen und Jena gefunden worden. Übrigens war damals eine heftige Auseinandersetzung mit politischem Hintergrund um die Person des Vorstandsvorsitzenden entstanden. Die in Jena traditionell starke SPD und die Gewerkschaft hatten als ihren Kandidaten Prof. Farthmann vorgeschlagen. Von ihm erhoffte man sich eine stärkere soziale Ausrichtung der Unternehmenspolitik.

Kombinat Carl Zeiss Jena

Ein anonymes Flugblatt kursierte damals im Unternehmen mit der Aufschrift: "Zu wem Späth kommt, den bestraft das Leben". Aber inzwischen haben sich wohl die Bedenken zerstreut.

Wesentlich dazu beigetragen hat die sehr nüchterne Analyse der Unternehmenslage durch das neue Management und die daraus abgeleiteten Forderungen auf Übernahme von Altschulden durch Treuhandanstalt und Land und auf die Bereitstellung von Mitteln zur sozialen Abfederung und zur Übernahme weiterer Sanierungskosten. So konnte Späth bereits im Ergebnis der Verhandlungen vom 16. Juni 1991 die folgende Festlegung im Protokoll durchsetzen: Es "... werden der Jenoptik - neben einer vollständigen Entschuldung der in der so festzustellenden D-Mark-Eröffnungsbilanz mit DM 992 Millionen ausgewiesenen Verbindlichkeiten gegenüber Kreditinstituten (Altkredite) - liquide Mittel der Treuhandanstalt und Thüringens gemeinschaftlich in Höhe von insgesamt 1,721 Milliarden zur Verfügung gestellt werden." Falls diese Mittel nachweislich nicht ausreichen sollten, würden bis zu maximal 300 Millionen DM des weiteren bereitgestellt. Die Vereinbarung mit der Treuhand sah vor, daß von den in Jena vorhandenen 26 000 Beschäftigten 10 200 auf sicheren Arbeitsplätzen gehalten werden müssen. Die übrigen Mitarbeiter wurden zu Sozialbedingungen entlassen, die etwa 5000,- DM Abfindungen pro Beschäftigten vorsahen.

Die finanzielle Lage des neuen Unternehmens JENOPTIK GmbH wird über Jahre hinweg kritisch sein. Monatlich entstanden 40 Millionen DM Verluste. Von den insgesamt 3,6 Milliarden DM Finanzierungshilfen der Treuhand und des Landes entfallen allein 0,99 Milliarden DM auf die Ablösung von Altschulden, 0,8 Milliarden DM auf die Absicherung von Sozialplänen.

Die JENOPTIK GmbH wurde zu 100 Prozent vom Land Thüringen übernommen.

Unmittelbar nach der Gründung der JENOPTIK GmbH begannen umfangreiche Aktivitäten, um potentielle Investoren zu gewinnen. Schon am 1. Juli 1991 wurde davon berichtet, daß die früheren Zeiss-Industrieläden an die Apollo-Optik GmbH Nürnberg übergehen. Ein Industriepark in dem ehemaligen Zeiss-Nordwerk in Jena wurde innerhalb kürzester Zeit geplant. Späth schilderte damals die Dramatik der Lage: "Entweder wir schaffen den Durchbruch mit einem Gewaltakt in drei Jahren oder die Stadt wird ein einziges Altersheim, weil die jungen Fachleute weggelaufen sind".

In schnellem Tempo ging dann der Verkauf weiterer Unternehmen im Herbst 1991 vor sich: die Standorte in Saalfeld und Eisfeld, die Druckgießerei in Eisenberg und viele andere wurden verkauft. Erst jetzt wurde so richtig das ganze Sammelsurium von Betrieben sichtbar, daß im Zeiss-Konglomerat zusammengefaßt war: Selbst Plastverarbeitung, Lederfertigung, Eisengießerei und Kabelfertigung gehörten dazu.

Um den Jahreswechsel von 1991 zu 1992 kristallisierte sich das Profil der JENOPTIK deutlicher heraus. Sie geht seitdem gegenüber der Carl Zeiss Jena GmbH einen eigenen Weg. Zugleich wurde von der bloßen Entflechtung und Umwandlung zur Restrukturierung übergegangen. Für 1992 wurde zum ersten Mal wieder von neuen Investitionen in Höhe von 100 Millionen Mark gesprochen; 1993 sollen es dann 85 Millionen DM sein.

Die JENOPTIK formierte sich allmählich zu einer Holding-Gesellschaft, die aus drei Säulen besteht: Industriebeteiligungen, Immobilien und dem operativen Geschäftsbereich. Auch die innere Organisationsstruktur bildete sich allmählich heraus. Optoelektronik, Systemtechnik, Präzisionsfertigung und Qualitätsmechanik wurden als eigenständige operative Geschäftsbereiche genannt. Das Handelshaus Ost, bestehend aus den bisherigen Niederlassungen in osteuropäischen Ländern, soll u. a. auch als Dienstleistungseinrichtung für andere aufrechterhalten werden. Die operativen Bereiche sollten 1992 etwa 100 Millionen Mark Umsatz erzielen. Für 1991 wurde ihr Umsatz damals auf etwa 70 Millionen DM geschätzt. Der Verlust für 1991 wurde mit etwa 600 Millionen Mark beziffert und auch für 1992 wurde von einem dreistelligen Millionenbetrag als Verlust ausgegangen. 1995 will man dann endgültig aus der Verlustzone heraus sein.

Die Zusagen über die Schaffung von 10 200 Arbeitsplätzen waren gegen Ende 1991 erfüllt durch 3000 bei Carl Zeiss Jena GmbH, 3000 in ausgegliederten Unternehmen und 1700 in der Holding; 3000 Mitarbeiter waren in Kurzarbeit Null und müßten in den nächsten zwei Jahren untergebracht werden. Allein 2500 Arbeitsplätze sollen im Dienstleistungsbereich in Jena geschaffen werden.

Lothar Späth sagte damals: "'91 war das Jahr des kaum mehr zu ordnenden Chaos, '92 wird das Jahr der ersten Strukturen des endgültigen Konzerns."

Über den eigenen Tellerrand hinaus

Ein schon damals bemerkenswerter Zug der Sanierungspolitik der JENOPTIK-Geschäftsleitung bestand darin, daß über die Grenzen des Unternehmens hinaus auch die Region gesehen wurde. Bereits im März 1991 hatte das Stanford Research Institute International eine erste Studie zur "Technologieregion Jena" vorgelegt. Sie gipfelte in dem Schluß, "daß unter nunmehr unproduktiven Strukturen, Einrichtungen und Fachwissen eine Kernkompetenz liegt, eine wertvolle und einmalige Symbiose von Humankapital und Technologie, die zu erhalten sich auf jeden Fall lohnt. Dies nicht allein aus rein marktwirtschaftlicher Perspektive, sondern auch aus regionaler und sozialer Sicht. In dem Maße, in dem es gelingt, diese Kernkompetenz der Region neu zu gruppieren und auf Kunden im Westen, auf neue Marktsegmente und Produktlinien auszurichten, geht die Region einer guten Zukunft in Wachstumsmärkten entgegen."

Das Humankapital sind vor allem die Wissenschaftler, Techniker und Ingenieure, die hochqualifizierten Facharbeiter. Im Zeiss-Kombinat waren 10 000 Hoch- und Fachschulabsolventen beschäftigt, davon 5 500 unmittelbar in zwei riesigen Forschungszentren. Heute sind etwa noch 500 in den Nachfolgeeinrichtungen tätig.

Auch in Thüringen insgesamt ist die Forschungslandschaft gewaltig geschrumpft. 1990 gab es noch 23 Einrichtungen mit ca. 2500 Mitarbeitern, 1991 waren davon noch 825 in 19 Einrichtungen übrig. Mitte 1991 mußte der Thüringer Wirtschaftsminister Dr. Jürgen Bohn konstatieren, daß die Gefahren bei weitem nicht gebannt seien. "Experten sind teilweise schon abgewandert, der Trend hält aber auch noch an."

Da ist das Engagement des Bundesministeriums für Forschung und Technologie für die Thüringer Region und speziell für Jena dringend notwendig. Bundesforschungsminister Riesenhuber hat bei einem Besuch in Jena festgestellt: "Diese Region kann ein Zentrum der High-Tech-Forschung Deutschlands werden und somit auch einen entsprechenden Stellenwert bei den Fördermaßnahmen des Bundesministeriums für Forschung und Technologie (BMFT) einnehmen." Über 100 Projekte fördert das BMFT bereits - von der physikalischen Grundlagenforschung über die Mikrobiologie bis hin zur Optik und Glastechnik.

Das BMFT hat allein 1991 der JENOPTIK 14 Forschungsprojekte mit einem Gesamtvolumen von 14 Millionen Mark genehmigt. Außerdem ist die JENOPTIK maßgeblich am europäischen EUREKA-Pro-

Kombinat Carl Zeiss Jena

gramm JESSI beteiligt. Die Zusammenarbeit der wissenschaftlichen Einrichtungen und Institute in und um Jena ermöglicht einen erheblichen Wissens- und Technologietransfer. Außerdem hilft sie, Forschungskapazitäten zu erhalten und Arbeitsplätze zu sichern.

Eine zu enge betriebswirtschaftliche Sicht kann hier die Chancen für die Zukunft verbauen. Die Geschäftsleitung der JENOPTIK GmbH wurde deshalb bereits seit Mitte 1991 auch regional aktiv. Zunächst stand die Stadt Jena im Vordergrund. Ein Vierjahres-Programm sieht vor, 250 Millionen DM zu investieren. Allein für die Sanierung des Hauptwerkes im Herzen der Stadt sind für die Jahre '92 bis '94 rund 125 Millionen DM vorgesehen. Bis Ende 1992 äußerte sich das Baugeschehen überwiegend in Abrißarbeiten in diesem großen, durch viele An- und Umbauten unübersichtlichen Werkgelände im Zentrum Jenas. Auch im Nordwerk II und im Südwerk liefen riesige Sanierungsarbeiten an.

Als besonders wichtig hatte Späth schon am Jahresende 1991 die Gründung von Beteiligungsgesellschaften der JENOPTIK mit namhaften Unternehmen genannt. Inzwischen sind solche u. a. mit der Sandoz AG, der Rheinmetall AG und der deutschen AEROSPACE (DASA) entstanden. Innerhalb der letzten 1 1/2 Jahre wurden ca. 150 Unternehmen ausgegründet oder angesiedelt.

Übrigens gingen inzwischen die Verkäufe und Vermietungen von Immobilien außerhalb Jenas weiter. In Gera wurde das Technologie- und Gründerzentrum mit der Kurzbezeichnung TIGER eröffnet, bei dem sich auf 80 000 m² Geschoßfläche zahlreiche innovative mittelständische Unternehmen ansiedeln konnten. AGFA-Laborgeräte, eine Tochter der AGFA-Gevaert-Gruppe, Präzisionsoptik- und Präzisionsmechanikfirmen, Informatik- und Computerfirmen ließen sich hier nieder.

Mitte 1992 erklärte Späth als mittelfristiges Ziel seines Unternehmens die weltweite Ausdehnung der Geschäfte. Man sei mit der bisherigen Geschäftsentwicklung in den operativen Bereichen zufrieden. Die ersten neuen Produkte hätten bereits auf internationalen Messen große Akzeptanz gefunden. Problematisch wäre noch der Vertriebs- und Marketingbereich. Enge Kooperation mit vertriebsstarken Partnern, aber auch Schulung eigener Mitarbeiter sollen diese Lücke rasch schließen.

Die vier Geschäftsbereiche werden künftig als eigenständige Profitcenter geführt. Anwenderorientiertheit der Produkte, die unter anderem durch Zusammenarbeit mit anderen Unternehmen erreicht werden soll, sei das Ziel.

Mit Wirkung vom 1. Juli 1992 wurde nun der JENOPTIK GmbH die unternehmerische Führung der Tridelta AG, Hermsdorf, von der Treuhand übertragen. Ein dreiköpfiger Vorstand aus den Geschäftsführern der JENOPTIK Dr. Uwe Reinert und Heinz Schleef sowie Hermann Dietrich, dem bisherigen Leiter der Abteilung Industrieansiedlung Gera der JENOPTIK, löste die bisherige Tridelta-Führung ab und soll das zukünftige Unternehmenskonzept bestimmen. Es solle versucht werden, neben Ausgründungen und Verkäufen durch Fortführung von Betriebsteilen in eigener Regie möglichst viele Arbeitsplätze zu erhalten. Das war offensichtlich so erfolgreich, daß Späth im Dezember 1992 ein Bremsen bei den Verkäufen erwog.

Derzeit sind noch rund 2800 Mitarbeiter in der Tridelta AG tätig. Früher waren es allein am Hauptstandort Hermsdorf 5700 Mitarbeiter.

Vorsicht Stolpersteine!

Auf dem Weg der zügigen Entflechtung, Umwandlung und Privatisierung des ehemaligen Kombinates Carl Zeiss Jena gab es genügend Stolpersteine. Erst um die Mitte

Sanierung im alten Zeiss-Werk

des Jahres 1992 wurde einer davon beinahe zum Verhängnis. Von der EG wurde nämlich gegen die Bundesrepublik ein Verfahren wegen Wettbewerbsverzerrung durch Subventionen der Treuhandanstalt an die JENOPTIK eingeleitet. Zwar war das Unternehmen fairerweise schon ein halbes Jahr vorher davon informiert worden und konnte auch der Bundesregierung umfangreiche entlastende Unterlagen zur Verfügung stellen. Aber es bestand doch die Gefahr, daß eine Entscheidung zu ungunsten der Verfahrensweise der Treuhandanstalt hätte zustande kommen können und Zuschüsse des Landes und der Anstalt nicht mehr gezahlt worden wären. Auch hier reagierte Späth gelassen und bestimmt: Unter

diesen Umständen stünde er für die Aufgaben nicht mehr zur Verfügung.

Ein weiterer Stolperstein auf dem Weg der Entwicklung der JENOPTIK war das völlige Zusammenbrechen des Osthandels. Aber das trifft ja auch andere Branchen. Jenoptikchef Lothar Späth hat auch hier mit größter unternehmerischer Konsequenz reagiert und den gesamten Osthandel aus der kalkulatorischen Planung herausgenommen. Dabei sieht er durchaus die politische Bedeutung der Fortsetzung des Osthandels und die JENOPTIK hat nach seinen Worten "vielleicht die einzige umfassende Infrastruktur im Osten". Diese Infrastruktur will er auf jeden Fall erhalten.

Seine Orientierung weist also vorerst

Kombinat Carl Zeiss Jena

mit weltmarktfähigen Produkten auf die westlichen Märkte. Das ist leichter gesagt als getan, denn die klassischen Kernbereiche der feinmechanisch-optischen Produktion sind an die Carl Zeiss Jena GmbH übergegangen. Aber es gibt genügend innovative Bereiche mit einem großen Forschungsvorlauf. An sie versucht man jetzt anzuknüpfen. Einer davon ist die Lasertechnik, die in viele Anwendungsbereiche - von der Dünnschicht-Technik bis zur Medizintechnik - hineinreicht. Gerade Ende 1992 konnte die technologische Führerschaft auf dem westdeutschen Markt bei der Herstellung von Direkt-Belichtungsanlagen für die Leiterplattenproduktion in Preis und Leistung durch den Übergang des "DirectPrint 40" zum Dauerbetrieb in einer Hannoveraner Firma für Feinleitertechnik demonstriert werden. Das Management des diese Geräte produzierenden JENOPTIK-Betriebsteiles verhandelte inzwischen erfolgreich in den USA. Auch auf anderen Gebieten werden erste Erfolge mit konkurrenzfähigen hochmodernen Erzeugnissen erreicht.

Die typischen Merkmale der Entflechtungs-, Privatisierungs- und Sanierungspolitik der JENOPTIK GmbH werden weitgehend von der Person des Vorsitzenden der Geschäftsführung, Dr. Lothar Späth, geprägt. Das auffälligste ist eine sehr rigorose Analyse des Zustandes, die auf den ersten Blick mitunter eher pessimistisch wirkt. Das traf z. B. auf die hohen Forderungen zur Übernahme von Altlasten durch Treuhand und Land Thüringen zu.

Bemerkenswert ist weiterhin die weite Sicht des Sanierungsauftrages. Dieser wird nicht nur unter engen betriebswirtschaftlichen Gesichtspunkten gesehen, sondern - der historischen Rolle des Unternehmens entsprechend - auch als Auftrag der Sanierung der gesamten Region. Die Bildung einer regionalen Entwicklungsgesellschaft, die Gründung eines Vereins zur Förderung des Aufbaues von Ostthüringen und schließlich die Übernahme der Tridelta AG Hermsdorf von der Treuhandanstalt sind dafür ein klarer Beleg.

Charakteristisch ist weiterhin sein absoluter Realismus. "Entscheidend ist, daß wir die Dinge realistisch betrachten. D. h., wir müssen wissen, daß wir sieben bis acht Jahre brauchen, um die Produktions-Arbeitsplätze richtig und mit modernen Methoden zu schaffen. Alles andere wäre Illusion. Aber: Wir werden in Jena schneller vorankommen, als in anderen Regionen." So faßte Dr. Lothar Späth seine Auffassungen dazu um die Jahresmitte 1992 zusammen und er machte damit ein Stück Sanierungsphilosophie der JENOPTIK sichtbar.

Kombinat baukema Leipzig

Mit Illusionen in die Marktwirtschaft

Von KARL-HEINZ SCHOLZ

■ **Pure Augenwischerei**

■ **Hochtrabende Pläne**

■ **Erhaltung der Struktur anstelle der Entflechtung**

■ **Privatisierung über Bankenkonsortium?**

■ **Abschied von Gießereien**

■ **Der Paket- und Einzelverkauf**

■ **Wohin ging der Weg?**

■ **Anspruch und Wirklichkeit**

"Das Kombinat baukema ist die entscheidende Wirtschaftseinheit der DDR für die Produktlinien Baumaschinen, Baustoffmaschinen und Fördertechnik; Gießereimaschinen und -anlagen, Gußerzeugnisse sowie Sonderschweißanlagen. Mit diesen Erzeugnissen hat das Kombinat bei einem Exportanteil von durchschnittlich 5O Prozent, bei Bau- und Baustoffmaschinen von über 60 Prozent an der Produktion insgesamt gute Marktpositionen und Voraussetzungen zur Integration in den künftigen europäischen Markt. Die Betriebe des Unternehmens haben die Voraussetzungen für eine stabile und dauerhafte Wettbewerbsfähigkeit."

Diese mehr als positive Wertung der Situation des 18 000 Beschäftigte zählenden Unternehmens findet sich in einer Stellung-

nahme zur Umwandlung des VEB Kombinat baukema in eine Aktiengesellschaft und zu einer Konzeption, die Anfang 1990 "zur Umwandlung des Volkseigentums und seiner Verwertung nach marktwirtschaftlichen Prinzipien" erarbeitet worden war. Sie trug die Unterschrift des Ministers für Maschinenbau in der Modrow-Regierung Dr.-Ing. Hans-Joachim Lauck. In dieser Stellungnahme wurde aus ministerieller Sicht bestätigt, daß das "1990 nachgewiesene Niveau der Effektivität die Eigenerwirtschaftung der Mittel für Maßnahmen zur Erhöhung der Innovationskraft und Leistungsfähigkeit" des Kombinates gewährleistet.

Pure Augenauswischerei

Abgesehen von der Tatsache, daß nicht bereits am 6. März das "Niveau der Effektivität" des gesamten Jahres nachgewiesen sein konnte - diese ministerielle Bestätigung war mehr als pure Augenauswischerei. Denn sie wurde nur sechs Tage nach einem anderen Schriftstück geschrieben, das dieselbe Unterschrift wie die Konzeption vom 6. März trug - die des Generaldirektors des Baukema-Kombinates, Dr. Rudolf Hummitzsch. Der von ihm verabschiedete Geschäftsbericht für das Jahr 1989 hatte alles andere als eine "Wettbewerbsfähigkeit" oder "Effektivität" des aus 18 Betrieben bestehenden Kombinates bewiesen. Im Gegenteil: Das Kombinat stand Anfang 1990 wie die immer schlechter funktionierende DDR-Wirtschaft tatsächlich vor dem Kollaps.

Die im Plan 1989 vorgegebenen Ziele konnten im Kombinat nur teilweise erreicht werden. "Kritisch in bezug auf die ökonomische Stabilität des Kombinates sind Ausfälle in der Leistung, im Absatz und im Ergebnis", wobei allerdings die "Abführungen aus der Ist-Gewinnwirtschaftung an den Staatshaushalt" gezwungenermaßen erfüllt wurden. Als Ursachen für diese kritische Si-

Kombinat baukema Leipzig

tuation wurden außer den "arbeitskräftebedingten Leistungsausfällen" - der Arbeitskräfteschwund hatte 2,5 Prozent erreicht-, "Kostenüberschreitungen" - gegenüber dem Vorjahr ein Anwachsen um ein ganzes Prozent - "und gestiegene Verluste außerhalb des Produktionsprozesses" genannt. Gegenüber 1988 war die Nettoproduktion 1989 um 5 Prozent (immerhin 16,7 Millionen Mark), die industrielle Warenproduktion um fast zwei Prozent und die Arbeitsproduktivität sogar um 2,6 Prozent gesunken. Acht der achtzehn Kombinatsbetriebe hatten ihre Planziele im Absatz, ihre Lieferverträge also, nicht erfüllt, und das sowohl im In- als auch Ausland. Auch in diesem Kombinat führte der Devisenhunger des bankrotten Staates dazu, daß die "Exportrentabilität" im "NSW" (nichtsozialistisches Wirtschaftsgebiet) bei sage und schreibe 0,437 lag. Das hieß nichts anderes, als daß für jede auf den mit "harten" Devisen zahlenden westlichen Märkten eingenommene Währungseinheit mehr als das Doppelte an Kosten in DDR-Mark aufgewendet werden mußte. Insgesamt wurde die "rückläufige Entwicklung des gesellschaftlichen Arbeitsvermögens" als "wesentliche Ursache für den Leistungsrückgang" gegenüber dem Vorjahr bezichtigt, der im GISAG-Stammbetrieb sogar in der Nettoproduktion 5,5 Prozent und in der Arbeitsproduktivität 3,3 Prozent erreicht hatte. Das gesamte Kombinat hatte mit seiner Mindererfüllung im "bereinigten Nettogewinn" in Höhe von 30,8 Millionen Mark das Ergebnis des Vorjahres gar nur zu 75 Prozent erreicht!

Hochtrabende Pläne

Nun wurde also am 17. Mai 1990 rückwirkend auf den 1. Mai die "baukema AG Bau-und Gießereimaschinen" mit Sitz in Leipzig gegründet. In dem Gründungsbericht erfuhr man, daß sich die "Anstalt zur treuhänderischen Verwaltung des Volkseigentums (Treuhandanstalt)" als Gründer beteiligte, die auch das Grundkapital der Gesellschaft in Höhe von 500 000 Mark der DDR, in Aktien zum Nennbetrag von je 1 000 Mark der DDR eingeteilt, vollständig übernommen habe. Zu Mitgliedern des Vorstandes wurden von der Treuhandanstalt der Kombinatsdirektor Dr. Rudolf Hummitzsch und die Herren Dr.-Ing. Dietmar Trauzeddel, Horst Gruner und Horst Schulze - alles gleichfalls leitende Mitarbeiter des Kombinates - bestellt. Unter Punkt VI des Gründungsberichtes wurde noch mitgeteilt, daß "keine Aktien für Rechnung eines Mitgliedes des Vorstandes übernommen" wurden oder "sich einen besonderen Vorteil oder Entschädigung oder Belohnung ausbedungen" habe. Die Umwandlung des Kombinates und seiner 18 Betrioebe in Kapitalgesellschaften beruhte auf einem Beschluß der DDR-Regierung, sie sollte als "Beispielobjekt" der beabsichtigten Wirtschaftsreform dienen. Nach der "Konzeption zur Durchsetzung der Wirtschaftsreform des Kombinates baukema" sollte die Gesellschaft über die Produkt-linien Baumaschinen, Baustoffmaschinen und Fördertechnik sowie Gießereimaschinen und -anlagen und Gußerzeugnisse nach dem "Profit-center-System" geleitet werden. Die Betriebe sollten auf der Grundlage eines selbständigen Entscheidungsfeldes arbeiten, das durch eigenverantwortliche Bestimmung tragfähiger Markt- und Forschungsstrategien ein langfristig flexibles Niveau und rentables Wirtschaften zu sichern versprach. Das schloß "die eigenständige Finanzwirtschaft unter Beachtung der normativen Anforderungen des Staates und die volle Eigenverantwortung für die außenwirtschaftliche Tätigkeit" ein. Der dem Kombinat zugeordnete Außenhandelsbetrieb baukema Export/Import Berlin, über den bis dahin der gesamte Export und Import des Kombinates organisiert worden war und der das Außenhandelsmonopol des Staates gesichert hatte, sollte in ein Handelshaus umgewandelt und als Kapitalgesellschaft mit Kapitalanteilen der AG-Betriebe betriebsübergreifende unternehmensrelevante Prozesse des Marketing realisieren.Bei der Ausgestaltung der Aktiengesellschaft wurde "zur Ausprägung der Leistungsmotivation" davon ausgegangen, daß das Betriebskapital mit einem Anteil von 50 Prozent im Betrieb verblieb, während die andere Hälfte in die Kapitalgesellschaft einfloß. Die künftige Geschäftsbank war für eine 45prozentige Kreditierung des Umlauffonds als Eigenkapital vorgedacht. "Zur entscheidenden Erhöhung des Eigentümerbewußtseins aller Betriebsangehörigen", so sah es die Konzeption vor, sollten ihnen maximal 50 Prozent des Betriebskapitals in Form von Aktien zum Kauf angeboten werden.

Die Umgestaltung der Kombinatsbetriebe in Aktiengesellschaften und Gesellschaften mit beschränkter Haftung war der Konzeption entsprechend vollzogen worden. Doch die gesellschaftliche Entwicklung in den folgenden Wochen - die Wirtschafts- und Währungsunion zum 1. Juli 1990 und die Wiedervereinigung am 3. Oktober 1990 - hatten auch für die baukema AG die Situation völlig verändert und die ursprüngliche Konzeption überholt. Das Treuhandgesetz und die Satzung der Treuhandanstalt stellten nun die Privatisierung in den Vordergrund vor die Sanierung. Von den 18 ehemaligen Kombinatsbetrieben, die in der ursprünglichen baukema AG vereint worden waren, traten schließlich nur 11 der neuen Gesellschaft bei, als eigenständige Gesellschaften nun "Konzerntöchter des baukema-Konzerns". Die "Konzernleitung" verstand die AG-Muttergesellschaft als "Management- und Finanzholding" und sich selbst als von der Belegschaft demokratisch legitimiert. Zum Vorsitzenden des aus 15 Mitgliedern bestehenden Aufsichtsrates war der zu jener Zeit an der Leipziger Universität als Gastprofessor wirkende Wirtschaftswissenschaftler und Politiker Professor Dr. Kurt Biedenkopf berufen worden. Erst im Juli 1991 legte Biedenkopf mit Antritt seiner Funktion als Ministerpräsident des inzwischen gebildeten Freistaates Sachsen den Aufsichtsratvorsitz nieder und schied aus dem Rat aus. An seine Stelle trat der Baumaschinen-Manager Heinrich Axer, ehemaliger Vorsitzender der Vögele-Gruppe. Die "Führungsmannschaft" unter Dr. Hummitzsch war in dem von ihm entwickelten Unternehmenskonzept von der Vorstellung ausgegangen, daß der Konzern - obwohl die endgültige Form noch nicht erreicht - "keine Fortsetzung des früheren Kombinates baukema in veränderter oder verkleinerter Form, sondern eine auf dem freiwilligen Zusammenschluß einiger Unternehmen mit neugebildeten Unternehmen beruhende Unternehmenseinheit modernen Zuschnitts"sei. Die durch die Treuhand verwalteten Unternehmen sollten "so schnell wie möglich zu wettbewerbsfähigen marktwirtschaftlichen Einheiten" entwickelt und "zügig aus dem Staatseigentum heraus in privates Eigentum überführt" werden. Die Leitung sah es als ihre Verpflichtung an, "mit sozialem Augenmaß und unter größtmöglicher Aufrechterhaltung sinnvoller marktwirtschaftlich vertretbarer Arbeitsplätze in dem Konzern möglichst rasch marktwirtschaftlich wettbewerbsfähige Unternehmen und Unternehmenseinheiten zu fördern. Nur eine solche Unternehmensphilosophie könne richtig sein, die "in einer vernünftigen Stärkung der Eigenkapitalbasis und der Wettbewerbsfähigkeit der Unternehmen zum Zwecke der leichteren Privatisierung den Sinn des Treuhandgesetzes einerseits und das Ziel der unternehmerischen Maßnahmen andererseits sieht." Die Marktstrategie der baukema AG beruhte auf der "Grundlage, daß der Konzern mit der angestammten und der neuentwickelten Produktion seiner Mitgliedsfirmen nur

Kombinat baukema Leipzig

Felder besetzt, auf denen er mit vorausbe-
rechenbaren Investitionen und im voraus
planbaren Maßnahmen auch in Westeuropa" konkurrenzfähig sei. Die auf einigen
Märkten im damals noch bestehenden
RGW vorhandene "monopolähnliche Stellung des Konzerns" sollte zum "Vorstoß in
die westlichen Märkte" genutzt werden.
Dabei beugte man sich der Erkenntnis, daß
die Produktlinien einer technischen Modernisierung unterzogen, die Kosten gesenkt
und die Produkte selbst durch Werbemaß-
nahmen "bekanntgemacht" werden mußten.

Das Produktions- und Leistungspro-
gramm orientierte auf vier "Säulen" - auf
Erdbewegungs-und Straßenbaumaschinen,
auf Maschinen, Anlagen und schlüsselfertige Werke für den Wohnungs- und Gewerbebau, auf den Gießerei-und Gießereianla-
genbau sowie auf ausgewählte Gußerzeugnisse. Diese vier Bereiche wurden durch
neugegründete konzerneigene Gesellschaften mit beschränkter Haftung unterstützt -
die baukema engineering Mölkau, die baukema Baukema Baupartner Miet- und Leasing Mölkau-Leipzig, die Atlas-baukema
Baumaschinen und Fahrzeugtechnik, später
auch die Grundstückshandel- und Verwal-
tungs GmbH.

Während die "Konzernleitung" einerseits der Kooperation mit westlichen Partnern eine "hohe Bedeutung" beimaß,
strebte sie andererseits in der Leitungs-
struktur durch die Aufnahme "westlich geschulter und bisher schon in der Marktwirtschaft erfolgreicher Manager" vor allem in
den Bereichen Vertrieb und Marketing, Finanzen und Controlling sowie Personalma-
nagement ein "Gemischtes Management"
an. Es sollte die Kenntnisse und Erfah-
rungsfelder der "Ost-Führungsmannschaft"
mit den Kenntnissen und Fähigkeiten
marktwirtschaftlich geschulter Unternehmer" verbinden. Dieser Vorsatz sollte sich
allerdings nicht verwirklichen lassen.

Erhaltung der Struktur anstelle von Entflechtung

Die Diskussion darüber, ob sich ehemalige und in Kapitalgesellschaften umgewandelte Kombinate leichter privatisieren lassen als aus der Entflechtung entstandene
Einzelunternehmen oder umgekehrt, das
hat auch bei der baukema AG eine Rolle gespielt. Daß die Leitung eher zur ersteren
Variante tendierte, zeigt sich auch in den
von ihr vorgesehenen Handelsoperationen
und deren Reihenfolge - Restrukturierung
des Konzerns, Bildung strategischer Allianzen, Verkauf von Teilbetrieben und
Schließung von Teilbetrieben. Das läßt sich
auch an dem Unternehmenskonzept able-
sen: "Diese Form der Konzernbildung hat
dazu geführt, daß eine Wirtschaftseinheit
entstanden ist, auf welche für Kombinate
gedachte Entflechtungsmaßnahmen nicht
angewendet werden können," Die auf einzelne Produktgruppen und Leistungen spezialisierten Unternehmen seien nur im Kon-
zern-Verbund lebensfähig und "am Markt
optimal aktionsfähig"- würden einzelne Unternehmen aus dem Verbund herausgebro-
chen und in andere Unternehmen eingesetzt oder integriert, das könnte nach Auffassung der "Führungsmannschaft" dem
bestehenden Unternehmensverbund mehr
schaden als dem einzelnen Unternehmen
Nutzen bringen. Gleichzeitig jedoch war die
Erkenntnis gereift, daß die Struktur des nun
in eine Kapitalgesellschaft umgewandelten
Kombinates bei weitem nicht den Anforderungen eines marktwirtschaftlich ausgerichteten Konzerns entsprach. Deshalb war
man bereit, "konzernferne Produkte, Produktionsstätten und Leistungsstätten zu
verkaufen oder auszugliedern und zu privatisieren, Randgebiete der Konzernproduktion
für westliche Beteiligungen bis zur qualifizierten Mehrheit zu öffnen". In den Kernbereichen des Konzerns jedoch "muß die ge-
sellschaftsrechtliche Dominanz des Kon-

zerns erhalten bleiben, gleichzeitig aber die strenge Kooperation mit dem Einkauf von Beratungsleistungen, Lizenzabkommen und ähnlichem gesucht werden." In ihrer "Konzernphilosophie" wurde die Überzeugung vertreten., "daß die gesetzeskonforme Privatisierung des Konzerns im Wege der Überführung des Gesamtkonzerns in den privaten Anlagenbesitz nur dann volkswirtschaftlich, landespolitisch, bevölkerungspolitisch und arbeitsmarktpolitisch sinnvoll durchgeführt werden kann, wenn sie das Ergebnis einer ungenau als Sanierung bezeichneten kumulativen Anstrengung ist, den Konzern zu einer modernen marktwirtschaftlich wettbewerbsfähigen Unternehmenseinheit mit hinreichender Eigenkapitalbildung auszugestalten." Diesem baukema-Verbund war jedoch der dem GI-SAG-Stammbetrieb zugeordnete VEB Gießerei und Maschinenbau "Ferdinand Kunert" Schmiedeberg ferngeblieben. Aus der Erkenntnis heraus, daß die Chancen einer Privatisierung als Einzelunternehmen größer waren als in einem Großverbund, schied der Betrieb mit Gründung der GI-SAG AG aus.

Privatisierung über Bankenkonsortium?

Mit großem Optimismus war die "Führungsmannschaft" nach der Wirtschafts- und Währungsunion in die soziale Marktwirtschaft eingetreten, der noch von vielversprechenden und auch hoffnungsvollen Prognosen über den weltweit zu beobachtenden steigenden Bedarf an Baumaschinen gefördert wurde. Nichts deutete zu jener Zeit darauf hin, daß der bis dahin ergiebige osteuropäische Markt völlig zusammenbrechen würde. Bereits das erste Jahr 1990 schloß die baukema AG mit einem Verlust von 65 Millionen DM ab, 29 davon in der Sparte Straßenbau und Erdbewegungsmaschinen, 26 in der Sparte Gußer-

zeugnisse. Vorstandsvorsitzender Dr. Hummitzsch hatte jedoch im November 1990 gegenüber einem Reporter für 1991 Umsätze in Höhe von reichlich einer Miliarde Mark, für 1992 gar erstmals eine konsolidierte Konzernbilanz mit schwarzen Zahlen vorausgesagt. Von dem erwarteten Umsatz 1991 sollten 600 Milionen Mark auf den Geschäftsbereich Bau- und Baustoffmaschinen und 400 Milionen Mark auf den Geschäftsbereich Gießereimaschinen und -anlagen sowie Gußerzeugnisse entfallen. Es bestand die Vorstellung, in allen Sparten außer Gußerzeugnisse kosten- bzw. aufwandsdeckend zu produzieren, ohne allerdings Gewinn zu erwirtschaften. Die tatsächliche Lage zu Beginn des Jahres 1991 sah jedoch ganz anders aus als noch im Dezember 1990 vorausgesagt. In einer "Privatisierungs-und Restrukturierungskonzeption", dem in der Treuhandanstalt zuständigen Unternehmensbereich 1. Direktorat Schwermaschinen- und Anlagenbau zur Prüfung und Bestätigung vorgelegt, kam der Vorstand zu einer "wesentlich kritischeren Einschätzung der finanzierbaren Nachfrage insbesondere im Ostgeschäft". Diese Konzeption orientierte stärker auf das "Kerngeschäft" wies Lösungsansätze für die Privatisierung sowohl im "Kerngeschäft" als auch für die Sparte Gußerzeugnisse, korrigierte die Umsatz-und Gewinnerwartungen für 1992 und entwickelte erstmals Lösungsvorstellungen für die Verbindung des notwendigen Personalabbaus mit Umschulungs- und Arbeitsbeschaffungsmaßnahmen, wobei die Unterstützung für die soziale Absicherung durch die Treuhandanstalt vorausgesetzt wurde. In dieser "Privatisierungs- und Restrukturierungs-Konzeption" wurde nach wie vor die These vertreten, daß der Konzern als Einheit privatisiert werden könnte, vorrangig sollte es darum gehen - so der Vorstand - das Überleben des Unternehmens zu sichern, den Standort mit dem qualifizierten

Kombinat baukema Leipzig

Arbeiterstamm und die angestammten Absatzmärkte und Kunden unter allen Umständen zu halten sowie Anschlußverträge hereinzuholen. Es sollte Zeit gewonnen werden, um die konzipierten Anpassungs- und Umstrukturierungsmaßnahmen durchführen zu können.

Der Abbau der nunmehrigen Überkapazitäten sollte durch Konzentration am günstigsten Standort bei gleichzeitiger Vermarktung freiwerdender Teilproduktionsanlagen einschließlich Neuansiedlung von Gewerbegebieten und Übernahme freigesetzter Arbeitskräfte erfolgen. Für diese Standortkonzentration und daraus folgend Aufgabe von Produktionsstätten wurden Kriterien wie territoriale Standortvorteile, vorhandenes technisches Niveau der Ausrüstungen, Produkt- und Fertigungskompetenz, Marktpräsenz und Wirksamkeit von Synergie-Effekten bestimmt. Aus diesen Grundaussagen leitete sich das Restrukturierungskonzept ab: Privatisierung jener Unternehmen, die die drei Hauptproduktlinien fertigen, des Kerngeschäfts also, als Einheit. Betriebe und Produktionsstandorte außerhalb des Kerngeschäftes seien durch Einzelprivatisierung, Reprivatisierung, Verkauf von Teilen beziehungsweise andere Formen der Privatisierung zu restrukturieren. Aus der Unternehmensstruktur des Konzerns glaubten die Autoren die reale Chance abzulesen, durch die Management- und Finanz-Holding die "Richtlinien und Strategie der Konzernpolitik, des Marketings und Vertriebs, der Finanzierung und Beschaffung zur Sicherung synergetischer und unternehmerischer Effekte" zu bestimmen.

In der Konzeption wird jedoch auch auf eine Schwäche verwiesen, die sich später als ein die Existenz bedrohender Faktor herauskristallisieren sollte: Die Produktpalette war besonders auf dem Bau- und Baustoffmaschinensektor nicht in ihrer Gesamtheit auf dem Weltmarkt wettbewerbsfähig, da eine Reihe von Erzeugnissen bisher in großen Stückzahlen für den Bedarf der osteuropäischen Länder entwickelt worden und auf westlichen Märkten nur bedingt absetzbar waren. Dieser Mangel sollte "durch Adaption, Innovation und Aufbereitung der Produkte für die Märkte der alten und neuen Bundesländer, Westeuropas, des Vorderen Orients und Südamerika" und durch die "Modernisierung und Ergänzung des Produktionsprogramms auf wettbewerbsfähigen westeuropäischen Standard" überwunden werden. Ein Jahr später jedoch bewies ein vom Vorstandsvorsitzenden an den Ministerpräsidenten und ehemaligen Aufsichtsratvorsitzenden Biedenkopf gerichteter brieflicher Hilferuf, daß diese Konzeption nicht realisiert werden konnte:"Die Marktstrategie der baukema-AG war ab 2. Halbjahr 1990 darauf ausgerichtet, die Kopflastigkeit des Absatzes in die UdSSR zu verringern und neue Absatzmärkte zu erschließen. Diese Bemühungen hatten trotz hohen Aufwandes nur in einigen Fällen Erfolg.

Die Privatisierung der AG war über ein Bankenkorsortium gedacht, mit dessen Hilfe die Konzernfirmen mittelfristig neu geordnet werden sollten. Ein Stufenplan war als Sicherung der Finanzierung bis Ende 1995 vorgesehen. Bereits für Ende April 1991 war die Bildung dieses unter Führung einer deutschen Bank stehenden auch internationalen Konsortiums geplant. Außerdem erhoffte man sich durch die Aufnahme neuer Gesellschafter in die Holding oder neuer Tochtergesellschaften in die AG eine bessere Eigenkapitalausstattung. Für den Abschluß der Privatisierung und die Übernahme des Aktienpaketes durch die Beteiligungsgesellschaften des Konsortiums war ein Zeitraum von acht Monaten, also der Hochsommer 1991, konzipiert. Im Juli 1991 waren bereits die Verhandlungsparameter für den Verkauf des "Kerngeschäftes" mit der Treuhandanstalt abgestimmt worden:

Kaufpreis 20 Millionen DM bei gleichzeitiger Entschuldung der Altkredite (176,9 Millionen DM laut DM-Eröffnungsbilanz), Rückführung der verbliebenen Liquiditätskredite von 47 Millionen DM, Beschäftigungsgarantie für 1000 Mitarbeiter. Diese Zahl sollte sich sogar verdoppeln, wenn bereits abgeschlossene Verträge mit der Sowjetunion über Lieferungen im Wert von 300 Millionen DM in den folgenden 18 Monaten realisiert werden könnten. Erlöse aus Grundstücks- und Unternehmensverkäufen sollten vorrangig zur Rückführung der Liquiditätskredite genutzt und Mehrerlöse an den Konzern abgeführt werden.

Auf der COMM-Messe Hamburg wurde im gleichen Monat der Presse mitgeteilt, daß sich "potente Industrieunternehmen aus den alten Bundesländern um die Übernahme der baukema-Mehrheitsanteile bemühen". Die Finanzierung sollte von einer der drei deutschen Großbanken übernommen werden. Im August wurde der Vorstand gegenüber den Medien sogar konkreter: Die Berliner Treuhandanstalt habe die Absicht, 50 Prozent der Gesellschaft an ein Bankkonsortium aus Commerzbank, der Credit Lyonnaise und Norddeutsche Landesbank zu verkaufen und die restlichen Anteile für einen industriellen Investor zu reservieren. Die Gesellschaft sollte mittelfristig nach geglückter Sanierung an die Börse gebracht werden.

Abschied von Gießereien

Gerade die Gießereien der GISAG-Tochter machten mit ihrer unrentablen Produktion dem Konzern "Kopfzerbrechen". Die GISAG AG zählte 1989 mit einem Jahresumsatz von 567 Millionen Mark und rund 6000 Beschäftigten zu den führenden Branchenunternehmen der DDR. Sein Maschinenbau in Leipzig und der in Schmiedeberg beheimatete Anlagenbau nahm ähnlich dem Baumaschinensektor im RGW eine

Monopolstellung ein, die Kapazitäten waren durch sowjetische Aufträge auf Jahre hinaus fast vollständig ausgelastet gewesen. Doch das Auslaufen der Finanzierungsmöglichkeit über den Rubel ab 1991 hatte zusammen mit den in Osteuropa entstandenen politischen und wirtschaftlichen Krisen den sicher geglaubten Markt wegbrechen lassen. Und diese Ausfälle wurden durch die im Inland noch potenziert. Die ostdeutschen Maschinenbau- und Fahrzeugbetriebe schränkten ihre Produktion immer mehr ein. Allein im GISAG-Maschinenbau fielen drei Millionen DM-Umsatz durch kurzfristige Auftragsstornierungen im Inland und durch das Nichtzustandekommen größerer Aufträge aus dem Iran aus.

Noch problematischer jedoch war die Situation in den Gießereien der GISAG AG, die noch 1989 mit 66 000 Tonnen der größte Gußproduzent der DDR gewesen waren. Gußabnehmer aus der DDR stellten oder schränkten in der zweiten Jahreshälfte 1990 ihre Produktion ein. Der Verlust von 18,5 Millionen DM bei einem Umsatz von 150 Millionen DM konnte deshalb noch in Grenzen gehalten werden, weil bestehende Exportaufträge noch abgearbeitet und auch die Panzerkettenproduktion in einer Stahlgießerei noch bis Jahresende fortgesetzt werden konnten. Auch hier führte die zunehmende Zahlungsunfähigkeit der Kundenbetriebe zu einer anwachsenden Differenz zwischen eigenen Verbindlichkeiten (45 Millionen DM) und offenen Forderungen (79 Millionen DM). Der Umsatz verringerte sich gegenüber 1989 auf 75 Prozent, der Auslastungsgrad fiel sowohl in den Gießereien als auch im Gießereimaschinenbau im ersten Quartal 1991 sogar auf 25 Prozent. Die Zahl der Mitarbeiter hatte sich bis April 1991 von über 6000 im Jahre 1989 auf 3900 verringert. Zwar hatte der Vorstand anfangs noch geglaubt, mit einer Verringerung des Anteils der Gießereien am Konzernumsatz von 30 auf 15 Prozent aus-

Kombinat baukema Leipzig

zukommen. Aber bald zeigte es sich, daß das eine Illusion war, selbst wenn der Bedarf der konzerneigenen Finalproduzenten an Guß vorrangig durch die eigenen Gießereien abgedeckt werden sollte. Bald war sowohl der baukema-AG-"Führungsmannschaft" als auch in der Treuhandanstalt die Erkenntnis gereift, daß das ursprüngliche Konzept - die baukema-AG als Einheit zu privatisieren - aufgrund der Vielzahl unterschiedlicher Produktfelder und ausbleibender Aufträge und Umsätze nicht mehr zu verwirklichen war. So kam es zu dem Entschluß, die GISAG AG und damit die Gießereien aus dem Verbund herauszulösen und sie zwecks Privatisierung der Treuhandanstalt direkt zu unterstellen. Das betraf die baukema-Unternehmen Leipziger Stahlgießereien (liquidiert), die Kugelgraphiteisen-Gießerei (durch die Ingolstädter Schubert & Salzer-Gruppe erworben), die Stranggießerei (wegen fehlender Nachfrage geschlossen), die erst 1988 errichtete Maskenformgießerei (Privatisierungsbemühungen bis Redaktionsschluß nicht abgeschlossen) sowie die Stahlgießerei Copitzer Guß GmbH (von der Firma Edelstahlwerk Schmees Langenfeld erworben), das Feingußwerk Lobenstein (ebenfalls von Schubert & Salzer Ingolstadt gekauft), die Leichtmetallgießerei GmbH Bad Langensalza (privatisiert) sowie die Gießereimaschinenbau Bernsdorf GmbH (in Liquidation).

In dieser Zeit fiel auch der Verkauf kleinerer Betriebe, wie der Bau-Vibriermaschinen Radeberg GmbH, der Förderanlagen Bautzen GmbH, der Fördertechnik Freital GmbH, aber auch der FAM Magdeburger Förderanlagen und Baumaschinen GmbH mit einem Umsatz von 100 Millionen Mark 1990. Unter dem Dach der baukema-Holding vereinigten sich nun nur noch elf Unternehmen - die Nobas Nordhausen GmbH (Universalbagger in Mobil- und Raupenfahrwerksausführung); die Baumaschinen Gatersleben AG Aschersleben (Straßen-

baumaschinen); die Baumaschinen Welzow AG (Baustoffmaschinen); die EBAWE Maschinenbau GmbH Eilenburg (Maschinen für Betonindustrie); die Teltomat Maschinen GmbH Teltow (Asphaltmischanlagen); die Baustoffmaschinen AG Ludwigslust (Außenvibratoren) sowie die aus der GISAG AG herausgelösten GISAG Anlagenbau GmbH und GISAG Maschinenbau GmbH Leipzig. Dazu kamen die bereits erwähnten Tochtergesellschaften und inzwischen liquidierten baukema engineering GmbH Mölkau und die baukema HANDEL GmbH Berlin sowie die privatisierte baukema Baupartner, Miet- und Leasing GmbH Leipzig.

Der Paket- und Einzelverkauf

Trotz aller kritischen Stimmen - immer wieder wurde durch den Vorstandsvorsitzenden Optimismus, Zweckoptimismus verbreitet, auf die sehr gute Auftragslage verwiesen: Aufträge für 750 Millionen DM mit der Sowjetunion, davon allein 550 Millionen in den folgenden zwei Jahren. Am 31. Dezember 1991 seien sogar Verträge im Umfang von 1,4 Milliarden DM mit GUS-Staaten abgeschlossen oder angebahnt worden. Doch alle Hoffnungen zerstoben. Sie erreichten 1991 nur einen Umsatz von 187,8 Millionen DM, dem aber standen Verluste in Höhe von 68 Millionen DM gegenüber. Durch Liquiditätskredite in Höhe von 70 Millionen DM, die die Treuhandanstalt verbürgte, sowie durch Teilentschuldung der Altkredite konnte jedoch ein Konkurs abgewendet werden. Trotz der bestehenden Verträge mit der Sowjetunion kam der Export bis auf reichlich 5 Millionen DM in die Sowjetunion und 7 Millionen DM in ehemalige RGW-Staaten nahezu zum Erliegen. Lediglich Ersatzteile konnten abgesetzt werden. Die Zahl der Beschäftigten in der baukema AG hatte sich bis Anfang September 1991 auf rund

4 000 verringert. Davon stand die Hälfte in Kurzarbeit, wobei wiederum die knappe Hälfte als "Kurzarbeiter 100 %" geführt wurde. Der Personalabbau vollzog sich durch die Aussonderung der Gießereien und kleinerer Strukturen, durch den Abschluß von Aufhebungsverträgen, den Übergang in Vorruhe- und Altersübergangsregelungen, durch Umschulungen, Weiterbildung und Arbeitsbeschaffungsmaßnahmen. In allen Unternehmen bestanden zwischen Arbeitnehmer- und Arbeitgebervertretungen vereinbarte Sozialpläne. Durch die Treuhandanstalt wurden bis Ende 1991 Abfindungen in Höhe von fast 12 Millionen DM bereitgestellt, gleiche Mittel flossen auch 1992.

Das Scheitern aller Verhandlungen mit Interessenten über den Kauf der baukema AG als Einheit sowie die Tatsache, daß es inzwischen für die Mehrzahl der Tochtergesellschaften Kaufinteressenten gab - manche sprangen aber später kurz vor der Unterschrift ab -, hatten in der Treuhandanstalt die Erkenntnis reifen lassen, daß die Konzeption des Gesamt- wie des Paketverkaufes gescheitert war. Von der Treuhandanstalt wurde die vollständige Entflechtung des verbliebenen Teiles des Unternehmens und die zügige Einzelprivatisierung beschlossen. Die Beherrschungs- und Ergebnisabführungsverträge zwischen der Holding und den Tochtergesellschaften wurden aufgekündigt. Eine Hauptversammlung der Aktiengesellschaft beschloß die Auflösung zum 1. Mai 1992. Die Zentrale der Treuhandanstalt bestellte den Mainzer Rechtsanwalt Dr. Bastian zum Liquidator. Damit hatte die baukema AG Bau- und Gießereimaschinen aufgehört zu bestehen. Seitdem gehen die ehemaligen Kombinatsbetriebe beziehungsweise die Tochtergesellschaften und Einzelbetriebe ihren eigenen Weg in die Marktwirtschaft - oder in die Liquidation für einen neuen Anfang.

Wohin ging der Weg ?

GISAG AG Gießerei und Maschinenbau Leipzig

Die 1991 aus der baukema-AG herausgelöste GISAG AG, der ehemalige Stammbetrieb des Kombinates, befindet sich in Liquitation. Die von ihr zu dieser Zeit abgespaltenen Maschinenbau- und Anlagenbau-Gesellschaften wurden zwar bei der Auflösung der baukema AG der GISAG AG wieder zugeordnet, allerdings mit dem Liquidationsbeschluß über die GISAG AG wieder der Treuhand unterstellt. Bereits 1991 waren Bereiche des Betriebes in Leipzig-Großzschocher ausgegründet worden, so eine Software- und Rechenzentrum GmbH, aus Teilen des ehemaligen Instandsetzungsbereiches entstanden die Bausanierungs-Abbruch-Straßen- und Tiefbau GmbH, die Bau- und Service GmbH sowie die Instandhaltungs- und Dienstleistungsservice GmbH, aus dem betrieblichen Eisenbahn-Anschlußgleisbereich die Stadtbahn Leipzig Südwest GmbH. Die ehemalige Betriebspoliklinik wurde als Ärztehaus, ein Arbeiterwohnheim als Hotel verkauft. Die freigesetzten Arbeitskräfte wurden in einer Beschäftigungsgesellschaft aufgefangen oder über Arbeitsbeschaffungsmaßnahmen bei der Sanierung des Betriebsgeländes eingesetzt. Lediglich die inzwischen stillgelegte Kugelgraphiteisengießerei in Leipzig-Großzschocher, erhielt durch den Käufer, der Schubert & Salzer GmbH & Co Eisenguß KG Ingolstadt, die Perspektive, zur größten, modernsten und umweltfreundlichsten Gießerei dieses hochwertigen Werkstoffes in Europa zu werden. Fast 100 Millionen DM - ein Fünftel davon Fördermittel des Landes Sachsen und der Stadt Leipzig - investiert das Unternehmen in den Gießereibau. Im Juli 1993 ging die erste Ausbaustufe in Betrieb. 1996 wird die zweite Baustufe folgen. Dann wird die Mitarbeiterzahl von heute 200 auf 600 steigen.

Kombinat baukema Leipzig

Die GISAG-Gießereiausrüstungen GmbH Leipzig wurde aus der GISAG-AG herausgelöst. Dieser traditionelle moderne Maschinenbaubetrieb wurde als sanierungsfähig eingestuft und zur Privatisierung ausgeschrieben. Das Unternehmen zählt noch 110 von 180 Mitarbeitern (1991). Verhandlungen über die Privatisierung der GISAG-Anlagen-Gesellschaft stehen vor dem Abschluß. Von den über 500 Mitarbeitern dieses Generalauftragnehmers für komplette Gießereien und Anlagen sind nur noch 100 übriggeblieben. Auf dem nicht mehr genutzten Gelände des ehemaligen, vor 120 Jahren gegründeten Werkes werden neue Betriebe angesiedelt und ein Gewerbepark eingerichtet.

Gießerei und Maschinenbau Schmiedeberg

Bei der Gründung der GISAG AG spaltete sich dieser einzige Produzent von automatischen Formanlagen und Formmaschinen in der ehemaligen DDR wie im RGW ab. Unter dem Dach der Holding-GmbH Formtechnik und Gußerzeugnisse gründeten sich die Gießereianlagen GmbH Schmiedeberg und die Schmiedeberger Gießerei GmbH. Die Gießereianlagen GmbH wurde im Oktober 1991 von dem Aalener Unternehmen GFA Gießerei und Förderanlagen GmbH gekauft. Mit dem Zukunftprogramm "formen 2000" werden höchste wissenschaftlich-technische Leistungen und die Fortsetzung einer bewährten Tradition angestrebt - Schmiedeberger Formautomaten arbeiten in Formanlagen Rußlands, der Ukraine, Rumäniens, Litauens und Ungarns. Um den hohen Anspruch der heute 185 Mitarbeiter deutlich zu machen, erhielt der Firmenname GmbH Schmiedeberg Gießereianlagen den Begriff "FORMTEC" als Synonym für High-Tech im Formenbau vorangesetzt. Die Schmiedeberger Gießerei GmbH wurde von der Geschäftsführung als Beispiel dafür entwickelt, wie eine erfolgreiche Sanierung die Verkaufschancen erhöhen kann. Am Ende des Jahres 1992 war die Kapazität der Gießerei zu 85 Prozent zweischichtig ausgelastet, im Oktober wurden erstmals schwarze Zahlen geschrieben. Der Ausfall der traditionellen Abnehmer in Ostdeutschland und Osteuropa wurde durch die erfolgreiche Bearbeitung des westdeutschen und westeuropäischen Marktes ausgeglichen. 80 Prozent der Produkte dieses Treuhandbetriebes sind Neuentwicklungen. Ein moderner Elektroofen-Schmelzbetrieb wird den umweltbelastenden Kupolofen-Betrieb ablösen.Die Investionsverfügung der Treuhandanstalt geht in die Millionen. Mehrere Verkaufsverhandlungen konnten noch nicht abgeschlossen werden.

EBAWE Maschinenbau GmbH Eilenburg

Die Privatisierungsbemühungen dieser baukema-Tochter wurden Anfang Dezember 1992 mit dem Verkauf an die Firma AKC Oberursel erfolgreich abgeschlossen. Die Zahl der 200 Mitarbeiter einschließlich Lehrausbildung soll bis 1997 auf rund 380 wieder ansteigen. Mit einer neuen weltoffenen Marktstrategie wird versucht, die Ausfälle auf dem traditionellen osteuropäischen Markt durch Neuorientierung vor allem auf Asien und den deutschen Markt zu kompensieren, ohne den Ostmarkt allerdings völlig zu vernachlässigen.

Teltomat Maschinen GmbH Teltow

Dieses baukema-Tochterunternehmen, traditionelle Fertigungsstätte kompletter Asphaltmischanlagen, wurde ebenfalls von der Firma AKC Oberursel aufgekauft. Von den 300 Arbeitskräften bei Liquidation der baukema-AG im Mai 1992 blieben noch 125 übrig. Durch Neuansiedlung von Gewerbe auf dem Firmengelände sollen neue Arbeitsplätze geschaffen werden. Nach dem Wegbrechen des traditionellen Ostmarktes ist es dem Unternehmen gelungen, auf dem Inlandmarkt Fuß zu fassen.

Formanlagen aus dem GISAG-Werk Schmiedeberg, heute Formtec GmbH, bewähren sich nach wie vor in Gießereien des In- und Auslandes

Entwicklungs GmbH/Baumaschinen Gattersleben AG

Mit Beginn der Liquidation der bauke-ma-AG schied der Betrieb aus, und er wurde in eine GmbH umgewandelt. Von den drei Betriebsteilen wurde einer bereits 1990 privatisiert. Seit dem 15. November 1992 befindet sich der Betriebsteil Aschersleben in Liquidation. Den Betriebsteil Gattersleben erwarb das Düsseldorfer Unternehmen VITROMAX 2000, das hier eine moderne Fertigung von Baumaschinen entwickeln und investieren wird. Das bestehende weltweite Vertriebssystem und die Synthese von ostdeutschen Erfahrungen auf dem osteuropäischen Markt und der westdeutschen auf dem Weltmarkt geben dem Unternehmen eine sichere Chance.

Nobas GmbH Nordhausen

Die Verkaufsverhandlungen des im Mai 1992 in unmittelbare Verwaltung der Treu-handanstalt übergebenen Betriebes sind z.Z. noch nicht abgeschlossen.

Der Betrieb verkörpert eine mehr als 100jährige Tradition. In den vergangenen 45 Jahren lieferte Nobas rund 16 000 Universalbagger in alle Welt. Mit neuem Management und einem neuentwickelten Erzeugnis setzt das erfahrene Team diese Tradition fort. Ein von der Treuhandanstalt bestätigtes Sanierungskonzept soll die Privatisierung erleichtern. Der Vertrieb und die Absatzstrategie wurden den neuen Bedingungen angepaßt. Nach Verlust des traditionellen osteuropäischen Marktes gelang es, mit neuen technischen Lösungen auf dem westeuropäischen Markt Fuß zu fassen. Bis März 1993 wird die Mitarbeiterzahl auf 195 verringert, das sind etwa 15 Prozent der des Jahres 1990.

Baustoffmaschinen GmbH Ludwigslust

Dieses Unternehmen wurde im Mai

Kombinat baukema Leipzig

1992 über MBO/MBI privatisiert. Führungskräfte des ehemaligen Treuhandbetriebes bilden seitdem mit Investoren aus Altbundesländern ein erfolgreiches Team. Der Betrieb entwickelte sich zu einer leistungsfähigen Unternehmensgruppe von vier selbständigen Töchtern - einem Betrieb für Misch- Förder- und Vibrationstechnik, einem für Stahl- und Behälterbau, einem für die Fertigung von Doppelfußbodensystemen für den Wohnungsbau sowie einem Handelsunternehmen. Die inzwischen wieder auf 250 Mitarbeiter angestiegene Belegschaft der Gruppe strebt in diesem Jahr einen Umsatz von 40 Millionen DM (1992: 27 Millionen) und ein positives Ergebnis an.

Anspruch und Wirklichkeit

"GISAG formt den Weltstand" hatte einst sehr selbstbewußt das Leipziger Gießereianlagenkombinat GISAG für seine Maschinen und Anlagen geworben, und die bis auf fast die letzte Arbeitsstunde ausgelasteten Fertigungskapazitäten gaben diesem Anspruch sogar irgendwie recht. Nicht anders sah es in den Betrieben des baukema-Kombinates aus. Es führte jedoch ein fast gerader Weg von der 1987 auf direkte Weisung des DDR-"Wirtschaftsgewaltigen" Mittag vollzogenen Zwangsvereinigung beider bis dahin eigenständigen Kombinate zu einem Kombinat bis zu dessen Scheitern. Das war von seiner schlecht zu übersehenden und zu steuernden Erzeugnis- und damit Fertigungs- wie auch Organisationsstruktur her vorprogrammiert. Hergestellt wurde eine breite Palette von Bau- und Baustoffmaschinen, Gießereimaschinen und -anlagen, Gießereien verschiedenster Werkstoffe und Größe bis hin zu Sonderschweißmaschinen. Der Geschäftsbericht 1989, des dritten Geschäftsjahres des Super-Kombinates, beweist das.

Genauso vorprogrammiert war auch das Scheitern der von heute auf morgen von einer "sozialistisch-planwirtschaftlichen" Kombinatsleitung in eine "kapitalistisch-marktwirtschaftllich" umgewandelten "Konzernleitung" und deren Vorstellungen über die Wettbewerbschancen auf dem Weltmarkt. Es ist sogar fraglich, ob auch dann eine Überlebenschance als "Konzern" bestanden hätte, wenn der traditionelle Ostmarkt nicht weggebrochen wäre. Denn mit dem Wegfall der aus dem Transfer-Rubel für die Ex-DDR-Unternehmen resultierenden Wettbewerbsvorteile wären jene auch dort mit dem scharfen in- und ausländischen Konkurrenzdruck der Mitbewerber konfrontiert worden. Und es besteht kaum ein Zweifel an dem Ergebnis.

Das baukema-Kombinat und die baukema-AG sind genauso Geschichte wie die "sozialistische DDR". Vielleicht lag in dem bunt zusammengewürfelten Konglomerat von unterschiedlichsten Einzelbetrieben des Kombinates eine sich heute deutlich abzeichnende reelle Chance für den Übergang zu kleinen und mittleren mittelständischen Unternehmen besonders auf dem Sektor der Bau- und Baustoffmaschinen.

Kombinat Oberbekleidung Berlin

Des Schneiders neue Kleider

Von CARLA FRITZ

- ■ **Alte Nähte aufgetrennt**
- ■ **Den Faden verloren**
- ■ **Zu knapp bemessen**
- ■ **Wem die Jacke paßt**
- ■ **Ein sicheres Polster**
- ■ **Mode mit Gryps**

Vier Kombinate statteten die DDR-Bevölkerung mit Bekleidung aus und belieferten zudem die osteuropäischen Märkte mit ihren Textilerzeugnissen. Lößnitz, Cottbus, Erfurt und Berlin waren ihre Hauptstandorte.

Das Kombinat Oberbekleidung Berlin galt dabei als das Spitzenkombinat dieser Branche, bedingt durch seine Größe, rund 21 000 Beschäftigte, und seine Hauptstadtlage. Es wurde - wie damals üblich - dementsprechend bevorzugt, aber auch gefordert, beispielsweise mit Spezialaufträgen. So wurden hier unter anderem mehrmals Kollektionen für die Olympia-Mannschaft der DDR genäht.

Die Bekleidungsindustrie der DDR war darauf ausgerichtet, daß die Bevölkerung zu 70% aus eigener Produktion versorgt

werden konnte, die restlichen 30% kamen über Importe. Das Cottbuser Kombinat als Außenseiter unter den vier Staatsunternehmen verfügte über eine vertikal angelegte Produktion, angefangen von der Spinnerei bis zur Konfektion. Die drei anderen nähten gewissermaßen jeweils für eine bestimmte Bevölkerungsgruppe. Lößnitz in der Nähe von Dresden war für die Damenoberbekleidung zuständig, Erfurt hauptsächlich für Kinderkonfektion. Das Berliner Kombinat hatte sich auf Herrenbekleidung spezialisiert. Das erklärt auch, weshalb der VEB Dresdener Herrenmode als einziger Betrieb aus dem südlichen Raum mit in den Berliner Kombinatsverbund aufgenommen wurde. Sämtliche anderen Kombinatsbetriebe befanden sich in der Nordregion der DDR. Sie waren - bis auf Ausnahmen im Berliner Raum - nach 1945 überwiegend auf der grünen Wiese entstanden, also ohne nennenswerte Tradition im Konfektionsbereich.

Der Dresdner Betrieb, mit zeitweise über 5000 Beschäftigten, war der größte Hersteller von Herrenkonfektion in der DDR. Mehrere Zentralisierungs- und Entprivatisierungswellen hatten ihm einen Zuwachs von zahlreichen privaten Kleinbetrieben aus Dresden und Umgebung beschert. Einen großen Schub brachten dabei die Jahre 1972/73, als die Verstaatlichungswelle die letzten halbstaatlichen Unternehmen der Branche erfaßte. Damals kamen unter anderem Produktionsstätten aus dem Lausitzer Raum wie Seifhennersdorf, Pulsnitz, Neugehrsdorf und zwei weitere aus Dresden selbst hinzu, erinnert sich Dr. Wolf Beste, der in der Dresdner Herrenmode großgeworden ist, heute einer der beiden Geschäftsführer der Becon classic GmbH in Berlin.

Profilbestimmend für das ehemals sozialistische Großunternehmen mit Hauptstandort Berlin waren vor allem drei Betriebe: der Stammbetrieb, VEB Herrenbekleidung Fortschritt mit 4000 Beschäftigten,

Kombinat Oberbekleidung Berlin

der VEB Berliner Damenmoden mit 1275 Beschäftigten, kurz Bedamo genannt, und der VEB Treffmodelle Berlin mit rund 1300 Beschäftigten im Juli 1990.

Der Fortschritt-Betrieb war aus der traditionsreichen Konfektionsfirma Peek & Cloppenburg hervorgegangen, die Herren-, Burschen- und Knabenoberbekleidung herstellte und ihren Sitz ab 1934 in Berlin-Lichtenberg hatte. Nach dem Krieg wurde er als einer der ersten seiner Branche in Berlin in Volkseigentum überführt. Das jedenfalls besagen die Recherchen von Archivar Wolfgang Schönknecht, der jetzt für die insgesamt 791 laufenden Meter Schrift- und Archivgut im einstigen Fortschritt-Archiv in der Berliner Holzmarktstraße zuständig ist.

Vergleichbar dem Dresdner Unternehmen verlief auch die Konzentration in den drei Berliner Konfektionsbetrieben. Auch ihnen wurden mit zunehmender staatlicher Zentralisierung zahlreiche mittlere und kleine Unternehmen zugeschlagen, bis sie selbst im 1969 gegründeten Kombinat Oberbekleidung Berlin aufgingen, in dem zunächst die Berliner Unternehmen mit ihren Umlandbetrieben zusammengefaßt waren. Mit der Auflösung der VVB Konfektion 1979 wurde das Kombinat nochmals um zahlreiche kleinere Betriebe in der Nordregion erweitert. Außerdem wurden der VEB Jugendmode Rostock und der VEB Herrenmode Dresden in das Kombinat eingegliedert.

Alte Nähte aufgetrennt

Die Statistik liefert per 31.12.1989 vom Kombinat das folgende Bild. Zu diesem Zeitpunkt waren ihm 15 Betriebe angeschlossen, sieben davon mit mehr als 1000 Beschäftigten. Insgesamt waren im Kombinat 21 063 Arbeitskräfte beschäftigt, davon 2488 ausländische Arbeitnehmer, hauptsächlich aus Vietnam. Frauen machten rund 86% aller Beschäftigten aus.

Die Kombinatsbetriebe waren sämtlich volkseigen. Andere Eigentumsformen gab es nicht. Ebenso war das Produktionspotential hundertprozentig in zentralgeleiteten Betrieben angesiedelt.

Die Produktionsstandorte verteilten sich auf die Bezirke Berlin, Rostock, Schwerin, Neubrandenburg und Dresden.

Haupterzeugnisse waren klassische Herrenkonfektion, Freizeitbekleidung (Herrenoberbekleidung, Kinderoberbekleidung, Damenoberbekleidung), schwere DOB (Mäntel, Jacken, Kostüme, Röcke, Hosen) und leichte DOB. Damenoberbekleidung wurde dabei nur in fünf der 15 Betriebe gefertigt.

Der Umsatz betrug 1989 insgesamt 1621,6 Millionen Mark der DDR. In Stückzahlen ausgedrückt waren das insgesamt 12,558 Millionen Textilien, davon 11,727 Millionen Stück Herrenkonfektion. Vom Umsatz entfielen:

41,8%   auf den Inlandbedarf,
40,9%   auf den Export in die UdSSR,
14,6%   auf den Export in die
         Bundesrepublik
2,7%   auf den Export in andere
         europäische Länder bzw.
         auf Länder des nichtsozialistischen Wirtschaftsgebietes,
         wie es damals hieß (NSW).

Dafür wurden 1989 insgesamt 293,2 Millionen Mark der DDR Stützungen gewährt.

Die Ausgangssituation und die Chancen des Kombinates nach dem gesellschaftlichen Umbruch im Land beschreibt die Kombinatsleitung in einem Arbeitspapier noch vor der Wirtschafts- und Währungsunion vom 22. Mai 1990. Bezogen auf die Branchenqualität heißt es dort: Die Hauptprobleme liegen in ungünstiger Materialstruktur, unzureichendem Gebrauchswert des Materials und einem 200% über dem Weltmarkt liegenden Materialpreis.

Wie eine künftige Marktstrategie aussehen könnte, ist im weiteren festgehalten.

An erster Stelle wird dabei die Kooperation mit bundesdeutschen Firmen genannt. Angestrebt wurde dabei die Bearbeitung aller Märkte im mittleren bis gehobenen Genre der Konfektion mit Firmen, die einen eingeführten Markennamen haben.

Gleichzeitig sollte der Anteil von ca. 40% Produktion für den SU-Export gehalten werden. Um den Absatz zu sichern und drastisch höhere Erlöse zu erzielen, sollte die Produktion umgestellt und andere Stoffe eingesetzt werden. Von Kammgarn/Woll-Anzügen wurde beispielsweise erwartet, daß sie statt bisher 60 DM künftig 180 DM Erlös bringen.

Als einzig rentabel wurde zum damaligen Zeitpunkt nur der Betrieb Bekleidung Falkensee eingeschätzt. Die Verantwortlichen stützten sich dabei auf Dokumente, die alle Kombinatsbetriebe eingereicht hatten. Gute Chancen hatte danach auch der VEB Exquisitmoden Berlin. Alle anderen Betriebe - ausgenommen der VEB Bedamo und der VEB Jugendmode Rostock - benötigten Fördermittel und Finanzhilfe und seien auch förderungswürdig, so die Einschätzung. Nach einer Anpassungsphase und noch zu sichernder ausländischer Beteiligung werde für diese Betriebe die Wettbewerbsfähigkeit möglich sein, dokumentiert das Arbeitspapier.

Erhebliche Absatzschwierigkeiten sahen die Kombinats-Manager dagegen für die Betriebe VEB Bedamo und VEB Jugendmode Rostock. Die Marktpreise für ihre Sortimente - leichte DOB und Freizeitbekleidung - seien kaum zu verbessern. Von Kombinatsseite rechnete man daher schon von vornherein mit einem Verlustgeschäft. Bereits zu diesem Zeitpunkt waren damit auch aus Sicht der Verantwortlichen 3000 Arbeitsplätze gefährdet.

Die Kombinatsmanager veranschlagten damals noch etwa anderthalb Jahre für die Anpassungsphase an marktwirtschaftliche Erfordernisse. In diesem Zeitraum sollten vor allem die Kosten gesenkt werden - Gemeinkosten und Personalkosten. Ziel war außerdem eine Erhöhung der Marktpreise durch wesentliche qualitative Verbesserung der Konfektionserzeugnisse sowie die Beschleunigung des Umschlags der materiellen und finanziellen Mittel. Anders gesagt, ging es um die Senkung der Bestände in allen Bestandsarten.

Man hoffte mit staatlichen Subventionen diese komplizierte Übergangsphase überbrücken zu können. Das erwähnte Arbeitspapier geht dabei von 32 Millionen DM Investitionsförderung für das Jahr 1990 aus und für 1991 von 65 Millionen DM. Die Hochrechnungen sahen des weiteren für die Jahre 90/91 rund 330 Millionen DM für die Stützung des Exports in die Sowjetunion vor. Für Verluste aus dem Wegfall des Exports in das bisherige nichtsozialistische Wirtschaftsgebiet wurden für die Jahre 1990/91 insgesamt 330 Millionen DM Finanzhilfen veranschlagt. Zur Abdeckung von Sozialmaßnahmen im Zuge von Kündigungen, Vorruhestand verbunden mit Abfindungen usw. sollten in diesem Zeitraum rund 40 Millionen Mark aus der Staatskasse fließen. Außerdem stellten die Manager noch einmal rund 18,3 Millionen DM Rückflugkosten für die Arbeitnehmer aus Vietnam in Rechnung.

Das Strategiepapier legte zugleich fest, wie das Kombinat Oberbekleidung entflochten werden sollte. Die Zeit überrollte auch hier die Vorstellungen in manchem. Vom Grundmodell her jedoch wurden sie dann im Juli 1990 Wirklichkeit.

Sämtliche 15 Kombinatsbetriebe wurden in GmbH umgewandelt . Der Stammbetrieb selbst spaltete sich noch einmal in 13 Kapitalgesellschaften auf, von denen sich zehn unter dem Dach einer Holding zusammenfanden. Zu diesen zehn stießen 6 weitere ehemalige Kombinatsbetriebe, inzwischen als GmbH eingetragen. (siehe Schaubild C). Die restlichen 8 Kombinatsbe-

Kombinat Oberbekleidung Berlin

triebe sowie die erwähnten drei aus dem Stammbetrieb abgekoppelten Kapitalgesellschaften schlugen von vornherein einen eigenständigen Weg in die Marktwirtschaft ein. Mit unterschiedlichem Erfolg bzw. Mißerfolg, wie sich im weiteren zeigt.

Im Juli 1990 jedenfalls war noch großer Optimismus angesagt: Die Becon Holding AG, Stammkapital 60 092 000 Mark der DDR, 7770 Beschäftigte (Stand 1. 5. 90), "wird der größte Bekleidungsproduzent im künftigen einheitlichen Berlin sein," äußerte damals der ehemalige Generaldirektor und neue Holding-Chef Dr. Kempf in der Presse. Und weiter: "Diese neugegründete Kapitalgesellschaft wird sowohl Entwicklung und Produktion von Konfektionserzeugnissen als auch den Handel betreiben."

Diese angestrebte relative Eigenständigkeit schlug sich in einer entsprechenden Holding-Struktur nieder. Eben deshalb gehörten zum Verbund nicht nur Unternehmen aus dem bekleidungsproduzierenden Bereich. Als branchenfremder Betrieb war auch die Becon Spezialmaschinen GmbH, Berlin, mit im Bunde, die nach wie vor Rationalisierungsmittel bauen sollte. Eine Art Zwitterstellung nahm die Kobek-Bekleidung GmbH ein, die sowohl eigene Produktion hatte, zugleich aber auch ein Kooperationsbetrieb war mit besonders starker Ausrichtung auf die Märkte in der Sowjetunion. Dazu kamen eine Reihe Service-GmbH. Sie sollten Dienstleistungen für die anderen Töchter übernehmen und darüber hinaus nach außen hin wirken. Die Akcent Modedesign verstand sich beispielsweise als künftiges Leitunternehmen in Sachen Mode innerhalb der Holding, ähnlich wie zu DDR-Zeiten das Zentrale Modeinstitut in Berlin. Textilmaschinen und Ersatzteile vertreiben und damit auch die Holding-Familie versorgen wollte die Becon Textil- und Ersatzteilvertrieb GmbH. In Ausbildung und Fortbildung auf dem Bekleidungssektor sah die Bildungscenter Bekleidung GmbH ihr zukunftsträchtiges Geschäftsfeld.

Größtes Unternehmen innerhalb der Holding war die Becon classic GmbH, in der etwa 70% der nähenden Bereiche des einstigen Stammbetriebes konzentriert waren. Mit damals über 2000 Beschäftigten sollte sie die Traditionslinie der Herstellung von klassischer Herrenoberbekleidung in Berlin fortführen.

Den Faden verloren

Doch die gewünschten Effekte traten so nicht ein. Die Becon Holding AG existiert heute nicht mehr. Sie war überflüssig geworden, weil die Zahl ihrer Töchter mittlerweile auf drei geschrumpft ist.

Der Schrumpfungsprozeß vollzog sich etappenweise. Brigitte Swientek, Referatsleiterin im Direktorat U6 Textil/Bekleidung/Leder der Treuhand dazu: "Im produzierenden Bereich zeichnete sich der Abstieg am schnellsten bei jenen Unternehmen ab, deren Sortiment Produkte umfaßte, die bei ähnlichen Ausgangsbedingungen weltweit überwiegend in passiver Lohnarbeit gefertigt werden." Die Schutzbekleidung GmbH, zu DDR-Zeiten auf die Herstellung von Bergmannsuniformen sowie von Arbeits- und Berufsbekleidung spezialisiert, hatte insofern von vornherein schlechte Karten. "Ein solches Sortiment wird besser und billiger in Drittländern produziert. Es sei denn, man ordnet sich hochpreisig ein. Aber dazu ist eine entsprechende Qualität vonnöten," urteilt die Treuhand-Expertin. Darüber hinaus gibt sie zu bedenken, daß Arbeits- und Berufsbekleidung in der DDR ein stark subventioniertes Sortiment gewesen sei. Kostenbeeinflussung habe also nicht so sehr im Mittelpunkt des Geschehens gestanden. Vater Staat habe ja dazu gegeben.

Fast zeitgleich auf der Abstiegsleiter auch die Milan-Bekleidungs-GmbH, Hosenhersteller und Hersteller von Kinderkonfektion, die auf dem übersättigten Markt besonders schwer absetzbar ist. Und die Greiber Classicmode GmbH, einer der wenigen Produzenten von Damenkonfektion im Kombinat.

Von den Herrenkonfektionsbetrieben mußten zuerst jene aufgeben, die überwiegend vom Export (60%) in die Sowjetunion lebten und damit wenig auf die Märkte Europas ausgerichtet waren. Dazu zählten die Diamant Herrenmode GmbH Grevesmühlen und die Nord-Dress GmbH Altentreptow, die ihre Waren zudem im Billigpreisgenre produzierten.

Schrittweise bewegten sich Umsatz und Ergebnisentwicklung dieser Betriebe in die negative Richtung. Bereits im IV. Quartal '91 gab das Direktorat U6 der Treuhand mehrere Holding-Töchter aus seiner Betreuung in die Abwicklung. Es begann der Liquidationsprozeß. Dauer in der Regel zwei Jahre. Betroffen davon zuerst Schutzbekleidung, Diamant, Kobek sowie Service-Immobilien. Die Akcent-Modedesign und das Bildungscenter waren bereits Anfang 1991 noch vom AG-Vorstand ohne Zutun der Treuhand als nicht zukunftsträchtige Gründungen stillgelegt worden.

Im Juli 92 war dann die Holding selbst betroffen, hieß der Treuhand-Entscheid für sie und sieben weitere Töchter "Abwicklung" bzw. "Liquidation". Dem vorausgegangen waren ein ständiger Umsatzrückgang und eine Ergebnisverschlechterung in so hohem Maße, daß die negativen Ergebnisse das Umsatzvolumen überschritten. Dies die geraffte Darstellung von Brigitte Swientek.

Ihre Erfahrungen besagen, daß die Holding-Struktur für Unternehmen, die sich in einer derartigen Entwicklung befinden, nicht den gewünschten Zweck erfüllen. Sie habe sich in diesem Zusammenhang nur als Kostenballast erwiesen. Für die Bekleidungsbranche schlechthin sei es ja üblich und typisch, kleine handhabbare Unternehmensgrößen zu haben, mit denen man flexibel am Markt reagieren könne. "Jede große Struktur blockiert ja eigentlich dieses flexible Handeln. Weil ich mit jeder Zugehörigkeit zu einem solchen Verbund in meiner Handlungsfähigkeit eingeschränkt bin," lautet das Fazit der Bekleidungsingenieurin über diesen Prozeß, den sie auch in anderen Kombinaten beobachtet hat. Die Becon-Holding ist insoweit kein Einzelfall. Stärker als in anderen Branchen wirkte sich hier allerdings noch die derzeit komplizierte Situation in der Bekleidungsindustrie aus, deren Produktionsentwicklung in der gesamten Bundesrepublik rückläufig ist. Während in den alten Bundesländern die Bekleidungsproduktion 1991 noch um 6% stieg, sank sie 1992 vorläufigen Angaben zufolge um 11%. Die daraus resultierende Stagnation wirkt sich logischerweise für die Ost-Unternehmen mit ihren ungefestigten Marktpositionen wesentlich krasser aus.

Zu knapp bemessen

Beispiel: Greiber Classicmode GmbH. Obwohl sie als eines der ersten Bekleidungsunternehmen in der Holding über eine an- und vielversprechende Kollektion verfügte, das bestätigten auch die Experten, ist ihr die Kurve in die Marktwirtschaft nicht geglückt. Seit dem 1. August 1992 befindet sich das Unternehmen in der Greifswalder Straße in Berlin-(Prenzlauer Berg) in Liquidation. Mit der technisch-organisatorischen Abwicklung von den Liquidatoren beauftragt - Frank Jürgas: Geschäftsführer der Greiber Classic, zuvor hier Hauptbuchhalter. über 30 Jahre in diesem Betrieb, der früher VEB Treffmodelle hieß. 1956 war er als Betrieb für schwere Damenoberbekleidung (Mäntel, Jacken, Blazer, Röcke, Hosen) aus dem ehemaligen Fortschritt-Werk IV entstanden. Ihm angegliedert wurden zugleich der VEB Elegant und VEB Modische Linie. In der DDR galt er

Kombinat Oberbekleidung Berlin

als einer der führenden seiner Branche. Die Marke Treffmodelle war geschätzt und geschützt. 50% der Erzeugnisse wurden in der Sowjetunion verkauft. 35% wurden in der damaligen Bundesrepublik, in Frankreich, Finnland, Schweden und anderen Ländern Europas abgesetzt. 10 bis 15% waren für die eigene Bevölkerung bestimmt. Jährlich wurden insgesamt eine halbe Million Teile produziert. Abnehmer in Westdeutschland waren die großen Versandwarenhäuser wie Otto, Neckermann, Quelle. Was dort als Billigware ohne Markenzeichen über die Kataloge ging, kam das Unternehmen in Wirklichkeit viel teurer zu stehen. Eine Damenjacke, für C&A genäht und dort für 40 DM verkauft, kostete den Betrieb etwa 100 Mark. Den Rest zahlte der Staat, der um jeden Preis Devisen brauchte. Die sehr arbeitsintensive Bekleidungsindustrie der DDR war hochsubventioniert. 30 % nennt Frank Jürgas als Richtzahl.

"Nach der Wende nahm niemand mehr ein Stück von uns", sagt er.

Das neue Konzept, das er mit einigen Änderungen auch heute noch für aktzeptabel hält, sollte das Unternehmen wettbewerbsfähig machen: Verkleinerung der Belegschaft. Eine gute marktfähige Kollektion. Klassische Mode für die Frau im Berufsleben ab 25, mit der es auch gelingt, in ein gehobenes Preisniveau zu kommen. Absatz für die Bekleidung in diesem Preisgenre erhoffte man sich vor allem im Einzelhandel und in Boutiquen. Dazu ein westlicher Privatisierungspartner und ein neuer Name. Der neue Name fand sich am leichtesten. Greiber - steht für Greifswalder Straße Berlin. Die neue Kollektion mit Namen "Elke Giese" - eine Modedesignerin aus dem Osten - folgte. Auf Messen und auch in Fashion-Häusern kam die neue Kollektion sehr gut an. Das spiegelte sich aber nicht in den Verkaufszahlen wider. "Dafür braucht man drei bis vier Jahre. Der Fachhandel or-

dert nach Marken. Wenn wir Zeit gehabt hätten...", so Frank Jürgas. Um bekannter zu werden, wurde viel Geld in die Werbung gesteckt. "Überall, wo was machbar war, waren wir präsent." Auch der unternehmenseigene Laden in der Greifswalder Straße war so ein auffälliger größerer Stein im Werbemosaik, brachte aber bei dem gewählten Preisgenre nicht den erhofften Umsatz. Das soziale Umfeld im Ostteil Berlins war nicht danach. Jürgas: "Am Kudamm hätten wir es vielleicht geschafft."

In den alten Bundesländern, Frankreich, Belgien und den skandinavischen Ländern wurde ein Vertreternetz aufgebaut. Was Jürgas` Ansicht nach fehlte, waren erfahrene Marketing-Experten. Auch der erhoffte Investor kam nicht. Es gäbe wenig Beispiele aus der Konfektionsindustrie, wo eine Privatisierung dieser Größenordnung geglückt sei. Kooperationspartner des Unternehmens ließen dort lediglich Lohnarbeit machen.

Hier lag allerdings nach Meinung der Treuhand eine verpaßte Chance für Greiber. Man hätte zumindest vorübergehend den Weg der Kapazitätsauslastung durch Lohnarbeit suchen müssen, wie das andere getan hätten. Nur mit einer eigenen Kollektion und einem relativ hohen Mitarbeiterbestand sei ein solches Unternehmen unter den derzeitigen Bedingungen einfach nicht zu halten.

Zum niedrigen Umsatz kamen hohe Fixkosten für den Erhalt der Immobilien und des nagelneuen Maschinenparks. Einschließlich des Neubaus in der Greifwalder Straße waren dort von 1986 bis 1990 noch insgesamt 50 Millionen Mark der DDR investiert worden, so daß Greiber vom technischen Standard durchaus mithalten konnte. Der Produktivitätsrückstand lag bei 30%. Die Beschäftigtenzahl sank von 1300 am 1. Juli 90, auf 365 Ende '91 schließlich auf 12 am 31. März 92 (Abwicklungsgruppe). Die Maschinen sind inzwischen weitge-

perten, die einem Fast-Newcomer auf dem Markt eine drei- bis vierjährige Angebotszeit zubilligen. Und er erwähnt die sich verschlechternden Rahmenbedingungen: Ein übersättigter Markt, weltweite Rezession, absoluter Rückgang der Produktion in allen Branchen, wachsende Arbeitslosigkeit mit entsprechenden Rückkopplungseffekten. Diese Umstände haben seiner Ansicht nach auf dem für das Becon-Unternehmen ohnehin schwierigen Weg in die Marktwirtschaft zusätzliche Hürden errichtet. Sein Fazit: "Wir kamen unter ungünstigen Marktbedingungen und mit zu geringer Produktivität auf diesen Markt."

hend verkauft. Die Immobilien sind zum Verkauf ausgeschrieben. Der Neubau Greifswalder Straße, in Toplage, ist dabei besonders umworben.

Wem die Jacke paßt

Von den Töchtern der einstigen Becon Holding konnten sich mit ihren Leistungen auf dem Markt bislang lediglich drei behaupten: die Becon classic GmbH, Berlin-Lichtenberg, die Becon Herrenkonfektion GmbH, Oranienburg, und die "Prignitz-Kleidung", Wittenberge, d.h. zwei Herrenkonfektionsbetriebe und ein Produzent von schwerer Damenoberbekleidung. Aber auch sie sind noch nicht über den Berg. Die Treuhand gibt allen dreien jedoch eine reale Chance und gewährte eben aus diesem Grunde auch die nötigen Liquiditätskredite sowie begleitende Unterstützung.

Für das Berliner Unternehmen sind die Privatisierungsverhandlungen abgeschlossen worden. Der Kaufvertrag wurde Ende Juni beurkundet. Käufer sind zwei Aktiengesellschaften: die Concordia Bau & Boden AG, Köln sowie die Kolb & Schüle AG aus Kirchhaim-Teck, ein Textilunternehmen. Sie führen die Becon classic GmbH weiter. Die neuen Gesellschafter stützen sich dabei auf das vorhandene Management. "Wenn wir hart arbeiten und etwas Glück haben, haben wir eine Chance", bewertet Dr. Wolf Beste, einer der beiden Geschäftsführer der Becon classic GmbH die Zukunftsaussichten des Unternehmens. Er verweist in diesem Zusammenhang auf Ex-

Der Produktivitätsunterschied im Vergleich zu renommierten Firmen in den Altbundesländern lag bei 40 bis 50%. Die 110-Minuten-Fertigungszeit für ein Sakko war zunächst eine Traumgrenze. In der Qualität, so Dr. Beste, sei der Unterschied noch größer gewesen.

In der Tat berechtigten die Ausgangsbedingungen zum Zeitpunkt der Wende für den Betrieb nicht unbedingt zu großen Hoffnungen, bestätigt Brigitte Swientek. Beschäftigtenzahl damals über 2000. Für die Branche eine völlig untypische Größe, wenn man solche Namen wie Steilmann aus dem Spiel läßt. Haltbar nur mit Riesenumsätzen auf dem Ostmarkt.

Einen Vorteil, den sich die Becon classic jedoch noch im zweiten Halbjahr 90 bis heute sichern konnte, ist die Lohnarbeit für Boss, einem renommierten Hersteller von Herrenbekleidung in den alten Bundesländern. Die Vereinheitlichung der Technologie hat gewissermaßen auf die Eigenproduktion abgefärbt. "Diese Lohnarbeit hat dem Unternehmen erst einmal das notwendige Qualitätsgefühl gebracht und natürlich zu einem bestimmten Image verholfen. Wer für

Kombinat Oberbekleidung Berlin

Boss näht, ist einfach gut", so die Treuhand-Managerin. Dr. Wolf Beste formuliert drastischer: "Es war ja verlernt worden, ein ordentliches Sakko zu nähen. Uns ist erstmal beigebracht worden, wie so ein Stück auszusehen hat." Die Produktion für Boss ist noch nicht kostendeckend, aber eine sichere Bank für die Becon classic. Sie sorgt zusammen mit der eigenen Kollektion des Unternehmens für eine volle Auslastung der Kapazitäten. "Wir sind noch nicht in den schwarzen Zahlen. Aber wir können dahin kommen, wenn wir unser eigenes Sortiment besser verkaufen, mehr verkaufen", prognostiziert Dr. Beste. Zielgruppe ist dabei der mittlere bis gehobene Kunde. Ihn will das Unternehmen mit hochwertigem Material in einer tadellosen Verarbeitung für sich gewinnen. Von der Qualität sind die Erzeugnisse der Marke Becon (Becon = Berliner Konfektion), davon ist das Management im Unternehmen überzeugt, den Markenartikeln renommierter Hersteller absolut ebenbürtig.

Knackpunkt: Wie bringt man die Anzüge, Sakkos, Mäntel an den Mann? Becon classic hat hier offenbar mehr Glück als andere gehabt. Die Treuhand hat dabei nachgeholfen. "Wir konnten für dieses Unternehmen einen erfahrenen Vertriebsmanager aus den alten Bundesländern gewinnen, der mit sehr viel Engagement die Umsatzzahlen in den Griff bekommen hat", schätzt Referatsleiterin Swientek ein.

Kommentar Dr. Beste: "Ohne einen Mann aus den alten Ländern hätten wir das nicht geschafft. Weil man dazu Kontakte braucht. Man muß die Händler kennen und auch mit ihnen verhandeln können. Man muß wissen, was der Markt braucht. Und man muß viel Erfahrungen haben. Die hatte keiner hier." Darin sieht er letztlich auch die Ursache, daß die Mehrzahl der Holding-Unternehmen nicht überlebte.

Das Produktivitätsgefälle der Becon classic hat sich, verglichen mit dem in den alten Ländern, inzwischen stark verringert. Die Gründe dafür liegen jetzt hauptsächlich in der Logistik. Insgesamt 27 000 m² Gebäudefläche hatte das Unternehmen als Produktionsfläche zur Verfügung. Ein Drittel wird zur Zeit nur genutzt. Auch das drückt auf die Kosten.

Um die Kosten weiter zu senken, muß Becon einen Teil der eigenen Kollektion auch in passiver Lohnveredlung fertigen lassen. In Polen, wo die Lohnstückkosten wesentlich niedriger liegen, hat man dafür bereits einen passenden Partner gefunden. Die Beschäftigtenzahl sank infolgedessen von 450 im Dezember 1992 auf knapp über 200 Mitarbeiter im Juni 1993. Gegenwärtig ist das Unternehmen dabei, seine Angebotspalette zu erweitern. Zu den Anzügen und Sakkos im Hauptsortiment sollen nun Smokings, Festanzüge, Freizeitjacken und Mäntel im festlichen Bereich hinzukommen.

Im völligen Gegensatz dazu, das zweite Holding-Unternehmen, das sich bisher auf dem gesamtdeutschen Bekleidungsmarkt behaupten konnte: die Oranienburger Becon Herrenkonfektion. Ein ganz spezialisierter Hosenbetrieb mit einer relativ konstanten Beschäftigungsgröße. Am 1. Juli '90 gab es dort 180 Mitarbeiter. Jetzt liegt ihre Zahl bei 137, davon 100 im produktiven Bereich, und sie wird sich wohl um die 100 einpegeln. Das Unternehmen hat eine relativ gute Auftragslage, relativ wenig Kurzarbeit, macht gleichfalls passive Lohnveredlung in Polen, beginnender Export nach Westeuropa. Der Umsatz ist gemessen an der Beschäftigtenzahl zufriedenstellend. 1994 könnten die Oranienburger durchaus schwarze Zahlen schreiben. Dies der verknappte Situationsbericht der zuständigen Brigitte Swientek. Die Oranienburger hätten offenbar eine Nische im Herrenhosensortiment gefunden in der Preislage, die ihre Auftragslage sichere. Und natürlich käme es auch hier wesentlich auf die Vertriebsmitarbeiter an.

Vergleich der Betriebskosten in der Bekleidungsindustrie

Nr.	Land	Kosten pro erarbeitete Vorgabeminute 1992 (DM)	1990 (DM)	Veränderung DM	in %
Westeuropa und Mittelmeerraum					
1	Norwegen	0,759	0,746	0,013	1,74
2	Dänemark	0,707	0,626	0,081	12,94
3	Italien Norden	0,652	0,621	0,031	4,99
4	Finnland	0,649	0,600	0,049	8,17
5	Bundesrepublik Deutschland	**0,645**	0,576	0,069	11,98
6	Schweiz	0,625	0,564	0,061	10,82
7	Italien Süden	0,521	0,532	-0,011	-2,07
8	Österreich	0,485	0,469	0,016	3,41
9	Frankreich	0,481	0,452	0,029	6,42
10	Irland	0,424	0,406	0,018	4,43
11	Großbritannien	0,409	0,371	0,038	10,24
12	Spanien	0,385	0,354	0,031	8,76
13	Griechenland	0,374	0,303	0,071	23,43
14	Malta	0,313	0,300	0,013	4,33
15	Türkei	0,291	0,219	0,072	32,88
16	Portugal	0,276	0,237	0,039	16,46
17	Tunesien	0,225	0,200	0,025	12,50
18	Marokko	0,219	0,213	0,006	2,82
Osteuropa					
1	Slowenien	0,229	neu	-	-
2	Serbien	0,225	neu	-	-
3	Ungarn	0,212	neu	-	-
4	Polen	0,195	neu	-	-
5	Baltische Staaten (Estland)	0,186	neu	-	-
6	Bulgarien	0,171	neu	-	-
7	Tschechoslowakei	0,169	neu	-	-
8	Rumänien	0,160	neu	-	-
Asien					
1	Taiwan	0,278	0,246	0,032	13,01
2	Hong Kong	0,253	0,264	-0,011	-4,17
3	Sri Lanka	0,251	0,242	0,011	3,72
4	Indonesien	0,209	neu	-	-
5	Indien	0,204	0,204	0	0,00
6	Nordkorea	0,193	neu	-	-
7	Philippinen	0,192	neu	-	-
8	Malaysia	0,187	neu	-	-
9	Vietnam	0,181	neu	-	-
Nord- und Mittelamerika					
1	Vereinigte Staaten	0,548	neu	-	-
2	Mexico US-Grenze	0,239	neu	-	-
3	Costa Rica	0,230	neu	-	-
4	Honduras	0,219	neu	-	-
5	Guatemala	0,217	neu	-	-
6	Dominikanische Republik	0,208	neu	-	-
7	Jamaica	0,191	neu	-	-
8	MexicoYucatan	0,191	neu	-	-

Die Oranienburger haben sich ganz konsequent Leute gesucht, die ihre Produkte vermarkten. "Das war für sie das wichtigste: Wir brauchen jemanden, der unsere Hosen in Bayern verkauft", bringt Wolfgang Beste es auf die einfache Formel. Vor allem im südlichen Raum der alten Bundesrepublik vertreiben jetzt Fachleute aus Westdeutschland Herrenhosen aus Oranienburg.

Auch für dieses ehemalige Holding-Unternehmen laufen - jedoch noch sehr vage - Privatisierungsverhandlungen. Zudem gibt es seit kurzem noch einen Reprivatisierungsantrag, allerdings nur mit halben Ab-

Kombinat Oberbekleidung Berlin

sichten. Auch ein MBO/MBI wäre nach Ansicht der Treuhand unter Umständen drin.

Für ein MBO im I. Quartal 93 hatte sich die Treuhand bei der Prignitz-Kleidung ausgesprochen, der dritten übriggebliebenen Becon-Holding-Tochter. Obwohl es auch Kaufinteressenten gab. Doch mit dem engagierten Management steht und fällt dort alles", schätzte Brigitte Swientek ein. Worte, die sich inzwischen auf dramatische Weise in noch ganz anderer Richtung bewahrheitet haben. Durch den tödlichen Unfall der Geschäftsführerin kann das MBO nicht in der vorgesehenen Form realisiert werden. Die Treuhandanstalt ist nach eigener Aussage darum bemüht, eine Ersatzlösung zu finden, um durch eine stabile Weiterführung des Unternehmens dennoch eine Privatisierung der Prignitz-Kleidung in absehbarem Zeitraum zu gewährleisten.

Eben jene tödlich verunglückte Geschäftsführerin war es, die im Team mit zwei weiteren engagierten Frauen dem Unternehmen zuvor überhaupt wieder auf die Beine verholfen hatte. Denn: Die Prignitz-Kleidung war einmal schon fast totgesagt. Sie befand sich bereits in der Abwicklung. Ende '91 hatte das Unternehmen, das fast ausschließlich vom Export in die Sowjetunion lebte, seinen Tiefpunkt. Der Absatz war völlig zum Erliegen gekommen. Der Abwicklungsbescheid löste beim neuen Management - drei Frauen - solche Aktivitäten in der Beschaffung von Aufträgen aus, daß die Treuhand ihn wieder zurücknehmen konnte. Durch den anfänglich relativ hohen Anteil von Lohnarbeit für so renommierte Markenhersteller wie Lucia und einer ganz kleinen Eigenkollektion hat sich das Unternehmen wieder aufgebaut. Diese Eigenkollektion in der schweren Damenoberbekleidung muß nach Ansicht der Treuhand-Managerin künftig weiter ausgebaut werden, damit sich die Gesellschaft unabhängiger macht und bezüglich der Kosten ein gesundes Verhältnis zur Lohnarbeit hergestellt wird. Modellentwicklung, Musterabteilung, Schnittherstellung müssen ausgelastet sein, wenn sich die Kostenentwicklung günstig gestalten soll. Wie Becon classic und Oranienburg an ihrem Standort macht auch die Prignitz-Kleidung einen beträchtlichen, nicht unverzichtbaren Umsatz über ihren Industrieladen in Wittenberge.

Obwohl das Unternehmen noch rote Zahlen schreibt, hat es nach Einschätzung der Treuhand eine günstigere Ausgangssituation als viele andere in der Branche. Dies resultiert vor allem aus dem niedrigen Kostenniveau. Das wiederum ist zum einen dem niedrigen Lohnniveau geschuldet. Im äußersten Zipfel Brandenburgs gibt es dafür eine andere Akzeptanz als z.B. in Berlin. Und zudem gibt es bezogen auf den Umsatz ein günstiges Verhältnis von produktiv und nichtproduktiv Beschäftigten. Die Prignitz-Kleidung beschäftigt gegenwärtig 140 Mitarbeiter, im Juli '90 waren es 370.

Die ehemals auf mehrere Standorte zersplitterte Produktion ist inzwischen etwas außerhalb von Wittenberge konzentriert worden. Das ermöglicht eine andere Logistik und damit vom Produktionsdurchlauf her eine bessere Einflußnahme auf die Kosten.

Das geplante MBO fand bei der Wirtschaftsförderung des Landes Brandenburg große Fürsprache. "Mit Brandenburg ist dieses Projekt erst verhandlungsfähig und erfolgversprechend geworden, " sagt Brigitte Swientek.

Ein sicheres Polster

Auch die außerhalb der Holding agierenden einstigen Kombinatsbetriebe kamen nicht samt und sonders in der Marktwirtschaft an. Als einer der ersten seiner Branche überhaupt zog der einstige VEB Jugendmode "Shanty", später Shanty fashion Rostock, die schwarze Fahne hoch.

Für das Bekleidungswerk Templin (auch ein Jeanshersteller) mit damals ca. 160 Beschäftigten fand sich hingegen ein Investor aus Dänemark. Brandtex A/S war offenbar das erste dänische Unternehmen überhaupt, das sich in Ostdeutschland auf diese Weise engagierte. Der neue Eigentümer nutzt die Produktionsstätte in Templin mit 80 Arbeitsplätzen für Musterkollektionen und kleine Sofortprogramme.

Privatisiert wurde auch der einstige VEB Bekleidung Falkensee. Mitte Dezember 1990 wurde er von den Helsa-Werken, Gefrees, einem führenden Bekleidungszubehörhersteller, übernommen. In Falkensee werden vorrangig Schulterpolster für Damenoberbekleidung hergestellt, täglich zwischen 80 000 und 100 000 Stück. Bis heute flossen nahezu 6 Millionen Mark in einen komplett neuen Maschinenpark. Mit dieser Investitionshöhe haben die Helsa-Werke nach eigener Aussage die seinerzeit mit der Treuhandanstalt getroffenen Verpflichtungen weit übertroffen. Das Werk Falkensee hat derzeit 240 Beschäftigte (vorher knapp 400), von denen 95% Frauen sind. Im Hauptwerk der Helsa-Werke selbst, im oberfränkischen Gefrees, sind weitere 15 Mitarbeiter aus Falkensee unter anderem mit der Materialversorgung und der innerbetrieblichen Logistik beschäftigt.

Auch für den einstigen VEB Herrenmode Dresden fand sich ein renommierter Käufer aus den alten Bundesländern, die Le-go Bekleidungswerke, Hof. Sie übernahmen zum 1. 5. 1992 den Dresdner Betrieb. Die Gründe für diese Entscheidung lagen nach Auskunft der Firma einerseits in der angestrebten horizontalen Diversifikation der eigenen Produktpalette sowie andererseits im zukunftsträchtigen wirtschaftlich aufstrebenden Standort Dresden selbst. Mit dem Kauf will sich der Hersteller von Damenoberbekleidung ein neues Standbein im Bereich Herrenbekleidung aufbauen, angefangen von eigener Kollektion bis hin zum Vertrieb. Das Unternehmenskonzept für die Dresdner Herrenmode zielt auf den Bereich Herrenausstattung ab, mit Schwerpunkten im klassischen und sportiven sowie im Flachstrickbereich. Die Erzeugnisse sollen im gesamten europäischen Markt abgesetzt werden. Speziell für den Strickbereich, den es im Dresdner Betrieb vorher nicht gab, wurden bzw. werden Mitarbeiter entsprechend qualifiziert. Die Produktionsstandorte sind Dresden und Bischofswerda mit derzeit ca. 360 Beschäftigten (Juli 1990: ca. 5000). Das Sanierungskonzept hatte nur 260 Beschäftigte vorgesehen. Eine Privatisierung in dieser Größenordnung in der Herrenkonfektion sei bisher nirgendwo anders gelungen, so die Treuhand.

Investitionen werden von Le-go in den Bereichen Gebäude, Maschinen und Fuhrpark erbracht. Der Betrag übersteigt nach Angaben der Firma die Summe des Übernahmevertrages. Die wirtschaftlichen und technischen Bedingungen, die die Le-go-Manager in dem Dresdner Unternehmen vorfanden, machten es ihnen nach eigener Aussage zu Beginn nicht einfach. Die Verhandlungen sowie Zusammenarbeit mit der Treuhand hätten sich stets konstruktiv gestaltet.

Von Treuhandverwaltung in privaten Besitz wechselten auch die früheren Berliner Damenmoden (Bedamo), wie alle Unternehmen der Branche stark verkleinert. Mit Stichtag 1.7.1990 hatte der Betrieb ca. 1275 Mitarbeiter. Der Investor aus Westberlin, die Frieser GmbH, beschäftigt derzeit ca. 100 Mitarbeiter. Er hat die Firma am 1. 9. 1992 gekauft. Der Betrieb war zu DDR-Zeiten Produzent leichter Damenoberbekleidung. Zu je einem Drittel setzte er seine Produktion im damaligen sozialistischen Wirtschaftsgebiet (SW), nichtsozialistischen Wirtschaftsgebiet (NSW) und im Inland ab.

Bis Ende 1990 produzierte Bedamo aufgrund bestehender Verträge und mit staatli-

Kombinat Oberbekleidung Berlin

cher Stützung für das damalige SW und das NSW. Im Inland traten bereits erste Verluste durch Absatzschwierigkeiten ein. Mit Wegfall der staatlichen Subventionen Anfang '91 brachen auch die Ostmärkte weg. Mit eigener Kollektion unter dem Markenzeichen "Victoria F" versuchte das Unternehmen auf dem gesamtdeutschen Markt Fuß zu fassen. Obwohl sich Bedamo unter anderem auf allen einschlägigen Messen, so u.a. in Düssledorf und Köln, um Aufträge bemühte, gab es nur ganz geringfügige Order. Der Aufbau eines Industrieladens in der Grünberger Straße, dem Firmensitz, nur für Wiederverkäufer sollte Händler und Gewerbetreibende aus Berlin und Umgebung anziehen. Aber die Rechnung ging nicht auf und die Bestände wuchsen an. Das ursprünglich auf ein MBO zielende Unternehmenskonzept konnte so nicht gehalten werden. Der Betrieb wurde privatisiert.

Mode mit Gryps

Auch das für die Grypswald-Moden GmbH Grimmen, ehemals VEB Kleiderwerke Greifswald, für 1993 in Aussicht gestellte MBO steht, so wie sich die Dinge mittlerweile entwickelt haben, auf wackligen Beinen. Zwar bekundet der jetzige Geschäftsführer Michael Woizeschke nach wie vor Interesse daran, das Unternehmen im Rahmen eines MBO zu erwerben. Als Voraussetzung dafür nennt er jedoch, daß die Treuhand seinem Konzept folgt. Das bedeutet im Klartext: Entschuldung des Unternehmens sowie eine zeitlich begrenzte Übernahme der Preisverluste des Kollektionsrisikos. Zumindest ein seidener Faden für den Betrieb, dem auf seinem Weg in die Marktwirtschaft kräftig maßgenommen wurde.

Als Produzent von Herrenoberbekleidung, speziell Jacken im Sportswearbereich und Mänteln, beschäftigte das Unternehmen in den Jahren 1989 und 1990 ca. 874 Arbeitnehmer, davon ca. 100 Lehr-

linge. Der Anteil der Frauenarbeitsplätze betrug ca. 85%.

Hauptabnehmer der jährlich produzierten ca. 260 000 Teile waren die ehemalige UdSSR mit ca. 60%, die damalige BRD mit ca. 25% und die ehemalige DDR mit ca. 15%. Das Unternehmen besaß vier Produktionsstätten in Dranske/Rügen, Bergen/Rügen, Greifwald und Grimmen. Die Ausrüstungen und Maschinen waren nach Einschätzung des heutigen Geschäftsführers Woizeschke völlig veraltet.

Insbesondere die Betriebsstätten Bergen, gegründet 1949, und Dranske, gegründet 1975, dienten vorrangig dazu, den Frauen der dort ansässigen NVA-Streitkräfte entsprechende Arbeit anzubieten.

"Der Vorteil des Standortes Mecklenburg/Vorpommern in Bezug auf eine kostengünstigere Lohnfertigung in Polen spielte vor der Wende keine Rolle. Alle Unternehmen hatten vor dem gesellschaftlichen Umbruch im Lande weder eine westlichem Standard vergleichbare Produktivität, noch waren sie nach westlichen Maßstäben ausgelastet. Die Preise der hergestellten Güter waren auch hier subventioniert," umreißt der angehende Besitzer die Ausgangslage beim Übergang in die Marktwirtschaft.

Mit Wirkung vom 1. Juli 1990 wurde auf der Grundlage des Treuhandgesetzes der VEB Kleiderwerke Greifswald in die Grypswald-Moden GmbH i.A. umgewandelt. Damit entfielen die finanziellen staatlichen Stützungen für die Exporte in die Sowjetunion, die alte Bundesrepublik sowie für die DDR-Produktion. Der größte Teil der bestehenden Aufträge mußte storniert werden.

Um die UdSSR-Aufträge für das II. Halbjahr 1990 teilweise zu erfüllen, wurden finanzielle Mittel beantragt, die aber nur mit 60% der beantragten Summe bestätigt wurden. Daraufhin brach das Exportgeschäft in die UdSSR im Dezember 1990 vollständig zusammen.

Der Betriebsteil Dranske wurde im Oktober 1990, der Betriebsteil Bergen im März 1991 vollständig geschlossen. Nahezu alle Mitarbeiter wurden in Kurzarbeit Null entlassen. Die gesamte Abwicklung dauerte bis zum 31. 3. 1992.

Der Versuch im Jahr 1990 mit einer eigens entwickelten Sportswearkollektion in den westdeutschen Markt einzudringen scheiterte, weil die technischen Voraussetzungen des Unternehmens und die daraus resultierenden deutlich zu hohen Fertigungskosten eine marktgerechte Kalkulation nicht zuließen.

Im Jahre 1991 bemühte sich das Unternehmen um Lohnaufträge westdeutscher Firmen. Gefunden wurde die Firma Elho-Brunner AG München (Sportswear) und die Firma Ann Christin (DOB). Die in keinster Weise kostendeckende Produktion wurde von der Treuhandanstalt gestützt. Damit sollte das Unternehmen die Chance erhalten, vollkommen neue Erzeugnisse in marktgerechter Qualität termingerecht zu produzieren.

Im Mai 1991 ging die Grypswald-Moden GmbH von der THA-Zentrale Berlin in die Verwaltung der THA-Niederlassung Rostock über. Zu diesem Zeitpunkt erfolgte der Beschluß, den Betriebsteil Greifswald ebenfalls zu schließen und die Produktion mit 160 Mitarbeitern ausschließlich in Grimmen durchzuführen.

Im Mai 1991 kaufte das Unternehmen die Marke DINESSE Damenhosen von der Firma Gustav Digel, Nagold. Die Damenhosen dieser Marke waren in den vorangegangenen Jahren in einer Größenordnung bis zu 200 000 pro Jahr in der alten Bundesrepublik verkauft worden. Es handelte sich also um ein auf dem Westmarkt absatzfähiges Produkt. Die Kundenkartei, der Vertriebsapparat, das Produktmanagement einschließlich des Einkaufs sowie der gesamte Stamm Handelsvertreter wurden mit übernommen.

Am Standort Grimmen wurden innerhalb von sechs Monaten entscheidende Investitionen realisiert, um hinsichtlich des Equipments schnell auf den erforderlichen Standard zu kommen: Nähband, Bügelei, Gradierung, Dampferzeugung, Druckluftanlage, Heizhaus, Versandlager, EDV.

Im November 1991 begann die erste Produktion der Damenhosen Marke DINESSE für die Saison Frühjahr/Sommer '92. Deutlich zu geringe Produktivität, desolate Zustände im Bereich der gesamten Ablauforganisation und eine geringe Bereitschaft ehemaliger Führungskräfte zum eigenverantwortlichen Handeln, charakterisiert Geschäftsführer Woizeschke die damalige Situation im Unternehmen mit seinerzeit 160 Mitarbeitern. Die Übernahme alter Vorgabezeiten habe zu einem überdurchschnittlich hohen Lohnniveau geführt. Die Eingruppierung in die Tarife habe nicht der Qualifikation der Mitarbeiter entsprochen, die Fehlzeitenquote teilweise über 20 % betragen.

Die Grypswald-Moden wurden auf 122 Mitarbeiter reduziert. Durch Einzeltraining wurde die Produktivität um ca. 36 % gesteigert. Die Löhne wurden tarifvertragskonform gestaltet und damit um ca. 35 % reduziert. Die Fehlzeiten wurden auf derzeit 3 % gesenkt.

Alle Maßnahmen seien von der Treuhand Rostock mit Verständnis und finanzieller Unterstützung begleitet worden, lobt der Geschäftsführer.

Im März 1992 entschied die THA Rostock, das Unternehmen aufgrund der schlechten betriebswirtschaftlichen Situation zu schließen. Nach Gesprächen des THA-Leiters Rostock, Utz, sowie der beteiligten Direktoren, der Gewerkschaft, Kommunalpolitikern, dem Betriebsrat sowie zwei Beratern der Grypswald-Moden GmbH wurde diese Entscheidung bereits einen Tag später revidiert. Der damalige Geschäftsführer wurde sofort freigestellt, die Beraterverträge wurden beendet.

Kombinat Oberbekleidung Berlin

Mit Wirkung vom 8. 4. 1992 wurde Michael Woizeschke zum Geschäftsführer bestellt. Über Chancen und Risiken für das Unternehmen urteilt er folgendermaßen: "Selbst in Verbindung mit einer teilweisen passiven Lohnveredlung (Fremdfertigung in Polen) wird die alleinige Produktion von Damenhosen dem Unternehmen mittelfristig keinen Erfolg sichern." Personal-, Wareneinsatz- sowie die Summe der Gesamtkosten für dieses Projekt seien zuvor nicht richtig eingeschätzt worden. Im Verhältnis zu den zu hoch angesetzten Verkäufen und damit dem Umsatz würden die Grypswald-Moden seiner Ansicht nach auch mittelfristig nicht in den Bereich der schwarzen Zahlen gelangen. Die seines Erachtens einzige Möglichkeit, den Umsatz zu erhöhen, sei der Versuch, in den Markt der Coordinates zu gehen. Aus diesem Grunde werde das Unternehmen beginnend mit der Saison Herbst/Winter '93 erstmalig Röcke, Blusen und Jacken in Höhe von ca. 25 000 Einheiten anbieten.

In den Jahren 1993 bis 1995 soll der Umsatzanteil der Coordinates kontinuierlich von 18% auf 26% gesteigert werden. Die derzeitigen Kunden sind zu einem Drittel je Großversender, Kaufhäuser und Boutiquen.

Um den Erfolg des Unternehmens zu sichern, sind aus Sicht des neubestellten Geschäftsführers folgende Maßnahmen nötig: Sofortiger Aufbau eines flächendeckenden Vertriebsnetzes, Veränderung der Kundenstruktur, Verlegung des derzeitigen Vertriebsstandortes Nagold, umfangreiche Schulungsmaßnahmen im Angestelltenbereich, weiterer Ausbau der Fremdfertigung, Optimierung der Qualitätskontrolle, Steige-rung der Produktivität, Personalreduzierung bis zu einem Personalbestand von ca. 63 Mitarbeitern, weiterer Ausbau des bereits durchaus erfolgreichen Konzepts der Bereiche Einkauf und Produktmanagement.

Um die für das Überleben des Unternehmens geplante Mischkalkulation durchführen zu können, müsse in absehbarer Zeit das Verhältnis von wenigstens 30% Eigen- und 70% Fremdfertigung erreicht werden. Nur so könnten Arbeitsplätze in Grimmen mittelfristig gesichert werden.

Der Geschäftsführer nennt auch die künftigen wesentlichen Risiken des Unternehmens: Kollektionsrisiko, Preisrisiko, Fremdfertigungsrisiko, innerbetriebliches Risiko aufgrund der noch zu optimierenden Organisation, gesamtwirtschaftliches Risiko der Branche.

Anhand der bisher erstellten Planerfolgsrechnung sei davon auszugehen, daß Grypswald-Moden voraussichtlich noch bis zum Jahre 1994 rote Zahlen schreiben werde, prognostiziert Geschäftsführer Michael Woizeschke. Er hält ein weiteres finanzielles Engagement der Treuhand in diesem Falle auch vor dem Hintergrund einer hohen Arbeitslosenquote in der strukturschwachen Region Grimmen für sinnvoll. Während die Arbeitslosenquote in Mecklenburg-Vorpommern bei 18% liegt, beträgt sie in Grimmen - unter Einbeziehung von ABM, Fortbildung und Umschulung, Altersübergang und Vorruhestand - ca. 45%. Der Anteil arbeitsloser Frauen in der Region liegt bei mehr als 60%. Unter diesem Blickwinkel sei der Erhalt von nunmehr 63 Arbeitsplätzen eine sinnvolle Beschäftigungsmaßnahme.

Pharmazeutisches Kombinat Germed Dresden

Bittere Pille geschluckt

Von BERND SCHLÜTTER UND WERNER BEILICKE

■ **Ein Kombinat löst sich auf**

■ **Auf dem Markt**

■ **Die Privatisierung geht zügig voran**

■ **Ausblick**

Die Arzneimittelproduktion im Osten Deutschlands kann zwar an einigen Standorten auf eine mehr als 100jährige Tradition verweisen, gehörte aber bis 1945 nicht zu den wirtschaftlich relevanten Industriezweigen. 1951 existierten in der DDR bereits 201 Arzneimittelbetriebe, davon 137 als Privatfirmen. Die Entwicklung einer eigenständigen und dabei auch noch gewinnträchtigen Pharma-Industrie in der DDR wurde vor allem gefördert durch den akuten Arzneimittelmangel in den Nachkriegsjahren, hochgesteckte gesundheitspolitische Ziele sowie den permanenten und sich ständig verschärfenden Devisenmangel der DDR. Als Höhepunkt dieser Entwicklung ist die Bildung des VEB Pharmazeutisches Kombinat Germed Dresden am 1. Juli 1979 anzu-

sehen, in dem die wichtigsten Humanmedizin-Hersteller mit dem Ziel zusammengefaßt wurden, die Arzneimittelversorgung der Bevölkerung der DDR zu 80 bis 90 Prozent aus eigenem Produktionsaufkommen zu sichern und die erforderlichen Importe durch Exporterlöse zu finanzieren.

Neben der Konzentration und Spezialisierung in der Produktion wurden zur Erreichung dieser Ziele umfangreiche Forschungskapazitäten zusammengefaßt bzw. neu aufgebaut, die auf ausgewählten Gebieten der Wirkstofforschung und der Biotechnologie international anerkannte Leistungen nachweisen konnten. Im Verlaufe der 70er und 80er Jahre entstanden drei kombinatseigene Forschungseinrichtungen, die gemeinsam mit den Forschungs- und Entwicklungsbereichen der Betriebe sowie Instituten der Akademie der Wissenschaften für die Komplettierung der Generika-Palette sowie vor allem seit Mitte der 80er Jahre für eine zunehmende Orientierung auf originäre Wirkstoffe und Präparate verantwortlich zeichneten. Das führte auch zu insgesamt 17 Kooperationsvereinbarungen mit westlichen Konzernen, darunter Bayer, Ciba-Geigy, Hoechst, Fitzer, Rhone Poulenc, Sandoz und Welcome. In diese Richtung zielte auch der Aufbau des VEB Pharma Neubrandenburg. Der Fermentationsbetrieb entstand in den 80er Jahren nach in Jena entwickelten Plänen. Das Investitionsvolumen betrug etwa 700 Millionen DDR-Mark. Produziert wurde nach Technologien und Lizenzen der Bayer AG, Leverkusen. Die Investitionsplanungen begannen bereits im Gründungsjahr des Kombinates Germed, doch die Realisierung stockte immer wieder wegen nur zögerlicher Bereitstellung der erforderlichen Mittel. Als erste Produktionslinie wurde 1989 die Sterilflaschenkonfektionierung in Betrieb genommen, die im gleichen Jahr einen Umsatz von mehr als 17 Millionen DDR-Mark erreichte.

Pharmazeutisches Kombinat Germed Dresden

Das Kombinat Germed, das bis zum 8. März 1990 bestand, umfaßte Ende 1989 14 selbständige Betriebe mit über 100 Produktionsstätten (genaue Angaben ließen sich aufgrund wechselnder Unterstellungsverhältnisse von Betriebsteilen nicht ermitteln), in denen etwa 90 Prozent des pharmazeutischen Eigenaufkommens der DDR produziert wurden. Ausgenommen waren lediglich jene Fertigungs- und Forschungsstätten, die zum Bestand großer Chemiekombinate oder chemischer Verbundstandorte gehörten (zum Beispiel die Arzneimittelkapazitäten der Leuna-Werke, des Chemischen Kombinates Bitterfeld, der Hydrierwerke Rodleben und von Fahlberg-List Magdeburg), sowie einige Betriebe, die aufgrund spezifischer Produkte dem Ministerium für Gesundheitswesen der DDR direkt unterstellt waren.

In den zehn Jahren der Existenz des Kombinates wurde das Produktionsvolumen annähernd verdoppelt. In gleichem Maße erhöhte sich der Umfang des Exports, der zu etwa 95 Prozent mit dem damaligen sozialistischen Wirtschaftsgebiet und zu fünf Prozent mit westlichen Staaten abgewickelt wurde. Über den Export wurden rund drei Viertel des Gewinns erwirtschaftet, der allerdings zu 90 Prozent an den Staatshaushalt abgeführt werden mußte. Allein von 1985 bis 1989 erreichte die Gewinnabführung einen kumulativen Wert von rund fünf Milliarden DDR-Mark - Mittel, die dem Kombinat nicht für eine zielgerichtete Investitionspolitik zur Verfügung standen.

Am Ende des Jahres 1989 umfaßte die Produktpalette des Kombinates Germed etwa 1400 Arzneifertigwaren in 4000 Zubereitungen für die Humanmedizin, darunter begehrte Exportprodukte aus den Hauptindikationsgruppen Herz-Kreislauf-Pharmaka, Psychopharmaka, Antibiotika, Antineoplastika, Kontrazeptiva und Dermatika, außerdem noch 350 Präparate für die Veterinärmedi-

zin. Hinzu kamen Impfstoffe, Labor- und Feinchemikalien, Pflanzenschutzmittel und viele weitere Produkte. Der Anteil der Pharmazeutika an der industriellen Warenproduktion der chemischen Industrie der DDR erreichte etwa fünf Prozent. Einschließlich der Importe standen in der DDR etwa 2000 Präparate für die Humanmedizin zur Verfügung.

Die Umstellung auf die Marktwirtschaft war für Germed mit einer besonderen Schwierigkeit verbunden: In den Jahren der Existenz des Kombinates Germed hatte sich eine spezifische Arbeitsteilung und Kooperation zwischen den einzelnen Kombinatsbetrieben und -instituten herausgebildet. Vor allem die Großbetriebe verfügten über relativ geschlossene Reproduktionsprozesse. Kleine Unternehmen wurden zu reinen Fertigungsstätten entwickelt und vollständig vom Kombinatsverbund abhängig. So erfolgte zum Beispiel die Synthese der verschiedenen pharmazeutischen Wirkstoffe vorrangig in den Betrieben AWD, Berlin-Chemie, Jenapharm und Isis Chemie, darüber hinaus in Quedlinburg, Bernburg, Oranienburg und Apolda. Ebenso waren die arbeitsteiligen Prozesse in der Forschung gestaltet. Zwar verfügten die Bereiche Forschung und Entwicklung im Kombinat Germed 1989 über insgesamt etwa 2000 Mitarbeiter, davon entfielen aber allein auf die drei Großbetriebe AWD, Berlin-Chemie und Jenapharm rund die Hälfte, mehr als 600 Mitarbeiter waren in den kombinatseigenen Forschungsinstituten konzentriert.

Ein Kombinat löst sich auf

Unmittelbar nach der Wende stand auch vor dem Germed-Kombinat die Frage, welche Entwicklungsrichtungen für den Übergang zu marktwirtschaftlichen Strukturen notwendig und vor allem sinnvoll waren. Zur Entscheidung stand die Alternative,

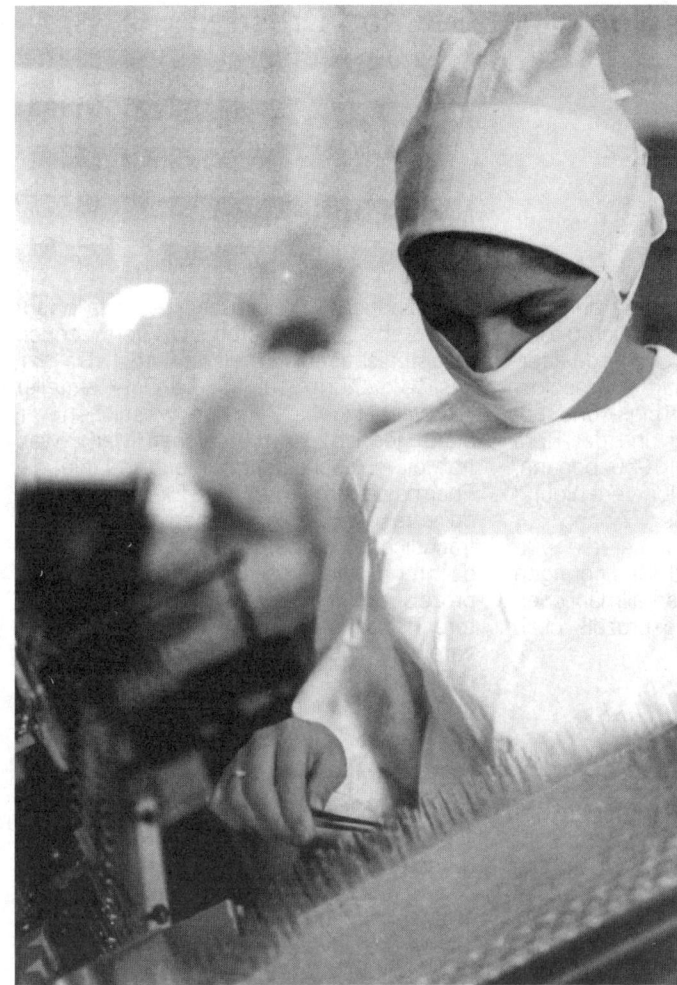

Die Jenapharm GmbH konnte ihren Markt bei oralen Kontrazeptiva in den neuen Ländern erhalten

Kombinates erbrachten, reifte in dieser Zeit der Entschluß, ihre Betriebe als selbständige Kapitalgesellschaften zu führen und den Kombinatsverband zu verlassen. Ein solcher Schritt bedrohte natürlich jene Betriebe, die aufgrund der Spezialisierung und Arbeitsteilung im Kombinat von den Großen in höchstem Maße abhängig waren. Sie verfügten in der Regel auch nicht über das erforderliche Potential an Fach- und Führungskräften, um kurzfristig eine zukunftsträchtige und marktgerechte Unternehmensstrategie zu entwickeln.

Dennoch erfolgte mit dem Ausscheiden von AWD, Berlin-Chemie, Jenapharm, Ankerwerk Rudolstadt, Chemisch-pharmazeutisches Werk Oranienburg, Serumwerk Bernburg und Esparma Anfang März 1990 praktisch die Auflösung des Kombinates. Die verbliebenen Unternehmen Pharma Neubrandenburg, Philopharm Quedlinburg, Leipziger Arzneimittelwerk, Isis Chemie Zwickau, Feinchemie Sebnitz, Germed Export-Import, Forschungszentrum für Biotechnologie Berlin sowie Institut für pharmakologische Forschung Berlin waren in dieser Situation gezwungen, einen gemeinsamen Weg in die Marktwirtschaft zu suchen. Sie gründeten am 20. Juni 1990 die Germed Pharma AG als Rechtsnachfolger des Germed-Kombinates - ein inhomogenes Gebilde, das hoffte, mit Unterstützung der Unternehmensberatung Roland Berger & Partner kurzfristig zu einem marktfähigen Kon-

entweder das Kombinat als Ganzes in eine Aktiengesellschaft zu überführen oder die einzelnen Kombinatsbetriebe in selbständige Kapitalgesellschaften umzuwandeln. Im ersten Falle würde die bisherige Kombinatsstruktur in Form einer Holding bestehen bleiben, im zweiten müßten sich die einzelnen Betriebe mit eigenen Unternehmenskonzepten zu wettbewerbsfähigen Pharmaherstellern entwickeln. Da es aber gerade an solchen Konzepten mangelte oder diese höchstens in Ansätzen vorhanden waren, unternahmen alle Kombinatsbetriebe den Versuch, mit Hilfe westdeutscher Kooperationspartner die marktwirtschaftlichen Know-How-Defizite auszugleichen. Vor allem bei den Geschäftsleitungen der Großbetriebe, die gemeinsam etwa 80 Prozent des Produktionsvolumens des

Pharmazeutisches Kombinat Germed Dresden

zept zu kommen. Mit der Bildung der Germed Pharma AG war praktisch auch die erste Etappe des Weges der Germed-Unternehmen in die Marktwirtschaft abgeschlossen. Die Wirtschafts-, Währungs- und Sozialunion zwischen der DDR und der Bundesrepublik, die am 1. Juli 1990 begann, beschleunigte den Prozeß der Vereinigung Deutschlands und damit den Zwang zur möglichst schnellen Anpassung an die wirtschaftlichen Strukturen und Bedingungen der Bundesrepublik. Für einen allmählichen wirtschaftlichen Angleichungsprozeß blieb keine Chance mehr.

Auf dem Markt

Mitte 1990 war auch für die Pharma-Unternehmen der DDR eine neue Lage entstanden: Das von der Volkskammer am 17. Juni 1990 geänderte Treuhandgesetz stellte die Weichen von staatlicher Verwaltung des Volkseigentums in Richtung Privatisierung. Die Währungsreform am 1. Juli 1990 rief schlagartig die westliche, vor allem westdeutsche Konkurrenz auf den Plan und wurde wegen des chronischen Devisenmangels in den RGW-Ländern zur Hauptursache für die dramatisch zunehmenden Absatzprobleme auf den dortigen Märkten. Die ostdeutschen Pharmaunternehmen waren darüber hinaus aber noch mit weiteren Bedingungen konfrontiert, die sich als besonders schwerwiegend erweisen sollten: Die letzte DDR-Regierung ordnete die Auflösung aller Arzneimittelbestandsreserven an, deren Reichweite vier bis fünf Monate betrug. Dementsprechend kam es zu einer zusätzlichen Verschlechterung der Absatzsituation auf dem Inlandsmarkt. Und Artikel 33 des Einigungsvertrages legt aufgrund nicht bewiesener und sich sogar als falsch erweisender Befürchtungen des Bundesarbeitsministeriums über zu erwartende Milliarden-Defizite bei der gesetzlichen Krankenversicherung in Ostdeutschland einen 55prozentigen Preisabschlag auf alle auf dem Gebiet der früheren DDR vertriebenen rezeptpflichtigen Arzneimittel fest. Da dieses Territorium aber für die Ost-Hersteller Hauptabsatzgebiet, für die westlichen Anbieter jedoch ein zusätzlicher Markt war, traf die Entscheidung in erster Linie die Pharma-Unternehmen der Ex-DDR. Sie reduzierte die Bilanzgewinne in nicht unbeträchtlichem Maße, was sich für den angedachten Sanierungs- und Rationalisierungsprozeß nachteilig auswirkte. Denn als weitere Besonderheit des Pharmamarktes im vereinigten Deutschland ist festzuhalten, daß sich ab 4. Oktober 1990 der Markt in den alten Bundesländern für Ostprodukte nicht öffnete, da die ostdeutschen Arzneimittelhersteller nicht über die in der Alt-Bundesrepublik erforderlichen GMP-Zertifikate (Good Manufacturing Practise) für ihre Produkte verfügten. Zur Realisierung GMP-gerechter Produktionsbedingungen war ihnen eine Übergangsfrist bis zum 1. Januar 1993 eingeräumt worden, in der sie umfangreiche Investitionen vornehmen mußten, sollten ihre Produkte nicht gänzlich vom Markt verbannt werden. Den ostdeutschen Produzenten blieb also im wesentlichen nur ihr angestammtes Vertriebsgebiet auf dem Territorium der früheren DDR, das sich nach den Vorstellungen westlicher Konkurrenten zum Schauplatz eines scharfen Verdrängungswettbewerbs entwickeln sollte.

Die Marktsituation für die gesamte ostdeutsche Pharmaindustrie war also durch eine extreme Wettbewerbsbenachteiligung gekennzeichnet. Es entstand der Eindruck, daß mit diesen Maßnahmen die Ost-Konkurrenz auf kaltem Wege liquidiert werden sollte. Daß es dazu letztlich nicht kam, war in erster Linie ein Verdienst der Geschäftsleitungen der ostdeutschen Arzneimittelbetriebe. Diese hatten zur Bündelung ihrer Standpunkte und zur Wahrung ihrer Interessen bereits im Februar 1990 den Verband der deutschen Pharmaindustrie e. V. (VDPI) gegründet, der dann Anfang Oktober 1990 als Landesverband Ost in den Bundesverband der Pharmazeutischen Industrie e. V. (BPI) integriert wurde. Allerdings wurde zu diesem Zeitpunkt selbst bis in die Führungsspitzen des BPI hinein den Ost-Unternehmen kaum eine Überlebenschance eingeräumt.

Die Treuhandanstalt verstärkte diesen Eindruck durch die überstürzte Liquidierung der Neubra Pharm GmbH. Das modernste Pharma-Unternehmen der Ex-DDR auf einem unbelasteten und entwicklungsfähigen, 50 Hektar großen Gelände in Neubrandenburg, das bereits über GMP-gerechte Produktionsbedingungen verfügte, benötigte zur endgültigen Fertigstellung noch ein Investitionsvolumen von rund 200 Millionen DM. Für 1991 war bereits ein Umsatz von mehr als 81 Millionen DM geplant. Von der Unternehmensberatung Roland Berger & Partner war vorgeschlagen worden, das Unternehmen in mehrere selbständige GmbH aufzuspalten, denen jeweils gute Marktchancen eingeräumt wurden. Die Treuhandanstalt entschied jedoch gegen diese Konzeption und verweigerte die notwendigen Kredite. Damit wurde die Neubra Pharm als eines der ersten ostdeutschen Großunternehmen in den Konkurs geführt und mußte liquidiert werden. Diese Entscheidung bedeutete den Arbeitsplatzverlust für 1060 Mitarbeiter, darunter 336 Hoch- und Fachschulabsolventen - ein schwerer Schlag für die strukturschwache Region um Neubrandenburg.

Trotz dieser negativen Vorzeichen konnten sich die ostdeutschen Pharmaproduzenten im zweiten Halbjahr 1990 mit einem Gesamtumsatz von etwa einer Milliarde DM relativ gut behaupten. Der vor allem von der westdeutschen Konkurrenz erwartete schnelle Umstieg von Ärzten und Patienten der neuen Bundesländer auf westliche Produkte, wie er bei den Verbraucher-erzeugnissen in anderen Branchen massiv auftrat, blieb aus. Die ostdeutschen Hersteller sicherten sich einen Anteil von drei Vierteln des Marktes. Dafür waren mehrere Faktoren maßgebend:

Eine Ursache lag in der eklatanten Fehleinschätzung westdeutscher Wettbewerber zur Versorgungssituation auf dem ostdeutschen Pharmamarkt und zum Verhalten von Ärzten und Patienten. Die ostdeutschen Präparate verfügten über eine ausgesprochen hohe Akzeptanz bei Medizinern und Patienten. Die Ärzte der Ex-DDR setzten bei Arzneimittelverschreibungen auf ihre langjährigen positiven Erfahrungen mit diesen Präparaten, wollten unnötige Risiken einer Umstellung auf weitgehend unbekannte Medikamente nicht eingehen. Viele ostdeutsche Herz-Kreislauf-Mittel, Psychopharmaka und Analgetika erwiesen sich westlichen Erzeugnissen als durchaus ebenbürtig. Hinzu kam eine durchdachte Preisgestaltung in Verbindung mit einer marktgerechten Verpackung. Darüber hinaus unternahmen die ostdeutschen Hersteller alle Anstrengungen, um die Defizite in Marketing und Vertrieb in kürzester Frist aufzuholen. Nachdem noch die letzte DDR-Regierung das staatliche Arzneimittelkontor und dessen Vertriebsstrukturen aufgelöst hatte, bauten die Arzneimittelhersteller eigene Außendienste auf. Durch gezielte Umschulung fanden in diesen Bereichen viele Mitarbeiter eine neue, perspektivreiche Tätigkeit. Parallel dazu erfolgte eine Bereinigung der Produktpalette, die aufgrund der Autarkiebestrebungen und der Ausrichtung auf den Bedarf der RGW-Länder in keiner Weise den Wettbewerbserfordernissen am deutschen und westeuropäischen Pharmamarkt entsprach. Insbesondere mußten in kürzester Zeit Produktlinien geschaffen werden, die zur Herstellung aller marktüblichen Darreichungsformen geeignet waren, was für die auf nur wenige Applikationsformen spezialisierten Unternehmen (Leipzi-

Pharmazeutisches Kombinat Germed Dresden

ger Arzneimittelwerk auf Salben, Ankerwerk auf Flüssigpräparate, Isis Chemie auf feste Arzneiformen, Serum-Werk Bernburg auf Infusionslösungen) akuten Handlungs- und letztlich zusätzlichen Investitionsbedarf erzwang.

Um nicht längerfristig in Bedeutungslosigkeit zu versinken, setzten vor allem die größeren Unternehmen, im Gegensatz zu manch anderer forschungsintensiven Branche, auch unter den komplizierten Bedingungen des Übergangs zu marktwirtschaftlichem Handeln auf Innovation, so das AWD bei Herz-Kreislauf-Präparaten, die Jenapharm bei Medikamenten zur Behandlung von Beschwerden im Klimakterium und die Berlin-Chemie bei der Peptid-Forschung. Allerdings war der Erfolg solcher Forschungs- und Entwicklungsaktivitäten nicht nur vom Engagement der Fachkräfte abhängig, sondern auch davon, ob spätere Eigentümer ein Interesse an der wirtschaftlichen Verwertung der wissenschaftlichen Ergebnisse hatten. Schon in dieser Phase wurde deutlich, daß Sanierungsbemühungen auf der Unternehmensebene einerseits und Privatisierungauftrag der Treuhandanstalt andererseits durchaus nicht immer in gleicher Richtung wirkten.

Der Aufbau marktwirtschaftlicher Betriebsstrukturen erforderte eine Konzentration der Unternehmen auf die jeweiligen Kerngeschäfte. Mit dem Ziel, das Verhältnis von Aufwand und Ergebnis günstiger zu gestalten, kam es zur Ausgründung zahlreicher Betriebsteile, zur Reduzierung der Verwaltungsapparate, aber auch zur Stillegung uneffektiver Produktionsanlagen. Im Zeitraum des zweiten Halbjahres 1990 und des ersten Halbjahres 1991 sank die Beschäftigtenzahl in den ostdeutschen Pharmaunternehmen um rund ein Drittel. Neben der Ausgliederung von Betriebsteilen und dem Ausscheiden von Altersrentnern wurden in beträchtlichem Umfang Vorruhestands- und Altersübergangsregelungen in Anspruch genommen, so daß strukturbedingte Entlassungen (abgesehen von der Liquidation der Neubra Pharm) lediglich im Serum-Werk Bernburg, in der Feinchemie Sebnitz, der Laborchemie Apolda sowie im Leipziger Arzneimittelwerk notwendig wurden.

Im Ergebnis dieser Maßnahmen gelang es den Geschäftsleitungen der ehemaligen Germed-Kombinatsbetriebe, die Auswirkungen der Wettbewerbsbenachteiligungen zu dämpfen. Selbst unter den komplizierten Bedingungen der 55prozentigen Preisabschlagsregelung, die am 1. April 1991 in einem sogenannten Konsensmodell durch eine 25prozentige Abschlagsregelung modifiziert wurde, blieben die meisten Unternehmen in der Gewinnzone. Allerdings wurden dadurch die finanziellen Handlungsspielräume für eine schnelle Anpassung der Produktionsbedingungen an den GMP-Standard deutlich eingeschränkt. Am Ende des ersten Quartals 1991 verfügten die ehemaligen Germed-Unternehmen über abgestimmte Unternehmensstrategien und Privatisierungskonzepte. Im Geschäftsjahr 1991 steuerten die ostdeutschen Arzneimittelhersteller bei einem Marktvolumen von 3,2 Milliarden DM einen Marktanteil von mehr als 50 Prozent an.

Für den Kombinatsnachfolger Germed Pharma AG war von der Unternehmensberatung Roland Berger & Partner eine Grundsatzstrategie ausgearbeitet worden, die zum Ziel hatte, die Holding in einen national und international tätigen, selbständigen Konzern umzuwandeln. In den Bereichen Therapeutika, Diagnostika und Gesundheitspflegemittel sollten solide Basisprodukte im unteren Preissegment angeboten werden. Für die Tochterfirmen war eine jeweils eigenständige Inlandsmarktarbeit, im Ausland ein gemeinschaftliches Auftreten über die Außenhandelsgesellschaft vorgesehen. Unrentable Konzernbereiche und Tochtergesellschaften wollte man ausgliedern. Die Strategie ging für das Geschäftsjahr 1991 von einem Jahresumsatz von 94,5 Millionen DM und für 1992 von 112,7 Millionen DM bei gleichzeitiger Verringerung des Personalbestandes von 1300 (ohne Neubra Pharm und Forschungszentrum Biotechnologie) auf 630 im Jahre 1991 aus. Dieses Konzept fand nicht die Zustimmung des Vorstandes der Germed Pharma AG und wurde Ende 1990 auch von dessen Aufsichtrat abgelehnt. Statt dessen schlug dieser ein völlig neues Konzept vor, das die Konzentration auf nur einen Produktionsstandort am ausbaufähigen Gelände des Leipziger Arzneimittelwerkes sowie die Umwandlung der anderen Fertigungsbetriebe in Vertriebszentren vorsah.

Beide Konzepte hatten aber zur Bedingung, daß die in der Germed Pharma AG zusammengefaßten Firmen (außer Neubra Pharm und Forschungszentrum Biotechnologie) im Verbund saniert und privatisiert werden. Diese Voraussetzung wurde durch den dubiosen Verkauf des gewinnträchtigsten ostdeutschen Pharmaunternehmens, der Isis Chemie Zwickau, gesprengt. Die Treuhandanstalt, ohnehin auf die Schaffung mittelständischer Strukturen in der ostdeutschen Industrie orientiert, hatte kein Interesse an einer Privatisierung der AG als Ganzes, obwohl ein Unternehmen aus dem Westteil Berlins ernsthafte Übernahmeabsichten bekundete. Sie bestand vielmehr auf der Auflösung der Holding und dem Einzelverkauf der Unternehmen. Mit Gesellschafterbeschluß vom 22. Juli 1991 wurden alle Tochterunternehmen der Treuhandanstalt direkt unterstellt und die Liquidation der Germed Pharma AG eingeleitet. Aus der Liquidation ging als neues Unternehmen die Handelsgesellschaft Germed Pharma GmbH Pulsnitz hervor.

Im ersten Halbjahr 1991 zeigte sich entgegen allen Erwartungen, daß die ostdeutschen Pharmaunternehmen trotz deutlicher Wettbewerbsbenachteiligungen einen stabilen Inlandsmarkt erhalten konnten. Sie verfügten über Unternehmensstrategien, die sich an den neuen Markterfordernissen orientierten. Für die kleineren Firmen hatte sich letztlich der Verbleib in der Germed Pharma AG positiv ausgezahlt, konnten doch die schwerwiegenden Folgen der Auflösung des Kombinates ausgeglichen und konkurrenzfähige Betriebsstrukturen aufgebaut werden. Die Geschäftsleitungen der früheren Germed-Unternehmen hatten sich als fähig erwiesen, ihre Betriebe flexibel den veränderten inneren und äußeren Bedingungen anzupassen. Mit Ausnahme von Philopharm Quedlinburg und Laborchemie Apolda wirtschafteten alle Firmen in der Gewinnzone. Die Sanierungs- und Rationalisierungskonzepte konnten daher im wesentlichen aus eigenen Gewinnrücklagen finanziert werden. Damit waren auch die Voraussetzungen gegeben, weitestgehend bis zum 1. Januar 1993 die GMP-Bedingungen zu erfüllen, und das, obwohl die ab 1. April 1991 geltende veränderte Abschlagsregelung für verschreibungspflichtige Arzneimittel den ostdeutschen Herstellern monatliche Umsatzeinbußen von 20 Millionen DM verursachte. Dieser Situation ist es in nicht geringem Maße zuzuschreiben, daß die Unternehmen für westliche Pharma-Konzerne, die die Ost-Konkurrenz zunächst totgesagt hatten, attraktive Kaufobjekte wurden. Es setzte eine Phase beschleunigter Privatisierungsverhandlungen der Treuhandanstalt ein.

Die Privatisierung geht zügig voran

Viele ostdeutsche Arzneimittelproduzenten fanden im ersten Halbjahr 1991 zunehmendes Kaufinteresse bei westdeutschen und ausländischen Pharmaunternehmen, aber auch bei branchenfremden Investoren bis hin zu Immobilienfirmen. Der Verkauf von Germed-Betrieben wurde auch dadurch unterstützt, daß diese ihre positive wirtschaftliche Entwicklung im gesamten

Pharmazeutisches Kombinat Germed Dresden

Jahr 1991 fortsetzten - ein für die Industrie in den neuen Bundesländern fast einmaliger Vorgang. Allerdings war ein nicht unbeträchtlicher Teil des 91er Ergebnisses auf Hermes-verbürgte Exporte in osteuropäische Länder zurückzuführen. Von den 1,7 Milliarden DM Gesamtumsatz der ostdeutschen Arzneimittelhersteller wurde etwa ein Viertel auf diesen Märkten realisiert. Die Konsequenzen der mit Beginn des Jahres 1992 verschäften Hermes-Bedingungen waren dementsprechend drastisch: Die Ostgeschäfte kamen fast völlig zum Erliegen, so daß der Umsatz der ostdeutschen Pharmaindustrie im ersten Halbjahr 1992 lediglich ein Volumen von 730 Millionen DM erreichte. Kurzarbeit und weiterer Personalabbau waren die Folge.

Dennoch ging der Privatisierungsprozeß zügig vonstatten. Bei einigen Firmen wurde er allerdings durch ungeklärte Eigentumsverhältnisse und Restitutionsansprüche gebremst. Die Privatisierungskonzepte der Treuhandanstalt ließen zunächst verschiedene Wege offen. Neben dem direkten Verkauf wurde auch die Übernahme der großen Pharmahersteller durch Finanzkonsortien angedacht, die die Unternehmen bis zur Börsenreife begleiten sollten. Letztlich wurden aber Börsengänge als zu langwierige Prozesse verworfen und Investmentgesellschaften mit der Durchführung internationaler Verkaufsausschreibungen beauftragt. Bis Ende 1992 war die Privatisierung im wesentlichen abgeschlossen. Die zuständige Abteilung der Treuhandanstalt konnte ihre Tätigkeit bereits Mitte des Jahres 1992 beenden.

Als eines der ersten ehemaligen Germed-Unternehmen fand die Jenapharm einen Käufer. Die Vorgeschichte des Thüringer Unternehmens reicht in die vierziger Jahre zurück. In einem Labor der Firma Schott & Gen. wurde erstmals in Deutschland Penicillin aus Pilzkulturen isoliert. Das führte zur Gründung des Schott-Zeiss-Instituts für Mikrobiologie, aus dem am 1. Januar 1950 die Jenapharm hervorging. Neuer Eigentümer ist seit dem 1. Juli 1991 rückwirkend zum 1. Januar 1991 die zur Haniel-Gruppe gehörende Pharma-Handelsgesellschaft Gehe AG Stuttgart. Im Kaufvertrag mit der Treuhandanstalt verpflichtete sich das Unternehmen zu einer Beschäftigungsgarantie für 1500 Mitarbeiter und zu mehreren hundert Millionen DM Investitionen. Mit dem Bau einer neuen, modernen Fertigungsstätte bei Weimar wurde bereits im Herbst 1992 begonnen.

Das Oranienburger Pharmawerk wurde vom früheren Eigentümer Byk Gulden zurückgekauft und gehört nunmehr mit 18 weiteren Pharmaunternehmen zur Arzneimittelsparte der Altana Industrie-Aktien und Anlagen AG Bad Homburg, einer Tochter der Quandt-Gruppe. Das ehemalige Oranienburger Stammhaus der 1873 gegründeten Chemischen Fabrik Dr. Heinrich Byk war nach dem Zweiten Weltkrieg auf der Grundlage der Alliierten Kontrollratsgesetzgebung enteignet worden. Bis 1995 will das inzwischen in Konstanz ansässige Unternehmen etwa 150 Millionen Mark investieren und ein neues Pharmawerk errichten, in dem die festen Darreichungsformen der Medikamentenpalette des Konzerns hergestellt werden sollen.

Die Arzneimittelwerk Dresden GmbH gehört seit dem 1. Januar 1992 rückwirkend zum 1. Januar 1991 zum Firmenverbund der Asta Medica AG Frankfurt/Main, einem Tochterunternehmen der Degussa-Gruppe. Im Kaufvertrag sind Investitionen in einem Gesamtumfang von 325 Millionen DM und der Erhalt von 2000 Arbeitsplätzen in Aussicht gestellt. Die wechselvolle Geschichte des AWD reicht bis in das Jahr 1835 zurück, als in Dresden die Drogerie Gehe & Co. gegründet wurde. Eine weitere Traditionslinie begann 1874 ebenfalls in Dresden mit der Errichtung der Salicylsäurefabrik Dr. Friedrich von Heyden, die ihre

Produktion ein Jahr später an den heutigen AWD-Standort in Radebeul verlagerte. Durch Zusammenlegung der nach dem Zweiten Weltkrieg enteigneten Dresdner Pharmaunternehmen entstand 1961 der größte Arzneimittelproduzent der DDR.

Zum 1. Oktober 1992 erwarb der größte Pharma Konzern Italiens, die A. Menarini Industrie Farmaceutiche Riunite Florenz, die Berlin-Chemie AG. Das bisher nur in Südeuropa operierende Unternehmen will Berlin zur Geschäftszentrale für Nord- und Osteuropa ausbauen. Diesem Ziel dienen auch die im Kaufvertrag zugesagten 400 Millionen DM an Investitionen, mit denen etwa 1000 Arbeitsplätze erhalten werden sollen. Die Unternehmensgeschichte von Berlin-Chemie begann 1872, als die Firma Kahlbaum in Berlin-Adlershof die Produktion chemischer Erzeugnisse aufnahm. 1927 kam es zur Fusion mit der Schering AG, die später alleiniger Eigentümer wurde. Nach 1945 enteignet, firmierte das Unternehmen bis 1956 als VEB Schering.

Wenig ruhmvoll, dafür aber medienwirksam gestaltete sich die Privatisierung der Isis Chemie GmbH Zwickau. Das profitabelste Unternehmen der damaligen Germed Pharma AG mit einem Betriebsergebnis von mehr als 30 Millionen DM vor Steuern wurde Objekt eines spekulativen Verkaufs. An Treuhandanstalt und Aufsichtsrat der AG vorbei ging es unter maßgeblicher Mitwirkung des damaligen Vorstandsvorsitzenden der Germed Pharma AG und Isis-Geschäftsführers zu einem Spottpreis an frühere Eigentümer, die es sofort an eine Schweizer Briefkastenfirma veräußerten. Diese verkaufte schließlich das Zwickauer Unternehmen zu einem Vielfachen des ursprünglichen Preises an das rheinische Familienunternehmen Schwarz Pharma AG Monheim. Mit diesem Deal wurde nicht nur das Firmenkonzept der Germed Pharma AG gesprengt, was letztlich zu deren Liquidation führte, sondern auch die bayerische

Hexal-Gruppe ausgebootet, mit der Isis seit 1990 kooperierte und die bereits mehrere Millionen DM in Zwickau investiert hatte. Für das nunmehr als Isis Pharma GmbH firmierende Unternehmen sind umfangreiche Investitionen geplant, in deren Ergebnis eine Konzentration aller Betriebsstätten an einem neuen Standort in Zwickau erfolgen wird.

Ähnliche Probleme wie bei der Privatisierung der Isis sind auch bei der noch in Treuhandbesitz befindlichen Ankerpharm GmbH Rudolstadt nicht auszuschließen. Dort ist es zu einem Rechtsstreit um Ansprüche zwischen entschädigungsinteressierten Erben und beutegierigen Neueinsteigern gekommen, der sich zum Nachteil des Unternehmens entwickeln kann.

Wenig spektakulär vollzogen sich andere Privatisierungen: Die Germed Handelsgesellschaft mbH ging Ende 1991 als 100prozentige Tochter an das Arzneimittelwerk Dresden. Die Esparma GmbH Magdeburg, die Anfang der siebziger Jahre aus dem Zusammenschluß mehrerer enteigneter Kleinbetriebe entstand, wurde wieder geteilt. Ein Betrieb wurde an den früheren Eigentümer rückübertragen und firmiert heute als Carl Hoernecke GmbH Chemisch-pharmazeutische Fabrik Magdeburg. Der andere Teil ging mit Wirkung vom 1. Januar 1991 an die Amino GmbH Feilstedt, eine Tochtergesellschaft der Nordzucker AG.

Am 1. Januar 1992 erfolgte rückwirkend zum 1. Juli 1990 die Privatisierung der Pharma Wernigerode GmbH. Die Geschäftsanteile des im Jahre 1903 gegründeten Unternehmens gingen zu 40 Prozent an die Nachfahren des früheren Eigentümers Johannes Bürger, zu 40 Prozent an den Verpackungshersteller Remy & Geiser sowie zu 20 Prozent an Mitglieder der Geschäftsleitung der Pharma Wernigerode.

Am 1. August 1992 wurde das Leipziger Arzneimittelwerk an die deutsche Tochter des US-amerikanischen Pharmaunterneh-

Pharmazeutisches Kombinat Germed Dresden

mens Wyeth mit Sitz in Münster verkauft. Wyeth gehört zum Konzern American Home Products.

Die Serum-Werk Bernburg AG wurden in einem MBO-Verfahren zu 33 Prozent durch das Management übernommen, die anderen Anteile halten Finanzierungspartner aus der Privatwirtschaft.

Über MBO erfolgte auch die Privatisierung der Feinchemie GmbH in Sebnitz. Der Verkauf der Philopharm GmbH Quedlinburg konnte erst erfolgen, nachdem im Herbst 1992 eine Aufteilung in drei selbständige Unternehmensbereiche vorgenommen worden war. Der Synthesebereich wurde dem Arzneimittelwerk Dresden zugeordnet. Der Pharmateil ging als Philopharm GmbH an die Giulini Chemie Ludwigshafen, der übrige Teil an Bergan Bochholt.

Ausblick

Anfang 1993 waren die früheren Germed-Kombinatsbetriebe weitgehend privatisiert, die Sanierungsprozesse in der Regel aber noch nicht abgeschlossen. Als eigenständige deutsche Pharmamarken mit, von wenigen Ausnahmen abgesehen, GMP-gerechten Produktionsbedingungen besitzen sie zwar die Voraussetzungen für den Zugang zu den westlichen Märkten, dennoch hat sich ihre wirtschaftliche Situation verschärft. Zum einen zeigte sich schon im zweiten Halbjahr 1992, daß die ostdeutschen Hersteller die Umsatzverluste aus den weggebrochenen Ost-Märkten kurzfristig nicht ausgleichen können. Zum anderen gewannen die westlichen Anbieter vor allem bei den nicht verschreibungspflichtigen Medikamenten in den neuen Bundesländern deutlich an Boden, so daß sich der Marktanteil ostdeutscher Pharma-Produzenten von einem Drittel auf ein Fünftel verringert hat. Darüber hinaus ist die Pharma-Industrie insgesamt seit 1. Januar 1993 von den direkten und indirekten Folgen des Gesundheitsstrukturgesetzes betroffen. Daraus resultieren für die ostdeutschen Hersteller monatliche Einnahmeverluste von 15 Millionen Mark, die für weitere Investitionen und verstärktes Marketing fehlen.

Schwierige Zeiten für die Nachfolger des Germed-Kombinates...

Kombinat "Fortschritt" Landmaschinen Neustadt

Ein leicht rosa gefärbtes Jahr

Von LOTHAR BRUNSCH

■ **Im Mai gegründet –
im Mai aufgelöst**

■ **Insgesamt unsichere
Zukunftsaussichten**

■ **Erheblicher Personalabbau**

■ **Aus der Kombinats-Chronik**

Der Landmaschinenbau hat im ostsächsischen Raum eine lange, mehr als einhundertjährige Tradition. Die industrielle Entwicklung um die Mitte des 19. Jahrhunderts führte dazu, daß besonders in Sachsen einige Handwerksmeister von der Einzelfertigung von Landmaschinen zu deren Serienfertigung übergingen. Vorgänger des Neustädter Fortschritt-Betriebes waren beispielsweise die Hering-Landmaschinenwerke. Schon 1854 wurde in Neustadt die erste Getreidereinigungsmaschine hergestellt, und bereits um die Jahrhundertwende gingen Lieferungen auch nach Polen, Rußland, Österreich, Ungarn und Südamerika. Rudolf Klinger baute 1886 in Stolpen die erste Glattstrohpresse der Welt mit selbsttätiger Strohzuführung und -bindung. Das Mähdrescherwerk in Singwitz gründet sich

zwar auf eine ehemalige Papierfabrik, aber ganz in der Nähe, in Raussendorf, werden seit langem – jetzt wieder privat – Knüpfapparate für Strohpressen gebaut. Herrmann Raussendorf konstruierte 1906 die erste Schwingkolben-Strohpresse.

Vorläufer des VEB Bodenbearbeitungsgeräte Leipzig war die Pflugfabrik der Firma Sack. Rudolph Sack, ein Landwirt aus der Leipziger Gegend, hatte 1850 einen ersten eisernen Pflug in der heimatlichen Dorfschmiede gefertigt. 1863 gründete er eine eigene Firma, die sich schnell einen guten Ruf erwarb. Seit 1866 produzierte man bei Sack den ersten stählernen Universalpflug in Serie. Auch in anderen Teilen Sachsens konstruierten hervorragende Techniker neue Landmaschinen. In Bernburg, einem späteren Kombinatsbetrieb, begann W. Siedersleben beispielsweise 1868 mit der Fertigung der ersten leistungsfähigen Drillmaschinen.

Nach Aussagen des letzten Kombinatsdirektors, Hans Schneider, gehörte das Kombinat, gegründet auf diese Traditionen, "zu den führenden Landmaschinen-Herstellern der Welt. Vor allem bei Halmfuttertechnik, Kartoffelerntern, Mähdreschern, Strohpressen, Getreidereinigungstechnik, Bodenbearbeitungsgeräten und Melktechnik behaupten wir Spitzenpositionen", so Schneider im Jahr der Wende, das auch das Ende des Kombinates einleitete.

Das Kombinat hatte zuletzt einen Produktionsumfang von rund neun Milliarden Mark jährlich (inklusive Eigenverbrauch), der von ungefähr 54 000 Beschäftigten erzeugt wurde. Davon gingen etwa 60 Prozent in den Export, zu 95 Prozent in Richtung Osten und fünf Prozent in das sogenannte nichtsozialistische Wirtschaftsgebiet. Mehr als 50 Prozent aller Exporte des Kombinates nahm die Sowjetunion ab. Das Kombinat hatte einen Anteil am gesamten DDR-Export von neun Prozent, war also sehr exportorientiert und von hohem Gewicht für

Kombinat "Fortschritt" Landmaschinen Neustadt

die DDR-Wirtschaft insgesamt. Daß nur fünf Prozent der Exporte in den Westen gingen, lag nicht etwa an mangelnder Qualität der Erzeugnisse, sondern vorrangig an dem grundsätzlich anderen Typ von Landwirtschaft, der dort im Vergleich zur kollektivierten Landwirtschaft in den ehemals sozialistischen Ländern betrieben wurde, für den die Erzeugnisse des DDR-Landmaschinenbaus überwiegend bestimmt waren. Ein Nachteil dieser Produkte war eben die Tatsache, daß sie in der Regel nur auf großen Flächen und im Verbund mit anderen Maschinen und Geräten einsetzbar waren - als sogenannte Erntekomplexe beispielsweise, die für westeuropäische Bauernhöfe so nicht wirtschaftlich waren. Einige Erzeugnisse hatten aber durchaus auch im Westen Absatz und Anerkennung gefunden, zum Beispiel Mähdrescher – insbesondere in Frankreich – oder auch die Halmfuttertechnik und Strohpressen.

Das Kombinat Fortschritt Landmaschinen war praktisch über das gesamte Gebiet der DDR verteilt und bestand zuletzt produktionsseitig aus folgenden Betrieben, die folgende Produkte herstellten:
• VEB Erntemaschinen Neustadt (Stammbetrieb), wo auch die Kombinatsleitung ihren Sitz hatte; Schwadmäher, Hochdruckpressen, Gartengerätesysteme
• VEB Agroanlagen Dresden; dieser Betrieb übernahm die Planung und Vorbereitung, Projektierung, Lieferung und Montage, Service und zeitweilige Bewirtschaftung von Agrochemischen Zentren, Siloanlagen, Sortier- und Lagerhäusern, Rinderanlagen für Fleisch- und Milchproduktion einschließlich Kälber- und Jungrinderaufzucht, analoge Schweineanlagen, Werkstätten für Traktoren und Landmaschinen einschließlich Ausbildungsstätten
• VEB Weimar Werk; Kartoffelernter, Kartoffelaufbereitungsanlagen wie Steintrennanlagen, Kartoffeldämpfer, Kartoffelschällinie, Mobil-

kran/-bagger, Stallarbeitsmaschinen, mobile Hochdruckreinigungsgeräte
• VEB Landmaschinenbau Bernburg; Anbau-Drillmaschinen, Einzelkornsämaschinen
• VEB Landmaschinenbau Halberstadt; Trennanlagen für Kartoffeln, Verlesetische sowie verschiedene Zusatzgeräte dafür
• VEB Dämpferbau Lommatsch; Untergrößen-Trenneinrichtung für Kartoffeln, verschiedene Fördergeräte, Walzenverteiler- und Dosierer, Erd- und Feinkrautabschneider, Niederdruck-Dampferzeuger, Dämpfmaschinen, Magermilcherwärmer, Warmwasserspeicher
• VEB Anlagenbau Impulsa Elsterwerda; verschiedene Melkanlagen – fahrbar oder stationär, für den Stall- oder Weidebetrieb und auch für Schafe, nachgeordnete Systeme wie Steuergeräte, Milchschleusen, Reinigungs- und Desinfektionsgeräte, Vakuum- und Spezialanhänger
• VEB Anlagenbau Petkus Wutha; Saatgut-Aufbereitungsanlagen für verschiedene Körnerfrüchte einschließlich Grassamen und Kakaobohnen, Silos zur Lagerung und Belüftung
• VEB Erntemaschinen Singwitz; Mähdrescher und Zusatzausrüstungen
• VEB Getriebewerk Kirschau; Getriebe für die selbstfahrenden Landmaschinen, Etagenbacköfen, Umwälzanlagen und verschiedene Zusatzeinrichtungen für Bäckereien (z.B. Mehlsiebmaschinen)
• VEB Erntemaschinen Bischofswerda; Mähdrescher und Zusatzausrüstungen, in Bischofswerda wurde im Unterschied zu Singwitz ein andere Typ von Mähdrescher hergestellt
• VEB Traktoren- und Dieselmotorenwerk Schönebeck; Traktoren und Zusatzausrüstungen, Feldhäcksler, wasser- und luftgekühlte Dieselmotoren
• VEB Bodenbearbeitungsgeräte "Karl Marx" Leipzig; Dreh-, Beet-, Schäl- und Scheibenpflüge, Grubber, Eggen, Walzen und Scheibennachläufer

• VEB Landmaschinen "Rotes Banner" Döbeln; Saatbettbereitungs- und entsprechende Nachbearbeitungsgeräte, verschiedene Arbeitswerkzeuge und Ersatzteile, Schleuderdüngerstreuer und ein Aufsatzstreugerät für den Straßenwinterdienst
• VEB Sirokko–Gerätewerk Neubrandenburg; verschiedene Heizgeräte, Heizkessel für Ölfeuerungen, Zündbrenner, Schiffspositions- und Signallaternen, Eisenbahnlampen und -laternen, Positionslaternen für Kleinfahrzeuge
• VEB Landmaschinenbau Falkensee; verschiedene Bandförderanlagen, Verlademaschinen, Schnellader, Transportbänder
• VEB Landmaschinenbau Torgau; Adapter für den Mähdrescher E 516 (Schneidwerke, Schwadaufnehmer, Transportwagen, Heckanbau-Vielfachgeräte, Querförderbänder, Paletten, Betonschutz-Stahlplatten, Seilförderer- und Wagenförderketten mit Hülsenkette
• VEB Landmaschinenbau Güstrow; Aufsatteldüngerstreuer und entsprechende Streuaufsätze, Anbaugrubber, verschiedene Rollenketten.

Darüber hinaus stellten alle Kombinatsbetriebe – auf der Grundlage entsprechender zentraler Weisungen – ein mehr oder weniger großes Sortiment sogenannter Konsumgüter her. Entsprechend der Grundproduktion waren dies in erster Linie Eisenwaren, Werkzeuge, Gartengeräte, Geräte für die Kleinviehhaltung, aber auch Kohlenschaufeln, Flaschen- und Dosenöffner, Milchkannen, Fahrräder, Pkw-Anhänger und anderes mehr.

Diese Konsumgüter-Produktion innerhalb des Kombinates ergänzte sich zum Teil: Zum Beispiel wurden die Fahrräder in Bischofswerda produziert — die entsprechenden Schlösser in Neubrandenburg, Pkw-Anhänger in Schönebeck – Deckel dafür in Döbeln. Die Produktion erfolgte auch in anderen Betriebsteilen, so daß die regionale Dichte der Produktionsstandorte des Kombinates über die genannten Orte hinausreichte.

Im Mai gegründet – im Mai aufgelöst

Nach der auf dem Einigungsvertrag beruhenden Umwandlungsverordnung ist das Kombinat "Fortschritt" Landmaschinen nach ziemlich genau 39-jährigem Bestehen im Frühsommer 1990 aufgelöst und umgewandelt worden, und zwar nicht als Einheit, sondern jeder Betrieb für sich – einschließlich der Kombinatsleitung. Das Kombinat wurde zergliedert, ohne zu überlegen, ob vielleicht ein Restverbund bestimmter, sich ergänzender Produktionsteile nicht weiterhin auch unter marktwirtschaftlichen Verhältnissen ökonomisch sinnvoll wäre. Aus dem Kombinat entstanden zunächst 53 einzelne GmbH, die alle noch nach DDR-Recht gegründet wurden. Davon standen etwa zwei Drittel unter der Verwaltung der Treuhand-Zentrale und deren Niederlassungen in den ehemaligen Bezirkshauptstädten. In der Folge der Umwandlung waren Ende 1990 aus dem Kombinat insgesamt etwa 200 Einzelunternehmen entstanden, zu denen 1991 und 1992 durch Ausgründungen, MBO und auf andere Weise weitere hinzukamen.

Von 12 ehemaligen Kombinatsbetrieben gab es noch 1990 den Versuch, einen "Verbund Fortschritt Landmaschinen" zu bilden. Das waren vor allem Betriebe mit starken Ostgeschäftsanteilen, darunter die Kernbetriebe. Ein entsprechender Kooperationsvertrag wurde vorbereitet, der aber keine gegenseitige Kapitalverflechtung vorsah. Der Verbund lebte nur etwa sieben Monate und wurde zum 1. Januar 1991 aufgelöst, weil die Interessengegensätze zu groß waren. Neid und die Angst, den anderen eventuell zu bevorteilen, bis hin zu subjektiven Animositäten waren ein Grund dafür. Ein weiterer bestand darin, daß mancher Kooperationspartner sich die Zusammenarbeit

Kombinat "Fortschritt" Landmaschinen Neustadt

Absatz der Hauptprodukte						
(vor 1990 Angaben im Jahresdurchschnitt 1980-1989 · 1992 Einschätzung für das Ist)						
	Mähdrescher* vor 1990****	1992	Feldhäcksler** vor 1990	1992	Schwadmäher*** vor 1990	1992
Drittländer	605	57	416	0	416	0
Westeuropa	200	60	50	30	134	0
Osteuropa	4015	78	7275	1947	7750	2259
Neue Bundesländer	580	219	329	30	375	0
Insgesamt	5400	414	8070	2007	8675	2259

* Mähdrescherwerke AG Singwitz   ** LandTechnik Schönebeck AG   *** Fortschritt Erntemaschinen Neustadt GmbH
**** Produktion auf zwei Standorten (Singwitz und Bischofswerda), ab 1990 Konzentration auf Standort Singwitz   Quelle: THA

auf samariterhafter Basis unter Ausschaltung marktwirtschaftlicher Gesetze dachte, praktisch dauerhafte Abnahme- bzw. Liefergarantien gewährleistet haben wollte wie in alten DDR-Zeiten. Hinzu kam natürlich der faktische Zusammenbruch der Ostmärkte, der ein gut Teil der Kooperationsbasis – das Ostgeschäft – beseitigte.

Die Auflösung des Verbundes wurde später wieder teilweise korrigiert: Petkus Wutha, LandTechnik Schönebeck und Fortschritt Erntemaschinen Neustadt entschlossen sich, ihre Produkte von einer gemeinsamen Vertriebsorganisation, der Landmaschinen und Transporttechnik Vertriebsgesellschaft mbH (LTV), vermarkten zu lassen. Die LTV ist aus dem "Fortschritt Landmaschinen Export-Import Volkseigener Außenhandelsbetrieb der DDR" in Berlin hervorgegangen und hat auch dort ihren Sitz. Dieser Betrieb koordinierte und realisierte nicht nur die Export- und Importtätigkeit des Kombinates "Fortschritt", sondern auch die anderer Kombinate; zum Beispiel des Kombinates NAGEMA oder einzelner Produkte anderer Kombinate und Betriebe. Darunter fielen Anlagen zur Eier- und Geflügelproduktion von Ratioprojekt Berlin, Milchverpackungslinien und Mühlen aus Dresden, Behälter und Apparate für die Getränkeindustrie aus Thale oder auch Feuerlöschgeräte aus Neuruppin.

Die LTV wurde im Dezember 1990 gegründet und hat 1991 die Auslandsbüros des ehemaligen Außenhandelsbetriebes (AHB) übernommen, so in den Hauptstädten vieler Nachfolgerepubliken der ehemaligen Sowjetunion wie Minsk, Kiew, Alma-Ata, Moskau, den baltischen Hauptstädten, außerdem in Peking und den europäischen Reformländern außer Tirana. Die LTV ist auch im Wirtschaftskooperationsrat Bundesrepublik-Rußland vertreten.

Welche Ostgeschäfte laufen noch? An Finalprodukten wird Futtertechnik abgesetzt wie Schwadmäher, Häcksler und Pressen. Die Saatgutreinigungstechnik hat ebenfalls noch guten Absatz. Diese Produkte werden vorrangig nach Rußland, Kasachstan und in die Ukraine geliefert. Nach Belorußland werden gegenwärtig fast ausschließlich Ersatzteile exportiert. Mähdrescher sind für die LTV zur Zeit kein Thema, könnten aber eins werden, wenn die Mähdrescherproduktion von Singwitz in ihr Sortiment käme. In die GUS wurde von der LTV 1991 für etwa eine Milliarde Mark geliefert, 1992 waren es nach vorläufigen Angaben rund 800 Millionen Mark. Der Rückgang der Lieferungen gegenüber dem einstigen Volumen hat nach den Worten von LTV-Geschäftsführer Bernhard Perlich schon erhebliche negative Auswirkungen auf die GUS-Landwirtschaft. Daß die Lieferungen von Ersatzteilen und Futtermittelmaschinen erst wieder im August 1991 aufgenommen wurden, ist nach Aussage des russischen Landwirtschaftsministers ein wesentlicher Grund für den Rückgang der Fleischproduktion in seinem Land. Von den Kooperationsbeziehungen des Kombinates zu ehemaligen RGW-Partnern sind nur die Lieferung von Schneidwerkzeugen aus Ungarn – in verringertem Umfang – und die Zusammenarbeit zwischen Leipzig und dem ukrainischen Tarnopol bei der Produktion von Rübenrodern geblieben.

Die Konkurrenz hat sich nach Aussagen führender Mitarbeiter der ehemaligen Kombinatsleitung über die Zerschlagung des Kombinates mit Sicherheit nicht gegrämt, also Unternehmen wie John Deer, Claas oder Klöckner-Humboldt-Deutz. Vor allem in der Konkurrenz auf dem chinesischen Mähdrescher-Markt hatten John Deer und Claas schlechte Erfahrungen mit der Wettbewerbsfähigkeit von "Fortschritt" gemacht. Die zum Teil lautstark bekundeten Absichten dieser Unternehmen, einzelne Teile des ehemaligen Kombinates zu übernehmen und weiterzuführen, haben sich allesamt zerschlagen. Der Chef-Abwickler der ehemaligen Kombinatsleitung hegt gar den – im übrigen nahe liegenden – Verdacht, daß solche Gespräche und Verhandlungen nur Hinhaltetaktik waren und dazu dienen sollten, diese Betriebe als künftige Konkurrenten auszuschalten. So gab es seitens Klöckner-Humboldt-Deutz die Absicht, die Traktorenproduktion in Schönebeck – mit der jetzigen Schönebeck LandTechnik AG – weiterzuführen. Die Vorbereitungen dazu waren weit gediehen bis der KHD-Vorstand sich gegenteilig entschied. Hier spielten letztlich vor allem Überlegungen eine Rolle, daß die dann modernere Produktion in Schönebeck angesichts der allgemeinen Absatzflaute negative Rückwirkungen auf das Kölner Traktorenwerk von KHD haben könnte. Auch die Gespräche von Claas mit Bischofswerda, Neustadt und Singwitz sowie von John Deer mit den gleichen Unternehmen verliefen ergebnislos, sieht man einmal von der "Übernahme" vieler Mitarbeiter ab. Anderenorts heißt so etwas – "brain drain".

Die Kernbereiche des ehemaligen Kombinates sind daher nach wie vor nicht verkauft und unter Treuhand-Regie. Von den "Großen" ist lediglich der Betrieb Agroanlagen Dresden über MBO privatisiert. In den Chefetagen der verbliebenen Betriebe wird positiv vermerkt, daß die Forschungsbereiche noch erhalten sind – zwar um einiges, darunter auch unnötiges abgespeckt, aber immerhin. Im ehemaligen Neustädter Stammbetrieb beispielsweise haben Forschung und Konstruktion schon weit vor der Wende mit modernster Computertechnik gearbeitet.

Insgesamt unsichere Zukunftsaussichten

Die Situation des Schönebecker Betriebes wird in der Treuhandanstalt als ganz kritisch eingeschätzt. Der dort produzierte Häcksler ist nur auf den Ostmärkten abzusetzen. Ob der in Vorserie angelaufene, vielseitig einsetzbare Kleintraktor SYSTRA ab 1994 auch tatsächlich produziert wird, ist gegenwärtig noch sehr ungewiß. Gleiches gilt für den in die Nullserie gehenden Feldhäcksler MARAL 150, der vor allem in Westeuropa seinen Markt finden soll.

Im Zusammenhang mit der Diskussion um den Erhalt "industrieller Kerne" kann der Schönebecker Betrieb noch seine Chance bekommen. Gelingt es ihm, seine schon auf derzeit 880 Beschäftigte geschrumpfte Personalstärke bis 1. 4. 1994 nochmals zu halbieren, dürfte einer Einstufung als "sanierungsfähiger Betrieb" nichts mehr im Wege stehen.

Petkus Wutha erzielte 1991 ein positives Betriebsergebnis und wird voraussicht-

Kombinat "Fortschritt" Landmaschinen Neustadt

lich auch für 1992 keine Verluste ausweisen. 60 Prozent der Produktion – Saatgut-Reinigungsanlagen – gehen in den Osten, der auf diese Erzeugnisse nicht verzichten kann.

In Torgau, wo früher vor allem der Steilförderer für Rübenroder hergestellt wurde, hat man die Produktion auf Stahlbauerzeugnisse für Kiesgruben umgestellt.

Die Mälzerei in Erfurt produziert kein Malz mehr, sondern Behältertechnik. Die Überlebenschancen dieses Betriebes stehen äußerst schlecht.

Das Mähdrescherwerk in Singwitz sollte noch zu Jahresbeginn privatisiert werden. Im Gespräch war der gleiche Investor, der auch den Betriebsteil in Freiburg gekauft hatte, wo das hintere Schneidwerk produziert wurde. In Singwitz, so schätzte die Treuhand zu Jahresbeginn ein, sei das Produkt sehr gut, habe augezeichnete Marktchancen und sei preislich günstig. Zudem wurde intensiv an dem neuen "Erntemeister 527" gearbeitet. Das war auch im Nachbarbetrieb Fortschritt Erntemaschinen GmbH bekannt. Dort hätte man die Singwitzer Produktion liebend gern übernommen, weil sie gut in das eigene Konzept eines Universalanbieters paßte. Dieses Ziel wurde mit eigenen Neuentwicklungen und Lizenzproduktionen verfolgt. Lange glaubte man auch im Rohwedder-Haus, daß der Betrieb ohne die Ostmärkte überleben könne.

Letztlich sind aber weder die Produktionsverlagerung noch die Privatisierungen gelungen. Einer der Gründe liegt gewiß in den oben angeführten Uralt-Animositäten. Das Konkurrenzdenken zwischen beiden Standorten verhinderte ein Aufeinanderzugehen. Als die Liquidation des Singwitzer Werkes drohte, verstieg sich ein Betriebsratsmitglied der Mähdrescherwerke zu der Aussage: "Jetzt werden wir alles tun, damit das Neustädter Werk ebenfalls in Liquidation gehen muß." So ist es schließlich auch

gekommen. Beide Mähdrescherwerke befinden sich seit 6. April 1993 in Liquidation.

Die Weimar-Werk Maschinenbau GmbH sollte Ende Dezember 1992 an einen Investor veräußert werden, der Rübenrodegeräte produziert und durch den Zukauf der Kartoffelerntemaschinen-Produktion seine Palette erweitern wollte. Das schwarze Zahlen schreibende Weimar-Werk Baumaschinen GmbH wäre fast schon im Juli 1992 verkauft worden. Beide haben weiterhin gute Privatisierungs- und Zukunftschancen.

Auch BBG Leipzig ist in der Endphase der Privatisierung. In Leipzig zählt man vor allem auf drei Trümpfe: Die bereits vor 1989 "aus einem sicheren Gespür heraus" aufgenommenen Geschäftsverbindungen zu westdeutschen Firmen, die traditionell engen Kontakte zum GUS-Markt und die reichen technischen und technologischen Erfahrungen. Die Betriebsstruktur wurde auf die drei traditionellen Produktionsgruppen konzentriert: Bodenbearbeitung, Pflanzenschutz und Rübenernte. Die darauf ausgerichtete Sanierungskonzeption fand sowohl 1990 als auch 1991 die Zustimmung der Treuhand.

In den ersten beiden Produktionsgruppen wurde der Übergang bzw. der Neubeginn mit viel Kraftaufwand erreicht und bald wieder voll gearbeitet. Durch die enge vertragliche Koordinierung mit den "alten" Westpartnern konnten die in der Übergangszeit erlittenen Verluste auf dem angestammten Absatzmarkt der ehemaligen DDR in Grenzen gehalten werden, der Marktanteil liegt bei einigen Produktgruppen zur Zeit bei 20 Prozent, Tendenz steigend.

Damit war aber die Existenz des Gesamtbetriebes nicht gesichert. Denn immerhin war vor der Wende der Absatz zu zwei Dritteln auf den Ostmarkt ausgerichtet, auf dem 80 Prozent des Umsatzes gemacht wurden. Der Vorstand verharrte nicht im Warten auf eine Wende zum Guten im Osten, zur Zahlungsfähigkeit der Partner und auf Hermes-Bürgschaften. Das Resultat einer in Leipzig geborenen Idee zur Bildung einer Art "Musterfarm" findet sich heute in der 'Agros'- Gesellschaft wieder. Zu ihrer Gründung fanden im Dezember 1990 erste Gespräche im ukrainischen Landwirtschaftsministerium statt. Heute befindet sie sich je zur Hälfte im Besitz der Leipziger AG und einer ukrainischen Assoziation einer Kreisverwaltung mit über 60 Kolchosen. Sicher war die Finanzierung des Projektes nicht problemlos. Die Banken waren mit Kreditzusagen zurückhaltend, ihnen war das Sicherheitsrisiko zu groß. Hier sprang die Treuhandanstalt mit einer Anschubfinanzierung in Höhe von 26 Millionen Mark in die Bresche.

Der Standort Elsterwerda bleibt zwar erhalten, muß aber hinsichtlich Produktion und Personal stark zurückgefahren werden. Trotzdem ist man dort auch optimistisch. Die Impulsa AG Elsterwerda bezeichnet sich sehr selbstbewußt "als einer der weltweit größten Hersteller für Milchgewinnungs-, Milchkühl- und -Lagertechnik". Eine Einschätzung, die nicht zu Unrecht besteht: In den vergangenen 40 Jahren wurden mehr als 325 000 Melkanlagen hergestellt – von der Kannenmelkanlage für die "Einzelkuh" bis zum Fischgräten- und Weidemelkstand für große Herden. Die Anlagen deckten den Bedarf in Ostdeutschland und fanden reißenden Absatz in den Ostblockländern, vor allem in der damaligen Sowjetunion, aber auch in Entwicklungsländern Asiens, Afrikas und Lateinamerikas.

"Der Ostmarkt ist fast völlig zusammengebrochen, obwohl der Bedarf dort noch immer sehr groß ist", sagt Klaus Keusch vom Vorstand der Impulsa-AG. Das Unternehmen hatte sich zu Beginn 1991 eine gute Chance ausgerechnet, wieder mit ansehnlichen Lieferungen an vergangene Zeiten anzuknüpfen. Eine Fehlrechnung, wie

sich inzwischen zeigte. Wegen des akuten Geldmangels in den GUS-Ländern reduzierte sich der Umsatz dorthin auf ein Fünftel. Auch andere Aufträge aus Ostblockstaaten wurden storniert. Ganz anders ist dagegen die Lage in den neuen Bundesländern: Hier konnte 1992 eine Umsatzsteigerung von 40 bis 50 Prozent gegenüber dem Vorjahr erreicht werden. Damit ist aber nur ein kleiner Teil des Umsatzrückgangs in die GUS-Länder wettgemacht.

Die Umsatzsteigerung in Ostdeutschland verdanken die Elsterwerdaer einer sehr gezielten und aggressiven Forschungsentwicklung. Das Ergebnis dieser Maßnahmen wurde von Klaus Keusch am Jahresende 1992 so dargestellt: "Wir sind eines der wenigen glücklichen Unternehmen im Osten Deutschlands, das marktgängige, wettbewerbsfähige Produkte anzubieten hat. Neue Produkte, eine gestärkte Mannschaft, ein straffes Vertriebssystem, ein festes Händlernetz geben daher die Gewähr, daß wir ein sehr gutes Jahr 1992 beenden werden. Zwar noch nicht ganz mit schwarzen Zahlen, ein leicht rosa gefärbtes Jahr."

Impulsa hat – so jedenfalls Vorstandsmitglied Keusch – "noch zu viele Mitarbeiter". Gegenwärtig sind es 650, eine Zahl, die auf dem Auftragsvorlauf des vorigen Jahres basierte. Als effektiv sieht Keusch 250 bis 300 Beschäftigte an, Rationalisierung steht also ganz vornan. Ziel der Absatzentwicklung soll verstärkt die Alt-Bundesrepublik werden, Impulsa will in Regionen vorstoßen, die bis jetzt von anderen Wettbewerbern besetzt sind. Ob dort ein ebenso großer Marktanteil wie in Ostdeutschland (30 Prozent des 1992er Umsatzes) erreicht werden kann, bleibt abzuwarten. In Döbeln konnten 133 Arbeitsplätze gesichert werden, die über MBO privatisiert wurden. Privatisiert sind – ebenfalls über MBO – auch das Apparatewerk in Nordhausen, der Betrieb in Bautzen, der

Kombinat "Fortschritt" Landmaschinen Neustadt

Anlagen zur Getreide- und Kartoffellagerung herstellte, sowie der Güstrower Landmaschinenbetrieb, der hauptsächlich Düngerstreuer und Antriebsketten produzierte, heute sein Geld aber vorrangig im Stahlbau verdient. Die dortige Landmaschinen GmbH ist seit dem 1. 4. 1991 in Liquidation, was sicher nicht als Aprilscherz gemeint war. Düngerstreuer werden in Güstrow nicht mehr produziert, aber insgesamt konnten durch zwei MBO, eine Ausgründung und den Investor Seifert etwa 900 Arbeitsplätze erhalten werden.

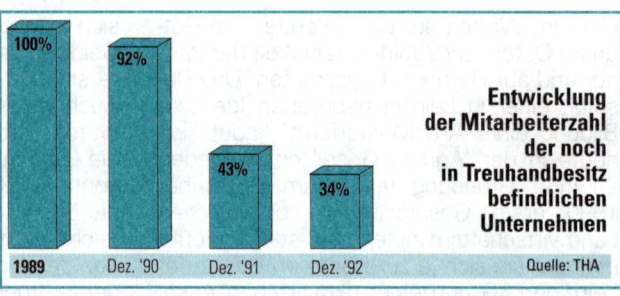

Entwicklung der Mitarbeiterzahl der noch in Treuhandbesitz befindlichen Unternehmen

Quelle: THA

Fremdinvestoren haben sich nur in geringem Umfang und bei kleineren Kombinatsbetrieben engagiert. Sirokko Neubrandenburg ist von der ebenfalls Heizanlagen produzierenden Firma Webasto gekauft worden. Der Betrieb in Bernburg, der vorrangig Drillmaschinen mit verschiedenen Arbeitsbreiten herstellte, ist von der Firma Rabe gekauft worden. Das Werk in Halberstadt – Produzent von Kartoffel-Aufbereitungsanlagen – ist jetzt die reprivatisierte Firma Dehne.

Erheblicher Personalabbau

Die Anpassungsprozesse waren in allen Treuhand-Betrieben und auch in den frühzeitig privatisierten ehemaligen Kombinatsbetrieben von erheblichem Personalabbau begleitet. Die Beschäftigtenzahl im Landmaschinenbau der neuen Bundesländer ist gegenüber 1989 auf 20 Prozent gesunken und wird sich weiter auf 15 Prozent verringern. Im Mähdrescherwerk Bischofswerda/Singwitz arbeiten von einst 4500 noch 600 Beschäftigte. In Bischofswerda ist die Landmaschinen-Produktion jetzt Geschichte. Auf dem ehemaligen Betriebsgelände haben sich Lagerhallen und ein Gewerbepark etabliert. In Neustadt arbeiten zur Zeit noch 1300 Beschäftigte, von ebenfalls rund 4500. Mitte 1993 sollen es nur noch 900 sein. Die in Abwicklung befindliche Fortschritt Landmaschinen GmbH – die ehemalige Kombinatsleitung – beschäftigt von einst zirka 2000 noch 60 Arbeitnehmer. Allerdings versicherte Chefabwickler Marschner, daß insgesamt nur 300 der ehemals Beschäftigten tatsächlich arbeitslos sind. Viele konnten über Berentung, vorzeitigen Ruhestand oder Ausgründungen von Dienstleistungsbereichen, Technologiebüros, der Bauabteilung und ähnliches aufgefangen werden. In Leipzig ging die Beschäftigtenzahl ebenfalls stark zurück; von einst über 3000 auf 900.

Aus der Kombinats-Chronik

• Am **2. Mai 1951** erfolgt die Vereinigung der ostsächsischen Landmaschinenbetriebe Neustadt, Stolpen, Singwitz, Bischofswerda und Kirschau zum Kombinat "Fortschritt Erntebergungsmaschinen";

• **1951** Mit der Gründung der Staatlichen Kreiskontore für landwirtschaftlichen Bedarf unternimmt der DDR-Landmaschinenbau einen ersten Schritt zur Spezialisierung und Konzentration der Produktion. Im VEB Elfa Elsterwerda beginnt die Vorbereitung der Produktion von Melkmaschinen, die ein Jahr später ausgeliefert werden;

• **1953** Die bisher auf fünf Betriebe verteilte Drillmaschinen-Produktion wird im VEB Landmaschinen Bernburg konzentriert;

• **1954** Das Produktionsvolumen des DDR-Landmaschinenbaus hat sich gegenüber 1952 mehr als verdoppelt. In Weimar, dem späteren VEB Weimar Werk, werden die ersten Mähdrescher hergestellt. Der VEB Petkus Wutha beginnt mit der Produktion von Warmluft-Körnertrocknern. Es beginnt eine "Typenbereinigung" – sprich Straffung des Produktionssortiments – im Landmaschinenbau;

• **1956** Im VEB Landmaschinenbau Döbeln beginnt die Produktion von selbstfahrenden Ladern;

• **1957** Im VEB Landmaschinenbau Bernburg beginnt die Entwicklung eines Kombinationssystems für Drillmaschinen. Im Weimar Werk läuft die Produktion eines selbstfahrenden Laders (T 170) an;

• **1958** Bildung der VVB (Vereinigung Volkseigener Betriebe) Landmaschinen- und Traktorenbau. In der Fachsektion Landmaschinen- und Traktorenbau des RGW (Comecon) werden Absprachen zum Bau verschiedener Maschinensysteme getroffen. Die DDR erhält dabei den Auftrag für die Entwicklung der Maschinen für Kartoffelbau, Innenwirtschaft und Schädlingsbekämpfung. Die Landmaschinen- und Traktorenproduktion hat sich gegenüber 1950 verfünffacht;

• **1960** Der VEB Landmaschinenbau Falkensee nimmt die Produktion eines Systems landwirtschaftlicher Stetigförderer auf;

• **1961** Der VEB Bodenbearbeitungsgeräte Leipzig beginnt mit der Entwicklung eines neuen Pflug-Kombinationssystems;

• **1962** Der VII. Deutsche Bauernkongreß "betraut" den Landmaschinenbau mit wichtigen Aufgaben zur Mechanisierung des Kartoffelbaus, des Zuckerrübenbaus, der Heuernte und zur Erhöhung der Funktionssicherheit der Maschinen. Im VEB Kombinat Fortschritt Neustadt beträgt die Produktion von Erntebergungsmaschinen das Zwanzigfache gegenüber 1951;

• **1963** Beim Ministerrat der DDR wird der Landwirtschaftsrat gebildet. Der Landmaschinen- und Traktorenbau zeigt auf der Leipziger Frühjahrsmesse 50 Neu- und Weiterentwicklungen, die entweder den Mechanisierungsgrad erhöhen oder vorhandene Mechanisierungslücken schließen. Der Ausstellungsstand der VVB Landmaschinen- und Traktorenbau erhält den ersten Preis in der Kategorie wissenschaftlich-technischer Fortschritt.

Im selben Jahr wird ein neues Zweiphasensystem für die Rübenernte vorgestellt. Die DDR-Landwirtschaft verfügt über 112 000 Traktoren und 12 000 Mähdrescher. Im VEB Bodenbearbeitungsgeräte Leipzig verlassen 5400 Pflüge das Werk;

• **1964** Die DDR-Staats- und Parteiführung erteilt den Auftrag, einen neuen Mähdrescher zu entwickeln. Das Produktionsmuster des neuen Traktors ZT 300 wird vorgestellt, ebenso Muster kompletter Maschinensysteme für die Kartoffel- und Rübenproduktion. Beim Generaldirektor der VVB Landmaschinenbau konstituiert sich ein wissenschaftlich-technischer Beirat;

• **1965** Der Bestand an Melkanlagen beträgt 37 000 Stück. Damit können drei Viertel des Kuhbestandes der DDR gemolken werden;

• **1966** Der VEB Landtechnikprojekt Dresden wird gegründet. Dies führt zur Konzentration auf die Ausrüstung komplet-

Kombinat "Fortschritt" Landmaschinen Neustadt

ter Anlagen für die Tierproduktion. Die Vereinigung Volkseigener Handelsbetriebe für Landmaschinen- und Traktorenbau wird gebildet;

• **1967** Der Mähdrescher E 512 durchläuft erfolgreich die staatliche Eignungsprüfung. Der DDR-Landmaschinenbau konzentriert sich immer mehr auf die Bereitstellung kompletter Maschinensysteme. Im VEB Traktorenwerk Schönebeck geht der 90-PS-Traktor ZT 300 in die Sereinproduktion;

• **1968** Die ersten neuen Mähdrescher vom Typ E 512 werden ausgeliefert;

• **1970** Folgende Betriebe werden in das Kombinat FORTSCHRITT Landmaschinen eingegliedert:
ABUS Sebnitz, Landmaschinenbau Tröbitz, Petkus Wutha, Mühlenbau Dresden, Maschinen- und Mühlenbau Wittenberg, Mälzerei und Speicherbau Erfurt, Apparatebau Nordhausen, Bäckereimaschinen Halle, Landwirtschaftlicher Anlagenbau Bautzen, Korbfabrik Neustadt. Das Kombinat hat rund 20 000 Beschäftigte;

• **1972** Der Export des Kombinates steigt gegenüber 1971 um 38 Prozent. Etwa ein Viertel des Produktionsvolumens wird in die Sowjetunion geliefert. Der Betrieb Bischofswerda exportiert erstmalig Radrechenwender nach Vietnam, Bulgarien und Rumänien;

• **1973** Die 25 000 Werktätigen des Kombinats realisieren eine Warenproduktion von 1,5 Milliarden Mark und einen Gesamtumsatz von 1,8 Milliarden Mark. Der VEB Traktorenwerk Schönebeck wird in das Kombinat eingegliedert;

• **1974** Die VVB Landmaschinen- und Nahrungsgütertechnik wird im Mai aufge-

löst und das Kombinat dem Minister für Allgemeinen Maschinen- und Fahrzeugbau direkt unterstellt;

• **1975** Folgende Betriebe werden dem Kombinat zugeordnet:
Getriebewerk Zittau, Backofenbau Bautzen, Getriebewerk Lüttwitz, Knüpferbau Singwitz, Maschinenbau Großenhain, Landmaschinenbau Putzkau, Landmaschinen Obhausen, Landmaschinen Günstädtel, Landmaschinen Hartmannsdorf, Metallverarbeitung Muskau, Knetmaschinen Pirna;

• **1976** Die neue Hochdruckpresse 453 geht in die Serienproduktion. Der neue Mähdrescher E 516 und der neue Feldhäcksler E 281 erhalten auf der Leipziger Frühjahrsmesse Goldmedaillen;

• **1977** Der ungarische Betrieb Mezögep Szolnok übergibt das 5000. Maisschneidwerk E 295. Der Mähdrescher E 516 erhält auf dem Internationalen Landmaschinen-Salon in Paris eine Medaille;

• **1978** Im Juli wird das Kombinat umgebildet. Hinzu kommen agrotechnik Leipzig und der AHB Fortschritt Landmaschinen Export/Import. Der VEB Weimar Werk, der VEB Anlagenbau Impulsa Elsterwerda und der VEB Bodenbearbeitungsgeräte Leipzig sind nun wichtige Betriebe des umgebildeten Kombinats;

• **1980** Das Kombinat realisiert rund zwei Prozent der industriellen Warenproduktion und sechs Prozent des Exports der DDR. Das Produktionssortiment umfaßt neun Maschinensysteme mit mehr als 1000 Erzeugnissen und über 80 000 Ersatzteil-Positionen. Die Maschinen werden in über 70 Länder exportiert. Das Zentrallager wird in Neustadt in Betrieb genommen;

Aus der "Konsumgüterproduktion" des Mähdrescherwerks wurde Fahrradproduktion in Neukirch/Sachsen

● **1981** In Schönebeck rollt im März der 60 000. Traktor ZT 300/303 vom Band. Das Kombinat hat 63 036 Beschäftigte, davon rund 21 000 Frauen;

● **1983** Die Warenproduktion des Kombinates erreicht mehr als acht Milliarden Mark;

● **1984** In die Produktion eingeführt werden ein neuer Schwadmäher, ein neuer Radtraktor sowie eine neue Stallarbeitsmaschine. In Güstrow beginnt die Produktion eines neuen Aufsattel-Düngerstreuers. Ab 1. Juli nimmt der neugebildete Stammbetrieb in Neustadt (insgesamt 7000 Beschäftigte) die Arbeit auf;

● **1986** Neue zentrale Fertigungen, Fließstrecken und CAD/CAM-Stationen werden in Betrieb genommen. Neue Hochdruckpressen, weiterentwickelte Kartoffelerntemaschinen, Düngerstreuer und Melktechnik werden in die Produktion eingeführt. Dabei findet auch die Mikroelektronik Anwendung, beispielsweise in einem Produktionskontrollsystem für Milchvieh-Ställe;

● **1988** Im WeimarWerk wird der neue Mobilkran/bagger T 188 produziert;

● **Mai/Juni 1990** Auflösung des Kombinates

Kombinat "Fortschritt" Landmaschinen Neustadt

Zitat

"Der anspruchsvolle, für uns verpflichtende Name FORTSCHRITT, den wir am Anfang eines wohl schwierigen, doch erfolgreichen Weges wählten, kündet heute auf vier Kontinenten vom hohen Stand des Maschinen- und Anlagenbaus auf dem Gebiet der Land- und Nahrungsgüterwirtschaft in der Deutschen Demokratischen Republik.

Dank der Einsatzbereitschaft, dem Schöpfertum und dem Forscherdrang unserer Arbeiter, Ingenieure und Wissenschaftler errang das Kombinat Ansehen und Vertrauen überall dort, wo im Ringen um die menschliche Ernährung starke, zuverlässige Helfer gebraucht werden.

Wir versprechen unseren Kunden, das uns erwiesene Vertrauen auch künftig zu rechtfertigen. FORTSCHRITT wird stets ein leistungsfähiger Partner für die Land- und Nahrungsgüterwirtschaft sein."

Der damalige Generaldirektor
des Kombinates,
Dr. Bernhard Thieme,
aus Anlaß des 25jährigen Bestehens
des Kombinates 1976

Chemiekombinat Bitterfeld

Die Apotheke des Comecon

Von OLIVER FISCHER

- **Aus dem Kombinat an den Markt**

- **Philosophie und Praxis**

- **Auflösung im Industriepark**

- **Sinkende Umsätze als Erfolgsindikator?**

- **Personalrückgang heißt nicht immer Arbeitsplatzverlust**

- **Nichts läuft ohne Fördermittel**

- **Ansätze für eine günstige Unternehmensentwicklung?**

1993 begeht die Chemie AG Bitterfeld-Wolfen den 100. Jahrestag der Gründung des ersten chemischen Betriebes im Raum Bitterfeld-Wolfen. Bedingt durch günstige Verkehrslage und umfangreiche Kohlevorkommen interessierte sich die chemische Industrie bereits 1893 für den Standort. Gründerunternehmen waren die Chemische Fabrik Elektron AG, Griesheim und die Elektrochemische Werke Berlin GmbH (AEG) sowie die Aktiengesellschaft für Anilinfabrikation (AGFA). Die "Chemische Fabrik Griesheim-Elektron" (Werk Süd und Nord) und die "Farbenfabrik Wolfen" wurden 1925 Mitglieder der "IG Farbenindustrie AG". 1946 wurden die Bitterfelder Werke Süd und Nord sowie die Farbenfabrik in den Bestand der Sowjetischen AG Mineral-Düngemittel überführt. Die Rückgabe der Betriebe unter den Namen "VEB

Elektrochemisches Kombinat Bitterfeld" und "VEB Farbenfabrik Wolfen" erfolgte 1952. Beide wurden im Jahr 1969 Stammbetrieb des neu gebildeten "VEB Chemiekombinat Bitterfeld" (CKB).

Bei den Kombinatsbetrieben handelte es sich (1) um den VEB Chemiewerk Bad Köstritz, dessen 650 Beschäftigte (1989) vorwiegend Kieselsäureerzeugnisse und Fotochemikalien herstellten; (2) den VEB Elektrokohle Lichtenberg, DDR-Alleinhersteller technischer Kohleerzeugnisse mit 2700 Beschäftigten; (3) den VEB Vereinigte Sodawerke "Karl Marx" Bernburg/Staßfurt, Alleinhersteller von fast einer Million Tonnen Soda pro Jahr mit einer Belegschaft von 3100 Personen. Ein weiteres Unternehmen war (4) der VEB Chemiewerk Nünchritz, Alleinhersteller von Silikon- und Fluorchemikalien, wichtigster Zulieferer der chemischen Industrie für die Mikroelektronik der DDR. Hier waren 2100 Mitarbeiter beschäftigt. 1984 wurden weitere Kombinatsbetriebe angegliedert: Der (5) VEB Fettchemie Karl-Marx-Stadt, Hersteller von Waschmitteln, Textil-, Papier- sowie Lederhilfsmitteln und einer Belegschaftsstärke von 1850 Beschäftigten sowie der VEB Domal Stadtilm (6). Hier produzierten 570 Arbeitskräfte haushaltschemische Konsumgüter. Weiterhin gehörte zum CKB die Außenhandelsfirma VEB Bitterfeld "Chemie-Export-Import" beim Außenhandelsbetrieb (AHB) Chemie Berlin.

Das CKB galt als die "Apotheke" der DDR und des Comecon. In einer Information des Ministeriums für Chemische Industrie von 1989 heißt es: "Mit seinen Erzeugnissen beeinflußt der VEB Chemiekombinat Bitterfeld 80 Prozent aller Gebrauchswerte der in Industrie und Landwirtschaft hergestellten Produkte." Insgesamt wurden 1989 von rund 18 000 Mitarbeitern noch 4000 Produkte hergestellt (November 1990 noch ca. 3000; Ende 1992 noch rund 800). Die Industrielle Warenproduktion (IWP)

Chemiekombinat Bitterfeld

lag 1989 bei 4,646 Milliarden Ost-Mark. Damit wurde ein Nettogewinn vom 171,260 Millionen Mark erwirtschaftet. Ca. 30 Prozent des CKB-Umsatzes wurden im Ausland erzielt; 62 Prozent davon in der Ex-SU und weiteren sozialistischen Ländern, rund 38 Prozent in "nicht sozialistischen" Ländern, wie der damaligen BRD, der Schweiz, Italien, Belgien, Frankreich und Japan.

Rund 9 Prozent der in den Chemiekombinaten der DDR erzeugten Produkte kamen aus Bitterfeld. Die zentralen CKB-Produktkategorien waren: 1. Ionenaustauscher und Molekularsiebe; "Wofafit" war das Markenzeichen der Kunstharz-Ionenaustauscher; 2. Farbstoffe, Zwischen- und Spezialprodukte; optische Aufheller ("Wobital") für die Weißgradverbesserung u.a. von Zellulose und Polyamid sowie die Waschmittel-Herstellung; 3. Metalle, wie Aluminiumlegierungen, -halbzeuge, -formguß und Kunstoffe, wie Rohre, Fittings und andere PVC-Produkte. 4. Anorganica; insbesondere der Grundstoff Chlor, der zu Produkten weiterverarbeitet wurde, auf deren Basis Synthese-Bausteine wie Phosphoroxidchlorid und zinnorganische Verbindungen hergestellt wurden. In der weiteren Verarbeitung entstanden u.a. Insektizide, Herbizide sowie Spezialprodukte wie u.a. der Bleichaktivator "DADHT" und der Universalreiniger "Coligon". Der 5. Bereich waren Anorganica, wie u.a. Wasch- und Desinfektionsmittel, technische Gase, Zement, Katalysatoren für die chemische und pharmazeutische Industrie.

Kennzeichnend für das CKB war eine hohe vertikale Verflechtung. Das Institut für angewandte Wirtschaftsforschung (Berlin) errechnete, daß 1989 von 274 556 erzeugten Tonnen Chlor 115 838 Tonnen im CKB weiterverarbeitet wurden. Zwischen dem CKB und den benachbarten Kombinaten bestand ebenfalls eine hohe Verflechtung. So bezog das CKB Methan und Kohlendioxid aus Leuna, Polyvinylchlorid und Polyu-

rethan aus Buna und lieferte Silbernitrat und Methylenchlorid an die Filmfabrik Wolfen.

Das CKB war mit einem Verbund von Produktionsbetrieben und Dienstleistern auf einem 6 km^2 großen Industriegelände in Bitterfeld und Wolfen angesiedelt, einem ausgebauten Chemiestandort im "Chemiedreieck" Bitterfeld, Halle, Leipzig der heutigen Bundesländer Sachsen und Sachsen-Anhalt. Rund 130 000 Einwohner (1989; 1992 noch ca. 100 000 Einwohner), davon rd. 75 000 im erwerbstätigen Alter, befanden sich am Standort, an dem zu DDR-Zeiten 47 000 Menschen beschäftigt waren. Gegenwärtig leben etwa 50 Millionen Menschen im Umkreis von 300 km um die jetzige Chemie AG in vier Ländern, jeweils zwei davon in West- und Osteuropa. Von Bitterfeld aus besteht Anschluß an das Bahnnetz und die Autobahn Berlin-Nürnberg. Der Inlandflughafen Leipzig ist 35 km entfernt.

Aufgrund der zentralen Bedeutung (Vier Prozent des Nationaleinkommens der Ex-DDR wurden in der Bitterfelder Region erwirtschaftet) und der weltweiten Vorreiterrolle in einigen Bereichen (so haben z.B. PVC-Verarbeitungsverfahren ihren technologischen Ausgangspunkt in Bitterfeld) genoß das CKB zu DDR-Zeiten ein hohes Ansehen - offiziell. In der Bevölkerung litt das Image freilich aufgrund extremer Umweltbelastungen infolge der Produktion; dokumentiert sind die Belastungen z.B. im 1981 erschienenen Roman "Flugasche" der Schriftstellerin Monika Maron.

Aus dem Kombinat an den Markt

Die am 21. Juni 1990 gegründete Chemie AG Bitterfeld-Wolfen übernahm die Vermögenswerte und Geschäfte des Stammwerkes des VEB CKB, das aufgelöst wurde. Die Kombinatsbetriebe wurden in selbständige GmbH bzw. AG überführt. Bis heute entstanden aus den Ex-Kombinatsbetrieben (1) die Chemiewerk Bad Köstritz

Produktionskombinate des ehemaligen Ministeriums für chemische Industrie (1989)

	Warenproduktion Millionen M	in %	Beschäftigte Anzahl	in %	Produktivität M pro Besch.	in % [1]
Chemiefaserkombinat Schwarza (10)	5 475,3	6,98	29 161	9,47	187 761	65,4
Chemiekombinat Bitterfeld (7)	**7 582,0**	**8,66**	**28 800**	**9,35**	**263 264**	**91,6**
Agrochemisches Kombinat Piesteritz (7)	6 705,5	8,09	19 236	6,24	348 591	121,3
Petrolchemisches Kombinat Schwedt (5)	18 357,9	20,94	28 562	9,27	642 739	223,7
Kombinat Plast-/Elastverarbeitung (14)	5 912,7	6,59	30 663	9,95	192 828	67,1
Pharmazeutisches Kombinat GERMED (14)	5 149,9	3,39	16 799	5,45	306 560	106,7
Kombinat Lacke/Farben (12)	3 598,2	4,38	7 763	2,52	463 506	161,3
Fotochemisches Kombinat Wolfen (7)	2 874,8	3,49	21 491	6,98	133 768	46,6
Kombinat Kosmetik Berlin (8)	3 115,6	2,65	8 712	2,83	357 622	124,5
Leuna-Werke (2)	10 421,7	12,63	30 173	9,79	345 398	120,2
Chemische Werke Buna (5)	9 422,8	11,13	27 720	9,00	339 928	118,3
Reifenkombinat Fürstenwalde (6)	3 516,3	3,49	11 699	3,80	300 564	104,6
Synthesewerk Schwarzheide (6)	3 651,5	4,34	12 197	3,96	299 377	104,2
Kombinat Chemieanlagenbau Leipzig-Grimma (12)	2 710,7	3,24	35 090	11,39	77 250	26,9
Warenproduktion gesamt (Preise 1989): 88 500 Millionen Mark • Beschäftigte gesamt: 308 00ß						

( ) Anzahl der juristisch und ökonomisch selbständigen Betriebe im Kombinat; 1) bezogen auf den Mittelwert des Ministeriums: 287 283 Mark/Beschäftigter;

Quelle: VCI, Landesverband Ost, Mai '91

GmbH mit 160 (1992: 193) Beschäftigten und einem Umsatz im Jahr 1992 von 23 Millionen DM (1991:13 Millionen) ; für 1993 erwartet Geschäftsführer Hartmut Tschritter eine leichte Steigerung. Hergestellt werden Kieselsäureerzeugnisse (Markennamen z.B. "Köstrosol", "Köstrosorb"), Schwefelverbindungen inkl. Fotochemikalien ("Natriumthiosoulfat") und Molekularsiebe ("Köstrolith"). Das Unternehmen wurde im Sommer 1991 privatisiert von Mr. und Mrs. Leopold, Unternehmer aus New York City, die u.a. auch ein Metallpulver-Werk besitzen.

Der VEB Elektrokohle Lichtenberg (2) wurde in die Elektrokohle Lichtenberg AG umgewandelt, befindet sich noch im Besitz der THA und produziert weiterhin Graphitelektroden, Blockanoden und andere technische Kohleerzeugnisse. (3) Aus dem VEB Vereinigte Sodawerke "Karl Marx Bernburg/Staßfurt" entstand (A) die Solvay Alkali Bernburg GmbH mit gegenwärtig 712 Beschäftigten (1992: 720). Das im September 1991 an Solvay Deutschland rückübertragene Unternehmen produziert Soda, leicht/schwer, für die Glas- und Stahlindustrie. Die Bernburger GmbH, deren Vertrieb die Schwestergesellschaft Solvay Alkali GmbH, Solingen, übernimmt, erzielte (ab September) 1991 einen Umsatz von 35 Millionen DM. 1992 lag der Umsatz bei 68 Millionen; 1993 werden 93 Millionen Mark erwartet. Der Staßfurter Betriebsteil der Sodawerke (B) wurde zur Sodawerk Staßfurt GmbH. 630 Arbeitskräfte erwirtschafteten 1992 einen Umsatz von rund 85 Millionen DM; 1993 liegt die Zahl der Arbeitskräfte bei 520. Die wichtigsten Produkte sind Natriumcarbonat, technisch, leicht (Leichtsoda); Natriumcarbonat, technisch, schwer (Schwersoda); Natriumhydrogencarbonat DAB 10 (Natron); Reinstchemikalien auf Carbonatbasis. Das Unternehmen, dessen Abnehmer u.a. die Futtermittel-Industrie und die pharmazeutische Industrie sind,

Chemiekombinat Bitterfeld

wurde im Juni 1991 privatisiert. Käufer ist die Lars Christensen Chemical A/S, Kopenhagen. Das Sodawerk vertreibt seine Produkte über die Sodachem Handels-GmbH, Berlin, an der die dänische Mutter mehrheitlich beteiligt ist.

Ein weiterer Ex-Kombinatsbetrieb ist (4) die Chemiewerk Nünchritz GmbH, heute ein Unternehmen der Hüls AG, Mol, mit ca. 2000 Beschäftigten und Produzent von Fluorkohlenwasserstoffen, Silanen, Silikonen. Die Fettchemie GmbH (5), Chemnitz, hielt zum Jahresende 1990 noch 800 Beschäftigte in Lohn und Brot, Ende 1992 war deren Zahl auf 116 gesunken. Der Umsatz lag 1992 bei etwa 17 Millionen DM. Das Unternehmen produziert ausschließlich am Standort in Mohsdorf Phosphorsäuren (HEDP), Textil- und Lederhilfsmittel. Die Produkte laufen unter alten Markennamen wie Cublen, Marvelan oder Ansolven. Zum Juli 1993 wurde dieser Betriebsteil privatisiert; Käufer ist die Zschimmer & Schwarz GmbH & Co aus Lahnstein-Oberlahnstein, die 58 Arbeitskräfte übernommen hat. Der Rest der Fettchemie GmbH wird von fünf Ex-Mitarbeitern abgewickelt.

Zu nennen sind noch (6) die Chemischen Werke Domal GmbH, Stadtilm. Das von der Kruse Chemie KG, Balve, übernommene Unternehmen erzielte 1991 einen Umsatz von 5,6 Millionen DM, 1992 mit 110 Beschäftigten 8,0 und 1993 mit 80 Mitarbeitern voraussichtlich 15 Millionen DM. Die domal GmbH produziert und vertreibt flüssige Wasch-, Reinigungs- und Pflegemittel für den Haushalt ("domal Weichspülpflege", "Pirol Allesreiniger" etc.). Alles in allem, wurden die sechs Kombinatsbetriebe somit in sieben Unternehmen überführt; davon wurden bisher sechs (teil)privatisiert.

Die Außenhandelsfirma VEB Bitterfeld "Chemie-Export-Import" beim AHB Chemie Berlin wurde im Frühjahr aufgelöst. Die vorher nicht selbständigen Außenhandelsfirmen wurden zu GmbH (keine Weiterführung, sondern Neugründung). Im Fall des VEB Bitterfeld "Chemie-Export-Import" entstand die CKB Handelsgesellschaft mbH, Berlin, mit derzeit 10 Beschäftigten. Die Chemie AG ist an der CKB-Handelsgesellschaft, die ihren Vertrieb unterstützt, zu 97 Prozent beteiligt.

Laut D-Mark-Eröffnungsbilanz der Chemie AG zum 1. Juli 1990 verfügte das Unternehmen über Sachanlagen im Wert von 1,343 Milliarden DM und Finanzanlagen von 0,8 Mrd. DM. Das Eigenkapital wurde auf 220 Millionen DM beziffert; die Verbindlichkeiten einschließlich der Altschulden beliefen sich auf 1,2 Mrd. DM.

Die Organisationsstruktur der Chemie AG war 1990 gekennzeichnet durch einen Vorstand, der das Unternehmen "gesamtverantwortlich" leitete, fünf Geschäftsbereiche und sechs Zentralbereiche (Verwaltung, Forschung, Technik, Logistik, Personal, Finanzen). Die fünf Geschäftsbereiche (1. Ionenaustauscher und Molsiebe, 2. Farbstoffe, Zwischen- und Spezialprodukte, 3. Metalle und Kunststoffe, 4. Organica, 5. Anorganica;) arbeiteten als selbständige Geschäftsbereiche und trugen die Verantwortung für den wirtschaftlichen Erfolg sowie den Erhalt und Ausbau der Geschäftsbeziehungen. Durch eine Art Holdingstruktur sollte so eine Flexibilität der Geschäftsfelder erreicht werden.

"Geschäftsziel der Chemie AG ist es", so hieß es in einer Mitteilung des Unternehmens kurz nach seiner Gründung, "mit einem flexiblen Produktionsprogramm und einer kundenorientierten Geschäftspolitik Export- und Binnenmarktanteile zu erhalten, auszubauen und die Marktchancen weiter zu verbessern." Insbesondere im Vertrieb sah man das Nadelöhr bei der Realisierung des Ziels. Entsprechend einer Vertriebskonzeption aus dem Gründungsjahr der Chemie AG wollte man sich dem Binnenmarkt mit Schwerpunkt der neuen Bundesländer mittels Ausbau des Direktvertriebs an

Teil der Chlor-IV-Anlage – einer der modernsten Betriebe der Chemie AG.

Chemiekombinat Bitterfeld

Großabnehmer sowie dem Vertrieb an Kleinabnehmer über den Chemiekalienfachhandel nähern. Hinsichtlich der Märkte in Westeuropa und Übersee sah das Unternehmen u.a. die Konzentration auf mengen- und ertragsmäßig dominante Teilmärkte, den Direktverkauf an Großabnehmer über die CKB Handelsgesellschaft sowie die Einschaltung von lokalen Vertretern und Trader-Firmen vor. Die Märkte in Osteuropa wollte man sich u.a. über den Direktvertrieb mittels eigener Büros z.B. in Moskau sichern. Ferner waren Bartergeschäfte gemeinsam mit renommierten Chemiehandelsfirmen geplant.

Konkret wurden in den einzelnen Geschäftsbereichen der Chemie AG Marketingabteilungen errichtet, von denen aus die Kontakte zu den Ex-Abnehmern gepflegt werden. Darüber hinaus wurden Repräsentanzen in Moskau und Kiew errichtet.

Die Chemie AG verfügte in ihrem Gründungsjahr durchaus über moderne Anlagen und Produkte, wie z.B. eine Rohrpresserei oder spezielle Ionenaustauscher. Ferner bestanden schon seit 1975 Rahmenvereinbarungen der chemischen DDR-Industrie über den Warenaustausch mit westlichen Unternehmen, wie Dow, Ciba Geigy, Atochem u.a. - theoretisch potentielle Anknüpfungspunkte für neue Vertriebskooperationen. Einige Abschlüsse kamen auch zustande, u.a. mit BASF, Preussag und Henkel. Mit der Bayer AG wurde später (1992 und 1993) vertraglich eine Zusammenarbeit zum Vertrieb des Chemie-AG-Produktes Wofatit (Ionenaustauscher) vereinbart. Dennoch, auch dies zeigte sich später, führten die Vertriebskooperationen wie auch das ganze Vertriebskonzept, nicht zu den erhofften Ab- bzw. Umsatzsteigerungen.

Philosophie und Praxis

1990 war man jedoch optimistisch. So wurde noch im Spätherbst in einem Papier der Unternehmensführung zur "Philosophie der Sanierung der Chemie AG" das Ziel gesteckt, die Chemie AG "als geschlossenes und eigenständiges Unternehmen"zu erhalten. Als "Grundprinzip der Sanierung" betrachtete man die Modernisierung und Entwicklung marktfähiger Produkte und Problemlösungen sowie die "Nutzung der Vorteile einer großen Sortimentsbreite". Eine Ausgliederung gewinnbringender und zukunftsträchtiger Produktgruppen in einzelne GmbH mit fremder Mehrheitsbeteiligung wurde abgelehnt; andererseits begann man in der Praxis aber schon mit der Ausgliederung zum Kerngeschäft gehörender Geschäfte, wie z.B. der Waschmittelproduktion.

Die Sanierung der marktfähigen Geschäfte glaubte man in 3 bis 5 Jahren hinzubekommen. Nach erfolgter Konsolidierung des Unternehmens plante man dann den Übergang in eine Wachstumsphase durch Nutzung eigener FuE-Ergebnisse bzw. Knowhow-Kauf.

Ferner wünschte man sich eine Ausgliederung aller chemieuntypischen Einrichtungen aus dem Unternehmen (Dienstleistungs-, Sozial- und Technikbereiche) sowie eine Nutzung der Standortvorteile (erschlossenes Industriegelände, vorhandene Infrastruktur, Personal) zur Ansiedlung neuer Produktionen durch fremde Investoren.

Um die Pläne zu realisieren, sollten u.a. 36 Produktionsanlagen sowie ein Kraftwerk stillgelegt, die sanierungsfähigen Geschäftsfelder ausgebaut werden. Dabei handelte es sich insgesamt um ca. 25 Investvorhaben; als Gesamtaufwand wurden 500 Millionen DM veranschlagt, die bis 1993/95 realisiert werden sollten. Die Personalkosten sollten durch Personalabbau auf max. 8000 Beschäftigte 1993 gesenkt werden. Es waren mehrere Projekte zur Umweltsanierung geplant, die u.a. vom Bundesumweltministerium finanziert werden sollten. Weitere Vorhaben waren die Realisierung der Vertriebs-

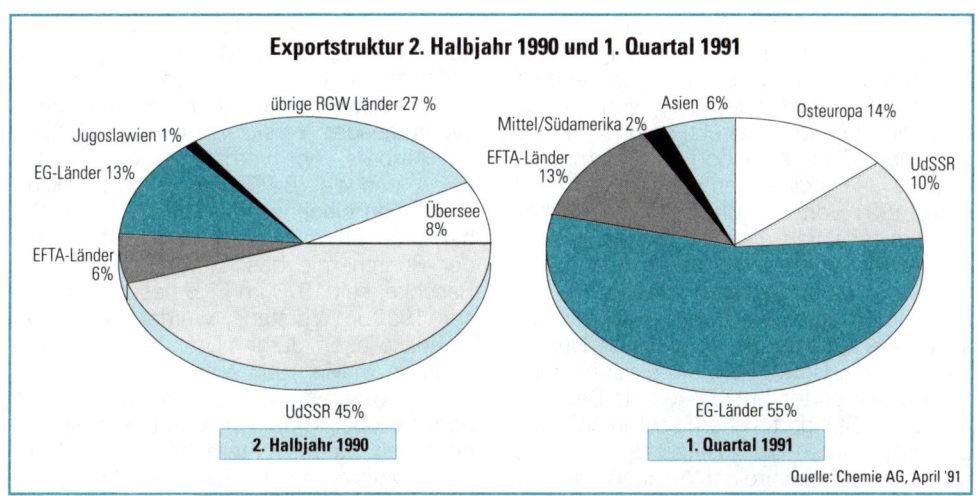

Exportstruktur 2. Halbjahr 1990 und 1. Quartal 1991

übrige RGW Länder 27 %
Jugoslawien 1%
EG-Länder 13%
EFTA-Länder 6%
Übersee 8%
UdSSR 45%

2. Halbjahr 1990

Asien 6%
Mittel/Südamerika 2%
EFTA-Länder 13%
Osteuropa 14%
UdSSR 10%
EG-Länder 55%

1. Quartal 1991

Quelle: Chemie AG, April '91

konzeption, Nutzung von Kooperationen sowie die Orientierung der Produktion auf eigene FuE-Ergebnisse, Lizenzen und Joint Ventures. Zwecks Erhöhung der Produktivität und der Marktfähigkeit der Produkte in den fünf Kernbereichen beschloß der Chemie-AG-Aufsichtsrat ein Investitionsprogramm in Höhe von 80 Millionen DM.

In der Praxis ließen sich jedoch nur einige der Vorhaben verwirklichen. So gelang es, in den Jahren 1990 und 91 nicht nur, wie geplant, 36, sondern 39 chemische und metallurgische Produktionsanlagen stillzulegen. Diese, wie z.B. die Primär-Aluminiumerzeugung und die Salpetersäureproduktion, waren besonders unrentabel und extrem umweltbelastend. Allein durch die Stilllegungen erfüllte sich dann der Punkt der Umweltsanierung zu einem gewissen Grad automatisch. Die Schadstoffmenge in der Luft wurde z.B. von 1989 bis Ende 1990 allein um 70 000 Tonnen Einheitsschadstoff entlastet. Das Personalabbau-"Soll" wurde sogar übererfüllt. Schwierigkeiten bestanden jedoch beim Halten angestammter Marktpositionen sowie bei der angestrebten Eroberung neuer (West-)Märkte.

Der Auftragsbestand sank allein zwischen Juli und Oktober 1990 von ca. 600 auf 300 Millionen DM. Die Ab-, Umsatz- und Exportentwicklung zeigte steil nach unten. Der Monatsumsatz schrumpfte zwischen Juli 90 und Januar 91 von rund 110 Millionen auf 50 Millionen Mark. Starke Einbrüche verzeichnete man bei den UdSSR-Exporten, die 1991 zeitweilig sogar gegen Null tendierten; dies, obwohl die UdSSR mit einem 45- bzw. 10prozentigen Anteil an den Gesamtexporten 1990 und 1991 noch der wichtigste Auslandsmarkt war. Ferner zeigte sich immer klarer, daß die Chemie AG als Ganzes nicht verkäuflich war. Potentielle Käufer wurden abgeschreckt von der hohen Fertigungstiefe, relativ geringer Produktivität; einem hohen Anteil chemie-untypischer Bereiche (z.B. Schwermetalle, Dienstleistungen); teilweise veralteten Anlagen (27,5 Prozent der CKB-Anlagen waren 1989 älter als 51 Jahre; 25,1 Prozent hatten zwischen 21 und 50 Jahre; 19,3 Prozent 11-20 Jahre auf dem Buckel) und nicht zuletzt von Umweltbelastungen am Standort.

Es wurde somit, entgegen der früheren Philosophie, nötig, Betriebsteile zu verkau-

237

Chemiekombinat Bitterfeld

fen und interessierten Käufern Grundstücke für Neuansiedlungen zur Verfügung zu stellen. Ferner baute man in zunehmendem Maße auf Neuansiedler, die, wenn schon nicht die Chemie AG direkt, so doch zumindest den Chemiestandort und damit die Chemie AG indirekt erhalten sollten. Ein Mitte 1991 von der Chemie vorgestelltes Konzept reflektiert dies. Es sah u.a. die Privatisierung erhaltenswerter Produktionsanlagen oder deren Sanierung und zeitweilige Fortführung durch die Chemie AG vor; besonderes Augenmerk lag auf der Neuansiedlung von Drittfirmen, die die Infrastruktur des Standortes nutzen und die Beschäftigung am Standort sichern sollten. Weitere Elemente waren die zusätzliche Stillegung nicht sanierungswürdiger Anlagen, der Abbau des Gesamtpersonalbestands sowie die Schaffung und Sanierung umweltgerechter Versorgungs- und Entsorgungsanlagen zusammen mit privaten Investoren und Betreibern.

In der Tat entschieden sich ab Mitte 1991 namhafte Unternehmen wie die Heraeus Holding GmbH, Hanau, und die Bayer AG, Leverkusen, endgültig für Investitionen in Bitterfeld-Wolfen. Nicht zuletzt die Zusage von Bundeskanzler Kohl vom Mai des Jahres, den Chemiestandort zu erhalten, mag die Unternehmen dazu bewogen haben, die (übrigens bereits 1990 begonnenen) Verhandlungen zu einem positiven Abschluß zu bringen.

Bei den bedeutensten Investitionen auf dem Gelände der Chemie AG handelte es sich um Neuansiedlungen; viele Anlagen der Chemie AG bzw. der immer noch einen hohen Diversifikationsgrad aufweisende "industrielle Kern" (etwa 50 Erzeugnissortimente) konnten jedoch von der THA weiterhin nicht verkauft werden. Bis Ende 1991 wurden lediglich sieben chemische Geschäfte privatisiert.

Wohl um den Gang der Dinge zu beschleunigen, initiierte die THA zum Jahreswechsel 1991/92 personelle Veränderungen an der Führungsspitze; der Chemie AG-Aufsichtsrat bestellte einen neuen, nur noch dreiköpfigen Vorstand, darunter zwei Westmanager. Vorsitzender wurde Dr. Dieter Ambros, der vorher bei der Henkel KGaA und der BASF AG verantwortliche Positionen eingenommen hatte; Horst Jürgen Grün, ehemals bei der Hoechst AG und der Ruhrchemie beschäftigt sowie Dieter Raschke, seit 1978 im CKB beschäftigt und seit 1990 im Vorstand, wurden seine Vorstandskollegen. Jürgen Grün hat das Unternehmen im Mai 1993 wieder verlassen.

Ein weiteres Unternehmenskonzept aus dem Oktober 1992 sah dann die vollständige Zerlegung des Unternehmens vor. "Um die Privatisierung der Einzelgeschäfte, der Versorgungseinrichtungen und der technischen Dienstleistungen zu beschleunigen und die bisherige Strukturproblematik des Industrieparks zu lösen", so heißt es in einem entsprechenden THA-Papier, sei folgendes Vorgehen geplant: Bei den in der Chemie AG laufenden Geschäften werde in einem ersten Schritt eine Segmentierung in die sogenannten Kern-, Pflege- und Restgeschäfte vorgenommen. "Kerngeschäfte", wie u.a. die Bereiche Phosphorprodukte und Farbstoffe, seien entweder essentiell für den Fortbestand des Chemiestandortes Bitterfeld-Wolfen und/oder sie wiesen ab 1994/5 einen positiven Cash-flow auf und hätten eine Sanierungsperspektive. Die Kernbetriebe, in denen ca. 700 Mitarbeiter tätig sein könnten, benötigten noch Investitionen in Höhe von rund 70 Millionen DM, um auf eigenen Füßen stehen zu können. Die THA sollte die Kosten übernehmen; Betreiber wollte man noch finden.

Produktionslinien, die noch Absatz haben, aber nicht rentabel sind und aus eigener Kraft nicht saniert werden können, fielen laut Konzept in die Kategorie der "Pflegegeschäfte". Entsprechende Betriebe, in denen insgesamt 700 bis 900 Beschäftigte tätig waren, sollten vorerst gehalten werden, bis die Neuansiedler ihre Anlagen in Gang gebracht hätten. Es sei noch nicht absehbar, ob diese Geschäfte aufgepäppelt werden könnten, um in die Kategorie der Kerngeschäfte zu gelangen, ob sie direkt privatisiert oder später stillgelegt werden müßten. Im letzteren Fall sei ihnen die Funktion eines "Personalpools" für Neuansiedler zugedacht, deren Anlagen ab 1994 in Betrieb gehen sollen.

Für die "Restgeschäfte", die dritte Kategorie, gebe es kaum Aussichten auf Marktfähigkeit. Die entsprechenden Betriebe, in denen zu dem Zeitpunkt 423 Mitarbeiter beschäftigt waren, z.B. die Sekundäraluminium-Produktion, "erzielten" hohe Verluste und sollten sich schnell um Investoren kümmern. Ansonsten sei die Stillegung wahrscheinlich noch im Jahr 1993 unvermeidlich. Eine weitere Kategorie bildeten die noch nicht ausgegliederten Dienstleister, wie z.B. Werksfeuerwehr, Kantine, Anbieter ingenieurtechnischer Leistungen.

Im Juli 1993 wird die Unterscheidung in Kern-, Pflege- und Restgeschäfte nicht mehr vorgenommen. Wie bei der Chemie AG zu erfahren ist, laufen über die Betriebe aller Kategorien gleichermaßen Privatisierungsverhandlungen und werde "in den nächsten Wochen" über die Alternativen Verkauf oder Stillegung entschieden. Offensichtlich hat auch die Vereinbarung zwischen THA und IG Chemie-Papier-Keramik vom April 1993 das Problem der weiter ansteigenden Arbeitslosigkeit etwas entschärft und damit die längerfristige "Pflege" bestimmter Geschäfte obsolet gemacht. Die Vereinbarung sieht vor, daß von Entlassung bedrohte Arbeitskräfte aus Treuhandbetrieben der chemischen Großindustrie ein Angebot für eine Beschäftigung in Sanierungsgesellschaften nach Paragraph 249h Arbeitsförderungsgesetz erhalten. Die Finanzierung erfolgt insbesondere aus Mitteln der Bundesanstalt für Arbeit (BA). Auch

die Frage des "Personalpools" vor Ort für künftige Investoren dürfte bei der Chemie AG durch die Neuregelung entschärft worden sein; nicht zuletzt, weil die Rahmenvereinbarung auch Qualifizierungsmaßnahmen für entlassene Chemie-Fachkräfte vorsieht.

Auflösung im Industriepark

Der Chemie AG-Vorstandsvorsitzende Dieter Ambros betrachtete den "Chemiepark" zumindest zum Beginn 1992 als eine Einrichtung, die in Personalunion mit der Chemie AG geführt werde und mittels des Angebots chemiebezogener Dienstleistungen für eine investorenfreundliche Infrastruktur sorgen solle.

Die Chemie AG sollte in diesem Park ihr reduziertes Kerngeschäft weiterführen und möglichst mit den Neuansiedlern Liefer-/Abnahmebeziehungen eingehen. Als Musterbeispiel bezeichnete er das Engagement der Heraeus Holding. Deren Quarzglas GmbH, Bitterfeld, errichtete eine Quarzglasfabrik, die mit der Fertigstellung Anfang 1993 mit der Chemie AG in einen "Recyclingverbund" getreten ist. Bei der Quarzglas-Synthese wird Salzsäure erzeugt, die mit Natronlauge zu Salzsole neutralisiert wird. Heraeus bezieht demnach Natronlauge und Wasserstoff von der Chemie AG, die dort bei der Chloralkali-Elektrolyse anfällt. Die Chemie AG nimmt ihrerseits einen Teil der Salzsole von Heraeus, die dort als Abfallprodukt entsteht, für die Chloralkali-Elektrolyse zurück. Die beiden Unternehmen schlossen einen Zehnjahres-Vertrag, um die gegenseitigen Lieferungen langfristig festzuschreiben.

Etwas anders klang die Beurteilung des Chemieparks durch Max Bräutigam, Abteilungsleiter im THA-Unternehmensbereich 6 und zuständig u.a. für die Chemie AG: Weil das Unternehmen über eine Vielzahl überdimensionierter und für die Chemie AG selbst nicht auslastbarer Dienstleistungen

Chemiekombinat Bitterfeld

verfügte, habe es sich angeboten, diese einem "Industrie- bzw. Chemiepark" zur Verfügung zu stellen. Mit der Chemie AG habe der Park nichts mehr zu tun, er bringe dem Unternehmen auch keinen Nutzen.

Während die Ansichten über das Verhältnis zwischen Chemie AG und "Chemiepark" teilweise auseinanderzugehen scheinen bzw. schienen, bestehen wohl keine Zweifel hinsichtlich der im Rahmen dieser Einrichtung angebotenen Leistungen. Dazu gehört (1.) die Energieversorgung. Der Standort verfügt über ein Gaskraftwerk auf Erdgasbasis sowie ein zentrales Energieversorgungsnetz. Über Verbundleitungen sind (2.) für ansässige Unternehmen technische Gase, Dampf, Wasser, Chlor, Natronlauge, Wasserstoff, Stickstoff, Sauerstoff etc. erhältlich. Weitere Leistungen (3.) betreffen den Handel mit der GUS, Einkauf, Werkstätten/Instandhaltung, Logistik, Feuerwehr, Werkschutz etc. Ein zentraler Bereich sind (4.) Abfallproduktbeseitigungsleistungen; hier entsteht derzeit eine Vielzahl neuer Kapazitäten.

Bis 1995 soll auf einem Gelände der Chemie AG ein Entsorgungszentrum sowie ein Zentrum zur Altlastsanierung in Betrieb gehen. Unter anderem ist ein Gemeinschaftsklärwerk im Bau. Die Investitionskosten von ca. 300 Millionen DM werden teilweise vom Bundesumweltministerium und dem Land Sachsen-Anhalt getragen. Ferner ist der Bau von Anlagen zur Entsorgung von Sonderabfall (Sonderabfallverbrennungsanlage SAVA) in Vorbereitung. SAVA-Hersteller ist die RWE Entsorgung AG Essen. Das EVZ (Entsorgungs- und Verwertungszentrum Bitterfeld) ist Betreiber der Hochtemperaturverbrennungsanlage und der chemisch-physikalischen Behandlungsanlage. Sie ist eine Beteiligungsgesellschaft von Chemie AG und der RWE-Tochter R+T Umwelt GmbH Leipzig.

Im Rahmen des Unternehmenskonzepts sei geplant, so erläuterte Max Bräuti-

gam Ende 1992, die ca. 20 bis 30 standortbezogenen Dienstleistungsbereiche der Chemie AG entweder zu privatisieren oder - soweit sie Relevanz für Ansiedler haben - ab Mitte 1994 aus der Chemie AG auszugliedern (nach Angaben der Chemie AG ist dies im Juli 1993 bereits bei 50 Prozent der Dienstleistungen der Fall) und in eine separate Service-Gesellschaft ServGmbH (Anteil 100 % THA) einzubringen. Alle Ansiedler sollten die Dienstleistungen in Anspruch nehmen können, die sie brauchen. Sollte die Auslastung des Industrieparks durch Neuansiedlungen zu einem früheren Zeitpunkt erfolgen, sei die Abspaltung bereits 1993 möglich. Der THA-Anteil soll schrittweise an Investoren/Ansiedler abgegeben werden.

Es ist also vieles geplant und ansatzweise realisiert, was die Attraktivität des Standortes bzw. Chemieparks erhöht. Wenn sich die THA davon offensichtlich dennoch keinen Nutzen für die Chemie AG verspricht, hat das einen einfachen Grund. Die Chemie AG soll, säuberlich in kleine Einheiten zerlegt, aufgelöst werden. Nach Aussage von Bräutigam ist im zweiten Schritt des Konzepts von 1992 die Abspaltung der Kerngeschäfte (1993) und Einbringung in eine GmbH (Anteil 100 Prozent THA) geplant. Diese soll sich mit fortschreitender Privatisierung vollständig auflösen, indem die Teilbereiche an unterschiedliche Investoren verteilt werden. Die Abwicklung der Restaktivitäten soll durch die Chemie AG i.L. erfolgen.

Es gehe, so Bräutigam, im Falle der Chemie AG also nicht darum, einen wie auch immer gearteten zentralen "industriellen Kern" zu erhalten, wie bei anderen Ex-Kombinaten im THA-Besitz mitunter angestrebt. Die zu verkaufenden Geschäfte könnten für die Investoren eine völlig andere Verwendung finden als sie originär hatten. So habe ein Investor das Äthergeschäft gekauft, nicht, um Äther zu produzie-

Neuansiedlungen in Bitterfeld-Wolfen

Investor	Projekt	Investitionsvolumen in Millionen DM	Arbeitsplätze	Status
Bayer AG	Lackharze, Kosmetika, Pharmaprodukte	750	750	Baubeginn (Geländeaufbereitung)
Heraeus	Quarzglasanlage	100	200	Baubeginn
Sidra-Wasserchemie	Eisen-III-Chlorid	8	26	Baubeginn
RWE/RUT	Entsorgungszentrum	450	155	in Gründung
Ausimont	H_2O_2-Neuanlage	140	93	Vertrag
Draak	Verpackungsrecycling/entsorgung	2	40	Vertrag
Sonstige	6 Vorhaben	55-60	225	Verhandlungen

Quelle: THA, Ende '92

ren, sondern um Lösungsmittel aufzubereiten. Diese Strategie, die laut Bräutigam logische Konsequenz der breiten Produktpalette und daraus resultierenden Unverkäuflichkeit selbst des harten Kerns der Chemie AG, macht noch Investitionen zur Erhöhung der Attraktivität der einzelnen Geschäfte notwendig. Nach Angaben des Unternehmens beläuft sich der Investitionsaufwand für die Geschäfte der Chemie AG in den Jahren 1993-95 auf 140 Millionen DM. Für Maßnahmen in den Bereichen Infrastruktur und Sanierung werden im gleichen Zeitraum 670 Millionen Mark benötigt.

Mittlerweile scheinen sich anfangs womöglich divergierende Ansichten von Chemie AG und THA anzunähern. So sprach auch Chemie-AG-Chef Ambros im Mai 1993 von einer "Auflösung" der Chemie AG in neue Aktivitäten.

Sinkende Umsätze als Erfolgsindikator?

Wenn das Ziel der Chemie AG nun darin besteht, möglichst schnell in anderen Unternehmen aufzugehen, sind sinkende Umsätze kein Problem, sondern eher Indikator dafür, daß man "vorankommt". Diese Interpretation zugrundegelegt, sind rasante Fortschritte zu verzeichnen: Die Umsatzentwicklung ist bzw. war stark rückläufig. So schrumpfte der Umsatz von 497 Millionen

DM in 1991 auf 370 Millionen DM im Jahr darauf; für 1993 werden etwa 300 Millionen erwartet.

Allerdings, so heißt es in einem THA-Papier von 1992: "Die erfolgte Privatisierung von insgesamt 7 Produktbereichen trug nur teilweise zum Umsatzrückgang im laufenden Jahr bei, da diese Effekte bei der Planung 1992 berücksichtigt wurden. Bei entsprechend gesunkenen Materialaufwendungen und ansonsten gegenüber Plan annähernd gleichbleibenden Aufwendungen erhöhte sich der Planverlust um 60 Millionen DM auf 204 Millionen DM."

Umsatzrückgänge sind also noch vorwiegend marktinduziert, d.h. insbesondere der verschlechterten Chemiekonjunktur, dem Wegfall der Ostmärkte und der sinkenden Nachfrage in den neuen Ländern geschuldet. Selbst Hermes-Deckungen helfen nicht, alte Beziehungen mit heutigen GUS-Ländern wieder in Gang zu bringen. Im Sommer 1992 konnten von zugesagten 200 Millionen DM Hermesbürgschaften nur weniger als ein Viertel realisiert werden. Die Chemie AG hat ferner seit Oktober 1992 eine Zusicherung der Bundesregierung über eine Hermes-Deckung für Warenlieferungen im Wert von 65 Millionen DM. Das Geschäft liege auf Eis, so berichtete Ex-Vorstandsmitglied Horst Jürgen Grün, weil das Akkreditiv der zuständigen Stellen in Rußland aussteht.

Chemiekombinat Bitterfeld

Personalrückgang heißt nicht immer Arbeitsplatzverlust

Von 18 000 Mitarbeitern im Jahr 1989 sank die Beschäftigtenzahl bis Ende 1990 auf 14 252. Von 13 520 Beschäftigten zum Jahresbeginn 1991 kam man im gleichen Jahr auf 8763. Im Jahr 1992 waren bei der Chemie AG noch 4520 Voll- und 1660 Kurzarbeiter beschäftigt. 1830 der früheren Arbeitnehmer der Chemie AG sind noch bei der BQP Bitterfelder Qualifizierungs- und Projektierungsgesellschaft in Arbeitsbeschaffungsmaßnahmen tätig. Insgesamt waren im April 1993 noch 5200 Beschäftigte bei der Chemie AG tätig. Wie Dieter Ambros mitteilte, werden davon zum Jahresende noch rund 2300 übrig sein. Nach Angaben der Chemie AG könnten langfristig im heutigen Kernbereich der Chemie AG 500 bis 700; im Industriepark 500; am Standort insgesamt 5200 Mitarbeiter verbleiben.

Immerhin bedeutet Personalabbau bei der Chemie AG nicht in allen Fällen Verlust der Arbeitsplätze. Infolge von Teilprivatisierungen und Ausgründungen werden diverse Arbeitsplätze von anderen Betreibern weitergeführt. Elf chemische Geschäfte sowie über 40 Werkstätten und Dienstleistungsfunktionen wurden inzwischen privatisiert.

Insgesamt werden/wurden rund 1200 Arbeitsplätze bis Jahresende 1992 in ausgegliederte bzw. privatisierte Betriebe überführt. Einige Beispiele: 1991 wurde der Waschmittelbetrieb von der Firma Dreco Chemische Fabrik GmbH, Düsseldorf, übernommen; zwischen 30 und 40 Arbeitsplätze sollen hier langfristig geschaffen werden. Der Ex-Kunststoffbetrieb bzw. die Rohrpresse wurde 1992 vom Kunststofferzeuger Omniplast GmbH+Co, Ehringhausen, übernommen; dadurch wurden 65 Arbeitsplätze gesichert. Die Verpackungszentrum Bitterfeld GmbH ist eine Ausgliede-

rung: 40 Arbeitskräfte sind eingesetzt für Recycling oder Verpackung. 1992 wurde ferner der Bereich der Gipsschwefelsäure-Herstellung ausgegliedert; der Käufer, das Außenhandelskontor Schieweg, Essen, Mitglied der Kleinholz-Gruppe, will 100 Arbeitsplätze erhalten.

Eine Reihe kleinerer technischer Gewerke, wie die Fördertechnik, wurde ausgegliedert; einen Teil der im ehemaligen Rechenzentrum Beschäftigten (21) übernahm der Käufer, die Comparex Informationssysteme GmbH, Mannheim. Auch der Alu-Formguß-betrieb mit 55 Beschäftigten wurde 1992 ausgegliedert. Der Kraftwerksbetrieb (257 Beschäftigte) soll 1993 ausgegliedert werden; hinzu kommen Zulieferer, Wäschereien, ein Hotel und Spezialwerkstätten.

Auch infolge von Neuansiedlungen werden Arbeitsplätze geschaffen, bis 1995 ca. 1500 an der Zahl. Da sämtliche Investoren angeben, insbesondere Arbeitskräfte aus der Region einzustellen, ist davon auszugehen, daß ein Teil der Arbeitsplatzverluste der Chemie AG aufgefangen wird. Ein bedeutender Neuansiedler ist die Ausimont Deutschland GmbH, ein Teil des italienischen Multikonzerns Feruzzi. Das Unternehmen will 1994 eine Fabrik für Wasserstoffperoxid in Betrieb nehmen; 93 Arbeitskräfte sollen hier tätig sein. Die Sidra Wasserchemie, Ibbenbüren, hat bereits eine Anlage in Betrieb genommen; 23 der gegenwärtig 25 Arbeitnehmer kommen von der Chemie AG. Die Heraeus Quarzglas GmbH, Bitterfeld, hat (wie oben erwähnt) 1993 eine Quarzglasfabrik fertiggestellt, in der 75 Arbeitsplätze entstanden sind. Im Oktober 1992 war Grundsteinlegung der Bayer Bitterfeld GmbH zum Bau von drei neuen Betrieben für Methylcellulose, Lackharze und Feststoffe mit einer Gesamtinvestition von 625 Millionen DM. Ab 1994/95 sollen hier 550 Arbeitsplätze geschaffen werden. RWE/R+T Umwelt errichten für 286 Millionen DM das (ebenfalls schon erwähnte) Entsorgungs-. und Verwertungszentrum (EVZ), in dem ab 1996 155 Arbeitskräfte tätig sein sollen.

Ein vollständig zu segmentierendes Unternehmen hat kaum Bedarf an FuE-Kapazitäten, sofern sie nicht unmittelbar bereichs- bzw. produktbezogen arbeiten. Konsequenterweise wurde die zentrale Forschung des CKB, deren Gegenstand die chemisch-technische Grundlagenforschung war, zum Jahresende 1992 abgewickelt. 1989 waren hier noch 1761 Mitarbeiter beschäftigt; ihre Zahl sank 1990 auf 869. Aus dem Zentralbereich gelangten in den folgenden zwei Jahren 65 Mitarbeiter in die Geschäftsbereiche, um hier produktbezogene FuE zu betreiben. 337 gingen bisher in die "BQP".

Nichts läuft ohne Fördermittel

Die Sanierung der Chemie AG wie auch die Erhöhung der Attraktivität des Standortes für Neuansiedler ist nur mit Fördermitteln der THA, des Bundes und Landes, der Kommunen machbar. Die THA hat darüber hinaus unverzinsliche Gesellschafterdarlehen in Höhe von 380 Millionen DM vergeben. Die THA stellt auch Investoren von der Verantwortung für existierende Umweltaltlasten weitgehend frei (ca. 90 Prozent werden übernommen).

Die Investoren bzw. Neuansiedler erhalten aus den Fördertöpfen des "Aufschwung-Ost"-Programms Subventionen (im "Gemeinschaftswerk" gibt es einen eigenen Programmteil "Chemiedreieck Bitterfeld", in dessen Rahmen allein 1992 ca.1,1 Milliarden DM bereitgestellt wurden) in Höhe von etwa 40 bis 50 Prozent des jeweiligen Investitionsvolumens. Dazu kommt die Erschließung der i.d.R. auf nicht genutzten und somit relativ wenig belasteten Industrieflächen gelegenen Grundstücke. Auf dem 53-Hektar-Areal, das die Bayer AG für die Bayer Bitterfeld GmbH gekauft hat, mußten z.B. zunächst mehrere Kilometer Wasser-und Abwasserleitungen verlegt werden. Die insgesamt rund 100 Millionen DM teure Erschließung erfolgte mit Zuwendungen des Landes Sachsen-Anhalt und der THA aus Mitteln der Gemeinschaftsaufgabe "Verbesserung der regionalen Wirtschaftsstruktur".

Auch die BA Nürnberg bzw. eine Qualifizierungsgesellschaft "fördert" die Chemie AG indirekt: Die im Februar 1991 gegründete Beschäftigungs-, Qualifizierungs- und Projektierungsgesellschaft GmbH (BQP), an der u.a. die Chemie AG, die Kommunen und die Filmfabrik AG Wolfen beteiligt sind, hat derzeit 4831 Beschäftigte, die in 58 ABM-Projekte eingebunden sind. Unter anderem beseitigen diese Arbeitskräfte Umweltlasten vom Gelände der Chemie AG - zweifelsfrei eine Voraussetzung für die Schaffung eines "investorenfreundlichen Klimas".

Auch umweltbezogene Fördermittel, mehr oder minder indirekt wirksam für die Chemie AG (-Privatisierung), flossen und fließen. Einige Beispiele für Förderungen, die sich auf die Region beziehen: Das Land Sachsen-Anhalt gab 1992 rund 180 Millionen DM für Sanierungsmaßnahmen in Bitterfeld aus; einschließlich z.B. Kläranlagenbau und Maßnahmen zur Verbesserung von Luft- und Bodenqualität. Für ein "Nationales Sonderprogramm" hat Sachsen-Anhalt insgesamt 530 Millionen DM bereitgestellt. Für Umweltschutzsofortmaßnahmen wurden seitens des Bundes und des Landes Sachsen-Anhalt für die Jahre 1990 bis 1992 insgesamt 270 Millionen DM bereitgestellt.

Ansätze für eine günstige Unternehmensentwicklung?

Es gelang, Investoren bzw. Neuansiedler in die Region zu bringen, die einerseits branchenbezogene Arbeitsplätze schaffen

Chemiekombinat Bitterfeld

und zum anderen mit der Noch-Chemie AG in Lieferanten/Nachfrager-Beziehung stehen (z.B. Heraeus). Allerdings mußten die Investoren bisher mit erheblichen Zuckerbroten herangelockt werden. Bayer-Vorstandsmitglied Pol Bamelis machte z.B. anläßlich der Grundsteinlegung der Bayer Bitterfeld GmbH keinen Hehl daraus, daß gerade auch die staatlichen Fördergelder den Ausschlag für die Investition gegeben hatten. Immerhin gibt es weitere Argumente für den Kauf von Teilen der Chemie AG bzw. Ansiedlungen: die hohe Akzeptanz der Chemie in der Bevölkerung, die gute Ausbildung der Fachkräfte, die Ostkontakte, das Ost-Know-how, die Dienstleistungen des "Industrieparks". Sicherlich ist es empfehlenswert, auch weiterhin bei der Ansiedler-/Investorensuche auf diese Punkte hinzuweisen.

Es scheint auch zunehmend zu gelingen, sich vom investitionshemmenden Image der "Umweltwüste" Bitterfeld zu befreien. "Wir sind keine Kloake mehr", konstatierte Chemie AG-Chef Dieter Ambros, und immerhin gilt der Raum Bitterfeld-Wolfen als das wohl bestuntersuchteste Gelände der Welt. Dies zeigt/suggeriert, daß man "die Sache im Griff" hat. Insbesondere aufgrund von Stillegungen wurde die Luftbelastung in der Region auch bereits deutlich gesenkt; je nach Schadstoff zwischen 10 und 60 Prozent zwischen 1989 und 1992. Bedeutende Investitionen in Maßnahmen zur Beseitigung von Umweltschäden wurden ferner getätigt.

Die wichtigsten Faktoren einer günstigen Unternehmensentwicklung, ganz gleich, ob man diese eher als Erhalt der Chemie AG (oder Chemie GmbH?) oder, realistischer, als möglichst rasches Aufgehen ihrer Bereiche in anderen Unternehmen betrachtet, sind indes kaum unternehmensintern zu beeinflussen. Diese Faktoren sind die Wiederbelebung der Ostmärkte und die Vergrößerung der Aufnahmekapazitäten der Westmärkte (einschließlich neue Bundesländer). Die Aktivitäten der Noch-Chemie AG können sich hier wohl nur auf eine kontinuierliche Marktbearbeitung und weitere Präsenz in den ehemaligen Comecon-Abnehmerländern beschränken sowie auf die mühsame Suche von Absatzmöglichkeiten auf den Westmärkten. Weitere Vertriebskooperationen wären dabei hilfreich, sind gegenwärtig in größerem Stil aber wohl kaum machbar.

Werkzeugmaschinenkombinat "7. Oktober" Berlin

Die Mühen der Ebenen im Werkzeugmaschinenbau

Von BERND HOLM

■ **Einige Besonderheiten der ostdeutschen Branche**

■ **Ein Kombinat mit 22 000 Mitarbeitern**

■ **Durch Innovationen die Nase vorn**

■ **Das Problem der Fertigungstiefe**

■ **Ausgangslage nach der Wende**

■ **Probleme des Übergangs**

■ **NILES hat eine Zukunft**

■ **Übernahme durch die Fritz Werner AG**

■ **Chancen auch für den Standort Magdeburg**

■ **Erfahrungen und Grenzen im Vertrieb**

■ **Von ökologischen Altlasten befreit**

■ **Das Beispiel Schleifring**

■ **Gemeinsame Betreuung von Direktkunden**

■ **Arbeit an neuen Maschinenkonzepten**

Im folgenden ist von der Restrukturierung eines Kombinates die Rede, das zum Werkzeugmaschinenbau der früheren DDR gehörte. Der hatte einstmals 87.230 Beschäftigte mit einem Jahresumsatz von über 10 Milliarden Mark. Etwa 80 Prozent der Produktion wurden im Ausland abgesetzt, vornehmlich in den Ländern des RGW. Mit Abstand größter Abnehmer war die UdSSR.

Wenn die Sanierung abgeschlossen ist, werden in der Branche noch 15 000, wenn es hoch kommt - 20 000 Mitarbeiter beschäftigt sein. Der künftige Umsatz ist kaum zu prognostizieren. Branchenkenner stimmen jedoch darin überein, daß der Kernbereich des ostdeutschen Werkzeugmaschinenbaus selbst dann eine Überlebenschance haben wird, wenn der Wind besonders hoch am Segel steht. Das hat Gründe, die auch im Berliner Werkzeugmaschinenkombinat "7. Oktober" zu finden sind.

Der "7. Oktober" war eines von vier Kombinaten, die dem Ministerium für Werkzeug- und Verarbeitungsmaschinen direkt unterstanden. 1968 gebildet, gehörte es zu den Unternehmen, die auch international einen guten Ruf hatten. Es war für die Entwicklung, die Produktion und den Vertrieb von Werkzeugmaschinen zur rotationssymmetrischen Bearbeitung von Werkzeugen verantwortlich. Ein Schlüsselunternehmen allenthalben, das dem Kernbereich der Branche zuzuordnen ist.

Einige Besonderheiten der ostdeutschen Branche

Nach der Wende begann auch für dieses Kombinat ein vielschichtiger Umstrukturierungsprozeß, der mit erheblichen Problemen verbunden ist. Sie erschließen sich nur, wenn man eine Reihe von Besonderheiten berücksichtigt, die für die Branche charakteristisch waren.

Punkt 1: Der ostdeutsche Werkzeugmaschinenbau, der sich im Gefüge der DDR-Wirtschaft zu einem strukturbestimmenden Zweig entwickelte, entstand aus den Trümmern des zweiten Weltkrieges. Viele Betriebe waren bis auf den Grund zerstört oder wurden nach Kriegsende demontiert. In mühevoller Aufbauarbeit gelang es, sie auf einen anerkannt hohen Standard zu bringen. Produkte aus dem Werkzeugma-

Werkzeugmaschinenkombinat "7. Oktober" Berlin

schinenbau gehörten zu dem Besten, was die DDR-Wirtschaft zu bieten hatte.

Punkt 2: Die Einbettung in die Arbeitsteilung des RGW hatte zur Folge, daß Erzeugnisentwicklung und Produktion für eben diesen Markt Vorrang hatten. Durch diese strategische Vorgabe, die nicht zuletzt die Interessen der Rüstungsindustrie im Osten tangierte, war die Mehrzahl der Betriebe auf den westlichen Märkten nicht oder nur unzureichend eingeführt.

Punkt 3: Ihre Produktion wurde vom staatlichen Außenhandel abgenommen und in DDR-Mark bezahlt. Da die Betriebe weitgehend vom Markt getrennt waren, obwohl sie im Vergleich mit anderen Branchen über ein relativ großes Servicenetz verfügten, schlugen die Erlöse nicht bis zu den Produzenten durch. Erst ab 1987 war es möglich, wenigstens Ersatzteile auf eigene Rechnung zu verkaufen.

Punkt 4: Nach DDR-Maßstäben waren die Kombinate des Werkzeugmaschinenbaus und also auch der "7. Oktober" hochrentable Betriebe, die Gewinne in Milliardenhöhe erlösten. Etwa 80 Prozent der Nettogewinne mußten an den Staatshaushalt abgeführt werden.Die Betriebe gaben aufs Ganze gesehen dem Staat wesentlich mehr, als sie von ihm zurückbekamen.

Punkt 5: In den Werkzeugmaschinenbau wurde gleichwohl eine Menge gesteckt. Die Investitionen konzentrierten sich auf anstehende Schwerpunkte, etwa auf den Neubau der zum "7. Oktober" gehörenden Harlass-Gießerei, und waren zum Teil überdimensioniert, was sich am Beispiel des Heckert-Kombinates nachweisen ließe. Dadurch blieben andere Bereiche, wie etwa der Aufbau einer modernen Werkinfrastruktur, zurück. An finanziellen Mitteln fehlte es den Kombinaten nicht. Sie konnten allerdings keine Leistungen kaufen, wenn diese nicht bilanziert waren.

Punkt 6: In den Kombinaten gab es eine breitere Managementbasis als gelegentlich unterstellt. Das Kostencontrolling zum Beispiel hatte einen hohen Stellenwert. Durch regelmäßige Analysen war der Produktivitätsabstand gegenüber führenden Werkzeugmaschinenherstellern bekannt. Unter den obwaltenden Umständen fehlte jedoch die Möglichkeit, dieses Defizit abzubauen. Das gilt sowohl für die hohe Fertigungstiefe als auch für den überdimensionierten Personalbestand.

Ein Kombinat mit 22 000 Mitarbeitern

Von all dem blieb das Kombinat "7. Oktober" nicht unberührt. Unter seinem Dach firmierten 16 Betriebe, die juristisch selbständig waren. Um die Jahreswende 1989/90 waren dort knapp 23 250 Mitarbeiter beschäftigt. Der Jahresumsatz betrug 2,8 Milliarden Mark, das sind rund 120.000 Mark pro Mann und Maus. Tendenz allerdings steigend.

Dieses Ergebnis ist in mancher Hinsicht typisch für den Kern des Werkzeugmaschinenbaus. Das Heckert-Kombinat in Chemnitz beispielsweise hatte 30.300 Beschäftigte bei einem Jahresumsatz von 3,7 Milliarden Mark. Und der Anteil am Export lag hier wie dort bei etwa 80 Prozent. Er schwankte freilich und erreichte bisweilen 90 Prozent und mehr. Auf westlichen Märkten hat der "7. Oktober" 1989 knapp ein Viertel seines Exports abgesetzt.

Das Kombinat hatte vier Sparten, die das Profil bestimmten. Zur Verfahrensgruppe Drehen gehörten national und international bekannte Betriebe wie das Drehmaschinenwerk Leipzig, der Großdrehmaschinenbau "8. Mai" Chemnitz und die Werkzeugmaschinenfabrik Magdeburg, zur Verfahrensgruppe Schleifen das Schleifmaschinenwerk Chemnitz, die Berliner Werkzeugmaschinenfabrik und MIKROSA Werkzeugmaschinen Leipzig, zur Verfahrensgruppe Verzahnen NILES Werkzeugmaschinen

Berlin und Modul Chemnitz, um nur die wichtigsten zu nennen. In der Verfahrensgruppe Schleifkörper waren Zulieferbetriebe zusammengefaßt, unter anderem Harlass-Guß Wittgersdorf.

Durch Innovationen die Nase vorn

Mit der Entwicklung des Kombinates, das eng mit dem Forschungszentrum des Werkzeugmaschinenbaus zusammenarbeitete, verbanden sich zahlreiche Innovationen. Dadurch konnten in schwieriger Zeit Marktpositionen erhalten und ausgebaut werden.

Wenige Jahre nach seiner Gründung entwickelte das Kombinat das weltweit erste Maschinensystem zur Komplettbearbeitung von Zahnrädern. Und Mitte der 80er Jahre präsentierte es auf der Weltausstellung für Automatisierung EMO eine Zahnflankenschleifmaschine mit elektronischem Getriebe. Mit Leistungen solchen Zuschnitts, die hier beispielhaft genannt werden, hatte die DDR im internationalen Geschäft die Nase vorn.

Insgesamt konnten zehntausende Werkzeugmaschinen verkauft werden. Das brachte der Branche Ansehen und dem Staat guten Ertrag. In manchen Jahren wurden bis zu 85 Prozent der Gewinne auf den Außenmärkten erlöst.

Für diesen Erfolg dürften vor allem zwei Gründe maßgebend gewesen sein. Das Kombinat konnte zum einen an die große Tradition des deutschen Werkzeugmaschinenbaus, dessen Wiege in Sachsen stand, anknüpfen. Das hat Generationen von Werkzeugmaschinenbauern geprägt, auch in der ehemaligen DDR fühlte man sich zur Qualitätsarbeit verpflichtet. Zum anderen war es über Jahre hinweg erklärtes Ziel, auf ausgewählten Gebieten Spitzenprodukte zu entwickeln, deren technische Parameter keinen Vergleich zu scheuen brauchten. Entsprechend hoch war der Stellenwert

von Forschung und Entwicklung, für die im Kombinat etwa zwölf Prozent der erlösten Gewinne eingesetzt wurden.

Das Problem der Fertigungstiefe

Als nachteilig erwies sich die autarke Industriestruktur mit einer überaus großen Fertigungstiefe. Nur so erklärt sich, weshalb das Kombinat Anfang der 80er Jahre eine neue Gießerei errichtete, die heutige Harlass-Guß GmbH. Durch solche Vorhaben wurden nicht unbeträchtliche Investitionsmittel gebunden, die dann an anderer Stelle fehlten. Trotzdem verfügte das Kombinat über ein ansehnliches Anlagevermögen, die Produktion konnte auf einem vergleichsweise hohen Standard gehalten werden.

Auch dafür ein Beispiel. Anfang der 80er Jahre wurden im "7. Oktober" die ersten computergestützten Konstrukteurarbeitsplätze eingerichtet, die in anderen Kombinaten erst später zur Verfügung standen. Andere Bereiche blieben dagegen zurück.

Generell ist festzuhalten, daß dem Kombinat wie der gesamten Branche der Zugang zu westlichen Technologien, die unter die COCOM-Beschränkungen fielen, fehlte. Auch kostengünstige Materialien standen nur begrenzt zur Verfügung. Vor allem aber fehlte der Druck zur Rationalisierung, wie man sie in den westlichen Industriestaaten versteht.

Ausgangslage nach der Wende

Nach der Wende war die Ausgangslage des Kombinates durchwachsen, aber nicht hoffnungslos, auch wenn im Übergang zur wirtschaftlichen Einheit wenig Zeit blieb, alle Probleme des notwendigen Anpassungsprozesses gründlich zu durchdenken. Voraussetzung für die Sanierung war die Überführung der ehemals volkseigenen Betriebe in die Rechtsform eines unabhängigen Un-

Werkzeugmaschinenkombinat "7. Oktober" Berlin

ternehmens als Aktiengesellschaft oder GmbH. Dazu brauchten die Unternehmen ein Management und funktionierende Organe: Geschäftsführungen, Aufsichtsräte und Betriebsräte. Als für die Umwandlung die rechtlichen Voraussetzungen geschaffen waren, verständigten sich die Betriebsdirektoren des "7. Oktober" über die Modalitäten der Auflösung des Kombinats.

Im Juni 1990 wurden die NILES Industrie Holding mit 16 operativen Beteiligungsgesellschaften und neun Einzelgesellschaften gegründet, der sich jedoch nicht alle Kombinatsbetriebe anschlossen. Die Treuhandanstalt war bemüht, die Kernbereiche durch eine branchenübliche Kapitalausstattung, aktive Sanierungsbegleitung und frühestmögliche Privatisierung zu erhalten. Als verantwortlicher Eigentümer ließ sie sich davon leiten, daß jedes Unternehmen seinen eigenen Weg finden muß, um den Übergang in die Marktwirtschaft zu gestalten. Dabei war klar, daß ein solcher Prozeß nur in einem schwierigen Anpassungszeitraum bewältigt werden kann, zumal sich die traditionellen Absatzmärkte aufzulösen begannen. Alle Schritte und Maßnahmen beruhten auf diesem Grundkonsens.

Probleme des Übergangs

Mit der Einführung der DM änderten sich schlagartig die Preis- und Kostenstrukturen. Im Vordergrund stand deshalb zunächst die Liquiditätssicherung, für die erhebliche Mittel bereitgestellt wurden. Es zeichnete sich jedoch sehr schnell ab, daß die neuen Unternehmen nur dann eine Überlebenschance haben würden, wenn entschlossen saniert und restrukturiert wird. Denn die Probleme, die sich mit dem Übergang in die Marktwirtschaft auftaten, waren gewaltig: Umsätze brachen ein, die Kosten ließen sich nicht schnell genug anpassen, es fehlte an einer ausreichend breiten Managementbasis, insbesondere im Bereich Marketing/Vertrieb, um sich auf neuen Märkten durchsetzen zu können.

Die ursprüngliche Idee, mit der NILES Industrie eine strategische Holding zu schaffen, kam nicht recht zum Tragen. Einerseits war zu wenig Zeit, um dafür substantielle Ansätze zu finden. Andererseits drängten die umgewandelten Unternehmen auf selbständige Lösungen, zumal sie sahen, daß der westdeutsche Werkzeugmaschinenbau vornehmlich mittelständisch strukturiert ist. Ob diese Struktur Bestand haben wird, wurde nicht gefragt. Die Holding, die an den 16 Gesellschaften mit bis zu 50 Prozent beteiligt wurde, verstand sich zunehmend mehr als Mittler zwischen Treuhand und Unternehmen. Es wurde gar nicht erst der Versuch unternommen, etwa Forschung und Entwicklung zu bündeln oder die Arbeitsteilung zwischen den Unternehmen zu organisieren.

In den einzelnen Unternehmen wurde indessen intensiv daran gearbeitet, Konzepte für die Restrukturierung und Privatisierung zu entwickeln. Was dabei herausgekommen ist, soll an einigen Beispielen dargestellt werden.

NILES hat eine Zukunft

NILES Werkzeugmaschinen GmbH, der einstige Stammbetrieb des Kombinats, ist heute ein mittelständisches Unternehmen, das inzwischen von der Fritz Werner AG, Berlin, übernommen worden ist. Es stellt Zahnradschleifmaschinen her, die in Qualität und technologischem Standard höchsten Ansprüchen genügen. Mit dieser Produktion wird am Standort Berlin eine Tradition fortgesetzt, die auf das Jahr 1898 zurückgeht.

Die Deutschen NILES Werke AG, die 1898 gegründet worden war, hatte zunächst Preßluftwerkzeuge und Karusselldrehmaschinen gebaut. Mit dem Eintritt des Ingenieurs Paul Uhlig in den Vorstand

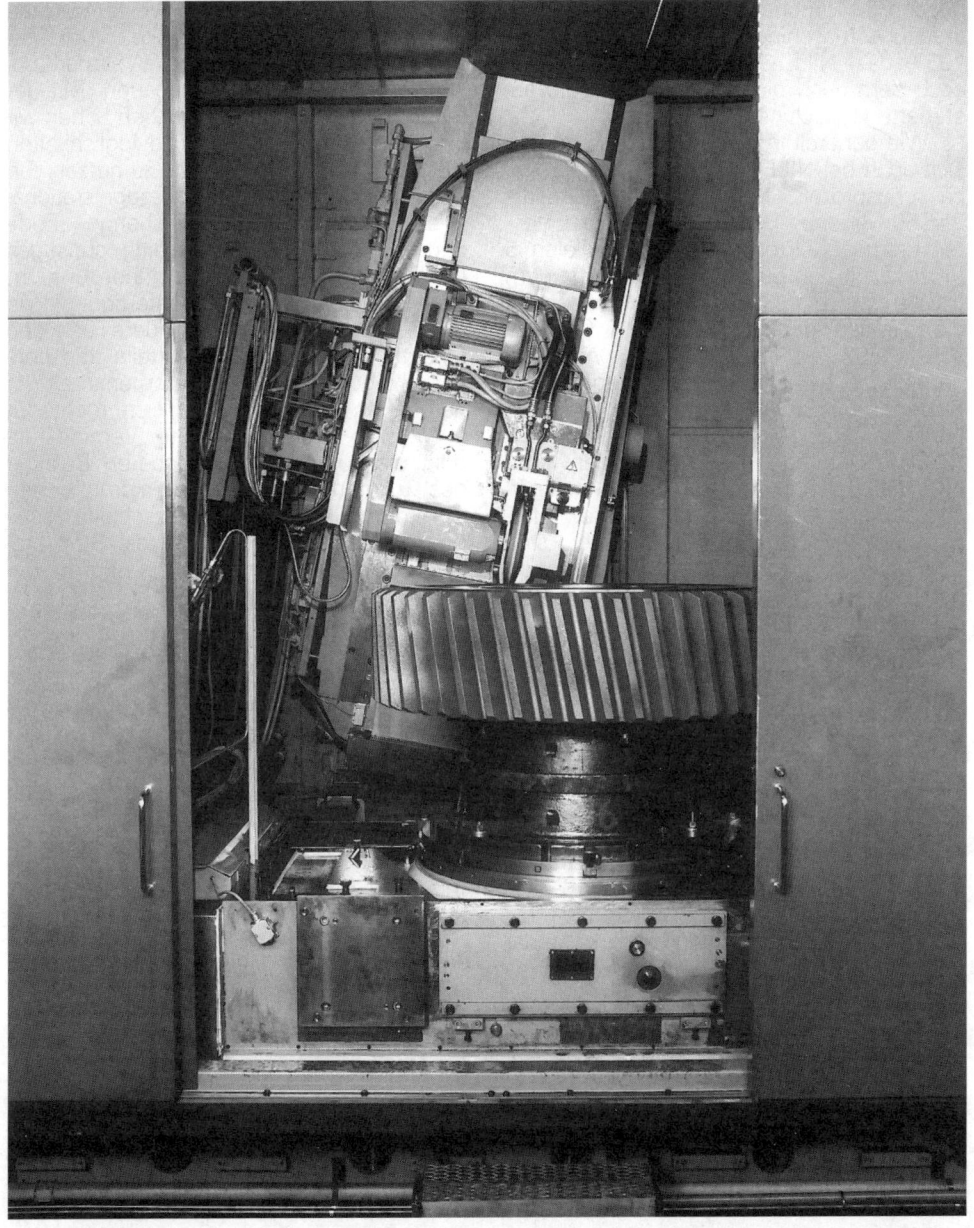

Werkzeugmaschinenkombinat "7. Oktober" Berlin

begann die Umorientierung auf Zahnradbearbeitungsmaschinen. Uhlig entwickelte 1933 das NILES-Teilwälzschleifverfahren, nach dem auch die heutigen computergesteuerten Maschinen arbeiten.

Wie generell in der Branche, so vollzog sich auch bei NILES ein schmerzvoller Anpassungsprozeß. 1991 wurde ein Umsatz von 50 Millionen DM erzielt. Der Exportanteil betrug 55 Prozent, davon entfielen 5 Prozent auf den östlichen Wirtschaftsraum (RGW bzw. Ex-RGW) und 53 Prozent auf die Länder der Europäischen Gemeinschaft.1992 hat NILES 30 Millionen DM umgesetzt, die Exportquote stieg auf 94 Prozent. Für 1993 wird mit einem weiteren Umsatzrückgang gerechnet.

Das Unternehmen, das gegenwärtig 487 Mitarbeiter und 86 Lehrlinge beschäftigt, bedient traditionell einen großen internationalen Markt. 1.000 Maschinen sind über Jahre hinweg in Europa verkauft worden, 600 in Japan und 50 in den USA. Für das Berliner Unternehmen arbeiten heute Vertreterfirmen in 21 Ländern.

Das Management erarbeitete ein Unternehmenskonzept, das die Sanierung auf der Grundlage einer langfristigen Strategie vorsieht. Es wurde Ende 1991 von der Treuhand bestätigt. Seither geht es, wie mir Peter Klopsch, einer der beiden Geschäftsführer sagte, um dessen Umsetzung, was manche betriebswirtschaftliche Feinarbeit einschließt. Ich sprach mit ihm noch vor der Übernahme durch die Fritz Werner AG, die rückwirkend zum 1. Januar perfekt wurde.

"Mir fiel auf, daß Sie auf eine hohe Entwicklungsintensität setzen.
Was ist der Hintergrund?"

"Es gehört zur NILES-Tradition, daß das von Uhlig entwickelte Verfahren ständig vervollkommnet wird. Bedeutende Innovationen gelangen auch unter den schwierigen Material- und Zulieferbedingungen der Planwirtschaft. Auf diese Weise konnten wir eine einseitige Abhängigkeit vom Ostmarkt verhindern. Es gelang, Weltmarktpositionen zu halten, ja auszubauen. Mit der Einbettung in die Marktwirtschaft haben wir begonnen, die veränderten Möglichkeiten für die Erzeugnisentwicklung zu nutzen. Ein Schwerpunkt ist dabei die Erzeugnisrationalisierung, um unsere bisherige Fertigungstiefe auf ein kostenseitig günstiges Maß zu reduzieren. Wir bemühen uns um den Ersatz bisheriger Eigenfertigungteile durch Zukaufteile, insbesondere um den Einsatz hochwertiger Zukaufteile und peripherer Aggregate. Die Zusammenarbeit mit namhaften Zulieferern hat sich recht gut entwickelt. Durch konkrete Vereinbarungen, die sowohl die besonderen Belange des Zulieferers als auch die komplizierten Anforderungen der Teilwälzschleifmaschinen berücksichtigen, konnte die Standardlieferzeit der Zulieferer in vielen Fällen wesentlich verkürzt werden."

"Was kaufen Sie denn anderswo?"

"Hydraulikkomponenten, elektronische Steuerungen und anderes mehr. Ich will aber hinzufügen, daß diejenigen Komponenten, die unser Know-how ausmachen, in unserer Fertigung verbleiben. Dorthin werden auch die Investitionen fließen. Wir verfügen zwar über ein stattliches Anlagevermögen, wollen aber unter Ausschöpfung aller Fördermöglichkeiten weiter investieren."

"Ihr Konzept sieht auch vor, jährlich eine Neuentwicklung auf den einschlägigen Messen vorzustellen. Woran wird bei NILES gearbeitet?"

"Im Moment steht die Vollendung der dritten Generation von computergesteuerten Teilwälzschleifmaschinen im Vordergrund. Unter Beibehaltung des traditionellen NILES-Verfahrens wurde sie nach modernsten Gesichtspunkten konzipiert. Sie garantieren höchste Präzision bei großer Flexibilität und einfacher Bedienbarkeit.

Daneben begannen die Entwicklungsarbeiten für eine neue Baureihe von NILES-Profilschleifmaschinen. Wir wollen unseren bisherigen Kunden neben dem Teilwälzschleifen eine weitere Verfahrenslösung anbieten, aber natürlich auch neue Kunden ansprechen, die mit unseren bisherigen Offerten nicht erreicht werden konnten. Die ersten Maschinen der neuen Baureihe befinden sich auf dem Montagestand.Etwa sieben bis acht Prozent des Umsatzes wollen wir jährlich für Forschung und Entwicklung ausgeben."

"Die Treuhand war von Anbeginn bemüht, sanierungsfähige Ostunternehmen mit westlichen zu polen. Welchen Stellenwert hatte bisher die Branchenpartnerschaft im Unternehmenskonzept von NILES?"

"Wir begannen bereits 1991, mit dem Westberliner Werkzeugmaschinenhersteller Fritz Werner AG zu kooperieren. Diese Kooperation wurde Schritt für Schritt vertieft. Im Ergebnis konnten wir Mitte vergangenen Jahres einen Vertrag unterzeichnen, der umfangreiche Lieferungen für ein neues Fräszentrum der Fritz Werner AG durch NILES vorsieht. Der Vertrag, dem die Treuhand zugestimmt hat, förderte den Ruf von NILES als Unternehmen der Zukunft."

"Der Beginn der Rekonstruierung fiel in eine Zeit, da sich der europäische Binnenmarkt vollendet. Erschwert der Wettbewerb im zusammenwachsenden Europa Ihre Bemühungen? Könnte es sein, daß er Ihre Kreise zerstört?"

"Wir stehen schon heute im Wettbewerb, insoweit wird sich die Situation nicht verändern. Aber der Binnenmarkt bringt für uns viele Erleichterungen und Vorteile. Denken Sie nur einmal an den uneingeschränkten Zulieferer- und Dienstleistungsmarkt, den Abbau von Hemmnissen im grenzüberschreitenden Warenverkehr, die Möglichkeit supranationaler Forschungsprojekte und die Harmonisierung von Normen und Standards, zum Beispiel für die Produkthaftung. Nein, die Hürden für ein Unternehmen wie NILES sind gewiß hoch, aber Europa eröffnet uns zusätzliche Möglichkeiten, wobei der Wettbewerb außerordentlich hart ist."

Übernahme durch die Fritz Werner AG

NILES hat die Einlaufkurve in die Marktwirtschaft relativ schnell erreicht. Dafür stehen Fortschritte bei der Erzeugnisrationalisierung, die Orientierung auf neue weltmarktfähige Produkte, die frühzeitige Entwicklung der Kooperation mit regionalen und überregionalen Werkzeugmaschinenherstellern und nicht zuletzt die Ausweitung des Vertriebs, die durch zahlreiche verkaufsfördernde Maßnahmen begleitet wurde.

Manches ging in dem überaus vielschichtigen Anpassungsprozeß vergleichsweise schnell, die Produktionsfläche zum Beispiel konnte nach kurzer Zeit um 50 Prozent reduziert werden, anderes läßt sich nicht von heute auf morgen bewerkstelligen, auch wenn das Engagement, mit dem an die notwendigen Veränderungen herangegangen wird, noch so groß ist. Das Management war jedoch bemüht, die Zeit bis zur Privatisierung klug und umsichtig zu nutzen.

So wurden darüber hinaus umfassende Maßnahmen auf den Weg gebracht, um die Infrastruktur des Werkes zu verbessern und die elektronische Datenverarbeitung breiter zu nutzen. Vor allem aber wurden nicht betriebsnotwendige Bereiche ausgegliedert. Die Reparaturbereiche gehören dazu, Küche und Pausenversorgung, bestimmte Teile der Berufsausbildung, um nur einige zu nennen. Alles in allem wurden

Werkzeugmaschinenkombinat "7. Oktober" Berlin

acht Firmen ausgegründet, in denen 300 Beschäftigte unmittelbar einen neuen Arbeitsplatz fanden. Andere gingen in die Umschulung. Dies alles hat dazu beigetragen, daß der Betrieb in wirtschaftlich schwieriger Zeit, die namentlich den Werkzeugmaschinenbau vor ungeahnte Probleme stellt, privatisiert werden konnte.

Den Zuschlag erhielt die Fritz Werner Werkzeugmaschinen AG, Berlin. Sie hat das Weißenseer Unternehmen im Mai rückwirkend zum 1. Januar 1993 von der Treuhandanstalt übernommen. Werner hält 90 Prozent der Anteile an dem einstigen Stammbetrieb des Kombinats "7. Oktober", 10 Prozent die Autania AG für Industriebeteiligungen, Berlin. Die Autania, das sei der Vollständigkeit halber erwähnt, ist zu 32 Prozent an der Fritz Werner AG beteiligt, dessen Mehrheitsaktionär die Pittler AG in Langen bei Frankfurt/Main ist.

Werner und Autania garantieren den Bestand von NILES bis zum Jahre 1999, wobei der auf dem internationalen Markt für Werkzeugmaschinen bestens eingeführte Name NILES erhalten bleiben wird. Die 487 Beschäftigten und 86 Lehrlinge wurden übernommen. Die Investoren haben zugesichert, bis 1995 insgesamt 360 Arbeits- und 30 Ausbildungsplätze zu erhalten. 70 Millionen DM Investitionen sind in Aussicht gestellt, davon konnten 45 Millionen Mark vertraglich festgeschrieben werden.

Die Treuhand hatte zuvor NILES eine Kapitalerhöhung finanziert und den Betrieb von jedweden Altlasten befreit. Sie beteiligt sich im übrigen zur Hälfte an den Investitonen, die in die weitere Modernisierung der Gebäude und technischen Ausrüstungen fließen sollen. Dafür sind insgesamt rund 50 Millionen DM veranschlagt worden. Außerdem übernimmt die Treuhand die in diesem Jahr zu erwartenden Verluste, die auf 12 bis 15 Millionen Mark geschätzt werden.

Die im Westteil der Stadt ansässige Fritz Werner AG kann wie NILES auf eine lange Firmengeschichte zurückblicken. 1896 gegründet, stellt sie heute flexible Fertigungssysteme für die Bohr- und Fräsbearbeitung her. Auch Werner arbeitet gegenwärtig mit Verlust. In diesem Jahr wird ein Umsatz von 100 Millionen Mark in Aussicht genommen. NILES soll 35 Millionen DM umsetzen. Das wird für den nunmehr privatisierten Betrieb nicht einfach werden. Allerdings ist der Auftragsbestand höher als im vergangenen Jahr.

Bei allen Turbulenzen, die die Branche gegenwärtig durchzustehen hat, Berlin-Weißensee bleibt für absehbare Zeit im Werkzeugmaschinenbau eine erstklassige Adresse. Der Anpassungsprozeß geht weiter.

Chancen auch für den Standort Magdeburg

Überlebenschancen hat auch der Standort Magdeburg. Die dortige Werkzeugmaschinenfabrik hat sich inzwischen zu einem mittelständischen Unternehmen entwickelt, das allerdings noch zur Privatisierung ansteht. Wie bei NILES hatten sich mehrere Interessenten gefunden, die ihre Konzepte bei der Treuhand einreichten. Noch ist offen, wie sich das fügen wird.

Die Magdeburger Werkzeugmaschinenfabrik ist Produzent von computergesteuerten Drehmaschinen und steht in einer großen Tradition. Als im Jahre 1892 der Unternehmer Krause in seinen Hallen Drehbänke herzustellen begann, legte er damit den Grundstein für ein Unternehmen, das heute auf vielen Märkten der Welt präsent ist.

In den ersten Jahrzehnten nach der Gründung wurden neben Drehmaschinen Flüssigkeitsgetriebe, Schneidköpfe und luftgekühlte Flugzeugmotoren hergestellt. In den 30er Jahren verließen hauptsächlich Sondermaschinen für den Flugmotorenbau die Werkhallen, das Unternehmen gehörte vorübergehend zur Junkers Flugzeug und Motoren AG. Es hatte damals 300 Beschäftigte.

Der Neuaufbau des im zweiten Weltkrieg völlig zerstörten Betriebes begann 1946 mit einem Stamm erfahrener Ingenieure, Techniker und Facharbeiter. Der ursprünglichen Traditionslinie folgend, konzentrierte sich das Werk wieder auf die Produktion von Drehmaschinen und Revolverdrehmaschinen. Außerdem wurden Sonderdrehmaschinen für Kolben von Automotoren und für Wälzlagerringe gefertigt. Mit der Hochleistungsdrehmaschine A 12, in die Branchengeschichte als "rasender Magdeburger" eingegangen, und der automatischen Drehmaschine DVA 125 begründete das Unternehmen seinen Ruf als führender Hersteller von Hochleistungsdrehmaschinen.

In der zweiten Hälfte der 60er Jahre begann die Produktion von numerisch gesteuerten Futterteildrehmaschinen, in den 70ern dann die Herstellung, Lieferung und Montage von automatischen Fertigungslinien für die komplette mechanische Bearbeitung von Elektromotoren und Rotoren. Das Unternehmen, das auf rund 1000 Beschäftigte anwuchs, avancierte zum Generalauftragnehmer. Ein Meisterstück gelang 1985 mit der Produktion von Fertigungszellen mit Portalroboter.

Inzwischen hat sich das Unternehmen auf die Produktion von einspindligen CNC-Schrägbettdrehmaschinen spezialisiert, die in unterschiedlichen Baugrößen angeboten werden. Ferner werden zweispindlige Frontdrehmaschinen vorwiegend für die Mittel- und Großserienfertigung hergestellt. Die WMF stellt komplette Fertigungslinien zur Bearbeitung von Wellen und Rotoren her, außerdem Fertigungszellen zur Futterteilbearbeitung, und seit kurzem bietet es als neues Produktionssegment Recyclinganlagen für gebrauchte Kunststoffe und Getränkedosen an.

Das Unternehmen, das zum "7. Oktober" gehörte und dort eine der tragenden Säulen war, befindet sich in einem schwierigen Anpassungsprozeß. 1991 betrug der Umsatz 29,4 Millionen DM bei einem Exportanteil von 58,3 Prozent. Der Umsatz wurde von durchschnittlich 500 Mitarbeitern erwirtschaftet.1992 sank der Umsatz auf 7,4 Millionen Mark bei einem Exportanteil unter 10 Prozent. Am 31. Mai 1993 standen nur noch 248 Mitarbeiter in Lohn und Brot, 25 davon im Bereich Forschung und Entwicklung.

Die Liste der Abnehmer, auf der klangvolle Namen stehen, ist lang. Ausrüstungen der WMF arbeiten unter anderem in den Werken der Siemens AG, der Moskauer SIL-Automobilwerke und der SNFA in Frankreich. Zu renommierten deutschen und europäischen Unternehmen wurden geschäftliche Kontakte geknüpft. Die Volkswagen AG gehört dazu, Mercedes, die Firmen Meiller und Clark-Hurth.

Noch Ende 1989 wurden erste Überlegungen zusammengetragen, wie die Produktion unter den sich abzeichnenden Veränderungen effizienter gestaltet werden kann. Der Betrieb hatte über Jahre hinweg viel Kraft in die Entwicklung gesteckt, die sich vor allem am Bedarf im RGW orientierte, ohne den übrigen Weltmarkt gänzlich aus den Augen zu verlieren. Noch in der zweiten Hälfte der 80er Jahre wurden bedeutende Investitionen realisiert, die eine Produktion auf hohem technologischen Standard ermöglichten.

Da sich das Umfeld schnell veränderte, mußten die Chancen für die Produktion und den Absatz neu ausgelotet werden. Das schloß ein, bisherige Erzeugnislinien zu überdenken, die technische Strategie zu beraten und Wettbewerbsvorteile herauszufinden, zumal mit einem gravierenden Einbruch auf dem Ostmarkt zu rechnen war. Die kritische Bestandsaufnahme ergab, daß es einen Markt für technologisch

Werkzeugmaschinenkombinat "7. Oktober" Berlin

angepaßte Lösungen gibt, wenn kostengünstig produziert werden kann. Außerdem verfügt der Betrieb über gute Voraussetzungen, das Produktionsfeld zu erweitern.

Aus den ersten Überlegungen entstand ein Sanierungskonzept, das ständig fortgeschrieben und mit der Treuhand beraten wurde. Dabei konnte die neue Geschäftsführung auf Ergebnisse einer Mc Kinsey-Studie zurückgreifen. Der einstige Kombinatsbetrieb war auf der Grundlage eines deutsch-deutschen Regierungsabkommens gründlich durchgecheckt worden.

Nach der Wende wurde relativ frühzeitig ein Konsens gefunden, wie man überzählige Arbeitsplätze abbauen kann, um die Kosten zu senken. Dieser Konsens wurde möglich, weil die Geschäftsleitung bei der Suche nach neuen Arbeitsmöglichkeiten sehr aktiv wurde. Durch ihre Vermittlung siedelte sich zum Beispiel eine Bielefelder Beschäftigungsfirma an, die Leistungen für die Dritte Welt erstellt. Allein dort konnten sich 60 Mitarbeiter einbringen, unter anderem aus der Verwaltung.

Mit der Bildung der GmbH machten sich ehemalige Betriebsteile selbständig. Das trifft auf die Werkzeugmaschinenfabrik Zerbst zu, in der ca. 900 Mitarbeiter beschäftigt waren, und auf einen kleineren Betriebsteil bei Chemnitz, der heutigen GEMAG. In Magdeburg selbst ging es darum, die Verringerung der Fertigungstiefe auf der Basis neuer Einkaufslinien zu vollziehen. Dies ermöglichte es dem Unternehmen unter anderem, die Härterei, den Werkzeugbau und Teilbereiche der Hauptmechanik auszugliedern.

Mit der Umstellung des Heizwerkes auf Gas ist eine partielle Beheizung von einer zentralen Stelle aus möglich. Durch den fast bedienfreien Betrieb entfällt dieser mit großem Aufwand rund um die Uhr betriebene Bereich. In der mechanischen Fertigung sind viele Bearbeitungsarten entfallen, weil sie durch teilfertige oder fertige Erzeugnisse ersetzt werden konnten.

Über diese zum Teil einschneidenden Veränderungen sprach ich mit Geschäftsleitungsmitglied Bernd-Rüdiger Kipper, der im Rahmen seiner Aufgaben an dem Restrukturierungskonzept wesentlich mitgearbeitet hat.

"Wo liegt denn inzwischen die Fertigungstiefe?"

"Etwa bei 70 bis 75 Prozent", antwortete er und fügte hinzu, daß sie sich weiter verringern werde. "Wir wollen zum Beispiel die Hauptmechanik noch einmal verkleinern, aber auch weitere Elemente der Fertigung ausgliedern."

"Gibt es da eine Grenze?"

"Man muß natürlich immer sehen, wie sich das rechnet. Heute können wir vieles zukaufen, das ist ein unbestrittener Vorteil. Aber Arbeitsteilung setzt immer auch eine halbwegs intakte Infrastruktur voraus. Deshalb sollte man sich davor hüten, das Anliegen auf eine Zahl zu reduzieren. Sie wissen ja, allein schon der Straßenverkehr kann einem heute zum Verhängnis werden."

In Magdeburg hat man mit vielfältiger Unterstützung der Treuhand die Zeit gut genutzt. Die technische Strategie sieht vor, bewährte Baureihen weiterzuentwickeln. Daran wird intensiv gearbeitet. Es wurden neue Entwicklungsschwerpunkte gesetzt, um sich mit der unbestritten hohen Kompetenz im Maschinenbau als Spezialist für Sonderlösungen weiter zu profilieren. Gleichzeitig wurde die Produktion von Umwelttechnik aufgenommen. Das Stichwort dafür heißt Can Crash.

Can Crash ist ein Dosen-Recycling-Automat, der sich neben Hochleistungsdrehmaschinen und kompletten Fertigungssystemen recht bescheiden ausnimmt. Doch er erfüllt einen guten Zweck. Der Automat, der in jedem Supermarkt, an jeder Tankstelle und Raststätte aufgestellt werden kann, nimmt zylindrische Getränkedosen auf und preßt diese so zusammen, daß sie auf kürzestem Weg in den Stoffkreislauf zurückgeführt werden können. Es gibt ihn in verschiedenen Ausführungen, wobei das Know-how zum Patent angemeldet worden ist.

Die Chancen am Markt stehen nicht schlecht, wenn man bedenkt, daß auf der Welt jährlich 125 Milliarden Dosen anfallen. Mit deutschen Handelsketten hat WMF erste Kontakte angebahnt. Auch das kanadische Unternehmen Champlain überzeugte sich von der Leistungsfähigkeit der Automaten. Für den Überseemarkt wird an einer Vielzahl modifizierter Lösungen gearbeitet, die auf die jeweilige Marktsituation abheben. Das Ziel ist, in absehbarer Zeit mit der Serienproduktion zu beginnen, zumal man inzwischen auch mit einer französischen Handelskette ins Geschäft gekommen ist. Fraglich bleibt, ob dies als zweites Standbein ausreicht.

Erfahrungen und Grenzen im Vertrieb

Ein Knackpunkt im Unternehmen war der Vertrieb, und auch heute ist man diesbezüglich keineswegs über den Berg. Es gibt jedoch auch in diesem Unternehmen zahlreiche Vertriebs- und Service-Ingenieure, die über einschlägige Erfahrungen verfügen. Zwar saßen in der ehemaligen DDR bei Vertragsverhandlungen Vertreter des staatlichen Außenhandels mit am Tisch, aber das Wort führten die Vertriebsleute aus den Betrieben. Sie kannten durch die Kundenbetreuung vor Ort nicht nur den Markt, sondern vermochten auf Grund ihrer technischen Kompetenz manchen Trumpf auszuspielen, über den kein noch so gut ausgebildeter Außenhändler verfügte.

Der Vertrieb wurde jedoch nicht einfacher, als die Unternehmen ihn vollständig selbst übernahmen. Im Osten brachen die traditionellen Märkte weg, im Westen wurden Abschlüsse auf Grund der sich abzeichnenden Rezession immer schwieriger, und im größer gewordenen Deutschland blieb zunächst manche Tür verschlossen, weil man für ein Treuhandunternehmen bestenfalls ein müdes Lächeln übrig hatte. Zwar ist der Hochmut mancherorts verflogen, dafür greift die Rezession um sich.

"Ein schier aussichtloses Rennen also?"

"Anfänglich schien es so, zumal vieles gleichzeitig auf uns einstürzte. Dann aber haben wir unsere Erfahrungen zusammengetragen und analysiert, wo sich unter den veränderten Bedingungen Absatzmöglichkeiten ergeben könnten."

"Nennen Sie doch mal ein Beispiel."

"Wir haben das Geschäft mit den GUS-Staaten nicht einfach abgeschrieben, obwohl die Schwierigkeiten überhand nahmen, sondern aus unserer langjährigen Kenntnis zu bestimmen versucht, wo unsere Chancen liegen. Die Elektromotorenindustrie zum Beispiel, für die wir über Jahre hinweg komplette Automatisierungslösungen geliefert haben, konzentriert sich fast ausschließlich in den östlichen und südöstlichen Regionen der früheren Sowjetunion. Jetzt beginnen Staaten wie die Ukraine und Belorußland, sich durch eigene Fertigungsstätten unabhängig zu machen. Andere Unternehmen wollen und müssen modernisieren, um überleben zu können, und suchen die Zusammenarbeit mit alten Partnern. Wir sind im Gespräch, und ich denke, daß sich das da und dort in Kürze auszahlen wird, auch wenn die Probleme immens sind."

"Anfang 1992 haben Sie noch einmal die Vertriebsschiene unter die Lupe genommen. Wie kam es dazu?"

"Wir waren seinerzeit an dem Punkt angelangt, wo es die Vertriebsaktivitäten ei-

Werkzeugmaschinenkombinat "7. Oktober" Berlin

nerseits zu bündeln und andererseits zu erweitern galt. Dafür suchten wir unter anderem einen gestandenen Manager, der sich insbesondere auf den westlichen Märkten auskennt und über die notwendigen Beziehungen verfügt. Durch Vermittlung unseres Aufsichtsrates haben wir einen erfahrenen Vertriebsleiter gewinnen können. Daneben konnte in relativ kurzer Zeit in den alten Bundesländern und in Westeuropa ein Vertreternetz aufgebaut werden, das insbesondere bei kleinen und mittleren Unternehmen Fuß gefaßt hat. Da inzwischen auch mit großen renommierten Firmen Geschäfte angebahnt werden konnten, und zwar nicht nur in Europa, sondern auch im asiatischen Raum, sind wir recht zuversichtlich. Allerdings befindet sich die Branche weltweit in einer Rezession."

Von ökologischen Altlasten befreit

Die Magdeburger Werkzeugmaschinenfabrik beging im vorigen Jahr ihr 100jähriges Bestehen. Die Feierlichkeiten hielten sich verständlicherweise in Grenzen. Gleichwohl gibt es für den Betrieb keinen Grund, sein Licht unter den Scheffel zu stellen. Das Unternehmen verfügt über fachliche Kompetenz, die sich in weltmarktfähigen Produkten niederschlägt. Es hat die Vertriebsschiene, die einen kundenfreundlichen Service einschließt, beträchtlich erweitert. Die Produktionsstätten, die um zwei neue Werkhallen erweitert werden konnten, sind auf einem modernen Stand. Ebenso die Werksinfrastruktur. Und es gibt, auch das sollte erwähnt werden, keine ökologischen Altlasten. Wer kann das schon von sich sagen. Da jedoch gerade im Drehmaschinenbereich ein ruinöser Verdrängungswettbewerb herrscht, ist wohl ein weiteres sicheres Standbein vonnöten. Noch ist offen, wer sich da einbringen wird.

Das Umfeld, in dem sich die Restrukturierung des "7. Oktober" vollzieht, ist mit dem Absatzausfall im Osten nur unzureichend beschrieben. Das zeigen nicht zuletzt die Schnelligkeit, mit der sich auch im westlichen Teil Deutschlands die Lage verschlechtert, und die Eile, mit der man dort Sanierungsversuche unternimmt. Wenn nicht alles täuscht, stehen bereits die ersten Unternehmen zur Disposition, während andere, die ebenfalls in Bedrängnis geraten sind, ihr Heil in neuen Allianzen suchen.

Weltweit befindet sich der Werkzeugmaschinenbau in einem tiefgreifenden Strukturwandel. Wie hoch die Trauben hängen, mag eine Zahl verdeutlichen. Die Japaner - wer sonst - erzielen im Werkzeugmaschinenbau bereits heute Umsatzrenditen von 10, ja 20 Prozent. In einer solchen Situation wäre es kaum verständlich, würde man lediglich den nächstbesten Strohhalm suchen. Wo es sich anbietet, sind auch übergreifende Lösungen gefragt, auch wenn die mittelständische Struktur des deutschen Werkzeugmaschinenbaus bisher niemand ernsthaft in Frage gestellt hat.

Das Beispiel Schleifring

Im Bereich des Werkzeugmaschinenbaus hat die Treuhand mit der Erzeugnisgruppe Schleifring dafür ein Beispiel geschaffen. Dabei handelt es sich um eine Interessengemeinschaft von vier selbständigen Unternehmen des ehemaligen Kombinats "7. Oktober", dessen Produktionsprogramm sich ergänzt. In diesem Fall wurde nicht entflochten, sondern auf neue Weise zusammengefügt. Daraus könnte eines Tages eine Allianz entstehen, die mit einer Holding vergleichbar wäre. Das freilich sind ungelegte Eier, zumal die Privatisierung noch ansteht.

Zum Schleifring, dessen Entwicklung der Leiter des Treuhanddirektorats Werkzeugmaschinenbau, Dr. Volker Charbonnier, besonders intensiv begleitet hat, gehören die Berlinr Werkzeugmaschinenfabrik

(BWF), MIKROSA Werkzeugmaschinenfabrik Leipzig, das Schleifmaschinenwerk Chemnitz und die Werkzeugmaschinenfabrik Glauchau. Die vier Schleifmaschinenproduzenten haben ein aufeinander abgestimmtes Programm und sind in der Lage, komplexe technologische Lösungen anzubieten. Die Maschinen sind in den unterschiedlichsten Industriezweigen einsetzbar, wobei insbesondere Schleifmaschinen für Wälzlagerindustrie zur Verfügung gestellt werden.

Gewiß, der Wettbewerb in der Branche hat inzwischen ruinöse Formen angenommen, so daß eine derart übergreifende Lösung ehrgeizig ist. Doch die Unternehmen des Schleifrings verfügen über ein entwicklungsfähiges Produktionsprogramm und langjährige Erfahrungen, die die Mühen der Ebenen lohnen, auch wenn der Erfolg keineswegs sicher erscheint. Die gesamte Branche steht vor ihrer größten Herausforderung seit dem Krisenjahr 1982, und da wird noch manches gegen den Strich zu bürsten sein.

Die Anstrengungen der Treuhand machen einen Sinn, wenn man sich die Betriebe des Schleifrings ansieht. Beispiel BWF Marzahn: 12500 Schleifmaschinen hat allein dieser Betrieb bisher verkaufen können. Sie wurden in Ost- wie in Westeuropa abgesetzt, in den USA, in Japan, China, Südkorea und Indien. Ebenso ansehnlich ist auch die Liste der Referenzbetriebe, auf denen Firmen wie Siemens und Bosch aus Deutschland, SNFA und Tobler aus Frankreich, Koyo Seiko und Hitachi Tochigi aus Japan sowie Torrington und Valteron aus den USA stehen. Das spricht für sich.

Gelegentlich hörte ich den Vorwurf, Betriebe wie BWF lebten bisweilen von ihrer Vergangenheit, die auch schon mal verklärt werde. Das mag sein, aber ist es in wirtschaftlich schwieriger Zeit nicht durchaus sinnvoll, sich auf ausgewiesene Leistungen zu besinnen, um den notwendigen Strukturwandel besser meistern zu können?

Der Umsatz ist im Moment nicht berauschend. Er betrug im Jahr 1991 insgesamt 51 Millionen Mark, wobei 87 Prozent der Produktion auf den Außenmärkten abgesetzt werden konnte. Seither ist die Tendenz fallend, die Geschäfte im vorigen Jahr wurden nicht einfacher. Die Fachleute sind sich jedoch darin einig, daß das Leistungsvermögen wesentlich größer ist, als es sich in den derzeitigen Umsatzzahlen widerspiegelt. Darauf baut man im Schleifring, und die Treuhand unterstützt die Gruppe auf vielfältige Weise, den Restrukturierungsprozeß entschlossen fortzusetzen.

Gemeinsame Betreuung von Direktkunden

Der Schleifring, in dem noch mehr als 1000 Mitarbeiter tätig sind, hat sich inzwischen auf die wesentlichsten Eckpunkte einer gemeinsamen Strategie verständigt. Noch ist zwar nicht alles in Sack und Tüten und manches bedarf der weiteren Präzisierung, doch die bisherigen Übereinkünfte lassen erkennen, wohin die Reise gehen soll. Einige Beispiele dafür.So ist unter anderem vorgesehen, ein einheitliches Vertreternetz aufzubauen, wofür die ersten Schritte bereits unternommen worden sind. Große Bedeutung wird der gemeinsamen Betreuung von Direktkunden im Automobilbau und in der Wälzlagerindustrie beigemessen. Ob am Ende eine gemeinsame Vertriebsgesellschaft stehen wird, ist im Moment noch offen. Vorstellungen dafür gibt es.

Parallel dazu wurden Maßnahmen eingeleitet, durch einen Flächenaustausch in Berlin Voraussetzungen für die weitere Konzentration der Produktion und die bessere Auslastung des Maschinenparks zu schaffen. Es gibt darüber hinaus Überlegungen, Fertigungsstätten zusammenzulegen, um auf diese Weise die Wirtschaftskreisläufe beschleunigen und vor allem die Ko-

Werkzeugmaschinenkombinat "7. Oktober" Berlin

sten weiter minimieren zu können. Wie die Dinge liegen, wird Glauchau als Standort nicht zu halten sein, weil dort inzwischen auch vermögensrechtliche Ansprüche geltend gemacht wurden. Die Belegschaft in Gauchau ist darüber informiert.

Arbeit an neuen Maschinenkonzepten

Mit den Namen der ostdeutschen Schleifmaschinenhersteller verbinden sich zahlreiche Spitzenprodukte und ausgereifte technologische Lösungen, die in aller Welt Absatz fanden. Um auch künftig die Nase mit vorn zu haben, arbeiten die Unternehmen des Schleifrings an einer gemeinsamen Forschungsstrategie und deren Umsetzung. Dabei geht es unter anderem um verbesserte Steuerungen, Antriebe und Hydraulikkomponenten. Ein weiterer Schwerpunkt ist die Entwicklung gänzlich neuer Maschinenkonzepte. Das ist das Feld, auf dem der künftige

Ertrag heranwachsen soll.

Noch werden kleinere Brötchen gebacken. Im Schleifring wie in der Treuhand ist man gleichwohl recht optimistisch, obwohl ich nirgendwo hörte, daß man bereits über dem Berg sei. Zwar hat die Treuhand erfahrene Westmanager gewinnen können, um der Sanierung den notwendigen Schub zu geben. Aber manches braucht seine Zeit, zumal die Treuhand nach den Worten von Dr. Hans Klein, Berater im Direktorat Werkzeugmaschinenbau, verständlicherweise daran interessiert ist, den Schleifring im Verbund zu privatisieren.

Die Treuhand hat in schwieriger Zeit große Anstrengungen unternommen, um den Kernbereich des Werkzeugmaschinenbaus zu erhalten. Weltweit wurde für den ostdeutschen Standort geworben, der langfristig viele Vorteile bringt. Das hängt nicht nur mit den noch immer niedrigeren Lohnkosten zusammen, sondern auch mit der geographischen Lage.

Kombinat Schienenfahrzeugbau Berlin

Ostdeutscher Schienenfahrzeugbau will überleben

Von INGRID HILBERT

■ **Marktführer: Leistungsfähiger Schienenfahrzeugbau im RGW**

■ **Marktwirtschaft: Währungsunion wirkte wie ein Schock**

■ **Bilanz: Gute Zukunftsaussichten durch Osterfahrungen**

■ **Überleben: Ostumsatz und Exportstützung sicherten Industriestandort**

■ **Strukturveränderungen: Unternehmens- und Produktentwicklung nach marktwirtschaftlichen Erfordernissen**

■ **Deutschland: Überkapazitäten führen zum Verdrängungswettbewerb**

■ **Absatz: Umsatzentwicklung erfaßt zunehmend westliche Märkte**

■ **Ergebnis: Schwarze Zahlen mit Hermesbürgschaften**

■ **Betriebswirtschaft: Entwicklungstrends in wichtigen Konzernbereichen**

■ **Verbundprivatisierung des Unternehmens wird angestrebt**

Die erste einsatzfähige deutsche Lokomotive Saxonia fuhr 1839 anläßlich der Eröffnung der Eisenbahnstrecke Leipzig - Dresden. Während der festlich geschmückte Jungfernzug von einer englischen Lokomotive gezogen wurde, jubelten die Menschen an der Strecke "ihrer" kurz danach folgenden Saxonia zu. Den Engländern war die große Schau gestohlen worden.

Zum Erstaunen des englischen Personals erreichte die von Johann Andreas Schubert, Professor an der Polytechnischen Schule Dresden, konstruierte Saxonia die beachtliche Geschwindigkeit von 45 Kilometern in der Stunde. Sie war in einer Maschinenbauanstalt in Übigau ausschließlich aus deutschem Material hergestellt worden. Bis zu dieser Zeit war der Lokomotivbau in Europa englisches Monopol.

So hat der deutsche Lokomotivbau und darüber hinaus der deutsche Waggonbau in Ostdeutschland, speziell in Sachsen und Sachsen-Anhalt, seine Wiege. Denn die Eisenbahnchronik weist aus, daß der Waggonbau in Niesky aus einem 1835 gegründeten Unternehmen hervorgeht, der Waggonbau in Görlitz seit 1848 für die Eisenbahn produziert, und der Waggonbau Bautzen seit Mitte des vergangenen Jahrhunderts Lieferant der Eisenbahn ist.

Aber nicht nur das. Auch wichtige Meilensteine in der Eisenbahngeschichte wurden im Osten Deutschlands gesetzt, wie im Verkehrsmuseum in Dresden ersichtlich: Der erste europäische Ganzmetallwagen, Fahrzeuge für den weiten Schienenweg der Bagdad-Bahn, der "Fliegende Hamburger", Luxusschlafwagen für den transkontinentalen Verkehr, der erste Doppelstock-Gliederzug, Wagen für die Berliner S-Bahn sowie europäische Drehgestelle der Bauart "Görlitz" oder auch elektrische Sraßenbahnen, wie der weltbekannte "Dresdener Hecht", kamen aus dieser Region.

Marktführer: Leistungsfähiger Schienenfahrzeugbau im RGW

Auf der Grundlage dieser hundertfünfzigjährigen Tradition entwickelte sich der Schienenfahrzeugbau zu einem stabilen Industriezweig im Rahmen der Volkswirtschaft der DDR.

Statistiken aus dieser Zeit lesen sich - auch für westliche Konzerne - wie ein Mär-

Kombinat Schienenfahrzeugbau Berlin

chen: In den vergangenen vier Jahrzehnten wurden insgesamt 140 000 Reisezugwagen, Kühlfahrzeuge, Triebzüge sowie Spezial- und Nahverkehrsfahrzeuge an 27 Länder verkauft. Beispielsweise stammten von vier in der Welt exportierten Reisezugwagen drei aus einem der fünf großen Waggonbaubetriebe dieses Unternehmens.

Diese Exporte waren durch die Spezialisierung und langfristig vereinbarten Lieferungen innerhalb des RGW möglich geworden. So wurde das leistungsfähige Kombinat innerhalb des RGW zum Marktführer bei Reisezugwagen, Weitstrecken-Personenwagen, Doppelstockfahrzeugen, Kühlfahrzeugen und Spezialgüterwagen.

Der Bedarf an diesen Fahrzeugen war so groß, daß trotz beträchtlicher Investitionen die Wünsche der Eisenbahnen quantitativ nicht abgedeckt werden konnten.

Das Unternehmen hat aber nicht nur in die RGW-Länder, sondern in viele Länder Westeuropas, Asiens, Afrikas und Lateinamerikas geliefert.

Mit dem Handelsumsatz von etwa 3,5 Milliarden Mark der DDR im Jahre 1989 waren 25 000 Mitarbeiter beschäftigt. Das entsprach dem Leistungsdurchschnitt in der Industrie. 1989 wurden 1300 Reisezugwagen und 1330 Kühlfahrzeuge ausgeliefert.

Allerdings gab es auch im Kombinat Schienenfahrzeugbau systembedingt zuviele Führungsebenen und Direktoren, keine klare Erfolgszurechnung, überdimensionierte Stabsstellen und eine unwirtschaftliche Fertigungstiefe. Die zentralistische Planwirtschaft führte zu Forschungsrückständen. Gleichwohl hatte das Kombinat einen überdurchschnittlichen Innovationsvorlauf. Nicht unerwähnt darf in diesem Zusammenhang bleiben, daß neben den wirtschaftlichen Bereichen zum Kombinat und seinen Betrieben auch diverse soziale Einrichtungen, wie Polikliniken, Kinderferienlager, Sportstätten, Klubhäuser, Ferienhäuser und Bibliotheken gehörten.

Marktwirtschaft: Währungsunion wirkte wie ein Schock

Wie ein Paukenschlag wirkten die Wirtschafts-, Währungs- und Sozialunion, die am 1. Juli 1990 zwischen der damals noch existierenden DDR und der BRD in Kraft gesetzt wurde, und der Vollzug der deutschen Einheit am 3. Oktober 1990. Sie setzten dem Schienenfahrzeugbau in Ostdeutschland über Nacht Rahmenbedingungen für unternehmerisches Handeln.

Die neue DDR-Regierung erließ am 1. März 1990 die sogenannte Umwandlungsverordnung. Schon am 14. Juni wurde auf dieser Grundlage die Deutsche Waggonbau Aktiengesellschft (DWA) gebildet. Sie ging aus dem ehemaligen VEB Kombinat Schienenfahrzeugbau hervor. Alleiniger Aktionär wurde die Treuhandanstalt Berlin. Die ehemaligen volkseigenen Betriebe des Kombinates wurden in GmbH umgewandelt und als Tochterunternehmen der DWA angeschlossen. Die Gesellschafterfunktion für diese GmbH nahm die DWA wahr.

Zugleich wurde ein Aufsichtsrat mit 20 Persönlichkeiten gebildet, in dem auch zehn Arbeitnehmervertreter Mitglied waren. Die Zusammensetzung entsprach dem Aktiengesetz und sollte eine optimale Entwicklung des ostdeutschen Schienenfahrzeugbaus als Teil der nun gesamtdeutschen Kapazitäten sichern helfen. Vorsitzender wurde Herr Otto Wolff von Amerongen, Geschäftsführer der Otto Wolff Industrieberatung und Beteiligung GmbH. Mitglieder wurden unter anderem auch Herr Hemjö Klein, Mitglied des Vorstandes Deutsche Bundesbahn, Herr Dr. Lorenz Schomerus, Ministerialdirektor des Bundesministeriums für Wirtschaft, und Prof. Dr. Oleg Bogomolow, Direktor des Instituts für Internationale ökonomische Studien der Akademie der Wissenschaften, Moskau. Die Arbeitnehmerseite vertraten unter anderem Herr Hartmut Tölle-Tacke von der IG Metall und Herr Jürgen Conrad als Konzern-Betriebsratsvorsitzender.

Die Jahresübersicht des Unternehmens weist für diese Zeit aus, daß die DWA nun 19 Tochtergesellschaften (GmbH) umfaßte, die folgende Hauptproduktgruppen herstellten:

Sechs Finalbetriebe: Reisezugwagen, Kühlfahrzeuge, Spezialgüterwagen;

acht Komponentenbetriebe: Fahrzeugelektrik und -elektronik, Drehgestelle, Radsätze, Achslager, Sitze, Federn, Beschlagteile;

zwei Eisen- und Stahlgießereien,

ein Institut für Schienenfahrzeuge sowie zwei kleinere Ingenieurbetriebe.

Mit der Einführung der Deutschen Mark in Ostdeutschland erstellte die DWA eine Eröffnungsbilanz, nach der bis zum 1. Juli 1990 Altschulden in Höhe von 433,7 Millionen DM ausgewiesen wurden, davon Grundmittelkredite 188,5 Millionen, Umlaufmittelkredite 228,7 Millionen, Vorfinanzierung/Übrige 16,5 Millionen DM.

Bilanz: Gute Zukunftsaussichten durch Osterfahrungen

Die Gesamtbilanz und die Zukunftsaussichten des Unternehmens und seiner Betriebe erschienen der Unternehmensleitung zu diesem Zeitpunkt günstig. Die Firmenpolitik ging von der Auslastung der vorhandenen Kapazitäten und dem Erhalt der Absatzmärkte UdSSR, übrige osteuropäische Länder und China im Rahmen des vereinigten Deutschlands sowie der Erschließung neuer Märkte und Belieferung der Deutschen Reichsbahn/Deutsche Bundesbahn aus. Grundlage bildeten also die günstigen Ostperspektiven.

Beispielsweise umfaßten für 1991 bis 1995 die Beschaffungspläne der UdSSR mehr als 7000 Weitstreckenfahrzeuge und zirka 6000 Kühlfahrzeuge. Diese Sortimente und Stückzahlen waren in keinem Produk-

tionsprogramm anderer Unternehmen enthalten.

Das nach einer Einschätzung wirtschaftlich und technisch wettbewerbsfähige Unternehmen sollte ohne wesentliche Investitionen in die bestehenden Produktionsanlagen mindestens 35 Prozent Produktionserhöhung realisieren.

Ab 1991 sollten verstärkt neue Fahrzeugarten für den mitteleuropäischen Raum, für das Inland und den westeuropäischen Markt vorbereitet werden. Trotzdem betrachteten die DWA und ihre Tochtergesellschaften den Absatzmarkt UdSSR vorerst weiterhin als Schwerpunkt.

Ziel der Unternehmensleitung war, die 25 000 Beschäftigten bis 1993 erheblich zu reduzieren, bei gleichzeitiger Strukturveränderung zugunsten der unmittelbar in der Produktion Beschäftigten und absoluter Einsparung des Verwaltungsaufwandes sowie Ausgliederung von ganzen Betrieben.

Ferner sollte sich die Investitionsarbeit der DWA entsprechend den Anforderungen der Marktwirtschaft gestalten und auf Eigenwirtschaftung orientieren. Man ging davon aus, daß zur Deckung des erweiterten Bedarfs an Schienenfahrzeugen und für Erzeugnis- und Technologieinnovationen etwa 1 Mrd. DM für 1991 bis 1995 notwendig seien; davon 500 Millionen für Sanierungsinvestitionen Bau und 100 Millionen DM für Investitionen in die Infrastruktur.

Überleben: Ostumsatz und Exportstützung sicherten Industriestandort

Die Firmenpolitik schien aufzugehen. Im zweiten Halbjahr 1990 wurde ein Außenumsatz von 1,313 Mrd. DM erreicht. Die Hauptabsatzgebiete waren: Sowjetunion mit 766 Millionen DM, das übrige Osteuropa mit 292 Millionen, Deutschland mit 236 Millionen und sonstige Märkte mit 19 Millionen DM. 92 Prozent der Reisezugwagen und 84 Prozent der Kühlfahrzeuge wurden

Kombinat Schienenfahrzeugbau Berlin

in die UdSSR, andere osteuropäische Länder, nach China und Ghana geliefert.

Allerdings lagen durch die Neufestlegung des Umrechnungskurses des transferablen Rubels im zweiten Halbjahr von 1:2,34 DM statt bisher 1:4,67 Mark der DDR die erzielten Erlöse unter vergleichbaren Weltmarktpreisen.

Für den in diesem Zusammenhang eingetretenen Exportverlust im zweiten Halbjahr 1990 in Höhe von 581 Millionen DM erhielt die DWA Exportstützungen. Weitere Verluste entstanden in diesem Zeitraum aus der Veränderung der innerstaatlichen Umrechnung im Export nach China und Ghana mit negativer Wirkung auf das Exportergebnis in Höhe von 225 Millionen DM.

Eine der schwierigsten Aufgaben war die Reduzierung der Beschäftigten in der DWA und in den Unternehmen. Für viele Mitarbeiter brachte sie schmerzliche Erfahrungen. Insgesamt gingen durch Strukturveränderungen, Bereinigungen, Privatisierung und Abbau von Personal die Anzahl der Mitarbeiter auf 17 417 zurück.

Positiv die Investitionen. Sie erreichten 137 Millionen DM. Das Konzernergebnis lag bei minus 3 Millionen DM, der Jahresüberschuß betrug 1,7 Millionen DM. Mit diesen positiven Ergebnissen und der Exportstützung wurden erst einmal die Industriestandorte des Waggonbaus im Osten Deutschlands und das Überleben der DWA gesichert.

Strukturveränderungen: Unternehmens- und Produktentwicklung nach marktwirtschaftlichen Erfordernissen

Blickt man heute auf die 1990 eingeleitete Entwicklung zurück und betrachtet die 1991/92 erreichten Ergebnisse in der marktwirtschaftlichen Restrukturierung des Unternehmens, kann man die Probleme nur erahnen, die von der Leitung und den Mitarbeitern gelöst wurden.

Aus einem Unternehmensporträt geht hervor, daß von den ursprünglich 20 zum Verband gehörenden Unternehmen zehn, zumeist Komponentenhersteller, ausgegliedert und privatisiert wurden.

Der bisher größte privatisierte Betrieb ist das Berliner Bremsenwerk, gekauft von der Knorr-Bremse AG, München, also vom ehemaligen Besitzer. Zur Zeit sind dort 700 Arbeitskräfte beschäftigt, früher waren es 1500. Weiterhin wurden bis 1992 privatisiert:
microWAC Berlin GmbH,
ESC Alu-Gießerei GmbH,
Schloß- und Stahlbau Mühlhausen GmbH,
Stahlgießerei Olbersdorf GmbH,
Ingenieurbüro Waggonbau Berlin GmbH,
Radsatzfabrik Ilsenburg GmbH,
Waggonbau Altenburg GmbH,
Fahrzeugsitze Bad Schandau GmbH,
Federnwerk Zittau GmbH und
Spezialgeräte Schmölln GmbH.

Die Eigner sollen, nach Aussagen im Vorstandssekretariat, ein gesundes Mix aus renommierten Firmen aus den Altbundesländern und bei sechs Betrieben durch Management-Buy-Out sein. Diese Betriebe profitieren heute alle noch von der DDR-Struktur, das heißt, sie sind nach wie vor Zulieferer für die DWA, natürlich unter marktwirtschaftlichen Gesichtspunkten.

Die Verbundprivatisierung des Kerngeschäftes, so der Vorstand der DWA, ist als Holding mit acht Tochterunternehmen vorgesehen. Auf dieser Grundlage will sich das Unternehmen mit neuen Gerschäftsfeldern zum Systemanbieter im Eisenbahngeschäft profilieren.

Von der ursprünglichen Unternehmensphilosophie der Dominanz auf den Ostmärkten mußte sich das Management bald trennen. Immer stärker wurde erkannt, daß die Ausrichtung auf Westmärkte lebensnotwendig ist, ohne auf den Erhalt der Ostmärkte zu

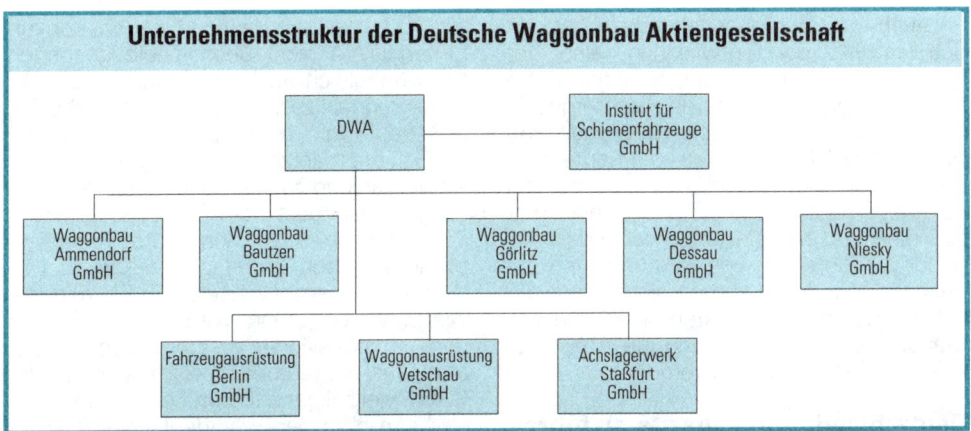

Unternehmensstruktur der Deutsche Waggonbau Aktiengesellschaft

DWA

Institut für Schienenfahrzeuge GmbH

Waggonbau Ammendorf GmbH

Waggonbau Bautzen GmbH

Waggonbau Görlitz GmbH

Waggonbau Dessau GmbH

Waggonbau Niesky GmbH

Fahrzeugausrüstung Berlin GmbH

Waggonausrüstung Vetschau GmbH

Achslagerwerk Staßfurt GmbH

verzichten. Das war nur durch ein neues Management an der Spitze des Konzerns möglich. Nach diesen neuen Erkenntnissen versteht sich die DWA als führender Hersteller von Schienenfahrzeugen aller Art in den neuen Bundesländern. Im Vordergrund steht dabei der Erhalt eines selbständigen Konzerns. Gleichwohl besteht das Ziel als Systemanbieter darin, eine Allianz mit einem Elektropartner einzugehen, um Marktchancen komplett nutzen zu können.

Heute bilden drei Waggonbaubetriebe in Sachsen (Bautzen, Görlitz, Niesky) und zwei Waggonbaustandorte in Sachsen-Anhalt (Ammendorf und Dessau) den Kern des Unternehmens. Weiterhin bestehen drei leistungsfähige Komponentenbetriebe (Fahrzeugausrüstung Berlin GmbH, Waggonausrüstungen Vetschau GmbH, Achslagerwerk Staßfurt GmbH) und ein Forschungsinstitut in Berlin.

Auch im Geschwindigkeitsbereich über 240 km/h will die DWA zukünftig mithalten. Auf diesem Gebiet wird jetzt die Forschung betrieben und jedermann weiß, welches Forschungsvolumen dafür notwendig ist. Der ICE sei hier als Beispiel genannt. Die Franzosen waren sogar zehn, elf Jahre früher auf dem Plan.

Neben vielseitigen Maßnahmen betreibt das Management die Diversifizierung der Produkte für das weitere Agieren, vor allem auf westeuropäischen Märkten. Beispielsweise wird der Abschluß eines Vertrages über die Lieferung von 175 Doppelstockwagen aus dem Waggonbau Görlitz für die Deutschen Bahnen als wichtige Weichenstellung für zukünftige Partnerschaften angesehen.

Der Vorstand hebt hervor, daß für diese Entwicklung in den letzten beiden Jahren umfangreiche Investitionen getätigt wurden, um die Wettbewerbsfähigkeit zu verbessern. Der Sanierungsaufwand betrug bisher etwa 330 Millionen DM. Diese Investitionen wurden ausschließlich aus dem Cash - flow finanziert. Zugleich wurden und werden Kooperationen und Allianzen mit neuen Partnern gesucht. Dadurch sollen technologische Lücken geschlossen, eine optimale Fertigungsorganisation und Steuerung durchgesetzt und eine optimale Vermarktung gesichert werden. Da der Konzern selbst keine Triebfahrzeuge produziert, ist es unumgänglich, als zukünftiger Systemanbieter mit einem weltweit renommierten Triebwerkshersteller zusammenzuarbeiten.

Kombinat Schienenfahrzeugbau Berlin

Auch der Personennahverkehr ist ein Schwerpunkt der Entwicklung, also der Straßenbahn-, U-Bahn- und S-Bahnbau. So stellt sich die DWA, deren Tochtergesellschaften bereits zwischen 1920 und 1950 zirka 800 S-Bahnen bauten, die heute zum Teil noch in Dienst sind, der Aufgabe, bei der Modernisierung der S-Bahn Berlin mitzuwirken und hat ein entsprechendes Angebot zur Lieferung von S-Bahnwagen abgegeben. Alle Maßnahmen sind darauf gerichtet, neben den bestehenden weitere Standbeine zu schaffen und die Abhängigkeit vom Ostgeschäft zu verringern.

Deutschland: Überkapazitäten führen zum Verdrängungswettbewerb

Unwillkürlich muß man bei der Betrachtung und Einschätzung der nun vorhandenen gesamtdeutschen Schienenfahrzeugbau-Kapazität an die Jungfernfahrt der Saxonia im Jahre 1839 denken. Als damals die erste deutsche Lok nach Dresden zurückfahren wollte, ließ man sie stundenlang auf Koks warten. Als sie schließlich viel zu spät genügend Dampf im Kessel hatte und losfuhr, mußte sie fast an jedem Bahnübergang halten, denn die Schrankenwärter waren nicht mehr zur Stelle. Der eigentliche Zug mit seiner englischen Lok war längst vorüber. In einem Buch über die Eisenbahngeschichte jener Zeit heißt es: "Und während Tausende von Dresdenern auf ihren "Lokomotiv-Professor" warteten, hatten dessen Widersacher einen weiteren tückischen Plan erdacht: Als er in die kleine Station Priestewitz einfuhr, hatten sie mit Vorbedacht eine Weiche auf ein Nebengleis stellen lassen. Ohne bremsen zu können, rammte Schubert mit der Saxonia eine dort abgestellte Lokomotive. Die Saxonia entgleiste. Schuberts Fahrt, mit der er das britische Lokomotivmonopol antasten wollte, war zu Ende."

Auch heute wird man das Gefühl nicht los, daß man den lästigen neuen Konkurrenten DWA nicht überall hold gesonnen ist, wenngleich auch die Branche aus Existenzgründen zusammenhält. Tatsache ist, daß heute die gesamtdeutsche Kapazität im Schienenfahrzeugbau so groß ist, daß sie die zahlungsfähige Nachfrage weit übersteigt. Besonders stark zeichnet sich der Konkurrenzdruck auf dem Güterwagensektor ab. Aus der Chefetage der DWA ist zu hören, daß hier teilweise sogar ein ruinöser Wettbewerb geführt wird, da die Firmen der Altbundesländer zusammen mit Anbietern aus Osteuropa, beispielsweise der CSFR, viel billiger auf dem Markt sind.

Kann man den westdeutschen Konkurrenz-Riesen ihre Schritte verübeln? Vielleicht im Gegenteil. Zeigt das nicht der DWA die Richtung, in der sie auch ihre Ost-Trümpfe (-Erfahrungen) einsetzen muß?

Die DWA hat im Moment noch den Vorteil, daß die Lohnkosten niedrig liegen. Das wird auch noch einige Zeit anhalten.

Absatz: Umsatzentwicklung erfaßt zunehmend westliche Märkte

Betrachten wir nun die 1991 und 1992 erreichten Ergebnisse des Unternehmens und seiner Betriebe. Aus dem Geschäftsbericht des Vorstands geht hervor, daß die DWA 1991 mit durchschnittlich 16 000 Beschäftigten einen Umsatz von 2,238 Mrd. DM realisierte, der Außenumsatz betrug 2,017 Mrd. DM. Der Anteil am Gesamtumsatzerlös von 90 Prozent entsprach also dem strategischen Absatzziel, einen hohen Außenumsatz zu erreichen. 1992 wurde mit 10 000 Mitarbeitern ein Außenumsatz knapp von 2 Mrd. DM erreicht. Von den Gesamtumsätzen 1991 entfielen noch 70 Prozent auf die Gemeinschaft Unabhängiger Staaten und 1993 werden es vermutlich 60 Prozent werden. Daraus ist ersichtlich, daß die Erschließung neuer westlicher Märkte sowie die Belieferung der Deutschen Bahnen ei-

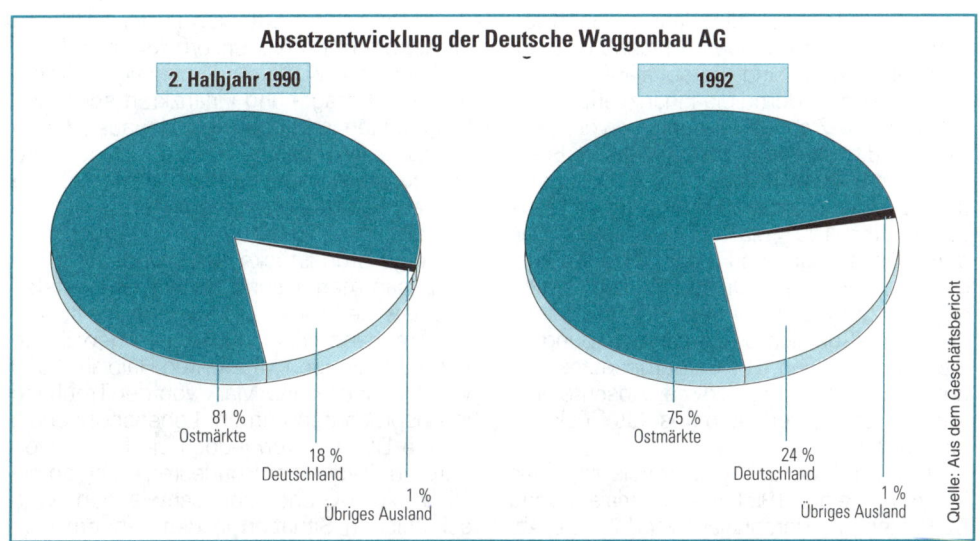

Absatzentwicklung der Deutsche Waggonbau AG

2. Halbjahr 1990

81 %
Ostmärkte

18 %
Deutschland

1 %
Übriges Ausland

1992

75 %
Ostmärkte

24 %
Deutschland

1 %
Übriges Ausland

Quelle: Aus dem Geschäftsbericht

nen immer breiteren Raum einnehmen.

Hervorzuheben ist, daß die DWA seit der Wirtschafts- und Währungsunion im Juli 1990 schwarze Zahlen schreibt.

Dank der durch die Bundesregierung gewährten Hermes-Kredite an die GUS in Höhe von je 1,5 Millionen DM für 1991 und 1992 und bisher in Höhe von fast 700 Millionen DM für 1993, konnten die Lieferungen fortgesetzt und die Kapazitäten der DWA-Töchter zumindest zum Teil ausgelastet werden. Das betrifft insbesondere den Waggonbau Ammendorf. Gegenwärtig wird mit Partnern in den Nachfolgestaaten der ehemaligen Sowjetunion intensiv über Lieferungen für das Jahr 1994 verhandelt.

Zum Erhalt des GUS-Marktes geht der Konzern auch neue Wege. Er bietet diesen Ländern unmittelbare Hilfe beim Aufbau von Waggonbaukapazitäten, die Modernisierung des umfangreichen Waggonbestandes und der Reparaturwerke sowie Komponentenlieferungen für den Waggonbau an. Immer stärker wird versucht, Gegengeschäfte anzubahnen, da die Finanzierung

von Hermes-Deckungen seitens des Bundes immer komplizierter wird.

Zugleich hat die intensive Einbeziehung von Partnern und Kooperationsprojekten in den Alt-Bundesländern und in Westeuropa begonnen. Die Entwicklung hat gezeigt, daß DWA-Produkte auf westlichen Märkten besonders bei Spezialkonstruktionen wettbewerbsfähig sind.

Ergebnis: Schwarze Zahlen mit Hermesbürgschaften

Interessant ist, wie die positiven Ergebnisse erreicht wurden. Bedeutungsvoll für diese Entwicklung waren die Anfang 1991 zwischen der DWA-Holding und den in den Konzern einbezogenen Tochterunternehmen abgeschlossenen Beherrschungs- und Gewinnabführungs-Verträge. Auf deren Grundlage konnten die Beziehungen zwischen den organschaftlich verbundenen Unternehmen neu gestaltet und die Gewinn- und Verlustübernahme durch die Muttergesellschaft geregelt werden.

Kombinat Schienenfahrzeugbau Berlin

Ferner wirkten auf die Jahresergebnisse 1991 positiv die geringeren Inanspruchnahmen von Sach- und Personalaufwendungen, gewinnmindernd die Finanzverluste.

Auch die Zinsaufwendungen, vor allem für Liquiditätskredite, zur teilweisen Egalisierung der Auswirkungen der Rubelabwertung aus dem Jahre 1990 und für Altkredite, konnten 1991 bis auf 4 Millionen DM durch Zinserträge aus Festgeldanlagen ausgeglichen werden. Dieser Prozeß setzte sich 1992 fort. Das neutrale Ergebnis beeinflußten maßgeblich Sonderabschreibungen, die in Ausnutzung des Fördergesetzes vorgenommen wurden, sowie Abschreibungen des Sonderverlustkontos aus Rückstellungsbildung.

Die Struktur der Gesamtleistung des Konzerns zeigte 1991 im Materialaufwand 52 Prozent, im Personalaufwand 20, die Abschreibungen betrugen 11, die sonstigen Aufwendungen 16 und der Jahresüberschuß 1 Prozent.

Die Liquidität der DWA und ihrer Töchter wirkte sich positiv auf die Gesamtsituation aus. Sie war im zweiten Halbjahr 1990, 1991 und 1992 ständig gesichert. Das Management erreichte die spürbare Verbesserung der Liquidität durch das Ausgliedern von Tochterunternehmen durch Privatisierung, die Koordinierung aller Kreditgeschäfte der Tochterunternehmen im Zusammenwirken mit den Hausbanken durch die Konzernmutter sowie durch erste Schritte zur Einführung eines zentralen Cash-Managements. Dadurch wurde z. B. 1991 eine Reduzierung des treuhandverbürgten Liquiditätsrahmens von 315 Millionen DM am 1.1.1991 auf 129 Millionen DM ab 1. 10. 1991 möglich, bei gleichzeitiger positiver Entwicklung des Verhältnisses zwischen Kreditinanspruchnahme und vorhandenem Guthaben. Dem Kreditstand am Jahresanfang 1992 (ohne Altkredite) von 73 Millionen DM standen flüssige Mittel aller Unternehmen der DWA von 193 Mio DM gegenüber.

Aufgrund der Situation in der GUS und des großen Konkurrenzdrucks sind Maßnahmen zur weiteren kurzfristigen Sicherung der Ertrags- und Finanzkraft sowie zur langfristigen strategischen Neuausrichtung für die DWA unausweichlich. Dabei wird der Konzern nicht umhin kommen, die großen Kapazitäten zu verringern, Personal weiter abzubauen und nichtbetriebsnotwendige Grundstücke auszugliedern.

Zusammenfassend kann man feststellen, daß die DWA nicht an der Nabelschnur der Treuhand hängt. Außer den gewährten Exportstützungen im zweiten Halbjahr 1990 wurde bisher keine Mark von der Treuhand in Anspruch genommen. Lebensnotwendig für die DWA waren jedoch die hermesverbürgten Kredite der Bundesregierung an die GUS. Auf Grund der schwierigen wirtschaftlichen Situation in den Ländern Osteuropas wird es unumgänglich sein, daß die Bundesregierung auch 1994 und in den Folgejahren, wenn auch in abnehmendem Maße, hermesverbürgte Kredite bereitstellt, die die Kunden in diesen Ländern in die Lage versetzen, Waggons bei der DWA zu erwerben.

Der Vorstand hebt hervor, daß bei der Lösung der marktwirtschaftlichen Aufgaben das DWA-Management eng mit der Treuhandanstalt und entsprechenden Bundesbehörden sowie den Banken, der Außenhandels- und Kreditbank, der Kreditanstalt für Wiederaufbau sowie den Landesregierungen und Kommunen in den jungen Bundesländern zusammenarbeitete. Besonders in Sachsen und Sachsen-Anhalt wird das Bemühen aller Beteiligten deutlich, die Industriestandorte zu erhalten und den neuen Bedingungen anzupassen.

Betriebswirtschaft: Entwicklungstrends in wichtigen Konzernbereichen

Aus den Unterlagen über die Entwicklungstrends in den wichtigsten Kernberei-

Projekt Nahverkehr Olympiade – ein Weg in die Zukunft

chen der Deutschen Waggonbau AG zeichnen sich stichwortartig folgende Linien ab.

Forschung und Entwicklung

Für die Produktinnovation, einschließlich der Produktpflege, wurden im Jahre 1991 in der DWA 60 Millionen DM aufgewendet, das entspricht 2,7 Prozent vom Umsatz. 1992 waren es 74 Millionen DM sein, etwa 3,3 Prozent vom Umsatz.

Ein erfahrenes Team von Forschungs- und Entwicklungskräften war und ist permanent bemüht, auf der Basis spezifischer Kundenforderungen und abgeleitet vom internationalen Entwicklungstrend im Schienenfahrzeugbau, den Qualitätsansprüchen der Kunden stets gerecht zu werden.

Schwerpunkte bei der Produktentwicklung bildeten
- die Erhöhung der Funktionssicherheit,
- die Erhöhung des Komforts bei Reisezugwagen, einschließlich verkehrswerbendem Design,
- die Erhöhung der Fahrgeschwindigkeit,
- die Verbesserung der Diagnosefähigkeit,
- die Verringerung des Aufwandes für die Wartung und Instandhaltung und
- die Erhöhung der Lebensdauer und der Brandsicherheit.

Für das Geschäftsfeld "Weitstreckenwagen" wurden 31 Prozent des Forschungs- und Entwicklungsbudgets aufgewendet. Um die Lebensdauer der Fahrzeuge auf 40 Jahre zu verlängern und den Korrosionsschutz zu verbessern, wird seit 1992 Nirosta-Stahl verwandt. Darüber hinaus wurde konstruktiv an einer neuen Generation von Fahrzeugen gearbeitet, und Musterfahrzeuge gingen in die Erprobung .

Für den europäischen Markt wurden die Reisezugwagen auf eine Fahrgeschwindigkeit bis 250 km/h ausgelegt sowie Komfort und Innengestaltung verbessert.

Im Rahmen des Geschäftsfeldes "Doppelstock-Fahrzeuge" erfolgte eine Weiterentwicklung der Doppelstockwagen mit Steuerabteil für die Deutsche Reichsbahn. Darüber hinaus läuft zur Zeit ein Auftrag, Doppelstockwagen für die Deutsche Bundesbahn herzustellen, die noch 1993 geliefert werden sollen.

Das Geschäftsfeld "Nahverkehrsfahrzeuge" wurde wiederbelebt. In Zusammenarbeit mit den Firmen DUEWAG und Linke-Hofmann-Busch werden Straßenbahnen für den ostdeutschen Markt entwickelt. Im Geschäftsfeld "Kühlfahrzeuge" bildete die Fertigstellung von neuen Kühlzügen in Sandwichbauweise für den GUS-Markt und ihre

Kombinat Schienenfahrzeugbau Berlin

Erprobung beim Kunden den Schwerpunkt.

Umfangreiche Neu- und Weiterentwicklungen zur Erweiterung der Produktpalette wurden innerhalb des Geschäftsfeldes "Spezialgüterwagen" betrieben. Im Jahre 1991 erfolgte die Serieneinführung des 4achsigen Taschenwagens, die Projektbearbeitung des 2 x 2achsigen Doppelstock-Autotransportwagens für die Firma Altmann sowie eines Erprobungsmusters für den 4achsigen Schiebewandwagen. Außerdem wurde ein Traggelenkwagen entwickelt, der 1250fach von der Kombiwaggon GmbH Eltville geordert wurde.

Ferner wurden die Elektrik, die Elektronik, das Design sowie das Doppelstockwagensystemkonzept "DO 2000" für das Interregiosystem entwickelt beziehungsweise weiterentwickelt.

Investitionen

Die Investitionen der Unternehmen der DWA betrugen im 2. Halbjahr 1990 137 Millionen DM, 1991 waren es 201 Millionen und 1992 werden es 120 Millionen DM. Bisher wurden über 500 Millionen DM für die Sanierung des Konzerns eingesetzt.

Die Mittel wurden auf folgende Investitionsvorhaben konzentriert:

Sanierung des Sachanlagevermögens und Beseitigung von technologischen Engpässen und Schwachstellen.

Aufbau eines neuen Werkes für Weitstreckenpersonenwagen, in dem nach neuen effektiveren Technologien gefertigt und dadurch eine Universalität der Waggonbau Ammendorf GmbH für die Herstellung verschiedenster Reisezugwagen erreicht wird.

In der Waggonbau Dessau GmbH wurden 1992 beispielsweise für die Schaffung von Voraussetzungen für die Fertigung von Güterwagen und Sraßenbahnen 2,3 Millionen DM, für den Umweltschutz und die Wasserversorgung 4,4 Millionen DM investiert.

Für die Rationalisierung von Fertigungs-abschnitten zur Waggonfertigung wurden in der Waggonbau Bautzen GmbH 2 Millionen DM eingesetzt.

Moderne Fertigungsverfahren wurden bei Waggon-Rohbauten eingeführt und die Verbesserung des Korrosionsschutzes erreicht. Dazu zählen unter anderem die Errichtung von Sandstrahlkabinen in den Unternehmen Waggonbau Görlitz GmbH und Niesky GmbH sowie die Rekonstruktion der Endlackierung in der Waggonbau Görlitz GmbH.

Elf Prozent der Investitionsmittel wurden für Maßnahmen auf den Gebieten des Umweltschutzes und Verbesserung der Infrastruktur eingesetzt. Damit konnten auch ökologische Altlasten beseitigt und die einheitlichen Auflagen zur Einhaltung der gesetzlichen Grenzwerte gesichert werden.

Für die Zukunft ist vorgesehen, die Investitionsmittel auf die technologischen Kernbereiche der Unternehmensgruppe zu konzentrieren. Zur Erhöhung der Qualität und Zuverlässigkeit der Produkte wird die Qualitätssicherung auf Basis des Total Quality Managements (TQM) nach DIN ISO 9001 in allen Tochterunternehmen der DWA angestrebt. Die Finanzierung der Investitionen erfolgte aus eigenen erwirtschafteten Mitteln bei Nutzung der finanziellen Möglichkeiten aus den Fördergesetzen, soweit sie für die DWA infrage kamen.

Mitarbeiter

Die Überbesetzung, vor allem in den administrativen Bereichen, wurde spürbar abgebaut. In dieser Zeit bewiesen die Mitarbeiter der DWA viel Geduld, Lernbereitschaft und Engagement. Auch wenn Interessenkonflikte programmiert waren, erfolgte nach Einschätzung im Konzern die Zusammenarbeit von Unternehmensleitung und Betriebsrat partnerschaftlich. Auf der Grundlage einer in den Unternehmen der DWA durchgeführten Zero-Base-Analyse und durch Ausgliederung von Unternehmen wurde ein Personalabbau von 25 312 Mitarbeitern 1989 auf 17 417 im Jahre 1990, auf 14 908 im folgenden Jahr und Ende 1992 auf 10 000 erreicht. Der Rückgang durch Ausgliederung und Privatisierung von Betrieben betrug darunter 3600 Mitarbeiter.

Somit reduzierte sich der Mitarbeiterstamm um 15 174 Personen, das entspricht 59,95 Prozent. Durch den Abbau von Beschäftigten im Gemeinkostenbereich wird der Anpassungsprozeß fortgeführt.

Gegenwärtig verfügt die DWA noch über 9000 Mitarbeiter. Aufgrund der Arbeitslage ist in diesem Jahr eine weitere Personalreduzierung vorgesehen.

Der Interessenausgleich wurde durch einen Sozialplan gesichert. Alle zur Verfügung stehenden Instrumentarien, wie Altersübergangsgeld, Vorruhestand, Arbeitsbeschaffungsmaßnahmen und die Begleitung bei Fortbildung und Umschulung wurden genutzt, um die Restrukturierung des Unternehmens sozial verträglich zu gestalten.

Der Vorsitzende das Vorstandes betonte in diesem Zusammenhang, daß die soziale Absicherung der Mitarbeiter in dem schmerzhaften Anpassungsprozeß der DWA an den Markt den Vorrang hat.

Die Leistungen des selbstfinanzierten Sozialplanes wurden 1991 von 3651 Mitarbeitern und 1992 von zirka 2200 in Anspruch genommen. Der Anteil der Werker (ohne AZUBIS) am Personalbestand entwickelte sich von 36 Prozent 1989 auf 42 Prozent 1991 und 50 Prozent 1992. Trotz der Personalreduzierung wurden alle beste-

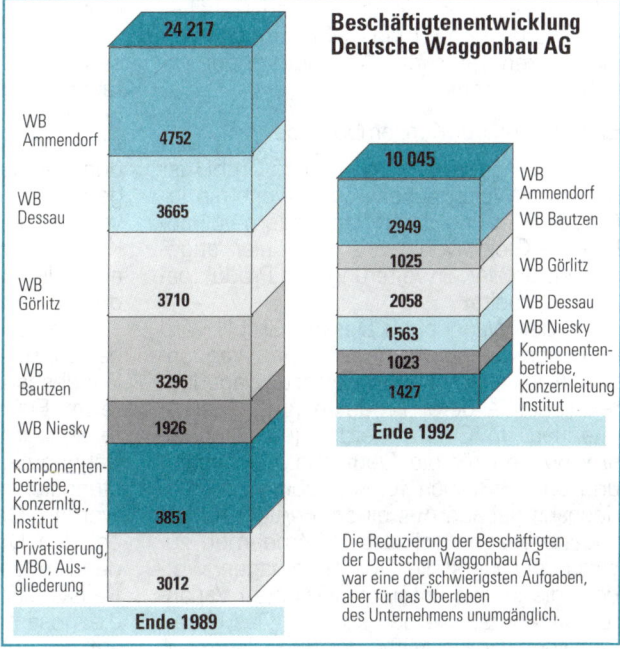

Beschäftigtenentwicklung Deutsche Waggonbau AG

24 217

WB Ammendorf	4752
WB Dessau	3665
WB Görlitz	3710
WB Bautzen	3296
WB Niesky	1926
Komponentenbetriebe, Konzernltg., Institut	3851
Privatisierung, MBO, Ausgliederung	3012

Ende 1989

10 045

WB Ammendorf	
WB Bautzen	2949
WB Görlitz	1025
WB Dessau	2058
WB Niesky	1563
Komponentenbetriebe, Konzernleitung Institut	1023
	1427

Ende 1992

Die Reduzierung der Beschäftigten der Deutschen Waggonbau AG war eine der schwierigsten Aufgaben, aber für das Überleben des Unternehmens unumgänglich.

Quelle: Betriebsgrafik

henden Ausbildungsverhältnisse weitergeführt.

Die Umstellung der betrieblichen Ausbildungseinrichtungen auf das duale System war eine der Voraussetzungen, um 1991 erneut 251 Auszubildende in acht Ausbildungseinrichtungen aufzunehmen. Ende 1991 hatten 875 Auszubildende einen Ausbildungsplatz in Unternehmen der DWA. 1992 waren es 802. Im Jahre 1991 beteiligten sich 4766 Mitarbeiter an internen und externen Weiterbildungsmaßnahmen. 1992 wurden die Grundlagen für eine zielgerichtete Nachwuchsentwicklung von 25 Führungskräften geschaffen.

Im Ergebnis von Verhandlungen der Tarifpartner IG Metall und der jeweiligen Verbände der Metall- und Elektroindustrie wurden in den Unternehmen Maßnahmen zur Tarifangleichung zum 1. April 1993 verwirk-

Kombinat Schienenfahrzeugbau Berlin

licht. So konnten die Löhne und Gehälter der Mitarbeiter auf rund 60 Prozent des vergleichbaren Tarifs der Altbundesländer angehoben werden.

Entwicklung der Konzernbetriebe

Die Waggonbau Ammendorf GmbH ist mit ihren Weitstreckenwagen weiterhin im Ostgeschäft und damit von diesem voll abhängig. Gleichwohl wird auch hier angestrengt an der Erweiterung der Produktpalette gearbeitet.

In der Waggonbau Dessau GmbH wird im Güterwagenbereich und in der Waggonbau Görlitz GmbH im Reisezugwagenbereich auf andere Produkte und Märkte orientiert. In Görlitz werden jetzt Doppelstockwagen für die Deutsche Reichsbahn und ab 1993 auch für die Deutsche Bundesbahn gebaut. Aus einem Fertiger für gezogene Wagen soll das Unternehmen zugleich ein Hersteller für Triebwagen werden, die in den unterschiedlichsten Varianten angeboten werden können. Das Unternehmen war bis Mitte der 60er Jahre ein bekannter Triebwerksproduzent.

Die Waggonbau Bautzen GmbH wird aus einem ausgesprochenen Reisezugwagen-Hersteller zu einem Produzenten für Nahverkehrsfahrzeuge umprofiliert. Zum Sortiment sollen vor allem Straßenbahnen, U-Bahnen und in kleinen Serien gefertigte Fahrzeuge gehören. Damit hat dieser Standort auch in der Zukunft seine Berechtigung. Von den alten Kunden im RGW konnte bisher kaum jemand neue Aufträge erteilen und bezahlen.

Ähnlich sah es in der Waggonbau Dessau GmbH aus, in der vorwiegend Kühlfahrzeuge größtenteils für die Sowjetunion gebaut wurden. Hier werden heute Spezialwaggons für den kombinierten Ladungsverkehr, moderne Spezialgüterwagen und Schiebewandwagen, aber auch verschiedene Containertypen, darunter Kühlcontainer, produziert. Zukünftig ist auch die Herstellung von Straßenbahnwagen vorgesehen.

Die DWA-Betriebe sind optimistisch, daß sie mit den 1992/1993 an die Deutsche Bundesbahn/Deutsche Reichsbahn gelieferten Erzeugnissen eine solche Visitenkarte abgegeben haben, daß die Deutschen Bahnen sie auch in den Folgejahren als leistungsfähige Lieferanten in Betracht ziehen werden. Gegenwärtig zeichnet sich jedoch bei den Deutschen Bahnen eine außerordentlich zögerliche Haltung bei der Auftragsvergabe ab, unter der die DWA und die gesamte Branche, vor allem bezogen auf die Auftragsvergabe 1994, stark zu leiden hat.

Verbundprivatisierung des Unternehmens wird angestrebt

DWA-Vorstand und Betriebsrat bauen darauf, daß nach wie vor von der Bundesregierung, der Treuhand und den Ländern eine Verbundprivatisierung der DWA angestrebt wird und.an keine Zerschlagung oder Schließung des Konzerns gedacht ist.

Schwermaschinenbau-Kombinat (SKET) Magdeburg

"Krupp und Krause" wird neu inszeniert

Von ECKHARD LADWIG

- **Betriebe mit Tradition**

- **Eine Aktiengesellschaft wird gegründet**

- **Stärken und Schwächen**

- **Zufriedenstellender Start**

- **Ostmarkt bricht zusammen**

- **Enttäuschte Erwartungen**

- **Die Probleme wachsen**

- **Sozialverträgliche Lösungen**

- **Neue Konzepte**

- **Vor der eigenen Haustür**

- **Kostensenkung ist erlernbar**

- **Schritte zur Privatisierung**

- **Fazit: Chancen zum Überleben**

Als Datum für die Bildung des Schwermaschinenbau-Kombinat "Ernst Thälmann" (SKET) wird der 1. Januar 1969 angegeben. Zu diesem Zeitpunkt gehörten zum Kombinat die Schwermaschinenbaubetriebe Ernst Thälmann, Magdeburg, und Heinrich Rau, Wildau, der Ingenieurbetrieb für Anlagen Berlin, Spezialmontagen Weimar sowie die Kamenzer Maschinenfabrik Gebrüder Heidsieck KG. Durch ihr Zusammenführen sollte ein leistungsstarker "sozialistischer Konzern" entstehen, der komplette technologische Linien von der Projektierung bis zur Montage "aus einer Hand" Kunden in aller Welt anbieten kann. SKET wurde General-

auftragnehmer und -lieferant vor allem von Walzwerks- sowie von anderen Anlagen für die metallurgische Industrie.

Dieses Profil wurde ausgebaut, nachdem im Laufe der Jahre 1969 und 1970 dem Kombinat weitere Betriebe zugeordnet worden sind, u. a. der Zementanlagenbau Dessau, das Drahtziehmaschinenwerk Grüna, der Drahtwebmaschinenbau DRAWEBA Neustadt/Orla sowie weitere Maschinenbau- und Zulieferbetriebe in Teutschenthal, Genthin, dem damaligen Karl-Marx-Stadt, in Salzwedel und Stendal.

Betriebe mit Tradition

1838 gilt als Geburtsjahr des Schwermaschinenbaus in Magdeburg. In diesem Jahr wurde das Statut der "Magdeburger Dampfschiffahrts-Compagnie" beschlossen. In der Elbestadt - sie ist heute nach Duisburg der zweitgrößte Binnenhafen Deutschlands - entwickelten sich sehr schnell nicht nur in den für den Bau und die Ausrüstung von Schiffen entstandenen Betrieben mechanische Werkstätten, sondern auch spezielle Maschinenfabriken. Das spätere Thälmann-Werk - Stammbetrieb des SKET-Kombinates - geht beispielsweise auf die von Herman Gruson Mitte des vergangenen Jahrhunderts in Magdeburg-Buckau gegründeten Betriebe zurück. Gruson besaß 1855 sowohl eine Schiffswerft als auch eine Maschinenfabrik und eine Eisengießerei. Nach der 1893 erfolgten Eingliederung in den Krupp-Konzern erwarb sich die Firma "Krupp-Gruson Magdeburg" in der Welt einen guten Namen.

Auf ähnliche Traditionen können auch andere Betriebe des ehemaligen Kombinatsverbundes verweisen. Der Zementanlagenbau Dessau beispielsweise ging aus einem Betrieb hervor, den Gottfried Polysius 1859 gründete und in dem 1898 der erste Drehrohrofen der Welt hergestellt wurde. Die Kamenzer Maschinenfabrik, 1896 von

Schwermaschinenbau-Kombinat (SKET) Magdeburg

Gustav und August Heidsieck begründet, ist zum Ausgangspunkt für die Entwicklung der metallbearbeitenden Industrie in diesem Gebiet Deutschlands geworden. Die Gebrüder Heidsieck stellten in ihrem Betrieb Druckmaschinen her, anfangs manuell zu handhabende Tiegeldruckpressen, dann mechanisierte Schnelldruckpressen. Und der Apparate- und Behälterbau Teutschenthal entwickelte sich aus einer Kupferhütte, die Carl August Nathan 1864 in diesem Ort westlich von Halle einrichtete. Da die umliegenden Kohlegruben, Brennereien und Zuckerfabriken einen hohen Bedarf an Kupferkesseln, Rohrleitungs- und Pumpenteilen hatten, wurde die Werkstatt bald erweitert und aus der Kuperschmiede entstand ein Betrieb, der vor allem Wasserversorgungsanlagen fertigte.

1989, im letzten Jahr vor der Umwandlung in Kapitalgesellschaften und Bildung der AG, gehörten zum Thälmann-Kombinat 18 Betriebe mit einer Belegschaft von rund 30 000 Personen. Sie erzielten einen Umsatz von 3,7 Milliarden Mark auf folgenden Geschäftsfeldern:
- Anlagen für die Metallurgie (speziell Walzwerke)
- Anlagen für die Baustoffindustrie (vor allem komplette technologische Linien für die Herstellung von Zement sowie Brech- und Klassieranlagen)
- Draht- und Kabelwerke
- Ölmühlen
- Gießerei- und Schmiedeerzeugnisse
- Spezialmontageleistungen

Bis Ende der 80er Jahre hatten die SKET-Betriebe in 40 Länder der Welt über 350 Kalt- und Profilwalzwerke, mehr als 300 technologische Linien für die Zementherstellung oder zur Erzaufbereitung, etwa 1200 metallurgische und Schwerlastkrane, rund 10 000 Kabel- und Verseilmaschinen, 3000 Hochleistungspressen für die Speiseöl- und Proteingewinnung geliefert.

Die Produktion des Kombinats war von Anfang an vorwiegend auf ausländische Kunden orientiert. Rund 80 Prozent der Erzeugnisse wurden exportiert, überwiegend in die Sowjetunion. Weitere Hauptabnehmer waren vorderasiatische Staaten wie Iran, Irak, Syrien, Jemen, aber auch Indonesien und Singapur, sowie afrikanische Entwicklungsländer wie Algerien und der Sudan. Westeuropäische Länder, beispielsweise Großbritannien, Luxemburg, die Alt-BRD und Östereich bezogen vor allem Sonderfertigungen zur Walzwerksmodernisierung, Einzelmaschinen zur Drahtbe- und -verarbeitung sowie Krane.

Eine Aktiengesellschaft wird gegründet

Am 13. Juni 1990 wurden acht ehemalige zum Kombinat gehörende Betriebe in GmbH umgewandelt und zugleich als Rechtsnachfolger des bisherigen Kombinates die branchenorientierte SKET Maschinen- und Anlagenbau AG gebildet. Ihre Töchter waren: SKET Schwermaschinenbau Magdeburg, Zementanlagen- und Maschinenbau Dessau, Drahtziehmaschinenwerk Grüna (DZM), DRAWEBA Maschinenbau Neustadt/ Orla, Stahl- und Apparatebau Genthin, Entstaubungstechnik Magdeburg, SKET Altmärkischer Maschinenbau Salzwedel und die Kamenzer Maschinenfabrik. Fünf exportorientierte Töchter gründeten als gemeinsamen Außenhandelsbetrieb den SKET Handel Berlin.

Die ersten Überlegungen zum Tätigkeitsfeld der Unternehmen gingen vor allem von den traditionellen Lieferbeziehungen aus. Man orientierte sich auf die osteuropäischen Märkte als einer Hauptsäule (Nutzung der langjährigen Kenntnisse und Erfahrungen, Interesse potentieller Kooperationspartner für RGW-Know-how, bestimmbarer Ersatzbedarf der früher gelieferten Werke und Ausrüstungen). Zugleich

sollten durch verstärkte Anstrengungen westeuropäische und Überseemärkte behauptet und neue Abnehmer gewonnen werden.

Die Gruppe, ihre Unternehmen hatten zum damaligen Zeitpunkt 18 000 Beschäftigte, wollte sich voll auf Kerngeschäfte konzentrieren. Im Mittelpunkt sollte ein Sortiment an Anlagen und Ausrüstungen stehen, wie es seit Jahrzehnten in viele Länder geliefert worden war, und zwar

• für Warm- und Kaltwalzwerke, insbesondere für das Draht- und Profilwalzen (SKET Schwermaschinenbau GmbH),

• zur Herstellung von Kabeln und Drähten (DZM Grüna, DRAWEBA Neustadt/Orla),

• zur Produktion von Zement und Baustoffen, einschließlich kompletter Zementanlagen (Dessau),

• für die Gewinnung von Speiseöl (SKET Schwermaschinenbau GmbH),

Schwermaschinenbau-Kombinat (SKET) Magdeburg

• zur Reinhaltung der Luft und andere Umwelttechnik (Entstaubungstechnik Magdeburg, Stahl- und Apparatebau Genthin).

Als Randgeschäft war vorerst die Fertigung von metallurgischen und Schwerlastkranen sowie weiterer metallurgischer Erzeugnisse vorgesehen. Aus Salzwedel und Kamenz sollten wie früher Zulieferungen für die anderen Unternehmen der Gruppe kommen.

Dieses Anfangskonzept wurde von der Treuhand als Eigentümerin, dem Aufsichtsrat und dem Vorstand voll mitgetragen. Der Aufsichtsrat hatte sich am 22. August 1990 konstituiert. Berufen worden waren u.a. :

Bernd Kosegarten, Unternehmensberater, zum Vorsitzenden;

Jürgen Peters, Bezirksleiter der IG Metall Hannover, zum Stellv. Vorsitzenden;

Heinrich Weiss, Vorstandschef bei Schloemann-Siemag;

Rupert Scholz, Ex-Verteidigungsminister der BRD;

Bernd Thiemann, Vorstandssprecher der Norddeutschen Landesbank;

Dr. A. N. Ivoditov, Stellv. Minister für Metallurgie der UdSSR (heute Präsident der Assoziation der Metallurgie - ASMET , die eine Organisation der Metallurgen der ehemaligen UdSSR ist).

Der Aufsichtsrat bestellte den früheren Generaldirektor des Thälmann-Kombinates, Dr. Klaus Oberländer, zum Vorstandsvorsitzenden der neuen SKET AG. Vom Konzern-Vorstand sollte die Magdeburger Schwermaschinenbau GmbH als Stammwerk in Personalunion geleitet werden.

Der Start in die Marktwirtschaft erfolgte zwar wie bei allen Unternehmen in Ostdeutschland mit geringer Finanzausstattung, aber mit einer relativ guten Auftragslage: Für das laufende Jahr zeichnete sich eine vertretbare Umsatzhöhe ab, und auch für 1991 bahnten sich Geschäfte an, die eine zufriedenstellende Auslastung der Produktionskapazitäten versprachen. Denn noch gab es - entsprechend dem langfristigen Charakter der Vertragsbeziehungen in der Investitionsgüterbranche - eine Reihe von Vereinbarungen über laufende Geschäfte, so mit der UdSSR, der CSFR, mit Indonesien und Taiwan.

Stärken und Schwächen

Die im Zusammenhang mit der Bildung der AG von der renommierten Beraterfirma McKinsey vorgenommene Analyse ergab Schwächen und Stärken beim Start in die Marktwirtschaft. Negativ zu bewerten war u.a die heterogene Unternehmensstruktur, eine Vielzahl von Standorten, starke Abhängigkeit vom Ostmarkt und eine äußerst geringe Personalproduktivität. Dem standen als positive Faktoren die guten Kenntnisse über die GUS-Länder, ausgeprägtes Knowhow bei den Kerngeschäften und im Management von Großprojekten sowie hohe Motivation der gesamten Belegschaft gegenüber.

Um schnellstens eine Wettbewerbsfähigkeit nach westeuropäischen Maßstäben zu erreichen - vor allem bei den Kosten und bei der Fähigkeit, flexibel auf Markterfordernisse reagieren zu können - galt es insbesondere

-die Belegschaft schrittweise beträchtlich zu reduzieren;

- die Produktion insgesamt wesentlich kostengünstiger zu gestalten;

- die Marktarbeit völlig umzuorganisieren, um gegen leistungsstarke Konkurrenten Marktanteile behaupten und neu erringen zu können.

Anfang 1991 sollte in einem Gesamtkonzept die Entwicklung der SKET AG bis 1995 fixiert und gemeinsam mit dem Betriebsrat auch ein sozialpolitisches Begleitprogramm verabschiedet werden. Mit diesem Programm als integrierter Bestandteil der Unternehmensstrategie wollte man soziale Härten für die vom erforderlichen Personalabbau betroffenen Mitarbeiter mildern.

In der Erkenntnis, daß mit den notwendigen Sanierungsschritten jedoch sofort begonnen werden mußte, wurden als erste Maßnahmen in Angriff genommen:
- die Belegschaft bis Ende des Jahres1990 auf 16 700 zu vermindern;
- die Fertigungstiefe zu reduzieren;
- nicht betriebsnotwendiges Vermögen zu veräußern;
- Materialkosten und Bestände zu senken;
- drei Generalvertretungen (Osteuropa, Südostasien sowie andere westliche Länder) einzurichten;
- eine Reihe von SKET-Büros, darunter in Moskau, Kiew und Singapore zu eröffnen;
- Vertreterfirmen in mehr als 20 Ländern zugewinnen.

Angestrebt wurde ferner eine enge Kooperation mit namhaften Firmen der Branche in der Alt-BRD, Österreich und in anderen Ländern. Gedacht war u. a. an eine Zusammenarbeit mit Schloemann-Siemag, Klöckner-Humboldt-Deutz, Voest-Alpine, Siemens, Thyssen sowie mit Firmen aus Frankreich, Finnland, Indonesien, der CSFR.

Zufriedenstellender Start

Die Geschäftsentwicklung im 2. Halbjahr 1990 schien dem gedämpften Optimismus, sich aus eigener Kraft und in absehbarer Zeit unter den neuen Bedingungen behaupten zu können, recht zu geben: Die SKET AG erreichte einen Umsatz von 570 Millionen DM; 5 der 8 Töchter erzielten Gewinne. Auch die Finanzierung bereitete keine Schwierigkeiten. Der Konzern brauchte nicht einmal die verfügbaren Liquiditätskredite auszuschöpfen. Daher bescheinigte die Treuhandanstalt am 13. 12. 1990 der SKET-Gruppe Sanierungsfähigkeit und billigte die

eingeschlagene strategische Linie. Hautgeschäftsfeld sollte das Kernsortiment sein, wobei man sich jedoch anstelle des Risikogeschäftes "Anlagen aus einer Hand" vor allem auf technologische Systeme und Lösungen sowie auf qualifizierte Einzelmaschinen konzentrieren wollte.

Zielstellungen für 1991 waren u.a., einen Umsatz von 1,25 Milliarden DM zu erzielen, bis Ende des Jahres 70 Prozent der Produktivität westlicher Firmen der Branche zu erreichen und alle Gesellschaften der Gruppe in die Gewinnzone zu führen.

Ostmarkt bricht zusammen

Doch von Monat zu Monat mehr trogen die Hoffnungen, sozusagen nahtlos die jahrzehntelangen Geschäfts- und Lieferbeziehungen fortsetzen und sogar noch ausbauen zu können. Im Gegenteil. Schneller als befürchtet trat ein, was Mitte 1990 Vorstandschef Dr. Klaus Oberländer ahnungsvoll vorausgesehen hatte:" Wenn wir den UdSSR-Markt schlagartig verlieren, ist die Katastrophe da!" Durch die politische Destabilisierung und das wirtschaftliche Chaos in den GUS-Staaten drohte die Hauptsäule "Ostmärkte", über die ein erheblicher Teil des Umsatzes realisiert werden sollte, immer stärker wegzubrechen. Zugleich mußte seit Anfang 1991 die Abrechnung des Handels in frei konvertierbarer Währung vorgenommen werden.

SKET versuchte, den sich daraus ergebenden Devisenproblemen durch ein Bartergeschäft zu begegnen. Es sah vor, für mehr als 1 Milliarde DM Maschinen und Ausrüstungen in GUS-Länder zu liefern und dafür Vor- und Halbprodukte zu beziehen. Diese sollten über die Thyssen-Handelsgesellschaft vermarktet werden. Doch die Realisierung dieser Vereinbarung kam bisher über Anfänge nicht hinaus, ebenso wie viele andere angebahnte Geschäfte, die Mitte 1990 den SKET-Unternehmen noch

Schwermaschinenbau-Kombinat (SKET) Magdeburg

einen Vertragsvorlauf von 65 Prozent für 1991 zu sichern schienen.

Und eine zweite Erwartung ging für die Maschinen- und Anlagenbau AG nicht auf: Man hatte gehofft, daß der "Aufschwung Ost" - verbunden mit der Privatisierung der metallurgischen und der zementherstellenden Betriebe in den neuen Bundesländern - Aufträge für deren Rationalisierung und Modernisierung auch für die Unternehmen der SKET-Gruppe bringen würde. Waren doch bei aller Exportorientierung der Betriebe des früheren Thälmann-Kombinates die Stahl- und Zementwerke in der DDR im wesentlichen von ihnen ausgerüstet worden - von Brandenburg und Riesa bis Deuna und Karsdorf.

Aber der Aufschwung kam nicht, und da außerdem gerade in diesen Branchen die Auslastung der im Westen vorhandenen Kapazitäten zurückging, wurden so gut wie keine Neuinvestitionen in Ostdeutschland vorgenommen. Wenn im Einzelfall tatsächlich eine Modernisierung wie im Zementwerk Karsdorf erfolgte, so beauftragte der neue Eigentümer damit ausschließlich Firmen aus den alten Bundesländern.

Enttäuschte Erwartungen

Diese Erfahrung, daß die deutsche Vereinigung nichts an der Dominanz geschäftlicher Interessen geändert hatte, mußte die Magdeburger Gruppe auch in weiteren Fällen zur Kenntnis nehmen:

Die angestrebten Kooperationen mit westdeutschen und ausländischen Partnern kamen entweder überhaupt nicht zustande oder aber ruhten - wie bei der gemeinsam vom Zementanlagen- und Maschinenbau Dessau und der Klöckner-Humboldt-Deutz Gruppe gebildeten Vertriebsgesellschaft - wegen der Flaute im Osten.

Aus heutiger Sicht schätzt man bei SKET ein, daß es anfangs durchaus Interesse gegeben hätte, auf diese Weise Zugang zu Ostmärkten zu erhalten. Nachdem sich jedoch deren Zusammenbruch immer deutlicher abzeichnete, waren solche Kooperationen zwischen direkten Wettbewerbern kein Thema mehr. Denn in Westeuropa oder Übersee lassen sich die Umsatzausfälle im Osten nur im geringen Maße ausgleichen, da es keine zahlungsfähige Nachfrage in dieser Größenordnung gibt. Im Gegenteil. Die abflauende Konjunktur hat zu einem harten Verdrängungswettbewerb geführt. So sei es denn manchem potentiellen Kooperationspartner nach Magdeburger Meinung letzlich nur noch darum gegangen, Einblick in die Kundenkontakte zu erhalten und mögliche Aufträge selbst zu bekommen. Dabei wäre auch gegenüber langjährigen Geschäftspartnern von SKET-Unternehmen mit dem Argument operiert worden, daß es höchst ungewiß sei, wie lange diese Treuhand-Betriebe überhaupt noch bestehen würden.

Ebenso enttäuscht ist man vom hochkarätig besetzten Aufsichtsrat. Nicht so sehr, daß auch er die entstandenen Probleme nicht voraussah. Jedoch war zumindest von den dort vertretenen großen Unternehmen eine stärkere Unterstützung, beispielsweise eben die Einbeziehung in Kooperationsgeschäfte, erwartet worden. Daran wird die Frage geknüpft, die sich für viele ostdeutsche Betriebe stellt, ob die "Aufsicht" durch Branchenkonkurrenten nicht von vornherein Entwicklungsmöglichkeiten beeinträchtigt. Im Falle SKET beispielsweise ist bei Walzwerken Schloeman-Siemag unmittelbarer Wettbewerber auf einem äußerst engen Markt.

Die Probleme wachsen

In Anbetracht der immer größer werdenden Probleme - im I. Quartal 1991 befand sich schon mehr als die Hälfte der SKET-Belegschaft in Kurzarbeit - mußte das Konzept der Gruppe diesen Bedingungen angepaßt werden. Wiederum gemeinsam mit McKinsey entstand im Mai die "Konzeption zur Entwicklung, Sanierung und Privatisierung der SKET AG 1991 bis 1993". Im August wurde sie von der Treuhandanstalt und dem Aufsichtsrat verabschiedet.

Sie sah im wesentlichen vor, den Grundsatz zu modifizieren, sich nur noch auf Kerngeschäfte zu konzentrieren. Denn angesichts des akuten Auftragsmangels war man gezwungen, auf alle vertretbaren Kundenwünsche einzugehen, auch wenn diese nicht dem sogenannten Kerngeschäft entsprachen. Mit der Reduzierung der Zielstellung beim Umsatz wurde ebenfalls den erkennbaren Realitäten Rechnung getragen. Dementsprechend wollte - und mußte - man in den Unternehmen den weiteren Abbau der Belegschaften forcieren. Die im Magdeburger Stammwerk Freigesetzten sollten vor allem von der im April gegründeten GISE übernommen werden.

Sozialverträgliche Lösungen

Im Verlaufe des 1. Quartals war das sozialpolitische Begleitprogramm nach dem Grundsatz "zu qualifizieren und zu beschäftigen, statt zu entlassen", fertiggestellt und mit der Belegschaft beraten worden.

Dabei beschritt man neue Wege. Ein wesentlicher Schritt bestand darin, als "organisatorische Einheit auf Zeit" Personaleinsatzbetriebe zu schaffen. Der erste wurde am 1. März 1991 in Magdeburg gebildet, fünf in anderen Unternehmen des Verbandes folgten.

Ihre Aufgabe besteht darin, die Arbeitnehmer zu betreuen, die im Rahmen der Restrukturierung ihren Arbeitsplatz verlieren. Dazu gehört u.a. die Organisation und Abwicklung der Kurzarbeit, das Anbieten von Qualifizierungs- und Umschulungsmaßnahmen, die Vermittlung in andere Arbeitsverhältnisse und vor allem die Entwicklung von Beschäftigungsinitiativen.

Um letzteres koordiniert umzusetzen, wurde in Magdeburg am 22. April 1991 gemeinsam von der Schwermaschinenbau-GmbH - die in der Gruppe am stärksten vom Arbeitsplatzabbau betroffen ist - und dem Magistrat der Stadt die Gemeinnützige Gesellschaft für Innovation, Sanierung und Entsorgung mbH gegründet. Die "GISE" startete mit etwa 300 Mitarbeitern (gegenwärtig sind es rund 1000). Sie sollten sich insbesondere auf die Erschließung von Gewerbeflächen, die Sanierung von Grundstücken und Industriegebieten sowie von Hallen und Bauten, die Entwicklung von Recycling-Technologien, die Aufbereitung und Entsorgung von kontaminierten Flächen konzentrieren.

Da gerade solche Groß-ABM Befürchtungen bei den ortsansässigen Handwerkern wecken, dadurch Aufträge zu verlieren, hat man in Magdeburg auf Zusammenarbeit gesetzt. Im Oktober 1991 wurde die Kreishandwerkskammer Gesellschafter in der GISE. Sein Vertreter im Beirat entscheidet so unmittelbar wie und durch wen die Vorhaben realisiert werden sollen. Bei den bisher verwirklichten 14 Projekten sind auf diese Weise rund 40 Handwerksbetriebe mit einem Auftragsvolumen von über 50 Millionen Mark einbezogen worden.

Schwerpunkt der weiteren Tätigkeit der Beschäftigungsgesellschaft sind die mit der Standortkonzentration des Magdeburger Schwermaschinenbau-Unternehmens verbundenen Arbeiten. Nach dem seit 1991 vorliegenden Standortkonzept will man künftig nur noch ein Drittel des früher 120 Hektar umfassenden Betriebsgeländes selbst nutzen. Auf den restlichen 80 Hektar soll ein Gewerbegebiet entstehen. Die notwendige Sanierung und Gestaltung wird rund 100 Millionen Mark kosten. Die erforderlichen Mittel werden u.a. von der Bundesanstalt für Arbeit, der Landesregierung Sachsen-Anhalt, der Treuhandanstalt und durch das Gemeinschaftswerk "Aufschwung Ost" bereitgestellt.

Schwermaschinenbau-Kombinat (SKET) Magdeburg

Neue Konzepte

Im Verlaufe des Jahres 1991 verschlechterte sich die Auftragslage weiter. Es wurde nur ein Gesamtumsatz in der SKET-Gruppe von 770 Millionen DM erreicht, der Verlust wuchs auf über 200 Millionen DM. Etwa die Hälfte der noch rund 8000 Beschäftigten befand sich in Kurzarbeit.

Angesichts dieser Situation mußte das Konzept der AG überarbeitet und den realen Bedingungen angepaßt werden. Im Februar 1992 - der Vorstandsvorsitzende Dr. Klaus Oberländer trat zu diesem Zeitpunkt von seinem Amt zurück - begann man zwei Varianten zu entwickeln:

1. Sich unter dem Motto "Draht ist unser Geschäft" voll auf Anlagen und Maschinen für das Walzen, Ziehen und Weben von Draht zu konzentrieren, einschließlich von Kabel- und Verseilmaschinen.

2. Einen "Systemorientierten Maschinenbau" in den Mittelpunkt der Strategie zu stellen, der zusätzlich zu 1. auch Ölmühlen, Krane, Zement- und Brecheranlagen umfaßt.

Als Umsatzgröße für das Magdeburger Stammwerk als dem Kern der AG sollten mindestens 460 Millionen DM erreicht werden.

Im Juli, als sich der Aufsichtsrat mit diesen Vorschlägen befaßte, mußte bereits mit einem erheblich geringeren Jahresumsatz und einem Verlust von rund 240 Millionen DM gerechnet werden. Er beauftragte daher, ohne sich für eine der Varianten zu entscheiden, Dr. Karl-Wilhelm Marx - einen erfahrenen Sanierer aus den alten Bundesländern - mit der Erarbeitung eines betriebswirtschaftlichen Konzeptes für drei Geschäftsfelder:

- Walzwerke
- Aufbereitungs- und Umwelttechnik
- Drahtbe- und -verarbeitung.

Weiter produziert werden sollten - bei entsprechenden Aufträgen - außerdem Krane und Ölmühlen.

Marx ging davon aus, daß man mit dem völligen Wegbrechen der Ostmärkte rechnen müsse. Im Magdeburger Stammwerk würde dadurch der Umsatz bis auf 200 Millionen DM schrumpfen. Da jedoch die Wettbewerbsfähigkeit in der Branche einen Umsatz pro Beschäftigten von gut 200 000 DM erfordere, war aus seiner Sicht eine schnelle Verminderung der Belegschaft in Magdeburg von etwa 3700 auf rund 1100 unumgänglich.

Diese betriebswirtschaftliche Konsequenz wurde von der zuständigen Abteilung der Treuhandanstalt akzeptiert, da es im Prinzip dazu keine Alternative gibt: Der erreichbare Umsatz bestimmt die Beschäftigungsmöglichkeiten; kann mehr verkauft werden, sind auch mehr Mitarbeiter bezahlbar.

Doch der Betriebsrat lehnte die Vorschläge von Marx strikt ab; forderte dessen Abberufung und Alternativen. Auch die Landesregierung von Sachsen-Anhalt wollte eine sozial verträglichere Lösung. Nach vielen Auseinandersetzungen legte Dr. Marx, der erst am 1. Oktober auf den seit Ausscheiden von Oberländer vakanten Posten des Vorstandsvorsitzenden berufen worden war, Anfang Dezember sein Amt nieder.

Wenige Tage später gab das SKET-Vorstandsmitglied Dr. Klaus Vogt bekannt, daß sich AG-Vorstand, Landesregierung, Betriebsrat und IG Metall über einen Kompromiß verständigt hätten. Er sah vor, langfristig - unter dem Bemühen um mehr Geschäft - eine Stammbelegschaft von 2700 Beschäftigten zu halten, obwohl die gegenwärtige Auftragslage nur Arbeit für rund 1500 sichere. Die bisherigen Geschäftsfelder sollten bleiben, wobei man besonders auf die Umweltschutztechnik setzen wollte. Von entscheidender Bedeutung sei, nach dem Wegbrechen großer Teile des Ostmarktes neue Absatzgebiete zu erschließen, denn nur so könne auf Dauer die Beschäftigung gesichert werden. Deshalb will man sich verstärkt im Umfeld und im Inland um den Absatz von SKET-Erzeugnissen und -Lösungen bemühen, aber auch darum, in aller Welt Firmen als Vermittler zu gewinnen.

Vor der eigenen Haustür

Es wurde ein komplettes Angebot für die vorgesehene Sanierung des Industriegebietes Magdeburg-Rothensee vorgelegt. Sowohl für die umfangreichen Abrißarbeiten als auch für die erforderliche Dekontaminierung verschmutzter oder verseuchter Böden können die SKET-Unternehmen die benötigte Technik liefern. Neu entwickelte Verfahren und Anlagen wie beispielsweise Bauschutt-Recyclinganlagen und Anlagen zur thermischen Bodensanierung stehen in Verbindung mit traditionellen Erzeugnissen wie Krane, Brecher- und Aufbereitungstechnik sowie Verfahren zur Luft- und Bodenentgiftung als komplette Linien zur Verfügung.

Man ist bemüht, auch in die Sanierung anderer großer Industriegebiete, z.B. der Chemiestandorte im Raum Halle, und bei der Modernisierung der Braunkohlekraftwerke einbezogen zu werden. Seitens der Landesregierung ist dafür Unterstützung zugesagt worden.

Eine stärkere Hinwendung der AG zu im Inland absetzbaren Erzeugnissen und der Beteiligung an regionalen Projekten belegt ihr Interesse am Blauen Kreuz. Ein umfangreiches Vorhaben sieht vor, in den nächsten Jahren im Raum Magdeburg die Elbe und den Mittellandkanal durchlaßfähiger miteinander zu verbinden. Bei SKET sieht man durchaus Chancen, beispielsweise Einrichtungen für die benötigten Schleusen fertigen zu können.

Für die Anstrengungen, möglichst einen Fuß im Ostgeschäft zu behalten, auf traditionellen Märkten in Übersee und in Westeuropa präsent zu bleiben, sprechen eine Reihe von Verträgen, die bereits erfüllt werden oder angebahnt sind. So wurde mit der Auslieferung einer Drahtwalzstraße für das Werk Makejewka in der Ukraine im Wert von rund 100 Millionen DM begonnen. Ebenfalls in die Ukraine- nach Scharzysk und Odessa - gehen für mehr als 20 Millionen DM Drahtziehmaschinen. Ferner gibt es Vereinbarungen u. a. mit Firmen in Taiwan, Algerien, Österreich und im Alt-Bundesgebiet.

Kostensenkung ist erlernbar

Ein weiterer wichtiger Aspekt, damit die SKET AG trotz der gegenwärtig sehr schwierigen Lage überlebt, besteht darin, eine bessere Wettbewerbsfähigkeit durch Senkung der Kosten zu erreichen. Die in den Unternehmen dafür Verantwortlichen mußten auch in dieser Hinsicht im echten Sinne des Worte Marktwirtschaft "lernen". So hatten beispielsweise nach der Währungsunion die Materialeinkäufer von den nun gegebenen Möglichkeiten, alles überall kaufen zu können, ohne Rücksicht auf Wirtschaftlichkeit Gebrauch gemacht. Inzwischen wissen sie, daß man beispielsweise durch Bündelung und größere Aufträge vieles billiger bekommen kann.

Oder die Konstrukteure: Durch den Zugang zur Spitzentechnik auf allen Gebieten waren sie bestrebt, diese auch komplett in der jeweiligen Maschine einzusetzen. Ihnen mußte begreiflich gemacht werden, daß der Kundenwunsch und die diesem entsprechenden Preise die Maßstäbe setzen.

Um Kostenreserven auf dem Gebiet der Fertigung zu erschließen, sollen von den jetzt vorgesehenen 150 Millionen DM Investitionen, wovon das Land ein Drittel bereitstellen will, 65 Millionen DM für den Erwerb moderner Werkzeugmaschinen aufgewandt werden.

Schwermaschinenbau-Kombinat (SKET) Magdeburg

Ferner gilt es, die Fertigung zu konzentrieren. Aus der konsequenten Umsetzung des erwähnten Standortkonzeptes verspricht man sich beträchtliche Effekte vor allem durch rationeller organisierte Fertigungsstätten, geringeren Transport und konzentrierte Lagerhaltung. Zugleich soll aus der Vermarktung - Privatisierung - der rund 80 Hektar freiwerdenden Flächen ein bedeutender Teil der für die Restrukturierung und Sanierung des Magdeburger Betriebes benötigten Mittel kommen.

Schritte zur Privatisierung

Die Standortkonzentration ist Bestandteil des SKET-Konzeptes zur Privatisierung. Es sieht vor, zuerst die Unternehmen zu privatisieren, die reine Zulieferer sind bzw. sogenannte Randgeschäfte betreiben. Die anderen Unternehmen sollen sich durch Ausgründungen und den Verkauf nicht betriebsnotwendiger Immobilien "gesundschrumpfen". Und nach erfolgreicher Sanierung hatte man die Absicht, mit der dann bestehenden AG an die Börse zu gehen.

Auf beiden Privatisierungswegen sind in befriedigende Ergebnisse erreicht worden, auch wenn der Prozeß langwieriger als erwartet verläuft. So wurden aus dem ursprünglichen Verband im April 1991 erste Teilbereiche der Stahl- und Apparatebau GmbH Genthin privatisiert, der Abschluß soll1993 erfolgen; seit Mai 1992 hat der SKET Altmärkische Maschinenbau einen neuen Eigentümer, und die Kamenzer Maschinenfabrik ist Ende 1992 als MBO/MBI aus der AG ausgeschieden. Eine Privatisierung von DRAWEBA Neustadt/Orla wird im Laufe des Jahres 1993 angestrebt..

Ausgegründet aus den Unternehmen wurden in der Regel Autowerkstätten, Rationalisierungsmittel- und Konsumgüterfertigungen sowie Baubereiche. Auch sind die früheren Ferieneinrichtungen bereits überwiegend verkauft worden. Vielfach

blockiert wird jedoch die Veräußerung von Betriebsteilen und nicht mehr benötigter Flächen sowie anderer Immobilien durch ungeklärte Eigentumsfragen. So haben für etwa drei Fünftel dieser Objekte Alteigentümer Restitutionsansprüchen erhoben.

Nicht davon betroffen ist das Magdeburger Stammwerk, da es nach 1945 SAG-Besitz wurde. Damit hat man für die Umsetzung des Standortkonzeptes freie Hand. Mit der Beräumung des frei werdenden großen Gebietes ist schon 1992 durch Beschäftigte der GISE begonnen worden. Seine Vermarktung - nach der Sanierung - verspricht ein gutes Geschäft zu werden: Für das geplante Gewerbegebiet - es wird in ein neu entstehendes Stadtteilzentrum eingeordnet - , liegen bereits mehr Wünsche vor, als zu befriedigen sind. Insgesamt rechnet man damit, daß hier etwa ab 1996/97 rund 10 000 Menschen Arbeit finden können.

Im Zusammenhang mit dem Privatisierungsprozeß ein Blick auf frühere Kombinatsbetriebe, die 1990 nicht Mitglieder der neuen SKET-Gruppe geworden sind: Der bedeutendste war zweifellos die heutige Schwermaschinenbau AG Wildau bei Berlin. Sie hat sich im 1.Halbjahr 1990 in eine Kapitalgesellschaft umgewandelt und auf eigene Faust den Weg in die Marktwirtschaft gesucht. Auch in Wildau setzte man auf die traditionellen Geschäftsfelder Walzwerksausrüstungen, Fertigung von Groß-Kurbelwellen, Herstellung schwerer Getriebe und Wälzlager. Ähnlich wie in Magdeburg war die Produktion auf die osteuropäischen Länder ausgerichtet, überwiegend durch Zulieferungen an andere DDR-Maschinenbaukombinate wie SKL, MAW und Schiffbau.

Beide Absatzlinien sind heute wesentlich eingeschränkt. So gingen beispielweise vom 1992 erreichten Umsatz von rund 60 Millionen DM - 1991 waren es noch über 100 Millionen - nur 1,8 Millionen DM in den

Osten. Entsprechend diesem starken Rück-gang mußte auch die Beschäftigtenzahl drastisch vermindert werden: Von gut 3500 zu Kombinatszeiten sank sie 1991 auf rund 1600, betrug Ende 1992 etwa 1200 und wird 1993 weiter auf 750 schrumpfen.

Ihren Umsatz wollen die Wildauer, die sich seit Mitte 1992 unter dem Dach der Urban Management KG befinden, 1993 be-trächtlich steigern. Trotz des harten Ver-drängungswettbewerbs auf den westlichen Märkten sollen 86 Millionen DM erreicht werden. Dennoch wird man vorerst Verlu-ste von etwa 20 Millionen DM in Kauf neh-men müssen. Doch längerfristig sieht man gute Chancen. Neben dem bisherigen Pro-duktionssortiment soll dazu vor allem die Entwicklung und Herstellung neuer Erzeug-nisse auf dem Gebiet der Umwelttechnik beitragen.

Noch nicht privatisiert ist auch die aus dem ehemaligen SKET INGAN entstandene INGAN GmbH - Ingenieurbetrieb für Indu-strieanlagen zu Berlin. Potentielle Käufer in-teressierte offensichtlich nur die große Im-mobilie in Berlin-Mitte. Daraufhin wurde diese einer neu geschaffenen Treuhand-Fir-ma Vermögensverwaltung INGAN GmbH übertragen und als deren Tochter Mitte 1992 der Ingenieurbetrieb ausgegründet. Dessen 130 Mitarbeiter (vor 1990 waren es etwa 1300) sind voll beschäftigt, vor allem mit Projekten zur Energieträgerumstellung, für Aufbereitungsanlagen von Altstoffen, die über das Duale System erfaßt werden, sowie für kommunale Abwasseranlagen. Die wirtschaftliche Situation ist stabil, so daß mit einer baldigen Privatisierung ge-rechnet wird.

Ganz bzw. teilweise reprivatisiert wor-den sind der Apparate- und Behälterbau Teutschenthal und der Industrieofenbau Chemnitz; Spezialmontagen Weimar und INEX Berlin Anlagenbau wurden verkauft, das FER-Ingenieurbüro für Automatisierung Magdeburg und der Maschinen- und Gerä-tebau Stendal gehören noch völlig oder überwiegend der Treuhand. Der ehemalige Außenhandelsbetrieb des Kombinates SKET Export-Import wird entsprechend den Festlegungen im Einigungsvertrag abge-wickelt.

Fazit: Chancen zum Überleben

Wenn man die Entwicklung seit der Gründung der SKET AG insgesamt betrach-tet, so haben und hatten die zu diesem Konzern zusammengeschlossenen Unter-nehmen - wie im Prizip alle in den neuen Bundesländern - mit einem ganzen Bündel an Problemen zu kämpfen: Sie wurden un-mittelbar nach ihrer Umwandlung in Kapital-gesellschaften sofort mit den harten Wett-bewerbsbedingungen der Marktwirtschaft konfrontiert. Zugleich brachen schneller als vorhersehbar die Ostmärkte weg, auf die die Produktion überwiegend ausgerichtet war. Weder in Europa noch in Übersee, und schon gar nicht in Ostdeutschland selbst, konnten diese Umsatzverluste durch neue Kunden ausgeglichen werden, dort gab es eine sehr starke Konkurrenz bei begrenzten Absatzmöglichkeiten, hier keinen "Auf-schwung Ost".

Diese Situation hat zweierlei deutlich gemacht: Erstens mußten die Unterneh-men der Gruppe ihre Kapazitäten, insbeson-dere die Beschäftigungszahlen, entspre-chend den Umsatzmöglichkeiten in be-trächtlichem Maße reduzieren. Sie versu-chen, durch neue Erzeugnisse und die Orientierung auf neue Marktsegmente zu überleben. Dafür gibt es mit Hilfe der Treu-hand und des Landes trotz aller gegenwärti-ger Probleme gute Chancen: Die Unterneh-men verfügen über eine qualifizierte und motivierte Belegschaft, haben fähige Kon-strukteure und Techniker, besitzen in ihrer Branche durchaus wettbewerbsfähiges Know-how.

Zweitens ist eine Privatisierung der Ge-

Schwermaschinenbau-Kombinat (SKET) Magdeburg

samt-AG auch nach einer Reduzierung auf die Kernunternehmen außerordentlich schwierig, zumal die Synergieeffekte zwischen den beiden Magdeburger Betrieben, dem Dessauer und dem Grünaer - einschließlich von SKET-Handel - dagegen sprechen, eines dieser Unternehmen durch eine eventuelle Einzelprivatisierung aus dem Verbund herauszulösen. Für potentielle Interessenten aus dem Industriezweig macht aber ein Zuwachs an Kapazitäten in der Größenordnung der SKET AG insgesamt angesichts der Marktlage wenig Sinn. Aus Sicht der Treuhand ist es daher erforderlich, viele Möglichkeiten im Auge zu behalten: einen Käufer für die AG insgesamt zu finden oder aber Chancen zu nutzen, die Gesellschaften der AG jeweils separat, eventuell auch einmal im Verbund mit einer anderen, zu privatisieren. Für beide Wege bietet der Beschluß der Treuhandanstalt vom Juni 1993 gute Grundlagen. Sie stimmte darin dem vom SKET-Vorstand in Umsetzung des Kompromißes vom Dezember 1992 entwickelten Unternehmens- und Sanierungskonzept zu. Es sieht eine Profilierung nach den Schwerpunkten Walzwerksbau, Kabel- /Verseilmaschinenbau und Drahtziehmaschinenbau sowie entsprechende Entflechtungsmaßnahmen vor. Die Treuhand erklärte sich bereit, für die konsequente Sanierung und die notwendige Konzernentflechtung an Auflagen gebundene finanzielle Mittel bereitzustellen, die insgesamt einen Spielraum von über einer Milliarde DM bedeuten.

Kombinat Umformtechnik Erfurt

Fachwissen von Generation zu Generation weitergegeben

Von WOLF-DIETER BOSE

- ■ **Im Pressenbau an erster Stelle**

- ■ **Am internationalen Markt präsent**

- ■ **Erfahrene Manager aus dem Westen**

- ■ **Komplizierte Entflechtung vor dem Abschluß**

- ■ **Sortimentslücke wird geschlossen**

- ■ **Ein Zeichen setzen**

Die reichen Traditionen des früheren Kombinates Umformtechnik gehen bis um die Jahrhundertwende zurück. Die Geburtsstunde schlug 1897, als der Ingenieur Wilhelm Werner das Patent für seine Profileisen-Schneidmaschine erhielt. Im gleichen Jahr begann der Kaufmann Henry Pels von Hamburg aus, die von der Erfurter Firma I. A. John gebauten Lochstanzen und Schneidmaschinen zu vertreiben.

Im Pressenbau an erster Stelle

Im September 1900 wurde der Stammbetrieb des späteren Kombinates Umformtechnik als Berlin-Erfurter Maschinenfabrik Henry Pels & Co. gegründet. Der Hauptsitz der Firma befand sich - wie sich aus dem Namen ebenfalls erkennen läßt - in Berlin, die Produktionsstätten standen in Erfurt. Bereits 1906 wurden hier die ersten Ma-

schinen in Stahlplattenkonstruktion gebaut. Als sie 1922 in eine Aktiengesellschaft umstrukturiert wurde, stand die Firma bereits an erster Stelle im Pressenbau Deutschlands. 1928 war die Belegschaft auf rund 700 angewachsen. Wesentliche technische Neuerungen gingen von Pels aus. So bauten die Erfurter im Jahre '31 die ersten Pressen und Scheren in einer Stahlkörper-Schweißkonstruktion.

Die auch heute noch enge Bindung an die GUS-Staaten fand ihren Ursprung Anfang der 20er Jahre. Seitdem liefert das Erfurter Unternehmen umfangreiche Exporte nach Rußland. 1936 wurde es von der Hitler-Regierung als jüdisches Eigentum eingezogen und der Quandt-Gruppe, Deutsche Waffen- und Munitionsfabriken AG, angeschlossen.

Nach dem zweiten Weltkrieg ging der Betrieb mit rund 500 Mitarbeitern in eine Sowjetische Aktiengesellschaft (SAG bis 1951) und dann als Pressen- und Scherenbau Henry Pels in einen volkseigenen Betrieb über. Der Name fiel Ende der 50er Jahre einer antisemitischen Welle in der damaligen DDR zum Opfer. Doch das Fachwissen der Umformtechniker wurde von Generation zu Generation weitergegeben. In vielen Erfurter Familien gehörte es zur Tradition, im Werk zu arbeiten. Damit entwickelte sich ein Fundus von unschätzbarem Wert.

Bis 1970 war der Personalbestand auf 3900 angewachsen. Im gleichen Jahr erfolgte der Zusammenschluß als Kombinat Umformtechnik "Herbert Warnke". Hier waren die Hauptproduzenten des Umform-Maschinenbaus der ehemaligen DDR zusammengefaßt. Zunächst gehörten acht Betriebe dem Kombinat an. Es war der alleinige Produzent von allen umformenden Werkzeugmaschinen:

Stammbetrieb Umformtechnik Erfurt

Er stellte Pressen und Scheren aller Art

Kombinat Umformtechnik Erfurt

her, vorrangig für den Fahrzeugbau.

Blechmaschinenverarbeitungswerk (Blema) Gotha

Das Werk ist noch recht jung, 1952 begann man dort mit der entsprechenden Produktion. Das Profil wurde vor allem bestimmt von Exzenterpressen und Richtmaschinen. Sie gab es als Einzelmaschinen oder im Komplex. Außerdem wurden Tafelscheren und Biegemaschinen hergestellt.

Blechverarbeitungsmaschinenwerk und Werkzeugbau Aue

Das Werk im Erzgebirge lieferte bereits seit 1861 Produkte des Maschinenbaus auf den Markt. Es ist damit das älteste Unternehmen im Kombinat. Hier entstehen vor allem Emballagenanlagen in modularer Bauweise zur Herstellung von Konservendosen und ähnlichem. Die Erfahrungen auf dieser Strecke gehen bis ins Jahr 1883 zurück. Damals wurde die erste derartige Maschine gebaut, so daß die Wiege des deutschen Emballagenmaschinenbaus in Aue gestanden haben dürfte. Zusätzlich stellte das Werk Stanz- und Schneidwerkzeuge her.

Werkzeugmaschinenwerk Zeulenroda

Die maschinenbautechnischen Erfahrungen reichen bis 1880 zurück. 1920 wurden hier die ersten hydraulischen Maschinen in Deutschland gebaut. Heutzutage zählen Exzenterpressen, Schneidautomaten, hydraulische Pressen als Einzelmaschinen und im Komplex sowie Stufenformautomaten zum Angebot.

Werkzeugmaschinenfabrik Bad Düben

Neben Profilwalzmaschinen stellte der Betrieb noch Ring- und Schraubenwalzautomaten her.

Pressenwerk Bad Salzungen

Qualitätserzeugnisse der Stanzereitech-

nik kommen seit 1866 aus dem südthüringischen Ort. Schneidautomaten und Bandverarbeitungstechnik zählen heute zu den Haupterzeugnissen.

Formenbau Schwarzenberg

Auch dieses Werk verfügt über einen reichen, mehr als 90jährigen Erfahrungsschatz. Es produziert in der Hauptsache Werkzeuge für die Blechverarbeitung und entwickelte sich im Laufe der Jahre zu einem Unternehmen, dessen Fertigungsprofil zunehmend auf die Automobilindustrie zugeschnitten wurde.

UT-Forschungszentrum Zwickau

Seit Anfang der 60er Jahre betreibt es vor allem wissenschaftliche Arbeit in Richtung Blech- und Massivverformung sowie Kunststoffverarbeitung.

Mitte der 70er Jahre forderte die UT-Kombinatsleitung bei den Wirtschaftslenkern der DDR moderne Steuerungselemente für ihre Erzeugnisse. Die bekam sie zwar nicht, dafür aber den für den Maschinenbau untypischen Betrieb VEB Erfurt electronic zugeteilt. 1980 erweiterte sich das Kombinat mit den Betrieben des Maschinenbaus für die Plastverarbeitung. Dabei wurden ihm sieben weitere Firmen angeschlossen:

Plastmaschinenwerke Schwerin, Freital, Wiehe, Johanngeorgenstadt (letzteres wurde 1984 wieder ausgegliedert).

Sie konstruieren und bauen Maschinen, Systeme sowie ganze Anlagen zur Kunststoffverarbeitung. Die Freitaler gehörten zu den ersten Produzenten in Europa, die Spritzgießmaschinen serienmäßig herstellten. Im sächsischen Freital reichen die Erfahrungen beim Maschinenbau über fünf Jahrzehnte zurück.

Plasttechnik Greiz

Erst Anfang der 70er Jahre entstand dieser Betrieb. Als weiterer Vertreter der

Imponierende Pressen von Umformtechnik

Kunststofftechnikverarbeitung im Kombinat baut er vor allem Maschinen zur Verschäumung sowie Mischer und Sohlenanspritzautomaten. Das gilt speziell für die Verarbeitung von Polyurethan, Styropol und PVC.

Werkzeugbau Doberschau
Modell- und Formenbau Dessau

Zu den Haupterzeugnisgruppen beider Betriebe zählen Werkzeuge und Formen für die Kunststoffverarbeitung.

Das Kombinat und besonders der Stammbetrieb gehörten zweifelsfrei zu den "Sahnehäubchen" in der DDR-Industrie. Der Maschinen- und Werkzeugbau insgesamt hatte unter den damaligen planwirtschaftlichen Bedingungen eine recht beachtliche Leistungsfähigkeit entwickelt. Dies war auch möglich, weil er relativ hohe Investitionssummen für den Kauf moderner Technologien und Anlagen erhielt.

Das Kombinat war nach dem von oben verordneten Zusammenschluß in der Lage, ein vielfältiges Leistungsangebot zu unterbreiten. Es reichte von Maschinen und Anlagen für die Blech- und Massivumformung, hier besonders Pressen und Scheren für den Fahrzeugbau, über Maschinen und Systeme für die Kunststoff-Verarbeitung sowie Werkzeuge bis hin zu Engineering, Projektierung kompletter Fabriken und Forschung. So wurden allein von 1980 bis 1990 rund 35 000 Fertigungslinien, Anlagen und Maschinen projektiert, gebaut und ausgeliefert.

Rund 16 000 Beschäftigte zählte das Kombinat Anfang 1990. Seine industrielle Warenproduktion, wie die Plankennziffer damals hieß und in etwa mit dem Umsatz gleichzusetzen ist, belief sich auf etwa zwei Milliarden Ost-Mark im Jahr. Rund 600 Millionen Mark konnte man nach dem damaligen Abrechnungsmodus als Gewinn bezeichnen. Mit ca. 4300 Arbeitnehmern der größte und leistungsfähigste Teil war der Erfurter Stammbetrieb Umformtechnik. Über 90 Prozent seines Umsatzes gingen in das Ausland. Davon verbuchte der Betrieb bis zu 15 Prozent als West-Export. Hauptkunde aber waren die Sowjetunion und Osteuropa mit etwa 80 Prozent Anteil am Umsatz. Der geringe Rest verblieb in der damaligen DDR und war heißbegehrte Rarität.

Kombinat Umformtechnik Erfurt

Am internationalen Markt präsent

Bereits mit den ersten Veränderungen von der staatlich gelenkten Planung in Richtung Marktwirtschaft Ende 1989/Anfang 1990 war den Verantwortlichen klar, daß die bisherigen Strukturen und Eigentumsverhältnisse keinen Bestand haben werden. So wurde das Kombinat in Kapitalgesellschaften umgebildet, bereits im Mai 1990 entstand die Umform- und Kunststofftechnik AG Erfurt als Finanz- und Verwaltungsholding für 14 Unternehmen. Damit war sie die vierte größere Unternehmensgruppe in der früheren DDR, die in eine Aktiengesellschaft umgebildet worden ist. Mit den Nachkommen der früheren Besitzer der Umformtechnik Erfurt GmbH konnte man sich gütlich einigen. Sie wandelten ihr Recht auf Rückübertragung des Unternehmens in einen Entschädigungsanspruch um, so daß auch in dieser Richtung der Weg für den Neuanfang frei war.

Bei Umformtechnik war die Startposition vergleichsweise günstiger als in vielen anderen Kombinaten. Dazu gehörte auch die moderne Technik im Unternehmen, das 1988/89 ungewöhnlich hohe Investitionen vornehmen durfte. Damit konnte es die Erzeugnisse, die traditionell eine gute Qualität aufweisen, auf den neuesten Stand der Technik bringen.

UT-Produkte genießen Weltruf. Immerhin gehen sie in rund 50 Länder der Erde, darunter auch nach Großbritannien, die USA und Mexiko. Zu den westdeutschen Kunden zählen vor allem die Automobilhersteller Mercedes-Benz, Volkswagen sowie Audi. Und es spricht für die Erzeugnisse, daß sie nicht zu Dumping- sondern zu marktgerechten Preisen angeboten und auch abgenommen wurden. Allein die Pressen kosten immerhin zwischen 500 000 und mehr als 10 Millionen DM.

Nach der Formierung als Kapitalgesellschaft hat sich das Unternehmen Umformtechnik profiliert und gemeinsam mit den jeweiligen Betrieben des Verbundes sein Angebot um eine Reihe von Leistungen erweitert. Dazu zählen vor allem Generalreparaturen von allen Pressentypen der Blech- und Massivumformung. Außerdem modernisiert und rationalisiert Umformtechnik ganz nach Kundenwunsch den bereits vorhandenen Maschinenpark und garantiert von nun an eine zügige Lieferung aller Ersatzteile zum schnellen Beheben von Störungen. Das mag sich zwar für ein im Wettbewerb stehendes Unternehmen banal anhören. In der früheren Planwirtschaft aber, wo alle Positionen feststanden und verteilt waren, gehörte dies bei weitem nicht zu den Selbstverständlichkeiten.

Besonders der Stammbetrieb, und das erwies sich als weiterer wichtiger Vorteil, war bereits zu Zeiten der Kommandowirtschaft selbst am internationalen Markt präsent. Man hatte einen Namen und kannte die Konkurrenz. Umformtechnik unterhielt unmittelbaren Kontakt zu seinen Kunden und war mit den verschiedenen Tendenzen am Markt direkt konfrontiert. Vor allem das ständige Anpassen der Produkte an die technischen Erfordernisse des Anwenders, das schnelle Eingehen auf einen ganz spezifischen Kundenwunsch und der hohe Wertumfang brachten das mit sich. Diese Erfahrungen erleichterten maßgeblich den Aufbau eigener Vertriebsorganisationen. Bereits im Frühjahr 1990 trennte man sich von dem zu der Zeit noch recht einflußreichen Staatlichen Außenhandel und nahm die Geschäfte selbst in die Hand.

Das eigene Vertriebsnetz des früheren Stammbetriebes, der heutigen Umformtechnik Erfurt GmbH, wurde ausgebaut. So beispielsweise durch ein Gemeinschaftsunternehmen mit dem großen ZIL-Lastwagenhersteller in Moskau. Unlängst gründete man Gesellschaften für den Verkauf in der Ukraine und in der Tschechischen Republik, im Aufbau stehen entsprechende

Büros für die amerikanischen und südostasiatischen Wirtschaftsräume.

Ein bemerkenswerter Schritt in dieser Richtung ist mit der Gründung des Gemeinschaftsunternehmens ERFURT Krupp Umformtechnik GmbH mit Sitz in Essen gelungen. Die Krupp Maschinentechnik GmbH stellte die entsprechende Produktion ein, und Umformtechnik erwarb das technische Know-how zum Bau der Krupp-Pressen in Erfurt. Damit komplettierte das Thüringer Unternehmen sein Erzeugnissortiment. Die Vertriebsgesellschaft in Essen vermarktet nun das gesamte Erfurt-Krupp-Pressenprogramm in Westeuropa. Die Erfurter halten 51 Prozent des Kapitalanteils am Gemeinschaftsunternehmen.

Erfahrene Manager aus dem Westen

Doch bevor das Unternehmen die Schritte auf den Weg in die Marktwirtschaft gehen konnte, mußte die Organisations- und Führungsstruktur gravierend verändert werden. Die bisherige hatte sich mit insgesamt 13 Direktoren als zu unflexibel erwiesen, um auf die veränderten Wirtschaftsbedingungen schnell reagieren und das Unternehmen entsprechend lenken zu können. Am 1. Juli 1990 taten sich nur noch fünf Geschäftsführer zusammen, inzwischen wurde die Zahl weiter reduziert auf vier.

Nach Auskunft von Ingenieur Helmut Richter, Chef der Unternehmensstrategie im Erfurter Stammbetrieb, verfügt der Betrieb über einen "sehr qualifizierten Aufsichtsrat". Mit dem Senator Dr. Horst Münzner, bis 1990 stellvertretender Vorstandsvorsitzender bei Volkswagen, steht ihm ein erfahrener Mann vor. An seiner Seite befinden sich Vertreter von westdeutschen Industrie-Unternehmen, von Großbanken und aus der Wissenschaft. In den Jahren 1991 und 1992 vollzogen sich zahlreiche personelle Veränderungen, so kamen Fachleute für Finanzen und Controlling sowie für Vertrieb aus den Altbundesländern in die Chefetagen hinzu. Insgesamt war eine günstige Kombination zwischen ehemaligen Führungskräften des Kombinates aus dem Osten und erfahrenen Managern aus dem Westen gefunden. Sicher eine grundlegende Voraussetzung für das erfolgreiche Wirken unter marktwirtschaftlichen Bedingungen.

Einhergehend mit der Umwandlung in eine Kapitalgesellschaft wurde Mitte 1990 auch das erste Unternehmenskonzept erarbeitet. Mit sechs der früheren, inzwischen umstrukturierten Mitgliedsbetrieben des Kombinates wollte man seine marktführende Position im Osten halten und mit neuen Erzeugnissen und besserem Vertrieb den Anteil auf dem Westmarkt ausbauen. Dies ist dem Unternehmen auch gelungen, schneller als den meisten anderen ostdeutschen. Innerhalb von knapp zwei Jahren nahm der Westexport-Anteil von knapp 15 auf über 40 Prozent zu, der SU- beziehungsweise GUS-Anteil reduzierte sich von 80 auf gut 40 Prozent. Und das, obgleich Anfragen aus GUS-Unternehmen so viele vorlagen, daß für drei Jahre volle Auftragsbücher garantiert gewesen wären. Doch deren Zahlungsunfähigkeit und nur geringe Hermes-Mittel ließen den Ost-Markt fast völlig zusammenbrechen.

Komplizierte Entflechtung vor dem Abschluß

Mit der Gründung der Umformtechnik- und Kunststoff AG im Mai 1990 wurden als erste "Erfurt electronic" und Plastmaschinenwerk Schwerin aus dem ehemaligen Kombinat herausgelöst. Der Mikroelektronik-Produzent wurde inzwischen an den Bonner Konzern Klöckner-Moeller verkauft, das Werk in Schwerin 1992 privatisiert. Kurz nach der Abspaltung wurden weitere Unternehmen aus dem Verbund herausgelöst und von der Treuhand verkauft: Pro-

Kombinat Umformtechnik Erfurt

filwalzmaschinen GmbH Bad Düben, Plastmaschinenwerk Wiehe (Nordthüringen). Letzteres ging an den Mannesmann-Konzern. Rund 300 von ehemals 400 Beschäftigten wurden übernommen. Sie stellen dort moderne Demag-Spritzgießmaschinen her und liefern sie in zwölf Länder.

1991 wurde das Pressenwerk Bad Salzungen (Südthüringen) über Management-Buy-Out von der Geschäftsführung und der Belegschaft übernommen. Weitere Unternehmen folgten noch im selben Jahr. Auf Grund ihrer Qualitätsarbeit und ihrer marktfähigen Erzeugnisse sind sie relativ günstig verkauft worden. Dazu gehörten: Blechbearbeitungsmaschinenwerk Gotha, Wedo Formenbau und Kunststoffverarbeitung Doberschau, Metallguß Dessau. Dann folgte die IEB Investmanagement & Engineering GmbH Berlin. Und 1992 wurden die Blema Aue sowie das Forschungszentrum in Zwickau als Management-Buy-Out privatisiert. Somit waren noch fünf Unternehmen in der UT-Holding verbunden: Umformtechnik ERFURT GmbH, Werkzeugmaschinen Zeulenroda, Formenbau Schwarzenberg,AWEBA Werkzeugbau Aue, Sächsische Kunststofftechnik Freital.

Die ehemals 14 Betriebe umfassende Aktiengesellschaft mit rund 16 000 Beschäftigten wurde unter marktwirtschaftlichen Aspekten umstrukturiert und in ihrer Größe reduziert, um kostengünstig produzieren und im internationalen Wettbewerb bestehen zu können. Anfang diesen Jahres privatisierte die Treuhand das Werk Sächsische Kunststofftechnik Freital. Damit war ein weiterer Schritt des Umstrukturierungprozesses im wesentlichen abgeschlossen.

Die verbliebenen Unternehmen haben den neuen Marktbedingungen entsprechend folgendes Profil entwickelt:

Die Umformtechnik Erfurt GmbH: Die GmbH liefert den Kunden in der Automobil-, der Landmaschinen-, der Elektro- und der Konsumgüterindustrie Pressen unterschiedlicher Typen und Bauarten, Fertigungslinien und Automatisierungstechnik für jeden Anwendungszweck im Preßkraftbereich von 320 bis 75 000 kN.

Werkzeugmaschinen GmbH Zeulenroda: Die langjährigen Erfahrungen reichen bis 1880 zurück. Als Vorläufer des heutigen Werkes gelten die Maschinenfabrik Kneusel, der Pressenhersteller Blell und die Firma Lang/Präzisionsmaschinenbau. Rund 48 000 Exzenterpressen und Umformautomaten verließen in den letzten vierzig Jahren die Hallen. Sie gingen hauptsächlich in den Automobil- und Fahrzeugbau, in die Elektrotechnik-Branche und in den Schienenfahrzeugbau. Sie sind weltweit im Einsatz, besonders gefragt dabei die technisch ausgereiften Stufenumformautomaten. Solche bewähren sich unter anderem bei Siemens, Bosch, Toshiba und Hitachi.

AWEBA Werkzeugbau GmbH Aue: Hervorgegangen ist das erfahrungsreiche Unternehmen aus der 1882 gegründeten Firma Bernhardt Hiltmann - Spezialfabrik für Schnitt- und Stanzwerkzeuge. Inzwischen ist es ausgerüstet mit entsprechendem Know-how und den neuesten Technologien in Kostruktion und Fertigung. Das Unternehmen bietet auch konstruktive Lösungen für die Herstellung der Werkzeuge und deren Einzelteile an. Die Kunden sind vor allem unter den Zuliefer-Firmen für die Hersteller von Autos, Elektromotoren, Landmaschinen, Elektronikerzeugnissen und Konsumgütern zu finden.

Formenbau GmbH Schwarzenberg: Die Herstellung von Schneid- und Umformwerkzeugen hat hier seit 1898 Tradition. Mit seiner Profilierung auf derartige Werkzeuge in mittleren und großen Abmessungen aller Schwierigkeitsstufen galt der Betrieb als einziger Werkzeughersteller dieser Größenordnung in der früheren DDR. Das heutige Leistungsspektrum umfaßt die Projektierung, Konstruktion und

Fertigung der Werkzeuge bis hin zur Montage und serienreifen Übergabe der Ausrüstungen in den Produktionsstätten der Auftraggeber. Zu den Kunden gehören die großen deutschen Automobilhersteller, Citroen in Frankreich, Austin Rover in Großbritannien, ABU Zaabal in Ägypten und die Ikarus-Werke in Ungarn.

Das Schwarzenberger Unternehmen fand inzwischen mit dem schwäbischen Kuka-Konzern einen neuen Besitzer, auch der Werkzeugbau Aue steht unmittelbar vor seiner Privatisierung.

Damit hat die Umformtechnik- und Kunststoff AG ihre Bedeutung als Verwaltungs- und Finanzholding verloren. Sie soll noch in diesem Jahr aufgelöst werden.

Vor allem der Mitte 1990 noch nicht vorhersehbare völlige Zusammenbruch des GUS-Marktes machte eine Abkehr von der bisherigen Unternehmensstrategie erforderlich, die anfangs angedachte Privatisierung im Verbund war nicht zu verwirklichen. Auch angesichts der internationalen Marktsituation sah es die Treuhand als wesentlich vorteilhafter an, eine Einzelprivatisierung vorzunehmen. Als Kernstück der Entflechtung bleibt die Erfurter Umformtechnik GmbH. Mit einem Jahresumsatz von 200 Millionen DM und derzeit noch 1800 Beschäftigten stellt sie heute eines der größten Unternehmen in Thüringen dar. Dennoch ging auch hier der Personalbestand seit Ende 1989 um rund 2500 zurück. Wie der Leiter für Unternehmensstrategie, Helmut Richter, versicherte, habe die Geschäftsführung dabei versucht, möglichst sozialverträgliche Lösungen zu schaffen. Und das verdient angesichts der finanziellen Belastungen eines im Umbruch und Neuaufbau befindlichen Unternehmens durchaus Beachtung. 700 betriebsbedingte Kündigungen mußten bisher ausgesprochen werden, der andere Stellenabbau ist im wesentlichen auf Ausgliederung von Bereichen, Altersübergangsgeld und natürliche Fluktuation zurückzuführen.

Als ein Beispiel für das Bemühen soll die Gründung des ERFURT Bildungszentrums (ebz) durch das einstmalige Stammwerk Umformtechnik stehen. Mit diesem weiteren Schritt zur Entflechtung, die frühere Betriebsberufsschule wurde im Herbst 1990 aus dem Betrieb herausgelöst, will das Unternehmen zur sozialen Abfederung des Stellenabbaus beitragen. So erhalten vor allem Mitarbeiter aus den nichtproduktiven Bereichen die Möglichkeit zu Umschulungslehrgängen für Berufe in der Metallindustrie. Als freier Bildungsträger übernimmt dieses UT-Tochterunternehmen die Erstausbildung, Fortbildung und Umschulung speziell in Berufen der Metallbranche für die Region um Erfurt.

Damit unterbreitet Umformtechnik ein Umschulungsangebot, das angesichts der Strukturwandlungen in allen Bereichen dringend gebraucht wird, gewährleistet eine fundierte Berufsausbildung von jungen Leuten und sichert Arbeitsplätze für das Personal der bisherigen betrieblichen Bildungseinrichtungen. Die Lehr- und Ausbildungsprogramme wurden mit Unterstützung renommierter Partner aus den Altbundesländern zusammengestellt und entsprechen dem neuesten Stand der bundesdeutschen Ausbildungsrichtlinien für Metallberufe. Beteiligt waren vor allem das Krupp-Bildungszentrum Essen, die Gildemeister Trainingsakademie Bielefeld und der Deutsche Verband für Schweißtechnik Mainz.

Während die Situation in der Region Erfurt - dank Umformtechnik und des Ausbaus als Thüringens Landeshauptstadt - noch recht günstig aussieht, sind die anderen UT-Werke die letzten Industrie-Bastionen in ihren Regionen. Im Erzgebirge existiert nur noch jeder fünfte der ehemaligen Industriebetriebe. Ein weiterer Stellenabbau oder gar Werksschließungen hätten soziale Folgen von enormem Ausmaß.

Kombinat Umformtechnik Erfurt

Sortimentslücke wird geschlossen

Die langjährige Erfahrung bei der Herstellung von Werkzeugmaschinen, die direkte Konfrontation mit dem Weltmarkt, der frühe Aufbau von eigenen Vertriebsfirmen machte die erfolgreiche Restrukturierung des früheren Kombinates Umformtechnik ebenso möglich wie der Abbau von unproduktivem Personal, die Umwandlung zu einer wettbewerbsfähigen Organisations- und Führungsstruktur sowie die Klärung der Rechtsansprüche der früheren Besitzer und deren Nachkommen. Dennoch kann ein Unternehmen nicht erfolgreich sein, wenn es nicht ständig seine guten Erzeugnisse noch verbessern würde. Und genau das taten die Umformtechniker, obgleich sie über kein allzu dickes Finanzpolster verfügen.

"Wir haben in der Vergangenheit nicht den gleichen Fehler gemacht wie viele andere Unternehmen", erinnert sich Helmut Richter. "Denn die trennten sich gänzlich von ihrer Forschungs- und Entwicklungsabteilung. Doch bei den Pressen gibt es keine Serienproduktion. Jede einzelne ist ein Unikat, auf die Wünsche und Erfordernisse des Kunden ganz speziell ausgerichtet. Ohne Konstruktionsbereich könnten wir nicht existieren", so der Chef für Unternehmensstrategie.

Typisch für die Veränderungen zum Positiven war die Fertigstellung einer neuen Montagegrube für die Aufstellung und Erprobung von Hochleistungsgroßpressen in Halle 514 der Umformtechnik ERFURT. In den Jahren 1990 und 1991 wurden insgesamt etwa 80 Millionen Mark zur Modernisierung ausgegeben. Doch bei diesem Projekt handelt es sich um die bisher größte Einzelinvestition seit der Währungsunion und die wichtigste. Der Wertumfang belief sich auf rund zehn Millionen Mark. In nur siebeneinhalb Monaten wurde projektiert, wurden etwa 6500 Kubikmeter Abbriß-

massen und Erde bewegt sowie 3500 Kubikmeter Beton verbaut. Damit lassen Boden und Wände eine Belastbarkeit von 3900 Tonnen zu. Vor allem Thüringer haben den Zuschlag für die Arbeiten bekommen - Projektanten aus Jena, Schachtbauer aus Nordhausen, Beschäftigte der Bauunion Thüringen und Krananlagenbauer des Ingenieurbüros Erfurt. Nicht nur Selbstverständlichkeit für Umformtechnik, einheimische Unternehmen zu unterstützen, sondern auch Ausdruck für deren Leistungsfähigkeit.

Mit dieser Montagegrube schuf Umformtechnik die wichtigste Voraussetzung, neben allen anderen Sortimenten künftig auch Hochleistungs-Großpressen von 22 bis 40 Meter Länge, neun bis elf Meter Breite, elf Meter Höhe und einer Preßkraft zwischen 3000 und 7500 Tonnen zu bauen. Derartige Großraumtransferpressen bestimmen den gegenwärtigen und künftigen Standard in den Pressereien der Automobilindustrie. Sie stellen in sich geschlossene technologische Problemlösungen zur Herstellung großflächiger, konfigurell komplizierter Blechteile dar und sind hochproduktiv. Hinzu kommt: Sie schaffen beste Bedingungen für die Arbeitsumwelt und machen modernstes Design sowie originäre Konstruktionslösungen in der Kfz-Branche möglich. Wer im Wettbewerb der Automobilhersteller bestehen will, braucht solche Pressen. Und wer als Pressenbauer in den führenden Werken der Autobranche bleiben will, muß solche hochleistungsfähigen Pressen herstellen können. Die Erfurter Umformtechniker sind derzeit dabei, solche zu entwickeln und stehen kurz vor deren Markteinführung.

Damit schließt das Unternehmen die letzte Lücke im Sortiment. Folglich kann das Unternehmen seinen Kunden Maschinen, Anlagen und Fertigungslinien für die Blechumformung einschließlich der zugehörigen Automatisierungstechnik für jeden Anwendungszweck liefern.

Ein Zeichen setzen

Im wesentlichen konnten alle Mitgliedsbetriebe des Kombinates privatisiert werden, die meisten durch den Verkauf an altbundesdeutsche Unternehmen. Sicherlich ein Ausdruck für die unter den Bedingungen der Planwirtschaft beachtliche Leistungsfähigkeit des früheren DDR-Werkzeug- und Maschinenbaus sowie der Motivation seiner Mitarbeiter, auch wenn ein Teil davon aus Produktivitätsgründen abgebaut werden mußte.

Trotzdem haben die Unternehmen mit Schwierigkeiten zu kämpfen. Denn der Wettbewerb am Markt ist hart und die Konkurrenz schläft nicht. Die Umformtechnik Erfurt GmbH gehört zu den sechs großen Pressenherstellern der Welt - drei japanische und drei deutsche gibt es. Da hat es ein im Neuaufbau befindliches, ostdeutsches Unternehmen, daß sich gerade anschickt, größere Teile des westlichen Marktes zu erobern, natürlich doppelt schwer. Entsprechend barsch ist auch die Kritik der deutschen Konkurrenten: Westdeutsche Großpressen-Hersteller warfen der Umformtechnik Erfurt und der Treuhand vor, mit Steuergeldern unproduktive Kapazitäten zu erhalten. Besonders schädlich wirkten sich angeblich die subventionierten Kampfpreise der Erfurter aus, mit denen sie "weit unter den Selbstkosten auch des produktivsten Konkurrenzunternehmens anbieten". Doch so schlimm kann es (noch) nicht sein. Denn bis Ende 1993 seien die Kapazitäten voll ausgelastet. Außerdem wurden die Vorwürfe eindeutig widerlegt.

Belegschaft und Geschäftsführung befürchten, daß ein sich heranbildender unliebsamer Konkurrent ausgeschaltet werden soll. Das Unternehmen steht aber noch vor weiteren Problemen, die sich allerdings zwangsläufig aus der großen Aufgabe der Umstrukturierung und Einstellung auf echten, marktorientierten Wettbewerb erge-

ben. So ist trotz aller Verbesserungen in den letzten zweieinhalb Jahren die Effizienz noch nicht auf der Höhe vergleichbarer westlicher Unternehmen. Das beabsichtigte Sanierungskonzept soll die erforderliche Kostensenkung und weitere Annäherung bringen.

Die Beschäftigten der Erfurter Umformtechnik GmbH sind bereit, um den Erhalt und den Neuaufbau ihres Unternehmens zu ringen. Dabei wissen sie nicht nur die Geschäftsführung, sondern auch zahlreiche Kommunal- und Landespolitiker hinter sich. Mit der Zusage von Bundes- und Landesregierung, in Ostdeutschland Industriekerne erhalten zu wollen, kam neue Hoffnung auf. Thüringens Wirtschaftsminister Jürgen Bohn (FDP) will die Lösung der Probleme bei Umformtechnik zu einem Modellfall für alle Unternehmen machen, die unter dem Zusammenbruch des Ostmarktes zu leiden haben. Er sagte Unterstützung beim Umsetzen des neuen Forschungs- und Entwicklungskonzeptes für das Werk zu. Auch die Treuhandanstalt hat die Sanierungsbemühungen von Anfang an mit erheblichen Mitteln unterstützt und will das Erfurter Unternehmen bis zur Privatisierung durch umfassende konzeptionelle und finanzielle Hilfe begleiten. So soll es mit ausreichend Liquiditätsmitteln und Eigenkapital ausgestattet werden, um sich beschleunigt an den Markt anpassen zu können.

Neue Hoffnung zweifelsohne, und der jüngste Hundert-Millionen-Auftrag von Volkswagen für ein Autowerk in China bestärkt die Belegschaft darin. "Mit Erfurter Pressen, die auch in unseren Werken in Wolfsburg und in Mexiko stehen, haben wir hervorragende Erfahrungen gemacht", begründet VW-Pressesprecher Hans-Peter Blechinger die Entscheidung. Außerdem sei "Erfurt weltweit führend bei Großpressen" und mit dem Millionen-Auftrag will man "ein Zeichen für die neuen Bundesländer setzen". Eine ähnlich bedeutende Be-

Kombinat Umformtechnik Erfurt

stellung über rund 50 Millionen Mark kam von Daimler-Benz. Weiterer Schwung kehrte im Februar 1993 ins Unternehmen ein, als Walter Menges die Geschäftsführung übernahm. Er verfügt über langjährige Managementerfahrung in Geschäftsführungen sowie Vorstandspositionen, sieht gute Chancen für das Unternehmen.

Im Juli 1993 hat der Verwaltungsrat der Treuhand dem Verkauf aller Geschäftsanteile der Umformtechnik Erfurt GmbH (UTE) an eine zu diesem Zweck geführte Tochtergesellschaft der Magna Inc., Ontario, zugestimmt. Zu einem späteren Zeitpunkt sollen zusätzliche Partner aus der GUS, AMO ZIL und TMP, Woronesh, und gegebenenfalls die australische Firma Bliss in das Konzept eingebunden werden.

Die Muttergesellschaft der Erwerberin ist in Nordamerika ein führender Automobilzulieferer. Die Magna unterhält Geschäftsbeziehungen u.a. zu VW und BMW.

Die Magna wird aus der eigenen Unternehmensgruppe Management - Know-how einbringen, um die Sanierung der UTE zu sichern. Das Unternehmenskonzept sieht vor, den traditionellen Pressenbau (für Automobile und Landmaschinen) in Erfurt durch eine Reihe zusätzlicher Aktivitäten zu erweitern: Automatisierungstechnik, Service-Centum, Werkzeugbau u.a. UTE soll bei der Abrundung des Produktionsprogramms vor allem von den Entwicklungen bzw. der Anwendungstechnik der Magna profitieren. Ein konkretes Übernahmeangebot deutscher Wettbewerber ist trotz vielfältiger Gespräche und Interessenbekundungen nicht vorgelegt worden.

Die Erwerbergesellschaft garantiert 916 Vollzeitarbeitskräfte für das Jahr 1994 und einen sukzessiven Wiederaufbau der Arbeitsplätze auf mindestens 1.260 im Jahre 1996. Die Treuhandanstalt übernimmt Sozialplanaufwendungen für den notwendigen und tatsächlichen Personalabbau. Die Ausbildungszusagen werden erfüllt.

Die Erwerbergesellschaft plant bis zum 31. 12. 1998 zur Sanierung des Pressenbaus und zum Aufbau neuer Aktivitäten Investitionen in Höhe von 337 Millionen DM.

Die Zustimmung des Verwaltungsrats steht unter der Maßgabe, daß die Gesamtfinanzierung des Unternehmenskonzepts gesichert ist.

Kosmetik-Kombinat Berlin

Ungeschminkt in die Marktwirtschaft

Von RENATE BREDERECK

- ■ **Mit dem 'Beauty-Expreß' durchs Land**

- ■ **Der fast tödliche Verlust**

- ■ **Ein Investor aus Amerika**

- ■ **Florena erhielt gute Pflege**

Mit fast 95 Prozent Binnenhandelsumsatz besaß das ehemalige Kosmetik-Kombinat Berlin eine Monopolstellung auf dem früheren DDR-Markt. Die Gesamtheit aller kosmetischen Erzeugnisse, ob Duschbad, Creme, Haarspray oder Rasierwasser liefen in diesem Kombinat vom Band.

Seine Schönheits- und Körperpflegemittel, seine Haarkosmetik waren nicht nur im eigenen Land ein Renner, sondern fanden vor allem in den osteuropäischen Staaten reißend Absatz.

Auf einer Pressekonferenz des Kombinates zur Bilanz des Jahres 1989 wurden folgende Zahlen bekanntgegeben:
- Umsatz ca. 3 Milliarden Mark
- Exportvolumen ca. 500 Millionen Mark
- Exportpartner in 23 Ländern Europas, Asiens, Afrikas, Amerikas
- Produktion von 850 Erzeugnissen an

56 Produktionsstandorten
Davon entfielen auf den früheren Stammbetrieb des Kombinates, den VEB Berlin-Kosmetik:
- Umsatz 267,0 Millionen Mark
- Exportvolumen 92,0 Millionen Mark
Der Aufwand für Forschung und Entwicklung machte 2 Prozent des Umsatzvolumens aus.
In den Marktsegmenten Schönheitspflege/Kosmetik, Körperpflege und Haarkosmetik wurden folgende Stückzahlen erreicht:

Haarkosmetik/ Bademittel	13,1 Millionen Stück
Körperpflegeprodukte	6,0 Millionen Stück
Lippenpflegeprodukte	6,5 Millionen Stück
Nagelpflegeprodukte	5,5 Millionen Stück
Erzeugnisse der dekorativen Augenkosmetik	4,5 Millionen Stück
dekorative Pudererzeugnisse	1,7 Millionen Stück
Deo-Roller	4,8 Millionen Stück
Deo-Stifte	3,8 Millionen Stück

Zu dieser Zeit gehörten zum Kosmetik-Kombinat 8600 Mitarbeiter, davon arbeiteten ca. 1100 im Stammbetrieb Berlin-Kosmetik. Zum gewaltigen Kosmetikproduzenten zählten neben dem Stammbetrieb 7 weitere große Betriebe im Süden der DDR:

Florena in Döbeln/Waldheim, Aerosol-Automat in Karl-Marx-Stadt, Elbe-Chemie in Dresden, Deutsches Hydrierwerk in Rodleben, Chemisches Werk Miltitz, Ingenieurbüro für Rationalisierung in Karl-Marx-Stadt, das Metallwerk in Wasungen und Plasta Oederan.

Wie viele andere Großbetriebe mußte sich der Hersteller der begehrten Körperpflege- und Schönheitsmittel nach der gravierenden politischen Veränderung im Lande gewaltig in Richtung Marktwirtschaft strecken, was da hieß: Herausbildung unabhängiger Kapitalgesellschaften, Reduzierung der Mitarbeiterzahl, Erstellen neuer Konzepte zur Rentabilität der Betriebe und für Marketing und Vertrieb.

Kosmetik-Kombinat Berlin

Mit dem 'Beauty-Expreß' durchs Land

Der frühere Stammbetrieb des Kombinates, einst aus etwa 35 kleinen, in Berlin ansässigen Unternehmen gebildet, wurde am 1. 7.1990 als GmbH gegründet. Und auch die anderen zum früheren Kombinat gehörenden Betriebe bildeten konkurrenzfähige Kapitalgesellschaften mit zum Teil eigenem Vertriebssystem.

Das war anfangs auch besonders dringlich für die neugebildeten Unternehmen, denn quasi von einem Tag zum anderen hatte der Großhandel bei inländisch erzeugten Kosmetika (wie auch bei vielen anderen Konsumgütern) die Lieferverträge storniert. Man war somit gezwungen, selbst Absatzschienen zu organisieren und einen eigenen Außendienst aufzubauen. Und so belieferte noch vor GmbH-Gründung ab Februar 1990 vom Stammbetrieb aus ein "Beauty-Expreß" mit geleasten Fahrzeugen die Kunden.

Bemühungen, in die Listung von Handelsketten zu gelangen, waren nur bedingt erfolgreich. Zum einen konnte man bestimmten Anforderungen finanzieller Art, z.B. denen für Werbung, nicht in erforderlichem Umfang gerecht werden. Zum anderen war hinderlich, daß es sich um Treuhandbetriebe, sozusagen Kunden mit ungewisser Zukunft, handelte.

Im Gegensatz zu manch anderen Branchen hatte der frühere Stammbetrieb Berlin-Kosmetik eine offensive Strategie entwickelt. Von einer Frankfurter Unternehmensberatung ließ man sich die fachliche Richtung weisen.

Um rentabel arbeiten zu können, mußte die Mitarbeiterzahl von 1100 auf 750 reduziert werden. Zur Leipziger Messe im September 1990 war das stets erfolggewohnte Unternehmen mit einer neuen Serie präsent, die den vielversprechenden Namen "Rainbow" erhielt. Dieses Produkt fand bei Wettbewerbern Beachtung.

Christa Bertag, ehemalige Geschäftsführerin des Stammbetriebes dazu:"Rainbow wurde anfangs auch von Handelsketten gelistet. Das Echo war positiv. Auch Stiftung Warentest gab ein gutes Urteil ab. Aber leider hat das Produkt für uns nicht den gewünschten Erfolg gebracht, den wir erhofft hatten. Wenn man ein neues Produkt auf den Markt bringt, muß man werben. Uns gingen die Mittel dafür aus."

Man hoffte aber mit allen anderen Erzeugnissen, die nach dem Preis/Leistungsverhältnis als wettbewerbsfähig eingeschätzt wurden, daß der Anschluß an die Konkurrenz recht schnell gefunden werden könnte. Doch so einfach war das nicht.

Werbung als wichtiger Marketing-Faktor wurde in der ehemaligen DDR völlig vernachlässigt, man brauchte sie nicht, da es keine Konkurrenz gab. Der Geschäftsleitung von Berlin-Kosmetik war aber klar, daß man in Sachen Marketing nicht weiter mit gebremstem Schaum agieren durfte. Künftig sollten etwa 15 Prozent der Kosten für Werbung eingeplant werden. Zehn Mitarbeiter starteten von nun an Promotion-Aktionen in Kaufhäusern.

Der fast tödliche Verlust

Mehr als 30 Millionen Mark Umsatzvolumen konnte Berlin-Kosmetik im zweiten Halbjahr 1990 realisieren. Das Unternehmen hatte inzwischen einen eigenen Vertrieb mit 25 Außendienstmitarbeitern aufgebaut. Hinzu kam der Vertrieb für westdeutsche Firmenwie z.B. Wella. Lizenzprodukte französischer und deutscher Anbieter wurden in den Vertrieb aufgenommen.Trotz aller angelaufenen Vorhaben mußte das Unternehmen Ende 1990 rote Zahlen schreiben. Und im Geschäftsjahr 1991 wurde die Mitarbeiterzahl nochmals auf 350 reduziert.

Große Hoffnung setzte die Unternehmensführung auch weiterhin auf den bis

versteht sich die Berlin-Kosmetik GmbH an erster Stelle als Markenproduzent. Das hat die Praxis bestätigt, denn die in Ostdeutschland bekannten und einst beliebten Marken wie" Indra" und "Koivo" sind nach anfänglicher Abkehr der Kunden wieder gefragt. Sie will man neben dem neuen Produkt "Rainbow" weiter ausbauen. Und es wird an anderen neuen Produkten gearbeitet, um sich auf dem hiesigen Markt weiter zu etablieren.

An zweiter Stelle hält das Unternehmen daran fest, daß es *der* Ostexporteur war und es trotz derzeitiger Schwierigkeiten auch bleiben will. Man hat sich konzeptionell darauf eingestellt, daß die Analyse des osteuropäischen Marktes bestimmte Prämissen fordert. So z.B. müssen aufgrund der komplizierten finanziellen Situation und auch der Kaufkraftentwicklung in diesen Ländern vor allem Billigprodukte angeboten werden, was natürlich eine hohe Anforderung an die Kostenentwicklung des Betriebes bedeutet.

Des weiteren wird für bekannte Markenproduzenten Lohnarbeit vom Berliner Unternehmen realisiert. "Sie werden Lippenstifte für über 20 DM finden, die nach unseren Rezepturen produziert, allerdings unter anderem Namen verkauft werden. Wir übernehmen aber nicht nur schlechthin Lohnproduktion für andere Unternehmen, sondern entwickeln und produzieren gleichzeitig neue Produkte", blickt die ehemalige Geschäftsführerin in die Zukunft. Sie ver-

dahin beständigen UdSSR-Export. Im Jahre 1989 betrug das Exportvolumen des Stammbetriebes 92 Millionen Mark. Aufgrund von Zahlungsschwierigkeiten der Partner konnte Berlin-Kosmetik aber bisher noch keine festen Verträge abschließen. Dazu meint die ehemalige Geschäftsführerin: "Wenn ein Unternehmen von einem Tag zum anderen alle Märkte verliert, sowohl den angestammten heimischen als auch den Exportmarkt, ist das fast tödlich. Deshalb haben wir uns bemüht, den Markt im Osten zu erhalten. Zweimal bekamen wir eine Hermes-Bürgschaft. Beide Male konnten die Verträge nicht realisiert werden, weil es auf beiden Seiten Schwierigkeiten gab. Und Finanzierungsfragen sind natürlich entscheidend."

Nach Aussagen der Geschäftsführung

Kosmetik-Kombinat Berlin

weist dabei auf eine hochwertige Serie in schwarz-weißer Hülle, die von den Rezepturen und von der gesamten Produktion her für einen bestimmten Auftraggeber gefertigt wird.

Seit dem 1. Juli 1992 befand sich die Berlin-Kosmetik GmbH offiziell in Liquidation. Das war der nächste Schlag für das Unternehmen, denn wer will schon mit einem Betrieb zusammenarbeiten, der liquidiert wird, auch wenn zehnmal versichert wird, daß er nicht plattgemacht werden soll. Von der Treuhand bekam das Unternehmen Liquidationskredite für Investitionen. Konzepte wurden erarbeitet, die aufzeigen sollen, wo die Stärken des Kosmetikerzeugers liegen und wie diese marktgerecht umgesetzt werden können.

In der Phase der Liquidation wurde von der Treuhand entschieden, daß das Unternehmen saniert wird. Aus diesem Grunde wurden noch einmal Mittel für Investitionen bewilligt. Mit dem Beschluß zur Liquidation wurden beide Geschäftsführer der Kosmetik GmbH abgelöst. Als Liquidator wurde ein Rechtsanwalt aus Heidelberg eingesetzt, der die Funktion des Geschäftsführers ausübt.

Ein Investor aus Amerika

Und inzwischen gibt es einen amerikanischen Investor, der die Berlin-Kosmetik GmbH für 39 Millionen DM von der Treuhand gekauft hat. Er bringt nach Meinung der ehemaligen Geschäftsführung ein gutes Konzept für die weitere Entwicklung des Betriebes mit, und man hofft, daß speziell für Marketing und Vertrieb neue Ideen auf den Tisch des Kosmetikproduzenten kommen.

Die Mitarbeiterzahl wurde nochmals auf 95 Beschäftigte reduziert. Das sei keine Forderung des Investors, sondern nach genauen Kalkulationen - Betriebsgröße in Relation zum Umsatz gesehen - ein wirtschaft-

liches Erfordernis, versichert Christa Bertag.

Seit 1992 kann Berlin-Kosmetik wieder einen kontinuierlichen Anstieg im Umsatz verzeichnen. Und das nicht nur durch Exporte in ehemalige GUS-Staaten, sondern auch in andere osteuropäische Länder, in denen die Produkte der Berliner Kosmetik GmbH einen hohen Bekanntheitsgrad haben. Der prozentuale Absatz in diese Länder betrug für 1992 ca. 30 Prozent des Umsatzes

Wie wird die Zukunft des einst so erfolggewohnten Unternehmens aussehen?

Als großes Plus des Unternehmens wertet die ehemalige Geschäftsführerin von Berlin-Kosmetik das vorhandene Know-how bei der Entwicklung und Fertigung von kosmetischen Erzeugnissen. Neben einer starken Forschungs- und Entwicklungsabteilung ist am neubezogenen Standort in Berlin-Marzahn einer der modernsten Kosmetikbetriebe Westeuropas entstanden. Sowohl eine leistungsfähige Wasseraufbereitungsanlage, hocheffektive Technologien als auch eine eigene Abwasseraufbereitungsanlage sind hier vorhanden. Diese Kapazitäten könnten auch von anderen Firmen für Lohnaufträge genutzt werden, so die Vorstellung von Frau Bertag.

Im Januar 1993 wurden dann alle Teilbereiche, die bisher noch in acht anderen Bezirken Berlins ihren Sitz hatten, auf dem Gelände der Marzahner Produktionsstätte vereint. Langfristig sollen hier 250 Mitarbeiter beschäftigt werden.

Aus der Sicht der Treuhand sieht die Privatisierung der Betriebe des ehemaligen Kosmetik- Kombinates etwas anders aus. Hier die Einschätzung von Rosemarie Noack, Referentin der Treuhandanstalt, die die Betriebe über einen längeren Zeitraum begleitet hat: "Die Privatisierung der kosmetischen Industrie ist abgeschlossen und wir können sagen, daß keiner der zum früheren Kosmetik- Kombinat gehörenden Betriebe

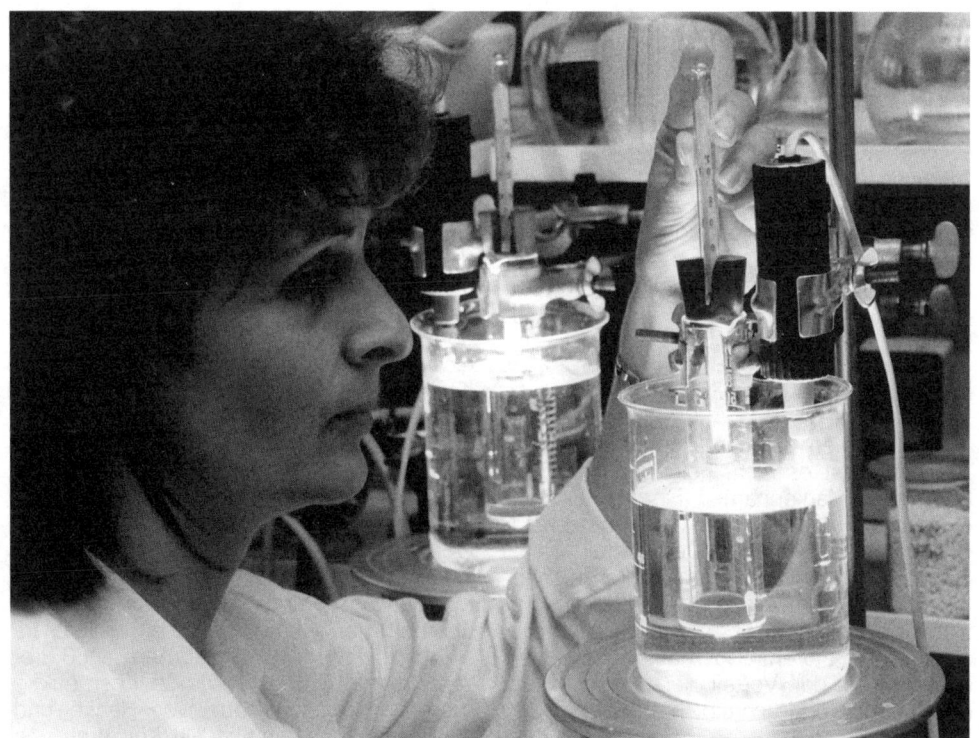

Im Labor von Berlin – Kosmetik in Altstralau

dichtmachen mußte. Es wurden zwar, um rentabel arbeiten zu können, die Mitarbeiterzahlen ganz drastisch reduziert, aber es gibt die Unternehmen in unterschiedlichster Form alle noch," so die Treuhand-Sachverständige, die selbst viele Jahre im Stammbetrieb des Kombinates tätig war.

Von der Anzahl der Beschäftigten her gehörte der frühere Stammbetrieb Berlin-Kosmetik mit seinen einstmals 1100 Angestellten zu den kleinsten Betrieben des großen Kombinates.

Größter Betrieb des Kosmetikkombinates war das Hydrierwerk Rodleben mit ca. 3000 Beschäftigten. Und im Vergleich zu den anderen Betrieben, die in der südlichen Region der ehemaligen DDR angesiedelt waren, muß gesagt werden, daß sich das Konzept des früheren Stammbetriebes als nicht richtig erwiesen hat. Da wurde z. B. viel Geld für die Entwicklung eines neuen Produktes aufgebraucht, das letztendlich eines unter vielen wurde. Denn es gibt 'zig gleichwertige oder gar bessere Produkte auf dem reichhaltig bestückten Kosmetikmarkt. Man hätte sich schließlich auf einen Verdrängungswettbewerb einlassen müssen, und das hätte nicht den gewünschten Erfolg gebracht. Obwohl Erfolg und schwarze Zahlen von einer Frankfurter Unternehmensberatung für Berlin-Kosmetik prognostiziert worden sind und für diese

Kosmetik-Kombinat Berlin

Prognose gewiß viel Geld kassiert wurde.

Deshalb wäre es besser gewesen, wenn sich Berlin-Kosmetik auf alteingeführte Namen gestützt hätte und das Geld, was für die Entwicklung der neuen Serie verwendet wurde, für die Werbung ihrer alten Markennamen ausgegeben hätte. Als sich zum Beispiel nach einiger Zeit herausstellte, daß "Rainbow" nicht so einschlägt wie gewünscht, hat die altbekannte Dekorativ-Kosmetikserie" Indra" das Unternehmen über Wasser gehalten, so die Einschätzung der Treuhand-Expertin.

Florena erhielt gute Pflege

Im Rahmen der damaligen Kombinatsausflösung ist es nicht gelungen, den gut bekannten Markennamen Florena für den ehemaligen Stammbetrieb weiter nutzen zu können. Er gehörte zum Betriebsteil Waldheim/Döbeln, auf den das Markenzeichen eingetragen war. Dieser Betrieb hat sich, als er in eine GmbH umgebildet wurde, auch sofort Florena Cosmetik GmbH genannt. Er hat den Vorteil dieses Markennames genutzt und schreibt heute schwarze Zahlen:

Im Jahre 1992 konnte die Florena Cosmetik GmbH, die als Management-Buy-Out von drei Ostdeutschen geführt wird, ihren Inlandsumsatz um rund 35 Prozent steigern. Gewiß waren dabei die schon zu DDR-Zeiten vertraglich abgesicherte Lohnfertigung für die Firma Beiersdorf und langfristige Kooperationsverträge mit Dralle ein gutes Standbein für die ersten eigenständigen Stehversuche des MBO. Nahezu alle deutschen Handels- und Drogerieketten haben die Körperpflegeprodukte aus Sachsen in ihre Warenlisten aufgenommen. Und neben einer so bekannten Marke wie Nivea hat Florena durchaus seine Marktberechtigung bewiesen. Mit dem sympathischen Slogan "Was sich liebt, das pflegt sich" preist das Unternehmen seine Produkte an.

Die Florena Cosmetik GmbH erreichte im Jahre 1992 mit seinen 200 Mitarbeitern rund 23 Millionen DM Umsatz. Und für 1993 erwartet das sächsische Unternehmen eine 40prozentige Umsatzsteigerung.

Nach Meinung der Treuhand-Betreuerin hätte der Stammbetrieb dafür sorgen müssen, daß für alle anderen Betriebe, die im Noname-Produktbereich gestanden haben, dieser Markenname erhalten bleibt. Aber es war natürlich schwierig, da sich die Betriebsteile des Mammut-Kombinates quasi über Nacht verselbständigt haben und sich einzeln beweisen wollten, ohne jegliche Kenntnis der bestehenden Marktmechanismen.

Ein wesentlich besseres Konzept als der Berliner Stammbetrieb besaß nach Ansicht der Treuhand die frühere Firma Aerosol-Automat Karl-Marx-Stadt mit Standort in Oberlichtenau. Oli-Kosmetik, so nannte er sich nach Umbildung in eine GmbH & Co KG, hatte sein Konzept, das vom Investor übernommen wurde, selbst entwickelt. Es sieht vor, daß das Unternehmen ca. 60 Prozent Lohnfertigung für große Kosmetikfirmen der Altbundesländer wie Henkel und Wella und für internationale Konzerne wie z.B. Elida Gibbs und l'Oreal machen werde. Hinzu kommt, daß man Image-Pflege der eigenen Produkte, so z.B. der Atoll-Deo-Serie und Soiree-Haarspray - bekannte Marken in Ostdeutschland - weiter betreibt. Die Oberlichtenauer haben sich ebenfalls nicht auf das Wagnis eines neuen Produktes eingelassen, sondern haben das Geld in die Verbesserung des Outfits ihrer Produkte gesteckt. Die Eigenproduktion dieses Unternehmens beträgt ca. 30 Prozent, der Rest ist Lohnarbeit.

Mit der Lohnfertigung kann sich der Betrieb über Wasser halten. Damit deckt er die Kosten. Und mit den eigenen Produkten wird ein kleiner Gewinn erwirtschaftet.

Alle 80 Arbeitskräfte (zu DDR-Zeiten waren es 300) wurden von Franz Temmen, einem Investor aus den alten Bundesländern übernommen. Er hat sowohl Oli-Kosmetik als auch Oli-Lacke, einen Nachbarbetrieb des Kosmetikherstellers gekauft. Investor Temmen, der aus der Möbellackbranche kommt, kaufte dem Alteigentümer die Rechte für den Betrieb Oli-Lacke ab. Da sich dieser Betrieb unmittelbar neben Oli-Kosmetik befindet, wurde das unternehme-rische Interesse des Investors auch für diese Branche geweckt. Er will künftig beide Unternehmen durch gemeinsame Logistik, einheitliche Abrechnung und gemeinsamen Einkauf miteinander verbinden.

Gute Verbindungen von Franz Temmen zu Möbelproduzenten und alte Kontakte von Oli-Kosmetik ließen auf interessante Bartergeschäfte mit GUS-Partnern hoffen,

---

Übersicht über die Betriebe des früheren Kosmetik-Kombinates Berlin

Beko - Berlin-Kosmetik - früherer Stammbetrieb des Kombinates
jetzt: Berlin-Kosmetik GmbH.
Ist von einem amerikanischen Investor aus
der Abwicklung heraus privatisiert worden.

DHW - Deutsches Hydrierwerk Rodleben
jetzt: Deutsches Hydrierwerk Rodleben GmbH
Investor ist die deutsche Tochter eines ausländischen
Unternehmens
früherer Betriebsteil:- Zitza -wurde privatisiert

Betrieb Gerana
durch MBO privatisiert

CWM - Chemisches Werk Miltitz
jetzt: DAK - Duft-und Aroma- Komposition Miltitz
Privatisierung steht bisher noch offen
frühere Betriebsteile: - Patina Halle -privatisiert
(zu Quelle)
Londa Rothenkirchen (zu Wella)
Waldheim/Döbeln - jetzt Florena Cosmetik GmbH

AAK - Aerosol-Automat Karl-Marx-Stadt
jetzt: Oli-Kosmetik GmbH & Co KG - deutscher Investor

Elbe-Chemie Dresden
jetzt: Dental-Kosmetik GmbH.
Seit September 1992 reprivatisiert.

PO - Plasta Oederan
jetzt: EHO - GmbH Oederan - deutscher Investor

IBR - Ingenieurbüro für Rationalisierung Karl-Marx-Stadt
jetzt: aufgeteilt in 3 Gesellschaften

Mewa - Metallwerk Wasungen
jetzt: Metallwerk Wasungen GmbH -
österreichischer Investor

Kosmetik-Kombinat Berlin

die aber an fehlenden Ausfuhrgenehmigungen scheiterten.

Die Umsatzzahlen bestätigen das gute Konzept des Unternehmens: Im Jahre 1991 wurden für 17 Millionen Mark Kosmetikartikel umgesetzt und das Geschäftsjahr 1992 mit einer Umsatzsteigerung auf 21,5 Millionen DM beendet werden. Aufgrund der großen Nachfrage nach einheimischen Produkten wurde für 1993 ein Verhältnis von 50 % Lohnproduktion zu 50 % eigenen Erzeugnissen geplant. Von dieser Strategie verspricht man sich ein etwa gleichbleibendes Umsatzergebnis.

Sehr erfolgreich behaupten sich auch kleinere Unternehmen wie z.B. der frühere Betriebsteil Patina in Halle. Der Hersteller von Cremes, Emulsionen und Lotionen gehört nach erfolgter Privatisierung zu einer Tochter des großen Quelle-Konzerns (Firma Dressin). Dieser Partner bietet Patina, fürdessen bedürftigen Gebäudezustand größere Investitionen nötig geworden waren, eine sehr gute Perspektive, zumal er mit seinem Sanierungskonzept auch gute Ideen für Marketing, Logistik und Vertrieb mitgebracht hat. Das kleine Hallenser Unternehmen, in dem zu DDR-Zeiten 120 Leute beschäftigt waren, verfügt jetzt über 45 feste Arbeitsplätze und beliefert mit seinen Produkten, die ein neues Outfit erhalten haben, den gesamten Warenhauskonzern.

Haarpflegemittelhersteller Londa in Rothenkirchen, ebenfalls ein kleiner Betrieb, der dank des potenten Partners Wella seit langem schwarze Zahlen schreibt, steht nach Aussagen von Rosemarie Noack im Vergleich zu den anderen Kombinatsbetrieben mit am besten da. Bei der Wella-Tochtergesellschaft sind 250 Mitarbeiter beschäftigt. Seit 1989 mußte hier kaum ein Arbeitsplatz abgebaut werden. Im Geschäftsjahr 1992 erreichte die Londa Haarkosmetik GmbH einen Umsatz von 46 Millionen DM. Für 1993 erwartet das Unternehmen ein Ergebnis von etwa 50 Millionen. Beide kleinen Unternehmen - Patina und Londa - gehörten einst zum Chemischen Werk Miltitz, dem früher drittgrößten Betrieb des Kosmetik-Kombinates.

Zur Zeit steht das DAK (Duft- und Aroma-Komposition Miltitz), so der jetzige Name, dessen Privatisierung noch offen ist, in Verhandlung mit Investoren. Nach Meinung der Treuhand-Sachverständigen stehen auch für diesen Betrieb, in dem Geschmacksstoffe, Backaromen und Parfüms produziert werden, die Chancen nicht schlecht.

Vereinigung Interhotel

Odyssee einer Hotelkette

Von DAGMAR LEMBKE

- ■ **Gastlichkeit à la DDR**

- ■ **Das Steigenberger Intermezzo**

- ■ **Bestandsaufnahme**

- ■ **Klingbeil gewinnt den Endspurt**

- ■ **Ein Jahr später**

- ■ **Management-Buy-Out –
  Eine Frau kauft "ihr" Hotel**

Zu den spektakulärsten Ergebnissen der Arbeit der Treuhandanstalt zählt zweifellos die Veräußerung der Interhotel-Gruppe. Der Weg des Hotelunternehmens in den letzten drei Jahren ist ein Beispiel für aktives Handeln der Führungskräfte vor der Wirtschafts- und Währungsunion, sowie für eine spezifische Vorgehensweise der Treuhandanstalt bei der Privatisierung ehemaliger DDR-Kombinate.

Gastlichkeit à la DDR

Am ersten Januar 1965 wurde die Vereinigung Interhotel DDR Generaldirektion, kurz VE Interhotel genannt, gegründet. Diese faßte alle auf dem Gebiet der ehemaligen DDR gelegenen größeren Hotels gehobenen Standards zusammen. Das Entstehen der Interhotel-Kette ordnet sich in die Gesamtentwicklung der DDR-Wirtschaft ein, größere Wirtschaftseinheiten zu bilden. Im gleichen Zeitraum 1965 - 1968 entstanden weitere größere Handelsorganisationen wie die Zentrum Warenhäuser oder der damalige Versandhandel.

Die VE Interhotel arbeitete als Dachorganisation einer Reihe von Volkseigenen Betrieben, die jeweils ein oder mehrere Hotels führten. Im Wesentlichen entstanden in den drei Jahrzehnten Existenz des "Hotelkombinates" neue Häuser. In allen Bezirksstädten gebaut, wuchs die Zahl bis Anfang der Neunziger Jahre auf 35 Hotels, davon allein sieben in Berlin. Nur wenige Hotels schauen auf eine längere Tradition zurück wie das legendäre Hotel Elephant in Weimar, in dem schon Johann Wolfgang Goethe Quartier nahm, oder der Erfurter Hof und das Hotel Astoria in Leipzig, die bereits in den zwanziger Jahren als Hotelbetriebe geführt wurden.

Auf die Standortwahl bei Neubauten hatte die VE Interhotel keinen Einfluß. Da sich diese gut in die städtebauliche Planung einordnen ließen, wurden sie meist direkt in der City errichtet. Heute werden die Standorte als absolute Toplagen gehandelt. Eine Ausnahme bildet das Hotel Panorama in Oberhof. Dieses wurde außerhalb des Thüringer Gebirgsstädtchens gebaut. Man munkelt, Herr Ulbricht wählte diesen Platz persönlich aus, weil er in der Nähe eine Datsche hatte.

Eine Besonderheit bei Hotelneubauten war, daß die späteren Direktoren zugleich Bauleiter waren. Von der Grundsteinlegung bis zur Eröffnung sahen sie als jeweilige Leiter der Arbeitsgruppe das Haus entstehen und konnten ihre Auffassungen einbringen. Somit entstand eine feste Bindung und eine starke Identifikation mit "ihren Hotels".

Planwirtschaftlich ausgerichtet, hatte Interhotel ganz charakteristische Aufgaben.

Vereinigung Interhotel

Die primäre war, dem Bedarf an Hotelbetten im Land gerecht zu werden. Doch nicht so sehr der Urlauber aus dem eigenen Land sollte untergebracht werden. Der konnte aufgrund einer Sonderreglung zwischen Interhotel und dem Freien Deutschen Gewerkschaftsbund nur in wenigen Häusern seinen Urlaub verbringen, beispielsweise im Oberhofer Panorama , das zu 80 Prozent FDGB-Urlauber aufnahm. Vielmehr beherbergten die Interhotels ausländische Gäste, Delegationen aus den sozialistischen Ländern, zunehmend Geschäftsreisende und Reisegruppen aus dem westlichen Ausland.

Der Osttourismus war dabei ein wahrhaft lukratives Geschäft. Typische Touristenhotels, so ihre Bezeichnung, waren das Hotel Berolina in Berlin, das Hotel Stadt Berlin, das Newa in Dresden und das Kongreß in Chemnitz. Sie beherbergten fast ausschließlich Reisegruppen aus Osteuropa. Die auf diese Zielgruppe ausgerichteten Hotels hatten über Jahre hinweg eine fast 90prozentige Auslastung der Bettenkapazitäten, eine Größe, bei der so manchem Hotelier heute schwindlig wird.

In den siebziger Jahren, der Phase der weltweiten Entspannung und Anerkennung der DDR, nahm auch der Reise- und Geschäftsverkehr aus westlichen Ländern zu. Aus dieser Entwicklung heraus entstanden zahlreiche neue Hotels an Orten wie Berlin, Dresden und Leipzig. Diese wurden als Valutahotels - Devisenerwirtschaftung war mittlerweile erklärtes wirtschaftliches Ziel - konzipiert. In der Regel entwickelten und errichteten bundesdeutsche, schwedische und japanische Architekten und Bauunternehmen wie Kajima Corporation und SIAB die Valutahotels, zu denen folgende gehörten:

Grand Hotel, Palasthotel, Domhotel, Hotel Krone, Hotel Metropol in Berlin
Hotel Dresdener Hof, Hotel Bellevue in Dresden
Hotel Merkur in Leipzig
Hotel Belvedere in Weimar.

In erster Linie standen sie westlichen Privat- und Geschäftsreisenden offen. Verfügten diese doch über das gefragte "harte" Kleingeld im Geldbeutel. Nur wenigen priviligierten Schichten der DDR, die in Valuten bezahlen konnten, waren die Valutahotels im Sinne von Übernachtungsmöglichkeiten zugänglich. Ausnahmen bildeten, wenn zu Parteitagen und anderen politischen Veranstaltungen Delegierte und Besucher aus dem Inland untergebracht werden mußten.

Den Hotels kamen ferner Prestigeaufgaben zu. Interhotels waren Repräsentationsobjekte, sollten sie doch ein Stück Leistungskraft der "entwickelten sozialistischen Gesellschaft" dokumentieren.

Aber gerade in den 80er Jahren sahen viele DDR-Bürger diese Entwicklung distanziert. Die Diskrepanz zur grauen Eintönigkeit mancher Arbeiterwohnviertel war nicht zu übersehen. Interhotels waren eine "Klasse für sich", als Unternehmen wohlbehütet und abgeschottet. Ausgenommen die gastronomischen Einrichtungen, die die Einheimischen stark frequentierten. Die Interhotels übernahmen in der Gastronomie eine wichtige Rolle. Entsprechende Einrichtungen der Hotels, die aus westlicher Sicht überdimensioniert erschienen, hatten keine Probleme, ihre Plätze zu füllen. Vorrangig DDR-Bürger besuchten die Cafes, Bars oder Restaurants in den Hotels. Regionale und internationale Cuisine war gefragt, Platzreservierungen und Wartezeiten Gang und Gebe. Grund dafür: Gastronomiebetriebe für höhere Ansprüche fehlten weitgehend. Und viele DDR-Bürger konnten es sich leisten, die Preise waren angemessen, dort regelmäßig essen zu gehen. In jedem Interhotel fand der Gast außerdem einen Intershop, der westliche Waren gegen Hartwährung feilbot.

VE Interhotel wurde zentral geleitet. Un-

Die Interhotels			
Horel	Ort	Eröffnung	Übernahme in die Vereinigung Interhotel
Warnow	Rostock	01.07.1967	
Potsdam	Potsdam	01.05.1965	
International	Magdeburg	27.07.1963	01.01.1965
Stadt Halle	Halle	01.01.1966	
Erfurter Hof	Erfurt	1920	01.01.1965
Kosmos	Erfurt	01.04.1980	
Elephant	Weimar	urkundl. 1696	21.12.1966
Belvedere	Weimar	1991	
Gera	Gera	03.10.1967	
Thüringen Tourist	Suhl	30.09.1965	
Panorama	Oberhof	07.10. 1969	
International	Jena	?	01.01.1965
Newa	Dresden	01.10.1970	
Lilienstein	Dresden	07.10.1969	
Königsstein	Dresden	01.09.1969	
Bastei	Dresden	07.10.1969	
Bellevue	Dresden	13.02.1985	
Astoria	Dresden	?	01.01.1965
Motel	Dresden	01.04.1967	
Dresdener Hof	Dresden	1989	
Astoria	Leipzig	05.12.1915	01.01.165
Stadt Leipzig	Leipzig	01.02.1965	
Deutschland	Leipzig	20.02.1965	
International	Leipzig	15.11.1889	01.01.1972
Merkur	Leipzig	01.03.1981	
Chemnitzer Hof	Chemnitz	07.10.1930	01.01.1965
Moskau	Chemnitz	15.02.1962	01.01.1965
Kongreß	Chemnitz	10.02.1974	
Berolina	Berlin	18.04.1964	01.01.1965
Stadt Berlin	Berlin	06.10.1970	
Metropol	Berlin	19.04.1977	
Unter den Linden	Berlin	11.06.1966	
Palasthotel	Berlin	01.06.1979	
Grand Hotel	Berlin	01.05.1987	
Domhotel	Berlin	1990	Quelle:
Vier Tore	Neubrandenburg	15.12.1972	Deutsche Interhotel AG

Vereinigung Interhotel

terstellt war es zum einen dem Ministerium für Handel und Versorgung und zum anderen der Kommerziellen Koordinierung, angesiedelt im Außenhandelsministerium, wenn es um Außenhandelsgeschäfte ging. Der Sitz der Generaldirektion an der Simplonstraße am S-Bahnhof Ostkreuz in Ostberlin dokumentierte Bescheidenheit. Arbeitete der Verwaltungsapparat doch mit seinen rund 250 Beschäftigten in Baracken. Ein Interhotel-Gebäude zu bauen, scheiterte letztlich an einem Ministerratsbeschluß aus den 70er Jahren, keine Verwaltungsgebäude mehr zu errichten. Erst in den Achtzigern bezog man angemessene Räumlichkeiten am Grand Hotel.

Die Generaldirektion war - wie die einzelnen Hotels - nach Bereichen strukturiert in kaufmännische Direktion, Hauptbuchhaltung, Leistungen und Absatz, Tourismus, Kader und Bildung sowie Rationalisierung und Technik.

Der Generaldirektion kam die komplexe Leitung, Bilanzierung und Vorbereitung der Hotelgeschäfte zu. Das klang hochtrabend, war aber in Wirklichkeit häufig nebensächliche Administration.

Auch im Planungsprozeß spielte die Generaldirektion die zweite Geige. Die staatliche Planaufgabe, die verschiedene Kennziffern und Vorgaben für die VE Interhotel zusammenfaßte, mußte auf die einzelnen Hotels aufgesplittet und an diese weitergegeben werden. Nach drei bis fünfmonatiger Plandiskussion in den einzelnen Hotels wurden die Ergebnisse als Planangebot an das Ministerium für Handel und Versorgung weitergeleitet. Schließlich erteilte die höhere Instanz, die staatliche Auflage, in der verbindlich Nettogewinne, Erlöse, Kosten und Arbeitskräfte, aber auch Investitionskennziffern für Bau und Ausrüstung festgelegt wurden. Jedes Interhotel hatte daneben einen Valutaplan, der Einnahmen und Ausgaben in DM festlegte. Darüber hinaus war die Generaldirektion Bilanzierungsorgan für

materielle Güter, stellte das Know-how z.B. bei der Ausgestaltung von Restaurants zur Verfügung, legte Qualitätsstandards und Rezepturen fest. Die Hotels mußten den Plan erfüllen und mit den bilanzierten Mitteln den Hotelbetrieb gewährleisten, oftmals eine nicht ganz einfache Aufgabe. Beispielsweise fehlten jedes Jahr Reparaturfonds. Bei der Vergabe bevorzugte die Generaldirektion die am meisten frequentierten Hotels. Die anderen mußten von Zeit zu Zeit "zaubern". Doch schufen die Hotels untereinander kurzfristig Abhilfe, wenn notwendige Reparaturen an Fehlplanungen zu scheitern drohten. In der Beziehung erinnern sich "alte Interhotelhasen" gern eines ausgeprägten Familiensinns in der Hotelszene.

Nicht nur die Generaldirektion, auch die Verwaltung sowie die Technik- und Gastronomiebereiche in den Hotels waren nicht unterbesetzt. Mit den Intershopangestellten beschäftigte die Interhotel-Kette 14 500 Mitarbeiter. Die meisten verfügten, im Vergleich zu westlichen Hotels, über einen beruflichen Abschluß. Vom Empfangschef bis zum Zimmermädchen waren fast alle geschult. Die Tätigkeiten in den Interhotels waren sehr gefragt.

Ein Kapitel für sich waren die Preise, die zentral vorgegeben wurden. Gäste aus dem Ausland, egal ob aus dem "SW" (Sozialistisches Wirtschaftssystem) oder "NSW" (Nichtsozialistisches Wirtschaftssystem), zahlten grundsätzlich doppelt soviel wie der DDR-Reisende, wobei für Gäste aus dem westlichen Ausland Valutazwang bestand. Dennoch lag die DDR im Preisniveau der Hotelzimmer auf einer international vergleichbaren Höhe.

Das Steigenberger Intermezzo

Als 1989 die Grenzen geöffnet wurden, ergab sich für die Interhotel-Kette eine völlig neue Situation. Erstmals trafen die Inter-

30 Jahre Interhotel in Zahlen			
Kapazitätsentwicklung			
Jahr	Zimmer	Betten	Gaststättenplätze
1965	1859	3105	5769
1970	5029	8647	9084
1987	9737	16 869	23 220
1991	ca. 10500		

Umsatzentwicklung in Millionen Mark der DDR		
	Umsatz aus	
Jahr	Beherbergung	Gastronomie
1965	15	46
1989	330	476
Quelle: Deutsche Interhotel AG		

hotels - insbesondere in Berlin - auf unmittelbare Konkurrenz. Die Direktion und die Führungskräfte in den Hotels reagierten sofort. Die Interhotels wurden mit westlichen Häusern verglichen. Ferner führte das ostdeutsche Hotelunternehmen Gespräche mit dem Management von der anderen Seite, unter anderem mit Kempinski. Hellmuth Fröhlich, der rund zwei Jahrzehnte in Diensten von Interhotel stand, 1987 als Chef des neuen Grand Hotels in Berlin, trat Anfang 1990 an die Spitze des "Hotelkombinates". Er besaß aus damaliger Sicht die nötige Sachkenntnis und Forschheit, um das Unternehmen zusammenzuhalten. Fühlten sich doch einige Hotelchefs nicht mehr an Weisungen von oben gebunden und versuchten die Geschicke selbst in die Hand zu nehmen. Jedoch Alleingänge der Hotels hätten 1990 das Ende der Interhotel-Kette bedeutet. So hat Hellmuth Fröhlich auf den Zusammenhalt gedrungen und schnell die Umwandlung des Hotelkombinats in eine Kapitalgesellschaft durchgedrückt.

Im April 1990 wurde die VE Interhotel in die Interhotel AG und die ihr zugeordneten Hotels in 26 Gesellschaften mit beschränkter Haftung ("Hotel-GmbH") umgewandelt. Das gesamte Aktienkapital der Interhotel AG verwaltete von nun an die Treuhandanstalt, die im März 1990 ihre Tätigkeit aufnahm.

Die "neue"Interhotel AG war eine Holdinggesellschaft, die alle Geschäftsanteile an den 26 Hotel-GmbH`s hielt. Einer Hotel-GmbH waren meist eines oder mehrere der 35 Hotels zugeordnet. Die Travel Service Interhotel GmbH ("TSI"), eine 100 prozentige Tochtergesellschaft der Interhotel AG, entstand im April 1990 aus dem ehemaligen VEB Travel Service Interhotel DDR. Dieser VEB, 1987 gegründet, vermarktete die Interhotels im westlichen Ausland. Nach der Umwandlung arbeitete TSI als Veranstalter für Gruppen- und Individualreisen.

Die Interhotel Planbau GmbH, an deren Kapital die AG mit 51 Prozent beteiligt war, arbeitete Pläne für Neubauten aller Art aus und befaßte sich mit der Umgestaltung, Instandhaltung und Instandsetzung bereits bestehender Gebäude und Anlagen.

Der Hotelakademie Berlin, die 1990 ge-

Vereinigung Interhotel

gründet wurde und an der Interhotel mit 40 Prozent beteiligt war, kamen Aufgaben der Aus- und Weiterbildung von Hotelpersonal hinzu.

Seit September 1990 war die Hotel Bellevue GmbH Dresden mit 90 Prozent Anteilen an der neugegründeten Kreuzfahrtgesellschaft mbH beteiligt. Und schließlich war Interhotel alleinige Gesellschafterin der Casino Berlin GmbH, einer im Juni 1990 gegründeten Gesellschaft und Eigentümerin der Gewerbeimmobilie an der Ecke Friedrichstraße/Leipziger Straße in Berlin.

Hellmuth Fröhlich, alleiniger Vorstand, setzte im Unternehmen auf eine straffe Organisation und auf ein gemeinsames Vorgehen. Wie gehabt, wurde das weitere Geschehen zentral geplant und durchgesetzt. Als erstes schmolz die Struktur der ehemaligen Generaldirektion auf fünf Bereiche: Finanzen, Marketing und Verkauf, Personal, Entwicklung und Zentraleinkauf.

Die Holding konzentrierte sich vor allem auf den ökonomischen Bereich. Dementsprechend wurde das Rechnungswesen auf marktwirtschaftliche Kriterien umgestellt.

Parallel zur Umstrukturierung baute die AG unnötige Stellen auf allen Ebenen ab, sowohl in der Holding als auch in den Hotels. Der Interhotel-Chef holte außerdem ein Beraterteam ins Haus, das das Hotelunternehmen nach westlichem Maßstab durchgecheckt, positioniert und den weiteren Weg prognostiziert hat. Die Prognosen waren mitunter vernichtend. Doch Fröhlich sah die Entwicklung nicht so dramatisch und griff lediglich die strategischen Tips der Berater auf.

Die Hotels mußten als erstes reorganisiert und rekonstruiert werden. Innerhalb von zwei Jahren hat man alle Zimmer nicht nur renoviert, sondern rekonstruiert. Vor allem die Bäder wurden auf einen internationalen Standard gebracht. Auch die technische Peripherie, im kaufmännischen und

Empfangsbereich, wurde im Laufe der Zeit modernisiert. Alle Häuser erhielten Computer sowie neue Telefonanlagen.

Daneben mußte Interhotel konsequent Personal abbauen. Schwerpunkte setzte die Leitung im technischen, im Verwaltungs- und Gastronomiebereich. Es wurde ein Sozialplan entwickelt. Mitarbeiter wurden umgesetzt, andere umgeschult und weitergebildet, etliche gingen in den Vorruhestand und in die Altersrente. Doch etliche Interhotel-Mitarbeiter blieben auf der Strecke, besonders Frauen in mittleren Jahren, die jahrzehntelang in der Verwaltung tätig waren. Den entlassenen Mitarbeitern gab Interhotel jedoch vergleichsweise hohe Entschädigungen mit auf den Weg.

Fröhlichs Konzept sah weiterhin vor, Interhotel en bloc an einen westlichen Partner zu verpachten. Die Gründung der Steigenberger Interhotel GmbH am 19. Juli 1990 war das Resultat monatelanger Verhandlungen zwischen der Deutschen Interhotel AG und der Steigenberger Hotels AG, die in folgenden Etappen von Dezember 1989 bis Juli 1990 verliefen:

- Erarbeitung eines gemeinsamen Positionspapieres
- Konzept für eine strategische Allianz zwischen Interhotel und Steigenberger
- Vorbereitung und Abschluß eines Konsortialvertrages und Gründung der Steigenberger Interhotel GmbH
- Abschluß von Pachtverträgen zwischen der Steigenberger Interhotel GmbH und den Hotel GmbH's der Interhotel AG

Ziel der neu gegründeten Gesellschaft war es, die Hotels gemeinsam zu betreiben. Vor allem sollte das westliche Knowhow schnellstmöglich wirksam werden. Das bezog sich auf den Gebrauch des Reservierungs- und Verkaufssystems, der Anwendung einheitlicher Computersysteme, die gemeinsame Aus- und Weiterbildung sowie die Nutzung betriebswirtschaftlicher

Erfahrungen des westdeutschen Hotelunternehmens.

Darüber hinaus war die Gründung der Steigenberger Interhotel GmbH eine "Blitzreaktion" auf eine Aussage des damaligen Treuhandchefs, Detlev Carsten Rohwedder, in der Nachrichtensendung der "Aktuellen Kamera", das Monopol Interhotel müsse zerschlagen und an mehrere Interessenten verkauft werden. Die Interhoteliers waren verschreckt. Über Nacht wurden die Verträge mit Steigenberger unterschrieben. Zwei Mitarbeiter der Treuhand segneten den Vertrag ab, ohne jedoch die nötigen Vollmachten zu besitzen.

Der Treuhandchef wendete sich energisch gegen den Vertrag. So blieb der mit großem Aufwand der Öffentlichkeit vorgestellte Vertrag nur kurze Zeit unangefochten. Der vereinbarte Zins, der vier Prozent des Netto-Gastronomieumsatzes und sechs Prozent des Netto-Logieumsatzes betrug, war der Treuhand erheblich zu niedrig. Ein Gutachten einige Zeit später ergab, 14 - 17 Prozent wären entsprechend der Qualität der Häuser angemessen gewesen. Die mit Steigenberger abgeschlossenen Verträge griffen außerdem nach Aussagen der Treuhand derart in die Struktur des Unternehmens ein, daß die Zustimmung des Aktionärs - Treuhand - notwendig gewesen wäre. Die Satzung hätte geändert werden oder ein Eintrag in das Handelsregister erfolgen müssen, da sich der Geschäftszweck der Deutschen Interhotel AG ändert - nämlich Verpachten statt Betreiben. Die Verträge konnten nur von dem Interhotel-Chef selbst rückgängig gemacht werden. Fröhlichs Fall war besiegelt. Auch Rettungsversuche aus den eigenen Reihen halfen ihm nicht.

Bestandsaufnahme

Zeitgleich mit der deutschen Vereinigung im Oktober 1990 wurde Dr. Ralf Corsten durch Beschluß des Aufsichtsrates zum Vorstandsvorsitzenden der Deutschen Interhotel AG bestellt. Der promovierte Jurist hatte viele internationale Erfahrungen in Management und Beratung von Hotelunternehmen. Seit 1972 ist er Gesellschafter der Continental Hotel Consultants GmbH, München.

Seine erste Amtshandlung war, die Vereinbarungen mit Steigenberger nicht anzuerkennen. Die Pachtverträge wurden nicht vollzogen. Doch das renommierte westdeutsche Hotelunternehmen bestand auf den vertraglichen Vereinbarungen. Die Anwälte hatten einige Monate mit der Angelegenheit zu tun. Beendet wurde der Streitfall schließlich im Sommer 1991 mit der Ablehnung der Klage der Steigenberger Hotels AG vom Berliner Landgericht .

Dr. Corsten hatte keinen einfachen Start. Doch der neue Interhotelchef verstand es, sich in die Problematik hineinzuversetzen und ging mit strenger, aber auch behutsamer Hand vor. Er hatte sich einen Fahrplan zurechtgelegt, der Schritt für Schritt abgearbeitet wurde: Bestandsaufnahme, Stopp unwirtschaftlicher Projekte und schließlich Verhandlungsführung mit möglichen Kaufinteressenten. Die Deutsche Interhotel AG besaß zum Zeitpunkt des Amtsantritts des westdeutschen Managers 35 Hotels mit 10 500 Zimmern und beschäftigte etwa 12 000 Mitarbeiter.

Die Interhotel-Kette stellte nach wie vor den größten Teil der Hotelkapazitäten gehobenen Anspruchs in den neuen Bundesländern. Die Größe der Interhotels variierte von knapp über 100 Zimmer im Hotel Elephant in Weimar bis zu 980 Zimmern im Hotel Stadt Berlin. Die durchschnittliche Zimmerzahl der Interhotels lag bei über 300 Zimmern.

Mit Beginn der Wirtschafts- und Währungsunion wurde die Unterscheidung in Valuta- und Touristenhotels hinfällig. Das Gästeprofil in den sogenannten Touristen-

Vereinigung Interhotel

| **Klassifizierung der Hotels** | | | | |
| LUXUS | FIRST CLASS | | | |
5-STERNE	4-STERNE		3-STERNE	
Grand Hotel Berlin	Domhotel	Berlin	Hotel Stadt Berlin	Berlin
	Metropol	Berlin	Hotel Krone	Berlin
	Palasthotel	Berlin	Astoria	Leipzig
	Bellevue	Dresden	Stadt Leipzig	Leipzig
	Dresdener Hof	Dresden	Thüringen Tourist	Suhl
	Merkur	Leipzig	Hotel Potsdam	Potsdam
	Belvedere	Weimar	Panorama	Oberhof
			Chemnitzer Hof	Chemnitz
			Kongreß	Chemnitz
			Elephant	Weimar
			Erfurter Hof	Erfurt
			Stadt Halle	Halle
			Unter den Linden	Berlin
			Newa	Dresden
			Deutschland	Leipzig
			International	Magdeburg
			Hotel Gera	Gera
			Warnow	Rostock

Quelle: Deutsche Interhotel AG (1991)

hotels änderte sich grundlegend. Reisegruppen aus den östlichen Ländern blieben wegen Devisenmangels aus, wurden durch Geschäftsreisende und teilweise Touristen aus dem westlichen Ausland ersetzt.

Der Hotelmarkt in den neuen Bundesländern war durch ein sehr geringes Bettenangebot im Verhältnis zur Nachfrage gekennzeichnet. Die Interhotels hatten Wettbewerbsvorteile aufgrund ihres dominierenden Marktanteils - 25 Prozent des gesamten Zimmerangebots von Hotels, Gasthöfen und Pensionen in den neuen Bundesländern. Die Präsenz der Interhotels in erstklassigen Citylagen ließ die Interhotels zum nahezu exklusiven Anbieter von Hotelleistungen, insbesondere für vollzahlende Ge-

schäftsleute werden. Und zum anderen ermöglichte die Betriebsgröße und Ausstattung der Häuser, ungeachtet des Reparaturbedarfs, eine Angebotsbreite und -vielfalt, die der kleinerer Hotels überlegen war. Diese Position wirkte sich auch positiv auf die Preise aus. Die AG konnte in ihrem Markt eine Hochpreispolitik durchsetzen.

Die Interhotel-Gruppe umfaßt Hotels aller Kategorien, Häuser mit bescheidener Ausstattung ebenso wie Mittelklasse-, First-Class-Hotels sowie ein Fünf-Sterne-Hotel .

Einbrüche erlitt der Hotelkonzern im Gastronomiegeschäft. Das Verhalten ostdeutscher Verbraucher hatte sich radikal verändert. Einkommensverhältnisse waren unge-

Die weltweit 25 größten Hotelketten und deren Stellung in West-Europa
- geordnet nach Zimmerzahl -

Rang	Name	Hauptsitz	Anzahl der Hotels	Anzahl der Zimmer weltweit	Westeuropa
1	Accor	Frankreich	779	88 204	69 171
2	Best Western	USA	3 443	264 338	64 589
3	Club Méditerranée	Frankreich	248	58 391	39 595
4	Sol Group	Spanien	140	35 944	35 444
5	Trusthouse Forte	Großbritannien	786	71 377	34 215
6	Gruppo Hotels Unidos	Spanien	147	27 200	25 812
7	Golden Tulip	Niederlande	280	56 805	24 892
8	Wagons-Lits	Belgien	238	29 186	19 691
9	Queens Moat Houses	Großbritannien	155	16 949	16 949
10	Hilton International	Großbritannien	117	43 123	15 552
11	Mount Charlotte	Großbritannien	101	13 469	13 469
12	Inter-Continental	Japan	109	41 356	13 121
13	Holiday Inn	Großbritannien	1 822	318 574	12 797
14	Consort	Großbritannien	233	13 133	11 351
15	Scandic Hotels	Schweden	79	10 522	10 522
16	Deutsche Interhotel AG	Deutschland	34	9 951	9 951
17	Iberotel	Spanien	36	9 800	9 800
18	Sheraton	USA	478	139 008	8 686
19	BTH	Großbritannien	91	8 410	8 669
20	Sara	Schweden	39	8 491	6 579
21	Ramada	USA	598	107 599	5 678
22	Jolly	Italien	33	5 600	5 600
23	SAS International	Norwegen	22	4 954	4 738
24	Penta	Deutschland	13	6 666	4 566
25	Dorint	Deutschland	35	4 432	4 432

Nach Autorenrecherchen

wiß. Hinzu kam, daß in vielen Städten neue Restaurants, Cafes und Bistros entstanden. Das Konferenz- und Tagungsgeschäft der Interhotel-Gruppe wurde bisher nicht systematisch betrieben. Doch mit zunehmenden wirtschaftlichen Aktivitäten in den neuen Bundesländern belebte sich die Nachfrage deutlich. Während in allen großen Hotels bereits moderne Konferenzeinrichtungen mit der notwendigen Technik in Form von Projektoren, Leinwänden, Verstärkern und teilweise Simultanübersetzungsanlagen vorhanden waren, mußte in anderen Interhotels schnell reagiert und nachgerüstet werden. Ferner stattete die Firma Siemens-Nixdorf sämtliche Hotels bis zum Halbjahr 1991 mit EDV-Anlagen und der entsprechenden Software für Reservierung, Rechnungsstellung und Back-Office-Aufgaben aus.

Seit der Wirtschafts- und Währungsunion wurde auch gezielt der Marketingbereich ausgebaut. Verkaufsbüros in den Hotels öffneten ihre Pforten. Spezielle Marketingprogramme auf Betriebsebene kamen hinzu. Nur das zentrale Marketing steckte noch in den Kinderschuhen.

Der Wareneinkauf erfolgte früher über die Hotels. Die Senkung der Wareneinsatzkosten war nicht Zielsetzung des Einkaufs. Die Preise im früheren Wirtschaftssystem wurden zentral bestimmt. Die Betriebe deckten sich mit den benötigten, doch meist knappen Waren weit über den Bedarf

Vereinigung Interhotel

hinaus ein. Das führte zu hoher Vorratshaltung und überdimensionierten Lagerflächen. Nach dem Sommer 1990 bestellten die Hotels oft falsche Mengen oder zahlten im Rahmen von langfristigen Lieferverträgen überhöhte Preise. Daneben fehlte ein effektives Informations- und Kontrollsystem im Bereich der Warenwirtschaft. Preise im Gastronomiebereich wurden fehlerhaft kalkuliert.

Jedoch summa summarum erwies sich die ostdeutsche Hotelkette als ein sehr attraktives Unternehmen.

Der erfahrene Hotelmanager ließ nicht lange auf Entscheidungen warten. Er schickte in alle Hotels Berater aus den verschiedensten internationalen Hotelunternehmen entsprechend der Kategorie der Interhotels. Die Hotels sollten klassifiziert und in Segmente zusammengefaßt werden, stand doch zum damaligen Zeitpunkt nicht fest, wie Interhotel verkauft wird - als Ganzes, in Blöcken oder als Einzelobjekte.

Jeder Schritt mußte genau bedacht sein. Werterhaltung und Werterhöhung war das Ziel, ohne dabei Maßnahmen zu treffen, die ein späterer Erwerber nicht honorieren würde. Es ist Verdienst des Vorstandes, daß in relativ kurzer Zeit eine leistungsfähige Hotelkette zusammengefügt und dadurch Synergieeffekte erschlossen werden konnten. Darüber hinaus wirkten sich weitere Maßnahmen positiv auf die Entwicklung des Unternehmens aus:

• Umbau nicht benötigter Restaurant- und Lagerflächen in Konferenz- und Tagungsräume
• Aufbau einer eigenen zentralen Reservierung, eingebunden in das "West-Telefonnetz". (Interhotel war schneller erreichbar und kompatibel für nationale und internationale Reservierungssysteme, beispielsweise der Deutschen Lufthansa und START.)
• Sicherung eines gezielten Verkaufs freier Betten an Wochenenden, spezielle Wochenendprogramme für Städtereisen sowie Seminare und Tagungsveranstaltungen
• Einführung neuer Qualitätsstandards für Beherbergung, Restaurants sowie ein Bankett- und Veranstaltungsangebot.

Bis Ende 1991 erwirtschafteten und investierten die Interhotels 140 Millionen DM, um den Reparaturstau abzubauen. Im gleichen Zeitraum qualifizerten sich mehr als 1000 Beschäftigte, sowohl das Management als auch Mitarbeiter. Betriebsspezifische Übungsprogramme der Interhotel AG wurden entsprechend den Anforderungen der Hotels angeboten. Computerlehrgänge gehörten dazu wie Lehrgänge in Management, Marketing und Verkauf, Sprachkurse sowie die Schulung von Lehrkräften.

Die Maßnahmen fruchteten. 1991 erreichte die Interhotel AG ihr Umsatzziel mit 700 Millionen DM und die geplante Belegungsrate von 74 Prozent. Das Betriebsergebnis 1991 entsprach dem nationaler und internationaler Hotelketten - ein stolzes Ergebnis für ein Unternehmen aus den neuen Bundesländern.

Der marktwirtschaftlich bedingte Personalabbau auf 7500 Mitarbeiter verlief nicht ohne Probleme, immer standen persönliche Schicksale zur Debatte. Die sozialen Probleme konnten über den Sozialplan abgefedert werden, der im November 1990 mit dem Konzernbetriebsrat unterzeichnet wurde. Mit einem für die gesamte Unternehmensgruppe geltenden Mantel- und Entgelt-Tarifvertrag zahlte Interhotel bereits 1991 85 Prozent der Tariflöhne der Hotellerie im westlichen Berlin.

Auch ökologische Aspekte wurden in das Unternehmenskonzept aufgenommen. Grundsätzlich sind Hotels keine die Umwelt belastenden Unternehmen. Dennoch achtete man bei dem Um- und Ausbau der Zimmer auf die Umweltverträglichkeit der Bau- und Einrichtungsmaterialien. Müll- und Leergutsortierung wurden beibehalten und das Müllaufkommen z. B. durch Portionspackungen eingeschränkt.

Klingbeil gewinnt den Endspurt

Parallel zur organisatorischen und inhaltlichen Neuausrichtung mußte zum einen Klarheit über vermögensrechtliche Ansprüche geschaffen und ungeklärte Eigentumsverhältnisse unter die Lupe genommen werden. Und zum anderen wurde der Verkauf des Konzerns ausgeschrieben. Die Treuhandanstalt favorisierte das Bietungsverfahren und beauftragte die internationale Investmentbank S.G. Warburg & Co. Ltd., das Angebotsverfahren zu koordinieren und die Entscheidungsfindung vorzubereiten. Gründe für die Wahl des Bietungsverfahren waren, ein starkes Wettbewerbsklima zu entfalten und damit einen höchstmöglichen Verkaufserlös zu erzielen. Alle Kaufinteressenten sollten ferner gezwungen werden, klare Konzepte für die Zukunft des Hotelkonzerns zu entwickeln. Und nicht zuletzt erhoffte sich die Treuhand durch die Wahl des Bietungsverfahren eine spannende Schlußphase in den Verhandlungen und somit einen erweiterten Verhandlungsspielraum, um erstens die Hotelkapazitäten zu sichern, damit den Bestand der Hotelbetriebe, zweitens zusätzliche Investitionen in den neuen Bundesländern zu erwirken und drittens Arbeitsplätze in den Interhotels zu erhalten. Das Bietungsverfahren schuf außerdem jedem Interessenten gleiche Ausgangsvoraussetzungen für ein Gebot. Nationale und internationale Bewerber waren gleichgestellt.

Nach Ausschreibung der Hotel-Kette bekundeten rund 200 Interessenten aus aller Welt ihr Interesse, die Interhotels zu erwerben. Zu dem Zeitpunkt stand noch nicht fest wie die Kette veräußert wird - en bloc oder einzeln. Von den 200 Interessenten wiesen ungefähr 110 potentielle Erwerber eine Finanzierungszusage vor und erhielten daraufhin sehr detaillierte Informationen über die Hotels.

Schließlich kristallisierte sich Ende Juni eine Gruppe von 60 Kaufinteressenten heraus, die rechtlich noch nicht verbindliche Angebote für Einzelhotels, Gruppen von Hotels oder für die gesamte Kette abgaben. Die Investmentbank ermittelte, daß das optimalste Privatisierungsergebnis nicht durch den Verkauf der einzelnen Hotels und Hotelgruppen, sondern durch den Verkauf der Interhotel AG erzielt werden konnte. Daraus ergab sich die weitere Vorgehensweise, die AG sollte grundsätzlich als Ganzes veräußert werden. Daneben konnten Interessenten für Einzelhotels konkurrierende Angebote für 12 der 33 Hotels unterbreiten. Vor der Privatisierung wurden bereits das Hotel Astoria an die Stadt Dresden rückübertragen sowie das Motel Dresden durch die Interhotel AG verkauft. Auf dieser Grundlage ließ die Treuhand 7 Bieter für die Gesamtkette und 17 für Einzelhotels für eine "zweite Runde" zu. Es folgten Gespräche der Interessenten in den Hotels. Weitere Unterlagen über die Hotels wurden dabei zur Verfügung gestellt. 66 Tage hatten die Interessenten Zeit, sich zu informieren und sich festzulegen, aber auch um die Finanzierung ihrer Angebote sicherzustellen.

15 Angebote, darunter vier mit ausreichender Finanzierungszusage für die gesamte Kette, waren das Resultat jener zweiten Runde. Zwei wurden von der Treuhand favorisiert. Sie beauftragte daraufhin den Verhandlungsführer Warburg, die Schlußverhandlungen mit der SIXT AG und der Investorengruppe Groenke/Guttmann, in dieser Reihenfolge, zu führen. Gerade die Schlußverhandlungen verursachten noch einmal einen gewaltigen Medienrummel. Nachdem alle Welt im Glauben war, SIXT erhält den Zuspruch, zog dieser überraschender Weise sein Angebot zurück. Die SIXT AG, ein führendes deutsches Unternehmen in der Autovermietung und im Autoverkauf, beabsichtigte mit dem Kauf der Interhotels, sich ein neues Standbein - mit dem Hotelbetrieb - zu schaffen, um so Syn-

Vereinigung Interhotel

ergieeffekte mit dem Vermietgeschäft zu erschließen. Betreiber würde die Interhotel AG bleiben, eine vom Konzernbetriebsrat und damaligen Interhoteliers bevorzugte Variante. Enttäuschungen blieben nicht aus, als SIXT kurz vor Paraphierung des Vertrages, die Verhandlungen für beendet erklärte. Der bayrische Autovermieter stellte Nachforderungen und erhoffte sich insbesondere weitgehende Garantien von der Treuhand bezüglich vermögensrechtlicher Forderungen.

Am 22. November 1991 entschied der Verwaltungsrat der Treuhand einstimmig, die Hotels der Deutschen Interhotel AG an die Berliner Investorengruppe Groenke und Guttmann GmbH, weitläufig als Klingbeil-Gruppe bekannt, und an drei weitere Hotelgesellschaften, darunter Hilton International und an das Management eines Interhotels, zu verkaufen.

Die Groenke und Guttmann GmbH erwarb Aktien für den Hauptteil der Kette. Das Duo aus Berlin bot nicht nur einen angemessenen Kaufpreis, sondern darüber hinaus das beste Fortführungs- und Finanzierungskonzept. Hinzu kam, daß sie mit dem Erwerb auch die Verantwortung für die Klärung der Restitutionsansprüche übernahmen - eine nicht zu unterschätzende Aufgabe. Für einen Preis von 2,168 Milliarden Mark gingen 28 der 33 Hotels in ihren Besitz über. Die anderen fünf Hotels wurden zu einem Gesamtpreis von 346 Millionen Mark veräußert. Spektakulär war der Verkauf eines der jüngsten Interhotelkinder - der Domhotel-GmbH. Hilton International, die weltweit operierende Tochter der britischen Ladbroke PLC, zahlte allein für dieses Hotel, direkt am Gendarmenmarkt in Berlin-Mitte gebaut, 305 Millionen Mark und somit 600.000 Mark pro Zimmer.

Um auch den Mittelstand zu förden, veräußerte die Treuhand zwei Hotels in Chemnitz, den Chemnitzer Hof sowie das Hotel Moskau, an das Düsseldorfer Familienunternehmen Günnewig, dem mehrere Hotels und Restaurants im Rheinland gehören. Eigentümer des historischen Hotels Elephant in Weimar wurde die Comes Bankenkonzept GmbH, ein Münchner Hotelinvestor und von dessen Schwestergesellschaft, der Flamberg GmbH, betrieben. Das Suhler Hotel "Thüringentourist", ein 130 Bettenhaus, wurde von der langjährigen Geschäftsführerin, Brigitte Groeger, als Management-Buy-Out-Lösung erworben.

Zusätzlich zur Kaufpreiszahlung hat die Treuhandanstalt weitere Verpflichtungen der Käufer ausgehandelt, darunter Investitionen zur Modernisierung und zum Ausbau der Hotels. Ferner vereinbarte der Verhandlungsführer den Erhalt der bestehenden Zahl von Arbeitsplätzen und Hotelzimmer.

Ein Jahr später

Genau ein Jahr war verstrichen, nachdem die Berliner Investoren Axel Guttmann und Klaus Groenke den Interhotel-Kauf perfekt machten. Neben dem Kaufpreis von 2,168 Milliarden Mark verpflichteten sie sich, bis Ende 1994 381 Millionen Mark und bis Ende 1997 insgesamt 1,031 Milliarden Mark für Modernisierung, Sanierung und Werterhaltung zu investieren sowie die Arbeitsplätze für die in den erworbenen Hotels beschäftigten Mitarbeiter zu sichern und geltende Haustarife für fünf Jahre zu zahlen. Ferner wurde die Einrichtung eines Pensionsfonds von 50 Millionen Mark, Leistungen die langjährigen Mitarbeitern zugute kommen, vereinbart. Ein weiterer Vertragsbestandteil ist die Zimmerbestandsgarantie. Unter Androhung hoher Vertragsstrafen - 200.000 Mark für jedes fehlende Hotelzimmer - müssen bis Ende 1996 - die Anzahl der Hotelzimmer in der jeweiligen Stadt erhalten, bzw durch Neubauten wiederhergestellt werden. Darüber hinaus beabsichtigten die Käufer, weitere 12 Hotels in den neuen Bundesländern zu bauen.

Hotelkonzern zwar hinsichtlich seines Kapitals zusammenbleibt, doch sich nach außen nicht mehr einheitlich darstellt - doch letztendlich ein Ergebnis, daß dem Anliegen der Treuhand nicht widersprach. Der größte Teil der Häuser ist langfristig an internationale und nationale Hotelkonzerne verpachtet. Die Pacht ist aufgeteilt in eine Sockelpacht und eine Ergebnisbeteiligung. Dabei deckt die Sockelpacht bereits die Zinskosten für die Ankaufkredite zu 100 Prozent. Auch die Ertragssituation hat sich nach Angaben der Interhotel

Längst ist die Umstrukturierung der Deutschen Interhotel AG abgeschlossen. Der ehemalige Konzern mit seinen 23 Tochtergesellschaften ist aufgelöst und in 27 Besitzgesellschaften und 27 Betriebsgesellschaften umgewandelt worden. Groenke und Guttmann halten zu je 45 Prozent Anteile an diesen Gesellschaften und beteiligen zu 10 Prozent das Management, bestehend aus vier Personen.

Die Berliner Investoren Groenke und Guttmann, die auch im Wohnungs- und Gewerbebau aktiv sind, sind in der Hotelbranche keine Newcomer. Bereits Anfang der siebziger Jahre stiegen sie in die Branche ein, errichteten den Schweizer Hof und das Intercontinental im Westteil von Berlin. Daneben gewannen sie die Ausschreibung zum Bau des Sheraton-Hotels am Flughafen in Frankfurt/Main, eines der bestbesuchtesten Häuser in Deutschland.

Von Anfang an setzten die Erwerber auf die Verpachtung der Häuser. Insofern behielt der Konzernbetriebsrat recht, daß der GmbH besser als erwartet entwickelt. Gegenüber 1991 konnte der Ertrag aus verpachteten und selbstbetriebenen Häusern 1992 um 100 Millionen Mark auf etwa 240 Millionen Mark gesteigert werden. In diesem Jahr werden voraussichtlich 255 Millionen Mark eingenommen.

Für einige Häuser, wurden befristete Verträge abgeschlossen, beispielsweise für die auf der Prager Straße in Dresden angesiedelten Interhotels. Diese sind auf der bekannten Dresdener Flanier- und Einkaufsmeile so verteilt, daß durch Abriß und entsprechenden Neubau, die Straßen architektonisch neugestaltet werden kann und Hotels sowie Büro- und Warenhäuser das Bild ergänzen.

Andere Hotels werden von vornherein abgerissen, neu gebaut und dann verpachtet. Dieses Schicksal erwarten u. a. die Berliner Hotels Berolina an der Karl-Marx-Allee und das Hotel Unter den Linden. Gerade das letztere wird zu den besten Adressen Berlins gehören, zum einen wegen der Top-

Vereinigung Interhotel

Stand der Verpachtungen (Juli '93)		
STADT	HOTEL	PÄCHTER/BETREIBER
Berlin	Grand Hotel	Maritim
Berlin	Palasthotel	Radisson Plaza
Berlin	Hotel Metropol	Maritim
Berlin	Hotel Unter den Linden	Neubau/ Oberoi
Berlin	Hotel Stadt Berlin	Intercontinental/Kaufhof
Berlin	Hotel Berolina	Neubau/AccorSAS
Potsdam	Hotel Potsdam	Accor
Dresden	Hotel Bellevue	Maritim
Dresden	Hotel Dresdner Hof	Hilton
Dresden	Hotel Newa	Accor
Dresden	Lilienstein	Accor
Dresden	Hotel Königstein	Accor
Dresden	Hotel Bastei	Accor
Leipzig	Hotel Merkur	Intercontinental
Leipzig	Hotel Astoria	Maritim
Leipzig	Hotel zum Löwen	Albeck/Zehden
Leipzig	Hotel Deutschland	Neubau
Leipzig	Hotel Stadt Leipzig	Neubau/Novotel/Ibis
Weimar	Hotel Belvedere	Hilton
Chemnitz	Hotel Kongreß	Accor
Erfurt	Hotel Erfurter Hof	Maritim
Erfurt	Hotel Cosmos	Endverhandlungen Intercontinental
Gera	Hotel Gera	Maritim
Halle	Hotel Stadt Halle	Maritim
Oberhof	Hotel Panorama	Treff Hotels (verkauft)?
Magdeburg	Hotel International	Maritim
Rostock	Hotel Warnow	Accor
Neubrandenburg	Hotel Vier Tore	noch keine Planung

Quelle: Deutsche Interhotel GmbH

lage Unter den Linden/Ecke Friedrichstraße und zum anderen der Fünf-Sterne wegen. 1993 sollen die Abrißarbeiten beginnen und 1996 die geplante "Nobelherberge" ihre Pforten öffnen. Jedoch im Juni dieses Jahres hat das Berliner Verwaltungsgericht erst einmal Hand auf das Projekt gelegt und einen Abriß- und Baustopp verfügt. Die hohe Instanz entsprach damit dem Antrag der Stora Beteiligungen GmbH, die gegen den Investitionsvorrangbescheid des Landes Berlin - Groenke/Guttmann hätten damit "grünes Licht" für ihr 200 Millionen Mark-Vorhaben - klagte. Die Stora, die sich als Rechtsnachfolgerin der Alt-Eigentümerin Deutsche Zündholz AG sieht und 70 Prozent der auf dem Grundstück lastenden Ansprüche hält, hat Ende 1992 ein alternatives Investitionsvorhaben vorgestellt. Doch der Berliner Senat gab dem Vorhaben der Interhotel GmbH Vorrang, sah das Stora-Projekt als nicht realisierbar an. Wer das Rennen um den begehrten Platz macht, wird sich zeigen - gewiß ist, daß es noch einiger Zeit bedarf. Dieser ist nur einer von mehr als 150 Fällen insgesamt, wo vermögensrechtliche Ansprüche geltend gemacht werden. Selbst Investitionsvorrangbescheide, die eine Veräußerung von Grundstücken unter bestimmten Bedingungen zulassen, könnten oft nicht verhindern, daß durch ein gerichtliches Eingreifen einzelne Interhotel-Vorhaben lahmgelegt werden. Nahezu alle bereits erteilten Bescheide werden angefochten und müssen damit gerichtlich geklärt werden. Eine für die neuen Eigentümer nervende Prozedur - kein Wunder, daß aus den Führungsetagen der Interhotel GmbH bei Nachfragen "kein Kommentar" kommt. Sicher ist jedoch, daß Groenke/Guttmann & Co. im Falle der Rückübertragung an den Alt-Eigentümer keine wirtschaftlichen Verluste hinnehmen muß. Der Kaufpreis für das Hotel plus Zinsen gehen an die Interhotel-Erwerber zurück.

Management-Buy-Out - Eine Frau kauft ihr Hotel

Management-Buy-Out (MBO) ist keine Zauberformel, sondern eine von der Treuhand praktizierte Verkaufsvariante. Ostdeutsche Geschäftsführer und Belegschaften bekommen die Möglichkeit auf diesem Weg, ihr Unternehmen zu erwerben. Vorausgesetzt, das MBO-Team "übernimmt" sich nicht bei der Finanzierung des Betriebes und die Gelder kommen aus nachvollziehbaren Quellen. Ferner sollten die Interessenten auch ein entsprechendes Unternehmenskonzept vorweisen, das Aussagen

zur eigenen Marktposition, zu Absatzzielen, zur Mitarbeiteranzahl und zu Investitionsvorhaben und deren Finanzierung enthält.

Die Chance zum Erwerb "ihres" Hotels wurde auch Brigitte Groeger zuteil - die seit 1965 Chefin des Suhler Interhotels "Thüringentourist" ist. Im Dezember 1991 sendete die Treuhandanstalt der Thüringerin den Kaufvertrag ins Haus. Damit bleibt das Suhler Interhotel als einziges in ostdeutscher Hand.

Im Mai 1991 bekundete Brigitte Groeger - Freunde rieten von dem Vorhaben ab - ihr Interesse an dem Erwerb des Hauses in der Suhler Innenstadt. Dabei hatte sie tatkräftige Unterstützung von ihrem Berater, Günther Mergel, ehemaliger Gesellschafter der renommierten Dorint Hotelgesellschaft, der auf Weisung des damaligen Interhotel-Vorstands, Ralf Corsten, ins Haus kam. Die Geschäftsfrau lernte, was sich hinter ERP-Krediten und Existenzgründerdarlehen verbarg und konnte die Hessische Landesbank sowie die Suhler Sparkasse für die Finanzierung ihres Kaufvorhabens gewinnen. Ferner krempelte sie noch als Interhotel-Chefin das 124-Zimmer-Hotel um. Als sozusagen über Nacht die meist sowjetischen Touristen ausblieben, knüpfte sie Kontakte mit westdeutschen Reise- und Busunternehmen und wendete sich daneben dem Geschäftstourismus zu. Im Sommer 1991 bewilligte der Interhotel-Vorstand für die Modernisierung der Bettenetagen und Folgearbeiten wie Erneuerung der Korridore, des Brandmeldesystems und der Türschließtechnik über drei Millionen Mark. Ferner wurden ein elektronisches Check-in-System, eine Sauna sowie zwei Tagungsräume eingerichtet. Die erste Bewährungsprobe stand ihr mit der Ausrichtung des FDP-Bundesparteitages im Herbst 1991 ins Haus.

Mit der Modernisierung des Mittelklasse-Hotels mußten gleichzeitig Stellen abgebaut werden. Von den einst 200 Beschäftigten sind heute noch 69 beschäftigt. Laut

Vereinigung Interhotel

Kaufvertrag verpflichtete sich Brigitte Groeger, diese Arbeitsplätze zu erhalten und den Mitarbeitern 85 Prozent der Westberlintarife nebst Urlaubs- und Weihnachtsgeld zu zahlen. Eine weitere Zusage hat die 52jährige Thüringerin im April dieses Jahres eingelöst. 2,2 Millionen Mark wurden in einen Tagungs- und Seminarbereich sowie für eine neue Küche investiert - die Ausrichtung von kleinen und großen Konferenzen sowie Veranstaltungen bilden einen Schwerpunkt der Arbeit des Hotels. Unter dem Motto "Ihr 4-Sterne-Hotel mit viel Liebenswürdigkeit" setzt die Geschäftsführerin auf die individuelle Betreuung der Gäste. 1992 verzeichnete das "Thüringen" etwa 30 000 Übernachtungen. Damit wurde eine Auslastung von rund 65 Prozent erreicht. Das Konzept der Brigitte Groeger war aufgegangen, so daß sie schwarze Zahlen schreiben konnte. Für ihr Engagement als Chefin und als neue Besitzerin des einstigen Interhotels erhielt sie 1992 den Forbes Management Preis "Aufschwung Ost 1992" – einen Preis der bisher männlichen Berufsgefährten vorbehalten war.

Kombinat Mikroelektronik Erfurt

Jäher Aufstieg
und Fall ins Bodenlose

Von HARRY POLLEI

■ **Die Ursprünge**

■ **Kombinate der Mikroelektronik –
  Giganten eines Kleinstaates**

■ **Von Leuchtstoffen bis
  zum Schiffs-Chronometer**

■ **Zum Beispiel Uhren**

■ **Zum Beispiel Bildröhren**

■ **Die eigentlichen Bauelemente-
  betriebe**

■ **Mikroelektronik "Karl Marx" Erfurt –
  der Stammbetrieb des Kombinates**

■ **Zentrum Mikroelektronik Dresden**

■ **Halbleiterwerk Frankfurt/Oder**

■ **Die Chance der Kerne**

Manche Kenner der Wirtschaftsentwicklung in der DDR sind der Meinung, daß die überdimensionierten Aufwendungen für die Mikroelektronik der letzte Nagel zum Sarg der DDR-Wirtschaft waren. Denn es entspricht durchaus den Tatsachen, daß zu Gunsten der Elektronik anderen Wirtschaftszweigen die Investitionsmittel gekürzt wurden. Letztere blieben, wie vor allem die Infrastrukturbereiche, jedes Jahr von neuem bei der staatlichen Vergabe der Investition auf dem Trockenen sitzen. Immer mehr Branchen fehlten die Mittel selbst für einfache Ersatzinvestitionen. Von Spielräumen für die Erneuerung und Produktivitätsentwicklung ganz zu schweigen.

Bei der Suche nach dem Motiv für diese anscheinend wahnwitzige Handlungsweise gehen die Meinungen erheblich auseinander. Für die einen sind es die wirtschaftliche Inkompetenz und die Prahlsucht der Altherren-Riege um Erich Honecker. Mit dem Probemuster eines Mega-Chips vor den Fernsehkameras zu posieren und hohle Sprüche über die Meisterung des wissenschaftlich-technischen Fortschritts abzulassen, sei dem entscheidenden Mann der DDR wichtiger gewesen, als eine solide ökonomische Entwicklung einzuleiten.

Für andere ist die Erklärung noch einfacher: In der DDR wurde halt kommunistische Mißwirtschaft praktiziert, und ob das Land nun mittels unrealistischer High-tech-Projekte oder auf anderem Wege ruiniert wurde, ist aus heutiger Sicht völlig unerheblich.

Beide Erklärungsvarianten sind wenig hilfreich, wenn man die verbliebenen materiellen und geistigen Potenzen der Mikroelektronik-Industrie bewerten und in die künftige wirtschaftliche Entwicklung in den neuen Bundesländern einordnen will. Zumal ein Blick zurück auf die Wurzeln und auf den Entwicklungsweg der Elektronik zwischen Oder und Elbe ein Stück deutscher Wirtschaftsgeschichte ist und bleiben wird.

Die Ursprünge

Die Elektronik - bis Mitte der 50er Jahre vorwiegend auf der Basis der Vakuumröhrentechnik - hat bedeutende wissenschaftliche und industrielle Wurzeln in Sachsen und Thüringen sowie im Berliner Raum. Nach dem zweiten Weltkrieg wurden relativ rasch auch in Ostdeutschland traditionelle und auch neue Produktionsstätten für Bauelemente und Geräte der Rundfunk- und bald auch der Fernsehtechnik, der Meßtechnik und des Fernmeldewesens in Betrieb genommen. So wurde be-

Kombinat Mikroelektronik Erfurt

reits 1950 vom (Ost-)Berliner Werk für Fernmeldewesen ein komplettes Fernsehsystem einschließlich erstem Fernsehsender und ersten Fernseh-Empfangsgeräten entwickelt. Diese Fernsehgeräte wurden ab 1952 in einer Stückzahl von 40 000 pro Jahr im Sachsenwerk Radeberg für den sowjetischen Markt gebaut, und zwar mit Bauelementen, die in der DDR selbst entwickelt und gefertigt wurden. Mit dieser Produktion, so sagen Technikkenner, sei die Großserienfertigung für Bildröhren und für Fernseher in Europa eingeleitet worden.

Die eigentliche Mikroelektronik basiert auf der Halbleitertechnik. Sie wurde mit der Erfindung der ersten Transistoren, die 1948 in den USA zum Patent angemeldet wurden, spruchreif. Weniger bekannt ist, daß viele der theoretischen und auch experimentellen Vorarbeiten für die Halbleitertechnik in den 20er und 30er Jahren durch deutsche Wissenschaftler und Ingenieure erfolgten - auch östlich der Elbe.

Mit der Machtergreifung des Faschismus wurden führende Experten auch dieses Fachgebietes zur Emigration gezwungen. Ihr Wissen konnte in der Kriegs- und Nachkriegszeit in den USA besser Früchte tragen, als im kaputten Deutschland. Trotzdem blieb offensichtlich genug Wissen zurück, auf dem auch in Ostdeutschland aufgebaut werden konnte.

Die ersten DDR-eigenen industriellen Entwicklungsarbeiten auf dem Gebiet der Halbleitertechnik setzten 1952/53 ein. In Teltow bei Berlin entstand eine erste labormäßige Halbleiterfertigung, aus der heraus die Pläne für den Aufbau eines großen Halbleiterwerkes in der strukturschwachen Region Frankfurt/Oder entstanden (Produktionsaufnahme 1958/61). Halbleiterbauelemente wurden Ende der 50er Jahre aber auch im VEB Spurenelemente Freiberg-Muldenhütten und später im Funkwerk Erfurt hergestellt. Die Betriebe dieses sich relativ rasch entwickelnden Industriezweiges

wurden dann in der VVB Bauelemente und Vakuumtechnik zusammengeschlossen, einer Art sozialistischer Holding. Wobei bemerkenswert ist, daß diese Branche bereits unmittelbar nach Kriegsende und noch vor der Gründung des Staates DDR sich zu einem guten Teil auf sowjetische Bedürfnisse orientierte bzw. orientieren mußte. Damit war schon das Zeichen für ihr weiteres Schicksal in der internationalen Arbeitsteilung gesetzt. Diese enge Bindung an die Bedürfnisse der UdSSR und der anderen osteuropäischen Länder hat sich später noch verfestigt und wurde dann auch in den Spezialisierungsabkommen innerhalb des RGW langfristig festgeschrieben.

In den letzten Jahren der DDR waren ca. 50 Prozent des Produktionsaufkommens elektronischer Bauelemente für den Export nach Osteuropa vorgesehen. Rechnet man noch den indirekten Bauelementeexport über DDR-Geräte der Industriezweige Rundfunk und Fernsehen, Daten- und Automatisierungstechnik hinzu, dann erreicht man etwa 70 Prozent.

Auf der anderen Seite wurden 70 Prozent des Bedarfs der DDR-Industrie an elektronischen Bauelementen aus inländischer Produktion gedeckt. Zum Vergleich: In der Alt-BRD betrug dieser Anteil zur gleichen Zeit zwischen 20 und 30 Prozent. In diesem Unterschied kommt zum Ausdruck, daß sich die DDR nur in geringem Maße an der internationalen Arbeitsteilung westwärts beteiligte und innerhalb des RGW im wesentlichen eine Geberrolle spielte, d.h. nicht wie bei einer echten Arbeitsteilung und Kooperation im Gegenzug qualitativ hochwertige Bauelementetypen von seinen Partnern beziehen konnte.

Die Hauptgründe für die Abkopplung von der - westlichen - internationalen Arbeitsteilung sind bekannt - auf der einen Seite chronische Devisenknappheit, die zum Bemühen führte, möglichst alles selbst zu machen, - auf der anderen Seite

Erfurt-Südost: Gelände des ehemaligen Stammbetriebes des Kombinates Mikroelektronik

Importbeschränkungen bzw. Importunsicherheiten durch die COCOM-Bestimmungen, denen sich die westlichen Industriestaaten unterwarfen.

Vermutlich gab es im geschichtlichen Ablauf zu keiner Zeit eine Entscheidungsmöglichkeit gegen den Ausbau der elektronischen Industrie, es sei denn man hätte die Wirtschaftsstruktur der DDR und ihre Einordnung in den RGW generell in Frage gestellt. Das aber war, nicht nur aus ideologischen und innenpolitischen Gründen, sondern mehr noch durch internationale Zwänge vor der Gorbatschowschen Perestroika wohl von keinem Entscheidungsgremium der DDR zu erwarten, egal wie es hieß und wie es besetzt war. Und in bezug auf die Mikroelektronik bestand das Pech der Wirtschaftslenker der DDR darin, daß die Entwicklungserfordernisse in Hinsicht auf Forschungsaufwendungen und Investitionen binnem kurzem astronomische Höhen erreichten. Man braucht nur in die seit Jahren laufenden Diskussionen um die Zukunft der europäischen Mikroelektronik hinein-

zuhören, um zu wissen, wie chancenlos ein 16-Millionen-Volk, das auf diesem Gebiet von der internationalen Arbeitsteilung und Kooperation weitgehend abgeschlossen war, in diesem Prozeß sein mußte.

Kombinate der Mikroelektronik – Giganten eines Kleinstaates

Trotz der genannten, bereits in den 60er Jahren vorhandenen Basis für die Entwicklung und Fertigung von Halbleiterbauelementen - eigentlicher Beginn der mikroelektronischen Ära der DDR waren Entscheidungen, die 1976 in der Partei- und Staatsführung fielen und auf dem IX. Parteitag der SED angekündigt wurden. Als öffentliche Propagandatribüne für die Einleitung dieser Vorhaben zur Entwicklung von Hochtechnologien diente eine reichlich einmalige Veranstaltung in der Geschichte der SED - die 6. Tagung des ZK im Juni 1977, die sich ausschließlich den Zielen und voraussichtlichen Chancen der DDR auf dem Gebiet der Mikroelektronik zuwandte. In

Kombinat Mikroelektronik Erfurt

ihrem Gefolge entstanden bei der 1978 beginnenden Kombinatsbildung die großen Kombinate Mikroelektronik Erfurt und Elektronische Bauelemente Teltow. Später wurden noch Teile der Kombinate Carl Zeiss Jena und Keramische Werke Hermsdorf für die Entwicklung und Fertigung mikroelektronischer Bauelemente sowie für Zulieferungen oder Ausrüstungen der Mikroelektronik umprofiliert und teilweise neu aufgebaut. Weitere Konsequenzen hatte das auch für zahlreiche Betriebe in der chemischen Industrie, im Maschinenbau, in der Silikattechnik und anderen Branchen. Sie wurden praktisch über Nacht parallel zu ihrer weiterlaufenden normalen Produktion Zulieferer der DDR-Mikroelektronik - in der Regel ohne die Möglichkeit, zusätzliche Investitionsmittel dafür einzusetzen.

Zehn Jahre später gab der oberste Wirtschaftslenker der DDR, Günter Mittag, an, daß "in unserem Land etwa 120 000 Menschen unmittelbar in der Entwicklung und Produktion mikroelektronischer Bauelemente und Baugruppen" arbeiten. In den folgenden Jahren hat sich vor allem in vielfältigen Sparten der Baugruppenfertigung die Zahl der damit befaßten Beschäftigten noch eher erhöht als durch Produktivitätsfortschritte verringert.

Berechnungen des Institutes für angewandte Wirtschaftsforschung, unmittelbar nach der Wende erstellt, ergaben, daß für die Mikroelektronik zwischen den Jahren 1986 und 1990 rund 14,2 Milliarden Mark an Forschungs- und Entwicklungsmitteln sowie 15,6 Milliarden Mark für Investitionen zur Verfügung gestellt wurden. Das entsprach jährlich ca. sieben Prozent der für die Industrie insgesamt eingesetzten Investitionsmittel. Der Bruttowert des Sachanlagevermögens in der Bauelementeindustrie wurde 1990 auf etwa 20 Milliarden Mark der DDR geschätzt.

Geht es um mikroelektronische Bauelemente in der DDR, dann berührt das neben dem eigentlichen Namensträger, dem Kombinat Mikroelektronik Erfurt, noch weitere Industriegiganten: Das Kombinat Carl Zeiss Jena (VLSI-Schaltkreise und Ausrüstungen für die Mikroelektronikfertigung), das Kombinat Keramische Werke Hermsdorf (Hybrid-Schaltkreise/Dünnschichttechnologie) und das Kombinat Elektronische Bauelemente (passive Bauelemente). Daneben gab es Entwurfszentren und Laborfertigungsstätten für integrierte Schaltkreise in weiteren Kombinaten der Elektrotechnik/Elektronik und des Maschinenbaus. Gerade in den letzten Jahren der DDR versuchte die Staatsführung, jeden potentiellen größeren Mikroelektronik-Anwender dazu zu bringen, zumindest bestimmte Vorstufen der Schaltkreisentwicklung in eigener Regie durchzuführen und auch auf der Grundlage der Hybrid-Technologie eigene Schaltkreise zu fertigen.

Größter Produzent mikroelektronischer Bauelemente und typischster Vertreter dieses DDR-Industriezweiges war aber das eigentliche Kombinat Mikroelektronik Erfurt. Entwicklungsgeschichtlich hinzurechnen muß man hier allerdings auch die Dresdener Forschungs- und Maschinenbaukapazitäten der Elektronik, obwohl sie 1987 als VEB Forschungszentrum Mikroelektronik dem Kombinat Carl Zeiss Jena zugeordnet wurden.

Das Kombinat Mikroelektronik beschäftigte in seiner Blütezeit etwa 60 000 Mitarbeiter. In der Größe wurde es damit nur noch übertroffen vom Kombinat Carl Zeiss Jena, das streckenweise eine Beschäftigtenzahl von 69 000 angab, und dem Kombinat Robotron, mit bis zu 70 000 Beschäftigten. Diese Größenordnungen schwankten, weil zwischen diesen und weiteren Kombinaten per staatlicher Entscheidung ganze Betriebe und Institute hin- und hergereicht werden konnten und auch wurden. Da jedes Kombinat angehalten und auch bestrebt war, möglichst autark zu funktionieren, versuchte jeder Generaldirektor wichtige Zulieferer oder Halbzeugproduzenten "zugeordnet" zu bekommen, d.h. zu vereinnahmen. Stieß man auf Kapazitätsgrenzen der Fertigung, versuchte man auch schon mal, einen geeigneten Betrieb eines anderen Kombinates, das nicht so im Glitzerlicht der "Schlüsseltechnologien" stand, zugewiesen zu bekommen und diesen dann für eigene Zwecke zu verwenden. Da die Decke der Investitionsmittel in der DDR stets zu kurz war, ließen sich die staatlichen Planungs- und Entscheidungsorgane auch oft darauf ein. Auf diese Weise sind zum Schaden der DDR-Wirtschaft manche traditionsreichen Spezialbetriebe zu Zulieferern oder Baugruppenfertigungsstätten der Mikroelektronik und der Computertechnik umprofiliert worden. In den letzten Jahren der DDR betraf das sogar gut funktionierende Betriebe der Meßtechnik und des Maschinenbaus, die eigentlich notwendige Erzeugnisse und Komponenten für eben diese Schlüsseltechnologien produzierten, in deren Namen sie umprofiliert wurden.

Von Leuchtstoffen bis zum Schiffs-Chronometer

Auch die Erzeugnisstruktur des Kombinates Mikroelektronik mit seinen 22 Betrieben, die Ende der 80er Jahre zu ihm gehörten, war ein ziemlich heterogenes Gemisch. Die Produkte reichten von den Leuchtstoffen des VEB Mikroelektronik Leuchtstoffwerke Bad Liebenstein bis zu den Schiffs-Chronometern der Uhrenwerke Ruhla. Auch dieses Kombinat wurde 1978 im Zuge einer großen Kombinatsbildungswelle aus vorhandenen Betrieben gebildet. Das traditionelle Erzeugnissortiment dieser Betriebe konnte in den etwas mehr als zehn Jahren Existenz nur teilweise zugunsten der Bauelementefertigung reduziert werden. Die Ursache lag in den begrenzten Möglichkeiten, die in der DDR vorhanden waren, ein von der Wirtschaft und der Bevölkerung gefragtes Erzeugnis auf eine andere Produktionsstätte umzulagern bzw. zu importieren. Zum anderen ist die Frage, ob eine Sortimentsbereinigung im Interesse der Generaldirektion lag.

Typisch dafür mag im Fall des Kombinates Mikroelektronik die Uhrenproduktion sein - immerhin gehörten mit den Uhrenwerken in Ruhla, Glashütte und Weimar praktisch die gesamte traditionsreiche Uhrenindustrie Thüringens und Sachsens zu diesem Bauelementekombinat. Erzeugnisse übrigens, mit denen die DDR bis zum Aufkommen der Quarzuhren gute Exportchancen auch auf den Weltmärkten hatte. Der Gründungsdirektor und langjährige Generaldirektor des Kombinates Mikroelektronik, Heinz Wedler, übernahm diese Position Ende der 70er Jahre als langjähriger Chef der Uhrenwerke Ruhla. Er trat in der Mikroelektronik mit der genauen Kenntnis der Situation in der europäischen Uhrenindustrie an, die bekanntlich insgesamt die Konkurrenz durch mikroelektronische Lösungen aus Fernost verschlafen hatte. So stand an der Spitze der Mikroelektronik-Industrie ein Mann, der als einer der wenigen Führungskräfte in der DDR die Konsequenzen der mikroelektronischen Revolution im traditionellen Maschinen- und Präzisionsgerätebau ahnte. Mit der Einbringung der Uhrenwerke in das Kombinat Mikroelektronik ist es dann bei der Produktgruppe Uhren auch gelungen, zu einem gewissen Maß den Anschluß an die Entwicklung auf dem Weltmarkt nicht zu verlieren und die Position auf den östlichen Märkten zu sichern. Auf der anderen Seite hatte das Bauelementekombinat mit dieser Uhrenproduktion eine gute zweite Säule für die jährliche Steigerung der "industriellen Warenproduktion". Warum also sollte unter diesen Bedingungen eine Generaldirektion einen lukrativen Geschäftszweig abgeben?

In der Gesamtheit entstanden auf diese

Kombinat Mikroelektronik Erfurt

Art und Weise die in der Nach-Wende-Zeit von den westlichen Unternehmensberatern so bestaunten Konglomerate der DDR-Industrie.

Zum Beispiel Uhren

Um bei der Entwicklungsgeschichte des Kombinates gleich mit den genannten Uhren zu beginnen: Nach der Wende haben sich die Uhrenwerke mehr oder weniger rasch aus dem Kombinatsverband bzw. vom rechtlichen Nachfolger, der Holding PTC-electronic-AG, verabschiedet und sind einzeln in den Privatisierungsprozeß gegangen. Diese Betriebe, vor allem das Werk in Ruhla, waren noch beträchtliche Giganten ihrer Branche und heterogen zusammengesetzt. Vor allem verfügten sie über starke Maschinenbaukapazitäten als Grundlage für die eigenständige Entwicklung und Herstellung ihrer Technologien und Produktionsausrüstungen.

Die Uhrenwerke Ruhla GmbH entstand 1990 aus dem gleichnamigen ehemaligen VEB, der mit seinen über 7 000 Beschäftigten Ende der 80er Jahre jährlich etwa 8 Millionen Damen- und Herren-Armbanduhren und Wecker produzierte. Da bereits Anfang 1990 offensichtlich war, daß dieses Unternehmen in der vorhandenen Struktur nicht sanierbar ist, wurde im Verlauf von zwei Jahren ein Prozeß der Entflechtung und teilweisen Privatisierung eingeleitet. Aus den ehemaligen Uhrenwerken entstanden bis 1992 über 40 Unternehmen, mindestens 13 davon als Management-Buy-Out. In diesen neuen Unternehmen sind etwa 2 500 Menschen beschäftigt und es sind über 120 Millionen Mark Investitionen von den Erwerbern zugesagt worden. Zum Teil sind es Verkäufe und MBO mit festen Kooperationen zur schweizerischen Uhrenindustrie, zum anderen Teil sind es Unternehmen mit völlig anderen Geschäftsfeldern. So wurde der ehemalige eigene Maschinenbau der

Uhrenwerke Ruhla in Seebach von der MAHO AG Pfronten übernommen. Der Investor, so hieß es, wollte sich "eine der modernsten Maschinenfabriken Europas" nicht entgehen lassen, trotz allgemein schlechter konjktureller Lage.

Aus einem Teil der Uhrenwerke Ruhla entstand als Sondermaschinenhersteller die Ruhlamat Automatisierungstechnik GmbH. Käufer und Gründer sind zwei westdeutsche Unternehmen im Zusammenwirken mit drei ehemaligen Mitarbeitern aus Ruhla. Geschäftsfeld ist vor allem die Fertigung von Automatisierungseinrichtungen für den Präzisionsmaschinenbau. Weitere 1 600 ehemalige Beschäftigte fanden Arbeit in Unternehmensgründungen, die nicht unmittelbar aus den Uhrenwerken entstanden. Für etwa 3000 Beschäftigte konnten Arbeitsbeschaffungsmaßnahmen organisiert werden bzw. sie wurden in Umschulungs- und Qualifizierungsmaßnahmen einbezogen.

Im Uhrenwerk Glashütte waren bis zur Wende rund 2200 Menschen beschäftigt. Der Betrieb fertigte damals bis zu 1,2 Millionen Armbanduhren jährlich. Als Glashütter Uhrenbetrieb GmbH Glashütte wurde das Unternehmen im Sommer 1992 an die französische France Ebauches S.A. privatisiert. Vertraglich wurden vom Investor 190 Arbeitsplätze 1993 und - steigend - 273 Arbeitsplätze bis 1996 zugesichert. Ende 1991 waren es noch rund 420. Im Juli 1993 trat dieser Investor aber wieder von der Übernahme des Betriebes zurück. Begründet wurde dieser Schritt damit, daß nicht wie vertraglich festgelegt zum 30. Juni 1993 alle Restitutionsansprüche durch das zuständige Vermögensamt geklärt wurden. Die Treuhandanstalt sucht nun erneut nach neuen Lösungen für das Unternehmen.

Der Uhrenbetrieb in Weimar hatte zu DDR-Zeiten rund 1 500 Beschäftigte. Sein Produktionssortiment waren die Wohnraumuhren. Aus dem VEB entstand die Uhren- und Feingerätewerk Weimar GmbH mit einem Beschäftigungsstand 1992 von unter 100 Arbeitnehmern und einem geplanten Umsatz von rund 6 Millionen Mark.

Zum Beispiel Bildröhren

Das Werk für Fernsehelektronik war einer der größten und wichtigsten Betriebe Ostberlins. Er ist im traditionsreichen Industriegebiet Oberspree im Bezirk Köpenick angesiedelt, auf dem Gelände einer alten AEG-Röhrenfabrik. Offizielles Gründungsjahr ist 1945 und die Rechtsform des Gründungsunternehmens war die einer sowjetischen Aktiengesellschaft (SAG).

Das Produktionssortiment umfaßte Ende der 80er Jahre ein weites Spektrum - von Farbbild- und Bildaufnahmeröhren über Bauelemente der Optoelektronik wie CCD-Zeilen, Lichtemitteranzeigen, Fotodioden, Fototransistoren u.a. bis zu Senderöhren. Ausgang des Jahres 1989 hatte der Betrieb etwa 9000 Beschäftigte, davon etwa 1000 im Bereich Forschung und Technologie und darunter wiederum 600 Beschäftigte mit Hoch- oder Fachschulabschluß. Das Unternehmen war sehr forschungsorientiert. Es hatte mit 18 wissenschaftlichen Einrichtungen Leistungsverträge abgeschlossen, auf deren Grundlage rund 400 Wissenschaftler dieser Einrichtungen unmittelbar an der Weiterentwicklung von WF-Erzeugnissen arbeiteten. Der Betrieb versorgte in seinen Erzeugnissortimenten praktisch seit 1952 als Monopolist die DDR-Rundfunk- und Fernsehindustrie sowie in den 80er Jahren auch die Automatisierungsgeräte- und Computer-Hersteller. Er nahm eine dominierende Stellung im RGW auf dem Gebiet Optoelektronik ein und hatte einen nicht unbedeutenden Anteil an Exporten in westliche Industriestaaten bzw. in Entwicklungsländer. Ein Teil der Forschungsarbeit diente auch militärtechnischen Zwecken.

Die Geschichte des Unternehmens begann, wie gesagt, offiziell 1945 als "Labor-Konstruktions-Versuchswerk" in Berlin-Oberspree. Sehr rasch wurden hier für die damalige Zeit sehr hochwertige Erzeugnisse entwickelt - so der erste Fernsehsender der DDR, der 1951 auf dem Dach des Berliner Stadthauses installiert wurde. Auch an einem Fernsehempfänger wurde gearbeitet - für die Sowjetunion. Die ersten Geräte folgten dem amerikanischen Muster mit 525 Bild-Zeilen und 60 Hertz. Kurzfristig, noch 1950, wurden dann Geräte konstruiert, die auf die europäische Netzfrequenz von 50 Hertz ausgelegt waren und ein 625-Zeilen-System zugrunde legten. Diese Fernsehgeräte aus Oberspree sollen den Ausschlag dafür gegeben haben, daß sich die europäischen Experten im September 1950 auf dieses, nach dem Schweizer Postexperten Gerber benannte System einigten.

1952 begann das nunmehrige "Werk für Fernmeldewesen" mit der Produktion der kompletten Röhrenbestückung und der Bildröhren für die ersten Serienfernseher aus Ostdeutschland, die im Sachsenwerk Radeberg als Empfänger T 2 "Leningrad" für die UdSSR hergestellt wurden. Für das Werk in Oberspree leitete dieser Auftrag die Großserienproduktion von Bildröhren ein. Im Mai 1952 wird aus dem SAG-Betrieb ein VEB. 1959 nimmt ein neuerbautes Bildröhrenwerk die Produktion auf, der Betrieb erhält im Jahr darauf die Bezeichnung "Werk für Fernsehelektronik" und baut auch andere optoelektronische Bereiche auf und aus. 1978 wird das Werk auf Grund seines Produktionssortiments der Optoelektronik zu einem Betrieb des Kombinates Mikroelektronik Erfurt. Das große Berliner Unternehmen behält aber eine praktisch weitgehende Selbständigkeit. Ursache dafür waren wohl die Inhomogenität dieses Kombinates und die Besonderheiten von Bildröhre und Optoelektronik sowie seine besondere Bedeutung für die Wirtschaft Ostber-

Kombinat Mikroelektronik Erfurt

lins und damit für die territorialen Staats- und Parteiorgane.

Ab 1984 stellt das WF Farbbildröhren nach Toshiba- und Nippon Electric Glass-Lizenzen her. Hohe Stückzahlen dieses Alleinherstellers von Bildröhren in der DDR gingen nach Osteuropa.

1990 schied WF aus dem Kombinat Mikroelektronik aus und wurde in eine GmbH umgewandelt. Nach der Wirtschafts- und Währungsunion geriet das Unternehmen aus der Position eines eindeutigen Monopolisten heraus in eine schwierige Wettbewerbssituation. Diese war vor allem dadurch gekennzeichnet, daß alle großen Hersteller von Fernsehgeräten in Westeuropa eine eigene Bildröhrenfabrik betreiben. Keiner von ihnen hatte ein Interesse an der Übernahme einer zusätzlichen Bildröhrenfabrik. Mit Hilfe der Treuhand konnte das Unternehmen aber 1991 noch gut 22 Millionen Mark investieren und eine hochmoderne Fertigungslinie für Vollrechteck-Farbbildröhren errichten. Ein Käufer für WF konnte wegen der europäischen Wettbewerbssituation erst nach weltweiter Suche gefunden werden. Im September 1992 fand der langwierige Privatisierungsprozeß sein Ende. Der koreanische Samsung-Konzern übernahm 800 Mitarbeiter und sicherte längerfristig 1000 Arbeitsplätze zu. Bis zum Jahre 1997 will Samsung 143 Millionen Mark in Oberschöneweide investieren und damit einen erheblichen Know-how-Transfer verbinden. Für Samsung ist es das größte Investment in Europa und Branchenkenner betrachten es als strategisches Projekt nicht nur für Samsung, sondern in dessen Gefolge auch für weitere asiatische Unternehmen. Der traditionelle Produktionsstandort Oberspree - übrigens in einem denkmalgeschützten Gebäude früher deutscher Industriearchitektur - bleibt erhalten, den künftigen Ton aber geben asiatische Gesellschafter an.

Die eigentlichen Bauelementebetriebe

Das Kombinat Mikroelektronik fertigte mit seinen Betrieben Ende der 80er Jahre über 1 000 Grundtypen von aktiven elektronischen Bauelementen und erreichte bei integrierten Schaltkreisen ein Produktionsvolumen von etwa 130 Millionen Stück pro Jahr. Das entsprach etwa einem Anteil von 0,25 Prozent der Schaltkreisproduktion in der Welt. Marktkenner rechneten zu dieser Zeit, daß erst ein Schaltkreis-Volumen von über 0,3 Prozent des Weltmarktes wirtschaftliche Produktionsgrößen ermöglicht. Die renommiertesten Bauelemente-Unternehmen der Welt erreichten acht bis zehn Prozent Marktanteil. Hinzu kam bei den DDR-Bauelementeherstellern das weitgefächerte Sortiment - nicht wirtschaftliche Fertigungsgrößen bestimmten die Planungen, sondern die von der Partei- und Staatsführung vorgegebene Prämisse, mit dem Sortiment an selbstgefertigten Bauelementen-Typen mindestens 75 bis 80 Prozent des Eigenbedarfs der DDR abzudecken. Entsprechend sahen Produktivität und Rentabilität in den Betrieben aus. So standen bei den (wenigen) Exporten in den Westen dem Erlös von einer Valutamark ein Inlandsaufwand von 7,2 (DDR-) Mark gegenüber.

Auf der anderen Seite waren durch eigene wissenschaftlich-technische Entwicklungen und unter Umgehung aller möglicher Embargobestimmungen beim Zukauf einzelner Ausrüstungen wesentliche Fertigungstechnologien für die Schaltkreisproduktion erreicht und beherrscht worden. An den Standorten Erfurt, Dresden, Frankfurt/Oder und Stahnsdorf wurde unter Reinraumbedingungen - teilweise in Clean Rooms der Klasse 1 - in großen Serien produziert und es bildete sich ein erfahrenes ingenieurtechnisches und Produktionspersonal für diese Fertigungen heraus.

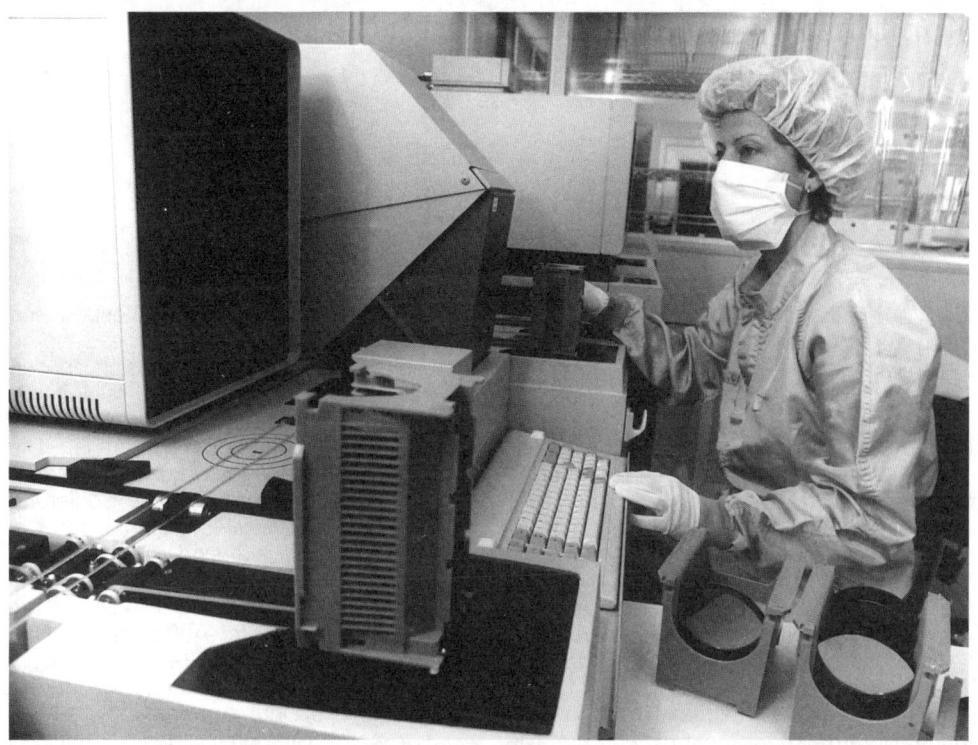

Reinraumproduktion in der Freiberger Elektronikwerkstoffe GmbH

Mikroelektronik "Karl Marx", Erfurt - der Stammbetrieb des Kombinates

Der Erfurter Betrieb entstand aus dem ehemaligen Funkwerk der Thüringer Stadt. Seine ursprünglichen Produkte waren Rundfunkröhren und Meßtechnik, teilweise auch passive Bauelemente. Nachdem die Grundsatzentscheidungen zum Aufbau einer leistungsstarken Mikroelektronik gefallen waren, wurde der Betrieb erheblich erweitert. 1984 wurde auf einem neuerschlossenen Gelände am südöstlichen Stadtrand Erfurts die erste von drei modernen Chipfabriken in Betrieb genommen - ESO I. 1988 folgte mit ESO II die nächste Chipfabrik und die letzte, ESO III, ist erst nach der Wende in der DDR Ende 1989/Anfang 1990 fertiggestellt und in eine zu diesem Zeitpunkt völlig unsichere Zukunft entlassen worden. Ende 1989 waren im Unternehmen 8 500 Beschäftigte tätig. Von ihnen wurden 80 Prozent aller in der DDR gefertigten unipolaren Schaltkreise, darunter auch die Mikroprozessoren-Schaltkreise hergestellt. Daneben wurden hier auch Transistoren, Thyristoren, Leiterplatten und Steckverbinder gefertigt.

Das Erfurter Unternehmen wurde bei der Kombinatsbildung zum Stammbetrieb des Firmenverbundes erklärt und mußte damit gemäß den leitungsorganisatorischen Direktiven von Günter Mittag auch die Funktionen der Kombinatsleitung übernehmen. Gewünscht bzw. gefordert war entsprechend diesem Leitungsmodell eigentlich die Personalunion von Generaldirektor und Leiter des Stammbetriebes wie auch die Personalunion von Fachdirektoren des Kombinates und Fachdirektoren des Stammbetriebes. Praktisch konnte eine solche Funktionsdopplung bei der Größenordnung und Heterogenität solcher Kombinate wie der in der Elektrotechnik/Elektronik nicht sinnvoll ausgeübt werden, und so wurden die Verantwortungen praktisch doch geteilt.

Der Erfurter Betrieb war als Sitz der Generaldirektion in gewissem Sinne privilegiert gegenüber den von der Größe und Bedeutung her gleichrangigen Großbetrieben Halbleiterwerk Frankfurt/Oder und Werk für Fernsehelektronik. Damit entstanden - zumindest unter der Oberfläche - Spannungen unter den Führungskräften, die nach

Kombinat Mikroelektronik Erfurt

der Wende in der DDR und mit dem Übergang zur Marktwirtschaft offen zum Ausbruch kamen.

Zunächst bildete sich im Jahre 1990 aus dem Stammbetrieb in Erfurt die Ermic GmbH Erfurt und aus der Kombinatsleitung die PTC-electronic-AG, eine Holding über eine Reihe von Unternehmen des ehemaligen Kombinates. Ihr hunderprozentiger Aktionär ist die Treuhandanstalt. Aus der Kombinatsleitung entstand gleichfalls eine Service und Consulting GmbH, deren einziger Gesellschafter die PTC-electronic-AG ist. Der Ermic-GmbH war in dieser Rechtsform kein langes Leben beschieden. Sie wurde in abgemagerter Form noch 1991 in eine neue Unternehmenskonstruktion, die Mikroelektronik und Technologie Gesellschaft mbH mit dem rechtlichen Sitz in Dresden, eingebracht. Hier war bereits nur noch die Rede von etwa 500 Beschäftigten am Standort Erfurt und den gegenüber früher stark reduzierten Geschäftsbereichen IC-Design, Wafer-Linie in 1,5 Mikrometer-CMOS-Technologie sowie Meßtechnik.

Sinn dieser von der Treuhandanstalt und ihren Beratern inszenierten Konstrukion, die dem Dresdner Betrieb ZMD in gewissem Sinne die technologische Führerschaft übergab, war eine Privatisierung der vier Halbleiterfabriken in Dresden, Erfurt, Neuhaus und Frankfurt im Verbund.

Am Standort Erfurt waren zuvor Unternehmen aus dem ehemaligen Stammbetrieb ausgegründet worden bzw. es entstanden neue Unternehmen durch ehemalige Mitarbeiter des Betriebes - so ein privatisiertes Unternehmen, das die Chipfabrik ESO II nutzt, ein Mikroelektronik-Anwendungszentrum, eine Firma im Sensorbereich und ein Ingenieurbüro, das sich mit Systementwicklungen beschäftigt, eine Gesellschaft für Präzisionswerkzeugbau usw.

Die Privatisierung des Firmenverbundes MTG als Ganzes gelang nicht. Insider geben dafür Widersprüchen zwischen den Länderregierungen in Erfurt, Dresden und Potsdam die Schuld. Die Waigel-Behörde hat die Treuhand angehalten, sich an den Kosten für die Sanierung der Halbleiterfirmen nur dann zu beteiligen, wenn die Länder auch ihr Scherflein dazu beitragen. Die Landesregierungen wiederum fürchteten bei der Verbundlösung, für die Sanierung von Firmen mitzubezahlen, die gar nicht in ihrem Land ansässig sind. Das Ergebnis waren erhebliche Zeitverluste bei der Privatisierung und Sanierung. Der Ausweg bestand schließlich in der Aufteilung der von der Treuhand bereitgestellten Mittel für die Sanierung und in der gesonderten Privatisierung der drei Unternehmen.

Für einen Kernbereich des ehemaligen Erfurter Stammbetriebes um das neue Werk ESO III herum ist das im Herbst 1992 gelungen. Er ging in die neugegründete Thesys Gesellschaft für Mikroelektronik ein, deren Gesellschafter zu 19,8 Prozent das amerikanische Unternehmen LSI Logic und zu 80,2 Prozent die Hessisch-Thüringische Landesbank sind. Die Amerikaner haben bis 1994 die Option, die Gesellschaft mehrheitlich zu übernehmen. Mit der Gründung von Thesys ist die Garantie von 480 Arbeitsplätzen und Investitionen in Höhe von 60 Millionen Mark bis 1995 gegeben. Treuhand und das Land Thüringen unterstützen die Entwicklung dieses Standortes mit einem Betrag von 125 Millionen DM, wobei diese Mittel der Finanzierung der technologischen Neuausstattung bis Ende 1995 dienen sollen. Gestützt auf die Chipfabrik ESO III, von den LSI-Führungskräften als modernste Halbleiterfabrik des Ostens hoch bewertet, und auf erfahrene ingenieurtechnische Kapazitäten will die Thüringer Gesellschaft ein komplettes Angebot an elektronischen Systemlösungen bereitstellen. Um speziell dem deutschen Mittelstand und damit auch dem Wirtschaftsraum Thüringen die Entwicklung und Herstellung von innovativen Produkten zu ermöglichen, soll eine aktive Applikationsarbeit gewährleistet werden. Gleichzeitig will man sowohl Verbindungen zu den alten Märkten des ehemaligen Kombinates Mikroelektronik in Osteuropa über die Zeit der dortigen wirtschaftlichen Zerfallsprozesse retten als auch auf westdeutsche und westeuropäische Märkte vordringen.

Zentrum Mikroelektronik Dresden

Der Dresdner Betrieb hat seine Ursprünge einerseits in der 1961 gebildeten Arbeitsstelle für Molekularelektronik Dresden, andererseits in einem Betrieb, der Präzisionsmaschinen für die Elektrotechnik/ Elektronik herstellte - Elektromat. Dessen Ansiedlung am Flughafen Dresden-Klotsche deutet auf personelle und technische Anleihen aus den Resten der Flugzeugindustrie der DDR, die Anfang der 60er Jahre eine Bruchlandung gemacht hatte. Elektromat gehörte ursprünglich zum Kombinat Mikroelektronik, ging aber 1987 im neugebildeten Forschungszentrum Mikroelektronik Dresden auf, welches zur Überraschung der DDR-Wirtschaftskreise dem Kombinat Carl Zeiss Jena zugeordnet wurde. Sachliche Gründe lagen darin, dem optischen Präzisionsgerätebau, der sich unter dem Einfluß der Mikroelektronik in den vorausgegangenen Jahren international revolutioniert hatte, auch in der DDR eine feste Verbindung zu modernen elektronischen Baugruppen zu geben. Und das hieß beim vorherrschenden Autarkiedenken der Wirtschafts-Führungsspitze - einen eigenen Ingenieur- und Produktionsbetrieb dafür zu besitzen. Daneben gab es gewiß auch subjektive Gründe, die vor allem in der besonderen Gunst lagen, die der Carl Zeiss-Generaldirektor, Wolfgang Biermann, beim allmächtigen Wirtschaftslenker Günter Mittag genoß. Der Dresdner Betrieb wurde dann auch erheblich bei der Bereitstellung von Investitionsmitteln für Forschung und Tech-

nologie, vor allem bei Importen aus den westlichen Ländern, begünstigt. Er sollte die Forschung, Entwicklung und Pilotproduktion in der Mikroelektronik übernehmen und mit Probemustern der jeweils neuesten Generation von Speicherschaltkreisen das nächst höhere Technologieniveau erarbeiten. Gleichzeitig wurde hier auch an einem System für den Entwurf von ASICs auf VLSI-Niveau gearbeitet.

Dieser Betrieb, der Ende der 80er Jahre rund 3000 Beschäftigte hatte, wurde 1990 in die Zentrum Mikroelektronik Dresden GmbH umgewandelt, deren Alleingesellschafter die Treuhand war. Das erste neue Unternehmenskonzept sah eine Konzentration auf die Entwicklung und Produktion von anwendungsspezifischen Schaltkreisen sowie eine zumindest zeitweilige Vergabe von Förderprojekten des Bundesministeriums für Forschung und Technologie vor. Gleichzeitig betrieb die Geschäftsführung eine aktive Ausgründungspolitik, so daß ehemalige Mitarbeiter des Unternehmens Arbeitsplätze in Firmen fanden, die Dienstleistungen sowohl für den Halbleiterbetrieb als auch für andere Auftraggeber ausführen. Bis Ende 1991 sollten so am Mikroelektronik-Standort Dresden etwa 1 000 bis 1 200 Arbeitsplätze übrig bleiben.

Doch 1991 entschloß sich die Treuhand auf der Grundlage von Konzepten der Unternehmensberatungen Arthur D. Little und Nicolas G. Hayek zu der bereits erwähnten Verbundlösung von vier Halbleiterfirmen als MTG. Für Dresden war in diesem Konzept vorgesehen, mit künftig 580 Beschäftigten CMOS-Chips auf 1-Mikrometer-Niveau herzustellen.

Nachdem diese Variante nicht realisiert werden konnte, wurde eine neue Lösung entwickelt, von der es Ende 1992 aus der Treuhandanstalt hieß, die Zukunft des Dresdner Unternehmens sei "gesichert". Die Gesellschafteranteile werden nunmehr je zur Hälfte von der Commerzbank und der

Kombinat Mikroelektronik Erfurt

Dresdner Bank übernommen. Die Siemens AG unterstützt das ZMD personell und mit Lizenzen. Die Treuhandanstalt wird sich mit Finanzmitteln in Höhe von 125 Millionen Mark zur Schließung bestehender technologischer Lücken beteiligen. Auch in diesem Konzept ist davon die Rede, 580 Arbeitsplätze zu erhalten. Gesichert werden soll aber vor allem ein Hightech-Zentrum in der Landeshauptstadt Dresden, das Ausgangspunkt für künftige innovative Unternehmensgründungen sein kann. Selbst der finanziellen Unterstützungen von Treuhandunternehmen sonst so ablehnende Freistaat Sachsen beteiligt sich daran - allerdings über den Dreh, nur das Firmengrundstück des Mikroelektronik-Unternehmens zu kaufen, was aber heißt, daß 40 Millionen Mark über die Treuhand in Waigels Kassen zurückfließen. Für die Forschungsförderung hat die Landesregierung schließlich 40 Millionen Mark zugesagt. Der Vertrag über diese Privatisierung wurde nach langen Mühen am 27. Mai 1993 unterzeichnet.

Halbleiterwerk Frankfurt/Oder

Der Frankfurter Betrieb ist eine Neugründung der DDR "auf grüner Wiese" in einer strukturschwachen Region, unmittelbar an der polnischen Grenze. Die Forschungs- und Entwicklungsvorleistungen für diese Neugründung erfolgten in Teltow und in Stahnsdorf bei Berlin, wo bereits Mitte der 50er Jahre an Halbleiter-Bauelementen gearbeitet wurde. Im Januar 1958 wurde eine erste kleine Halbleiter-Fertigung in Frankfurt in Betrieb genommen - in einer ehemaligen Schule. Ein Jahr später erfolgte die offizielle Gründung des VEB Halbleiterwerk, zwei Jahre später wurden die ersten richtigen Produktionsanlagen übernommen. Die ersten Transistoren, die hier gefertigt wurden, basierten noch auf Germanium. Ab 1963 begann man, Silizium als Grundmaterial einzusetzen. 1964 erfolgte mit der Eingliederung des Institutes für Halbleitertechnik Stahnsdorf eine wesentliche Erweiterung des eigenen Forschungs- und Entwicklungspotentials. Den nächsten Entwicklungsschritt ging man 1967 mit der Aufnahme der Serienproduktion von Silizium-Planar-Transistoren und auf das Jahr 1971 ist die beginnende Serienfertigung von digitalen integrierten Schaltkreisen datiert. Mit der Gründung des Kombinates Mikroelektronik wird das Halbleiterwerk, das zuvor mit einigen weiteren Betrieben ein eigenes, kleines Kombinat darstellte, in dieses Großkombinat eingegliedert, erhält aber die Aufgabe eines Leitbetriebes für eine Reihe von Betrieben. In Frankfurt werden vor allem bipolare Schaltkreise hergestellt. Mit dieser Technologie entsteht ein breites Sortiment an analogen Schaltkreisen für die Rundfunk- und Fernsehgeräteindustrie. Teilweise geht bis zu 80 Prozent der Produktion in die Sowjetunion. Ende der 80er Jahre sind im Unternehmen etwa 8 000 Menschen beschäftigt, ca. 550 davon kommen aus dem benachbarten Polen. In dieser industriearmen Region ist das Halbleiterwerk weit und breit der größte Arbeitgeber, fast jede Familie in der Stadt Frankfurt hat beruflich irgend etwas mit diesem Betrieb zu tun.

1990 ziehen auch im Halbleiterwerk an der Oder marktwirtschaftliche Bedingungen ein. Der Betrieb wandelt sich zur HFO GmbH und versucht seine Position neu zu definieren, die vor allem dadurch gekennzeichnet ist, daß die einheimischen Kunden aus der Unterhaltungselektronik-Hersteller-Branche wegbrechen. In der Sowjetunion und später in den GUS-Staaten ist der Bedarf nach den dort bekannten und gut eingeführten Bauelementen zwar bis heute latent vorhanden, aber die Zahlungsfähigkeit der dortigen Kunden ist nicht gesichert. Mit kleineren Bartergeschäften versuchen die Frankfurter an diesen Märkten zu bleiben.

Auch in Frankfurt erfolgen im Laufe des Jahres 1991 eine Reihe von Ausgründungen bzw. Mitarbeiter machen sich auf verschiedenste Weise selbständig. Doch in dieser Region sind die Möglichkeiten für neue Ansätze spärlich. Das riesige Gelände des Halbleiterwerkes wird von neuen Unternehmen mit genutzt, doch viele Neuansiedler sind reine Handels- oder Vertriebsfirmen. Das Land Brandenburg legt seine Landesversicherungsanstalt nach Frankfurt, auf etwa 80 Prozent der Angestellten-Arbeitsplätze gelangen ehemalige HFO-Mitarbeiter. Cirka 500 freiwerdende Arbeitskräfte werden über die BQSG, eine Beschäftigungs- und Qualifizierungsgesellschaft, in AB-Maßnahmen oder in Qualifizierungslehrgänge geschickt.

Nachdem die MTG-Privatisierung als Ganzes fehlgeschlagen ist, gibt es auch für das Frankfurter Unternehmen, in dem Ende 1992 noch 1 200 Beschäftigte einen Arbeitsvertrag hatten, eine neue Hoffnung. Die kalifornische Firma Synergy Semiconductor Corporation, die sich seit längerem um den Mikroelektronikbetrieb bemühte, hat Anteile an dem Halbleiterwerk erworben. In diesen Betrieb wurden 631 Beschäftigte angestellt. Landesregierung und Treuhand sind offensichtlich den Wünschen des Investors sehr entgegengekommen.

Das amerikanische Unternehmen will in Frankfurt Bauelemente für den europäischen Markt produzieren und vor allem Know-how, Lizenzen und neue Marketing- und Verkaufsstrategien einbringen. Die Bipolartechnik, in der die Frankfurter im Vergleich zur internationalen Konkurrenz über solide Erfahrungen verfügen, ist für die amerikanische Firma von großem Interesse. Die Privatisierung ist nach komplizierten Verhandlungen im Sommer 1993 gelungen.

Im Sommer 1993 konnte auch der ehemalige Mikroelektronik-Betrieb in Neuhaus privatisiert werden. Neuer Eigner ist die britische Firma Zetex plc, in Chadderton bei Manchester. Die ca. 100 an diesem Standort tätigen Mitarbeiter werden vom Käufer übernommen. Vertraglich garantiert sind 68 Mitarbeiter für 3 Jahre. Der Käufer garantiert Investitionen in Höhe von 3,5 Millionen DM bis zum 31. Mai 1996.

Am Standort Neuhaus sollen die Arbeitnehmer im Bereich Semiconductor Assembly und Power-Dioden tätig sein. Das britische Unternehmen, Tochtergesellschaft von Telemetrix, plc, in Loudwater (High Wycombe), hatte bereits im Jahre 1991 Geschäftsbeziehungen zum Standort Neuhaus. Zetex hatte während der gesamten langen Privatisierungsphase umfangreiche Management- und Marketingunterstützung geleistet und sich als einziger Investor für die Durchführung eines langfristigen Konzeptes für den Standort Neuhaus interessiert. Die Privatisierung des Neuhäuser Unternehmens hat für die strukturschwache Region eine Bedeutung, die über die gesicherte Zahl der Arbeitskräfte hinausreicht.

Die Chance der Kerne

Im September 1989, wenige Wochen bevor er nebst Honecker und Co. davongejagt wurde, besuchte der DDR-Wirtschaftslenker Günter Mittag den VEB Mikroelektronik Stahnsdorf, weihte eine nagelneue Produktionsstätte für leistungselektronische Bauelemente ein und überreichte den Stahnsdorfern zum 40. Jahrestag der DDR ein "Ehrenbanner" der Partei- und Staatsführung. Zwischen den vielen hohlen Floskeln, die er dabei äußerte, steckte auch der Satz: "Wir wissen selbst am besten, was wir erreicht haben und was noch zu tun bleibt... Auf das Erreichte sind wir zu Recht stolz. Wir haben es unter oftmals großen Schwierigkeiten erkämpft. Gerade dieses Wissen gibt uns Zuversicht, künftig noch anspruchsvollere Aufgaben mit Erfolg zu meistern".

Kombinat Mikroelektronik Erfurt

Zwei Monate nach diesen genialen Worten fiel die Mauer und wenig später wurde der DDR-Mikroelektronik, so viel Aufwendungen sie dem Staat und damit letztlich der Bevölkerung gekostet hatte, und soviel persönliches Engagement von Forschern, Ingenieuren, Angestellten und Facharbeitern auch darin steckte, der Boden entzogen, auf dem sie entstanden war. Denn sie war, wie der ostdeutsche Wirtschaftsforscher Professor Marschall einmal formulierte, "in Anlehnung an technisch-technologische Entwicklungstendenzen in der Welt entwickelt worden, aber zu keiner Zeit wurde sie als Teil der Welt-Elektronik gestaltet, sie stand immer neben dieser. Im abgegrenzten RGW-Raum war eine Insel nachgeahmter Elektronik-Produktionen entstanden, für die es folgerichtig in der Welt keinen Interessenten mehr gab, sobald sich der RGW aufgelöst hatte."

Dem Betrieb in Stahnsdorf übrigens geht es heute noch schlechter als den zuvor beschriebenen Unternehmen. Von der eigentlichen Produktionspalette der Leistungselektronik ist fast nichts geblieben. Die Hoffnungen der für die Halbleiterfertigung ausgebildeten Arbeitnehmer im Umland liegen nun auf verschiedenen kleinen Unternehmen, die sich - vielleicht - auf dem Gelände des ehemaligen Großbetriebes ansiedeln und wachsen.

Was also bleibt, ist die Chance der Kerne, die Hoffnung darauf, daß Inseln intelligenzintensiver Produktion erhalten bleiben, in einem günstigen geistigen Umfeld von universitärer Forschung und Lehre neu zu wachsen beginnen und sich dem internationalen Wettbewerb stellen können. Die Zukunft wird zeigen, ob diese Vision Realität wird oder ob die Ostdeutschen erneut auf den Hoffnungsklang einer Metapher hereingefallen sind, die sehr rasch zur Worthülse verkam.

Kombinat Polygraph Leipzig

Von der DDR nichts gewußt, aber Planeta gekannt

Von THOMAS BISKUPEK

- ■ **Als Devisenbringer gefragt**

- ■ **Aversionen gegen eine Holding**

- ■ **"Schwindelwirtschaft" mit Folgen**

- ■ **Gemeinnütziges Forschungsinstitut pflegt Traditionen**

- ■ **In aller Welt präsent**

- ■ **Volle Auftragsbücher**

Das polygraphische Gewerbe hat in Leipzig Tradition. Renommierte Firmen hatten hier ihr Domizil. Vorläufer des Kombinats-Stammbetriebes waren die Karl Krause & Co KG und die Gebr. Brehmer KG, beide im vorigen Jahrhundert gegründet (Brehmer: 4. 5. 1879), in der Zweinaundorfer Straße 52 im Osten bzw. in der Karl-Heine-Straße 107 im Westen Leipzigs gelegen. Beide stellten Buchbindereimaschinen her, bedienten aber verschiedene Bereiche, so daß keine Konkurrenzsituation entstand. "Brehmer" war seit 1924 auch international ein anerkanntes Warenzeichen, das für Erzeugnisse aus dem späteren Kombinats-Stammbetrieb gegen viele obrigkeitliche Anfeindungen beibehalten wurde.

1947/48 wurden beide Betriebe enteignet und erst unter altem Namen durch die VVB in Radebeul geleitet, später firmierten sie unter VEB Buchbindereimaschinenwerk Leipzig (Krause) und VEB Falz- und Heftmaschinenwerk Leipzig (Brehmer). 1960 wurden beide Betrieb zusammengeführt und spezialisiert weiterentwickelt, so daß im ehemaligen Werk Krause die Spezialgießerei und die Montage, bei Brehmer die mechanische Fertigung bestanden. Die Lage im Osten bzw. Westen der Stadt führte zu enormen Transportaufwänden, die die Umzugs-Entscheidungen nach 1990 beschleunigten.

In den Betrieb eingegliedert wurden weiterhin Polygraph Einsiedel (1965), Elektromotorenwerk Schkeuditz (1969), Profilzieherei Freiberg (1969), Polygraph Köthen (1972), Drahtheftmaschinen Leipzig (1976), Blechverarbeitungswerk Leipzig (1984), das Werk für graphische Maschinen - Wegra - Taucha (1984) und das Ingenieurbüro Polygraph (1984).

1986 war eine neue Investition des Stammbetriebs im Nordosten von Leipzig begonnen, bis 1990 aber nicht vollendet worden.

Auch andere Kombinatsbetriebe hatten traditionsreiche Vorgänger.

Druckmaschinenwerk Leipzig:

Bereits 1819 gründeten ein Stempelschneider und ein Schriftgießer in Leipzig die Firma "Schelter & Giesecke". Sie baute bei steter Vergrößerung des Betriebes zunächst Druckpressen, dann Druckmaschinen. 1930 wurde die Firma Aktiengesellschaft, 1946 enteignet und der Firmenvereinigung Polygraph angeschlossen. Bereits in den 50er Jahren entstand ein klares Produktionsprofil durch Abgabe und Übernahme bestimmter Erzeugnisse von und an andere. Angegliedert wurden das Druckautomatenwerk OPTIMA (Chr. Mansfeld, gegründet 1861, und P. Glöckner, gegründet 1924), Bogenanlegerwerk Leipzig (Schröder, Spieß & Co, gegründet 1908), Druck-

Kombinat Polygraph Leipzig

maschinenwerk UNIVERSAL (Kleim & Ungerer, gegründet 1901) sowie die Saxonia-Fleischerei-Maschinenfabrik (Wilhelm Wommer, später Gebr. Wommer, gegründet 1870).

Reprotechnik Leipzig:

Als Firma Hoh & Hahne hat der Betrieb seit über 60 Jahren einen internationalen Ruf als Hersteller von Reproduktionstechnik aller Art.

Planeta Radebeul:

Die 1898 gegründete Dresdner Schnellpressenfabrik zog nach Coswig und später nach Radebeul-Naundorf, wurde 1910 in eine Aktiengesellschaft umgewandelt, trug 1925-38 sogar den Namen Dresden-Leipziger Schnellpressenfabrik AG und wurde 1938 zur Druckmaschinenwerk Planeta Radebeul AG. Als Rüstungsproduzent fiel das Unternehmen unter den sächsischen Volksentscheid von 1946 und wurde enteignet. Weil es der größte Hersteller polygraphischer Maschinen war, siedelte man in Radebeul zeitweilig den Vorläufer der späteren VVB an, die Ende der 40er Jahre bereits Leitfunktion für die Branche hatte.

Eingegliedert wurden die 1904 gegründete Werkzeugmaschinenfabrik Coswig (1971), Victoria Heidenau, Cosima Großküchenmaschinen Coswig (vorher Fa. Wilh. Lehn) und Haartex, vorher Sächsische Roßhaarweberei (ebenfalls 1971).

Als Devisenbringer gefragt

Das VE Kombinat Polygraph war am 1. Januar 1970 aus der bisherigen VVB heraus geschaffen worden. Es vereinte alle Finalisten und einen großen Teil der Zulieferer, die in der DDR polygraphische Maschinen herstellten. Im Laufe der Jahre war ein präzise aufeinander abgestimmtes Programm entstanden, wonach die Betriebe einander ergänzten und einheitliche Vertriebsstruktu-

ren nutzten. Das Programm reichte von Druck- und Buchbinderei- bis zu Schneidemaschinen und Reproduktionskameras.

Das Kombinat beschäftigte in acht Betrieben (über 40 Betriebsteile) rund 16 000 Mitarbeiter, brachte eine industrielle Warenproduktion (IWP) von rund zwei Milliarden DDR-Mark und exportierte mehr als 90 Prozent der Erzeugnisse, davon 60 Prozent ins nichtsozialistische Wirtschaftsgebiet (NSW). Obwohl die Sowjetunion größter Abnehmer war, bestand nicht die totale Abhängigkeit, die anderen Firmen den Übergang zur Marktwirtschaft erschwerte.

Dagegen bestand und besteht eine fast totale Abhängigkeit der ehemals sowjetischen polygraphischen Industrie von den Polygraph-Nachfolgern, bezogen sie doch 70 bis 90 Prozent ihrer Maschinen aus der DDR. Weder mit dem Zusammenbruch der UdSSR noch des Kombinats hat sich der Bedarf geändert.

Das Kombinat hatte sowohl offiziell als auch für Insider den Ruf eines Vorzeigekombinats. Das wurde nicht allein durch den hohen Devisenanteil am Erlös bestimmt, sondern durch die Konzentration in einem Bereich, auf dem es international keine vergleichbare Konkurrenz gab. Die größten Produzenten - wie FIAT - haben andere Haupterzeugnisse als polygraphische Maschinen, so daß die Kombinatsvertreter davon überzeugt waren, sie dominierten eigentlich auf dem Weltmarkt.

Problematisch war die Tiefe der Fertigung. Gießereien, Ziehereien und Hersteller mikroelektronischer Bauteile gehörten dazu. Nach Meinung des letzten Generaldirektors, Dr. Eberhard Beschnitt, habe die Hälfte der Ausrüstung der Polygraph-Betriebe einem guten Standard entsprochen, mit dem man auf dem Weltmarkt bestehen konnte; der Rest lag darunter.

Ganz anders bezeichnet der letzte Produktionsdirektor und nachmalige Geschäftsführer des inzwischen liquidierten

4-Farben-Plattenscanner von Planeta

Unternehmens Polygraph Maschinen- und Gerätebau, Lothar Klemmer, einzelne Teile wohl als überlebensfähig, seinen Kernbetrieb aber als wertlos. Nur das Werksgelände und die Erfahrungsträger der Firma überführte er in ein neugegründetes Unternehmen. Als größten Rückstand sehen die Fachleute heute die Mikroelektronik an, die auch als erste nach der Wende durch Zukäufe ersetzt wurde.

Aversionen gegen eine Holding

Anders als die meisten Kombinate zerfiel Polygraph ohne Liquidation oder Neugründung. Bereits im Herbst '89 suchte die Kombinatsleitung nach einem neuen Konzept, das vor allem darauf ausgerichtet war, als Konzern auf dem Weltmarkt zu bestehen.

Diskutiert wurde die Schaffung einer Holding für den gesamten Verbund. Dazu studierte man u. a. die Koerber-Stiftung, um die finanzpolitischen Vorteile einer solchen Struktur mit dem Verbund zu koppeln.

Dagegen sprach, daß man keine wesentlichen Felder fand, die Vorteile eines weiteren Zusammengehens versprachen. Die zentralisierte Forschung wäre möglich gewesen, aber das wollte keiner, sie erwies sich als moralisch verschlissen. Den Vertrieb konnte jeder sehr schnell selbst organisieren; bzw. das Absatzmonopol hatte keinen guten Ruf. Es sprach also objektiv nichts für eine Holding; subjektiv waren die meisten Entscheidungsträger in den einzelnen Betrieben ohnehin dagegen.

Diese Aversionen und die relativ gute Substanz zusammen mit der guten Kennt-

Kombinat Polygraph Leipzig

nis der Marktwirtschaft in den meisten Betrieben beschleunigten den Zerfallsprozeß: Der Stammbetrieb wollte schnell die Kombinatsleitung loswerden und seine Geschicke in die eigene Hand nehmen.

In einer dramatischen Beratung der Betriebsdirektoren sprachen sich bis auf einen alle für eine sofortige Trennung vom Kombinat aus. Da die Selbständigkeit der einzelnen Betriebe - entgegen zentralen Weisungen - auch vorher relativ groß war, konnte jeder diesen Beschluß sehr schnell verwirklichen. Dadurch gab es keine offizielle Liquidation des Kombinats. Die Anträge der Firmen auf Umwandlung in Kapitalgesellschaften liefen im Frühjahr 1990 noch über den Generaldirektor, der dann im Juni von DDR-Wirtschaftsminister Pohl abberufen wurde, so daß jeder Einzelbetrieb sich sofort Partner suchte. Einige mittelständische Unternehmen der Branche - in erster Linie in Westdeutschland - erkannten die Chance, einen bisherigen Konkurrenten auszuschalten, indem man dessen privatwirtschaftlich organisierten Vertrieb übernahm. Dazu waren teilweise keine Entscheidungen der Treuhandanstalt nötig; dazu genügte es, die Leiter der jeweiligen Vertriebsbereiche mit ihrem Know-how einzukaufen. Präzise Aussagen dazu werden von den heutigen Vertretern der Nachfolgerfirmen allerdings verweigert.

Noch durch das untergehende Kombinat wurden aufgrund seiner Verbindungen zahlreiche Partnerschaften geknüpft. Bei Plamag Plauen (MAN Roland) sind diese Versuche aufgegangen; bei Zirkon Druckmaschinenwerk Leipzig schlugen schon drei Ansätze fehl; Brehmer suchte sich mit KAB einen anderen als den ursprünglich vom Kombinat favorisierten Partner. Aus der überflüssig gewordenen Kombinatsleitung heraus wurde ein neuer Betrieb - die Polygraph Contacta GmbH - gegründet, um die dort konzentrierten Fähigkeiten weiter zu nutzen und Arbeitsplätze zu schaffen.

Geschäftsführer der Polygraph Contacta GmbH waren der vorherige Generaldirektor, Dr. Eberhard Beschnitt, und seine Stellvertreterin, Dr. Sibylle Goepel. Es entstanden vier Geschäftsbereiche: Vertrieb von Druckhilfsmitteln, Industrie- und Gastronomiewerbung, Reiseservice sowie Forschung und Entwicklung.

Dem VEB Reprotechnik, dem 1988 die zentrale Planung von Drucktechnik und verschiedene Betriebsteile beigefügt wurden, woraus der VEB Polygraph Projekt Steuerungs- und Anlagenbau Leipzig entstand, blieb keine Chance. Aus der Sicht des letzten Geschäftsführers Lothar Klemmer, vorher Produktionsdirektor, war der Betrieb nur aus der Sicht zentralistischer Planung von Druckzentren sinnvoll, wurde also sofort mit der Wende in Frage gestellt und löste sich sehr schnell in die verschiedenen Geschäftsbereiche auf, die alsbald in die wirtschaftliche Selbständigkeit entlassen wurden. Man habe sich rechtzeitig von innen heraus auf die neuen Bedingungen eingestellt. Nur so sei ein erfolgreicher Weg in die Marktwirtschaft möglich, weil "die Administration immer danach strebt, sich selbst zu erhalten, egal, ob das wirtschaftlich sinnvoll ist".

"Schwindelwirtschaft" mit Folgen

Die weltweite Rezession, die sich in Deutschland infolge der Einheit erst verspätet auswirkte, hatte für die Betriebe des weltweit verkaufenden Unternehmens unabhängig von der politischen Entwicklung sofort drastische Folgen, weil zahlreiche Kunden Neubestellungen verschoben.

Tatsächliche Probleme wurden durch die hausgemachten der "Schwindelwirtschaft" verschärft, wie sie die Richtlinien aus dem "Hause Mittag" verursachten. Sachkundige Kenner belegen, daß fehlende Zuwächse in der industriellen Warenproduktion dadurch vertuscht wurden, daß einzelne

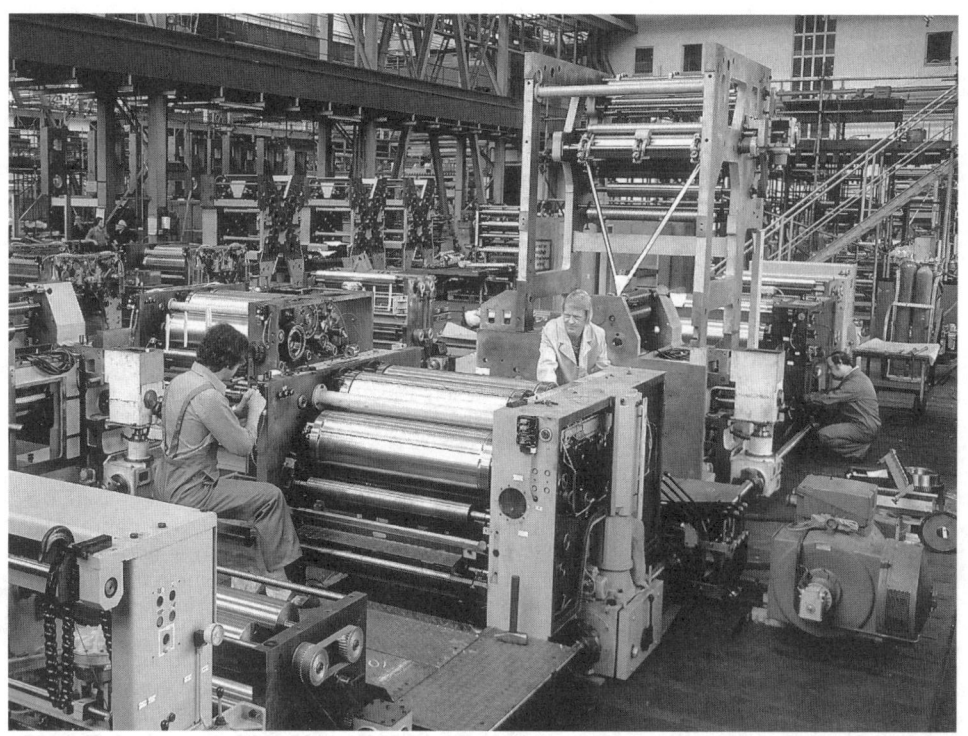

Montage einer Rollenoffset-Druckmaschine von Plamag

Kombinatsbetriebe Lieferungen füreinander übernahmen, die zentral abgerechnet wurden, in der Abrechnung des Finalisten aber nochmals auftauchten. Nach Meinung verantwortlicher Mitarbeiter "aus der zweiten Reihe" erreichten diese Lieferungen zwar nicht solche Höhen, wie sie jetzt teilweise in den Massenmedien als typisch für die marode DDR-Wirtschaft dargestellt werden, dürften aber teilweise zweistellige Prozentraten betragen haben.

Aus dem Kombinat gingen etwa 30 Betriebe hervor, die derzeit 4000 bis 5000 Arbeitnehmer beschäftigen. Der Werdegang der wichtigsten Betriebe verlief folgendermaßen:

McCain-Brehmer Buchbindereimaschinen GmbH:

Mit der Herauslösung aus dem Kombinat zu Jahresbeginn 1990 nahm der Betrieb den Namen VEB Brehmer Leipzig an, um sich zu dem Markenzeichen zu bekennen, unter dem seine Erzeugnisse weltweit verkauft wurden. Da die Gebrüder Brehmer keine direkten namentlichen Nachfahren hatten, war man daran interessiert, diese Bezeichnung zu erhalten. Am 30. 5. 1990 wurde der Betrieb in eine GmbH umgewandelt. Nach langen Verhandlungen verkaufte die Treuhand das Unternehmen an die Hamburger Firma McCain Buchbindereimaschinen, eine Tochter von McCain Chi-

Kombinat Polygraph Leipzig

cago. Der Mutterbetrieb ist kleiner als das Leipziger Unternehmen, das Ende 1992 noch 671 Beschäftigte zählte. Es zieht bis Jahresmitte 1993 auf das fertigbebaute Gelände in Leipzig Nordost, ein Gelände, an dessen Ausbau zum Zentrallager für das Kombinat seit 1986 gebaut wurde. Dann soll die Belegschaft noch 479 Beschäftigte umfassen.

Die amerikanischen Erzeugnisse konkurrieren nicht mit den Leipzigern. Ziel ist, gegenseitig beim Absatz und Service auf dem anderen Kontinent zu helfen. Die Treuhandanstalt unterstützte das Unternehmen vor allem bei der Lösung von Finanzierungsproblemen. Es gibt einen weltweiten Bedarf - trotz der Rezession. Darüber hinaus liegen auch GUS-Verträge über zirka 30 Millionen DM vor; realisiert werden aber nur diejenigen, über die Bürgschaften beizubringen sind. Brehmer hat auch die Verbindlichkeiten des Kombinats gegenüber den ehemaligen RGW-Banken in Höhe von 23 Millionen alten Rubeln übernommen.

Auf den verkauften bisherigen Betriebsflächen will der Käufer großflächig wegreißen, soweit es sich nicht um denkmalgeschützte Gebäude handelt.

Polygraphguß GmbH:

Am alten Standort mitten in einem dichtbesiedelten Gebiet war die Gießerei nicht zu halten, obwohl sie recht modern ausgerüstet ist. Als 100prozentige Tochter von McCain-Brehmer Buchbindereimaschinen GmbH konnte die Firma nicht mehr mit Gewinn produzieren und wurde per 31. 12. 1992 liquidiert. Der Gießereistandort mitten in einem geschlossenen Wohngebiet wäre unbezahlbar gewesen.

Manager der Gießerei bemühen sich, einen Teil der Arbeitsplätze und die vorhandenen Aufträge für ein MBO in einem Treuhandunternehmen (Stranggießerei Mölkau) zu retten. Von 60 Beschäftigten sollen dort etwa 25 (plus 35 aus der Stranggießerei) ei-

nen Platz finden. Nach dem gegenwärtigen Stand erklärt der Treuhandbeauftragte für die Liquidierung der GISAG AG, zu der Mölkau gehört, nach mehrfacher Änderung des entsprechenden Antrags: GISAG wird als Paket verkauft. In allen Anzeigen dazu ist aber nur vom Leipziger Betrieb die Rede, nirgends von Mölkau. Ob hier ein unredliches Spiel getrieben und erhaltbare Arbeitsplätze vernichtet werden, muß man erst überprüfen. Nach einer entsprechenden Veröffentlichung sind nun die Forderungen des THA-Vertreters reduziert worden, ob sie aber erfüllbar sind, kann noch nicht schlüssig beantwortet werden.

Polygraph Contacta GmbH:

Von den bei Polygraph Contacta entstandenen Geschäftsbereichen mit rund 200 Beschäftigten haben sich mehrere ausgegründet. Das Reisebüro und die Werbung wurden verkauft. Einige frühere Tätigkeitsfelder existieren auf irgendeine Weise weiter. Obwohl den Geschäftsführern wegen angeblicher Unterschlagung am 10. Juli 1991 von der Treuhandanstalt fristlos gekündigt wurde, ist bis heute kein Prozeß eingeleitet. Man darf also vermuten, daß hier persönliche Differenzen unakzeptabel ausgetragen wurden.

Vom Unternehmen blieben lediglich 22 Leute übrig. Der Betrieb für polygraphischen Maschinenbau und ein Forschungsinstitut werden über einen gemeinnützigen Verein fortgeführt. Ein Objekt in Leipzig-Engelsdorf ist bezogen.

Gemeinnütziges Forschungsinstitut pflegt Traditionen

Gegründet ist ein Förderverein Polygraph Leipzig e. V., dem die meisten aus dem Kombinat hervorgegangenen Betriebe in und um Leipzig angehören, vereinzelt auch andere sowie Fachverbände und die wissenschaftlichen Einrichtungen, die an der Technischen Universität Chemnitz und an der Fachhochschule für Technik, Wirtschaft und Kultur Leipzig den Ausbildungsbereich Polygraphie fortführen. Der Verein soll Forschung koordinieren, Fachveranstaltungen betreuen und vor allem ein gemeinnütziges Forschungsinstitut errichten und betreiben. Das Institut wird vor allem die Traditionen der Branche im Leipziger Großraum aufgreifen und fortführen. Es beginnt seine Tätigkeit mit 13 Mitarbeitern und soll nach Bedarf bis zu 25 Experten Betätigung bieten. Es stützt sich auf Traditionen des 1970 ins Kombinat Polygraph eingegliederten Instituts für polygraphische Maschinen Leipzig und die Erfahrungsträger, die zuletzt in der Forschungs-GmbH von Polygraph Contacta wirkten.

In aller Welt präsent

Zirkon Druckmaschinen GmbH:

Das Unternehmen wurde am 1. 6. 1990 gegründet und ging aus dem VEB Druckmaschinenwerk Leipzig hervor. Es besaß in Leipzig acht Betriebsteile mit rund 1800 Beschäftigten. Leipziger Druckmaschinen wurden in der ganzen Welt verkauft. Seit 1968 werden Schön- und Widerdruckmaschinen gebaut; die erste trug den Namen "zirkon 66" und prägte den Ruf des Betriebs. Zirkon-Maschinen laufen in den USA, Frankreich, Österreich, Norwegen, Schweden,. den UdSSR-Nachfolgestaaten, im Iran, in Ägypten und Südamerika. In den letzten 20 Jahren wurden allein 678 Druckwerke in den USA installiert, 712 in den alten Bundesländern und 456 in der Sowjetunion.

Diese Breite der Kunden gab dem Unternehmen gute Aussichten, leichter als solche Firmen auf dem Weltmarkt zu bestehen, die fast völlig vom osteuropäischen Markt abhingen. Wichtigste Maßnahme nach GmbH-Gründung wäre eine starke Konzentration der in Leipzig verstreuten Be-

triebsteile. Ausgewählt wurde der vorher schon größte Betriebsteil am östlichen Stadtrand mit Platz für Neubauten, mit Eisenbahn- und Autobahnanschluß. Der inzwischen von der Treuhandanstalt abgesetzte erste Geschäftsführer ließ vor allem neu bauen. Rund 20 Millionen DM wurden investiert, um ein effizient arbeitendes Unternehmen zu schaffen. Gleichzeitig wurde stark auf Halde produziert, da man eine kurzfristige Wiederbelebung der Ostmärkte erwartete. Beides führte zu enormer Verschuldung des Betriebs, der noch immer der Treuhand untersteht.

Derzeit gilt das Prinzip, nur reale Aufträge auszuführen, zum Teil durch Umbau vorhandener neuer Maschinen. Auf diese Weise arbeiten von der noch 500 Mitarbeiter zählenden Belegschaft überdurchschnittlich viele kurz bis zu null Stunden. Damit hat zwar die Bundesanstalt für Arbeit für das Kurzarbeitergeld aufzukommen; aber das senkt die Aussichten, Schulden abarbeiten zu müssen.

Die Forschungs- und Entwicklungsbereiche haben weitergearbeitet und legen neue "zirkon"-Maschinen vor, die sicherlich gute Aussichten bieten. Allerdings sind von den Abbaumaßnahmen so viele Erfahrungsträger betroffen, daß bei erfahrenen Zirkon-Mitarbeitern die Sorge besteht: Wenn tatsächlich in Größenordnung neue Aufträge kämen, wäre man nicht in der Lage, diese wirklich zu erfüllen.

KBA Planeta GmbH Radebeul:

Das Unternehmen wurde im Mai 1990 als Aktiengesellschaft gegründet. Planeta war der größte Arbeitgeber im Dresdner Raum. Sie zählte als VEB 5300 Beschäftigte. Bis heute ging die Zahl auf 1250 zurück. Der Umsatz lag 1992 bei 230 Millionen DM, rund 40 Prozent vom 89er Ergebnis.

Die Privatisierung ergab sich aus einer langfristigen Zusammenarbeit bei Forschung und Entwicklung mit Koenig & Bau-

Kombinat Polygraph Leipzig

er-Albert (Würzburg). Im März 1991 führten die Verhandlungen über einen Beteiligungsvertrag zwischen KBA, Treuhandanstalt und Planeta zum Erfolg. Die AG gehört seither zu 75,1 Prozent Koenig & Bauer-Albert und zu 24,9 Prozent der Berliner Anstalt. Das Beteiligungsmodell ist auf die Zeit der Verhandlung zurückzuführen, als noch große Gewinne erwartet wurden. Sollte die THA die Aktien auf den Markt bringen wollen, müssen sie zuvor Koenig & Bauer-Albert angeboten werden. Die Zusammenarbeit mit der THA wird bei Planeta als ausgezeichnet eingeschätzt. Ein Bankenpool hat sich um die notwendigen Kredite bemüht. Er hatte vor allem auf den guten Namen der Firma reagiert. Prokurist Eberhard Biechteler erklärte, in manchen Abnehmerländern habe man nichts von der DDR gewußt, sehr wohl aber Planeta gekannt.

Das Unternehmen ist mit Altschulden von zirka einer Viertelmilliarde DM belastet. Planeta war der Devisenbringer im Kombinat (rund 60 Prozent) und demzufolge sehr modern ausgestattet. Wie auch sonst in der volkseigenen Industrie durfte das aber nicht über erwirtschaftete Mittel geschehen. Die waren abgeführt worden. Für Investitionen bewilligte der Staat niedrigverzinste Kredite (3 %). Eins konnte aber nicht gegen das andere aufgerechnet werden. Deshalb muß Planeta jetzt für die Altschulden 11 Prozent Zinsen zahlen.

Ausgründungen aus dem ursprünglichen Betrieb erfolgten auf verschiedene Weise. So wurden der Bauhof (ursprünglich 30, jetzt schon 120 Beschäftigte), der Modellbau (30), die Entsorgung (15), die Betriebselektrik, die Malerbrigade und weitere in die Selbstständigkeit entlassen, wodurch insgesamt rund 500 Arbeitsplätze gesichert sind. Folgen soll noch das Heizhaus mit einer etwa 100köpfigen Belegschaft, das u. a. auch für die Wärmeversorgung größerer Wohngebiete zuständig ist. Planeta wird dann seine Wärmeversorgung kaufen.

Das Gelände der früheren Cosima Küchenherstellung wurde verkauft, die Produktion auf den Hauptstandort übernommen. Auf dem Gelände entstand ein anderer Betrieb, der nichts mit Planeta zu tun hat.

Zum Jahreswechsel 1989/90 kaufte das Kombinat Polygraph über Planeta seinen damaligen USA-Vertreiber Royal Sinus, der als 75prozentige Tochter heute unter KBA-Planeta North Amerika Inc. firmiert.

Ausgegliedert wurde die DMS Druckmaschinenservice GmbH Dresden, eine 96prozentige Planeta-Tochter, die Verkauf und Service in den neuen Bundesländern sowohl für KBA Planeta als auch für andere KBA-Firmen betreibt.

Insgesamt mußte Planeta keine wesentlichen Sortiments- oder Marktumstellungen im Westen vornehmen. Natürlich wurde die Entwicklung weitergeführt. Aber man konnte mit dem vorhandenen Vertrieb und der Erzeugnisstruktur weiterarbeiten. Früher ging der Absatz zu einem Drittel in die UdSSR und erzielte dort die günstigsten Preise. Jetzt hat man zwar zwei Drittel des früheren Marktes behalten, aber eben den Teil, auf dem man relativ schlechte Preise erzielt.

Die allgemeine Rezession erforderte bereits 1991 teilweise Kurzarbeit. Aber nach den großen Schrumpfungsprozessen rechnet das Unternehmen jetzt damit, eine Größe erreicht zu haben, in der es auf dem Markt weiterbestehen kann.

Perfecta Schneidemaschinenwerk
Bautzen GmbH:

Seit dem 15. 5. 1992 ist die Firma durch Verkauf an Emil Waller in Neuss privatisiert, der einen polygraphischen Fachgroßhandel besitzt und bisher Polygraph-Erzeugnisse als Vertreter in den alten Bundesländern betreut hatte. Die Produktion ist von 800 - 1000 Maschinen jährlich bei einer Belegschaft von reichlich 1000 auf 470 bei 300

Beschäftigten zurückgegangen. Der hohe Anteil UdSSR-Export sank zwar, aber auch heute liefert die Firma in GUS-Länder, wobei es ständig Probleme wegen der Hermeskredite gibt. Druckereien und Buchbindereien im Inland haben weiterhin einen hohen Bedarf an den Bautzener Maschinen. Vereinzelt ist Kurzarbeit nötig.

Die Firma hatte früher mehrere Standorte, ist jetzt an zwei Plätzen in Bautzen konzentriert.

In der Forschung und Entwicklung arbeiten über 20 Leute an neuen Erzeugnissen. Dazu nutzte das Unternehmen auch Fördermittel des Bundesministeriums für Wissenschaft. Marktfähige neue Maschinen werden derzeit eingeführt.

Als Hauptprobleme werden die Schwierigkeiten beim Aufbau eines weltweiten Vertriebs sowie die schnell wachsenden Lohnkosten betrachtet. Sie laufen dem Absatzvolumen davon. Die Firmenleitung hält es für möglich, daß die Lohnkosten weiteren Personalabbau erfordern.

Polygraph Projekt Maschinen- und Gerätebau GmbH:

Der Betrieb (zur Wende rund 800 Beschäftigte) ist liquidiert. Seine Hauptaufgabe, zentrale Projekte für das Gesamtkombinat aufzustellen, wurde überflüssig. Zahlreiche einzelne Geschäftsbereiche wurden herausgelöst und privatisiert, mehrere davon entstanden als Neugründungen, so die Polygraph Grafische Geräte (PGG) GmbH Leipzig, die den größten Teil des Firmengeländes im Leipziger Westen übernahm und an andere Betriebe vermietete. Dadurch finden auf dem Gelände des Stammwerkes heute wieder rund 280 Leute Lohn und Brot - wenn auch in unterschiedlichen Firmen, die teilweise nichts miteinander zu tun haben.

Der Tauchaer Betriebsteil gehört heute zu Oerzen, mehrere Projektierungsunternehmen sowie die Polygraph Bürotechnik GmbH aus dem Bereich Instandhaltung entstanden ebenfalls als eigenständige Firmen. Einen Teil des Geländes hat die frühere Firma Hoh & Hahne wiederbekommen. Derzeit stehen die Gebäude aber als ungenutzte Immobilien leer.

Die PGG GmbH wurde im März 1991 mit 33 Beschäftigten gegründet. 51 % des Kapitals hält der Schweizer Dieter Brechlin, den Rest der Frankfurter Karlheinz Stock sowie der Leipziger Geschäftsführer Lothar Klemmer. Inzwischen beschäftigt das Unternehmen 35 Leute. Es handelt sich vor allem um Erfahrungsträger des Polygraph Projekt Maschinen- und Gerätebau GmbH, der alleiniger Produzent von Reprotechnik im RGW war. Heute wird nichts von den damaligen Erzeugnissen weitergebaut, aber die Fachkenntnisse der Belegschaft flossen in die Film- und Plattenkontaktkopiergeräte, Kompaktkameras, Siebkopierer sowie Trockentechnik ein. Daneben vertreibt man auch DTP- und DTR-Technik anderer Hersteller, die im Gegenzug Leipziger Reprotechnik vertreiben. Mit einem angestrebten Jahresumsatz von 4 Millionen DM und Abnehmern in ganz Europa sieht die Geschäftsleitung den Start als gelungen an. Dennoch werde es Jahre dauern, bis man von einem soliden Unternehmen sprechen könne.

Geschäftsführer Klemmer hatte vor allem nach Interessenten gesucht, die mehr sein konnten als Investoren. Der Schweizer Teilhaber hat ebenso Marktkenntnis eingebracht wie der Frankfurter Know-how. Beide besitzen eigene Firmen und verlangen nicht in kurzer Zeit märchenhafte Gewinne. Deshalb konnte man auch Mietverträge mit Untermietern abschließen, die wertbildende Arbeitsplätze schufen.

Das Unternehmen sieht derzeit zwar keinen Markt in Osteuropa, klammert aber frühere Beziehungen nicht aus. So werden mehrere osteuropäische Partner weiter betreut und Fachleute aus diesen Ländern

Kombinat Polygraph Leipzig

ausgebildet. In Prag gibt es bereits eine eigene Niederlassung, an einer in Moskau wird gearbeitet. Dabei haben sich die früheren Beziehungen insofern als Vorteil erwiesen, als viele erst einmal wegen Ersatzteilen nachfragen. Manchmal läßt sich aus alter Erfahrung ein solcher Wunsch befriedigen; das führt zu neuen, in die Zukunft reichenden Kontakten.

Ansonsten haben die Leipziger Hersteller grafischer Geräte bereits die Erfahrung gemacht, daß sie nur eine Chance haben, wenn sie in einem überbesetzten Markt vorhandene Produzenten verdrängen können, durch Qualität und Termintreue, durch Service und ein interessantes Preis-Leistungs-Verhältnis potentielle Kunden von ihrer Solvenz überzeugen.

Volle Auftragsbücher

Polygraph Nordhausen GmbH:

Die vorwiegend als Zulieferer für andere Polygraph-Unternehmen wirkende Firma ist seit 1. 10. 1992 durch ein MBO/MBI von drei Firmenmanagern und einem finanzkräftigen Beteiligten aus den alten Bundesländern privatisiert. Bis Jahresende 1992 wurde die Entschuldung durch die Treuhand und die Verschuldung der Inhaber vollzogen. Von ehemals 240 sind noch 60 Beschäftigte übrig, davon 38 im gewerblichen Bereich. Der Rest arbeitet in Entwicklung und Verwaltung. Hauptkunde ist McCain-Brehmer Leipzig. Die Auftragszahl läßt sich nur durch volle Dreischichtarbeit bewältigen. Neben der Hauptproduktion stellt das Unternehmen auch Buchbindereimaschinen für die handwerkliche Buchbinderei und Sondermaschinen her. Es ist in der Lage, hochkomplizierte Aufträge auszuführen - so die Herstellung von Druckzylindern für den Farbdruck, von denen einer bis zu 15 Stunden auf einer CNC-Maschine läuft.

Polygraph Nordhausen GmbH ist der größte Maschinenbaubetrieb der Stadt, der über MBO privatisiert wurde. Die Unterstützung durch die Treuhand wird als sehr gut eingeschätzt, die Finanzierungshilfe durch Banken dagegen als ausgesprochen zögerlich und schlecht. Die Firma wird neue Investitionskredite aufnehmen und in den nächsten Jahren ein umfangreiches Programm neuer Investitionen abarbeiten.

In der Mehrzahl der heutigen Firmen wird als eine der größten Belastungen die Übernahme der Altschulden beklagt. Da diese Schulden eigentlich fiktiv sind, weil das in der Planwirtschaft angesammelte Kapital nie bei den Unternehmen blieb, sondern an den Staat ging, müsse, so die Befragten, eine politische Entscheidung die Firmen von diesen Lasten befreien; es werde sonst zahlreiche weitere Zusammenbrüche geben.

VEB Reisebüro

Der Rohwedder-Brief als Alarmsignal

Von RUDOLF HEMPEL

- **Wirtschaftlich intakt, aber mit Grenzen**

- **Appell an die "gemeinsame Vergangenheit"**

- **Der "Festakt" fand auf dem Flur statt**

- **Erste deutsch-deutsche Touristik-Pressekonferenz**

- **"Ausnahmslos und ohne schuldhaftes Zögern ..."**

- **Ein unakzeptabler Vorschlag**

- **Nächste Runde mit neuem Privatisierungskonzept**

- **Es war ein schmerzhafter Prozeß ...**

- **Die Reise beginnt in der Filiale**

- **Der falsche Prophet**

Im Jahr der Wende war das Reisebüro der DDR mit seinen knapp 4300 Beschäftigten, seiner landesweiten Struktur, den über 130 Filialen, einer Hotelkette und diversen Zusatzeinrichtungen, mit den 4,7 Millionen betreuten in- und ausländischen Touristen und einem Umsatz von 1,3 Milliarden Mark ein "volkseigener Monopolist". Die Position wurde lediglich vom FDGB-Feriendienst, dem FDJ-Reisebüro "Jugendtourist" und einem wachsenden Individualtourismus tangiert, wenn auch zunehmend.

Das Reisebüro war mit Wirkung vom 1. Januar 1958 als staatliches Reisebüro (DER) gebildet und zur Wahrnehmung aller Rechte befugt worden, die der Deutschen Reichsbahn als Gesellschafter der Firma "Deutsches Reisebüro" GmbH zustehen. Diese Firma ihrerseits war als Rechtsnachfolger des vorkriegsdeutschen Mitteleuropäischen Reisebüros - auf Beschluß des Alliierten Kontrollrates - am 4. November 1946 entstanden. Ein Fakt, der für den Prozeß der Privatisierung im Zeitraum 1990/91 eine Rolle spielen sollte - als nämlich das westdeutsche DER seine Hilfe für das DDR-Reisebüro auch mit dem Argument der "gemeinsamen Vergangenheit" verband. Nachdem das ostdeutsche DER 1964 in ein zentral geleitetes staatliches Unternehmen und selbständigen Planträger des Ministeriums für Verkehrswesen mit dem Namen "Reisebüro der DDR" umgewandelt worden war, erfolgte 1978 eine erneute Umwandlung, diesmal des staatlichen Reisebüros in einen volkseigenen Betrieb. Das bis zur Umwandlung des VEB in eine Kapitalgesellschaft gültige Statut legte Aufgaben, Struktur und Leitungsmechanismen fest.

Es galt, touristische Leistungen im In- und Ausland zu organisieren, zu verkaufen und zu vermitteln. Dabei mußte den ständig wachsenden "materiellen und kulturellen Bedürfnissen der Werktätigen" Rechnung getragen werden. Entsprechend den Erfordernissen und Möglichkeiten einer "kulturvollen" Urlaubs- und Freizeitgestaltung, war ein vielseitig interessantes und differenziertes Angebot touristischer Leistungen zu bieten. Reisen in die Sowjetunion und in andere sozialistische Länder sollten zu völkerverbindenden, politisch und kulturell wertvollen Erlebnissen gestaltet werden. Durch die Betreuung ausländischer Touristen war die strikte Erfüllung der staatlichen Planaufgaben zu sichern. Zur Verwirklichung dieser Ziele wurden Gruppen- und Einzelreisen, Auslands- und Inlandskurzfahrten, Kur- und Schiffsreisen,

VEB Reisebüro

außerdem Bildungsfahrten sowie die Vermittlung von Verkehrsleistungen von Hotels und Versicherungen angeboten.

Das Reisebüro gliederte sich in die Generaldirektion mit Sitz Berlin, die Bezirksdirektionen und Zweigstellen sowie eine Anzahl von Hotels und Heimen auf dem ganzen Gebiet der DDR. Außerdem gab es ständige Auslandsvertretungen. Die Zweigstellen waren für Absatz und Verkauf, für die Zusammenarbeit mit Betrieben, Kombinaten, Genossenschaften, staatlichen Einrichtungen und gesellschaftlichen Organisationen zuständig. Ihnen oblag außerdem enge Kooperation mit touristischen Einrichtungen im Territorium. Die Auslandsbüros waren zur Zusammenarbeit mit Partnerbüros, zu Marktforschung, Informationstätigkeit und zur Betreuung von DDR-Touristen verpflichtet.

Es herrschte das Prinzip der Einzelleitung. Oberster Dienstherr war der vom Verkehrsminister berufene Generaldirektor. Er konnte - nach Zustimmung staatlicher Organe - Verträge abschließen und Auslandsvertretungen einrichten. Durch ihn mußten Struktur-, Stellen- und Funktionspläne festgelegt sowie die Arbeitsfähigkeit gesichert werden. Er vertrat das Reisebüro im Rechtsverkehr.

Der Betrieb war verpflichtet, entsprechend der Vorgaben des zentral beschlossenen Fünf-Jahrplanes und der jeweiligen Jahresvolkswirtschaftspläne zu arbeiten. Er war von einer Vielzahl staatlicher Organe abhängig. Dazu zählten: die Staatliche Plankommission, die Ministerien für Verkehrswesen, Handel und Versorgung, Finanzen und Kultur, außerdem der Bereich Kommerzielle Koordinierung im Ministerium für Außenhandel, das Amt für Preise, die Räte der Bezirke, die Zentrale Kommission für Auslandstourismus beim DDR-Ministerrat. Diese Kooperationsverpflichtungen wie auch die Leitung nach dem Territorialprinzip (Programmgestaltung, Abstimmung, Reali-

sierung, Kontrolle) erforderten einen hohen administrativen Aufwand und den Einsatz eines zahlenmäßig großen "unproduktiven" Arbeitskräftepotentials vor allem in der Generaldirektion und den Bezirksdirektionen. In diesen waren - wie in Dresden - bis zu 60 Mitarbeiter tätig.

Das Reisebüro hatte also die Aufgabe, unter den skizzierten zentralistischen Bedingungen über touristische Leistungen einen politischen Auftrag zu erfüllen. Ihr Beitrag zur "Reproduktion von Arbeitskraft" war verbunden mit der Verpflichtung, einen möglichst hohen Umsatz zu erzielen, Gewinn zu erwirtschaften und im Incoming-Bereich für größtmögliche Valutaeinnahmen zu sorgen.

Wirtschaftlich intakt, aber mit Grenzen

Mit den Veränderungen des Jahres 1989 stand auch der VEB Reisebüro vor einer neuen Aufgabe, die zu einem Wettlauf mit der Zeit wurde. Mitarbeiter und Führung wußten zwar, daß es so wie bisher nicht weiter gehen kann, wohin die Reisebüro-Reise aber gehen würde, davon hatten zu diesem Zeitpunkt nur die wenigsten eine konkrete Vorstellung. Klar war nur soviel: Notwendig ist ein operatives Krisenmanagement, verbunden mit einer auf ökonomischen Fakten (und nicht auf ideologischen Prämissen) beruhenden strategischen Analyse. Diese muß zu einer Neuausrichtung des Betriebes führen. Zu einer Restrukturierung unter den Bedingungen der sich abzeichnenden Marktwirtschaft. Über das "Startkapital" für diesen Weg gibt der Geschäftsbericht für das Planjahr 1989 Auskunft. Zu den Hauptkennziffern zählen (neben den bereits genannten 4,7 Millionen in- und ausländischen Nutzern): (siehe Tabelle).

Der Grundmittelbestand im Bruttowert wird auf 230 Millionen Mark beziffert. Die Kennziffern weisen aus, daß es sich beim

Geschäftsbericht '89 als Ausgangsbasis

Mitarbeiter:	4291
Leitungs- und	
Verwaltungspersonal:	707
Valutaeinnahmen:	162 Mio M/
	79,1 Mio DM
Valutaausgaben:	629,5 Mio M
	11,2 Mio DM
Nettoproduktion:	243 Mio M
Nettogewinn:	133 Mio M
Investitionen (gesamt):	55 Mio M
Prämienfonds:	5 Mio M
ALB-Fonds:	9,3 Mio M
Lohnkosten:	59 Mio M
Monatlicher Durchschnittslohn:	1020,20 M

VEB Reisebüro der DDR zur Zeit der Zeitenwende um einen wirtschaftlich intakten Betrieb handelt. Um einen Betrieb, dessen Millionenguthaben auch auf dem bilanzgünstigen Umrechnungsfaktor aus dem Umsatz mit dem nichtsozialistischen Wirtschaftsgebiet (NSW) beruhte, ein Umsatz, der vor allem im Incomingbereich erzielt wurde.

Freilich dürfen die Zahlen und Fakten nicht darüber hinwegtäuschen, wie sehr die betrieblichen Möglichkeiten und damit das Reiseangebot für die Bürger des Landes für Inlandkurzfahrten wie für Reisen ins Ausland gleichermaßen durch unliebsame Einflüsse beschränkt wurden. Diese hatten sich über die Jahre hinweg zugespitzt. Sie waren letztendlich so etwas wie ein Spiegelbild des Zustandes der gesamten DDR-Wirtschaft gegen Ende ihrer "sozialistischen Existenz". Genannt werden müssen hier u.a.:

- gravierende Engpässe und Mängel in der Hotelkapazität, im gastronomischen Angebot, bei der Beförderung durch die Deutsche Reichsbahn und KOM
- bürokratische Hürden bei der Erteilung von Gewerbegenehmigungen
- nicht ausreichende Valutamittel für NSW-Reisen
- limitiertes Papierkontingent, vor allem für die Werbung
- Mängel in der staatlichen Planung und Leitung der Territorien
- schlechte Arbeit der Bezirksausschüsse für Touristik
- zu geringe Anzahl an Reiseleitern und Dolmetschern.

Zu diesen Widrigkeiten kam im Jahre 1989 noch hinzu, daß sich das Kaufverhalten veränderte, sich das Preis-Leistungs-Verhältnis verschlechterte und politische Unruhen in Osteuropa zunahmen. Letzteres führte zu neuen Zollbestimmungen der DDR, der Eliminierung von Tagesfahrten in die CSFR, zur Abreisevisapflicht für CSFR-Reisen u. a., was sich besonders negativ auf den Inlandstourismus auswirkte. Reisebüro-Generaldirektor Horst Dannat brachte den Zustand in einem Interview Anfang November 1989, unmittelbar vor der Verabschiedung eines neuen Reisegesetzes, auf den Punkt: "Wenn ich davon ausgehe, daß wir seit Jahren beim Auslandstourismus stagnieren, den Bürgern immer wieder nur 1,1 Millionen Reisen anbieten, nicht zu besseren, sondern zu immer schlechteren Bedingungen, und daß wir auch im Inlandtourismus rückläufig sind, dann zeigt sich hier ein prinzipielles Problem."

Ohne Liquiditätssorgen, dafür aber mit dem "prinzipiellen Problem" als Altlast im Gepäck, die "drohende Marktwirtschaft" vor Augen, wurde eine "Betriebsstrategie für die Jahre 1990/91" ausgearbeitet. Sie war als Konzept für eine Übergangsperiode auf dem Weg in die Marktwirtschaft definiert. In ihr wurde von den neuen Bedingungen, wie der zum 1. Juli bevorstehenden Wirtschafts-, Währungs- und Sozialunion ausgegangen. Und auf bundesdeutsche Verhältnissen orientierend: Annähernd gleiche Preise, Umsätze, Erträge, Kosten,

VEB Reisebüro

Aufwendungen, Steuern, Löhne und Gehälter, betriebliche und gewerkschaftliche Mitbestimmung.

Appell an die "gemeinsame Vergangenheit"

Unterstützt wurde das Reisebüro der DDR bei seiner Strategiefindung seit Dezember 1989 von mehreren Abgesandten des Deutschen Reisebüros (DER) aus Westdeutschland, die - nicht ganz uneigennützig - darauf verwiesen, beide Partner hätten ja eine "gemeinsame Vergangenheit" und damit wohl vor allem die Zeit unmittelbar nach 1946 meinten.

Reisebüro (Ost) und DER (West) analysierten also gemeinsam die Stärken des Betriebes (Anlagevermögen, Zugehörigkeit zu einem expansiven Wirtschaftszweig, Filialnetz mit Top-Standorten, Berufserfahrung der Mitarbeiter, stabile Partnerbeziehungen, starker Behauptungswille) und seine Schwächen (Überzentralisation, überdimensional unproduktive Bereiche, mangelnde ökonomische Transparenz, veraltete technische Ausstattung, unzureichende Ergebnisbeteiligung).

Es entstand ein Konzept, das drei Phasen der Umgestaltung vorsah: In der ersten Phase (bis Sommer 1990) sollte die Umwandlung des VEB in eine Kapitalgesellschaft, der Abbau unproduktiver Bereiche, die Auflösung der Bezirksdirektionen, die Bildung von selbständigen Bereichen und Betrieben vollzogen werden. Die neue Struktur sah einen Hauptgeschäftsführer, fünf Geschäftsführer (Innere Angelegenheiten, Betrieb Entsendung, Betrieb Aufnahme, Filialbetrieb, Holding) sowie Stäbe und Zentrale Dienste, Serviceeinrichtungen vor. In der zweiten Phase (bis Herbst 1990) war die Umwandlung der neugebildeten Betriebe in GmbH mit ausländischer Beteiligung/Joint Ventures avisiert. Die zu bildende Bürokette "ReiseWelt" sollte bis Juli, der geplante Outcoming-Veranstalter "TrendReisen" und "Quadriga-Reisen" als Incomingbetrieb bis August, die Travel Hotel GmbH bis September umgewandelt werden. Es wurde jeweils mit einer ausländischen Beteiligung bis zu 49 Prozent gerechnet.

In der dritten Phase (bis Ende 1991) scheint eine weitere Kapitalaktivierung an der GmbH "Europäisches Reisebüro" möglich. Vorgesehen war die Kooperation mit der Deutschen Reichsbahn, Interflug, der Mitropa und den Interhotels unter Nutzung des jeweiligen Know-hows und den damit verbundenen hohen Synergieeffekten.

Die Wirtschaftlichkeit des Unternehmens sollte mit folgenden Eckdaten erreicht werden: 1 Million DM Umsatz pro Vollbeschäftigteneinheit (VbE), 50 000 DM Personalkosten und 40 000 DM Sachkosten.

Voraussetzung für eine solche Rechnung war u. a. die Reduzierung von Arbeitskräften, eine annähernde Verdopplung von Löhnen und Gehältern, die Minimierung des Geschäftsführungsaufwandes. Die Berechnung gründete sich auf ein angenommenes Verhältnis von Mark der DDR zu DM der BRD von 1:1. Detailliert sind in der "Strategie" auch die Zahlen für den Umsatz, den geplanten Nettogewinn und die vorgesehenen Arbeitskräfte, jeweils aufgeschlüsselt auf die Bereiche, formuliert. Bei einer Reduzierung der Mitarbeiterzahl um 730 innerhalb des ERB-Unternehmens (innerhalb der Travel Hotel GmbH sollte die Zahl der Beschäftigten steigen, und zwar von 1100 auf 1400) waren ein Jahresumsatz von rund 960 Millionen Mark und ein Nettogewinn von über 20 Millionen Mark anvisiert.

In der Strukturpyramide standen Treuhand/Gesellschafter/Gesellschafterversammlung sowie Aufsichtsrat über der in sieben selbständige Unternehmen aufgegliederten "Europäische Reisebüro GmbH". Die hier skizzierte Strategie ist in Denkansatz, Kennziffern und Strukturen nur vor dem Hintergrund der wirtschaftlichen Entwicklung in der DDR zu verstehen. Die Grundlinien einer Wirtschaftsreform wurden gerade ausgearbeitet und in der Beilage 1/90 der wieder ins Leben gerufenen Wochenzeitung "Die Wirtschaft" vom 1. Februar 1990 veröffentlicht.

In diesem Reformkonzept wird vom Weiterbestehen einer eigenständigen DDR-Wirtschft ausgegangen. Sie sollte, mit Milliardenkrediten unterstützt, unter den sich rasant vollziehenden Veränderungen im RGW-Verbund "in kürzester Frist den Übergang von der Kommandowirtschaft einer zentralistischen Direktivplanung auf eine sozial und ökologisch orientierte Marktwirtschaft vollziehen". Geplant waren eine neue Art von Wirtschaftsdemokratie, unterschiedliche Eigentumsformen, ökonomisch und juristisch selbständige Unternehmen. Für den Umwandlungsprozeß wurden mehrere Etappen über einen Zeitraum von drei Jahren ins Auge gefaßt. Die politische Entwicklung in Europa - und vor allem in den beiden deutschen Staaten selbst - hat die DDR jedoch auf den Weg einer überaus schnellen Annäherung an das System der sozialen Marktwirtschaft gebracht. Der damit einsetzende Prozeß "Made in BRD" war, gepflastert mit manchem Stolperstein, natürlich nicht ohne Auswirkungen auf den weiteren Weg des Reisebüros auf dem Gebiet der nun ehemaligen DDR.

Der "Festakt" fand auf dem Flur statt

Die ersten Kontakte zwischen Reisebüro und Treuhand entstanden im Vorfeld der GmbH-Bildung. Im Laufe der Annäherung kam man zu dem Entschluß, das "ungeliebte Kind Hotelkette" aus dem Reisebüro auszugliedern und zu einer selbständigen Kapitalgesellschaft umzuwandeln. Ein erster richtungweisender Schritt hin zur Entflechtung, zu kleineren und effektiveren Wirtschaftseinheiten mit a priori größeren Chancen in der Marktwirtschaft. Die Treuhandzentrale saß damals noch in Berlin Unter den Linden - als Untermieter im ehemaligen Ministerium für Außenwirtschaft, von dem inzwischen das Wirtschaftsministerium der letzten DDR-Regierung Besitz ergriffen hatte. Im Rückblick von Treuhandvertreter Klaus-Peter Böttger, der den Umwandlungsprozeß "aktenmäßig" vorbereitet hatte, verlief der Vorgang selbst "ziemlich hektisch". Horst Dannat erinnerte sich so: "Es war der 28. Juni nachmittags. Wir waren zu sechst und trafen auf dem Flur mit Herrn Thomas Neubert, Treuhandabteilungsleiter, Herrn Böttger und dem Notar, Herrn Knöfel, zusammen. Wir nahmen in einer Sesselgruppe Platz, Stühle mußten herbeigeholt werden. Auf den Glastischen randgefüllte Aschenbecher. Die Umwandlungserklärungen wurden verlesen. ..´ die Erschienenen erklären hiermit: Wir wandeln auf der Grundlage der Verordnung zur Umwandlung von volkseigenen Kombinaten, Betrieben und Einrichtungen in Kapitalgesellschaften vom 1. März 1990 den VEB Reisebüro der DDR in zwei Gesellschaften mit beschränkter Haftung um. Hiermit errichten wir die Gesellschaften unserer Firmen
- Europäisches Reisebüro GmbH
- Travel Hotel GmbH
und stellen die dieser Niederschrift beigefügten Gesellschafterverträge fest, die Gegenstand der Urkunde sind. Zur Durchführung der Umwandlung wird mit Stichtag vom 1. 6. 1990 das Vermögen aus der bisherigen Fondsinhaberschaft des VEB Reisebüro auf das Europäische Reisebüro mit 20 Millionen Mark und die TravelHotel GmbH mit 5,5 Millionen Mark aufgegliedert. Das geschieht unter Zugrundelegung der Bilanz zum 31. 5. 1990. Die Geschäftsanteile zu 100 Prozent gehen in beiden Fällen an die Treuhand. Zu vorläufigen Geschäftsführern werden bestellt - Dannat, Müller, Stiel, Schleif, Beyer, Geese´. Es gab dann noch den Gesellschaftsvertrag, den Sachgrün-

VEB Reisebüro

dungsbericht, die Eröffnungsbilanz. Die acht Unterschriften wurden geleistet. Das war's dann . In zwanzig Minuten wurden aus dem volkseigenen Reisebüro der DDR die Kapitalgesellschaften Europäisches Reisebüro und Travel Hotel."

Nachdem der Umwandlungsfestakt so undramatisch über die Bühne gegangen war, entschloß man sich, zum geeigneten Zeitpunkt in einer etwas würdigeren Form, die internationale Öffentlichkeit über den sich nun abzeichnenden Weg zu informieren.

Erste deutsch-deutsche Touristik-Pressekonferenz

Ort der Handlung für den "öffentlichen Neuanfang": Haus der internationalen Presse Berlin, Mohrenstraße. Der Zeitpunkt: 2. August 1990. Das Thema: Wie weiter mit dem ehemaligen Reisebüro der DDR? Die Repräsentanten der Europäischen Reisebüro GmbH skizzierten, was die deutschen Zeitläufte überholt hatten und wohin nun unter marktwirtschaftlichen Bedingungen die Reise gehen sollte.

Horst Dannat: Der Hauptgeschäftsführer argumentierte und informierte - wer jetzt wettbewerbsfähig werden will, muß Personal abbauen, denn zuviele Mitarbeiter waren bisher zu weit weg vom eigentlichen Reisegeschehen. Auch die bürokratischen Hürden banden jetzt überflüssige Personalkapazität. Das Ausscheiden der Mitarbeiter soll mit Sozialplänen verträglich gestaltet werden. Wer es jahrelang gewohnt war, die Rarität "Reisen" zu verwalten, muß sich darüber klar werden, daß in der Marktwirtschaft nur noch der Kunde mit seiner Buchung über den Erfolg des Unternehmens entscheidet. Das zum Dienstleistungssektor gehörende größte Reisebüro der DDR hat - im Gegensatz zur angeschlagenen Volkswirtschaft - mit seinen traditionellen Stärken echte Wachs-

tumschancen. Im zweiten Halbjahr ist ein Umsatz von 300 Millionen DM anvisiert.

Klas Beyer: "ReiseWelt" als Vertriebskette mit einem flächendeckenden Filialnetz von rund 130 Büros und künftig 1600 Mitarbeitern bietet die Produkte von DERTOUR, TUI, AMEROPA, Novasol und natürlich "TrendReisen", auch Interflug, Lufthansa, DR, KLM, Europäische Reiseversicherung, von AVIS- und HERTZ-Mietwagen. Ab Tegel ist Charter möglich. Zu den neuen Betätigungsfeldern gehören das Firmengeschäft, der Urlaub auf dem Lande und Handicapreisen.

Frank Stieler: "TrendReisen" produzierte in sechs Wochen den Sommerkatalog '90. Auflage 300 000. Dazu Sonderkataloge für Malta, Frankreich, Finnland. Ein Osteuropakatalog ist geplant. Das Anzeigen und PR-Geschäft läuft. Existenzgründern wird von den zukünftig 160 Mitarbeitern Unterstützung zugesagt.

Karin Schleif: Der Incoming-Veranstalter "Quadriga-Reisen" und seine zukünftig 450 Beschäftigten kooperieren mit 600 Partnern rund um den Erdball. Er bietet Gruppenreisen, Tagungen, Messen und Geschäftsreisen.

So präsentierte diese erste und wohl auch letzte deutsch-deutsche Touristik-Pressekonferenz den Einstieg in die Marktwirtschaft, verbunden mit einem ganzen Katalog Fakten. Verbunden mit Plänen und Wünschen und mit Hoffnungen, von denen sich im Laufe der Zeit erweisen sollte, wo die Grenze liegt zwischen Realität und Illusion. "Die Botschaft hör ich wohl, allein mir fehlt der Glaube" - wer hätte damals die guten Absichten so kommentiert. Der Illusionsanteil erwies sich als eine Mischung von festgefahrenen Denkmustern, ausgeprägtem Selbstbewußtsein, Unkenntnis und Mangel an Phantasie, die mit einer nicht vorhersehbaren marktwirtschaftlichen Dynamik konfrontiert wurden.

Am Berliner Alexanderplatz öffnete im April 1993 eine moderne ReiseWelt-Filiale ihre Pforten

"Ausnahmslos und ohne schuldhaftes Zögern..."

Der nächste wichtige Schritt im Umwandlungsprozeß war die Konstituierung des vom Gesellschafter Treuhand berufenen Aufsichtsrates am 20. September. Profilierte Vertreter aus Wirtschaft und Tourismus boten die Gewähr dafür, daß die Interessen des Europäischen Reisebüros auf seinem weiteren Weg engagiert vertreten werden. Dem Aufsichtsrat gehörten an:
- Dr. Joachim Meyer-Blücher (Vorsitzender)
- Unternehmensberater Frank Fischer (Stellvertreter)
- Hemjö Klein, Vorstand Personenverkehr der Deutschen Bundesbahn
- Friedel Roedig, Verkaufsdirektor Deutschland der Lufthansa
- Peter Oes, Präsident der Kuoni Reisebüro AG Zürich
- Dr. Ulrich Pomlun, Vorstand Mitropa
und die Arbeitnehmervertreter:
- Markus Böttger, Betriebsratsvorsitzender
- Hans-Jürgen Richter (Incoming)
- Dagmar Kotterba (TrendReisen)

Während der Aufsichtsrat als Kontrollorgan der Treuhand begann, das Europäische Reisebüro nach Kräften im Prozeß der Restrukturierung zu unterstützen, während sich viele Mitarbeiter neuen Aufgaben zuwandten, beschäftigte man sich auf "höherer Ebene" - Treuhand, ERB-Geschäftsleitung und DER - mit der nächsten Etappe:

347

VEB Reisebüro

der Bildung einer Holding mit Töchtern´. Dazu ließ man bis Ende November neben einem EDV-Konzept auch ein 50seitiges Marketingkonzept ausarbeiten. Die Grundlage dazu bildeten repräsentative Befragungen über das positive Reiseverhalten in den neuen Ländern und Mitarbeiterinterviews. Sie führten zu aufschlußreichen Erkenntnissen über den möglichen hohen Synergieeffekt zwischen einzelnen Bereichen und die Erschließung neuer Kundenpotentiale. Die Analyse zeigte: "Eine rege Nachfrage, den Regeln der Marktwirtschaft entsprechend, ruft sofort eine Reihe von Mitbewerbern auf den Plan." TrendReisen müsse also umdenken und erkennen, daß bei ReiseWelt zwangsläufig auch Konkurrenzveranstaltungen zum Zuge kommen. Für die ReiseWelt-Filialen wiederum sei die neue Situation mit einem mutmachenden Lernprozeß verbunden: Manches Ost-Unternehmen, das eine schnelle Mark machen wollte, ist wieder vom Markt verschwunden. Die Kunden kehren nach ihren schlechten Erfahrungen wieder zur seriösen und zuverlässigen ReiseWelt-Filiale zurück. Die Mehrzahl der Befragten (Altersdurchschnitt 41 Jahre, durchschnittliche Betriebszugehörigkeit 15 Jahre, Qualifikationsquote Facharbeiter: 70 Prozent) gehe von der Hoffnung aus, das bisherige Team und mit ihm das Unternehmen könnten sich positiv auf dem Weg in die Marktwirtschaft entwickeln. Die Gründe für den Optimismus lägen auf der Hand: Superstandorte, Spezialkenntnisse, Professionalität, Seriösität, Zuverlässigkeit, hoher Bekanntheitsgrad. Die genannten Faktoren führen dann zu dieser Schlußfolgerung: "Ein völliges Auseinander driften der Bereiche ist zu vermeiden. Wir plädieren für die bisherige Lösung dreier selbständiger als Profit-Center arbeitender Divisions unter einer Holding GmbH." Ein Katalog von Forderungen und Vorschlägen machte die Konzeption zu einem praktikablen Arbeitsmittel: Kundendateien, Direkt-Mailing, der Besuch von Messen und Ausstellungen, die Gestaltung kundenorientierter Öffnungszeiten - "Verschlossene Türen - verlorenes Geschäft!" -, Schulungen in Verkaufspsychologie, Marktforschung, Produktinformation, Führungsstil und Betriebswirtschaft.

Einleuchtend und denkbar der hier beschriebene "unbequeme Königsweg". Allerdings waren Entwicklungen der Folgezeit, wie das vollständige Wegbrechen der Ostmärkte sowie die wachsende Konkurrenz westlicher Großunternehmen und Existenzgründer aus dem Osten nicht vorhersehbar. Jedenfalls nicht in dieser Dimension und nicht mit den oft auch unfairen Geschäftspraktiken. Darüber hinaus fehlte im Konzept ein Aspekt, auf den der zum Jahresende beim Europäischen Reisebüro eintreffende Brief von Treuhandpräsident Rohwedder (Eingangsnummer: GF/2006/H.) nachdrücklich hinwies. In dem Schreiben stand: "Bei der Treuhandanstalt gehen jetzt in verstärktem Maße Sanierungskonzepte ein. Diese vermögen deshalb selten zu befriedigen, weil der im Treuhandgesetz verankerte Vorrang für die Privatisierung in diesen Konzepten in den meisten Fällen fehlt. Die Anstalt sieht sich nicht in der Lage, Konzepte zu akzeptieren, die dem Grundsatz des Gesetzes, Unternehmen so rasch und so weit wie möglich zu privatisieren, nicht Rechnung tragen. Die Treuhandanstalt erwartet deshalb von jedem Unternehmen ein entsprechend gestaltetes Konzept für die Privatisierung. Jedes Unternehmen soll einen unternehmerisch aktiven Eigentümer finden, ausnahmslos und ohne schuldhaftes Zögern". Das war eine Mahnung, die an Deutlichkeit nicht zu wünschen übrig ließ. Zumal sie mit der "Bitte" verbunden war, "ein abschließendes Konzept mit der Bestätigung des Aufsichtsrates und der Beurteilung durch einen unabhängigen Sachverständigen bis spätestens 21. Januar 1991 der Treuhandanstalt vorzulegen". Ausnahmslos und ohne schuldhaftes Zögern -

diese Formulierung wurde für ERB-Hauptgeschäftsführer Dannat zum Alarmsignal. Er informierte die Treuhand: Wir haben hier einen wichtigen Interessenten. Das Deutsche Reisebüro. Mit ihm gibt es schon seit Monaten produktive Kontakte. DER paßt zu uns. Zumal TUI, auch einer unserer Kooperationspartner, mit DER liiert ist.

Ein unakzeptabler Vorschlag

Nun fanden Gespräche zwischen der Treuhand, dem Aufsichtsrat und DER statt. Auf dem Verhandlungstisch lag der Vorschlag des Kaufinteressenten, von den rund 130 Filialen lediglich die im Laufe der Monate schon vorsondierten 57 zu übernehmen. TrendReisen und ERB-Tours (der Name "Quadriga-Reisen" war aus rechtlichen Gründen aufgegeben worden) blieben ohne Interesse, weil sie "keine Überlebenschance hätten". Für Aufsichtsrat, Treuhand und ERB war das Angebot inakzeptabel. Vor allem im Hinblick auf die zu geringe Zahl von zu übernehmenden Mitarbeitern. Die Liason zwischen ERB und DER ging ihrem Ende entgegen...

Der Verkaufsversuch war also gescheitert. Handeln wurde zum Gebot der Stunde! Anfang 1991 startete die Treuhand deshalb ihre erste Ausschreibung. Das Bieterverfahren war als Paket geschnürt: Das ERB mit seinen drei Bestandteilen und das Immobilienangebot mit dem "Haus des Reisens" in Berlin und weiteren Häusern in Top-Lagen von Leipzig, Wismar, Plauen, Erfurt und anderen Städten. Etwa 20 potentielle Interessenten des In- und Auslandes wurden angeschrieben. Die Resonanz war ernüchternd, es gab überwiegend Absagen. Am Ende kamen nur drei in die engere Wahl: TUI, NUR touristic und LTU. Diese allerdings waren alles gestandene Branchenriesen von beträchtlicher Wirtschaftskraft. Freilich hatten sie gleichermaßen ihre Probleme mit dem Paketangebot und den da-

mit verbundenen sozialpolitischen und finanziellen Forderungen. Auch der mittlerweile auf eine dreistellige Millionensumme angestiegene Preis für die ERB-Zentrale in Berlin machte ihnen zu schaffen. Zumal hier und anderswo noch Restitutionsansprüche in Rechnung gestellt werden mußten. Die drei Interessenten verlangten übereinstimmend eine deutliche Reduzierung der Mitarbeiterzahl. Sie lag zu diesem Zeitpunkt noch zwischen 1300 und 1400 und sollte halbiert werden. Über die globalen Zukunftschancen des ehemaligen DDR-Reisebüros wurden - alles in allem - "düstere Prognosen" geäußert. Im Laufe der Verhandlungen stieg TUI aus, weil, folgt man der Darstellung des Fachorgans "Touristik-R.E.P.O.R.T.", der TUI-Aufsichtsrat die notwendige Kapitalaufstockung verweigerte. Anstelle von TUI stieg nun Quelle als kapitalstärkster Anteilseigner von TUI ins Geschäft ein. Insofern konnte TUI mit dem weiteren Verlauf ganz zufrieden sein. Andererseits war aber durchaus nicht auszuschließen, daß Quelle mit seinem Kaufangebot auch eigenständige Interessen verband. Beispielsweise die Einrichtung von Warenannahmestellen sowie Bestell- und Fotoshops. Nach Aussagen des Treuhandvertreters rückte ein Kaufabschluß in greifbare Nähe, scheiterte schließlich aber doch. Das Geschäft platzte, "weil die gegenseitigen Forderungen von Quelle und Treuhand beim besten Willen nicht unter einen Hut zu bringen waren".

Nächste Runde mit neuem Privatisierungskonzept

Nachdem auch der zweite Versuch gegen den Baum gegangen war, dachte man bei Treuhand und ERB nun intensiver über andere Möglichkeiten nach. Erörtert wurde ernsthaft eine Sanierung des Gesamtunternehmens. Wofür auch die Geschäftsführung und der Betriebsrat aus gutem

VEB Reisebüro

Grunde plädierten, wäre doch damit ihrer Meinung nach eine größtmögliche Anzahl von Arbeitsplätzen erhalten geblieben. Die Verantwortlichen entschlossen sich jedoch - immer die Erfahrungen aus den gescheiterten Verkaufsverhandlungen im Hinterkopf - zu einem neuen Privatisierungskonzept. Der Aufsichtsrat stimmte zu. Das Konzept war auf drei Schwerpunkte fixiert:

1. Abspaltung des operativen Reisebürogeschäftes, das auf eine gestraffte Kette von 76 Filialen und zwei Veranstaltern reduziert wird, sowie der Veranstalterbereiche Trend-Reisen und ERB TOURS
2. Verkauf von knapp 50 Filialen ohne strategische Bedeutung, vorrangig an eigene Mitarbeiter
3. separate Veräußerung des Immobilienvermögens.

Mit dieser zweiten Ausschreibungsrunde wurde im Juli 1991 nicht nur ein weiterer Schritt zur Entflechtung und Neustrukturierung gegangen, sondern auch unterschiedlichen Interessengruppen, sowohl aus dem Osten wie aus dem Westen, die Möglichkeit eröffnet, sich am Privatisierungsvorgang zu beteiligen.

Die Veräußerung der Berliner Top-Immobilie ging relativ reibungslos über die Bühne. Die Grundstücksgesellschaft TERRENO, Sitz München, (und nicht, wie in der Presse unkorrekterweise vermeldet, der an dieser Gesellschaft beteiligte Heidelberger Immobilienmakler Roland Ernst) kaufte das 20 Jahre alte "Haus des Reisens" für eine dreistellige Millionensumme. Da auch die übrigen Immobilien ihre Käufer fanden, wurde Punkt 3 des Konzepts für die Treuhand zu einem Geschäft, das ihrem Grundsatzauftrag voll entspricht.

Die Privatisierung einzelner ERB-Filialen kann als Beispiel dafür gelten, zu welch akzeptablem Ergebnis die hohe Motivation von Mitarbeitern, die effiziente Arbeit einer Projektgruppe und ein realistischer Treuhandvertragstext führen kann. Bis zum 31.

Januar 1992 wurden 28 Filialen an Mitarbeiter verkauft, wodurch insgesamt 45 Arbeitsplätze erhalten blieben. Weitere 11 Filialen gingen an Fremdveranstalter wie Wolters Reisen und Germania Reisen mit der Verpflichtung, ERB-Mitarbeiter weiter zu beschäftigen. Lediglich neun Filialen mußten wegen Unrentabilität oder mangelndem Kaufinteresse geschlossen werden. Ein entsprechender Bericht weist darauf hin, daß zum Zeitpunkt des Privatisierungsabschlusses lediglich drei Mitarbeitern aus den betreffenden Filialen gekündigt werden mußte. Im Oktober 1992 lagen dem Aufsichtsrat die Ergebnisse einer Befragung vor. Ihr zufolge zogen drei Viertel der "ERB-Existenzgründer" eine "gute bis sehr gute Bilanz" ihrer bisherigen Arbeit.

Für die zweite Ausschreibung "Filialkette" qualifizierten sich schließlich die Anbieter NUR, Continentbus und ITS. Die Treuhand stützte sich in ihren Verhandlungen auf die seit Ende April 1991 vorliegende Unternehmenswertermittlung, erarbeitet von erfahrenen Touristikfachleuten aus den Alt-Bundesländern. Sie nutzten ebenso die profunden Kenntnisse engagierter Juristen, wie die des Essener Anwalts Dr. Günther. Auch bei den Bietern der zweiten Runde gab es übereinstimmende Forderungen, die Zahl der Mitarbeiter noch weiter zu verringern, und zwar auf etwa 350, wenn das Unternehmen eine längerfristige wirtschaftliche Perspektive haben soll. Die Verhandlungen ergaben schließlich: Das Angebot von International Tourist Services Köln war, bezogen auf die Anzahl der gesicherten Arbeitsplätze, das Fortführungskonzept, die zugesagten Investitionen und den Kaufpreis, von allen dreien das akzeptabelste. Also bekam ITS den Zuschlag, und zwar nach Zustimmung durch das Kartellamt, das hier - im Hinblick auf die Größe des Branchenriesen als Nr. 3 in Deutschland - tätig werden mußte.

Bei der Beurteilung des komplizierten

Privatisierungsprozesses darf allerdings nicht außer Acht gelasssen werden, daß dieser im Zusammenhang mit der objektiv notwendigen Abspaltung vom Stammunternehmen mit starken Reibungen zwischen den beteiligten Parteien verbunden war. Es kam zu einem Gutachterbriefwechsel zwischen Betriebsrat und Treuhand, der - aus pragmatischen Gründen - mit einem "Vergleichswaffenstillstand" endete.

Das Unternehmen faßte mit dem Kauf des Europäischen Reisebüros ERB, Reisedienst GmbH noch fester Fuß in den neuen Ländern. Mit "ReiseWelt" hat es sich nicht nur sein wichtigstes Vertriebsstandbein geschaffen. Es ist außerdem mit 75 Prozent am Stuttgarter Busreiseveranstalter Palmreisen beteiligt, der seinerseits über 25 Filialen im Osten verfügt. Mit nun 174 eigenen Büros kann ITS relativ beruhigt in die marktwirtschaftliche Zukunft des ostdeutschen Tourismusgeschäftes sehen, zumal mit dem Jahr 1992 das Unternehmen (in- und ausländischer Gesamtumsatz 2,8 Milliarden DM) seine Profilierung zum Tourismus-Vollkonzern abgeschlossen hat. Als die neuen Beteiligungen im Veranstalterbereich Inland der deutschen ITS-Gruppe sind "TrendReisen" (50 Prozent) und CTI compass tours incoming Ost (früher ERB-Tours) hinzugekommen. "TrendReisen" erwirtschaftete 9,4 Millionen DM Umsatz, was einer Gästezahl von knapp 20 000 entspricht.

Es war ein schmerzhafter Prozeß

Die ERB-Privatisierung war mit drei Vorgängen verbunden, deren Kenntnis wichtig ist für das Verständnis des gesamten Vorgangs.

1. Im April 1992 wurden auch die 31 Objekte der Travel Hotel GmbH öffentlich zum Verkauf ausgeschrieben. Die Hotelbetriebe befinden sich an der Ostsee, im Harz und in Thüringen. Der Wert der Anlagen liegt zwischen 200 000 DM und über 15 Millionen DM. Insgesamt waren zum Ausschreibungszeitpunkt 800 Mitarbeiter tätig. Das Interesse war groß, es meldeten sich rund 200 Bewerber. Darunter Hotelketten und Interessierte an Einzelobjekten aus den Altländern sowie Existenzgründer aus den Neuländern. Die Verhandlungen waren oft zeitaufwendig und kompliziert, nicht zuletzt wegen diverser Restitutionsansprüche. Ungeachtet dessen konnte im Dezember 1992 die Privatisierung von 20 größeren Hotels der Gruppe notariell beurkundet werden. Das Käuferkonsortium setzt sich zusammen aus der Charme-Hotel GmbH, die als Betreibergesellschaft mit dem Geschäftsführer Herrn Prantner (bislang Chef des Hamburger Hotels "Vier Jahreszeiten") die Managementaufgaben wahrnehmen wird, und der Ressort Hotel GmbH als Besitzgesellschaft. Mitgesellschafter sind Dr. Kohlhase, München, von ihm betreute private Investoren und die Münchner Unternehmensgruppe Hinke/Dr. Hahn.

Der Vertrag sieht vor, daß mit dem 1. April 1993 das Konsortium die volle wirtschaftliche Verantwortung für die Hotels übernommen hat. Nach Wegfall der mit Restitutionsansprüchen verbundenen aufschiebenden Bedingungen waren im Juli 1993 elf der 20 Objekte in den Besitz der Käufer übergegangen, während für die übrigen Hotels Pachtverträge auf Zeit abgeschlossen wurden. Es wird damit gerechnet, daß noch in diesem Jahr die restlichen Objeklte in den Besitz der neuen Eigentümer übergehen. Die Käufer sind dabei, den Betrag von rund 150 Millionen Mark schrittweise für die Renovierungs- und Modernisierungsinvestitionen einzusetzen. Dabei soll die Bettenkapazität wesentlich erhöht werden. Die Käufer übernehmen alle bestehenden Arbeitsplätze.

Die weiteren elf TravelHotels befinden sich Mitte 1993 im Prozeß des Einzelverkaufs an unterschiedliche Interessenten sowie der wiederum zeitaufwendigen Rückgabe an berechtigte Alteigentümer. Der im

VEB Reisebüro

März 1992 gebildete Aufsichtsrat hat nach Bestätigung des Jahresabschlusses 1992 zum 30. Juni 1993 seine Tätigkeit eingestellt.

2. Die Privatisierung war gekennzeichnet durch die weitere Tätigkeit des Europäischen Reisebüros, ab Oktober 1992 unter dem Namen Reisebüro Verwaltungsgesellschaft (RVB). Ihre Mitarbeiter waren mit der Durchsetzung von Spaltungsplan und Kaufvertrag sowie mit der Verwaltung und Privatisierung der verbliebenen Immobilien beschäftigt. Die RBV ist mit dem 1. Januar 1993 in die Liquidation gegangen. Der Aufsichtsrat hat am 30. Juni 1993 mit seiner Zustimmung zum Jahresabschluß per 31. 12. 1992 seine Tätigkeit beendet.

3. Ein Privatisierungsprozeß von dem beschriebenen Ausmaß war objektiv - notwendige Reduzierung der Kosten im Hinblick auf die Wirtschaftlichkeit des Unternehmens und Wegfall ganzer Arbeitsgebiete - mit der ursprünglichen Zahl von 3 100 Beschäftigten nicht zu realisieren. Eine wesentliche Reduzierung der Arbeitskräfte war unumgänglich. Die Entlassungen erfolgten in drei "Wellen":

bis zum 31. 12. 1990:   1 405 Mitarbeiter
bis zum 31. 12. 1991:   936 Mitarbeiter
bis zum 31. 12. 1992:   301 Mitarbeiter

Während rund 100 Beschäftigte in Rente gingen, weitere 300 den Vorruhestand/Altersübergang in Anspruch nahmen, mußten rund 2 250 Angehörige des ehemaligen Reisebüros der DDR "erst einmal" den steinigen Weg in die Arbeitslosigkeit antreten. Grundlage für den erforderlichen Mitarbeiterabbau waren zwischen Geschäftsführung und Betriebsrat unter Mitwirkung der Treuhand geschlossene Interessenausgleiche und Sozialpläne.

Die Reise beginnt in der Filiale

Frank M. Scheele, seit Oktober 1992 Geschäftsführer von "ReiseWelt", ist mit dem 212-Millionen-Mark- Umsatz für das "Rumpf-geschäftsjahr" durchaus zufrieden. Die 75 Filialen, von denen Mitte 1993 schon 55 als Vollreisebüros (d.h. incl. Verkauf von Bahn- und Flugscheinen) entwickelt wurden, sind bereits mit dem START-System verbunden. Der Umbau der Filialen ist im vollen Gange. Als erste wurden die am Berliner Alexanderplatz, in Rostock, Suhl und Brandenburg eröffnet. Zu den bis zum Ende des 1. Halbjahres 1993 neu ausgestatteten Einrichtungen gehören die von Dresden, Dresden-Neustadt, Eisenhüttenstadt, Frankfurt/Oder, Halle, Meißen, Neubrandenburg und Schwerin. Insgesamt wurden dafür etwa fünf Millionen Mark bereitgestellt.

Der agile und humorvolle Geschäftsführer weiß, was er seinen Kunden schuldig ist: "Wir wollen die ostdeutsche Identität nicht verleugnen und so tun, als ob "ReiseWelt" vom Heiligen Geist gegründet wurde." Er schätzt seine Kundschaft als homogen und anhänglich ein, vor allem die in den kleinen und mittleren Städten. Die Reisefans aus den neuen Ländern, deren Reisefieber auch Mitte 1993 trotz gravierender wirtschaftlicher Rezession weiter anhält, können Fertigreisen aus dem Katalog ebenso buchen wie Bahn- und Flugtickets oder Billets für Eigenveranstaltungen.

Am 15. November 1992 informierten sich zirka 10 000 Reiselustige auf dem "Reisemarkt `93" über die neuen Angebote von rund 20 Veranstaltern, worunter auch "TrendReisen" vertreten war. Der Reisemarkt in Berlin und ähnliche Präsentationen in Leipzig, Rostock und Neubrandenburg können zugleich als ein Spiegelbild für die Bemühungen des Unternehmens gelten, seine eigenständige Position innerhalb von ITS zu behaupten und auszubauen. Überhaupt ist die Initiative der Mitarbeiter nach Aussagen des Geschäftsführers entscheidend für den weiteren positiven Weg: "Horst Winkelmann aus Rostock z. B. wußte, was kommt, nämlich die Konkurrenz. Er ist unaufgefordert und gezielt auf potentiel-

Zum Know-how der neuen Filiale gehört ein "Selbstbedienungsautomat Bahn"

le Kunden zugegangen. Der Mann hat sich gesagt, wir müssen aus dem Firmendienst eine Serviceabteilung machen."

Diese Einstellung wünscht sich der RW-Geschäftsführer von allen Mitarbeitern, deren Zahl 400 übrigens über die Kaufvereinbarung hinausgeht und die ab Januar 1993 weiter mit von der Partie sind. Auch die Mitarbeiter von TrendReisen unter Geschäftsführer Richard Billmeister sind aktiv. Der regionale Flugreisenveranstalter der ITS-Gruppe bot auf der Touristik & Caravaning Messe '92 im Dezember in Leipzig Reisen aus den fünf neuen Ländern ans Mittelmeer, auf die Kanarischen Inseln, ans Schwarze Meer, nach Rhodos, Kreta und zur türkischen Riviera an. Mit Start in Schönefeld und Tegel, in Leipzig, Nürnberg, Hannover, Dresden und Erfurt. Gebucht werden kann bei 470 TrendReise-Partnern, wobei mittlerweile auch hier die Arbeit durch die Einführung des START-Systems wesentlich erleichtert wurde. Ob allerdings im Hinblick auf die sich Mitte 1993 abzeich-

nende Entwicklung und auf die Tatsache, daß TrendReisen alles in allem doch weit hinter den bei der Übernahme durch ITS gestellten Zielen zurückgeblieben ist, für dieses Unternehmen eine ähnlich positive Zukunft wie für ReiseWelt prophezeit werden kann, muß bezweifelt werden. "ReiseWelt" gab seinen Partner, also auch "Trend-Reisen", in Glückwunschkarten gute Empfehlungen für das Jahr 1993 mit auf den Weg. Die Innenseite der Karte ist mit Gedanken von Eugen Roth über den "Sinn des Reisens" bedruckt:

Die Meinung von den Reisezwecken,
Wird sich durchaus nicht immer decken.
Wie große Zeugen uns beweisen:
Man reise wohl, nur um zu reisen,
Meint Goethe, nicht um anzukommen.
Begeisterungskraft, genau genommen.
Sei der ureigenste Gewinn.
Montaigne sieht des Reisens Sinn
Nur darin, daß man wiederkehrt.
Darauf legt auch Novalis Wert;
Er drückt es ungefähr so aus:
Wohin wir gehn nach - Haus!
Doch Seume, der - und zwar zu Fuß! -
Spazieren ging nach Syrakus,
Sah geistig, sportlich an die Dinge:"
S´ würd besser gehn,
wenn man mehr ginge!"-

Der falsche Prophet

Vier Jahre nach der Wende: Die hier dargelegten Zahlen, Fakten, Vorgänge und Tendenzen von der Privatisierung des VEB Reisebüro der DDR zum Europäischen Rei-

VEB Reisebüro

sebüro unter den Fittichen von ITS lassen den Vorgang und das Ergebnis aus Treuhandansicht als erfolgreich erscheinen. Dem Restrukturierungsverlauf nach habe es de facto keine erfolgversprechendere Alternative gegeben. Unter Nutzung der Schubkraft des touristischen Voll-Konzerns ITS könne man davon ausgehen, daß die "Überlebenden" in der Lage sein werden, sich auch gegen die Konkurrenz auf dem deutschen und europäischen Markt zu plazieren. Außerdem sei der Beitrag zu einem starken Tourismusmittelstand in den neuen Ländern, wie diffizil dieser Prozeß auch verlaufe, mit der Einzelprivatisierung der Reisebüros in seiner psychologischen, ökonomischen und sozialen Wirkung nicht zu unterschätzen. Alles im allen: Die Operation sei, wenn auch unter beträchtlichen Opfern, gelungen. Wie es dem "Patienten" in Zukunft ergeht, wird nicht zuletzt von den alten und neuen Kunden in den neuen Ländern entschieden. Das renommierte Fachorgan "Touristik-R.E.P.O.R.T." jedenfalls hat wohl aufs falsche Pferd gesetzt, als es am 24. Mai 1991 mit dem Beitrag "Bis daß der Tod entscheidet" das Aus für das ERB prophezeite...

Der große Coup der Großen

Von HORST WINKLER

- ■ **Das Entflechtungsgesetz stellt die Weichen**

- ■ **Neun verbindliche Vorgaben**

- ■ **Die ersten Ausschreibungen**

- ■ **Ungleiche Bedingungen**

- ■ **Grünes Licht für Abfindungen**

- ■ **Der Rest wird "abgewickelt"**

Als die Gesellschaft zur Privatisierung des Handels (GPH) Ende Juni 1991 ihren Abschlußbericht vorlegte, war damit die Überleitung einer der nach westlichen Maßstäben größten Handelsgruppen der Welt, der volkseigene Einzelhandel (HO), in die Marktwirtschaft so gut wie abgeschlossen.

Der Umfang, der geleisteten Privatisierungsarbeit wird deutlich, führt man sich die letzten über die HO veröffentlichten Zahlen des Statistischen Amtes der DDR vor Augen. Zum Einzelhandelsumsatz von 130,9 Milliarden Mark im Jahre 1989 trug die HO mit über 40 Milliarden Mark bei. Das entsprach einem Anteil von mehr als 33 Prozent. Erwirtschaftet hatten ihn annähernd 280 000 Mitarbeiter in über 29 700 Geschäften, Kaufhallen und "Ma-

gnet"-Kaufhäusern sowie in 7387 Gaststätten, 425 Hotels und Gasthöfen. Es überwogen Verkaufstellen mit einer Verkaufsraumfläche unter 100 Quadratmetern. Doch verfügte der volkseigene Einzelhandel (HO) auch über 824 eigene Kaufhallen, deren Verkaufsfläche pro Objekt weit größer war und teilweise bis zu 1800 Quadratmetern reichen. Die HO hatte einen zentralistischen Aufbau, d. h., die 219 HO-Betriebe waren den HO-Bezirksdirektionen unterstellt. Diese wiederum waren als wirtschaftsleitende Organe der HO-Betriebe den Räten der Bezirke zugeordnet. Die HO-Generaldirektion hatte in ihrer koordinierenden Funktion im Auftrage des Ministeriums für Handel und Versorgung Aufgaben der fachlichen Anleitung und einer umfassenden betriebswirtschaftlichen Tätigkeit durchzuführen. Das Jahr nach der Wende begann auch im volkseigenen Einzelhandel wie in allen Bereichen der DDR mit großen Hoffnungen auf eine grundlegend demokratische Erneuerung und wirtschaftliche Verbesserungen. Von einer Privatisierung des Handels wie auch der anderen Wirtschaftsbereiche war noch nirgends die Rede. Im Gegenteil: Anfang Januar konnte man beim damaligen Minister für Handel und Versorgung, Manfred Flegel, noch davon lesen, daß es jetzt schrittweise um eine Stabilisierung des Warenangebotes gehe, um eine verstärkte Einflußnahme auf die Produktion und die Verbesserung der Qualität der Erzeugnisse und der Einkaufsbedingungen. Gegenwärtig prüfe man, so Flegel, inwieweit für eine bessere Ausstattung des Großhandels und der anderen Handelsbereiche eine Zusammenarbeit mit Firmen der BRD genutzt werden könne. Doch bald regten sich erste Keime für eine größere Einflußnahme der Privathändler und Gastronomen auf das künftige Handelsgeschehen durch die sich neu formierenden Industrie- und Handelskammern und die entstehenden Einzelhandelsverbände. Und, die Ein-

Handelsorganisation (HO)

führung eines gesunden Wettbewerbes im Handel schrieben sich auch die sich neu gründenden Parteien in der DDR auf ihre Fahnen. Die HO-Betriebe blieben aus Gründen ihrer Zukunftssicherung in diesen ersten Monaten "der neuen Zeit" ebenfalls nicht untätig und trafen sich immer öfter mit Vertretern westlicher Handelsunternehmen. Die Gespräche mit Spar, Edeka, Tengelmann, Rewe und vielen anderen endeten dann auch mit ersten Lieferverträgen, mit Vereinbarungen über ein Joint-Venture oder über einen Know-how-Transfer. Die Kooperationen über Warenlieferungen führten dazu, daß immer mehr "Westprodukte" Zugang zu den HO-Verkaufseinrichtungen fanden, die zu einem Verrechnungskurs von 1:2 bis 1:3 gegen DDR-Mark verkauft wurden. In dieser Zeit der engeren Bindungen an westdeutsche Partner wandelten sich immer mehr HO-Kreisbetriebe in Kapitalgesellschaften um.

Das Entflechtungsgesetz stellt die Weichen

Die Währungsunion am 1. Juli 1990 brachte eine Ernüchterung für die ostdeutsche Bevölkerung. Die Erwartungen an den Einzelhandel waren sehr hoch, der Bedarf an Ware enorm. Durch Fehlbewertungen dieser kauffähigen Nachfrage, aber auch durch die damit verbundene Überschätzung der Leistung westlicher Lieferanten und gehäuft auftretende Probleme in der Logistik kam es zu immer größeren Versorgungslücken. Auch die inzwischen freigegebenen Preise, die in den Verkaufseinrichtungen für die jetzt angebotenen Produkte, die fast ausschließlich von westdeutschen Lieferanten stammten, verlangt wurden, waren wegen der noch vorhanden Monopolstellung der einzelnen HO- und Konsum-Handelsbetriebe überhöht. Allein beim Amt für Wettbewerbsschutz gingen in dieser Zeit 1400 Anzeigen wegen Preis-

mißbrauchs ein, von denen allerdings nur 350 als berechtigt vom Amt anerkannt und geahndet wurden. Immer mehr kam deshalb die Forderung hoch, angesichts der marktbeherrschenden Stellung von HO und Konsum doch nun endlich auch von Seiten der Regierung für Vielfalt in der Handelsstruktur zu sorgen und anderen Wettbewerbern - insbesondere einem eigenen Mittelstand - ebenfalls Chancen im Einzelhandel zu bieten.

Der erste Schritt, der deshalb mit der Überleitung des volkseigenen Einzelhandels in die Marktwirtschaft zu tun hatte, wurde mit dem Entflechtungsgesetz vom 6. Juli 1990 gegangen. Es orientierte darauf, den regionalen Marktanteil von HO und Konsum auf je 25 Prozent zu reduzieren. Damit verbunden war der Auftrag an die Geschäftsführer der HO-Nachfolgegesellschaften, den Kommunen Angebote zu unterbreiten, welche Ladengeschäfte und Gaststätten in private Bewirtschaftung überführt werden können. Ziel sollte es sein, so das Amt für Wettbewerbsschutz zu diesem Gesetz, in einer Region aus der HO mehrere, jeweils flächendeckend auftretende, Gesellschaften zu gründen, die dann zwangsläufig im Wettbewerb um die Gunst des Verbrauchers stehen. Klar war aber auch, daß das nicht mehr ohne die bekannten Handelsunternehmen aus den alten Bundesländern ging. Edeka hatte sich in den ehemaligen Bezirken Rostock, Schwerin, Halle und in sechs Kreisen des Bezirkes Erfurt sowie vier des Bezirkes Gera durch Verträge ein festes Standbein geschaffen.

Spar war hauptsächlich im Bezirk Neubrandenburg, in vier Kreisen des Bezirkes Frankfurt/O., bis auf zwei Kreise im Bezirk Magdeburg, gemeinsam mit der Rewe Berlin und der Edeka Berlin im Bezirk Potsdam, in der Mehrzahl der Kreise der Bezirke Cottbus und Dresden, im Bezirk Leipzig, im Bezirk Chemnitz und außerdem in vier Kreisen des Bezirkes Gera zugange.

Bereits vor der Währungsunion wurden immer mehr westdeutsche Produkte in HO-Kaufhallen angeboten

Tengelmann wurde vor allem im östlichen Teil Berlins tätig.

Rewe lieferte Waren in die Kreisbetriebe in den Bezirken Erfurt und Suhl. Nur drei HO-Nachfolgebetriebe des Bezirkes Suhl hatten sich andere Partner gesucht.

Die mit dem Entflechtungsgesetz verbundene erste Ausschreibung erfolgte vom 31. Juli bis zum 30. September 1990. In ihrem Ergebnis gingen nach Schätzungen 5700 Ladengeschäfte, 3500 Gaststätten sowie 70 Hotels und Gasthöfe in Privathand über bzw. wurden geschlossen.

Bis zu diesem Zeitpunkt hatten sich die ehemaligen 219 HO-Kreisbetriebe in 153 Kapitalnachfolgegesellschaften gewandelt. Diese zumeist als GmbH gegründeten Unternehmen (nur in Frankfurt/O. bildete sich mit der AMA die erste Aktiengesellschaft aus sieben Kreisbetrieben und der HO-Bezirksdirektion) besaßen im November 1990 20 490 Handelsobjekte, davon 16 230 Ladengeschäfte, 3550 Gaststätten und 360 Hotels bzw. Gasthöfe. Von diesen allerdings gehörten nur ungefähr 4350 betriebsnotwendige (2500 Geschäfte und 1850 Gaststätten bzw. Hotels) und 1460 nicht betriebsnotwendige Immobilien zum früheren Eigentum der HO.

Die bis zum Herbst 1990 bestehenden Kooperationen, insbesondere die Joint-Venture-Verträge, waren es, die die HO-Generaldirektion und mit ihr viele Bezirksdirektionen anfangs auch als Basis für ein eigenes Privatisierungsmodell der HO ansahen. Noch im April 1990 äußerte sich der damali-

Handelsorganisation (HO)

ge HO-Bezirksdirektor in Magdeburg, Martin Morzeck, auf die Frage, ob es die HO weiter geben wird, optimistisch darüber, daß der HO-Einzelhandel in seinen wesentlichen Potenzen erhalten bleibt. Gedacht hatte Morzeck daran, in seinem HO-Bezirk eine GmbH-Handelsgesellschaft mit in- und ausländischen Partnern zu gründen. Kleine Geschäfte und Gaststätten sollten privaten Interessenten angeboten werden. Dem Zusammenschluß zu dieser GmbH hatten damals 17 von 19 seiner Kreisbetriebe zugestimmt. Mit der Spar-AG war man sogar schon zu Gesprächen zusammengekommen. Und auch die damalige Ministerin für Handel und Tourismus, Sybille Reider, sah im Juni 1990 ebenfalls die Umwandlung der HO-Betriebe in Kapitalgesellschaften und die Entwicklung langfristiger Konzeptionen als wesentliche Beiträge zur Weiterführung ihrer Handelstätigkeit. Mitte Oktober gründete die Treuhandanstalt die GPH mit dem Auftrag alle ehemals zum Ministerium für Handel und Tourismus gehörenden Unternehmen, Betriebe und Vermögen in die Marktwirtschaft überzuleiten und zu privatisieren. Sie hatte Vollmacht und Auftrag, alle zur HO zählenden, wie auch sämtliche Betriebe des früheren sozialistischen Großhandels, alle 11 wissenschaftlich-technischen Einrichtungen des Binnenhandels sowie die 15 Organisations- und Abrechenzentren (OAZ), die für den Groß- und Einzelhandel wirksam waren, zu veräußern, zu verpachten oder auch stillzulegen. Nicht zu ihren Aufgaben gehörte die operative Führung und die Sanierung der HO-Kapitalnachfolgegesellschaften.

Neun verbindliche Vorgaben

Die GPH und die Niederlassungen der Treuhandanstalt haben in enger Zusammenarbeit die Privatisierung der Einrichtungen des ehemaligen volkseigenen Handels durchgeführt. Sie gab die Grundsätze füür

das inhaltliche und zeitliche Herangehen zur Privatisierung vor konzentrierte sich dann vorrangig auf den Abschluß von Privatisierungsverträgen für die Objekte, die Bestandteil der Joint-Venture-Vereinbarungen der Handelsgesellschaften waren. Aufgabe der Niederlassungen der Treuhandanstalt war es, die Mehrzahl der kleinen Ladengeschäfte und Gaststätten zu privatisieren.

Begonnen wurde mit einer umfassenden Bestandsaufnahme, die die GPH mit Hilfe der HO-Nachfolgegesellschaften, der KPMG-Treuverkehr-AG, Hamburg, und der gfu-Gesellschaft für Unternehmensberatung und Dienstleistungsmarketing mbH, Düsseldorf, durchführte. Die Recherchen ergaben für die GPH folgenden Anfangsbestand per November 1990: 16 230 Ladengeschäfte, 3 550 Gaststätten sowie 360 Hotels und Gasthöfe.

Eine weitere wesentliche Aufgabe zum Beginn der GPH-Tätigkeit befaßte sich mit der Erarbeitung einheitlicher Privatisierungs-Grundsätze für die GPH selbst sowie die 15 Treuhandniederlassungen. Dabei standen neun verbindliche Festlegungen für alle künftigen Verträge im Vordergrund:

1) Der Erwerber hat sich vertraglich zu verpflichten, die Arbeitsverhältnisse nach § 613 a BGB zu übernehmen. Bei Paketverkäufen beinhaltet das auch das anteilige Personal aus den Verwaltungen der HO-Unternehmen.

2) Der Kauf der Einrichtungen und der Warenbestände hat nach einheitlichen Bewertungsverfahren zu erfolgen, auf der Grundlage eines Mindestpreises je Objekt.

3) Gaststätten, die größer als 160 Quadratmeter waren sowie Hotels und Gasthöfe erhielten einen objektbezogenen Mindestpreis.

4) Statt der Vorgabe eines rechenbaren Ertragswertes wird der Erwerber zur Bekanntgabe einer Aufpreiszahlung für den Geschäftswert aufgefordert. Sie wurde für Geschäfte bis 100 Quadratmeter Verkaufs-

raumfläche als DM-Betrag gefordert. Bei Ladengeschäften, die größer waren, gilt ein bestimmter Prozentsatz vom jährlichen Netto-Umsatz. Zahlbar sollte alles im ersten Jahr nach der Übernahme sein.

5) Der aus Mindest- und Aufpreis zusammengesetzte Bietpreis war vom Interessenten innerhalb der gesetzten Ausschreibungsfristen abzugeben.

6) Der Erwerber mußte sich auch verpflichten, alle die veräußerte Geschäftsbetriebe betreffenden Dauerschuldverhältnisse (insbesondere Abnahmeverpflichtungen) zu übernehmen.

7) Aufgrund u.a. ungeklärter Eigentumsverhältnisse erfolgt keine Veräußerung von Grundstücken und Gebäuden.

8) Die Mietverträge, die z.B. aus Joint-Venture-Verträgen bestanden oder die, die durch die Überleitung neu zu begründen sind, sollten eine 12jährige Laufzeit haben, in die eine zweimal vierjährige Option auf Verlängerung integriert ist.

Bei der Vermietung von HO-Geschäften durch die einzelnen Treuhandniederlassungen ging man wie folgt heran: Die Grundlaufzeit sollte drei Jahre betragen. Für Mieter von Läden unter 100 Quadratmeter Verkaufsfläche war zweimal das Recht auf eine dreijährige Verlängerung vorgesehen. Liegt die Verkaufsfläche zwischen 100 und 300 Quadratmetern, steht dem Mieter ein dreimaliges Recht der Verlängerung des Mietverhältnisses um jeweils 5 Jahre zu.

9) Sämtliche Instandsetzungs-, Instandhaltungs- und Renovierungspflichten sind vom Mieter zu leisten.

Abweichend zu diesen Grundsätzen der GPH konnten bei HO-Hotels und -Gasthöfen auch die jeweiligen Grundstücke und Gebäude mit veräußert werden. Die GPH begründete das vor allem mit dem erforderlichen Investitionsbedarf pro Hotel und Zimmer (er wurde mit 250 000 - 350 000 DM angegeben) und der mit 359 doch recht überschaubaren Größe des zu privatisieren-

den Bestandes. Die GPH ließ deshalb eine Bodenrichtwerttabelle erarbeiten und die Hotelgebäude bewerten.

Die ersten Ausschreibungen

Die erste Ausschreibung erfolgte vom 26. November bis 3. Dezember 1990 in vielen überregionalen Zeitungen, vorrangig der fünf neuen Bundesländer, und betraf Ladengeschäfte bis zu einer Größe von 100 Quadratmetern Verkaufsfläche sowie Gaststätten, deren Gastraum kleiner als 160 Quadratmeter war. Einbezogen in diese Ausschreibung wurden 8731 Ladengeschäfte und 2562 Gaststätten.

Die zweite Aktion startete am 2. Januar 1991 und dauerte bis zum 21. des Monats. Hier gelangten die Objekte unter den "Hammer", die mehr als 100 Quadratmeter Verkaufs- bzw. 160 Quadratmeter Gastraumfläche hatten. Im einzelnen betraf das 1419 Ladengeschäfte und 1 204 Gaststätten sowie die Objekte (rund 30 Prozent), die in der ersten Ausschreibungsrunde keine Interessenten fanden.

Als Ende Januar 1991 GPH-Aufsichtsratsvorsitzender Dr. Wolfgang Bernhardt die Ergebnisse dieser ersten beiden Ausschreibungen publik machte, konnte er folgende Zahlen nennen: 70 Prozent der über 11 000 kleinen Geschäfte und Gaststätten der ersten Ausschreibungsaktion konnten neuen Betreibern zugesprochen werden. Zu etwa 90 Prozent erhielten dabei Bewerber aus der ehemaligen DDR den Zuschlag. Und auch die zentral geführten Verhandlungen seitens der GPH mit den damals noch bestehenden 140 Joint-Venture-Partnern aus Westdeutschland und dem Ausland hatten zu ersten spürbaren Ergebnissen geführt. So bekam Spar z.B. 2400 HO-Objekte zugesprochen, die samt den mitübernommenen Großhandelseinrichtungen 36 000 Mitarbeiter betrafen. Dabei wurde die Privatisierungspflicht für etwa 50 Prozent der

Handelsorganisation (HO)

Geschäfte, die kleiner als 220 Quadratmeter waren, durch die Spar selbst festgelegt. Auch die Edeka erhielt mit 400 HO-Objekten und den darin beschäftigten 6100 Mitarbeitern einen kräftigen Zuschlag. 200 HO-Filialen mit 10 000 Verkäuferinnen und Verkäufern bekam die Rewe. Nur mit der Tengelmann-Gruppe mit ihren Kooperationen in Schwerin, Cottbus und dem östlichen Berlin war zu diesem Zeitpunkt noch keine Einigung erzielt worden.

Dr. Bernhardt kritisierte allerdings die schleppende Überleitung der Mietverträge an die neuen Inhaber durch viele Kommunen. Als kritische Beispiele nannte er Dresden und Leipzig, wo bis Ende Januar noch kein einziger neuer Mietvertrag ausgestellt worden war. Er mahnte an, dieses zögerliche Herangehen bald zu ändern, da die Läden nicht länger durch die GPH am Leben erhalten werden könnten. Daß Schließungen aus diesem Grunde leider Praxis wurden, zeigt der Abschlußbericht über die Privatisierungstätigkeit der GPH. Bis 30. Juni 1991 wurden 7 939 Läden und Gasthöfe an neue Betreiber übergeben. In 5973 Fällen haben aber kommunale oder private Vermieter durch eine fehlende Mietvertragsüberleitung oder Kündigung eine GPH-Privatisierung verhindert, so daß den Bewerbern wieder abgesagt werden mußte.

Auch die Ergebnisse der zentralen Verhandlungen führt der GPH-Bericht aus: In über 500 Gesprächen von November 1990 bis Ende April 1991 konnten 200 Verträge abgeschlossen werden, die rund 5 000 Geschäfte und 100 Gaststätten betrafen. Die GPH konnte mit den großen Lebensmittel-Filial-Unternehmen vereinbaren, daß alle Ladengeschäfte bis 100 Quadratmeter Verkaufsfläche innerhalb Jahresfrist durch diese Unternehmen zu privatisieren und weiterhin von ihnen zu beliefern sind.

Die HO-Hotels und Gasthöfe wurden dreimal gesondert ausgeschrieben. Die erste Ausschreibung, vom 21. März bis 9.

April 1991, bot 347 Objekte an. 125 Hotels verfügten davon über eine Kapazität bis zu 10, 130 bis zu 20 und der Rest bis zu 60 Zimmern. Die zweite Aktion betraf acht Hotels mit mehr als 60 Zimmern und wurde vom 24. April bis zum 13 Mai durchgeführt. Die vier großen Hotels "Neptun" in Warnemünde, "Lausitz" in Cottbus, "Parkhotel" in Leipzig und das "Gewandhaus" in Dresden mit mehr als 100 Zimmern sollten in der dritten Ausschreibung vom 21. Mai bis 7. Juni neue Besitzer finden.

Für alle drei Ausschreibungen gingen den Niederlassungen der Treuhand rund 1 000 Angebote zu. Dabei fanden 157 Hotels nach der ersten, sieben nach der zweiten und ein Hotel nach der dritten Aktion neue Eigentümer. 171 kleine und mittlere Hotels werden seitdem von Bürgern aus den neuen Bundesländern, davon 83 von den ehemaligen Hotelleitern, betrieben.

Wie eingangs erwähnt, wurden die Hotels als Immobilie verkauft. Das erwies sich allerdings als voreiliger Entschluß, denn mittlerweile gingen bei der GPH 191 Rückübertragungsansprüche von Privatpersonen sowie 18 kommunale Restitutionsforderungen ein. 35 Hotels konnten bis zum 30. Juni 1991 an die Alteigentümer zurückgegeben werden.

Ungleiche Bedingungen

Zu den in Zahlen so schlüssigen Privatisierungserfolgen der GPH, insbesondere zur Berücksichtigung ostdeutscher Bewerber bei den Zuschlägen ehemaliger HO-Objekte, gab es auch kritische Stimmen. Vor allem klagte der sich herausbildende Mittelstand in den fünf neuen Bundesländern über die Privatisierungsergebnisse. Er war über die Einbindung in die sich neu strukturierende Handelslandschaft sehr unzufrieden. In einem Brief an die GPH bemängelte zum Beispiel Ende Februar 1991 die Industrie- und Handelskammer Berlin, daß von den rund 1150 im Ostteil Berlins erfaßten HO-Geschäften nur 150 über öffentliche Ausschreibungen vergeben worden sind. Auch der Deutsche Hotel- und Gaststättenverband (DEHOGA) wandte sich mit einem Telegramm sogar an Bundeskanzler Kohl und kritisierte, daß die Privatisierungspolitik der Treuhand den heranwachsenden Mittelstand Ostdeutschlands in eine Pleite treibe. Ausschließlich unter dem Aspekt hoher Erlöse bringe sie gastgewerbliche Betriebe zu Preisen auf den Markt, bei denen ostdeutsche Bewerber nicht mithalten könnten. Und auch Potsdams IHK-Präsident Hans-Joachim Leue bemängelte Anfang März, daß die Vergabe aller 10 ehemaligen HO-Kaufhallen an Rewe ohne die örtlichen Bewerber ablief und der eigene Mittelstand dadurch in den Startlöchern stecken bleibe.

Natürlich hatten die Treuhandtochter und die 15 Niederlassungen Interesse an hohen Erlösen. Tatsache war aber auch, daß ostdeutsche Anbieter mangels genügenden Eigenkapitals und geringer materieller Sicherheiten für erforderliche Bankkredite bei Übernahmen vielfach außen vor blieben. Das galt insbesondere für große lukrative Handelsobjekte, die fast ausschließlich durch die von der GPH anerkannten Joint-Venture-Verträge gebunden und damit auch vergeben waren. Selbst diejenigen privaten Einzelhändler, die von der Treuhand einen kleinen, unter 100 Quadratmeter großen Laden in weniger interessanter Lage zugesprochen bekamen, hatten Nöte, erforderliches Kapital bei den Banken zu erhalten. Diese forderten für eine Kreditvergabe einen mindestens 10 Jahre laufenden Mietvertrag, der aber in vielen Fällen wegen ungeklärter Eigentumsverhältnisse nicht abgeschlossen werden konnte. Auch die personellen Übernahmeklauseln für die Geschäfte bedeuteten für viele Neueinsteiger eine kaum zu verkraftende Härte. Andererseits waren natürlich alle Arbeitnehmer der HO-Verkaufsstellen froh, durch Ver-

tragsbestimmung für die nächste Zeit vor einer Kündigung bewahrt zu sein.

So verlief die Privatisierung zwar nach außen hin ziemlich zügig und reibungslos, barg im Inneren aber viele Probleme im Detail.

Als GPH-Geschäftsführer Dr. Peter Neubert sowie Aufsichtsratsvorsitzender Dr. Wolfgang Bernhardt Ende August 1991 vor die Presse traten, konnten sie dennoch bis auf wenige Ausnahmen eine privatisierte HO vermelden. Von einst 20 500 volkseigenen Handelsobjekten hatten zu diesem Zeitpunkt 10 740 Ladenlokale und 2300 Gaststätten einen neuen Besitzer gefunden. Rund 6000 konnten durch die GPH oder Treuhandniederlassungen nicht privatisiert werden, da Privatpersonen und Kommunen Rückforderungen hatten. Von den 13 040 erfolgten Privatisierungen gehen 5100 auf das Ergebniskonto der zentralen GPH-Verhandlungen sowie 7940 auf das der Treuhandniederlassungen. 1480 Geschäfte und Gaststätten mußte die GPH schließen, was etwa zur Hälfte fehlende Bewerber als Ursache hatte.

Damit war per 30. Juni 1991 einer der wesentlichen Schritte zur Privatisierung der ehemaligen HO gegangen. Wenn auch kritisch eingeschätzt werden mußte, daß die GPH-Ablaufplanung für diese gesamte Aktion nicht eingehalten werden konnte. Obwohl die GPH den Treuhandniederlassungen vielfältige Unterstützung gab, ihnen aufbereitete Unterlagen sowie Mitarbeiter zur Verfügung stellte, kam es durch den Umfang der zu lösenden Aufgaben (z.B. waren 15 000 Inventuren durchzuführen) in den Niederlassungen zu Zeitproblemen. Die GPH entschloß sich daher im Februar 1991, die BBE-Unternehmensberatung GmbH in Köln in die Privatisierungsarbeiten einzubeziehen. Außerdem sind Ende Mai, Anfang Juni mit Einwilligung der Treuhand-Niederlassungsleiter aus jeder HO-Nachfolgegesellschaft ein oder mehrere Abwicklungsstäbe mit fünf oder sechs Mitarbeitern gebildet worden.

Handelsorganisation (HO)

Wichtig für die gesamte Phase der Privatisierung war die ständig aktuelle Erfassung aller Privatisierungsvorgänge durch die GPH. Damit keine Immobilie für eine Privatisierung bzw. Überführung in eine Immobilienverwaltung vergessen wird, sicherten gesonderte Kontrollen den ständig aktuellen Stand der GPH-Objektdatei. Wesentliches Augenmerk schenkte sie der Vertragskontrolle, d.h., ob die Konditionen aus den Zentralverträgen zwischen GPH und westlichen Handelsketten und Filialunternehmen - sei es zu den Personalübernahmen oder zu Warenbeständen - eingehalten wurden.

Grünes Licht für Abfindungen

Sowohl die GPH als auch die Treuhand-Niederlassungen strebten in den Privatisierungsverhandlungen an, soviel Arbeitsplätze wie möglich zu erhalten. Zur Erinnerung: 1989 verfügte die HO über mehr als 280 000 direktes Handelspersonal. Nach Abschluß aller Privatisierungsverhandlungen, sowohl zentral als auch dezentral, konnten durch die Übernahmeklausel 80 000 Arbeitsplätze gerettet werden. Hinzu kamen etwa 40 000 Mitarbeiter, die aus den Privatisierungen aufgrund des Entflechtungsgesetzes von den neuen Eigentümern weiterbeschäftigt wurden. 60 000 HO-Angestellte kündigten im Jahre 1990 auf eigenen Wunsch oder hatten die Altersgrenze erreicht, so daß sie in Vorruhestand oder Rente gingen. Betriebsbedingte Kündigungen mußten gegenüber rund 100 000 ehemaligen HO-Mitarbeitern ausgesprochen werden. Das betraf aber auch Mitarbeiter jener Geschäfte, die von den Kommunen mit dem Entflechtungsgesetz privatisiert wurden und diejenigen, die in den 5000 Objekten der HO arbeiteten, für die keine Interessenten gefunden werden konnten, sowie die Mehrzahl der Mitarbeiter aus den Verwaltungen.

Für diese und die anderen gekündigten

HO-Angehörigen trat ab 28. Januar 1991 ein Tarifvertrag der GPH mit der Gewerkschaft Handel, Banken und Versicherungen (HBV) in Kraft, dem sich im Nachgang auch die Gewerkschaft Nahrung, Genuß, Gaststätten (NGG) und die Deutsche Angestellen Gewerkschaft (DAG) anschlossen. Er betraf sowohl Qualifizierungsmaßnahmen wie auch Abfindungzahlungen. Bereits am 15. Januar hatte der HBV-Hauptvorstand vor rund 250 Betriebsräten die Eckwerte eines Tarifvertrages zur sozialen Gestaltung der Privatisierung des Handels vorgelegt, nachdem bereits im Dezember 1990 die Verhandlungen der Tarifparteien begonnen hatten. Sie forderten, daß die GPH die Qualifizierung arbeitslos gewordener Mitarbeiter übernimmt, daß akute Kündigungen nicht vor Ende Juni 1991 wirksam werden, gegebenenfalls Kurzarbeit Null beantragt wird, und daß neue Betreiber von ehemaligen HO-Einrichtungen alle Mitarbeiter zu übernehmen haben. Sollte diesen Beschäftigten vor Ablauf eines Jahres betriebsbedingt gekündigt werden, ist eine Abfindung zu zahlen. Ferner wurde gefordert, daß alle Arbeitnehmer Anspruch auf eine Abfindung von 25 Prozent ihres tariflichen Bruttomonatsgehaltes pro Beschäftigtenjahr haben, wenn das Arbeitsverhältnis endet und feststeht, daß sie an einer geförderten Qualifizierung nicht teilnehmen können.

Bei der HBV bestanden allerdings starke Bedenken, daß diese Forderungen von Erfolg gekrönt sein könnten. Doch man wollte nichts unversucht lassen. Aber aus Bonn kam für die Treuhand "grünes Licht" zum Abschluß. Der nun von beiden Seiten besiegelte Vertrag sah z.B. für die Qualifizierung vor, daß die GPH zusätzlich zum Unterhaltsgeldanspruch einen Zuschuß von 17 Prozent zahlt und das bis maximal zum 31. Dezember 1991. Um die Qualifizierung sicher zu stellen, sollten regionale Bildungswerke ins Leben gerufen und bestehende Betriebsakademien genutzt werden. Sie erhielten von der GPH sachliche, administrative und finanzielle Unterstützung. Auch alle 55jährigen Mitarbeiter, die seit dem 15. Oktober 1990 in Vorruhestand gingen oder denen gekündigt wurde, erhalten rückwirkend eine Abfindung.

Wie die Qualifizierung der früheren HO-Mitarbeiter erfolgen sollte, dafür hatte das Berufsfortbildungswerk des DGB ein Projekt erarbeitet. Danach begannen am 1. April 1991 etwa 1000 ortsnahe Kurse mit je 15 Teilnehmern. Geleitet wurden sie von 1200 Ausbildern ehemaliger Bildungseinrichtungen des Handels und anderer Bildungsträger, die zuvor eine vierwöchige Schulung durch westdeutsche Lehrer durchlaufen hatten. Vor allem sollten die Gebiete EDV mit Warenwirtschaftssystem, Wirtschaftslehre/Rechnungswesen, Beschaffung/Lager, Absatz und Personalwesen gelehrt werden.

So erfreulich dieser Vertrag für die arbeitslos gewordenen HO-Mitarbeiter war, so problematisch sahen ihn die vielen kleinen Privathändler an, die die von der Treuhand übernommenen ehemaligen HO-Läden weiter betreiben wollten. Gleichzeitig schränkte er natürlich die Kaufbereitschaft für noch angebotene Handelsobjekte ein, auch wenn Preisnachlässe gewährt wurden. Die Bundesverbände des Einzelhandels protestierten deshalb gegen diesen Tarifvertrag, warfen ihm rechtlich bedenkliche und sogar unzulässige Bestimmungen vor.

Im Juli trat dann ein zweiter Tarifvertrag in Kraft, der auch die HO-Mitarbeiter berücksichtigte, denen vor der GPH-Gründung seit dem 1. Juli 1990 betriebsbedingt gekündigt wurde oder die einen Überleitungsvertrag hatten.

Insgesamt, so schätzte es die Treuhand ein, hat sich die Partnerschaft zwischen GPH und Gewerkschaften bewährt. Immerhin kamen über 100 000 HO-Mitarbeiter in den Genuß von Sozialplänen, wurde für Abfindungszahlungen die gigantische Summe von über 400 000 000 DM aufgewendet.

Der Rest wird "abgewickelt"

Für alle die HO-Objekte, die nicht bis zum Stichtag 30. Juni '91 an neue Betreiber übergeben werden konnten, ordnete die GPH umfangreiche Abwicklungsmaßnahmen bei den HO-Nachfolgegesellschaften an. Sie gliederten sich in Räumungsverkäufe, die Veräußerung von Ausrüstungs- und Inventargegenständen, die Abstimmung der Sozialpläne bzw. die Vorbereitung und Durchführung der Kündigungen, die buchhalterische und rechtliche Abwicklung sowie die zentrale Erfassung und Archivierung von HO-Unterlagen.

Wesentliches Augenmerk der GPH galt seit ihrer Gründung dem umfangreichen HO-Immobilienbesitz, der von den Kapitalgesellschaften weiter verwaltet und zum größten Teil an neue Betreiber weitervermietet wurde. Die GPH gab dazu per 30. Juni 1991 rund 3000 Mietverträge an, erwartete aber nach endgültiger Erfassung etwa 4300. Daher war es mehr oder weniger notwendig, eine eigene Mietvertrags- und Grundstücksverwaltung aufzubauen, die sämtliche 4350 betriebsnotwendigen sowie die 1460 nicht betriebsnotwendigen Immobilien, seien es nun Verwaltungsgebäude, Betriebsakademien oder Ferienobjekte, übernahm.

Als Ende Juni '91 die Privatisierung der HO als abgeschlossen galt, die HO-Nachfolgegesellschaften damit ihr operatives Geschäft eingestellt hatten, stand nun die aufgabe, die Grundvermögen (Experten schätzen es auf rund 3 Milliarden DM ein), sonstige Aktivitäten der 153 Gesellschaften, Forderungen und Verbindlichkeiten sowie noch vorhandenes Personal abzuwickeln. Um diesen Prozeß zu vereinfachen, beschloß der Treuhand-Vorstand, dieses Vermögen und alle anderen abzuwickelnden Prozesse rückwirkend zum 1. Juli 1990 im Wege der verschmelzenden Aufspaltung in drei neue Gesellschaften einzubringen. Da-

Handelsorganisation (HO)

bei kam der EXHO Immobilien-Verwaltungsgesellschaft mbH die betriebsnotwendigen Immobilien zu, der FREHO Immobilien Verwaltungsgesellschaft mbH die nicht betriebsnotwendigen Objekte sowie der DUHO Verwaltungsgesellschaft mbH die verbleibenden Aktiva und Passiva, einschließlich der Übernahme noch bestehender Arbeitsverhältnisse, die Betreuung der Sozialpläne sowie die der Privatisierung nachfolgende technische Abwicklung der HO-Nachfolgegesellschaften zu.

Für alle drei Gesellschaften wurden begonnen, rückwirkend die DM-Eröffnungsbilanzen und für das Geschäftsjahr 1990/91 per 30. Juni 1991 eine Saldobilanz zu erstellen. 1993 rechnet man damit, die Zahlen dieser Bilanzen vorlegen zu können. Dann wird auch klar werden, welche Finanzmittel

durch die jetzigen Betreiber für den vollständigen Erwerb der HO-eigenen Objekte zu entrichten sind. Die EXHO wird dann vorrangig den jetzigen Pächtern oder Mietern Angebote für den Erwerb unterbreiten. Sollte kein Interesse bestehen, wird eine erneute Ausschreibung stattfinden.

Mit dem Verkauf der Immobilien wird die Privatisierung der HO abgeschlossen.

Wirtschaftlich hat die HO-Privatisierung einiges gebracht. Durch die regionalen Ausschreibungen im Dezember 1990 und Januar 1991 konnten die Treuhand-Niederlassungen bis Mitte des Jahres '91 Nettokaufpreise und Geschäftwerte von 38,5 Millionen DM buchhalterisch erfassen. Die GPH-Verhandlungen erzielten rund 297 Millionen DM. Bei den Hotels schätzt man einen Gesamterlös von etwa 300 Millionen DM.

Anhang

Mit dieser Verordnung wurden das Primat der Politik in der Wirtschaft eindeutig festgeschrieben und die Kombinate zum Bestandteil der einheitlichen sozialistischen Wirtschaft erklärt.

Verordnung über die volkseigenen Kombinate, Kombinatsbetriebe und volkseigenen Betriebe

vom 8. November 1979

(Auszug aus GBl. der DDR I, Nr. 38 S. 355)

Verantwortung und Stellung des volkseigenen Kombinats und Kombinatsbetriebes
§1

(1) Das volkseigene Kombinat als grundlegende Wirtschaftseinheit der materiellen Produktion ist eine moderne Form der Leitung und Organisation in Industrie und Bauwesen sowie weiteren Bereichen der Volkswirtschaft auf der Grundlage des einheitlichen staatlichen Volkseigentums. Es verfügt über wissenschaftlich-technische, Produktions- sowie Absatzkapazitäten. Das Kombinat gewährleistet die enge Verbindung von wissenschaftlich-technischer Forschung, Projektierung und technologischer Vorbereitung der Produktion einschließlich des erforderlichen Rationalisierungsmittelbaus, der entscheidenden Zulieferungen sowie der Absatz- und Kundendienstorganisationen mit dem Ziel der effektiven und qualitätsgerechten Produktion von Enderzeugnissen für die Volkswirtschaft, den Staat, den Export und die Versorgung der Bevölkerung. Es organisiert mit den Plänen einen weitgehend geschlossenen Reproduktionsprozeß und vertieft dazu die Spezialisierung, Konzentration und Kooperation mit dem Ziel, das Verhältnis von Aufwand und Ergebnis ständig zu verbessern:

(2) Das Kombinat übt seine Tätigkeit in Verwirklichung der Beschlüsse der Partei der Arbeiterklasse und im Auftrag des sozialistischen Staates auf der Grundlage der Gesetze und anderen Rechtsvorschriften aus.

(3) Das Kombinat besteht aus Kombinatsbetrieben oder Betriebsteilen.

§2

(1) Die volkswirtschaftliche Verantwortung des Kombinats besteht in der

- Sicherung der bedarfsgerechten Produktion der in den staatlichen Plänen festgelegten Enderzeugnisse in Menge, Qualität und Wert;
- Entwicklung neuer Erzeugnisse mit wissenschaftlich-technischem Höchststand und ihrer kurzfristigen Überführung in die Produktion, wobei der Anteil an Spitzenleistungen im wissenschaftlich-technischen Niveau, in der Funktionssicherheit, der Formgestaltung und zur Senkung der Kosten ständig zunehmen muß;
- Organisierung des Reproduktionsprozesses des Kombinats auf die rationellste und effektivste Weise unter Anwendung modernster Technologien bei minimalem Bauaufwand;
- ständigen Erweiterung der Produktion, besonders durch Rationalisierungsinvestitionen bei sinkendem Anteil des Bauaufwandes;
- planmäßigen Verbesserung des Verhältnisses von Aufwand und Ergebnis, der Sen-

Anhang

kung der Selbstkosten bei gleichzeitiger Erhöhung des Wertzuwachses durch Qualitätsproduktion;
- Organisation einer effektiven Absatztätigkeit, insbesondere beim Export einschließlich des erforderlichen Kundendienstes;
- kontinuierlichen Verbesserung der Arbeits- und Lebensbedingungen der Werktätigen, insbesondere in der materiellen Produktion.
(2) Das Kombinat verwirklicht die ihm von den zuständigen Organen übertragenen Aufgaben zur Stärkung der Landesverteidigung einschließlich der Unterstützung der sozialistischen Wehrerziehung der Werktätigen.

§3

(1) Das Kombinat ist Bestandteil der einheitlichen sozialistischen Volkswirtschaft. Es ist verpflichtet, das ihm anvertraute Volkseigentum zu schützen und zu mehren.
(2) Das Kombinat verfügt über Fonds des einheitlichen staatlichen Volkseigentums, die aus den zentralen Fonds des Kombinats und den Fonds der Kombinatsbetriebe bestehen. Das Kombinat ist berechtigt, Fonds im Rahmen der Rechtsvorschriften und des Planes zu bilden, zu besitzen, zu nutzen und über sie zu verfügen. Die zentralen Fonds des Kombinats sind getrennt von den Fonds der Kombinatsbetriebe auszuweisen. Das Kombinat ist verpflichtet, die Fonds mit höchstmöglichem volkswirtschaftlichen Nutzeffekt einzusetzen.
(3) Das Kombinat arbeitet nach den verbindlichen Aufgabenstellungen der Volkswirtschaftspläne und nach der wirtschaftlichen Rechnungsführung. Es trägt die volle Verantwortung für die bedarfs-, termin- und qualitätsgerechte Versorgung der Volkswirtschaft, des Staates und der Bevölkerung sowie für den Export mit den für das Kombinat festgelegten Endprodukten.
(4) Das Kombinat ist rechtsfähig. Es ist juristische Person und begründet im eigenen Namen Verbindlichkeiten und haftet für ihre

Erfüllung. Es führt einen Namen, der einen Hinweis auf das Volkseigentum enthalten muß, tritt unter diesem Namen im Rechtsverkehr auf und ist in das Register der volkseigenen Wirtschaft einzutragen.

§4

(1) Das Kombinat übt in Verbindung mit der Leitung seines Reproduktionsprozesses staatliche Funktionen der Wirtschaftsleitung aus und verwirklicht sie unmittelbar im gesamtstaatlichen Interesse. Die dazu erforderlichen Rechte und Pflichten werden in Rechtsvorschriften festgelegt.
(2) Das Kombinat ist einem Ministerium unterstellt. Das Ministerium hat die ökonomische und juristische Selbständigkeit des Kombinats bei der Erfüllung seiner volkswirtschaftlichen Aufgaben und eine hohe Staats-, Plan- und Vertragsdisziplin zu gewährleisten.

§5

(1) Das Kombinat wird durch einen Generaldirektor geleitet. Er leitet das Kombinat nach dem Prinzip der Einzelleitung bei kollektiver Beratung der Grundfragen und umfassender Mitwirkung der Werktätigen.
(2) Der Generaldirektor trägt gegenüber der Partei der Arbeiterklasse und der Regierung der DDR die volle persönliche Verantwortung für die Entwicklung des Kombinats, für die Verwirklichung der in den Beschlüssen des Zentralkomitees und in den staatlichen Plänen sowie in Rechtsvorschriften festgelegten Aufgaben des Kombinats.
(3) Der Generaldirektor gewährleistet eine enge Zusammenarbeit mit den örtlichen Volksvertretungen und ihren Räten, um eine abgestimmte Entwicklung im Territorium zu erreichen. Dazu gehören vorrangig die Fragen der Standortverteilung der Produktivkräfte, die rationelle territoriale Gestaltung der Produktionsstruktur, die Ent-

wicklung der Infrastruktur und die Nutzung territorialer Ressourcen.

(4) Der Generaldirektor bezieht die Direktoren der Kombinatsbetriebe in die Vorbereitung wichtiger Entscheidungen und in die Leitung des Kombinats ein. Zusammensetzung und Aufgaben kollektiver Beratungsorgane sind im Statut festzulegen.

§6

(1) Der Kombinatsbetrieb ist im Rahmen seiner Einordnung in den Reproduktions- und Leitungsprozeß des Kombinats eine ökonomisch und juristisch selbständige Einheit. Er hat die ihm im Kombinat übertragenen Aufgaben der Produktion, der Forschung und Entwicklung, der Projektierung, der Rationalisierung und des Absatzes mit hoher Effektivität zu erfüllen. Er erhält, ausgehend von den staatlichen Aufgaben des Kombinats, seine Planaufgaben, für deren Erfüllung und Abrechnung er voll verantwortlich ist. Der Kombinatsbetrieb kann Produktionsbetrieb für Enderzeugnisse, Produktionsbetrieb für Zulieferungen, Forschungs- und Entwicklungseinrichtung, Projektierungsbetrieb, Rationalisierungsmittelbetrieb und Baubetrieb sowie Handelsbetrieb, Kundendiensteinrichtung u. a. sein.

(2) Der Kombinatsbetrieb ist rechtsfähig. Er ist juristische Person und begründet im eigenen Namen Verbindlichkeiten und haftet für ihre Erfüllung. Er führt einen eigenen Namen, der die Bezeichnung "VEB" enthalten muß und dem ein Hinweis auf die Zugehörigkeit zum Kombinat hinzugefügt werden kann. Der Kombinatsbetrieb ist in das Register der volkseigenen Wirtschaft einzutragen.

(3) Der Kombinatsbetrieb wird durch einen Direktor nach dem Prinzip der Einzelleitung bei kollektiver Beratung der Grundfragen und umfassender Mitwirkung der Werktätigen geleitet.

(4) Die im Kombinat oder in Kombinatsbetrieben bestehenden Betriebsteile haben im Rahmen der Arbeitsteilung wirtschaftliche Aufgaben zu erfüllen. Zur Lösung der Aufgaben können dem Betriebsteil Rechte und Pflichten durch Rechtsvorschriften, Statut oder Ordnungen übertragen werden.

§7

(1) Der Generaldirektor des Kombinats ist zur weiteren Spezialisierung, Konzentration und Kooperation im Kombinat entsprechend den Rechtsvorschriften, bei Sicherung des volkswirtschaftlich begründeten Bedarfs berechtigt, Funktionen und Aufgaben der Kombinatsbetriebe zu ändern, auf andere Kombinatsbetriebe zu übertragen oder die Produktion zwischen den Kombinatsbetrieben zu verlagern. Das Kombinat kann Betriebsteile bilden und Betriebsteile aus Kombinatsbetrieben ausgliedern und anderen Kombinatsbetrieben angliedern. Es entscheidet dabei zugleich, inwieweit Fondsbestandteile zu übertragen sind und materielle Mittel entgeltlich oder unentgeltlich übertragen werden. Soweit dadurch Festlegungen des Statuts betroffen werden, sind diese zu ändern.

(2) Der Generaldirektor legt fest, welche Aufgaben, insbesondere auf den Gebieten Forschung und Entwicklung, Investitionen, Materialwirtschaft, Absatz, Rechnungsführung und Statistik, Berufsbildung und Erwachsenenbildung, Bedarfs- und Marktforschung und der Schutzrechtarbeit, zentralisiert wahrgenommen werden, um eine hohe Effektivität zu gewährleisten. Solche Aufgaben können auch Kombinatsbetrieben übertragen werden.

§8

(1) Der Generaldirektor und die Direktoren der Kombinatsbetriebe haben durch eine qualifizierte Leitungstätigkeit die sozialistische Gesetzlichkeit zu gewährleisten.

Anhang

Aufgaben des volkseigenen Kombinats und Kombinatsbetriebes

Planung und Bilanzierung
§9

(1) Das Kombinat und die Kombinatsbetriebe arbeiten auf der Grundlage des Fünfjahr- und des Volkswirtschaftsplanes ihre Pläne entsprechend den Rechtsvorschriften aus.

(2) Grundlage für die Ausarbeitung der Pläne des Kombinats und der Kombinatsbetriebe sind die staatlichen Plankennziffern und andere staatliche Planentscheidungen.

(3) Der Generaldirektor sichert mit dem Plan und nach eigener kontinuierlicher langfristig konzeptioneller Arbeit die innere Geschlossenheit des Reproduktionsprozesses des Kombinats. Dazu gehören die Beschleunigung des wissenschaftlich-technischen Fortschritts und die ökonomische Nutzung seiner Ergebnisse, die planmäßige Rationalisierung für einen Leistungszuwachs mit hoher Effektivität sowie die Entwicklung der Arbeits- und Lebensbedingungen der Werktätigen in den Betrieben. Im Kombinat werden bei der Planausarbeitung und -durchführung die Hauptfaktoren der Intensivierung zur Erreichung hoher Produktionsleistungen für ein verteilbares Endprodukt mit hoher Qualität und sinkendem Aufwand zur vollen Wirkung gebracht.

(4) Das Kombinat und die Kombinatsbetriebe führen die Planung und Bilanzierung auf der Grundlage progressiver Normative, Normen und technisch-ökonomischer Kennziffern für den Einsatz, die Nutzung und den Verbrauch von vergegenständlichter und lebendiger Arbeit durch. Dabei ist von den neuesten wissenschaftlich-technischen Erkenntnissen und ökonomischen Erfordernissen auszugehen.

(5) Während der Ausarbeitung der Planentwürfe wird durch den Generaldirektor eine ständige enge Verbindung zwischen dem Kombinat und den Kombinatsbetrieben sowie zwischen dem Kombinat und dem Ministerium und der Staatlichen Plankommission gewährleistet.

(6) Der Generaldirektor verteidigt den Planentwurf des Kombinats vor dem Minister, weist die Einhaltung und gezielte Überbietung der staatlichen Aufgaben nach und begründet die Wirksamkeit der Hauptfaktoren der Intensivierung. Festlegungen über die Planverteidigungen von Kombinatsbetrieben trifft der Generaldirektor in eigener Verantwortung.

§10

(1) Der Generaldirektor schlüsselt die dem Kombinat erteilten staatlichen Plankennziffern vollständig auf und übergibt diese den Kombinatsbetrieben. Entsprechend den Rechtsvorschriften legt er weitere Plankennziffern fest und übergibt diese den Kombinatsbetrieben. Der Generaldirektor ist berechtigt, den Kombinatsbetrieben entsprechend den volkswirtschaftlichen Erfordernissen Zielstellungen zur Überbietung der staatlichen Aufgaben vorzugeben.

(2) Zur eingehenden Beratung des Planes mit den Werktätigen werden die festgelegten staatlichen Aufgaben, insbesondere die qualitativen Kennziffern, durch die Kombinatsbetriebe bis auf Betriebsteile, Abteilungen, Brigaden und Arbeitsplätze aufgeteilt.

(3) Der Generaldirektor leitet die Kombinatsbetriebe bei der Ausarbeitung, Durchführung und Kontrolle der Pläne an. Er ist verpflichtet, die Zielstellungen der staatlichen Pläne bis in die Kombinatsbetriebe durchzusetzen.

§11

(1) Das Kombinat ist auf der Grundlage der staatlichen Plankennziffern und anderer staatlicher Planentscheidungen für die Deckung des volkswirtschaftlich begründe-

ten Bedarfs verantwortlich.

(2) Das Kombinat nimmt die ihm übertragene Verantwortung für die Material-, Ausrüstungs- und Konsumgüterbilanzierung als staatliche Funktion im volkswirtschaftlichen Interesse wahr. Es arbeitet mit dem am Aufkommen und an der Verwendung Beteiligten eng zusammen und sichert die erforderlichen materiell-technischen Proportionen und Verflechtungen, insbesondere zwischen der Produktion von Final- und Zuliefererzeugnissen sowie Ersatzteilen. Das gleiche gilt für die Kombinatsbetriebe, soweit ihnen Bilanzverantwortung übertragen wurde. Die Aufgaben, Rechte und Pflichten sind im einzelnen in den Rechtsvorschriften über die Material-, Ausrüstungs- und Konsumgüterbilanzierung zu regeln.

(3) Das Kombinat sichert bei den von ihm zu bilanzierenden Erzeugnissen ein Aufkommen aus Produktion und Import, das dem volkswirtschaftlich begründeten Bedarf entspricht. Das geschieht besonders durch Entwicklung der eigenen Produktion. Der Generaldirektor trifft rechtzeitig die erforderlichen Entscheidungen zur Deckung des volkswirtschaftlich begründeten Bedarfs für alle Verbraucher von Erzeugnissen seines Bilanzbereiches. Dabei werden Sekundärrohstoffe gleichrangig wie Primärrohstoffe in die Bilanzierung einbezogen.

Wissenschaft und Technik
§12

(1) Das Kombinat und die Kombinatsbetriebe richten die wissenschaftlich-technische Arbeit konsequent auf die Erfordernisse der Leistungs- und Effektivitätsentwicklung der Volkswirtschaft aus. Sie organisieren die Arbeit zur Beschleunigung des wissenschaftlich-technischen Fortschritts als Schlüsselfrage des weiteren wissenschaftlich-technischen Leistungsanstiegs und gewährleisten die schnelle Überleitung wissenschaftlich-technischer Ergebnisse, insbesondere

von Spitzenleistungen, in die produktive Nutzung.

(2) Das Kombinat organisiert eine kostengünstige Produktion durch einen einheitlichen technologischen Prozeß und sichert mit einer effektiven Spezialisierung bei Verhinderung der Zersplitterung der Produktion eine hohe Arbeitsproduktivität.

(3) Der Generaldirektor gewährleistet die vorrangige materiell-technische Sicherung der Aufgaben des Staatsplanes Wissenschaft und Technik. Er gibt den Kombinatsbetrieben hohe Ziele für die wissenschaftlich–technische Arbeit vor, um auf wichtigen Gebieten den fortgeschrittenen internationalen Stand zu erreichen und mitzubestimmen.

(4) Der Generaldirektor ist für die Ausarbeitung und Durchsetzung der Grundrichtung der wissenschaftlich-technischen Entwicklung des Kombinats sowie für die Aufnahme der daraus abzuleitenden Zielstellungen in die Pläne verantwortlich. Er sichert, daß die langfristigen volkswirtschaftlichen Vorgaben zur Einsparung von Arbeitszeit, Material und Energie nach den erforderlichen höheren Maßstäben erreicht werden.

§13

(1) Der Generaldirektor und die Direktoren der Kombinatsbetriebe gewährleisten zur Erfüllung ihrer Aufgaben auf dem Gebiet von Wissenschaft und Technik das enge Zusammenwirken mit der Akademie der Wissenschaften der DDR, den Hoch- und Fachschulen, weiteren wissenschaftlichen Einrichtungen und den auf diesem Gebiet zuständigen staatlichen Organen sowie den Außenhandelsbetrieben und wichtigen Kooperationspartnern.

(2) Der Generaldirektor sichert den notwendigen kontinuierlichen Ausbau des Forschungs- und Entwicklungspotentials des Kombinats und gewährleistet dessen effektivsten Einsatz. Er mißt die wissenschaft-

Anhang

lich-technische Arbeit am fortgeschrittenen internationalen Stand und seinen Entwicklungstendenzen mit Hilfe kompromißloser Weltstandsvergleiche.

(3) Der Generaldirektor und die Direktoren der Kombinatsbetriebe unterstützen und fördern das erfinderische Schaffen und orientieren die Erfinder auf volkswirtschaftlich bedeutende wissenschaftlich-technische Aufgaben.

(4) Der Generaldirektor und die Direktoren der Kombinatsbetriebe legen zielgerichtete Maßnahmen zur Organisierung und die Schwerpunkte der sozialistischen Gemeinschaftsarbeit und der Masseninitiative zur anhaltenden Beschleunigung des wissenschaftlich-technischen Fortschritts fest. Sie schaffen die Voraussetzungen für die Tätigkeit der Neuerer, gewährleisten die Aufnahme von Jugendobjekten in den Plan Wissenschaft und Technik und ihre Durchführung und unterstützen die Bewegung der "Messe der Meister von morgen".

Grundfondswirtschaft und Rationalisierung
§14

(1) Das Kombinat und die Kombinatsbetriebe-sind für die rationelle Ausnutzung, Instandhaltung, Aussonderung sowie für die Erneuerung und Erweiterung der Grundfonds in ihrer Komplexität verantwortlich. Sie leiten und planen ihre Grundfondsreproduktion auf der Grundlage der staatlichen Plankennziffern und anderer staatlicher Planentscheidungen sowie der Ergebnisse der kontinuierlichen langfristig-konzeptionellen Arbeit im Kombinat. Das geschieht mit dem Ziel, eine hohe Effektivität und Verfügbarkeit der Grundmittel sowie die Steigerung der Leistungskraft durch die beschleunigte Durchsetzung des wissenschaftlich-technischen Fortschritts und der sozialistischen Rationalisierung zu sichern.

(2) Das Kombinat und die Kombinatsbetriebe sichern eine proportionale Entwicklung zwischen Erhaltung und Erneuerung sowie Erweiterung und Neubau, die eine planmäßige Modernisierung der Grundfonds auf der Basis neuer Technologien und produktiver Verfahren gewährleistet.

(3) Das Kombinat und die Kombinatsbetriebe, sichern die planmäßige Vorbereitung und Durchführung der Investitionen entsprechend der volkswirtschaftlichen Rang- und Reihenfolge mit der sozialistischen Rationalisierung als Schwerpunkt. Durch den konzentrierten Einsatz der Baukapazitäten und der Ausrüstungen wird ihr Beitrag zur Stärkung der materiell-technischen Basis der Volkswirtschaft kontinuierlich erhöht. Sie verbessern kontinüierlich das Verhältnis von Aufwand und Nutzen bei den Investitionen.

(4) Das Kombinat gewährleistet die Durchsetzung der Maßnahmen und Aufgaben der sozialistischen Rationalisierung, insbesondere die Anwendung neuester Entwicklungen und wissenschaftlich-technischer Erkenntnisse für neue Technologien und Verfahren in Verbindung mit der Herstellung der entsprechenden Produktionsausrüstungen und der umfassenden breitenwirksamen Anwendung der Ergebnisse in der Produktion.

Materialwirtschaft
§15

(1) Das Kombinat und die Kombinatsbetriebe setzen die zur Verfügung stehenden Energieträger, Rohstoffe und Materialien durch die konsequente Einführung und Anwendung der dem neuesten Stand von Wissenschaft und Technik entsprechenden material- und energiesparenden Konstruktionen, Verfahren und Technologien mit höchstem volkswirtschaftlichen Nutzeffekt ein. Sie wenden fortschrittliche Normen und Kennziffern des ökonomischen Material- und Energieverbrauchs an und setzen

weitere differenzierte Einsparungsmaßnahmen durch, um den spezifischen Material- und Energieverbrauch zu senken.

(2) Das Kombinat und die Kombinatsbetriebe sind für die materiell-technische Sicherung der Planaufgaben verantwortlich. Der Generaldirektor entscheidet über die effektive Verwendung der für das Kombinat aus Bilanzanteilen bereitgestellten Energieträger, Roh- und Werkstoffe, Zulieferungen und Ausrüstungen mit dem Ziel, eine kontinuierliche Senkung des Produktionsverbrauchs zu erreichen.

Kaderarbeit und Bildung
§22

(1) Der Generaldirektor und die Direktoren der Kombinatsbetriebe sind für die Verwirklichung der Grundsätze sozialistischer Kaderarbeit verantwortlich. Sie sichern, daß durch eine planmäßige Auswahl, Verteilung, Qualifizierung und Erziehung der Kader, einschließlich der Entwicklung der Kaderreserve, die führende Rolle der Arbeiterklasse verwirklicht wird.

(5) Der Kombinatsbetrieb ist für die kontinuierliche Aus- und Weiterbildung der Werktätigen entsprechend seinen Aufgaben und seiner Entwicklung verantwortlich. Er hat die Werktätigen rechtzeitig auf die aus der Intensivierung und der Anwendung neuer wissenschaftlich-technischer Erkenntnisse ergebenden höheren Anforderungen an das Wissen, Können und Verhalten vorzubereiten.

(6) Der Kombinatsbetrieb hat die Berufsausbildung der Lehrlinge sowie die Aus- und Weiterbildung der Facharbeiter und Meister zu planen und durchzuführen.

Kooperationsbeziehungen
§23

(1) Das Kombinat und die Kombinatsbetriebe haben die Einheit von Plan, Bilanz und Vertrag zu gewährleisten. Sie schaffen effektive Kooperationsbeziehungen mit anderen Kombinaten und Betrieben sowie wirtschaftsleitenden Organen auf der Grundlage der staatlichen Plankennziffern und anderer staatlicher Planentscheidungen.

Leitung des volkseigenen Kombinats und Kombinatsbetriebes

Verantwortung des Generaldirektors des Kombinats
§24

(1) Der Generaldirektor leitet das Kombinat nach dem Prinzip der Einzelleitung bei kollektiver Beratung der Grundfragen und umfassender Mitwirkung der Werktätigen. Der Generaldirektor untersteht dem Minister, wird von ihm berufen und abberufen und ist ihm persönlich für die Erfüllung der Aufgaben des Kombinats verantwortlich und rechenschaftspflichtig. Der Generaldirektor erhält Weisungen nur vom Minister.

(2) Der Generaldirektor arbeitet nach dem Prinzip des demokratischen Zentralismus, wirkt eng mit den Betriebsparteiorganisationen, den zuständigen Gewerkschaftsorganen und den anderen gesellschaftlichen Organisationen zusammen und sichert die allseitige Einbeziehung der schöpferischen Initiative der Werktätigen des Kombinats in die Leitung und Planung. Er gibt die Ziele für den sozialistischen Wettbewerb vor und legt Rechenschaft über die Plandurchführung vor Werktätigen des Kombinats.

(3) Der Generaldirektor gewährleistet eine produktionsnahe und einheitliche Leitung des Reproduktionsprozesses im Kombinat zur Erfüllung der volkswirtschaftlichen Aufgaben. Entsprechend seiner Verantwortung für die Tätigkeit des Kombinats konzentriert der Generaldirektor seine Leitungstätigkeit auf die für den Leistungs- und Effektivitäts-

Anhang

zuwachs des Kombinats entscheidenden Aufgaben, auf die Einhaltung der staatlichen Verpflichtungen und die allseitige Erfüllung des Planes nach Monaten und Quartalen.

(4) Der Generaldirektor hat das Recht, die vom Minister zu treffenden Entscheidungen oder Abstimmungen zu verlangen. Das Entscheidungsverlangen ist mit Lösungsvorschlägen zu verbinden.

§25

(1) Dem Generaldirektor unterstehen die Direktoren der Kombinatsbetriebe. Sie werden von ihm berufen und abberufen. Der Generaldirektor ist gegenüber den Direktoren der Kombinatsbetriebe grundsätzlich allein weisungsberechtigt.

(2) Der Generaldirektor hat auf der Grundlage der vom Minister erlassenen Rahmenstruktur Fachbereiche, Stabsorgane und Funktionalorgane zu bilden. Die Fachbereiche sind grundsätzlich durch Fachdirektoren zu leiten.

(3) Die Fachdirektoren unterstehen dem Generaldirektor. Sie werden durch ihn berufen und abberufen. Die Fachdirektoren haben entsprechend ihrer Prozeßverantwortung die Entscheidungen des Generaldirektors vorzubereiten, durchzusetzen und ihre Realisierung zu kontrollieren. Die Fachdirektoren sind gegenüber den Fachbereichen der Kombinatsbetriebe zur Anleitung verpflichtet. Der Generaldirektor kann ihnen zur Erfüllung bestimmter Aufgaben Weisungsrechte übertragen.

Leitungsorganisation im Kombinat
§26

(1) Das Leitungssystem des Kombinats ist entsprechend den Erfordernissen der einheitlichen Leitung der Volkswirtschaft und den spezifischen Reproduktionsbedingungen einfach, überschaubar und mit niedrigem Leitungsaufwand zu gestalten. Es ist in der Regel mit der Leitung eines Kombinatsbetriebes - Leitung über einen Stammbetrieb - zu verbinden. Sofern es die spezifischen Reproduktionsbedingungen im Kombinat erfordern, ist eine selbständige Kombinatsleitung zu bilden. Die Entscheidung über die im Kombinat anzuwendende Leitungsform trifft der Minister.

(2) Der Generaldirektor übt bei der Leitung des Kombinats über einen Stammbetrieb grundsätzlich zugleich die Funktion des Direktors des Stammbetriebes aus. Das gilt entsprechend für die Fachdirektoren und andere leitende Mitarbeiter des Kombinats. Einzelheiten sind in Ordnungen des Kombinats zu regeln.

(3) Der Generaldirektor ist zur rationellen Gestaltung des Reproduktionsprozesses im Kombinat berechtigt, Kombinatsbetriebe mit der Wahrnehmung von Leitungsaufgaben des Kombinats für mehrere Kombinatsbetriebe zu beauftragen (Leitbetrieb). Der Direktor eines Leitbetriebes hat im Umfang dieser Leitungsaufgaben im Leitbetriebsbereich Anleitungs-, Kontroll- und Weisungsrechte. Aufgaben, Rechte und Pflichten sind in Ordnungen des Kombinats zu regeln.

(4) Das Kombinat organisiert die Erzeugnisgruppenarbeit als eine Form der überbetrieblichen sozialistischen Gemeinschaftsarbeit zwischen Kombinatsbetrieben und Betrieben, die wirtschaftlichen Organen bzw. örtlichen Räten unterstellt sind und Erzeugnisse gleicher oder ähnlicher Zweckbestimmung bzw. mit technologisch verwandtem Herstellungsprozeß produzieren.

(5) Der Generaldirektor beauftragt in der Regel Kombinatsbetriebe mit der Wahrnehmung der Funktion des Erzeugnisgruppenleitbetriebes. Der Direktor des beauftragten Betriebes ist vom Generaldirektor des Kombinats als Leiter der Erzeugnisgruppe einzusetzen und diesem für die Erfüllung der Aufgaben rechenschaftspflichtig.

Verantwortung des Direktors des Kombinatsbetriebes

§27

(1) Der Direktor leitet den Kombinatsbetrieb nach dem Prinzip der Einzelleitung bei kollektiver Beratung der Grundfragen und umfassender Mitwirkung der Werktätigen. Er arbeitet eng mit der Betriebsparteiorganisation, der zuständigen Betriebsgewerkschafts- und FDJ-Leitung und den anderen gesellschaftlichen Organisationen zusammen und sichert die Zusammenarbeit mit den örtllchen Staatsorganen.

(2) Der Direktor des Kombinatsbetriebes fördert unter Führung der Partei der Arbeiterklasse gemeinsam mit der Gewerkschaft, der FDJ und den anderen gesellschaftlichen Organisationen die schöpferische Aktivität der Werktätigen, ihren Ideenreichtum und ihre Einsatzbereitschaft und nutzt sie allseitig für die Verwirklichung der Aufgaben des Kombinatsbetriebes. Er arbeitet eng mit der Gewerkschaft zusammen, schafft die notwendigen Voraussetzungen für eine hohe Wirksamkeit des von den Gewerkschaften organisierten sozialistischen Wettbewerbs sowie der konkreten Abrechnung der erreichten Ergebnisse.

(3) Der Direktor des Kombinatsbetriebes berät mit den Werktätigen die Planaufgaben und andere grundlegende Fragen der Entwicklung des Kombinatsbetriebes und ist verpflichtet, vor Arbeitskollektiven, insbesondere in Gewerkschaftmitgliederversammlungen oder Vertrauensleutevollversammlungen, regelmäßig Rechenschaft über die Erfüllung der geplanten Aufgaben und des sozialistischen Wettbewerbs zu legen.

In der Mehrzahl der Kombinate erfolgte die Leitung über den Stammbetrieb. Der Leitungsaufbau verdeutlicht die Vielfalt der den Kombinaten übertragenen Aufgaben, die zu aufgeblähten Verwaltungen führten.

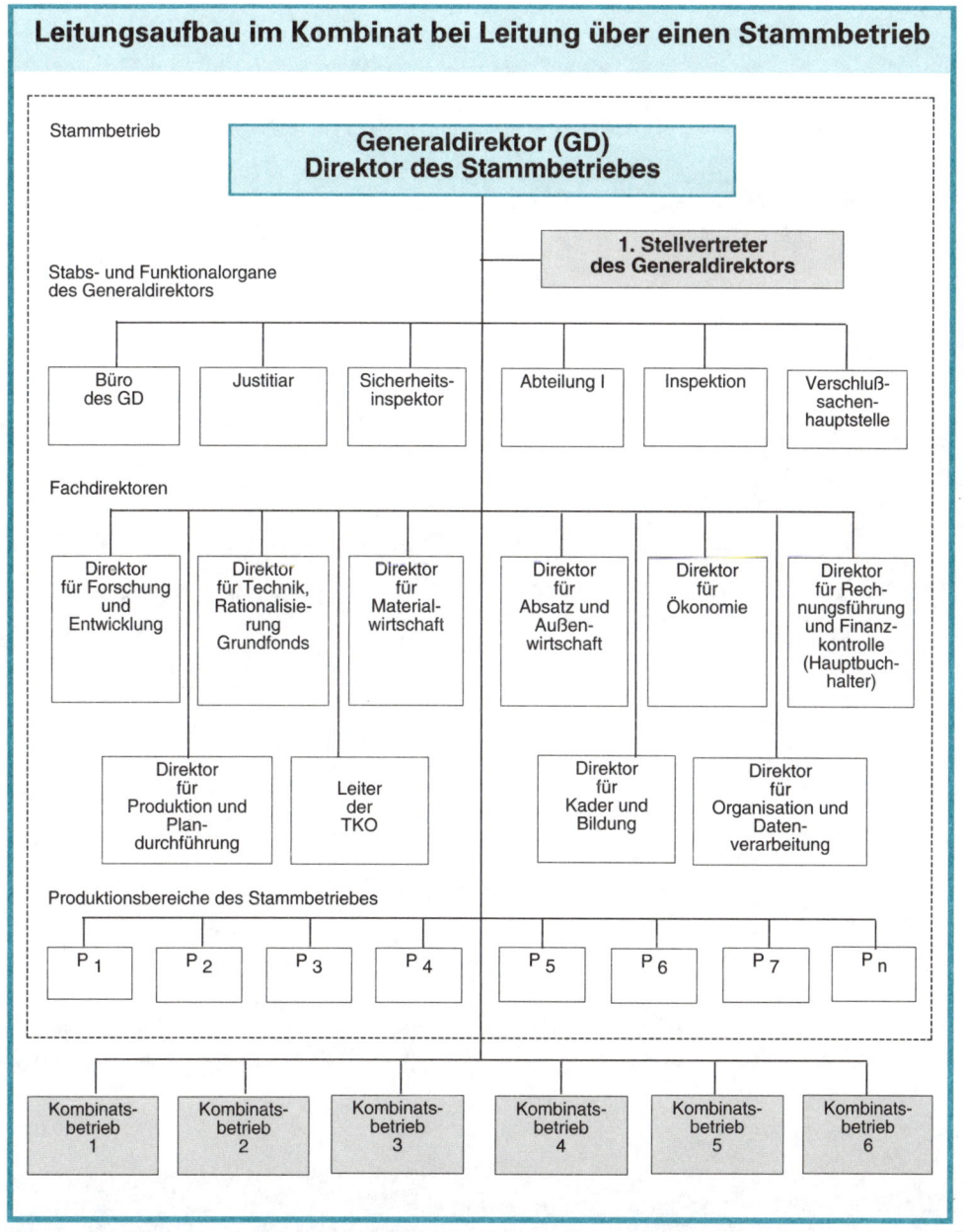

Leitungsaufbau im Kombinat bei Leitung über einen Stammbetrieb

Stammbetrieb

**Generaldirektor (GD)
Direktor des Stammbetriebes**

**1. Stellvertreter
des Generaldirektors**

Stabs- und Funktionalorgane
des Generaldirektors

| Büro des GD | Justitiar | Sicherheits-inspektor | Abteilung I | Inspektion | Verschluß-sachen-hauptstelle |

Fachdirektoren

| Direktor für Forschung und Entwicklung | Direktor für Technik, Rationalisie-rung Grundfonds | Direktor für Material-wirtschaft | Direktor für Absatz und Außen-wirtschaft | Direktor für Ökonomie | Direktor für Rech-nungsführung und Finanz-kontrolle (Hauptbuch-halter) |

| Direktor für Produktion und Plan-durchführung | Leiter der TKO | | Direktor für Kader und Bildung | Direktor für Organisation und Daten-verarbeitung |

Produktionsbereiche des Stammbetriebes

| P$_1$ | P$_2$ | P$_3$ | P$_4$ | P$_5$ | P$_6$ | P$_7$ | P$_n$ |

| Kombinats-betrieb 1 | Kombinats-betrieb 2 | Kombinats-betrieb 3 | Kombinats-betrieb 4 | Kombinats-betrieb 5 | Kombinats-betrieb 6 |

Zentralgeleitete Kombinate der Industrie und des Bauwesens nach Ministerien

Stand: 30. 06. 1990 · Statistisches Betriebsregister der DDR

Bezeichnung	Sitz des Stammbetriebes	Produktgruppe	Anzahl der VEB	Anzahl der Mitarbeiter
Ministerium für Kohle und Energie				
VEB Braunkohlenkombinat Bitterfeld	Bitterfeld	Braunkohlenbergbau	7	50225
VE Braunkohlenkombinat Senftenberg	Brieske-Ost	Braunkohlenbergbau	7	52894
VEB Kombinat Anlagenbau Braunkohle Regis-Breitingen	Regis-Breitingen	Bergbauausrüstungen	4	8225
VEB Gaskombinat "Fritz Selbmann" Schwarze Pumpe	Schwarze Pumpe	Braunkohlenkokereien	10	32951
VE Kombinat Braunkohlenkraftw. Jänschwalde	Peitz	Kraftwerke	11	26658
VEB Kombinat Kernkraftw. "Bruno Leuschner" Greifswald	Greifswald	Kraftwerke	4	7842
VEB Kombinat Kraftwerksanlagenbau Berlin	Berlin	Rep.Mont.Met.Konstr.	22	39742
VE Kombinat Verbundnetze Energie Berlin	Berlin	Energieversg.Betr.	4	6562
VEB Energiekombinat Berlin	Berlin	Energieversg.Betr.	3	8607
VEB Energiekombinat Cottbus	Cottbus	Energieversg.Betr.	3	3314
VEB Energiekombinat Dresden	Dresden	Energieversg.Betr.	4	5978
VEB Energiekombinat Erfurt	Erfurt	Energieversg.Betr.	3	5450
VEB Energiekombinat Frankfurt	Frankfurt/Oder	Energieversg.Betr.	3	3174
VEB Energiekombinat Gera	Jena-Winzertal	Energieversg.Betr.	3	2895
VEB Energiekombinat Halle	Halle	Energieversg.Betr.	3	6261
VEB Energiekombinat Karl-Marx-Stadt	Karl-Marx-Stadt	Energieversg.Betr.	3	6616
VEB Energiekombinat Leipzig	Markkleeberg	Energieversg.Betr.	3	5100
VEB Energiekombinat Magdeburg	Magdeburg	Energieversg.Betr.	3	4870
VEB Energiekombinat Neubrandenburg	Neubrandenburg	Energieversg.Betr.	3	2481
VEB Energiekombinat Potsdam	Potsdam	Energieversg.Betr.	3	4686
VEB Energiekombinat Rostock	Rostock	Energieversg.Betr.	3	3712
VEB Energiekombinat Schwerin	Schwerin	Energieversg.Betr.	3	2142
VEB Energiekombinat Suhl	Meiningen	Energieversg.Betr.	3	2330
Ministerium für Erzbergbau, Metallurgie und Kali				
VEB Bandstahlkombinat "Hermann Matern" Eisenhüttenstadt	Eisenhüttenstadt	Eisenhütt.Walzwerke	10	19047
VEB Qualitäts- und Edelstahlkombinat	Brandenburg	Eisenhütt.Walzwerke	16	32847
VEB Rohrkombinat Riesa	Riesa	Eisenhütt.Walzwerke	8	28543
VEB Kombinat Kali Sondershausen	Sondershausen	Kali-Steinsalzind.	10	31431
VEB Bergbau- und Hüttenkombinat "Albert Funk" Freiberg	Freiberg	NE-Metall-Betriebe	4	7888
VEB Mansfeldkombinat "Wilhelm Pieck" Eisleben	Lutherstadt-Eisleben	NE-Met.-Halbz.Werke	9	10892
VEB Kombinat Metallaufbereitung Halle	Halle	Sonst.Erz.Schwarzmet.	11	4686
VEB Kombinat Zentraler Industrieanlagenbau der Metallurgie Berlin	Berlin		7	2770
Ministerium für chemische Industrie				
VEB Chemiefaserkombinat "Wilhelm Pieck" Schwarza	Rudolstadt-Schwarza	Chemiefaserindustrie	11	28174
VEB Chemiekombinat Bitterfeld	Bitterfeld	Anorg. Chemikalien	8	27783

Anhang

Bezeichnung	Sitz des Stammbetriebes	Produktgruppe	Anzahl der VEB	Anzahl der Mitarbeiter
VEB Kombinat Agrochemie Piesteritz	Wittenberg-Lutherstadt	Anorg.Chemiekalien	9	18606
VEB Petrolchemisches Kombinat	Schwedt/Oder	Erdöl-Verarbtgind.	11	27722
VEB Kombinat Plast- und Elastverarbeitung Berlin	Berlin	Gummierzeugnisse	26	27106
VEB Pharmazeutisches Kombinat GERMED Dresden	Radebeul	Pharmaz.Erzeugnis.	19	16335
VEB Kombinat Lacke und Farben	Berlin	Anstrich-Druckfarben	15	7440
VEB Fotochemisches Kombinat Wolfen	Wolfen	Fotochem.Erzeugn.	9	20390
VEB Kosmetik-Kombinat Berlin	Berlin	Parfüm-Kosmetik	12	8002
VEB Leuna-Werke	Leuna	Erdöl-Verarbeitgsind.	5	29543
VEB Chemische Werke Buna	Schkopau	Plaste-Elaste	6	26910
VEB Reifenkombinat Fürstenwalde	Fürstenwalde	Fahrzeugbereifung	8	11526
VEB Kombinat Synthesewerk Schwarzheide	Schwarzheide	Plasterzeugn.-Halbf.	7	12018
VEB Chemieanlagenbaukombinat Leipzig-Grimma	Leipzig	Chemieausrüst.Bau	20	32649
VEB Kombinat Minol Berlin	Berlin	PM-Handel-Ind.Erzg.	11	9477
VEB Kombinat Zellstoff und Papier Heidenau	Heidenau	Zellstoffindustrie	27	30660
VE Kombinat Sekundärrohstofferfassung Berlin	Berlin	PM-Handel-Ind.Erzg.	20	10152

Ministerium für Elektrotechnik und Elektronik

Bezeichnung	Sitz des Stammbetriebes	Produktgruppe	Anzahl der VEB	Anzahl der Mitarbeiter
VEB Kombinat Robotron Dresden	Dresden	DV-Maschinen-Ind.	24	66140
VEB Kombinat Nachrichtenelektronik Berlin	Berlin	Erzgn.Funktechnik	20	34360
Kominat VEB Carl Zeiss Jena	Jena	Opt.Mech.Geräte	25	54217
VEB Kombinat Automatisierungsanlagenbau Berlin	Berlin	Rep.Mont.Betr.El.Ind.	19	48807
VEB Kombinat Mikroelektronik Erfurt	Erfurt	E.Röhr.-Bauelement.	25	55943
VEB Kombinat Elektronische Bauelemente Teltow	Teltow	El.Röhr-Bauelement.	12	27077
Kombinat VEB NARVA "Rosa Luxemburg" Berlin	Berlin	El.Lichtquellen	13	13441
Kombinat VEB Keramische Werke Hermsdorf	Hermsdorf	El.Röhr.-Bauelement.	22	22274
Kombinat VEB Kabelwerk Oberspree "Wilhelm Pieck" Berlin	Berlin	Kabel-Leitungen	14	15353
Kombinat VEB Elektro-Apparate-Werke "Friedrich Ebert" Berlin	Berlin	Schaltgeräte-Einr.	20	30026
VEB Kombinat Elektromaschinenbau Dresden	Dresden	Elektromaschinenbau	14	22863
VEB Kombinat Lokomotivbau-Elektrotechnische-Werke "Hans Beimler" Hennigsdorf	Hennigsdorf	Schienenfahrzeugbau	11	13886
VEB Kombinat Rundfunk und Fernsehen Staßfurt	Staßfurt	Erzgn.Fernseh-Rundf.	29	22087
VEB Kombinat Fahrzeugelektrik Ruhla	Eisenach	El.Spez.Ausr.Fzg.	8	11571
Kombinat VEB Elektrogerätewerk Suhl	Suhl	Elek-Geräte-Leuchten	15	10047

Ministerium für Schwermaschinen- und Anlagenbau

Bezeichnung	Sitz des Stammbetriebes	Produktgruppe	Anzahl der VEB	Anzahl der Mitarbeiter
VEB Kombinat Getriebe und Kupplungen Magdeb.	Magdeburg	Getriebe-Kupplg.Bau	9	5532
VEB Schwermaschinenbaukombinat TAKRAF Leipzig	Leipzig	Fördermittelbau	28	37847
VEB Kombinat Schiffbau	Rostock	See-Küstenschiffe	21	55554
VEB Kombinat Schienenfahrzeugbau Berlin	Berlin	Schienenfahrzeugbau	20	24420
VEB Kombinat baukema (Baumaschinen kompl. Anlagen u. Erdbewegungsmaschinen)	Leipzig	Baumaschinen	16	12661

Bezeichnung	Sitz des Stammbetriebes	Produktgruppe	Anzahl der VEB	Anzahl der Mitarbeiter
VEB Schwermaschinenbau-Kombinat "Ernst Thälmann" (SKET) Magdeburg	Magdeburg	Metallurg.Ausr.Bau	19	28967
VEB Schwermaschinenbau "Karl-Liebknecht" Magdeburg, Kombinat für Dieselmotoren u. Industrieanlagen	Magdeburg	Verbrenng.Kraftmasch.	11	15236
VEB Kombinat Pumpen und Verdichter Halle	Halle	Pump.-Verdichterbau	16	10126
VEB Magdeburger Armaturenwerke "Karl Marx" Armaturenkombinat Magdeburg	Magdeburg	Armaturenbau	15	17671
VEB Kombinat ORSTA-Hydraulik	Leipzig	Hydraulik-Pneumatik	16	13681
VEB Kombinat Luft- und Kältetechnik Dresden	Dresden	Lufttechn.Ausrüstg.	18	17195

Ministerium für Werkzeug- und Verarbeitungsmaschinenbau

Bezeichnung	Sitz des Stammbetriebes	Produktgruppe	Anzahl der VEB	Anzahl der Mitarbeiter
VEB Werkzeugmaschinenkombinat "Fritz Heckert" Karl-Marx-Stadt	Karl-Marx-Stadt	Spanabh.-Werkzeug-Maschinen	23	29430
VEB Werkzeugmaschinenkombinat "7. Oktober" Berlin	Berlin	Spanabh.-Werkzeug-Maschinen	22	22445
VEB Kombinat Umformtechnik "Herbert Warnke" Erfurt	Erfurt	Kaltf.Werkz.Masch.	13	12566
VEB Werkzeugkombinat Schmalkalden	Schmalkalden	Diamant.-Blankwerkz.	18	13203
VEB Kombinat Polygraph Leipzig	Leipzig	Sonst.Polygr.Masch.	12	15550
VEB Kombinat Textima Karl-Marx-Stadt	Karl-Marx-Stadt	Ausrüstg.Konf.Ind.	33	30739
VE Kombinat Maschinenbauhandel Berlin	Berlin	PM-Handel Ind.Erzeug.	12	8828

Ministerium für Leichtindustrie

Bezeichnung	Sitz des Stammbetriebes	Produktgruppe	Anzahl der VEB	Anzahl der Mitarbeiter
VEB Kombinat Baumwolle Karl-Marx-Stadt	Karl-Marx-Stadt	Text.Fl.Baumwollind.	31	50758
VEB Kombinat Technische Textilien Karl-Marx-Stadt	Karl-Marx-Stadt	Textl.Fl.Ind.Tech.Tex.	30	22084
VEB Kombinat Deko Plauen	Plauen	Text.Fl.Deko-Ind.	53	34440
VEB Kombinat Wolle und Seide Meerane	Meerane	Spinn-Zwirn-Wollind.	28	37127
VEB Strumpfkombinat Esda Thalheim	Thalheim	Strumpfwarenind.	9	15676
VEB Kombinat Trikotagen Karl-Marx-Stadt	Karl-Marx-Stadt	Obertrikotagenind.	51	50436
Kombinat Kunstleder und Pelzverarbeitung	Leipzig	Felle-Pelzkleidung	36	8601
VEB Kombinat Schuhe Weißenfels	Weißenfels	Schuhindustrie	65	43170
VEB Kombinat Lederwaren Schwerin	Schwerin	Feinsattl.-Täschner	24	11115
VEB Kombinat Oberbekleidung Berlin	Berlin	Damenoberbekldg.	16	15958
VEB Textilkombinat Cottbus	Cottbus	Text.Fl.Wollind.	23	19628
VEB Kombinat Oberbekleidung Lößnitz	Lößnitz	Damenoberbekldg.	29	18453
VEB Kombinat Oberbekleidung Erfurt	Erfurt	Kinderoberbekldg.	25	18980
VEB Kombinat Solidor Heiligenstadt	Heilbad Heiligenstadt	Schlösser-Beschläg.	8	6801

Ministerium für allgemeinen Maschinen-, Landmaschinen- u. Fahrzeugbau

Bezeichnung	Sitz des Stammbetriebes	Produktgruppe	Anzahl der VEB	Anzahl der Mitarbeiter
VEB IFA-Kombinat Nutzkraftwagen	Ludwigsfelde	Automobilbau	29	48494
VEB IFA-Kombinat Personenkraftwagen Karl-Marx-Stadt	Karl-Marx-Stadt	Automobilbau	38	63231
VEB Fahrzeug- und Jagdwaffenwerk "Ernst-Thälmann" Suhl, IFA-Kombinat Zweiradfahrzeuge	Suhl	Automobilbau	8	14184

Anhang

Bezeichnung	Sitz des Stammbetriebes	Produktgruppe	Anzahl der VEB	Anzahl der Mitarbeiter
VEB Kombinat "Fortschritt" Landmaschinen Neustadt	Neustadt	Landmaschinenbau	47	54716
VEB Kombinat Nagema Verpack.-Masch. Schokolad.Masch.u.Wägetechnik Dresden	Dresden	Verpackungsmasch.	28	18244
VEB Kombinat Haushaltgeräte Karl-Marx-Stadt	Karl-Marx-Stadt	Haush.-Gartengeräte	29	27610
VEB Kombinat Wälzlager und Normteile	Karl-Marx-Stadt	Verb.Elemente.Maschb.	23	25263
VEB Kombinat Medizin- u. Labortechnik	Leipzig	Med.Mech.Erzeugn.	14	11046
Ministerium für bezirksgeleitete Industrie und Lebensmittelindustrie				
VEB Kombinat Öl und Margarine Magdeburg	Magdeburg	Margarineindustrie	28	5159
VEB Kombinat Nahrungsmittel und Kaffee Halle	Halle	Kaffee - Tee	35	8684
VEB Kombinat Süßwaren Halle	Halle	Kakaowarenindustrie	22	8429
VEB Kombinat Tabak Dresden	Dresden	Zigarren-Tabak-Ind.	10	5122
VEB Fischkombinat Rostock	Rostock-Marienehe	Fischverarb.Betr.	45	5693
VEB Kombinat Spirituosen, Wein und Sekt Berlin	Berlin	Spirituosenbetriebe	28	5785
Kombinat Holzwerkstoffe, Beschläge und Maschinen Leipzig	Leipzig	Furnier-Platten-Ind.	35	15036
VEB Kombinat Musikinstrumente Markneukirchen/Klingenthal	Plauen	Musikinstrumente	25	20995
VEB Kombinat Spielwaren Sonneberg	Sonneberg	Spielwarenindustrie	24	23421
VEB Kombinat Sportgeräte Schmalkalden	Schmalkalden	Turn-Sportger.Ind.	14	7635
VEB Möbelkombinat Berlin	Berlin	Möbel-Polsterwaren	33	16775
VEB Möbelkombinat Dresden-Hellerau	Dresden	Möbel-Polsterwaren	35	20499
VEB Thüringer Möbelkombinat Suhl	Suhl	Möbel-Polsterwaren	21	9632
VEB Möbelkombinat Ribnitz-Damgarten	Ribnitz-Damgarten	Möbel-Polsterwaren	8	5506
VEB Möbelkombinat Zeulenroda	Zeulenroda	Möbel-Polsterwaren	18	9396
VEB Kombinat Holzhandel Berlin	Berlin	PM-Handel-Ind.Erzeug	9	2334
Ministerium für Glas- und Keramikindustrie				
VEB Kombinat Technisches Glas Ilmenau	Ilmenau	Techn.Erzgn.Glas	13	12805
Flachglaskombinat Torgau	Torgau	Flachglaserzeugn.	19	8305
VEB Kombinat Lausitzer Glas Weißwasser	Weißwasser	Haush.Verpack.Glas	24	18329
Feinkeramik Kahla	Kahla	Porzellan-Erzgn.	20	17057
VEB Staatliche Porzellanmanufaktur Meißen	Meißen	Porzellan-Erzgn.	1	1637
VEB Thuringia Sonneberg, Kombinat für Glas und Keramikmaschinenbau	Sonneberg	Ausrüstg.Keram.Glas	8	2359
Kombinat Verpackung Leipzig	Leipzig	Papierverarb.Ind.	40	12775
Ministerium für Geologie				
VEB Kombinat Erdöl und Erdgas Gommern	Gommern	Erdöl-Gas-Gewbetr.	7	6338
VEB Kombinat Geologische Forschung und Erkundung Halle	Halle	Bergbauausrüstg.	10	6888
Kombinat Geophysik Halle	Leipzig	Geol.Untersuchungen	4	2638

Bezeichnung	Sitz des Stammbetriebes	Produktgruppe	Anzahl der VEB	Anzahl der Mitarbeiter
Ministerium für Bauwesen				
VEB Bau- und Montagekombinat Chemie Halle	Halle	Industriebaubetriebe	5	4199
VEB Bau- und Montagekombinat Kohle und Energie Hoyerswerda	Hoyerswerda	Industriebaubetriebe	15	16414
VEB Bau- und Montagekombinat Erfurt	Erfurt	Industriebaubetriebe	10	11484
VEB Bau- und Montagekombinat Süd Leipzig	Leipzig	Industriebaubetriebe	12	13625
VEB Bau- und Montagekombinat Ost	Frankfurt/Oder	Industriebaubetriebe	10	10574
VEB Magdeburger Baugesellschaft	Magdeburg	Industriebaubetriebe	8	7886
VEB BMK Industrie- und Hafenbau Stralsund	Stralsund	Industriebaubetriebe	10	9882
VEB Spezialbaukombinat Wasserbau Weimar	Weimar	Baubetr.Geb.Wasser.	10	6734
VEB Autobahnbaukombinat Magdeburg	Magdeburg	BBtr.Verk.Post-Fernm.	10	7568
VEB Spezialbaukombinat Magdeburg	Magdeburg	Industriebaubetriebe	1	5252
VEB Metalleichtbaukombinat Leipzig	Leipzig	Konstr.Stahl-Alu-Leg.	21	19476
VEB Betonleichtbaukombinat Dresden	Dresden	Beton-Kunststein	13	10723
VEB Zementkombinat Dessau	Dessau	Bindemittel	9	15911
VEB Kombinat Zuschlagstoffe und Natursteine Dresden	Dresden	Zuschlagstoffe	20	12453
VEB Kombinat Bau- und Grobkeramik Halle	Halle	Baukeram.-Erzeugn.	17	14482
Kombinat Bauelemente u. Faserbaustoffe	Leipzig	Bauelem.f.Holzbauten	18	14594
VEB Kombinat Technische Gebäude-ausrüstungen Leipzig	Leipzig	Industriebaubetriebe	25	16892
VEB Kombinat Fliesen- u. Sanitärkeramik "Kurt Bürger" Boizenburg	Boizenburg	Baukeram.Erzeugn.	7	6194
VEB Kombinat Baustoffversorgung Berlin	Berlin	WO-Binnenhandel	16	7575
VEB Kombinat Baumechanisierung Dresden	Dresden	Rep.Betr.Baumaschb.	19	8469
VEB Bauingenieurkombinat für Anlagenexport Dessau	Dessau	Bautechn.Projekt.Betr.	5	1104
		Gesamt:	**2 448**	**2 691 793**

Anmerkung:
Die statistischen Angaben in diesem Buch widerspiegeln die Umbruchsituation in der Wirtschaft. Unterschiedliche Daten resultieren aus dem Zeitpunkt der Erfassung, insbesondere im 1. Halbjahr 1990 unter dem Einfluß der Umwandlungsverordnung vom 1. März 1990 (siehe Anhang).

Der VIII. Parteitag der SED im Jahre 1971 leitete einen Kurswechsel ein. Die Einheit von Wirtschafts- und Sozialpolitik wurde proklamiert und in den folgenden Parteitagen bekräftigt. Im Jahre 1986 beschloß der XI.Parteitag eine ökonomische Strategie, die den Kombinaten eine Anleitung zum Handeln sein sollte.

10 Punkte der ökonomischen Strategie der SED zur Entwicklung der Volkswirtschaft mit dem Blick auf das Jahr 2000

1. Die ökonomische Strategie unserer Partei ist darauf gerichtet, die Vorzüge des Sozialismus noch wirksamer mit den Errungenschaften der wissenschaftlich-technischen Revolution zu verbinden, die selbst in eine neue Etappe eingetreten ist.
Mehr und mehr bestimmen das Leistungsvermögen einer Volkswirtschaft
- die Mikroelektronik
- die moderne Rechentechnik
- die rechnergestützte Konstruktion, Projektierung und Steuerung der Produktion.
In enger Wechselwirkung damit breiten sich andere Schlüsseltechnologien aus.

2. Die ökonomische Strategie hat zum Inhalt, die Steigerung der Arbeitsproduktivität zu beschleunigen. Darin vor allem muß sich die Beherrschung der Schlüsseltechnologien ausweisen.

3. Die ökonomische Strategie zielt darauf ab, das Wachstum der Produktion bei sinkendem spezifischem Aufwand an Roh- und Werkstoffen sowie Energieträgern zu gewährleisten. Der Anteil des Produktionsverbrauchs am Gesamtprodukt muß weiter sinken, was das Wachstum des Nationaleinkommens beschleunigt.

4. Die ökonomische Strategie schließt ein, in der Volkswirtschaft durchgängig eine Qualitätsproduktion zu erreichen, die hohen internationalen Maßstäben entspricht.

5. Die ökonomische Strategie räumt der sozialistischen Rationalisierung einen hohen Rang ein. Sie geht in großer Breite vonstatten und ist ein Hauptweg zur Steigerung der Arbeitsproduktivität. Die sozialistische Rationalisierung ist eng verbunden mit der ständigen Verbesserung der Arbeits- und Lebensbedingungen der Werktätigen.

6. Die ökonomische Strategie richtet sich auf eine hohe Effektivität der Arbeit.

7. Die ökonomische Strategie stellt bedeutend höhere Anforderungen an die Investitionstätigkeit. Der wesentliche Anteil der Investitionen dient der Modernisierung der Grundfonds, wobei vorhandene Baulichkeiten genutzt werden.

8. Die ökonomische Strategie sieht eine noch stärkere Entwicklung der Konsumgüterproduktion vor. Konsumgüter, die dem Bedarf entsprechen, in hoher Qualität und ausreichender Menge zu erzeugen, muß noch mehr zur Sache der ganzen Volkswirtschaft werden. In jedem Kombinat sind leistungsstarke Kapazitäten dafür zu schaffen und auszubauen.

9. Die ökonomische Strategie ist auf einen kontinuierlichen und dynamischen Leistungsanstieg zugeschnitten. Die gesellschaftspolitischen Ziele, die Verbesserung des materiellen und kulturellen Lebensniveaus der Menschen in unserem Lande erfordern ein starkes und beständiges Wirtschaftswachstum.

10. Die ökonomische Strategie ist in ihrer Gesamtheit davon gekennzeichnet, die intensiv erweiterte Reproduktion ständig zu vertiefen und auf dauerhafte Grundlagen zu stellen. Die Notwendigkeit dafür leitet sich aus den objektiven Entwicklungsgesetzen des Sozialismus ab.

Mit dieser Verordnung sollte den Betrieben mehr Bewegungsspielraum gegeben werden. Sie leitete die Umwandlung der volkseigenen Wirtschaft, jedoch noch nicht die Privatisierung selbst, ein.

Verordnung zur Umwandlung von volkseigenen Kombinaten, Betrieben und Einrichtungen in Kapitalgesellschaften

vom 1. März 1990

(GBl. der DDR I, Nr.14 S.107)

§ 1
Geltungsbereich

(1) Diese Verordnung gilt für volkseigene Kombinate, Betriebe, juristisch selbständige Einrichtungen und wirtschaftsleitende Organe sowie sonstige, im Register der volkseigenen Wirtschaft eingetragene Wirtschaftseinheiten, nachfolgend Betriebe genannt.

(2) Diese Verordnung gilt nicht für das Staatsunternehmen Deutsche Post mit seiner Generaldirektion, die Eisenbahn, die Verwaltung der Wasserstraßen und die Verwaltung des öffentlichen Straßennetzes.

Verfahren der Umwandlung
§ 2

1) Betriebe sind in eine Gesellschaft mit beschränkter Haftung (GmbH) oder in eine Aktiengesellschaft (AG) umzuwandeln. Über Ausnahmen, z. B. die Umwandlung in Genossenschaften, Personengesellschaften oder anderen Organisationsformen im Bereich der Land-, Forst- und Nahrungsgüterwirtschaft, entscheidet die Anstalt zur treuhänderischen Verwaltung des Volkseigentums (Treuhandanstalt). Sie hat die vermögensrechtliche Stellung von nicht umgewandelten Betrieben zu bestimmen und zu sichern.

(2) Die Umwandlung gemäß Abs.1 bedarf der Stellungnahme des Vertretungsorgans der Beschäftigten des umzuwandelnden Betriebes.

§3

(1) Die Geschäftsanteile bzw. Aktien der durch Umwandlung gebildeten Kapitalgesellschaft übernimmt die Treuhandanstalt.

(2) Die Treuhandanstalt beauftragt entsprechend ihrem Statut juristische oder natürliche Personen als Gesellschafter zu fungieren bzw. die sich aus Beteiligungen ergebenden Rechte und Pflichten wahrzunehmen.

§4

(1) Zur Umwandlung bedarf es einer Umwandlungserklärung des umzuwandelnden Betriebes und der Treuhandanstalt als Übernehmender der Anteile. Vor der Umwandlungserklärung hat die Treuhandanstalt die Stellungnahme des übergeordneten Organs des Betriebes einzuholen. Die notariell zu beurkundende Umwandlungserklärung muß enthalten:

1. die Errichtung einer GmbH oder AG;
2. die Übertragung der Fondsinhaberschaft

des Betriebes auf die GmbH oder die AG;
3. die Bezeichnung der Beauftragten gemäß § 3 Abs. 2;
4. den Gesellschaftsvertrag der GmbH oder die Satzung der AG.

(2) Der Umwandlungserklärung ist eine Abschlußbilanz sowie eine vom Übernehmenden und Umzuwandelnden unterzeichnete Aufstellung über alle Rechte und Pflichten, Forderungen und Verbindlichkeiten und die mit der Geschäftsbank getroffene Vereinbarung über die Ordnung bestehender Kredite beizufügen.

(3) Für die Gründung und Tätigkeit einer GmbH gilt das GmbH-Gesetz, für die einer AG das Aktiengesetz, soweit in dieser Verordnung keine speziellen Regelungen getroffen sind.

(4) Führt die umgewandelte Gesellschaft das vom Betrieb betriebene Unternehmen weiter, so kann sie die Firma fortführen, wobei statt der Bezeichnung VEB oder VEK die Bezeichnung "Gesellschaft mit beschränkter Haftung" bzw. "Aktiengesellschaft " aufzunehmen ist. Die umgewandelte Gesellschaft kann auch eine neue Firma gemäß den Rechtsvorschriften annehmen.

§5
Gründungsbericht, Gründungsprüfung

(1) Für die Umwandlung in eine GmbH oder AG ist eine Eröffnungsbilanz sowie nach § 24 Aktiengesetz ein Gründungsbericht zu erstellen, in dem auch der Geschäftsverlauf und die Lage des Unternehmens darzulegen sind.

(2) Die Prüfung durch einen oder mehrere unabhängige Prüfer nach § 25 Abs. 2 des Aktiengesetzes hat in jedem Fall stattzufinden. Die Prüfung hat sich insbesondere darauf zu erstrecken, ob in der Aufstellung nach § 4 Abs. 2 alle Verbindlichkeiten des Betriebes aufgeführt sind. Die Ergebnisse sind in einem Prüfungsbericht darzustellen.

§6
Anmeldung und Eintragung der Umwandlung

(1) Die durch Umwandlung entstandene Gesellschaft ist beim Staatlichen Vertragsgericht zur Eintragung in das Register anzumelden, in dessen Bezirk sich der Sitz der GmbH bzw. AG befindet.

(2) Der Anmeldung sind beizufügen:
1. die Umwandlungserklärung;
2. der Gründungsbericht und die Eröffnungsbilanz;
3. der Prüfungsbericht;
4. die Stellungnahme gemäß § 2;
5. die Aufstellung gemäß § 4 Abs. 2.

(3) Das Staatliche Vertragsgericht nimmt nach Vorlage der im Abs. 2 genannten Dokumente die Eintragung in das Register vor.

§7
Wirksamwerden der Umwandlung, Rechtsnachfolge, Erlöschen

Die Umwandlung wird mit der Eintragung der GmbH bzw. der AG in das Register wirksam. Mit der Eintragung wird die GmbH bzw. AG Rechtsnachfolger des umgewandelten Betriebes. Der vor der Umwandlung bestehende Betrieb ist damit erloschen. Das Erlöschen des Betriebes ist von Amts wegen in das Register der volkseigenen Wirtschaft einzutragen.

§8
Besteuerung

Für die GmbH bzw. AG gelten die Bestimmungen des Steuerrechts der DDR.

§9
Aufsichtsrat

In den GmbH und AG ist innerhalb von 3 Monaten nach Umwandlung ein Aufsichtsrat zu bilden. Der Aufsichtsrat setzt sich zu-

sammen aus mindestens
4 Aufsichtsratsmitgliedern,
die durch die Belegschaft (darunter 1 leiten-
der Mitarbeiter) entsandt werden;
4 Aufsichtsratsmitgliedern,
die durch die Anteilseigner bestimmt
werden, und
1 Aufsichtsratsmitglied,
das durch die vorgenannten Aufsichtsratsmitglieder gewählt wird.
Bei Unternehmen mit weniger als 500 Beschäftigten kann die Zahl der Aufsichtsratsmitglieder proportional reduziert werden.

§ 10
Verkauf von Anteilen

Der Verkauf von Geschäftsanteilen bzw.
Aktien durch die Treuhandanstalt ist zuläs-
sig, sofern das durch Gesetz geregelt ist.
Der Verkauf bedarf der Zustimmung des
Aufsichtsrates der Gesellschaft. Dabei sind
die für die Beauftragten im Statut der Treuhandanstalt gesetzten Rechte und Pflichten
verbindlich. Im Falle der Veränderung der
Beherrschungsverhältnisse in der Gesellschaft, z. B. bei Verkauf von Anteilen oder
Erhöhung des Grund- bzw. Stammkapitals,
ist die Zustimmung der zuständigen Volks-
vertretung erforderlich.

Schlußbestimmungen

§11

Durchführungsbestimmungen zu dieser
Verordnung werden durch die zuständigen
Minister und Leiter anderer zentraler
Staatsorgane im Einvernehmen mit dem
Vorsitzenden des Wirtschaftskomitees er-
lassen.

§12
Diese Verordnung tritt mit ihrer Veröffentlichung in Kraft.

Berlin, den 1. März 1990

**Der Ministerrat
der Deutschen Demokratischen Republik**

Hans Modrow
Vorsitzender

Christa Luft
Stellvertreter des Vorsitzenden
des Ministerrates für Wirtschaft

Gesetz zur Privatisierung und Reorganisation des volkseigenen Vermögens (Treuhandgesetz)

vom 17. Juni 1990

(GBl. der DDR I, Nr. 33 S. 300)

Getragen von der Absicht,
- die unternehmerische Tätigkeit des Staates durch Privatisierung so rasch und so weit wie möglich zurückzuführen,
- die Wettbewerbsfähigkeit möglichst vieler Unternehmen herzustellen und somit Arbeitsplätze zu sichern und neue zu schaffen,
- Grund und Boden für wirtschaftliche Zwecke bereitzustellen,
- daß nach einer Bestandsaufnahme des volkseigenen Vermögens und seiner Ertragsfähigkeit sowie nach seiner vorrangigen Nutzung für Strukturanpassung der Wirtschaft und die Sanierung des Staatshaushaltes den Sparern zu einem späteren Zeitpunkt für den bei der Währungsumstellung am 2.Juli 1990 reduzierten Betrag ein verbrieftes Anteilsrecht an volkseigenem Vermögen eingeräumt werden kann, wird folgendes Gesetz erlassen:

§ 1
Vermögensübertragung

(1) Das volkseigene Vermögen ist zu privatisieren. Volkseigenes Vermögen kann auch in durch Gesetz bestimmten Fällen Gemeinden, Städten, Kreisen und Ländern sowie der öffentlichen Hand als Eigentum übertragen werden. Volkseigenes Vermögen, das kommunalen Aufgaben und kommunalen Dienstleistungen dient, ist durch Gesetz den Gemeinden und Städten zu übertragen.

(2) Der Ministerrat trägt für die Privatisierung und Reorganisation des volkseigenen Vermögens die Verantwortung und ist der Volkskammer rechenschaftspflichtig.

(3) Der Ministerrat beauftragt mit der Durchführung der entsprechenden Maßnahmen die Treuhandanstalt.

(4) Die Treuhandanstalt wird nach Maßgabe dieses Gesetzes Inhaber der Anteile der Kapitalgesellschaften, die durch Umwandlung der im Register der volkseigenen Wirtschaft eingetragenen volkseigenen Kombinate, Betriebe, Einrichtungen und sonstigen juristisch selbständigen Wirtschaftseinheiten (nachfolgend Wirtschaftseinheiten genannt) entstehen oder bis zum Inkrafttreten dieses Gesetzes bereits entstanden sind.

(5) Die Vorschriften dieses Paragraphen finden nicht für volkseigenes Vermögen Anwendung, soweit dessen Rechtsträger
- der Staat,
- die Deutsche Post mit ihren Generaldirektionen, die Deutsche Reichsbahn, die Verwaltung von Wasserstraßen, die Verwaltung des öffentlichen Straßennetzes und andere Staatsunternehmen,
- Gemeinden, Städten, Kreisen und Ländern unterstellte Betriebe oder Einrichtungen,
- eine Wirtschaftseinheit, für die bis zum Inkrafttreten dieses Gesetzes ein Liquidationsvermerk im Register der volkseigenen Wirtschaft eingetragen wurde, sind.

Anhang

(6) Für die Privatisierung und Reorganisation des volkseigenen Vermögens in der Land- und Forstwirtschaft ist die Treuhandschaft so zu gestalten, daß den ökonomischen, ökologischen, strukturellen und eigentumsrechtlichen Besonderheiten dieses Bereiches Rechnung getragen wird.

§2
Stellung und Aufgaben der Treuhandanstalt

(1) Die Treuhandanstalt ist eine Anstalt öffentlichen Rechts.
Sie dient der Privatisierung und Verwertung volkseigenen Vermögens nach den Prinzipien der sozialen Marktwirtschaft.
(2) Die Treuhandanstalt unterliegt der Aufsicht des Ministerpräsidenten.
(3) Die Satzung der Treuhandanstalt ist durch den Ministerpräsidenten der Volkskammer zur Bestätigung vorzulegen.
(4) Die Geschäftsordnung der Treuhandanstalt bedarf der Bestätigung durch den Ministerrat.
(5) Auf die Treuhandanstalt sind die Regelungen gemäß §96 Absätze 2 und 3 der Haushaltsordnung der Republik über die Verwaltung von Unternehmen in der Rechtsform einer republikunmittelbaren juristischen Person des öffentlichen Rechts und über die Verwaltung ihrer Beteiligungen anzuwenden.
(6) Die Treuhandanstalt hat die Strukturanpassung der Wirtschaft an die Erfordernisse des Marktes zu fördern, indem sie insbesondere auf die Entwicklung sanierungsfähiger Betriebe zu wettbewerbsfähigen Unternehmen und deren Privatisierung Einfluß nimmt. Sie wirkt darauf hin, daß sich durch zweckmäßige Entflechtung von Unternehmensstrukturen marktfähige Unternehmen herausbilden und eine effiziente Wirtschaftsstruktur entsteht.
(7) Im Vorgriff auf künftige Privatisierungserlöse kann die Treuhandanstalt im Rahmen und nach Maßgabe des Artikels 27 des zwischen der Bundesrepublik Deutschland und der Deutschen Demokratischen Republik abgeschlossenen Staatsvertrages zu Sanierungszwecken Kredite aufnehmen und Schuldverschreibungen begeben.
(8) Der Sitz der Treuhandanstalt ist Berlin.

§ 3
Vorstand der Treuhandanstalt

(1) Die Treuhandanstalt wird durch einen Vorstand geleitet und durch die Mitglieder des Vorstandes im Rechtsverkehr vertreten.
(2) Der Vorstand setzt sich aus dem Präsidenten der Treuhandanstalt und mindestens 4 weiteren Vorstandsmitgliedern zusammen. Der Präsident und die Mitglieder des Vorstandes werden durch den Verwaltungsrat berufen und abberufen.
(3) Der Vorstand ist dem Ministerrat berichtspflichtig. Er hat in vom Ministerrat festzulegenden Fristen Berichte über den Fortgang der Privatisierung zu veröffentlichen.

§ 4
Verwaltungsrat

(1) Der Verwaltungsrat hat die Geschäftstätigkeit des Vorstandes zu überwachen und zu unterstützen. Zu diesem Zweck nimmt er regelmäßig Berichte des Vorstandes entgegen. Der Präsident des Vorstandes hat den Vorsitzenden des Verwaltungsrates über alle wichtigen Geschäftsangelegenheiten zu unterrichten. Der Verwaltungsrat berät den Vorstand der Treuhandanstalt in allen Grundfragen insbesondere der Privatisierung und Verwertung volkseigenen Vermögens nach den Prinzipien der sozialen Marktwirtschaft sowie in allen weiteren Aufgaben gemäß § 2. In der Satzung der Treuhandanstalt ist zu bestimmen, welche Geschäfte der Zustimmung des Verwaltungsrates bedürfen.

(2) Der Verwaltungsrat besteht aus einem Vorsitzenden und 16 Mitgliedern. Der Vorsitzende und 7 weitere Mitglieder werden vom Ministerrat berufen. Die Volkskammer wählt 2 Mitglieder aus ihrer Mitte, davon ein Mitglied auf Vorschlag der Opposition. 7 weitere Mitglieder beruft die Volkskammer auf Vorschlag des Ministerpräsidenten. In den Verwaltungsrat sind vorrangig Persönlichkeiten zu berufen, die insbesondere über eine hohe fachliche Kompetenz und umfangreiche Erfahrungen bei der Führung und Sanierung von Unternehmen sowie bei der Tätigkeit am Kapitalmarkt verfügen.

§ 5
Einnahmen und ihre Verwendung

(1) Die Einnahmen der Treuhandanstalt werden vorrangig für die Strukturanpassung der Unternehmen - auch im Rahmen eines horizontalen Finanzausgleichs -, in zweiter Linie für Beiträge zum Staatshaushalt und zur Deckung der laufenden Ausgaben der Treuhandanstalt verwendet. Die Verwendung der Einnahmen erfolgt im Einvernehmen mit dem Ministerrat.
(2) Nach einer Bestandsaufnahme des volkseigenen Vermögens und seiner Ertragsfähigkeit sowie nach seiner vorrangigen Nutzung für die Strukturanpassung der Wirtschaft und für die Sanierung des Staatshaushalts wird nach Möglichkeit vorgesehen, daß den Sparern zu einem späteren Zeitpunkt für den bei der Umstellung von Mark der DDR auf DM 2 zu 1 reduzierten Betrag ein verbrieftes Anteilsrecht am volkseigenen Vermögen eingeräumt werden kann.

§ 6
Jahresabschluß und Lagebericht

Der Vorstand der Treuhandanstalt hat einen Jahresabschluß und einen Lagebericht aufzustellen. Für ihren Inhalt, für ihre Prüfung

durch unabhängige Wirtschaftsprüfer und für ihre Bekanntmachung gelten die Vorschriften für Kapitalgesellschaften. Der Jahresabschluß und der Lagebericht sind beim Verwaltungsrat zur Bestätigung vorzulegen.

§ 7
Treuhand-Aktiengesellschaften

(1) Die Treuhandanstalt verwirklicht ihre Aufgaben in dezentraler Organisationsstruktur über Treuhand-Aktiengesellschaften, die nach Anzahl und Zweckbestimmung mit den Aufgaben der Treuhandanstalt die Privatisierung und Verwertung des volkseigenen Vermögens nach unternehmerischen Grundsätzen sichern.
(2) Die Treuhandanstalt wird beauftragt, unverzüglich, spätestens innerhalb von zwei Monaten nach Inkrafttreten dieses Gesetzes, im Wege der Bargründung Treuhand-Aktiengesellschaften zu gründen. Die Aktien der Treuhand-Aktiengesellschaften sind nicht übertragbar. Die Satzungen der Treuhand-Aktiengesellschaften sind durch den Verwaltungsrat der Treuhandanstalt zu bestätigen.
(3) Den Treuhand-Aktiengesellschaften werden durch Verordnung des Ministerrates unverzüglich die der Treuhandanstalt gehörenden Anteile an Aktiengesellschaften und Gesellschaften mit beschränkter Haftung übertragen. Der Verwaltungsrat der Treuhandanstalt ordnet dabei nach Zweckmäßigkeitsgesichtspunkten den einzelnen Treuhand-Aktiengesellschaften die von ihnen zu haltenden Beteiligungen zu.

§8
Aufgaben der Treuhand-Aktiengesellschaften

(1) Die Treuhand-Aktiengesellschaften haben unter Hinzuziehung von Unternehmensberatungs- und Verkaufsgesellschaften sowie Banken und anderen geeigneten

Anhang

Unternehmen zu gewährleisten, daß in ihrem Bereich folgende Aufgaben unternehmerisch und weitestgehend dezentral gelöst werden:
- Privatisierung durch Veräußerung von Geschäftsanteilen oder Vermögensanteilen,
- Sicherung der Effizienz und Wettbewerbsfähigkeit der Unternehmen,
- Stillegung und Verwertung des Vermögens von nicht sanierungsfähigen Unternehmen oder Unternehmensteilen.

(2) Die Treuhand-Aktiengesellschaften haben der Treuhandanstalt über den Fortgang der Privatisierung zu berichten.

§9

(1) Zur Sicherung der Effizienz und Wettbewerbsfähigkeit haben die Treuhand-Aktiengesellschaften in den Unternehmen ihres Bereiches solche Strukturen zu schaffen, die den Bedingungen des Marktes und den Zielsetzungen der sozialen Marktwirtschaft entsprechen.

(2) Die Treuhand-Aktiengesellschaften haben dafür zu sorgen, daß die Unternehmen ihres Bereiches möglichst zügig in die Lage versetzt werden, sich über die Geld- und Kapitalmärkte selbst zu finanzieren.

(3) Zur Verbesserung der Ertragslage von Unternehmen sowie für Sanierungsprogramme sind in geeigneten Fällen externe Berater heranzuziehen.

(4) Die Treuhand-Aktiengesellschaften können zur Stärkung der Unternehmen ihres Bereiches insbesondere im Zusammenhang mit Sanierungsmaßnahmen alle marktmäßigen Möglichkeiten nutzen, z. B. Kredite aufnehmen oder Bürgschaften gewähren.

§ 10
Organe der Treuhand-Aktiengesellschaften

(1) Die Aufsichtsratsmitglieder, die die Treu-

handanstalt in der Treuhand-Aktiengesellschaft vertreten, werden vom Vorstand der Treuhandanstalt benannt. Für sie gilt § 4 Abs. 2 entsprechend.

(2) Für die Vertreter der Arbeitnehmer in den Aufsichtsräten der Treuhand-Aktiengesellschaften werden die Vorschriften des Gesetzes über die Mitbestimmung der Arbeitnehmer nach Maßgabe des Gesetzes über die Inkraftsetzung von Rechtsvorschriften der Bundesrepublik Deutschland in der Deutschen Demokratischen Republik hinsichtlich des Wahlverfahrens für die Arbeitnehmervertreter bis zum 31. März 1991 ausgesetzt. Die in den Kapitalgesellschaften, an denen die Treuhand-Aktiengesellschaften die Anteile halten, vertretenen Gewerkschaften nehmen anstelle dessen das Vorschlagsrecht für die Arbeitnehmervertreter gemeinsam wahr.
Sie können sich hierbei auch durch Bevollmächtigte vertreten lassen.

(3) Die Vorstände der Treuhand-Aktiengesellschaften sollen über Erfahrungen bei der Leitung von Unternehmen, insbesondere bei der Sanierung und der Veräußerung von Geschäftsanteilen verfügen.

Umwandlung der Wirtschaftseinheiten in Kapitalgesellschaften
§11

(1) Die in § 1 Abs. 4 bezeichneten Wirtschaftseinheiten, die bis zum 1. Juli 1990 noch nicht in Kapitalgesellschaften umgewandelt sind, werden nach den folgenden Vorschriften in Kapitalgesellschaften umgewandelt. Volkseigene Kombinate werden in Aktiengesellschaften, Kombinatsbetriebe und andere Wirtschaftseinheiten in Kapitalgesellschaften, vorzugsweise in Gesellschaften mit beschränkter Haftung (im weiteren als Gesellschaften mit beschränkter Haftung bezeichnet), umgewandelt.

(2) Vom 1. Juli 1990 an sind die in Abs.1 bezeichneten Wirtschaftseinheiten Aktienge-

sellschaften oder Gesellschaften mit beschränkter Haftung. Die Umwandlung bewirkt gleichzeitig den Übergang des Vermögens aus der Fondsinhaberschaft der bisherigen Wirtschaftseinheit sowie des in Rechtsträgerschaft befindlichen Grund und Bodens in das Eigentum der Kapitalgesellschaft.

(3) Der Umwandlung gemäß Abs. 1 unterliegen nicht

- Wirtschaftseinheiten, für die bis zum Inkrafttreten dieses Gesetzes ein Liquidationsvermerk im Register der volkseigenen Wirtschaft eingetragen wurde,

- die Deutsche Post mit ihren Generaldirektionen, die Deutsche Reichsbahn, die Verwaltung von Wasserstraßen, die Verwaltung des öffentlichen Straßennetzes und andere Staatsunternehmen,

- Gemeinden, Städten, Kreisen und Ländern unterstellte Betriebe oder Einrichtungen,

- Außenhandelsbetriebe in Abwicklung, die gemäß Anlage 1 Artikel 8 §4 Abs.1 des Vertrages über die Schaffung einer Währungs-, Wirtschafts- und Sozialunion zwischen der Deutschen Demokratischen Republik und der Bundesrepublik Deutschland Forderungen und Verbindlichkeiten in westlichen Währungen abzuwickeln haben,

- volkseigene Güter und staatliche Forstwirtschaftsbetriebe.

§ 12

(1) Die Treuhand-Aktiengesellschaften werden Inhaber der Aktien der aus den Kombinaten entstandenen Aktiengesellschaften ihres Bereiches sowie der Geschäftsanteile der Gesellschaften mit beschränkter Haftung, die aus juristisch selbständigen Wirtschaftseinheiten entstanden sind oder derjenigen, die bis zum Inkrafttreten dieses Gesetzes wirksame Erklärungen über den Austritt aus dem Kombinat abgegeben haben.

(2) Die aus den Kombinaten entstandenen Aktiengesellschaften werden Inhaber der Geschäftsanteile der Gesellschaften mit beschränkter Haftung, die den Kombinaten vor dem 1. Juli 1990 unterstellt waren.

(3) Eine Aktiengesellschaft im Sinne des Abs. 2 hat ihre Anteile an einer Gesellschaft mit beschränkter Haftung der zuständigen Treuhand-Aktiengesellschaft gegen angemessenes Entgelt anzubieten, wenn die Geschäftsleitung der Gesellschaft mit beschränkter Haftung dies verlangt.

§ 13

Die Umwandlung einer Wirtschaftseinheit in eine Kapitalgesellschaft ist von Amts wegen unter Bezugnahme auf dieses Gesetz in das Register einzutragen, in dem diese Wirtschaftseinheit bisher eingetragen war.

§ 14

Die Firma der gemäß § 11 Abs. 2 entstandenen Kapitalgesellschaft muß die Bezeichnung "Aktiengesellschaft im Aufbau" oder "Gesellschaft mit beschränkter Haftung im Aufbau" enthalten.

§ 15

(1) Die Kapitalgesellschaft ist von Amts wegen unter Bezugnahme auf dieses Gesetz in das Handelsregister einzutragen.

(2) Für die Eintragung in das Handelsregister sind dem Registergericht durch die Kapitalgesellschaft bis spätestens 16. Juli 1990 mitzuteilen:

1. Name der bisherigen Wirtschaftseinheit;
2. Firma und Sitz der Gesellschaft;
3. Gegenstand des Unternehmens;
4. Name jedes Mitgliedes des vorläufigen Vorstandes oder der vorläufigen Geschäftsführer.

(3) Der Treuhandanstalt und der zuständigen Treuhand-Aktiengesellschaft sind zeitgleich die Angaben nach Abs. 2 mitzuteilen. Bis zum 31.Juli 1990 sind ihnen darüber

Anhang

hinaus eine Aufstellung über das Vermögen der Kapitalgesellschaft zum Zeitpunkt der Umwandlung sowie eine vorläufige Konzeption für die Geschäftstätigkeit zu übergeben. Bei Vermögensposten,deren Bestandsmengen kurzfristigen Veränderungen unterliegen, ist auf den 1.Juli 1990 eine körperliche Bestandsaufnahme vorzunehmen.
(4) Bis zur Bestimmung des Stammkapitals oder Grundkapitals im Gesellschaftsvertrag oder in der Satzung beträgt das Stammkapital einer Gesellschaft mit beschränkter Haftung 50 000 Deutsche Mark, das Grundkapital einer Aktiengesellschaft 100 000 Deutsche Mark.

§ 16

(1) Bis zum 31.Juli 1990 werden von der Treuhandanstalt Personen als vorläufige Mitglieder des Vorstandes oder vorläufige Geschäftsführer bestellt. Bis zu ihrer Bestellung sind die Aufgaben des Vorstandes oder der Geschäftsführung durch die geschäftsführenden Generaldirektoren oder Betriebsdirektoren wahrzunehmen.
(2) Die Vorschriften des Aktiengesetzes oder des Gesetzes über die Gesellschaften mit beschränkter Haftung über die Stellung und die Verantwortlichkeit der Mitglieder des Vorstandes oder der Geschäftsführer sind auf die in Abs.1 genannten Personen anzuwenden. Die Treuhandanstalt haftet für Schäden aus Pflichtverletzungen dieser Personen an deren Stelle. Regreßansprüche der Treuhandanstalt gegen diese Personen aufgrund anderer Rechtsvorschriften bleiben unberührt.

§17

(1) Bis zur endgültigen Feststellung der Satzung einer gemäß § 11 Abs.2 entstandenen Aktiengesellschaft lauten deren Aktien auf den Inhaber.Der Nennbetrag der Aktien beträgt fünfzig Deutsche Mark.

(2) Bis zum endgültigen Abschluß des Gesellschaftsvertrages einer gemäß §11 Abs.2 entstandenen Gesellschaft mit beschränkter Haftung beträgt die Stammeinlage eintausend Deutsche Mark.

§18

Geschäftsjahr der gemäß § 11 Abs.2 entstandenen Kapitalgesellschaften ist das Kalenderjahr.

§19

Unverzüglich nach der Eintragung der Aktiengesellschaft im Aufbau oder der Gesellschaft mit beschränkter Haftung im Aufbau in das Handelsregister hat deren vorläufiges Leitungsorgan die für die Gründung einer Aktiengesellschaft oder einer Gesellschaft mit beschränkter Haftung gesetzlich erforderlichen Maßnahmen für die Gründung einzuleiten.

§ 20

(1) Die Kapitalgesellschaften haben der Treuhandanstalt bis zum 31. Oktober 1990 zu übergeben.
1. Entwurf eines Gesellschaftsvertrages oder einer Satzung entsprechend den gesetzlichen Bestimmungen unter Angabe des Stammkapitals oder Grundkapitals und einer gegebenenfalls beabsichtigten oder erforderlichen Kapitalerhöhung;
2. Schlußbilanz der Wirtschaftseinheit und Eröffnungsbilanz zum Stichtag der Umwandlung sowie eine Aufstellung über alle Rechte und Pflichten, Forderungen und Verbindlichkeiten, die mit den Banken getroffenen Vereinbarungen und bei beabsichtigter Gründung weiterer Gesellschaften eine Regelung über die Rechtsnachfolge. Die Bilanzen sind durch den Rechnungshof oder Wirtschaftsprüfer oder Wirtschaftsprüfungsgesellschaften zu prüfen;

§ 21

(1) Das vorläufige Leitungsorgan hat die Durchführung der Maßnahmen nach § 19 bei dem Handelsregister anzumelden.
Der Anmeldung sind beizufügen:
1. der Gesellschaftsvertrag oder die Satzung;
2. die Eröffnungsbilanz;
3. der Gründungsbericht;
4. der Prüfungsbericht.

(2) Im Falle des § 20 Abs. 3 veranlaßt die Treuhandanstalt die Anmeldung.
(3) Liegen die gesetzlichen Voraussetzungen für die Eintragung der Kapitalgesellschaften vor, so löscht das Registergericht den Zusatz 'im Aufbau' in der bisherigen Firma der Kapitalgesellschaft.

§ 22

Kapitalgesellschaften, die nach § 11 Abs. 2 entstanden sind, sind mit Ablauf des 30. Juni 1991 aufgelöst, wenn die nach den §§ 19 und 21 erforderlichen Maßnahmen bis zu diesem Tage nicht durchgeführt worden sind.

§ 23

§ 11 Abs. 2 sowie § 15 Abs. 3 gelten auch für Umwandlungen, die auf Grund der Verordnung vom 1. März 1990 zur Umwandlung von volkseigenen Kombinaten, Betrieben und Einrichtungen in Kapitalgesellschaften (GBl. I Nr. 14 S.107) vorgenommen worden sind.

§ 24
Übergangs- und Schlußbestimmungen

(1) Vorschriften dieses Gesetzes berühren nicht etwaige Ansprüche auf Restitution oder Entschädigung wegen unrechtmäßiger Enteignung oder enteignungsgleichen Eingriffen.
(2) Dieses Gesetz tritt am 1. Juli 1990 in Kraft.
(3) Gleichzeitig treten außer Kraft:
Beschluß vom 1. März 1990 zur Gründung der Anstalt zur treuhänderischen Verwaltung des Volkseigentums (Treuhandanstalt) (GBl. I Nr.14 S. 107)
Beschluß des Ministerrates vom 15. März 1990
Statut der Anstalt zur treuhänderischen Verwaltung des Volkseigentums (Treuhandanstalt) (GBl. I Nr.18 S.167).
(4) Durchführungsverordnungen zu diesem Gesetz erläßt der Ministerrat.

Das vorstehende,
von der Volkskammer der Deutschen Demokratischen Republik am
siebzehnten Juni neunzehnhundertneunzig beschlossene Gesetz
wird hiermit verkündet.

Berlin, den
siebzehnten Juni neunzehnhundertneunzig

Die Präsidentin der Volkskammer der Deutschen Demokratischen Republik

Bergmann-Pohl

Treuhand sucht Pespektive
für nun noch 741 Unternehmen

Quelle: Treuhand INFORMATIONEN, Ausgabe 19, Juli/August 1993, Seiten 8/9

Mehr als 2000 Privatisierungen in Brandenburg

Mecklenb.-Vorpommern

1.609	Privatisierungen
128.725	Arbeitsplätze
11,7	Investitionen (Mrd. DM)
43	noch zu priv. Untern.

Brandenburg

2.030	Privatisierungen
285.344	Arbeitsplätze
31,6	Investitionen (Mrd. DM)
72	noch zu priv. Untern.

Sachsen-Anhalt

1.958	Privatisierungen
184.656	Arbeitsplätze
20,6	Investitionen (Mrd. DM)
132	noch zu priv. Untern.

Berlin

861	Privatisierungen
247.254	Arbeitsplätze
24,5	Investitionen (Mrd. DM)
72	noch zu priv. Untern.

Thüringen

2.372	Privatisierungen
194.809	Arbeitsplätze
13,1	Investitionen (Mrd. DM)
130	noch zu priv. Untern.

Sachsen

3.654	Privatisierungen
420.059	Arbeitsplätze
44,4	Investitionen (Mrd. DM)
270	noch zu priv. Untern.

POLEN

Privatisierungen, gesamt	12.581
gesicherte Arbeitsplätze, gesamt	1,468 Millionen
zugesagte Investitionen, gesamt	180,1 Mrd. DM
noch zu privatisierende Unternehmen, ges.	741

Abweichungen der Summen gegenüber der Addition aller sechs Länder durch Unternehmen bzw. Privatisierungen, die nicht einem Land zurechenbar sind.

Stand: 1. 7. 1993

Anhang

Seit ihrer Gründung vor 3 Jahren hat die Treuhandanstalt 12 581 Privatisierungen durchgeführt und muß (Anfang Juli '93) nur noch für 741Unternehmen mit 204 427 Beschäftigten neue Eigentumsverhältnisse schaffen (incl. 61 Unternehmen in Management KG). Bis zum Ende des Jahres wird auch für diese eine Lösung in Aussicht stehen. Bei den rund 900 weiteren Betrieben sind die Verhandlungen so weit fortgeschritten, daß bereits klare Vorstellungen über ihre Zukunft bestehen.

Die überwiegende Zahl der Beschäftigten in den noch zu veräußernden Unternehmen arbeitet im Bergbau (52 000), im Maschinenbau (35 000) und in der chemischen Industrie (30 000). In den übrigen industriellen Kernbereichen – dem Fahrzeugbau, der Elektrotechnik, der Elektronik und der Feinmechanik und Optik – bleiben noch 55 Betriebe mit derzeit 15 000 Mitarbeitern zu privatisieren.

Die genannten Zahlen beziehen sich auf die „Treuhand-Unternehmen im Angebot". Anhand dieser Zahlen lassen sich die aktuellen Aussagen über die noch zu privatisierenden Unternehmen treffen. Ihr Bestand kann sich laufend ändern: Wenn Unternehmen privatisiert oder aufgespalten werden, aber auch wenn eine vor dem Abschluß stehende Privatisierung doch noch „platzt" oder wenn neue Verhandlungen den Beschluß über eine bereits vorbereitete Stillegung bis auf weiteres aufschieben. In solchen Fällen werden die Unternehmen wieder als „ im Angebot" geführt, vorher wurden sie nur noch im umfassenderen „Nettobestand" geführt, der auch jene Unternehmen darstellt, für die die wichtigsten Zukunftsentscheidungen getroffen sind und der außerdem noch Unternehmen mitzählt, die aus administrativen Gründen bestehen (z.B. Auslauf- und Durchführungs-GmbH).

Von Juli 1990 bis Ende Juni 1993 hat die Treuhand durch Privatisierungen Erlöse von insgesamt 43,5 Mrd. DM erzielt, 60 % davon allein in Sachsen und Berlin. Investitionszusagen wurden in Höhe von 180,1 Milliarden Mark gemacht und Beschäftigungszusagen für 1 468 193 Mitarbeiter erreicht. In beiden Bereichen steht das bevölkerungsreichste neue Bundesland Sachsen an erster Stelle, gefolgt von Brandenburg.

Unter den Privatisierungen sind 2364 Management- Buy-Out (MBO). Hierbei handelt es sich um Betriebe, deren Besitz in die Hände von Mitarbeitern oder der Geschäftsführung übergegangen ist. Die große Zahl der auf diese Weise privatisierten Unternehmen trägt erheblich zur Neuentwicklung des Mittelstandes in den neuen Bundesländern bei, der zu DDR-Zeiten so gut wie gar nicht vorhanden war. Der traditionelle Industriestandort Sachsen steht mit allein 643 MBO wiederum an der Spitze der neuen Bundesländer.

Von hoher Bedeutung für die Stärkung des Mittelstandes ist auch die Rückgabe von einst enteigneten Unternehmen, die Reprivatisierung. Von den 13 103 Ende Mai vorliegenden Restitutionsansprüchen sind jetzt über 60% abschließend geprüft und entschieden. Mehr als 5000 Antragsteller erhalten Unternehmen oder Unternehmensteile bzw. Vermögensgegenstände zurück und können ihre unternehmerische Existenz neu begründen.

Ausländische Investoren haben von der Treuhand bisher 700 Unternehmen und Unternehmensteile erworben. Dies sind fünfeinhalb Prozent der privatisierten Betriebe. Die ausländischen Beschäftigungs- und Investitionszusagen betragen sogar rund zehn Prozent aller Investorenzusagen: 138 396 Arbeitsplätze und eine Investitionssumme von 18,5 Milliarden DM. Die aktivsten ausländischen Investoren kommen aus Frankreich, USA, Kanada und Großbritannien, der Schweiz und Österreich.

Die Treuhand-Unternehmen nach Branchen

Branche	Unternehmen	Beschäftigte
Land- und Forstwirtschaft	4	85
Wasser- und Energiewirtschaft	16	7.456
Bergbau	8	52.087
Chemische Industrie	23	30.278
Kunststoff-, Gummi- u. Asbestverarbeitung	5	396
Steine u. Erden, Keramik- u. Glasgewerbe	20	4.147
Metallerzeugung, Gießerei u. Stahlverformung	38	16.699
Stahl- u. Leichtmetallbau	29	9.077
Maschinenbau	121	35.351
Fahrzeugbau	30	7.476
Elektrotechnik, Elektronik	22	6.973
Feinmechanik u. Optik	3	196
EMB-Waren, Musikinstr., Sportgeräte, Spiel- u. Schmuckwaren	23	1.199
Holzindustrie	25	1.967
Papier- u. Druckgewerbe	14	2.567
Leder- u. Schuhindustrie	14	1.444
Textil- u. Bekleidungsindustrie	65	8.238
Nahrungs- u. Genußmittelgewerbe	23	985
Bauhauptgewerbe	29	6.415
Ausbau- u. Bauhilfsgewerbe	6	165
Handel	99	2.705
Verkehrswesen, Nachrichtenübermittlung,Spedition, Lagerei	25	1.363
Finanzierungsinstitute	1	419
Dienstleistungen	80	5.344
nicht zugeordnet	18	1.395
Summe	**741**	**204.427**

Aufgrund mangelnder Wettbewerbsfähigkeit und nicht marktwirtschaftlicher Strukturen mußte für 2800 Treuhand-Unternehmen die Stillegung eingeleitet werden. Von den zum Zeitpunkt der Stillegungsentscheidung 312 331 Arbeitnehmern der betroffenen Betriebe wird die Treuhand fast einem Drittel einen neuen Arbeitsplatz in neu angesiedelten Unternehmen anbieten können.

Die besten Ergebnisse konnten hier bisher in Brandenburg und Mecklenburg-Vorpommern erreicht werden (36,7% bzw. 38,2%, siehe Grafik).

Autorenverzeichnis

Siegfried Hornich, Objektleiter
Wochenzeitung Die Wirtschaft

Dr. Gerd von Gusinski, Abt.-Leiter Volkswirtschaftliche Fragen Treuhandanstalt

Michael Baufeld, Wirtschaftsjournalist

Hans-Werner Oertel, Wirtschaftsjournalist

Hans Erdmann, Wirtschaftsjournalist

Friedrich v. Schleinitz, Wirtschaftsjournalist

Horst Dietze, Wirtschaftsjournalist

Ingo Paszkowsky, Fachjournalist

Anne Hildebrandt, Journalistin

Karin Gehrke, Wirtschaftsjournalistin

Wolfgang Schuenke, Wirtschaftsjournalist

Jörg Staude, Wirtschaftsjournalist

Ralf Lüdemann, Stellv. Chefredakteur
Wochenzeitung Die Wirtschaft

Harry Gregg Sheffield, Wirtschaftsjournalist

Klaus Morgenstern, Redakteur
Wochenzeitung Die Wirtschaft

Wolfgang Bohn, Wirtschaftsjournalist

Karl-Heinz Scholz, Wirtschaftsjournalist

Carla Fritz, Redakteurin
Wochenzeitung Die Wirtschaft

Bernd Schlütter, Ressortleiter
Wochenzeitung Die Wirtschaft

Prof. Dr. Werner Beilicke, Fachjournalist

Dr. Lothar Brunsch, Ressortleiter
Wochenzeitung Die Wirtschaft

Oliver Fischer, Redakteur
Wochenzeitung Die Wirtschaft

Bernd Holm, Wirtschaftsjournalist

Ingrid Hilbert, Journalistin

Eckhard Ladwig, Ressortleiter
Wochenzeitung Die Wirtschaft

Wolf-Dieter Bose, Wirtschaftsjournalist

Renate Bredereck, Journalistin

Dagmar Lembke, Journalistin

Harry Pollei, Chefredakteur
Wochenzeitung Die Wirtschaft

Thomas Biskupek, Journalist

Rudolf Hempel, Journalist

Horst Winkler, Redakteur
Wochenzeitung Die Wirtschaft

Fotonachweis

W. Schmidt, Chemnitz (Seiten 53, 171)

ADN/ZB (Seiten 65, 91, 150, 295, 297)

Ch. Czerny, Dresden (Seite 71)

Archiv (Seiten 93, 97, 101, 101, 103,
235, 313)

H. Klonowski (Seite 107)

"Hop", Leipzig (Seite 121)

Werkfoto (Seiten 41, 75, 135, 181, 211,
249, 267, 273, 285, 319)

W. Unfug (Seite 145)

H. Siegert, Riesa (Seite 155)

B. Lange, Lehnitz (Seite 163)

Foto Friedrich, Markranstädt (Seite 193)

Foto Bredereck (Seite 201)

dpa (Seiten 229, 325)

Müller/Straube (Seiten 333, 335)

R. Hempel (Seiten 347, 353)

St. Hessheimer (Seite 357)